공자도 읽지 못한 논어

서예가 양전 김원익이 공부하다

김 원 익

역락

▌저자 소개

양전 김원익_洋田 金源翊

전라남도미술대전 초대작가 및 심사위원 역임
광주광역시미술대전 초대작가 및 심사위위원 역임
전국무등미술대전 우수상 수상 및 심사위원 역임
대한민국서예전람회 초대작가 및 심사위원 역임
광주광역시교육청 장학사, 장학관
광주광역시 소재 중등학교 교사, 교감, 교장

논문 소전 손재형 연구(素荃 孫在馨 研究)

공자도 읽지 못한 논어 ❸
서예가 양전 김원익이 공부하다

초판 인쇄 2011년 8월 25일 | 초판 발행 2011년 9월 1일

저 자 김원익

펴낸이 이대현

펴낸곳 도서출판 **역락** | 등록 제303-2002-000014호(등록일 1999년 4월 19일)

주소 서울시 서초구 반포 4동 577-25 문창빌딩 2층

전화 02-3409-2058(영업부), 2060(편집부) | 팩시밀리 02-3409-2059

전자우편 youkrack@hanmail.net

ISBN 978-89-5556-930-8
    978-89-5556-927-8 94150(전4권)

정가 30,000원

인류 역사상 유교의 開祖라 하면 孔子를 일컫는다. 論語는 바로 그의 사상과 교훈이 담긴 대표적 經典이다. 때문에 이는 유교 경전으로서 손꼽을 四書의 하나로서 널리 애독되어 왔음은 물론 이에 대한 연구도 다양하게 전개되어 왔다.

그러나 중국과 문자가 다른 우리나라에서는 우선 한문본 논어의 올바른 國譯이 절실하였다. 그에 따라 2천 년대에 들어 우리나라에서 출간된 이와 관계된 책만 해도 무려 30여 종을 헤아릴 수가 있다. 대부분이 논어의 번역을 기본으로 하였기 때문에 출간된 책의 제목 역시 譯註라 한 말을 위시하여 譯解·註解·飜譯·國譯 …… 등의 표제어를 덧붙인 책명으로 간행되었다. 이는 우리나라에서 논어에 대한 연구 열의가 그만큼 고조되어 왔음을 의미함은 물론 이같은 연구의 기본은 역시 원전의 올바른 번역이 긴요하기 때문임을 반영한 일이라 하겠다.

그런데 지금까지 나온 번역서들을 보면 대부분이 원문의 한자 字解를 겸하였지만 번역자 간에는 본문 해석의 견해가 서로 상이한 경우도 없지 아니하다. 여기에는 또 현대적 언어의식에 의한 정확한 번역문의 표준이라 평하기 어려운 경우도 적지 않다. 이번에 출간하는 『**공자도 읽지 못한 논어** 서예가 양전 김원익이 공부하다』역시 종래의 경우와 같이 논어 20편의 번역이요, 각 편에 나오는 원문 한자들의 字釋을 기본으로 하였음은 더 말할 나위없다.

그러면 이곳 양전이 이룬 저술의 성과와 그 특색은 무엇인가. 우선 대표적인 점 한 가지를 지적하면 논어 전 문장에 쓰인 각 한자들을 용례별로 분석하여 의미별로 유형화하고, 경우에 따라서는 문면에 반영된 글자의 어법적 기능까지 구명한 작업이 크게 돋보인다. 이같은 분석을 논어 전편에 긍하여 빠짐없이 심도 있게 실시하였음은 종래의 여러 작업에서 보기 어려운 괄목할 성과로 지적된다.

개별적인 일례로 '而'자의 경우를 보자. 이 한자는 어법적 기능이 다양하여 이를 구사한 한문의 의미 파악에 특히 신중성이 요구되는 글자이다. 그런데 양전은 이 한자 용례의 다양성을 고려하여 그 해석상의 유형을 무려 15 가지로 세분하여 제시하고 이에 대한 논어 본문의 해석에 오역이 없도록 하였다. 아울러 이같은 어석의 타당성을 찾기 위해 이에 대한 종래 학자들의 언급을 방증으로 가급적 곁들여 의문이 없도록 한 점, 타당성 있는 어의 파악을 통해 올바른 한문 해석을 위한 저자의 깊은 노력이 크게 돋보인다.

그 결과 저자가 실시한 논어 字解 중 해석상의 유형을 10여 가지 이상으로 제시한 한자는 약 15자로 집계된다. 그 가운데 주로 虛辭 기능으로 많이 나타나는 與·爲·以·乎·而·之 등의 해석 용례는 각각 15가지 이상임을 확인할 수 있어 논어 본문 해석에 신중을 기해야함을 재삼 느끼게 한다. 그리고 이미 지적한 대로 각각의 자해에는 字意 구명의 타당성을 제시하기 위해 그에 대한 여러 학자들의 언급을 가급적 덧붙였으되, 이번 작업의 부록에서 저자가 제시한 〈引用學者小傳〉에 의하면 본 저술 중 참고한 선학들의 수는 무려 60명으로 집계된다. 특히 중국 前漢 때의 학자 孔安國과 南宋 때의 대표적 유학자인 朱熹, 그리고 우리나라 조선 후기의 학자인 丁若鏞 등의 논어 해석을 중시하여 그들이 이룬 字釋을 집중적으로 예시하고, 그 밖의 여러 선학들의 견해까지 일일이 추적하여 저자가 추진한 논어 자해의 정확성을 기한 점 특히 흥미를 갖게 한다.

결과적으로 양전의 이번 작업은 "論語字典"이 된 셈이다. 字典이라 하면 글자 하나하나의 음과 뜻을 풀이한 책을 의미하는 바, 논어에 등장하는 모든 한자를 우리 국어에 의한 讀音과 그 뜻을 풀이한 점, 이는 곧 논어를 대상으로 한 자전임은 더 말할 나위 없다. 물론 이번의 출간은 그 동안 학계에서 추진한 다양한 연구를 종합적으로 검토한 나머지 논어 20편의 내용해석과 그에 쓰인 한자 어석을 철저하게 겸하여 학계에서 미진한 점을 흥미 있게 타개한 점, 크게 찬사를 아끼지 않는다. 그런데 이같은 노작이 또 유명한 경전의 자전 역할을 겸하고 있음을 지적하고 싶다. 이번 작업의 부록에서 제시한 〈論語字解〉는 곧 이러한 논어의 字林이나 다름이 없기 때문이다. 단지 일반의 玉篇이나 어휘 사전의 편집이 아니므로 자전적 활용의 흥미유발이 절실하지 않을 뿐이다. 이런 점에서 이미 이루어 놓은 책의 내용을 열람하기에 편리한 자전식으로 다시 편집 정리하고, 특히 논어의 본문을 각 자해의 용례에 옮겨 놓으면 이에 대한 훌륭한 字彙가 될 것임은 자명한 일이다. 따라서 이 작업은 방대한 내용을 담는 책 출간이기는 하지만, 일반 한자 자전과 달리 더욱 훌륭한 특색 있는 字林의 역할을 할 수 있을 것이므로 이번 양전이 이룬 성과는 앞으로 계속해서 지속될 수 있을 것으로 전망한다.

첨언하건대 양전은 서예가로서 끊임없는 기쁨을 누리며 동양의 고전 연구에도 많은 바탕을 다져왔다. 이번의 출간도 그의 自序에 의하면 4년에 걸친 성과라고 하나 그동안 그는 논어의 허두에서 이르는 말 그대로 끊임없는 學而時習之의 열정이 있었기에 매양 기쁨을 갖고 뜻 깊은 업적을 쌓은 것으로 판단된다. 이같은 기쁨은 앞으로도 계속 유지되어 옛날의 고전을 현대적 안목으로 흥미 있게 이해할 수 있게 하는 방법을 지속적으로 모색해 주기를 기대해 마지않는다.

2011년 8월 1일

전남대학교 명예교수

문학박사 박 준 규

‘공자도 읽지 못한 논어’, 어느 날 承載 형을 만나 논어를 공부하는 중이라고 하였더니, 承載 형이 “어느 강의에서 공자는 논어를 읽지 못했다는 강사의 이야기를 듣고 공감했다.”는 말을 했다. 공자는 傳述했을 뿐이고, 그 제자들이 기록하고 그것을 모아 ‘論語’라고 題名하기까지는 아주 한참 뒤의 일이다.

논어의 吾道一以貫之 장을 보면 공자의 말씀을 그 당시 제자들도 모두는 이해하지 못한 것 같다. 오랜 세월이 흘러 지금에 이르러서는 공자의 말뜻을 놓고 다양한 학설이 혼재하고 있다. 그렇다면 논어를 읽는 우리가 공자 말씀의 本義를 이해하고, 또 이를 바탕으로 과거·현재·미래를 아우르는 공자의 교훈을 미루어 헤아려 보는 것은 매우 중요하다고 생각한다. 공자께서도 “네모의 한 모서리를 들어 보일 때 세 모서리로 반응해 오지 않으면 곧 다시 가르치지 않는다.” 하셨으니 말이다.

그 뒤 책 제목을 ‘서예가 양전이 공부한 논어’로 하였다고 하니, 承載 형이랑 같이 합석했던 白機翔 장학사가 너무 솔직하고 담백하다며, 承載 형 말대로 ‘공자도 읽지 못한 논어’로 하잔다. 논어는 공자의 말씀 그 자체가 아니기에 수긍이 가는 면이 있었고, 또 논어에 담긴 공자의 뜻을 깊이 살피고자 한 의도를 살리다 보니 책 제목이 ‘공자도 읽지 못한 논어, 서예가 양전 김원익이 공부하다.’로 자못 길게 되었다.

사실 나는 대학에서 漢文을 전공하지 않았을 뿐더러 더욱이 漢學者도 아니다. 다만 돌이켜 보면, 손자를 예뻐하신 할아버지께서 남자는 身言書判이라 하시며 네 살배기 어린 아이에게 붓을 쥐어주시고 천자문을 가르치기 시작한 것이 한자와 인연을 맺게 된 계기였다.

그때 慈親께서는 당신 아들을 살뜰히 가르치시는 시아버지가 그리도 고맙고 감사하여 산 삭단(산 朔單, 살아계신 분에게 매월 초하루 음식을 장만하여 공양함. 삭단: 매달 초하룻날 사당에서 지내는 차례)을 올리셨단다. 또, 아들의 천자문 외는 소리가 너무도 기꺼워서 글자를 모르는 당신께서도 부엌에서 따라 외우셨단다. 여든이 넘으신 지금도 마치 노래처럼 천자문을 외고 계신 어머니의 모습은 철없는 아이의 앞길에 크나큰 안받침이었다.

그 뒤 초등학교 5학년 때 '珍島 小癡藝術祭'에서 우수상을 받은 것을 계기로 長田 河南鎬 선생님 댁에서 아침 5시부터 7시까지 서예를 배우게 되었으며, 중학교 2학년 때 전라남도 미술전람회에 처녀 입선을 한 이래로 교직의 길을 걸어가며 서예가로 붓을 놓지 않고 있다. 서예가로서의 활동이 아마도 한문과는 불가분의 관계가 있었겠지만, 漢學이야 日淺하기 그지없다.

돌이켜 보면 교직 입문 이래 시골 중학교에서 또는 전문 예술고등학교에서 학생들을 가르치며 나름 부지런히 살았지만, 교육전문직에 들어서면서부터는 아무래도 소위 공부라는 게 쉽지 않았다. 그러나 교장 자격연수도 받고 奬學士에서 奬學官으로 승진하면서부터 漢詩와 함께 할 시간을 마련할 수 있었다. 朝夕의 여유를 틈내어 한시를 읽고 노트에 써보며, 출퇴근하는 길에 외우기를 반복하였다. 태생이 기억력과는 인연이 없어서인지 아침에 외운 시도 저녁엔 첫머리도 생각나지 않는 것이 다반사였지만, 두 해에 걸치니 세 차례 정도 읽게 되었다.

그러던 중 2007년 어느 날 갑자기 "그래, 논어를 공부해 볼까?" 하는 생각이 들었다. 그 동안 한두 차례 읽었다지만, 이번엔 본격적으로 공부해보고 싶다는 충동이 가슴을 울렸다. 그런데 한시에서 경험했듯이 한두 번 읽어가지고는 뒤돌아서면 잊게 되니, 다른 방법을 찾게 되었다. 한 장을 스무 번 이상 읽는다면 그래도 좀 오래 기억할까 싶은데, 그렇다고 같은 책을 스무 번씩이나 읽자면 지루하고 따분할 것 같았다. 그래서 인터넷을 검색하여 시중의 논어 스무여 권을 구입하여 읽기 쉬운 책부터 순서를 정해 놓고 하루에 한 장씩 책을 돌려가며 읽기 시작하였다. 그렇지만 교육청에서 행정 업무를 다루다 보니 진도는 더딜 수밖에 없었다. 그러던 중 안순일 교육감님 덕분에 2008년 일선 중학교 교감으로 나온 뒤부터 본격적으로 공부하기 시작하였다.

제3편 八佾篇을 마칠 무렵이다. 譯註者마다 다른 관점과 해석으로 인해 비교하고 검토해야 할 부분이 많아지다 보니, 이를 문서로 작성하여 일목요연하게 정리해야겠다는 생각이 들었다. 컴퓨터에 폴더를 지정하고 작업을 시작한지 벌써 4년여, 오랜 시간의 발자취가 이렇게 세 권의 책으로 되돌아왔다.

사실 이 책은 내가 학문적으로 논어에 대해 무엇을 알아서 펴낸 것이 아니고, 그동안 공부하면서 여러 학자들의 견해를 정리해 놓은 것에 불과하다. 다만, 한 권의 책만 읽어나가다 보면 역주자의 논리에 휘말릴 우려가 있는데, 여러 학자의 견해를 견주어 봄으로써 공자의 本義를 폭넓은 잣대 속에서 판단해 볼 기회를 찾았다는 데 의의가 있겠다. 더불어 논어를 공부하는 學人들과 나의 경험을 공유하고, 나아가 다양한 논어 역주자들의 의견을 아우름으로써 세상을 비추는 빛으로서의 공자의 뜻을 되살리는 계기가 되기를 바라는 마음을 담았다.

2010년 6월말 문서로서의 정리가 끝났을 때 처음 假本 네 권을 인쇄해 준 宋垠澤 아우, 곁에 있으면서 국어 문법에 대한 조언을 아끼지 않고 또한 첫 교정을 꼼꼼히 봐준 白嚴 金昶均 아우, 중국어에 대한 물음에 귀찮아하지 않고 성실히 답을 해준 全明熙 한문 선생님, 그리고 항상 나를 지지해 주시며 2차 교정을 봐주신 鰲灘 朴性洙 교장 선생님, 마지막 교정을 기쁨과 즐거운 마음으로 봐주신 고등학교 3학년 때 담임선생님이셨던 徐基南 선생님께 심심한 감사 말씀을 올린다. 아울러 題字를 정성스럽게 써준 학운초등학교 4학년 金俊錫 군에게도 고마움을 전한다.

2011. 7. 1.
鶴雲以仁書齋에서 洋田 金源翊

공자도 읽지 못한

논어

서예가 양전 김원익이 공부하다

제 3 권

차 례

衛靈公 위령공

遠慮 必無近憂

멀리 생각하면 반드시 눈앞의 근심이 없을 것이니 [衛靈公-11]

1. 군대의 일은 배우지 못했고...군자는 물론 곤궁하니

衛靈公問陳於孔子 孔子對曰 俎豆之事 則嘗聞之矣 軍旅之事 未之學也 明日遂行

在陳絶糧 從者病 莫能興 子路慍見曰 君子亦有窮乎 子曰 君子固窮 小人窮斯濫矣

衛靈公(위령공)이 陳(딘)을 孔子(공즈)씌 묻즈온대 孔子(공즈)ㅣ 對(디)호야 글ᄋ샤디 俎豆(조두)의 事(ᄉ)는 일즉 드럿거니와 軍旅(군려)의 事(ᄉ)는 學(혹)디 몯호얀노이다 호시고 明日(명실)에 드듸여 行(힝)호시다

陳(딘)에 겨셔 糧(량)이 絶(졀)호니 從者(죵쟈)ㅣ 病(병)호야 能(능)히 興(흥)티 몯호더니 子路(즈로)ㅣ 慍(온)호야 見(현)호야 글오디 君子(군즈)ㅣ 또흔 窮(궁)홈이 인ᄂ니잇가 子(즈)ㅣ 글ᄋ샤디 君子(군즈)ㅣ 진실로 窮(궁)ᄒᄂ니 小人(쇼신)은 窮(궁)ᄒ면 이에 濫(람)ᄒᄂ니라

위(衛)나라 영공(靈公)이 진법(陣法)에 대하여 공자께 물으니 공자께서 대답하여 말씀드리기를 "예법(禮法)의 일이라면 일찍이 들어 알고 있습니다만 군대(軍隊)의 일은 아직 배우지 못하였습니다." 하시고 이튿날 그예 떠나셨다.

진(陳)나라에 계실 때 양식(糧食)은 떨어지고 따르던 제자들이 굶주려 능히 일어날 수 없게 되자 자로가 분함을 품고 찾아뵈어 말씀드리기를 "군자도 또한 곤궁(困窮)함이 있는 것입니까?" 하니 선생님께서 말씀하시기를 "군자도 물론 곤궁할 수 있으나 소인이 곤궁하게 되면 곧 (지켜야 할) 선을 넘어 함부로 하느니라." 하셨다.

[참고] 先進-2.

【衛】 위(衛)나라. 지금의 하남성(河南省) 기현(淇縣)을 서울로 하였음.

【靈公】 위(衛)나라 임금. B.C 534~493 재위.

【(問)陳】 = 陣. 진법(陣法). 진을 치는 법. 진지를 구축하는 방법. 곧 군사전략(軍事戰略).

【俎豆之事】 제사에 관한 일. 제례(祭禮)에 관한 일. 예의(禮儀) [예법(禮法)]에 관한 일. [참고] 泰伯-4. 籩豆之事.

15

俎조 : 적대(炙臺). 제사나 잔치 때 희생(犧牲)을 올려놓는 나무 그릇.

豆 : 굽이 달린 나무 그릇으로 주로 밥 따위를 담는데 쓰는 제기(祭器).

정약용(丁若鏞) - 陳이란 행군의 대열을 갖추는 법이고 조두(俎豆) 또한 진열하는 물건이니 그 모습이 행군의 대열을 펼쳐놓은 것처럼 보이는 것이다. 俎는 희생을 올리는 제기이고, 豆는 김치와 젓갈류를 담는 그릇이다. [陳者 行軍列伍之法 俎豆亦陳列之物 其形如布陳 俎 升牲之器 豆 菹醢之器]

【之】 ① …의. 조사. 관형어와 중심어 사이에 쓰여 종속관계를 나타냄. 俎豆之事, 軍旅之事. ② 그것. 지시대명사. 각각 앞의 俎豆之事, 軍旅之事를 가리킴. 聞之 未之學也.

【則】 …은[는] 곧. …로 말하면[말할 것 같으면] 곧. …으로는 곧. …할 때는[경우에는]. …하여서는 곧. 접속사. 두 가지 또는 여러 가지 사실의 대비(대응)관계나 병렬관계를 나타내며 강조의 어감을 가짐.

【嘗】 = 曾. 일찍이 (…한 적이 있다). 이전에. 요전에. 부사.

【聞】 듣다. ⇒ 알다(知也). 깨우치다. 들어서 알다.

【矣】 ① …이다. 어기조사. 단정 또는 필연의 결과를 나타냄. 則嘗聞之矣. ② …하게 되다. …일[할] 것이다. …하게 될 것이다. 어기조사. 상황의 변화나 새로운 상황의 출현(어떤 사건이 발전·변화하는 과정이나 그것이 장차 발생하려 함)을 나타냄. 간혹 미래나 어떤 조건 하에서의 결과가 긍정적임을 나타냄. 斯濫矣.

【軍旅】 군대(軍隊). 군대의 편제 단위로 軍은 12,500명, 旅는 500명.

주례(周禮) 지관(地官) 소사도(小司徒) - 五人爲伍 五伍爲兩 四兩爲卒 五卒爲旅 五旅爲師 五師爲軍 [伍는 5명, 兩은 5伍(25명), 卒은 4兩(100명), 旅는 5卒(500명), 師는 5旅(2,500명), 軍은 5師(12,500명)]

【未之學也】 아직 그것을 배우지 못했다. 부정문에서 學之가 도치되었음.

未 : 아직 …하지 않다[못하다]. 아직 …이 아니다. 부사. 동작·행위·상황 등이 아직 발생하지 않았음을 나타냄.

也 : …이다. 어기조사. 문장 끝에 쓰여 판단이나 단정을 나타냄.

【明日】 내일. 이튿날. 그 다음 날.

明 : 다음. 지금의 다음.

【遂】 그예. 이에 있어서. 이로 인하여. 곧. 그래서. 부사. 뒤에 오는 동작이나 행위

혹은 상황이 앞의 것에 연이어서 발생함을 나타냄.

【行】 가다. 떠나다. 떠나가다(去也).

윤돈(尹焞) - 위 영공은 무도한 군주인데 또 전쟁하고 정벌하는 일에 뜻을 두었다. 그러므로 배우지 못하였다고 답하고 떠나신 것이다. [衛靈公 無道之君也 復有 志於戰伐之事 故 答以未學而去之]

【(在)陳】 진(陳)나라. 지금의 하남성(河南省)에 있었던 작은 나라.

【絶糧】 양식[식량]이 떨어지다.

絶 : 없어지다. 없게 되다. 떨어지다. 다하다.

【從者】 따르는 사람들. 수행원들. 곧 수행한 제자(弟子)들.

【病】 병들다. 굶주리다.

【莫】 아무(것)도 …한 사람(것)이 없다. 아무도 …하지 않다. 지시대명사.

【興】 일어나다(起也). 자리에서 일어나다.

【子路】 공자의 제자 중유(仲由). 자가 자로(子路). [참고] 爲政-17.

【慍】 성[화]내다. 분개하다. 마음속에 분함을 품다.

【見현】 (웃어른을) 뵙다. 찾아뵙다. 알현(謁見)하다. 뵈러 오다.

【亦】 또한. 역시. 부사. 몇 개 혹은 하나의 주체가 동일하거나 상이한 동작(행위)을 하고 있음을 나타냄.

【窮】 곤궁(困窮)하다. 궁지에 빠지다. 괴롭고 힘든 상황.

【乎】 …인가? …한가? 어기조사. 문장 끝에 쓰여 의문(질문)을 나타내며 시비(是 非)판단의 어기를 도움.

【固】 말할 것도 없이. 물론. 부사. [동아 백년옥편, 두산동아, 2005. p.330]

① 본디. 원래. 본디부터. 부사. 뒤의 窮은 동사로 술어.

하안(何晏) - 군자도 본래 또한 곤궁할 때가 있으나, 다만 소인이 곤궁하면 분수에 넘쳐 잘못하는 것과는 같지 않다. [君子固亦有窮時 但不如小人窮 則濫溢爲非]

② 굳게 지키다(堅守, 安守). 고수하다. 꿋꿋하게 견디어 내다. 뒤의 窮은 (동)명사 로 목적어. ☞ 군자는 곤궁함을 꿋꿋하게 견디어 낸다. [뒤의 窮을 시간을 나타내는 부사로 볼 경우 ☞ 군자는 곤궁할 때도 (자신을) 굳게 지킨다.]

정이(程頤) - 固窮이란 그 궁함을 굳게 지키는 것이다. [固窮者 固守其窮]

【斯濫矣】 곧 지켜야할 선을 넘어 함부로 하다.

斯 : …하면 (곧). 이렇게 되면. 그렇다면. 접속사. 앞의 문장을 이어받아 조건에
　　따른 결과를 나타냄.

濫람 : 넘치다. 넘다. ⇒ 지켜야할 선을 넘다. ⇒ 함부로 행동하다. 예나 법도에
　　어그러진 짓을 함부로 하다. 제멋대로 나쁜 짓을 하다.

　하안(何晏) - 濫은 넘치는 것이다. [濫 溢也]

　정약용(丁若鏞) - 절도를 넘고 분수에 어긋나는 것이다. [踰節犯分]

주희(朱熹) - 聖人은 마땅히 떠나야 할 경우에는 떠나서 돌아보고 염려하는 바가
　　없고, 곤경에 처해서도 형통하여 원망하거나 후회하는 바가 없음을 여기에서
　　볼 수 있으니, 배우는 자들은 깊이 음미해야 한다. [聖人 當行而行 無所顧慮
　　處困而亨 無所怨悔 於此可見 學者宜深味之]

정약용(丁若鏞) - 집해(集解)에서는 明日遂行이라는 구절을 아래 章에 연결시켰고,
　　집주(集註)에서는 위아래 장을 합하여 한 장으로 보고 있으나 사기(史記)를
　　살펴보면 진나라에서 양식이 떨어져 어려움을 겪었던 일은 위를 떠난 지 7년
　　후에 있었으니 당연히 별도로 한 장을 만들어야 할 것이다. [集解 明日遂行
　　屬之下章 集註 上下章合之爲一 今按史記 在陳絶糧 在去衛七年之後 宜別爲一章]

♣20100304木

2. 많이 배워 그것을 깨달아 알고 있는 것이 아니니

> 子曰 賜也 女以予爲多學而識之者與 對曰 然 非與 曰 非也 予一以
> 貫之

子(즈)] 글으샤디 賜(스)아 네 날로써 해 學(혹)ᄒ야 識(지)ᄒ는 者(쟈)] 라 ᄒᄂ냐 對
(디)ᄒ야 글오디 그러ᄒ이다 아니니잇가 글으샤디 아니라 나는 一(일)이 뻐 貫(관)ᄒ얀ᄂ
니라

선생님께서 말씀하시기를 "사(賜)야! 너는 나를 많이 배워 그것을 깨달아 알고 있는
사람이라 생각하느냐?" 하시니, 대답하여 말씀드리기를 "그러합니다. 아니옵니까?"
하였다. 말씀하시기를 "아니니라. 나는 하나로써 그것을 꿰뚫었느니라." 하셨다.

【賜】 공자의 제자 단목사(端木賜). 자는 자공(子貢). [참고] 學而-10.
【也】 ① …야! 어기조사[호격조사]. 상대를 부를 때 그의 이름 밑에 씀. = 乎. 賜也.
　　② …이다. 어기조사. 진술문의 끝에 쓰여 판단이나 단정 또는 긍정을 나타냄.
　　非也.
【女】 너. = 汝. 이인칭대명사.
【以 … 爲 ~】 …으로써 ~을 삼다[여기다]. …을 ~으로 삼다[여기다]. …을 ~(이)라
　　고 여기다[간주하다, 생각하다]. …이(가) ~하다고 여기다[간주하다, 생각하
　　다]. 以는 전치사. 爲는 동사.
【予】 나. 일인칭대명사.
【多學而識之】 많이 배워서 그것을 기억하다. ⇒ 널리 배워서 깨달아 알고 있다.
　多學 : 많이 배우다. ⇒ 널리 배우다. [참고] 雍也-25. 君子博學於文
　而 : …하여서. 그리하여. 접속사. 순접(연관) 관계를 나타냄.
　識지 : 기억하다. 외우다. 마음에 새기다. 의식 속에 잘 갈무리해두다. ⇒ 깨달아
　　알다.
　之 : 그것. 지시대명사. 앞의 多學을 가리킴.
　정약용(丁若鏞) - 多學은 널리 배움을 일컫고 識(지)는 기억함이다. [多學 謂博學
　　識記也]

【與】 …인가? …입니까? = 歟. 어기조사. 의문문 끝에 쓰여 시비(是非)의 판단을
　　묻는 어기를 나타냄.

【然】 그렇다. 그러하다. 옳다. 맞다.

【一以貫之】 하나로써 그것을 꿰뚫었다. 하나로써 관통되어 있다. 강조를 위하여
　　以一이 도치됨.

以 : …으로써. …을 가지고[통하여]. 전치사. 도구·수단·방법을 나타냄.

貫 : 꿰뚫다. 관통(貫通)하다. 통(通)하다.

之 : 그. 그것. 지시대명사. 일반적인 사실·사물·사람을 가리킴. [참고] 논어에서는
　　공자의 기본 사상인 '道'나 '仁' 등을 가리키기(의미하기)도 함.]

하안(何晏) - 善에는 근원이 있고 일에는 모이는 지점이 있다. 천하의 일이 갖가지로
　　다르지만 돌아가는 곳은 하나이며, 사람마다 갖가지의 생각이지만 하나로 일치
　　하는 것이니, 그 근원을 알면 곧 모든 선을 행할 수 있다. 그러므로 많이 배우지
　　않고도 하나로 알아갈 수 있는 것이다. [善有元 事有會 天下殊塗而同歸 百慮而
　　一致 知其元 則衆善擧矣 故不待多學而一知之]

[참고] 里仁-15.　　　　　　　　　　　　　　　　　　♣20100305金

3. 덕德을 알아주는 이 드물구나

子曰 由 知德者鮮矣

子(즈)ㅣ 글ᄋ샤디 由(유)아 德(덕)을 아ᄂ 者(쟈)ㅣ 져그니라

선생님께서 말씀하시기를 "유(由, 자로)야! 덕(德)을 알아주는 이 드물구나!" 하셨다.

【由】 공자의 제자 자로(子路)의 이름. 성은 중(仲). [참고] 爲政-17.

【知】 알다. 알아주다. 이해하다.

　知德者 : 덕(德)을 아는 사람. 덕을 알아주는 사람. 덕을 갖춘 사람을 알아보고
　　　그를 등용하는 사람.

　주희(朱熹) - 德은 의리를 행하여 자기 몸에 얻는 것을 이른다. [德 爲義理之得於己者]

　정약용(丁若鏞) - 德은 곧은 마음을 행하는 것이다. [德者 直心之攸行也]

【鮮】 적다(少也). 드물다. 흔하지 않다. 거의 없다.

【矣】 …이구나! …이도다! …로구나! 어기조사. 감탄문의 끝에 쓰여 비통·찬송·
　　　감탄·놀람 등의 어기를 나타냄.

　왕숙(王肅) - 군자는 물론 곤궁한 것인데 자로가 성낸 얼굴빛으로 공자를 뵈었으므
　　　로 그에게 '덕을 아는 이 적다.' 고 말한 것이다. [君子固窮 而子路慍見 故謂之
　　　少於知德]

　정약용(丁若鏞) - 鮮矣 두 글자는 원래 세상 사람들을 애석하게 여겨 개탄하신
　　　말이다. 만일 자로를 애석히 여겨 개탄하신 말이라면 어찌 鮮矣라 말할 수
　　　있겠는가? 자로가 덕을 알지 못하였다 하여 그에게 '덕을 아는 사람이 적다.'
　　　라고 말한다면 이는 자로를 용서한 말이지 자로를 꾸짖음이겠는가? 이 글은
　　　'자로가 성을 내어 찾아뵙다.' 는 경문과는 아무런 관련이 없다. [鮮矣二字
　　　本是慨惜世人之辭 若慨惜於子路 則豈云鮮矣 子路不知德而語之曰 知德者鮮矣
　　　則是恕子路也 豈責子路乎 此章 與慍見無涉] 공자는 자로와 함께 사방의 나라
　　　를 두루 돌아다녔으나, 자기를 알아주는 이를 만나지 못하였으므로 감개하여
　　　이를 말한 것이다. [孔子與子路 周流四國 不遇知己 感慨而告之]♣20100308月

4. 순舜 임금님은 무위無爲로 잘 다스렸으니

> 子曰 無爲而治者 其舜也與 夫何爲哉 恭己正南面而已矣

子(조)] 글으샤되 ᄒᆞ욤이 업시 治(티)ᄒᆞᆫ 者(쟈)ᄂᆞᆫ 그 舜(순)이신뎌 므스 일을 ᄒᆞ시리오 己(긔)를 恭(공)ᄒᆞ고 正(졍)히 南面(남면)ᄒᆞ실 ᄯᆞ름이시니라

선생님께서 말씀하시기를 "억지로 애쓰지 않고서 잘 다스린 사람은 아마도 순(舜)임금님이시리라. 그 분은 어떻게 하셨는가? 당신 자신을 공손하게 하고 오로지 옥좌(임금 자리)에 앉아계셨을 뿐이셨느니라." 하셨다.

【無爲而治】 인위적으로 애쓰는 일이 없이 자연스럽게 다스리다.

　爲 : = 作爲. 일부러 하다. 작정하고 하다. 억지로 하다. 인위적으로 애쓰는 일.

　而 : …하여서[하고서]. 그리하여. 접속사. 순접(연관) 관계를 나타냄.

　治 : 다스려지다. 질서가 잡혀 태평(太平)하다. 정치가 맑고 깨끗하다.

　주희(朱熹) - 無爲而治는 성인의 덕이 성대하여 백성이 교화되었으므로, 만들어서 하는 바가 있음을 기다리지(필요로 하지) 않는 것이다. [無爲而治者 聖人德盛 而民化 不待其有所作爲也]

　하안(何晏) - (적임자인) 인재를 얻어 관직을 맡겼으므로 無爲로써 천하를 다스릴 수 있었다는 말이다. [言任官得其人 故無爲而治]

　정약용(丁若鏞) - 舜 임금은 비록 인재를 얻었지만 일찍이 無爲는 아니었다. 여기에서 말하는 無爲란 훌륭한 인재를 얻음으로써 편안하게 되었음을 감탄하고 찬양한 말이다. [舜雖得人 未嘗無爲 此云無爲者 極言得人而逸 贊歎揄揚也]

　[참고] 爲政-1, 泰伯-20.

【其】 아마(도). 어쩌면. 부사. 동작이나 행위 또는 어떤 상황에 대한 추측을 나타냄.

【也與】 …일 것이다. 어기조사. 추측이나 자신의 생각을 완곡하게 표현하는 어기를 나타냄. 일반적으로 '其'와 같이 쓰임.

【夫何爲哉】 그분은 어떻게 하셨습니까?

　夫 : 이 (사람). 그 (사람). 저 (사람). 인칭대명사.

何 : 어떻습니까? 어떻게 …합니까? 의문대명사. 상황이나 방식[방법]에 대해 물음. 목적어로 쓰여서 爲와 도치됨.

爲 : 하다. 행하다. 실천하다. 동사.

哉 : …입니까? …인가? 어기조사. 질문(의문)의 어기를 나타냄. 일반적으로 의문대 명사 安, 何 등과 호응함.

【恭】 공손(恭遜)히 하다. 예의 바르고 겸손(謙遜)하게 하다. 용모와 태도를 단정하 고 근엄하게 하다. 나볏하게 하다(몸가짐이나 행동을 반듯하고 의젓하게 함).

주희(朱熹) - 恭己는 성인이 덕을 공경하는 모양이다. [恭己者 聖人敬德之容]

정약용(丁若鏞) - 恭己는 경신(敬身, 자기 자신을 공경함)과 같으니 돈독하고 공손 히 하여 단정히 앉아 있는 것을 말한다. [恭己猶敬身 謂篤恭而端坐也]

【正】 단지. 겨우. 오로지. 부사. 어떤 상황이나 동작 행위의 대상이 어떤 범위에 국한됨을 나타냄. [참고] 바르게. 똑바로.

【南面】 남쪽으로 향하다. 남쪽으로 향하여 앉아 있다. 임금 자리에 앉아 있다.

정약용(丁若鏞) - 正南面이란 그 자리에 앉아 움직이지 않음을 말함이다. [正南面 謂居其位而不動也]

【而已矣】 …일 뿐이다. …할 따름이다. ‘而已’ 는 제한의 어기를 나타내고, ‘矣’ 는 긍정의 어기를 나타내는데 이 둘이 연용되어 제한의 어기를 강조함.

♣20100309火

5. 말이 충신忠信하고 행동이 독경篤敬한다면 행하여지니

子張問行 子曰 言忠信 行篤敬 雖蠻貊之邦 行矣 言不忠信 行不篤敬
雖州里 行乎哉 立則見其參於前也 在輿則見其倚於衡也 夫然後行
子張書諸紳

子張(ㅈ댱)이 行(힝)홈을 묻ㅈ온대 子(ㅈ)ㅣ 굴ㅇ샤대 言(언)이 忠信(튱신)ㅎ며 行(힝)
이 篤敬(독경)ㅎ면 비록 蠻貊(만뫽)ㅅ 邦(방)이라도 行(힝)ㅎ려니와 言(언)이 忠信(튱
신)티 몯ㅎ며 行(힝)이 篤敬(독경)티 몯ㅎ면 비록 州里(쥬리)나 行(힝)ㅎ랴 立(립)ㅎ
則(즉) 그 前(전)에 參(참)홈을 見(견)ㅎ고 輿(여)에 이신 則(즉) 그 衡(형)에 倚(의)홈
을 見(견)홀 띠니 그런 後(후)에 行(힝)ㅎㄴ니라 子張(ㅈ댱)이 紳(신)에 書(셔)ㅎ니라

자장(子張)이 행(行)함에 대하여 여쭙자 선생님께서 말씀하시기를 "말이 충성(忠誠)되고 믿음이 있으며 행동이 돈독(敦篤)하고 공경(恭敬)스러우면 비록 오랑캐 나라에서라도 행하여질 것이니라. 말이 충신(忠信)하지 않고 행동이 독경(篤敬)하지 않으면 비록 자기 고장에서라도 행하여질 수 있겠느냐? 서면 곧 이 글자들이 앞에 마주하고 있는지 살펴보고 수레에 있으면 곧 이 글자들이 수레 가로 막대에 기대어졌는지 살펴보아야 할지니 대저 그러한 후에야 행하여지느니라." 하시니, 자장은 이 말씀을 허리띠에 써두었다.

【子張】공자의 제자 전손사(顓孫師). 자가 자장(子張).
【行】① 말이[道가] 행하여지는 것. 자기의 주장이 행하여지는 것. 뜻이 통하여
   행하여지는 것. 뜻이 통하여 받아들여지는 것. 신념이나 진리가 구현[실현]되
   는 것. ② 벼슬길에 나가서 행하는 것. 처세(處世). ③ 외교 업무의 처리.
주희(朱熹) - 子張은 뜻이 밖에서 행해짐을 얻는 데 있었다. 그러므로 공자께서
   당신에게 돌이켜 말씀하셨으니 간록(干祿)과 문달(問達)에 답한 뜻과 같다.
   [子張 意在得行於外 故夫子反於身而言之 猶答干祿問達之意也] [참고] 爲政
   -18[干祿], 顔淵-20[問達].
정약용(丁若鏞) - 行은 교령(敎令, 가르침)을 시행하는 것을 말한다. [行 謂敎令得
   施行也]

남회근(南懷瑾) - 고대의 行人之官의 行으로써 외교 업무를 말한다. 출사(出使)가 곧 行이다. [참고] 憲問-9.

【忠信】 충성(忠誠)과 신의(信義). 진심으로 정성을 다하는 것과 말과 행동이 같아 거짓이 없는 것. 참되고 미쁘다.

【篤敬】 돈독(敦篤)과 공경(恭敬). 독실(篤實)하고 경건(敬虔) 하다. 믿음성[인정] 이 있고 후덕(厚德)하며 엄숙하고 진지하게 하다. 옹골차고 지극하다.

주래봉(周萊峰) - 忠信篤敬이란 宋儒와 같이 네 글자로 나누어 볼 수 없는 것이다. 信이란 반드시 忠信으로, 敬이란 반드시 篤敬으로 말하니 信이란 中心으로 말미암지 않으면 비록 信이 있다 하여도 또한 망령된 것이며 敬이 돈독하고 지극하지 않으면 비록 공경한다 하여도 또한 거짓임을 알 수 있다. [忠信篤敬 不得如宋儒分作四字看 信必曰忠信 敬必曰篤敬 可見 信不由中 雖信亦妄 敬不 篤至 雖敬亦矯] [論語古今註(丁若鏞)]

【雖】 비록 …일[할] 지라도. 접속사. 양보관계를 나타냄.

【蠻貊만맥】 오랑캐.

蠻만 : 남쪽의 오랑캐. 貊맥 : 중국 북방의 한 종족.

【矣】 …하게 되다. …일[할] 것이다. …하게 될 것이다. 어기조사. 상황의 변화나 새로운 상황의 출현(어떤 사건이 발전·변화하는 과정이나 그것이 장차 발생하려 함)을 나타냄. 간혹 미래나 어떤 조건 하에서의 결과가 긍정적임을 나타냄.

【州里】 자기 고장. 자기 마을. 향리(鄕里).

州 : 2,500家. 里 : 25家.

【乎哉】 …인가? …이겠는가? 어기조사. 반문의 어기를 나타냄. 의문을 나타내는 어기조사인 '乎' 와 반문 및 감탄을 나타내는 어기조사인 '哉' 로 이루어졌는 데 중점은 '哉' 에 있음.

【則】 …은[는] 곧. …로 말하면[말할 것 같으면] 곧. …으로는 곧. …할 때는[경우에 는]. …하여서는 곧. 접속사. 두 가지 또는 여러 가지 사실의 대비(대응)관계나 병렬관계를 나타내며 강조의 어감을 가짐.

【見】 보다. 살펴보다.

【其】 그것. 그(이) 글자들이. 지시대명사. 앞의 言忠信 行篤敬을 가리킴.

【參참】 보다. 바라보다. 쳐다보다. ⇒ 마주하다. 마주하고 있다.

[참고] ① 나란히 서다. 나열되다. 죽 늘어선 모양. ② 간여하다. 참여하다. ③ 뚜렷하다. 역연(歷然)하다. ④ 쌓여있다. ⑤ 말에 멍에(軛)하다. = 驂.

주희(朱熹) - 參은 毋往參焉(가서 끼어들지 말라)의 參과 같이 읽으니 나와 함께 서로 참여함을 말한다. [參 讀如毋往參焉之參 言與我相參也]

황간(皇侃) - 參은 森(늘어 섬, 나열함, 빽빽함)과 같다. 자기 앞에 빽빽하게 가득 뻗쳐있음이다. [參 猶森也 森森滿亘於己前也]

【於】 …에. 전치사. 동작이나 행위가 일어나는 장소(범위)를 나타냄.

【也】 …하라. …하시오. …해야 한다. 어기조사. 명령문 끝에 쓰여 명령이나 청유의 어기를 나타냄.

【衡형】 수레 앞에 가로 지른 나무. 끌채(輈, 수레 중앙에 있는 긴 채).

포함(包含) - 衡은 軛(멍에)이다. 충신(忠信)을 생각한 나머지 서 있을 때 항시 충신을 상상하여 눈앞에 어른거리듯 하고 수레에 있을 때는 마치 수레의 멍에에 기대어 있는 것처럼 하는 것을 말한다. [衡 軛也 言思念忠信 立則常想見參然在目前 在輿則若倚車軛]

정약용(丁若鏞) - 參於前이란 軛(멍에)이며 倚於衡이란 輈(끌채)이다. 參은 驂과 통하는데 驂이란 말에 멍에를 메움이며 衡이란 여러 軛 위에 가로 지른 나무이다. 말에 멍에를 메울 때는 반드시 軛으로써 해야 되고 軛을 쓸 때는 반드시 輈로써 해야 되니, 수레 위에 서면 수레 앞에 멍에를 한 軛이 보이고 수레에 앉으면 輈가 衡 위에 얹혀있는 것을 볼 수 있다. 수레와 말은 본래 두 가지 물건으로 서로 연결되어 있지 않아 반드시 輈와 軛으로 연결된 뒤에야 비로소 앞으로 나아갈 수 있다. 나와 남도 본래 두 몸으로 서로 연결될 수 없으나 반드시 信과 敬으로써 두 사람 사이를 연결시킨 다음에야 나의 가르침이 시행될 수 있다. [參於前者 軛也 倚於衡者 輈也 參 驂通 驂者 駕馬也 衡者 衆軛上橫木也 駕馬必以軛 施軛必以輈 立於車 則見軛之駕於車前也 坐於輿 則見輈之倚於衡上也 車與馬 本是二物 不相連接 必以輈軛聯結於二者之間 然後車乃得行 我與人 本是二身 不相連接 必以信敬聯結於二者之間 然後 我之敎令乃得施行]

【夫】 도대체. 대체. 대체로. 무릇. 어기조사(발어사). 문장의 첫머리에 쓰여 이야기를 이끌어 내기 위하여 듣는 이의 주의를 환기시키는 역할을 함.

【然後】 …한 후에야[뒤에야, 다음에야]. 비로소. 접속사. 뒷일의 발생이 앞일을

전제로 함을 나타냄.

【諸저】之於(…에 그것을). 합음사. 之는 지시대명사로 앞의 공자 말씀(言忠信~夫
　　然後行)을 가리키고, 於는 전치사로 동작이나 행위가 발생한 장소나 범위를
　　나타냄.

【紳신】예복에 갖추어 매는 큰 띠. 허리에 매고 남은 부분을 길게 늘어뜨린 큰
　　띠.

　형병(邢昺) - 띠로 허리를 묶고 그 남은 부분을 아래로 드리워서 장식으로 하는데,
　　이를 紳이라 한다. [以帶束腰 垂其餘以爲飾 謂之紳]　　　♣20100309火

第十五篇 ◎ 衛靈公

6. 사어史魚는 올곧고 거백옥蘧伯玉은 군자君子로다!

子曰 直哉史魚 邦有道 如矢 邦無道 如矢 君子哉蘧伯玉 邦有道 則 仕 邦無道 則可卷而懷之

子(주)ㅣ 글으샤딕 直(딕)ᄒ다 史魚(스어)ㅣ여 邦(방)이 道(도)ㅣ 이숌애 矢(시) 곧ᄐ며 邦(방)이 道(도)ㅣ 업슴애 矢(시) 곧도다 君子(군즈)ㅣ라 蘧伯玉(거빅옥)이여 邦(방)이 道(도)ㅣ 이신 則(즉) 仕(ᄉ)ᄒ고 邦(방)이 道(도)ㅣ 업슨 則(즉) 可(가)히 卷(권)ᄒ야 懷(회)ᄒ리로다.

선생님께서 말씀하시기를 "강직하도다! 사어(史魚)여! 나라에 도(道)가 있어도 화살과 같으며 나라에 도가 없어도 화살과 같도다. 군자(君子)로다! 거백옥(蘧伯玉)이여! 나라에 도가 있으면 곧 벼슬을 하고 나라에 도가 없으면 곧 가히 거두어서 그것(재능)을 감출 수 있었느니라." 하셨다.

【直】 곧다. 우직(愚直)하다. 솔직(率直)하다. 강직(剛直)하다.

【哉】 …이로다! …이구나! …이도다! …하구나! …로구나! …이여! 어기조사. 찬양·비통·분노·경악·감개 등의 감탄의 어기를 나타냄.

【史魚】 위(衛)나라의 대부. 성은 사(史). 이름은 추(鰌). 자가 자어(子魚).

[참고] 주희(朱熹) - 史는 관직명이다. [史 官名]

오성수 - 史는 벼슬이름. 魚는 성으로 사관(史官)을 지낸 어씨(魚氏)라는 뜻.

신동준 - 史는 관직명이 성이 된 사례에 해당한다. [참고] 雍也-14. 祝鮀.

공자가어(孔子家語) 곤서(困誓) - 衛 蘧伯玉은 어질었는데도 靈公은 그를 등용하지 않았고 미자하(彌子瑕)는 불초(不肖)한데도 오히려 그를 임용하자 史魚는 이를 여러 차례 간하였으나 영공은 이를 듣지 아니하였다. 이에 史魚가 병이 들어 곧 임종하려 할 때 그의 아들에게 유언하기를 '내 위나라의 조정에서 거백옥을 벼슬에 나아가게 하고 미자하를 물리쳐 내지 못하였으니 이는 신하로서 임금을 올바르게 하지 못한 일이다. 살아서 임금을 올바르게 하지 못하였으니 죽어서도 예에 따라 장례를 치룰 수 없는 일이다. 내 죽거든 나의 시체를 창 아래에 안치하는 것만으로도 다해준 것이다.' 라고 하였다. 그의 아들이 그의 유언에 따라 그렇게 하자 영공이 조문하면서 이를 이상히 생각하여 물으니 그의 아들은 그의 부친 유언대로 영공에게 말하여 주었다. 이에 영공은 깜짝 놀라 어찌할 바를 모르고 말하기를 '이는 과인의 잘못이다.' 라 하며 그의 아들에게 명하여 객위(客位)에 빈(殯)하게 하고 거백옥을 등용하고 미자하를 멀리하였던 것이다. 공자는 이러한 일을 듣고 '옛 충신열사로서 간쟁한 신하들은 죽으면 그만이었는데 사어와 같은 인물은 죽어서도 시체로 간하였으니, 그의 충성이 임금을 감동시켰던 자는 일찍이 없었다. 이를 곧다고 말하지 않을 수 있겠는가?' 라고 하였다. [衛蘧伯玉賢 而靈公不用 彌子瑕不肖 反任之 史魚驟諫 而不從 史魚病 將卒 命其子曰 吾在衛朝 不能進蘧伯玉 退彌子瑕 是吾爲臣 不能正其君也 生而 不能正其君 則死無以成禮 我死 汝置屍牖下 於我畢矣 其子從之 靈公弔焉 怪而 問焉 其子以其父言告公. 公愕然失容曰 是寡人之過也 於是命之殯於客位 進蘧 伯玉而用之 退彌子瑕而遠之 孔子聞之曰 古之烈諫者 死則已矣 未有若史魚死 以屍諫 忠感其君者也 可不謂直乎] [참고] 한시외전(韓詩外傳) 卷七-22.

[참고] 千字文 - 史魚秉直.   蒙求 - 史魚黜殯.

【如】 …과 같다. 형용사.

【矢】 화살. 곧음을 비유. 如矢 : 화살과 같다. 화살같이 곧다.

주희(朱熹) - 如矢는 곧음을 말한다. [如矢 言直也]

【蘧伯玉】 위(衛)나라의 대부 거원(蘧瑗). 자가 백옥(伯玉).

주희(朱熹) - 예컨대 손림보(孫林父)와 영식(甯殖)이 군주를 추방하고 시해하려는 모의에 거백옥이 대답하지 않고 나간 것이 또한 그 일이다. [如於孫林父甯殖放 弑之謀 不對而出 亦其事也] [참고] 左傳

【則】 …이면(하면) (곧). 그렇다면 곧. 접속사. 결과나 조건에 대한 상호 원인 등 앞뒤 문장의 전후 상황이 서로 연관됨을 나타냄.

【卷而懷之】 거두어서 마음속에 품다. 재능을 숨기어 나타내지 않다. 은퇴(隱退)함을 비유. [참고] 述而-10, 泰伯-13.

卷 : 거두어들이다(收也). 말아서 감다(= 捲). 자기의 능력이나 지식을 쓰지 않음을 비유.

而 : …하여서[하고서]. 그리하여. 접속사. 순접(연관)관계를 나타냄.

懷 : 재능 등을 감추다(藏也). 숨기다. 숨어 지내다.

之 : 그것. 지시대명사. 앞의 仕를 가리킴. 仕(벼슬하는 것) ⇒ 정치·행정 능력의
발휘 ⇒ 재능. 곧 卷而懷之는 '재능을 숨기어 나타내지 않음.' 을 뜻함.

[참고] ① 지시대명사. 앞의 卷을 가리킴. ⇒ 거두어서 그 거둔 것을 가슴에
품다[숨기다]. ② 어기조사. 종결어미의 역할을 함. [行之(간다. 갔다.), 生之(태어났
다. 자란다.), 歸之(돌아간다. 돌아갔다.)]

주희(朱熹) - 卷은 거둠이요 懷는 감춤이다. [卷 收也 懷 藏也]

포함(包咸) - 卷而懷란 時政에 간여하면서 유순(柔順) 히 하여 남에게 거슬리지
않으려 하지 않음을 말한다. [卷而懷 謂不與時政柔順不忤於人]

형병(邢昺) - 有道할 때는 총명함으로 벼슬을 하고 無道할 때는 빛을 감추고 자취를
가리어 정사에 참여[간여]하지 않는 것이다. [有道 則肆其聰明而在仕也 無道
則韜光晦跡不與政]

유월(兪樾) - 之자는 漢石經에 也로 쓰여 있다. 後漢書 周黃徐姜申屠傳序에서도
또한 '孔子稱蘧伯玉 邦無道 則可卷而懷也' 라고 하였다. 이는 古本이 이와
같다는 것이므로 이를 따라야 한다. 卷의 뜻은 '거두어들이는(收)' 것이다.
儀禮 公食大夫禮의 '有司卷三牲之俎(유사가 세 가지 생육 적대를 거두어들였
다.)' 에 대한 鄭注에서 '卷은 收와 같다.' 고 하였다. 懷의 뜻은 歸(돌아간다) 이
니 詩 匪風편의 '懷之好音(좋은 소식 갖고 올 건가)' 과 詩 皇矣편의 '予懷明
德(나는 밝은 덕으로 돌아가네)' 에 대한 모전(毛傳)은 두 가지 모두 '懷는
歸이다.' 라고 풀이하였다. '邦有道 則仕 邦無道 則可卷而懷也' 라는 말은 나라
에 도가 있으면 출사하고 도가 없으면 거두어들이고 돌아온 것을 찬미한 것이
다. [之字 漢石經作也 後漢書周黃徐姜申屠傳序 亦曰 孔子稱蘧伯玉 邦無道 則
卷而懷也 是古本如此 當從之 卷之義爲收 儀禮公食大夫禮 有司卷三牲之俎 鄭
注曰 卷猶收也 懷之義爲歸 詩匪風篇 懷之好音 皇矣篇 予懷明德 毛傳竝曰 懷
歸也 邦有道 則仕 邦無道 則可卷而懷也 美其有道則出仕 無道則卷收而歸也]

양시(楊時) - 사어(史魚)의 곧음은 군자의 道를 다하지 못한 것이요, 거백옥(蘧伯玉)
과 같이 한 뒤에야 난세에서 화를 면할 수 있다. 史魚와 같이 화살처럼 곧게
한다면 비록 거두어 감추고자 하더라도 또한 될 수 없는 것이다. [史魚之直
未盡君子之道 若蘧伯玉然後 可免於亂世 若史魚之如矢 則雖欲卷而懷之 有不
可得也]   ♣20100315月

7. 지자知者는 사람도 말도 잃지 않으니

> 子曰 可與言而不與之言 失人 不可與言而與之言 失言 知者 不失人
> 亦不失言

子(주)ㅣ 글으샤딕 可(가)히 더블어 言(언)흐얌즉 호딕 더블어 言(언)티 아니흐면 人(신)을 失(실)홈이오 可(가)히 더블어 言(언)흐얌즉디 아니호딕 더블어 言(언)흐면 言(언)을 失(실)홈이니 知(디)흔 者(쟈)는 人(신)을 失(실)티 아니흐며 쏘흔 言(언)을 失(실)티 아니흐느니라

선생님께서 말씀하시기를 "가히 더불어 말할 만한데 그와 더불어 말하지 않으면 사람을 잃게 되고, 가히 더불어 말할 만하지 않은데 그와 더불어 말한다면 말을 잃는 것이니, 지혜로운 사람은 사람을 잃지 아니하며 또한 말도 잃지 아니하느니라." 하셨다.

【可】 가히 …할 수 있다. 가능하다. 조동사. 허가나 가능을 나타냄.

【與】 …와[과]. …와 함께. …와 더불어. 전치사. 동작이나 행위에 대한 동반자임을 나타냄. 可與言의 與 다음에 목적어가 생략되었음.

【而】 그런데. 그러나. 그렇지만. 오히려. 접속사. 역접관계를 나타냄.

【失】 잃다.

失人 : 사람을 잃다. 失言 : 말을 잃다. 말을 낭비하다.

정약용(丁若鏞) - 충고하는데 받아들여지지 않으면, 말을 잃은 것이다. [忠告不見
用 則失言]

【知者】 슬기[지혜]로운 사람.

知 : = 智. 지혜롭다. 슬기롭다. 지혜가 있다. 총명하다.

者 : …한[하는, 이라 하는] 사람[일, 때, 곳, 것]. 특수지시대명사. 동사·형용사
혹은 각종 구와 결합하여 그 말의 수식을 받아 명사구를 이루며, 사람이나
사물을 나타냄.

형병(邢昺) - 만약 중인 이상이면 형이상학을 말할 수 있으니, 이는 함께 말할 수
있는데 함께 말하지 않는다면 이것은 그 사람을 잃는 것이며, 만약 중인 이하이
면 형이상학을 말할 수 없는데, 자기가 그와 함께 말한다면 곧 자신의 말을

잃는 것이다. 오직 지혜로운 자는 일에 밝으므로 두 가지 다 잃지 않는다.
[若中人以上 可以語上 是可與言而不與言 是失於彼人也 若中人以下 不可以語
上 而己與之言 則失於己言也 惟知者明於事 二者俱不失]　　♣20100316火

8. 지사志士와 인인仁人은 자신을 희생하여 인仁을 이루니

子曰 志士仁人 無求生以害仁 有殺身以成仁

子(즈)ㅣ 골으샤디 志士(지스)와 仁人(신신)은 生(싱)을 求(구)ㅎ야 써 仁(신)을 害(해) 홈이 업고 身(신)을 殺(살)ㅎ야 써 仁(신)을 成(셩)홈이 인ᄂ니라

선생님께서 말씀하시기를 "지사(志士)와 인인(仁人)은 살기 위하여 인(仁)을 해침이 없고, 살신(殺身)하여 인(仁)을 이룸이 있느니라." 하셨다.

【志士】 뜻이 있는 선비. 고매한 뜻을 품은 사람. 도에 뜻을 둔 사람. 仁의 경지를 이루려는 뜻을 갖고 노력하는 선비.

【仁人】 인(仁)을 행(行)하는 사람. 인덕(仁德)을 이룬 사람.

주희(朱熹) - 志士는 뜻이 있는 선비요 仁人은 곧 덕을 이룬 사람이다. [志士 有志之士 仁人 則成德之人也]

정약용(丁若鏞) - 志士란 道에 뜻을 둔 선비이며 仁人이란 어진 마음을 지닌 자이다. [志士 志道之士 仁人 仁心之人]

【求生】 삶을 구하다. 삶을 추구하다. 삶을 구하여. 살기 위하여.

【以】 = 而. 그리고. 그래서. 그리하여. …하여서. 접속사. 순접관계를 나타냄.

【害】 해치다. 손상시키다.

【殺身】 몸을 죽이다. 자신을 죽이다. 자신을 희생하다.

공안국(孔安國) - 살기를 구하느라고 仁을 해침이 없고 죽은 뒤에야 仁을 이룰 수 있다면 곧 志士와 仁人은 그의 몸을 아끼지 않는다. [無求生以害仁 死而後成仁 則志士仁人 不愛其身也] ♣20100316火

9. 현자賢者를 섬기고 인자仁者를 벗하여야 할 것이니

子貢問爲仁 子曰 工欲善其事 必先利其器 居是邦也 事其大夫之賢
者 友其士之仁者

子貢(ᄌ공)이 仁(신)ᄒᆞ욤을 묻ᄌᆞ온대 子(ᄌ)ㅣ 굴ᄋᆞ샤ᄃᆡ 工(공)이 그 事(ᄉ)ᄅᆞᆯ 善(션)코
쟈 홀 ᄯᅵᆫ댄 반ᄃᆞ시 몬져 그 器(긔)ᄅᆞᆯ 利(리)케 ᄒᆞᄂᆞ니 이 邦(방)애 居(거)ᄒᆞ야 그 태우의
賢(현)ᄒᆞᆫ 者(쟈)ᄅᆞᆯ 事(ᄉ)ᄒᆞ며 그 士(ᄉ)의 仁(신)ᄒᆞᆫ 者(쟈)ᄅᆞᆯ 友(우)홀 ᄯᅵ니라

　　자공(子貢)이 인(仁)을 행함에 대해 여쭈니, 선생님께서 말씀하시기를 "장인(匠人)
이 자기 일을 잘하려고 한다면 반드시 먼저 그 연장을 예리하게 손질하듯이, 어떤
나라에서 살더라도 그 나라의 대부들 중에서 현(賢)한 사람을 섬기며 그 나라의
선비들 중에서 인(仁)한 사람을 벗하여야 할 것이니라." 하셨다.

【子貢】공자의 제자 단목사(端木賜). 자가 자공(子貢).

【爲仁】인을 행하다. 인을 실천하다. 인의 정신을 실현하다.

　爲 : 하다. 행하다. 실천하다. 동사.

【工】공인(工人). 장인(匠人). 기술자. 손으로 물건을 만드는 일을 업으로 하는
　　사람.

【欲善其事】그(자기)의 일을 잘하려고 하다.

　欲 : 하고자 하다. 하려고 하다. 바라다(希望). 원하다.

　善 : 잘해내다. 잘 처리하다.

　其 : 그. 그 사람. 인칭대명사. 앞의 工을 가리킴.

【必】반드시. 필연적으로. 일반적으로 뒷 문장의 처음에 쓰여, 전후 상황간의 필연적
　　인 관계를 나타냄.

【利】벼리다(날이 무딘 연장을 불에 달궈 날카롭게 만들다). 날카롭게 하다. 예리하
　　게 하다. 날카롭게 손질하다. 갈다. 형용사의 사역동사로의 전용.

【器】도구. 연장. 용구.

【居】살다. (집에서) 지내다. 거처(居處)하다. 거주(居住)하다. 일상생활을 하다.

【是】어떤. 어느. 지시대명사. 불특정한[막연한] 것을 가리킴. 관형어로 쓰임. '모

든' 의 의미가 내포됨.

【也】…은(는). …이란. …이면. 어기조사. 음절을 조정하고 어기를 고르는(말을 잠깐 멈추고 다음 내용을 환기시키는) 역할을 함.

【事其大夫之賢者】 그 (나라의) 대부들 중에서 현명한 사람을 섬기다.

　事 : 섬기다(侍奉). 모시다.

　其 : 그. 그것. 지시대명사. 邦을 가리킴.

　之 : …의. …중의[중에서]. 조사. 큰 범위와 작은 범위와의 관계를 나타냄.

　賢者 : 어진 사람. 현명한 사람.

【友】 벗하다. 벗으로 삼다. 벗으로 사귀다. 친구로 하다. 명사의 동사로의 전용.

【士】 선비. 지식인. 학문하는 사람(책을 읽는 지식인)의 통칭으로 언제든지 벼슬길에 나아갈 가능성을 가진 사람.

공안국(孔安國) - 工人은 날카롭게 손질한 (좋은) 연장을 쓰고 사람은 현명한 벗으로부터 도움을 얻는다는 것을 말한다. [言工以利器爲用 人以賢友爲助]

주희(朱熹) - 공자께서 일찍이 자공을 평하시기를 자기만 못한 자를 좋아한다고 하셨다. 그러므로 이것으로써 그에게 말씀해 주신 것이니, 두려워하고 공경하여 절차(切磋)하는 바가 있어서 그 德을 이루게 하고자 하신 것이다. [夫子嘗謂子貢悅不若己者 故以是告之 欲其有所嚴憚切磋 以成其德也]

이기영(李起榮) - 현실 정치에 인의 정신을 실현하려면 실력자 대부들 중에서 어진 사람을 섬기면서 정책에 반영토록 해야 하고 인을 하고자 하는 선비들을 벗하여 동지를 만들고 같이 힘을 길러야 한다는 말씀을 하신 것이다.

♣20100316火

10. 하시夏時, 은로殷輅, 주면周冕, 소무韶舞로 나라를 다스려야

顏淵問爲邦 子曰 行夏之時 乘殷之輅 服周之冕 樂則韶舞 放鄭聲
遠佞人 鄭聲淫 佞人殆

顏淵(안연)이 邦(방)ᄒᆞ욤을 묻ᄌᆞ온대 子(ᄌᆞ) l 글ᄋᆞ샤ᄃᆡ 夏(하)ㅅ 時(시)를 行(ᄒᆡᆼ)ᄒᆞ며
殷(은)ㅅ 輅(로)를 乘(승)ᄒᆞ며 周(쥬)ㅅ 冕(면)을 服(복)ᄒᆞ며 樂(악)인 則(즉) 韶舞(쇼
무)ㅣ오 鄭聲(뎡셩)을 放(방)ᄒᆞ며 佞人(녕신)을 遠(원)홀 ᄯᅵ니 鄭聲(뎡셩)은 淫(음)ᄒᆞ고
佞人(녕신)은 殆(틱)ᄒᆞ니라

안연(顏淵)이 천하(天下)를 다스림에 대해 여쭈니, 선생님께서 말씀하시기를 "하
(夏)나라의 시령(時令, 역법曆法)을 시행하고 은(殷)나라의 수레를 타게 하고 주(周)
나라의 예관(禮冠)을 쓰도록 하며 음악은 순(舜)임금의 소(韶)와 무왕(武王)의 무
(武)를 본으로 삼아야 하느니라. 정(鄭)나라 소리(곡조曲調)는 내치고 말만 번드러운
아첨꾼을 멀리하여야 하니 정나라 소리는 음란(淫亂)하고 아첨꾼은 위태롭기 때문이
니라." 하셨다.

【顏淵】 공자의 제자 안회(顏回). 자가 자연(子淵). [참고] 爲政-9.
【爲邦】 나라를 다스리다. ⇒ 천하(天下)를 다스리다.
 爲 : 정사(政事)를 행하다. 다스리다(治理). 통치하다.
 주희(朱熹) - 顏子는 天子(王者)를 보좌할 인재이므로 천하를 다스리는 도를 물었
   던 것인데 爲邦이라고 말한 것은 겸사(謙辭)이다. [顏子 王佐之才 故 問治天下
   之道 曰爲邦者 謙辭]
【行夏之時】 하(夏)나라의 역법(曆法)을 시행(施行)하다.
 行 : 쓰게 하다. 사용하게 하다. 시행(施行)하다.
 之 : …의. 조사. 관형어와 중심어 사이에 쓰여 종속관계를 나타냄.
 時 : 때. 시령(時令). 역법(曆法).
 주희(朱熹) - 夏時란 북두칠성의 자루가 날이 처음 어두울 때에 인방(寅方)을
   가리키는 달로써 세수(歲首, 정월)를 삼은 것이다. [夏時 謂以斗柄 初昏乾寅之
   月 爲歲首也]

양백준(楊伯峻) - 周나라는 자방(子方)을 가리키는 달을 정월로 삼았는데 이는 비록 천체 현상을 관측하는 방면에는 이전보다 진보했지만 사용해 보면 오히려 농업 생산에 하나라 역법의 편리함을 따라가지 못하였으며, 또한 하나라 역법은 봄, 여름, 가을, 겨울의 자연 현상과 맞았다고 한다.

[참고] 殷나라에서는 축방(丑方)을 가리키는 달을 정월로 삼았음.

【乘殷之輅】은(殷)나라의 수레를 타게 하다.

輅로 : 큰 수레. 임금이 타던 수레. 은나라의 수레. 路와 통함.

주희(朱熹) - 商나라 수레는 木輅이니 輅는 큰 수레의 이름이다. 옛날에는 나무로 수레를 만들었을 뿐이었는데 商나라 때에 이르러 輅라는 이름이 있었으니 비로소 그 제도를 달리한 것이다. 周나라 사람들은 수레를 金玉으로 꾸몄는데 지나치게 사치스럽고 망가지기가 쉬워서 商나라 輅의 소박하고 견고하면서 등위(等威)가 이미 분별됨만 못하였으니 질박하면서도 그 中을 얻었다고 여기신 것이다. [商輅 木輅也 輅者 大車之名 古者 以木爲車而已 至商而有輅之名 蓋始異其制也 周人 飾以金玉 則過侈而易敗 不若商輅之朴素渾堅而等威已辨 爲質而得其中也]

정약용(丁若鏞) - 路는 輅와 통용되니 천자·제후의 큰 수레의 이름이며 은나라 사람이 이를 처음 만들었다. 주례(周禮)의 五輅는 그 유제(遺制)이다. [路 輅通 天子諸侯大車之名 殷人之所刱 周禮五輅 卽其遺也]

【服周之冕】주(周)나라의 예관(禮冠)을 쓰게 하다.

服 : 입다. 쓰다. 동사. 　冕 : 예모(禮帽) [예관(禮冠)].

주희(朱熹) - 周나라의 면류관은 다섯 종류가 있는데, (그중) 祭服에 쓰는 冠이다. 관 위에는 덮개가 있고 앞뒤에는 술이 있으니 黃帝氏 이래로 이미 있었으나 制度와 儀等(의식과 등급)이 주나라에 이르러 비로소 갖추어졌다. [周冕有五 祭服之冠也 冠上有覆(부) 前後有旒 黃帝以來 蓋已有之 而制度儀等 至周始備]

【樂則韶舞】음악은 순(舜)임금의 소(韶)와 무왕(武王)의 무(武)를 본으로 하다.

[참고] 八佾-25.

則칙 : 법으로 삼다. 법을 본받다(效法). 기준으로 삼아 따르다. 본받다. 본으로 하다. 모범으로 삼다. 동사.

韶 : 순(舜)임금 시대의 음악. 　舞 : 武와 통함. 주나라 무왕(武王) 시대의 음악.

[참고] 則 : …은[는] 곧. …로 말하면[말할 것 같으면] 곧. …으로는 곧. …할

때는[경우에는]. …하여서는 곧. 접속사. 두 가지 또는 여러 가지 사실의 대비
(대응)관계나 병렬관계를 나타내며 강조의 어감을 가짐. 韶舞 : 순임금 시대의
음악과 춤. ☞ 樂則韶舞 : 음악이라면 순임금의 무악(舞樂)으로 하다.

하안(何晏) - 韶는 舜임금의 음악이다. [韶 舜樂也]

유월(兪樾) - 舞는 마땅히 武라고 읽어야 한다. 논어 팔일(論語 八佾)의 '射不主皮
(활을 쏘는데 가죽 뚫는 것을 주장하지 않는다.)'에 대한 馬注에서는 주례 향대부(周禮
鄕大夫)의 '以鄕射之禮 五物詢眾庶 五曰興舞'라는 구절을 인용하면서 '五曰
興武'라고 썼다. 또한 좌전 장공 10년(左傳 莊公 十年)의 '以蔡侯獻舞歸(蔡나
라 군주인 후작 獻舞를 포로로 하여 돌아갔다.)'라는 구절을 곡량전(穀梁傳)에서는
'獻武'라고 썼다. 시 서(詩 序)에서 '維淸 奏象舞也(維淸은 象舞를 출 때 연주한
다.)'라고 하였는데 독단(獨斷)에서는 '維淸 奏象武之所歌也'라고 하였다.
이는 모두 고인들이 '舞'와 '武'를 통용했던 증거이다. 樂則韶武의 則(칙)은
본받는다는 말이니 음악은 마땅히 韶, 武를 취하여 본보기로 삼아야 한다는
것을 말한 것이다. [舞當讀爲武 周官鄕大夫 以鄕射之禮 五物詢眾庶 五曰興舞
論語八佾篇 射不主皮 馬注引作五曰興武 莊十年左傳經文 以蔡侯獻舞歸 穀梁
作獻武 詩序 維淸 奏象舞也 獨斷曰 維淸 奏象武之所歌也 皆古人舞武 通用之證
樂則韶武者 則之言法也 言樂當取法韶武也]

【放】 멀리하다. 내치다. 몰아내다. 좇아내다. 추방하다.

주희(朱熹) - 放은 금하여 끊음을 이른다. [放 謂禁絕之]

【鄭聲】 정(鄭)나라의 소리.

　聲 : 소리. 음률(音律). 곡조(曲調). 가락.

주희(朱熹) - 鄭聲은 정나라의 음(音, 가락)이다. [鄭聲 鄭國之音]

양백준(楊伯峻) - 鄭聲과 鄭詩는 다르다 鄭詩는 그 가사[文辭]를 가리키고 鄭聲은
　　　그 악곡을 가리킨다. 명나라 양신(楊愼)의 단연총록(丹鉛總錄)과 청나라 진계
　　　원(陳啓源)의 모시계고(毛詩稽古)에 의거했다.

【佞人】 말을 잘하고 아첨을 잘하는 사람. 말이 번지르르한 아첨꾼.

【淫】 ① 음란(淫亂)하다. 간사하다. 사악하다. ② 정도에 지나치다. 지나쳐 바름[적
　　　당함]을 잃다. 절제를 못하다. 질탕(跌宕)하다.

【殆태】 위태롭다. 위태롭게 하다.　　　　　　　　　　　　　♣20100317水

11. 멀리 생각함이 없으면 눈앞의 근심이 있을 것이니

子曰 人無遠慮 必有近憂

子(자)ㅣ 굴ㅇ샤디 人(신)이 遠慮(원려)ㅣ 업스면 반드시 近憂(근우)ㅣ 인느니라

선생님께서 말씀하시기를 "사람이 멀리 생각함이 없으면 반드시 눈앞의 근심이 있을 것이니라." 하셨다.

【遠慮】 멀리 생각함. 멀리 내다보는 깊은 생각(사고思考).

慮 : 생각. 사고(思考). 사려. 사려 깊음. 염려.

【必】 반드시. 필연적으로. 일반적으로 뒷 문장의 처음에 쓰여, 전후 상황간의 필연적
　　　인 관계를 나타냄.

【近憂】 가까운 근심. 눈앞에 닥치는 근심.

憂 : 근심(愁也). 걱정. 시름.

장식(張栻) - 생각이 멀리까지 미치지 아니하면 우환이 곧 이르게 되므로 近憂라고
　　　말한 것이다. 〔慮之不遠 其患卽至 故曰近憂〕

황간(皇侃) - 사람이 차근차근 생각하고 멀리 염려해서 미리 예방하면 근심스러운
　　　일이 가까이 이르지 못한다. 〔人生當思漸慮遠防於未然 則憂患之事不得近至〕

요노(饒魯) - 생각이 백년 천년까지 멀리 미치지 아니한다면 우환이 아침저녁 눈앞에
　　　가까이 있다. 〔慮不及千百年之遠 則患在旦夕之近〕

소식(蘇軾) - 사람이 밟고 서 있는 곳은 발을 붙이는 곳 이외에는 모두 쓸모없는
　　　땅이지만 버릴 수는 없는 것이다. 그러므로 생각이 천리 밖에 있지 않으면
　　　근심거리가 바로 앉아 있는 자리 밑에 있는 것이다. 〔人之所覆者 容足之外
　　　皆爲無用之地 而不可廢也 故 慮不在千里之外 則患在几席之下矣〕

정약용(丁若鏞) - 장씨(張氏), 채씨(蔡氏), 요씨(饒氏), 풍씨(馮氏) 諸說은 시간적
　　　으로 말하여 송·원대(宋元代) 이후 어느 한 사람도 소씨(蘇氏)의 말을 따르지
　　　않음을 알 수 있다. 만일 이를 공간적으로 말한다면 군자가 해야 할 바는 언제나
　　　가까운 곳에 있으며 먼 곳에 있는 것이 아니다. 그러므로 '군자는 거실에서

第
十
五
篇

衛
靈
公

말하되 그 말이 선하면 천리의 밖에서 부응하여 오며, 그 말이 불선하면 천리 밖에서 떠나게 된다.(역경易經 계사상繫辭上)', '가까움으로 먼 곳에 미친다.(서경書經 고도모皐陶謨)', '아내에게 법이 되어 가정과 나라를 다스린다.(시경詩經 대아大雅 사제思齊)', '내 계씨(季氏)의 근심이 전유(顓臾)에 있는 것이 아니라 집안(내부의 변란變亂)에 있을까 두렵노라.(계씨편季氏篇)'고 하였다. 그러므로 가까운 이를 기쁘게 한 다음에 멀리 있는 자를 품어 줄 수 있는 것이다. 遠慮를 숭상한 나머지 近憂를 소홀히 여겼던 자는 진시황(秦始皇)과 한무제(漢武帝)이다. [張氏蔡氏饒氏馮氏之說 竝以時言 可見宋元以來 無一人 從蘇義也 若以地言 君子所計 恆在乎近 而不在乎遠 故 易曰 君子居其室 出其言 善則千里之外應之 不善則千里之外違之 書曰 邇可遠 詩云 刑于寡妻 以御于家 邦 下篇曰 吾恐季氏之憂 不在顓臾 而在蕭牆之內 故曰 近者悅而後遠者懷也 崇遠慮而忽近憂 則秦皇漢武已矣]

김용옥(金容沃) - 사람이 먼 근심이 없어도 반드시 가까운 근심은 있다. [慮 : 근심. 염려.]

♣20100318木

12. 아! 덕德을 좋아하기를 색色을 좋아하듯이 않으니

> 子曰 已矣乎 吾未見好德如好色者也

子(즈)ㅣ 골 ㅇ 샤 디 말올 띠라 내 德(덕) 好(호)홈을 色(식) 好(호)홈 ᄀ티ᄒᄂ 者(쟈)를
見(견)티 몯게라

선생님께서 말씀하시기를 "그만두어야겠구나! 내 덕(德)을 좋아하기를 여색(女色)
을 좋아하듯이 하는 사람을 아직 보지 못했노라!" 하셨다.

[참고] 子罕-17.

【已矣乎】 끝장이구나! 끝이란 말인가! 다 되었구나! 그만두어라! 그만두어야겠구나!

　　[참고] 公冶長-27.

　已 : = 止. 그치다. 끝나다. 멎다. 그만두다. 중지하다. 말다.

　矣 : …이다. 어기조사. 동작이 이미 완료되었음(어떤 상황이 이미 실현되었거나
　　　형성되었음)을 나타냄.

　乎 : 아! …이도다! …이(로)구나! 어기조사. 비분·찬양·감격 등의 감탄 어기를
　　　나타냄.

　주희(朱熹) - 已矣乎란 끝내 그런 사람을 보지 못함을 탄식하신 것이다. [已矣乎
　　歎其終不得而見之也]　　　　　　　　　　　　　　　　　　♣20100318木

13. 장문즁臧文仲은 아마도 벼슬자리를 훔친 자이리라

子曰 臧文仲其竊位者與 知柳下惠之賢而不與立也

子(ᄌ)ㅣ 글ᄋ샤ᄃᆡ 臧文仲(장문듕)은 그 位(위)를 竊(졀)혼 者(쟈)ㄴ뎌 柳下惠(류하혜)의
賢(현)을 알오ᄃᆡ 더블어 立(립)ᄒᆞ디 아니ᄒᆞ도다

선생님께서 말씀하시기를 "장문즁(臧文仲)은 아마도 벼슬자리를 훔친 사람이리라!
유하혜(柳下惠)의 현명(賢明)함을 알고서도 함께 (벼슬자리에) 서지 아니하였으니."
하셨다.

【臧文仲】 노나라의 대부. 성은 장손(臧孫). 이름은 신(晨). 자는 중(仲). 시호가
　　　 문(文). 장공(莊公), 민공(閔公), 희공(僖公), 문공(文公) 등 네 임금에 걸쳐
　　　 벼슬을 하였음. 공자 탄생 66년 전에 죽음.

【其…與】 아마(어쩌면) …일 것이다. 아마도 …이리라.

　其 : 아마(도). 어쩌면. 부사. 동작이나 행위 또는 어떤 상황에 대한 추측을 나타냄.

　與 : …일 것이다. 어기조사. 진술문 끝에 쓰여 추측의 어기를 나타냄. 일반적으로
　　　 '其'와 같이 쓰임.

【竊位者】 벼슬자리를 훔친 사람. 지위를 도둑질한 사람. 자기 직분을 다하지 못하고
　　　 나라의 녹(祿)만 축내고 있다면 곧 백성의 세금을 도둑질한 것이다.

　竊절 : 훔치다. 몰래 가져가다. 도둑질하다.

　位 : 자리. 지위(地位). 직위(職位). 작위(爵位). 벼슬자리.

　주희(朱熹) - 竊位는 그 지위에 걸맞지 못하여 마음에 부끄러움이 있음이 마치
　　　 도둑질하여 얻고 몰래 점거한 것과 같음을 말한다. [竊位 言不稱其位而有愧於
　　　 心 如盜得而陰據之也]

【柳下惠】 노나라 현자(賢者). 성은 전(展). 이름은 획(獲). 자는 금(禽). 柳下는
　　　 그의 식읍(食邑) 이름이며 惠는 시호(諡號)임.

　양백준(楊伯峻) - 柳下는 아마 그가 살던 곳이기 때문에 그렇게 불렀을 것이며,
　　　 열녀전(列女傳)에 의하면 惠는 그 부인의 제안에 의해 지어진 사시(私諡, 국가

에서 수여한 시호가 아닌 것)라고 한다.

【而】 그런데. 그러나. 그렇지만. 오히려. 접속사. 역접관계를 나타냄.

【不與立也】 ① 함께 서지 않다. 벼슬자리에 함께 서지 않다. 조정에 함께 서지 않다. 뒤에 앞의 位가 생략됨. ② 자리를 주지 않다. 벼슬자리를 주지 않다. 與는 동사.

也 : …이다. 어기조사. 진술문의 끝에 쓰여 판단이나 단정 또는 긍정을 나타냄.

형병(邢昺) - 칭찬하고 천거하여 함께 조정에 서지 않았다. [不稱舉與立於朝廷也]

주희(朱熹) - 與立은 그와 더불어 나란히 조정에 섬을 이른다. [與立 謂與之竝立於朝]

유월(俞樾) - 함께 조정에 서지 않았다는 말을 不與立이라고만 말하면 문장의 의미가 충분히 전달되지 못한다. 立은 마땅히 位로 읽어야 한다. 주례 소종백(周禮 小宗伯)의 '掌建國之神位(나라를 세우는 神位를 관장한다.)'에 대한 注에서 '고서에서는 位를 立이라고 쓰는데 이때 立은 位자로 읽어야 한다.'라고 하였다. 옛날에 立과 位는 같은 글자였다. 고문춘추경(古文春秋經)에서 公卽位는 公卽立이라고 썼다. 그렇다면 不與立은 不與位를 뜻하니 柳下惠가 현명하다는 것을 알면서도 봉급과 벼슬을 그에게 주지 않았음을 말한 것이다. 위 句 竊位에서 位자를 쓰고 아래 句 不與位에서 立자를 쓴 것은 맹자 공손추(孟子 公孫丑)의 '有仕於此 而子悅之(여기에 한 선비가 있는데 자네가 그를 좋아하여)'에서는 仕자를 쓰고 그 아래의 '夫士也 亦無王命而私受之於子(그 선비 또한 왕명이 없이 사사로이 그대에게서 받는다면)'에서는 士자를 쓴 것과 같은 것이다. [不與立於朝廷 而但曰 不與立 文義未足 立當讀爲位 周官小宗伯 掌建國之神位 注曰 古書位作立 立讀 爲位 古者立位同字 古文春秋經 公卽位 爲公卽立 然則不與立 則不與位 言知柳 下惠之賢 而不與之祿位也 上句竊位作位字 下句不與位作立字 猶孟子公孫丑篇 有仕於此 而子悅之 作仕字 夫士也 亦無王命而私受之於子 作士字也]

[참고] 憲問-19.   ♣20100319金

14. 원망怨望이 멀어지게 하려면

子曰 躬自厚而薄責於人 則遠怨矣

子(주)] 골으샤딕 躬(궁)을 스스로 厚(후)히 ㅎ고 人(신)에 責(칙)홈을 薄(박)히 ㅎ면
곧 怨(원)을 遠(원)ㅎ느니라

선생님께서 말씀하시기를 "몸소 자신을 꾸짖기를 엄중히 하고 남을 꾸짖기를 가벼이
한다면 곧 원망이 멀어지게 되느니라." 하셨다.

【躬自厚】 몸소 자신을 꾸짖기를 엄중히 하다.

　躬 : 몸소. 스스로. 직접. 친히. 부사. 동작이나 행위가 자신에 의해 진행됨을 나타냄.

　自 : 자기 자신. 일인칭대명사. 자신을 가리킴. 부사적 성격이 강하기 때문에 목적어
　　　로 쓰일 경우 동사 앞에 놓임.

　[참고] 躬自 : 친히. 몸소. 직접. 동작이나 행위가 주체자에 의해 직접 행해짐을
　　　강조하는 2음절 부사. 동사 앞에 놓임. 母王氏 因疾失明 彦躬自侍養(모친은 왕씨인데
　　　질병으로 인해 실명하였으므로 盛彦이 직접 모시고 봉양하였다.) [搜神記 蟒蟠炙(수신기 제조
　　　적)] [延世大學校 虛詞辭典編纂室 編, 虛詞大辭典, 成輔社, 2001. pp.110~111]

　厚 : 두텁다. 후하게 하다. ⇒ 준엄하다. 엄중하게 하다. ⇔ 薄 : 얇다. ⇒ 약하게
　　　하다. 가볍게 하다. 적게 하다.

　양백준(楊伯峻) - 본래는 躬自厚責으로 써야 하지만 뒤에 나오는 薄責을 보고
　　　責을 생략했다.

　[참고] 厚 : 德을 두텁게 하다. 후덕(厚德)하게 하다. 몸가짐을 무겁고 마음을
　　　지극히 하다. ☞ 躬自厚 : 몸소 자신을 후덕(厚德)하게 하고.

　　채모(蔡謨) - 厚는 德을 두텁게 하는 것이다. 그런데 사람이 자신은 제대로 하지
　　　못하면서 남더러 제대로 하라고 꾸짖는 까닭에 사람들이 마음으로 복종하지
　　　않는다. 만약 자신의 덕을 두터이 하고 남에게 많은 것을 요구하지 않는다면
　　　곧 원성이 그치게 된다. [厚者謂厚其德也 人又若己所未能而責物以能 人心不
　　　服 厚其德而不求多於人 則怨路塞] [論語義疏(皇侃)]

【而】 와[과]. …하고. 그리고. 접속사. 병렬관계를 나타냄.

【於】 ···을. 전치사. 동작이나 행위에 직접 미치는 대상을 나타냄.

【則】 ···이면(하면) (곧). 그렇다면 곧. 접속사. 결과나 조건에 대한 상호 원인 등 앞뒤 문장의 전후 상황이 서로 연관됨을 나타냄.

【怨】 원망(怨望). 원한(怨恨). 악의(惡意). 분해하고 한을 품음. 남을 탓함. 뒤틀린 마음. 응등그러진 마음.

【矣】 ···하게 되다. ···일[할] 것이다. ···하게 될 것이다. 어기조사. 상황의 변화나 새로운 상황의 출현(어떤 사건이 발전·변화하는 과정이나 그것이 장차 발생하려 함)을 나타냄. 간혹 미래나 어떤 조건 하에서의 결과가 긍정적임을 나타냄.

맹자(孟子) - 사람들의 병폐는 자기의 밭(良心)은 묵혀둔 채 남의 밭을 가꾸려 하니 남에게 요구하는 것은 무겁게 하면서 자기 자신이 책임지는 것은 가볍게 하려는 것이다. [人病舍其田而芸人之田 所求於人者重 而所以自任者輕] [盡心下]

주희(朱熹) - 자신을 책하기를 후하게 하므로 몸이 더욱 닦아지고 남을 책하기를 적게 하므로 사람이 쉬이 따르니 이 까닭으로 사람들이 그를 원망할 수 없는 것이다. [責己厚故 身益修 責人薄故 人易從 所以人不得而怨之]

채청(蔡淸) - 자신을 책하기를 두텁게 하면 곧 몸이 더욱 닦여서 원망할 수가 없고, 남을 책하기를 엷게 하면 곧 사람들이 쉽게 따르게 되어 원망을 불어오지 않게 된다. [責己厚 則身益修而無可怨 責人薄 則人易從而不招怨]

정약용(丁若鏞) - 자신을 책하기를 두텁게 하면 곧 내가 남을 원망하지 않게 되고, 남을 책하기를 엷게 하면 곧 남이 나를 원망하지 않는다. [責己厚 則我不怨人 責人薄 則人不怨我]

♣20100319金

15. 어찌할까? 어찌할까? 하지 않는 자 내 어찌할 수 없네

子曰 不曰如之何如之何者 吾末如之何也已矣

子(ᄌᆞ)ㅣ 글ᄋᆞ샤ᄃᆡ 엇디려뇨 엇디려뇨 아니ᄒᆞᄂᆞᆫ 者(쟈)ᄂᆞᆫ 내 엇디려뇨 홈이 업슬 ᄯᆞ름이니라

선생님께서 말씀하시기를 "'어떻게 하면 될까? 어떻게 하면 될까?' 하고 말하지 않는 사람은, 내 그 사람을 어떻게 할 수 없노라!" 하셨다.

【不…者】 …라고 말하지 않는 사람.

【如之何】 그것을 어떻게 합니까? 대명사성 구조인 如何의 사이에 처리할 대상을 나타내는 지시대명사 之를 삽입한 형태로 의문을 나타내거나 방법을 물음.

不曰如之何如之何者 : 어떤 문제를 해결하려고 고민하여 스스로 그 방법을 찾으려고 노력하지 않는 사람.

주희(朱熹) - 如之何如之何는 익숙히 생각하고 살펴서 대처하는 말이다. [如之何如之何者 熟思而審處之辭也]

육유(陸游) - 사람이 道에 대해서는 분비(憤悱)함이 있어야 통하게 되니, 如之何如之何란 憤悱의 상징이다. [人之於道也 以憤悱而通 如之何如之何者 憤悱之象也] ♣ 憤悱 : 자신의 막힘에 분노하고 자신의 몽매함에 슬퍼함. [참고] 述而-8.

【吾末如之何也已矣】 나도 그 사람을 어떻게 할 수 없다[없도다]. 여기서 之는 不曰如之何如之何者를 가리킴. [참고] 子罕-23.

末 : 없다. …할 수 없다. 不能, 無, 勿 등의 의미로 쓰임.

也已矣 : …이다. …이로다[…이구나]! 어기조사. 긍정적 단정이나 감탄의 어기를 나타냄. 여기서는 단정의 어기를 나타냄. 已矣(끝이다)에 절망의 의미도 내포됨.

정약용(丁若鏞) - 如之何如之何란 것은 근심어리고 슬퍼하는 말이니 학자가 스스로 근심하고 스스로 마음 아파하여 '어떻게 할까? 어떻게 할까?' 하고 말하지 않는다면 곧 성사(聖師)도 이런 사람에 대해서는 또한 어찌할 수 없는 일이다. [如之何如之何者 憂傷之辭 學者 不自憂自創曰 如之何如之何 則聖師於此人 亦末如之何也矣] ♣♣20100321日

16. 의義를 말하지 않고 작은 지혜를 뽐낸다면 어렵나니

子曰 羣居終日 言不及義 好行小慧 難矣哉

子(주)ㅣ 글으샤디 모다 居(거)ㅎ야 日(실)을 終(죵)홈애 言(언)이 義(의)예 及(급)디
아니ㅎ고 小慧(쇼혜)를 行(힝)홈을 好(호)ㅎ면 어렵다

선생님께서 말씀하시기를 "온종일 여럿이 모여 앉아 있으면서 말이 의리(義理)에
미치지 못하고 자잘한 지혜만 뽐내기를 좋아한다면, 어렵겠구나!" 하셨다.

【羣居終日】 무리를 지어 앉아 있으면서 하루를 다 마치다[보내다]. ⇒ 온 종일
　　여럿이 모여 앉아 있다.　羣(群) : 여럿이 모이다. 떼 지어 모이다.

　居 : 있다. 앉다. 앉아 있다.　終日 : 하루를 마치다. 하루 종일. 온종일.

【行】 하다. 행하다. ⇒ 뽐내다. 자랑하다.

【小慧】 작은 지혜. 작은 재주[능력]. 잔꾀에 지나지 않는 자잘한 앎.

　慧 : 슬기롭다. 총명하다. ⇒ 지혜. 능력. 재주.

　정현(鄭玄) - 小慧란 하찮은 재능과 지혜를 이른다. [小惠 謂小小之才智]

　[참고] 魯論語에는 小慧가 小惠로 되어 있음. 惠는 慧와 통함.

주희(朱熹) - 말이 義에 미치지 않으면 방벽사치(放辟邪侈, 방탕하고 편벽되며 사악
　　하고 사치함, 孟子 梁惠王 上)의 마음이 불어날 것이며, 작은 지혜를 행하기 좋아하
　　면 행험요행(行險僥倖, 위험한 것을 행하여 요행을 바람, 中庸-14)의 기틀이
　　익혀질 것이다. [言不及義 則放辟邪侈之心滋 好行小慧 則行險僥倖之機熟]

【難矣哉】 어렵도다! ⇒ 학문과 덕에 어떤 성취가 있기는 어렵도다! 절망을 표시한 말.

　矣哉 : …이구나[이도다]! 관용형식으로 감탄(感歎)·한탄(恨歎)의 어기를 나타냄.

　정현(鄭玄) - 難矣哉란 끝내 이루어질 수 없음을 말한다. [難矣哉 言終無成]

　황간(皇侃) - 이로써 처세하면 또한 사람다운 사람이 되기 어렵다. [以此處世 亦難
　　爲成人也]

주희(朱熹) - 難矣哉는 德에 들어갈 수가 없어서 장차 환해(患害, 환란으로 생기는
　　피해)가 있음을 말한다. [難矣哉者 言其無以入德而將有患害也]

양백준(楊伯峻) - 가르쳐 계도하기가 실로 어렵다.　♣20100321日

第十五篇 衛靈公

17. 의義·예禮·손孫·신信으로써 하니 군자君子로다!

子曰 君子義以爲質 禮以行之 孫以出之 信以成之 君子哉

子(조)ㅣ 굴으샤딕 君子(군조)ㅣ 義(의)로써 質(질)을 삼고 禮(례)로써 行(힝)ᄒ며 孫(손)으로써 出(츌)ᄒ며 信(신)으로써 成(셩)ᄒᄂ니 君子(군조)ㅣ라

선생님께서 말씀하시기를 "군자(君子)는 의로움으로 바탕[근본]을 삼고 예(禮)에 따라 행하며, 공손(恭遜)하게 나타내고 신실함으로써 이루나니, 군자로다!" 하셨다.

【義以爲質】 의(義)로써 바탕을 삼다. 의로움으로 바탕[근본]을 삼다.

以 : …으로써. …을 가지고. …을 통하여. 전치사. 도구·수단·방법을 나타냄. 강조의 효과를 위하여 以義가 도치됨. 禮以, 孫以, 信以도 같음.

爲 : 하다. 삼다(여기다). 생각하다. 간주하다. [참고] 以爲. 以… 爲~.

質 : 바탕. 본바탕. 사물의 본질. 기본[근본]. 삶의 기본 원칙.

황간(皇侃) - 義란 마땅함(宜)이요 質은 근본(本)이다. 사람의 識과 性은 다르지만 제각기 마땅한 바로 근본을 삼는 것이다. [義宜也 質本也 人識性不同 各以其所宜爲本]

【之】 그. 그것. 지시대명사. 일반적인 사실·사물·사람을 가리킴. [참고] 논어에서는 공자의 기본 사상인 '道'나 '仁' 등을 가리키기(의미하기)도 함.]

[참고] 종결어미의 역할을 하는 어기조사로 볼 수도 있음. [예] 行之(간다. 갔다.), 生之(태어났다. 자란다.), 歸之(돌아간다. 돌아갔다.)]

[참고] 앞의 義를 가리키는 지시대명사로 볼 경우 ☞ 의로움을 바탕으로 삼아서 예로써 이(義)를 행하고 공손하게 이(義)를 표출하며 믿음으로써 이(義)를 이룩하나니, 이것이 군자로다!

정호(程顥) - 의(義)로써 바탕을 삼는다는 것은 질간(質幹)과 같은 것이다. 예(禮)는 이것을 행하고, 겸손함은 이것을 내고, 신(信)은 이것을 이루는 것이다. 이 네 구(句)는 다만 한 가지 일이니, 의(義)로써 근본을 삼는다. [義以爲質 如質幹然 禮行此 孫出此 信成此 此四句 只是一事 以義爲本]

【孫】 = 遜. 몸을 낮추다. 겸손(謙遜) 하다. 공손(恭遜) 하다.

【出】 나타내다. 표출하다. 표현하다.

【成】 이루다. 완성하다. 행동이나 인격을 온전하게 하다.   ♣20100321日

18. 군자君子는 남이 자기를 알아주지 않음을 걱정하지 않으니

子曰 君子病無能焉 不病人之不己知也

子(ㅈ)ㅣ 골ㅇ샤딕 君子(군ㅈ)ᄂ 能(능)업슴을 病(병)ᄒ고 人(신)의 己(긔) 아디 몬홈을 病(병)티 아니ᄒᄂ니라

선생님께서 말씀하시기를 "군자(君子)는 능력이 없음을 걱정하지, 남이 자기를 알아주지 않음은 걱정하지 아니 하느니라." 하셨다.

【病】 병으로 여기다. 근심하다(憂也). 걱정하다. 괴로워하다. 고민하다. 부심(腐心)하다. 어려워하다(難也). 어렵게 여기다. 힘들어 하다. 疾, 患, 憂 등과 같음.

【能】 능함. 잘함. 능력.

【焉】 그에게. 於之 합음사(合音詞). 於는 전치사로 동작이나 행동에 관련되는 대상을 나타내며, 之는 지시대명사로 君子를 가리킴.

【之】 …은[는]. …이[가]. 구조조사(주격조사). 주술구조 사이에 쓰여 이를 명사구(절)로 만들어 주는 역할을 함.

【也】 …이다. 어기조사. 진술문의 끝에 쓰여 판단이나 단정 또는 긍정을 나타냄.

정약용(丁若鏞) - 無能은 예능(藝能)이 없는 것을 말한다. 내게 예능이 있으면 남이 반드시 나를 알게 될 것이다. [無能 謂無藝能也 我有藝 人必知之]

[참고] 學而-1,16, 里仁-14, 憲問-32. ♣20100322月

第十五篇 ● 衛靈公

19. 군자君子는 죽어서 그 이름이 걸맞지 않을까 걱정하니

子曰 君子疾沒世而名不稱焉

子(자)ㅣ 글으샤딩 君子(군자)는 世(세)ㅣ 沒(몰)토록 名(명)이 稱(칭)티 몯홈을 疾(질)ㅎㄴ니라

선생님께서 말씀하시기를 "군자(君子)는 죽어서 그 이름이 걸맞지 않을까 걱정하느니라." 하셨다.

【疾】病, 患, 憂 등과 같음. 병으로 여기다. 걱정하다. 고민하다. 부심(腐心) 하다.
　　[참고] 싫어하다. 미워하다.

하안(何晏) - 疾은 病과 같다. [疾 猶病也]

【沒世】① 세상을 마치다[떠나다]. 세상을 떠난 후에. 죽은 후에. ② 세상을 떠날
　　때까지. 죽을 때까지. 평생[종신]토록.

沒 : = 盡. 다하다. 마치다. 끝마치다. 끝나다[끝내다].

황간(皇侃) - 沒世는 자신이 죽은 이후를 이른다. [沒世 謂身沒以後也]

범조우(范祖禹) - 군자(君子)는 학문을 하여 자신을 위하고 남이 알아주기를 구하
　　지 않는다. 그러나 종신토록 이름이 일컬어지지 않는다면 선(善)을 행한 실제가
　　없음을 알 수 있다. [君子 學以爲己 不求人知 然 沒世而名不稱焉 則無爲善之實
　　可知矣]

정약용(丁若鏞) - 沒자는 沒階라는 沒자와 같은 뜻으로 읽는다. 그러므로 沒世란
　　세상을 마쳤다는 말과 같고, 稱이란 드날림(揚) [떨침]이다. [沒讀之如沒階之
　　沒 沒世 猶言畢世也 稱 揚也]

【而】 그러나. …하더라도. …하지만. 접속사. 역접관계를 나타냄.

【稱】 알맞다. 부합하다. 상당하다. 걸맞다. 적절하다.

[참고] …라고 불리다. 일컬어지다. ⇒ 알려지다. 이름이 나다. 칭송(稱頌) 되다.

　　① 군자는 죽은 후에 이름이 칭송되지 않음을 꺼린다[않을까 걱정한다].

　　② 군자는 일생이 끝날 때까지 이름이 세상에 드러나지 않을까 걱정한다.

　　③ 군자는 일생이 끝날 때까지 이름이 떨쳐지지 않음을 싫어한다.

【焉】 …이다. 어기조사. 진술문 끝에 쓰여 종결·판단·긍정의 어기를 나타냄.

왕양명(王陽明) - 名不稱의 稱자는 去聲으로 읽어야 한다. 명성과 명예가 실상보다 지나침을 군자는 부끄러워하는 것이니 생전에 실상과 명성이 걸맞지 않은 점을 닦아 보완할 수 있지만 죽은 후에는 어쩔 수 없는 것이다. 그러므로 군자는 이를 걱정하는 것이다. [名不稱 稱字作去聲讀 聲聞過情 君子恥之 實不稱名 生猶可補 沒則無及 故君子所疾] (傳習錄)

유월(兪樾) - 이 장은 시법(諡法)에 대해 말한 것이다. 주서 시법해(周書 諡法解)에 서는 '큰 행동을 하면 큰 이름을 받고 작은 행동을 하면 작은 이름을 받는 것으로 행동은 자기에서 나오지만 이름은 다른 사람에게서 나온다.' 라고 하였다. 춘추시대에 열국의 대부들은 대부분 아름다운 시호를 얻었다. 적은 행동을 하고서도 큰 이름을 얻었으니 이름이 적절하게 지어지지 않은 것이다. 그러므로 공자가 이것을 말하여 마땅히 주공의 시법에 의거하여야 하며 지나치게 칭찬을 얻어서는 안 됨을 밝힌 것이다. [此章言諡法也 周書諡法篇曰 大行受大名 細行受細名 行出於己 名生於人 春秋時 列國大夫 多得美諡 細行而受大名 名不稱矣 故孔子言此 明當依周公諡法 不得諡美也] ♣20100322月

第十五篇 衛靈公

20. 군자君子는 자신에게서 찾고 소인小人은 남에게서 찾으니

> 子曰 君子求諸己 小人求諸人

子(쥐)ㅣ 굴ㅇ샤디 君子(군쥐)는 己(긔)예 求(구)ᄒᆞ고 小人(쇼신)은 人(신)에 求(구)ᄒᆞ느니라

선생님께서 말씀하시기를 "군자(君子)는 자신에게서 찾고, 소인(小人)은 남에게서 찾느니라." 하셨다.

【求】 찾다. 구하다. (잘못의 원인을) 찾다.

　정약용(丁若鏞) - 求란 仁을 추구함을 말한다. [求 謂求仁]

【諸저】 之於(…에게서[으로부터] 그것을). 합음사. 之는 지시대명사로 일반적인 사실 또는 '잘못된 원인'을 가리키고, 於는 전치사로 동작이나 행위가 발생할 때 직접 미치는 대상을 나타냄.

대학(大學) - 군자는 자기에게 그것이 있은 뒤에야 남에게서 그것을 요구한다. [君子有諸己而後求諸人]

사량좌(謝良佐) - 군자는 자신에게서 구(求)하여 돌이키지 아니함이 없고 소인은 이와 반대이니, 이는 군자와 소인이 분별되는 까닭이다. [君子無不反求諸己 小人反是 此君子小人所以分也]

[참고] 求 : 꾸짖다. 책하다. 책임을 추궁하다. 탓하다. ☞ 군자는 자신을 탓하고, 소인은 남을 탓한다.

황간(皇侃) - 求는 責(꾸짖음)이다. [求 責也]

하안(何晏) - 군자는 자신을 꾸짖고, 소인은 남을 꾸짖는다. [君子責己 小人責人]

♣20100322月

21. 군자君子는 자긍심自矜心을 갖되 다투지 않고...

子曰 君子矜而不爭 羣而不黨

子(주)ㅣ 굴으샤디 君子(군주)는 矜(긍)호고 爭(징)티 아니 호며 群(군)호고 黨(당)티 아니호느니라

선생님께서 말씀하시기를 "군자(君子)는 꿋꿋한 자긍심(自矜心)을 갖되 다투지는 아니하며, 여럿이 어울려 무리를 짓되 작당(作黨)하지는 아니하느니라." 하셨다.

【矜】 긍지를 갖다. 꿋꿋한 긍지를 지니다. 자랑스러워하다. 떳떳하다. 어엿하다. 자존심을 지키다. 몸가짐을 장중[엄숙, 엄정]하게 하다.

포함(包咸) - 矜은 장엄함(씩씩함, 엄숙함) 이다. [矜 矜莊也]

【而】 그러나. 그렇지만. 오히려. …하되. 접속사. 역접관계를 나타냄.

【羣而不黨】 여럿이 어울려 무리를 짓되 작당(作黨)하지[편당(偏黨) 을 짓지] 않는다.

羣 : = 群. 여럿이 무리를 지어 어울리다. 화합하여 무리를 짓다.

黨 : 어느 한 쪽에 치우치다. 편들다. 편파적으로 행동하다. 작당(作黨) 하다. 편당(偏黨) 을 짓다. 파당(派黨) [파벌(派閥)]을 짓다. 치우친 생각으로 끼리끼리 모이다.

공안국(孔安國) - 黨은 助(돕다) 이다. 군자는 비록 많은 사람과 함께 있어도 사사로이 서로 돕지 않으며 의리와 함께 한다. [黨 助也 君子雖衆 不相私助 義之與此]

양백준(楊伯峻) - 周而不比[爲政-14]와 和而不同[子路-23]이라는 두 가지 뜻을 포함하고 있는 것 같다.

주희(朱熹) - 씩씩함(장엄함, 엄숙함) 으로 자기 몸을 지키는 것을 矜이라 한다. 그러나 괴려(乖戾, 사리에 어그러져 온당치 않음) 하는 마음이 없으므로 다투지 않는 것이다. 和함으로 여러 사람과 처하는 것을 群이라 한다. 그러나 아비(阿比, 두둔하여 붙좇음) 하는 뜻이 없으므로 편당하지 않는 것이다. [莊以持己曰 矜 然無乖戾之心故 不爭 和以處衆曰 群 然無阿比之意故 不黨]

♣20100322月

22. 군자君子는 말로써 사람을 등용登用하지 아니하니

子曰 君子不以言擧人 不以人廢言

子(자)ㅣ 글으샤디 君子(군자)는 言(언)으로써 人(신)을 擧(거)티 아니호며 人(신)으로써 言(언)을 廢(폐)티 아니 ㅎ느니라

선생님께서 말씀하시기를 "군자(君子)는 (한 사람의) 말만 가지고서 그 사람을 등용하지는 아니하며, 사람 됨됨이만 가지고서 (그 사람의) 말을 버리지는 아니하느니라." 하셨다.

【以言擧人】말을 근거로 사람을 천거(薦擧)[등용(登用)]하다. 한 사람의 말만 듣고서 그 사람을 벼슬자리에 앉게 하다.

以 : …(으)로(써). …을(에) 따라. …을 사용하여. …에 근거하여. 전치사. 동작이나 행위가 발생할 때 사물이나 어떤 준칙(기준이나 근거)에 의거하는 것을 나타내며 간혹 강조를 위해 뒤의 목적어와 도치되기도 함.

擧 : 들어 쓰다. 천거(薦擧)하다. 거용(擧用)하다. 기용(起用)하다. 등용(登用)하다.

포함(包咸) - 말에 능한 자는 반드시 德을 닦았다고 할 수 없으므로 말로써 사람을 거용할 수 없는 것이다. [有言者 不必有德 故不可以言擧人]

【以人廢言】사람됨을 근거로 하여 말을 버리다. 그 사람의 신분·외모·선악 등만 보고서 그의 말을 무조건 무시하다.

廢 : 폐기(廢棄)하다. 버리다. 없애다. 내치다. 무시하다.

言 : 가치 있는 말. 훌륭한 말. 이치에 맞는 말. 훌륭한 이론[학설].

왕숙(王肅) - 德이 없는 자라 하여 그의 좋은 말까지 폐할 수는 없는 것이다. [不可以無德而廢善言]

예기(禮記) - 사랑하면서도 그의 나쁜 점을 알고, 미워하면서도 그의 착한 점을 안다. [愛而知其惡 憎而知其善] [曲禮]　　　　♣20100325木

23. 평생토록 행해야 할 것은 서恕일 것이니

子貢問曰 有一言而可以終身行之者乎 子曰 其恕乎 己所不欲 勿施於人

子貢(ᄌ공)ㅣ 묻ᄌ와 ᄀᆞᆯ오듸 一言(일언)이오 可(가)히 ᄡᅥ 身(신)이 終(죵)토록 行(ᄒᆡᆼ)ᄒᆞ얌즉 ᄒᆞᆫ 者(쟈)ㅣ 인ᄂᆞ니잇가 子(ᄌ)ㅣ ᄀᆞᆯᄋᆞ샤듸 그 恕(셔)ㄴ뎌 己(긔)의 欲(욕)디 아니ᄒᆞᄂᆞᆫ 바ᄅᆞᆯ 人(신)의게 施(시)티 말올 띠니라

자공(子貢)이 여쭈어 말씀드리기를 "한 마디 말로써 가히 평생토록 행할 수 있는 것이 있나이까?" 하니, 선생님께서 말씀하시기를 "아마도 '서(恕)'일 것이니라. 자기가 하고자 하지 아니한 바를 남에게 베풀지[하지] 말지니라." 하셨다.

【子貢】 공자의 제자 단목사(端木賜). 자가 자공(子貢).

【而】 …하여서[하고서]. 그리하여. 접속사. 순접(연관) 관계를 나타냄.

【可以】 가히[능히] …할 수 있다. …해도 좋다. 조동사. 조건의 허가를 나타냄.

【終身】 몸이 마칠 때까지. 평생토록. 일생토록. 죽을 때까지.

【之】 그것. 지시대명사. 앞의 一言을 가리킴.

 [참고] …한. …하는. …의. 조사. 앞의 말에 형용성(形容性)을 띠게 함(수식하거나 국한하는 관계를 나타냄). 惻隱之心(측은해 하는 마음)

【乎】 …인가? …한가? 어기조사. 문장 끝에 쓰여 의문(질문)을 나타내며 시비(是非) 판단의 어기를 도움.

【其恕乎】 아마도 서(恕)일 것이다.

 其 : 아마(도). 어쩌면. 부사. 동작이나 행위 또는 어떤 상황에 대한 추측을 나타냄.

 恕 : 남의 사정을 헤아릴 줄 앎. 내 마음이 남의 마음과 같이 되어, 남의 처지를 이해하고 배려하게 되는 마음[如+心]. [참고] 里仁-15.

 乎 : …일 것이다. …이겠지. …인가? 어기조사. 추측의 어기를 나타냄.

【己所不欲 勿施於人】 자기가 하고자 하지 않는 바를 남에게 베풀지 말라.

주희(朱熹) - 자기 마음을 미루어 남에게 미치면 그 베풂이 무궁하다. 그러므로 종신토록 행할 수 있는 것이다. [推己及物 其施不窮 故可以終身行之]

[참고] 顏淵-2.   ♣20100325木

24. 내 남에 대해 뉘를 헐뜯더냐? 뉘를 기리더냐?

> 子曰 吾之於人也 誰毀誰譽 如有所譽者 其有所試矣 斯民也 三代之
> 所以直道而行也

子(주)ㅣ 굴ㅇ샤디 내 人(신)에 누를 毀(훼)ᄒ며 누를 譽(여)ᄒ리오 만일에 譽(여)ᄒᄂ
배 이시면 그 試(시)흔 배 인ᄂ니라 이 民(민)은 三代(삼디)의 直道(딕도)로써 行(ᄒᆡᆼ)ᄒ
던 배니라

선생님께서 말씀하시기를 "내 남에 대해, 누구를 헐뜯더냐? 누구를 기리더냐? 만약
기리는 사람이 있었다면 아마 살펴 시험[검증]한 바가 있었을 것이니라. 지금 이
백성들은 삼대(三代) 왕조(王朝)가 도(道)를 곧게[바르게]하여 행해온 까닭[바탕]
이었느니라." 하셨다.

【吾之於人也 誰毀誰譽】 내가 남에 대해 누구를 헐뜯고 누구를 기리던가?

之 : …은[는]. …이[가]. 구조조사(주격조사). 주술구조 사이에 쓰여 이를 명사구
　　(절)로 만들어 주는 역할을 함. 뒤의 三代之의 之도 같음.

於 : …에 대해(서). 전치사. 동작이나 행위에 관련되는 대상을 나타냄.

也 : …은(는). …이란. …이면. 어기조사. 음절을 조정하고 어기를 고르는(말을
　　잠깐 멈추고 다음 내용을 환기시키는) 역할을 함. 뒤 斯民也의 也도 같음.

[참고] 里仁-10. 君子之於天下也.

誰 : 누구. 어떤 사람. 의문대명사. 사람에 대한 질문을 나타냄.

毀훼 : 헐뜯다. 험담하다. 비난하다. 비방(誹謗)하다.

譽예 : 기리다. 칭찬하다. 치켜세우다.

【如有所譽者】 만약 기리는[칭찬한] 사람이 있(었)다면.

如 : = 若. 만약[만일, 가령] …한다면. 접속사. 가설(가정)이나 조건을 나타냄.

所…者 : …한 것(사람). 지시대명사 '者'와 명사성 구조를 이루는 경우[所+동사+
　　者]로서, 이 경우 '所'는 지시하는 역할을 하고 '者'는 대신 칭하는 역할을
　　함.　其所善者 吾則行之 其所惡者 吾則改之(그것이 善한 것이면 나는 곧 그것을 행하고 그것이
　　惡한 것이면 나는 곧 그것을 고친다.) [左傳 襄公 三十一年]

【其有所試矣】 아마도 시험한 바가 있었을 것이다. 아마도 살펴 검증한 것이 있었을 것이다.

其 : 아마(도). 어쩌면. 부사. 동작이나 행위 또는 어떤 상황에 대한 추측을 나타냄.

所 : …하는 바. …하는 것. …한. 특수지시대명사. 주어와 술어 사이에 쓰여 주술구조를 명사구로 만들어 줌.

試 : 시험하다. 살펴보다. 따져보다. 검증(檢證)하다. 증험(證驗)하다.

　정약용(丁若鏞) - 試는 驗(증험하다)과 같다. [試 猶驗也]

矣 : …일 것이다. 어기조사. 짐작하거나 추측의 어기를 나타냄.

【斯民也 三代之所以直道而行也】 이 백성이 삼대(三代)가 도(道)를 올바르게 하여 행하여 온 까닭[바탕]이다.

斯 : 이것[이 사람. 이 일]. 이. 이러한. 이렇게. 여기. 지시대명사.

三代 : 하(夏)나라. 은(殷)나라. 주(周)나라의 세 왕조.

所以 : …하는 까닭[이유, 원인]. 내막. 사정. ⇒ 까닭이 되는 것. 바탕. 근거. 동작이나 행위가 발생하는 원인을 나타냄. 以는 因의 뜻임. 彼知矉美 而不知矉之所以美 (그녀는 눈썹을 찡그린 것이 아름다운 줄만 알았지 눈썹을 찡그린 것이 아름답게 하는 이유를 알지 못하였다.) [莊子 天運]

直 : 곧게 하다. (올)바르게 하다. 형용사의 사역동사로의 전용.

而 : …하여서[하고서]. 그리하여. 접속사. 순접(연관) 관계를 나타냄.

直道而行 : 도를 올바르게 하여서 행하다. ⇒ 올바른 도에 따라 행하다. 其餘則直道而行之是也 (그 나머지는 도를 바르게 하여 행하면 옳은 것이다(좋다).) [禮記 雜記]

　直道 : 도(道)를 곧고 바르게 하다. 사람이 지켜야할 도리(道理)를 곧고 바르게 가져가다. ⇒ 법을 원칙대로 지키다. ⇔ 枉道.

(行)也 : …이다. 어기조사. 진술문의 끝에 쓰여 판단이나 단정 또는 긍정을 나타냄.

마융(馬融) - 백성을 쓸 때 이와 같이하여 편파적으로 사사로이 한 적이 없었으니, 이 때문에 도를 올바르게 하여 행하였다고 말한 것이다. [用民如此 無所阿私 所以云直道而行]

모기령(毛奇齡) - 삼대가 도를 바르게 하여 굽히지 않음을 지금까지 행하여 온 까닭은, 바로 어진 이를 기리고 편파적으로 사사로이 함이 없었기 때문이다. [三代所以直道不回 行之至今者 正以譽賢無阿私也]

이택후(李澤厚) - 이 백성이 바로 삼대에 정직하게 일을 행하던 기준이었다.

김용옥(金容沃) - 이 백성은 하, 은, 주 삼대를 통하여 直道로써 행하여 온 바탕이 있기 때문에 평범하게 보여도 선악의 판단이 정확한 사람들이다.

주희(朱熹) - 斯民이란 지금 이 사람이다. 三代는 夏·商·周이다. 直道는 私曲함이 없는 것이다. (공자께서) 내가 남을 헐뜯거나 과찬하는 바가 없는 까닭은 지금 이 사람들이 바로 三代時代에 善을 선하게 여기고 惡을 미워해서 사곡한 바가 없는 사람들이기 때문이다. 그러므로 내가 지금 또한 그 是非의 실제를 굽힐 수 없다고 말씀한 것이다. [斯民者 今此之人也 三代 夏商周也 直道 無私曲也 言吾之所以無所毀譽者 蓋以此民 卽三代之時 所以善其善 惡其惡 而無所私曲 之民 故 我今亦不得而枉其是非之實也]

축석림(祝石林) - 공자는 춘추를 지으면서 비록 포폄(褒貶, 칭찬함과 비방함, 시비 선악을 판단 결정함)하기를 털끝만큼도 지나쳐 버리지 않았으나, 원래 이는 백성에게 옳고 그름의 공평한 마음을 제시한 것이다. 옛날에 禹湯文武는 直道로 써 상벌을 시행하였고 공자는 直道로써 是非를 행하였으니 공자의 뜻은 이 백성에게 삼대의 도를 행하고자 하였던 것이다. [夫子作春秋 雖褒貶毫不放過 然原是揭斯民是非之公心 昔禹湯文武 以直道行賞罰 夫子以直道行是非 正是夫 了志 欲行三代之道丁斯民矣] [論語古今註 (丁若鏞)]

해서(海瑞) - 위에서는 권력으로써 상벌을 집행하고 아래에서는 붓으로써[글로] 是非를 행하였으니, 권력이 행해져서 곧은 도가 천하에 펴졌고, 필법이 행해져 서 곧은 도가 천하에 있게 되었다. 아마도 공자의 춘추 저술은 붓으로 권력을 대신한 것이니, 삼대의 정치로써 계세(季世, 말세)에 대비한 것일 것이다. [上之行賞罰以權 下之行是非以筆 權行而直道伸于天下 筆行而直道存于天下 夫子之作春秋 蓋筆以代權也 三代以待季世也]

[참고]

① [所 : …한 사람. 以 : …으로써. 도구·수단·방법을 나타냄. 道 : = 導. 인도하다. 다스리다. 동사. 行 : 가다. 걷다. 걸어가다. 살아가다.] ☞ 이 백성은 삼대(三代)가 곧음으로써 인도(引導)하 여 가게 하던 사람들이다. [미야자키 이치사다(宮崎市定)]

② [所 : …한 사람. 以 : = 爲. 하다. 행하다. 直道 : 곧은 도. 바른 도. 行 : 가다. 걷다. 걸어오다. 살아오다.] ☞ 이 백성은 삼대(三代)가 올곧은 도를 행하여서 걸어온(살아온) 사람들이다.

③ [所 : …한 사람. 以 : …으로써. 도구·수단·방법을 나타냄. 直道 : 곧은 도. 바른 도. 行 : 행하다.] ☞ 이 백성은 삼대(三代)가 바른 도로써 행하였던 사람들이다. ♣20100326金

25. 사관史官의 궐문闕文과 남을 빌려 말을 타게 하는 것이

子曰 吾猶及史之闕文也 有馬者借人乘之 今亡矣夫

子(ᄌᆞ)ㅣ 골ᄋᆞ샤ᄃᆡ 내 오히려 史(ᄉ)의 文(문)을 闕(궐)홈과 馬(마) 둔ᄂᆞᆫ 者(쟈)ㅣ 人(ᅀᅵᆫ)을 빌여 乘(승)ᄒᆞ욤을 及(급)호니 이제 업ᄉᆞᆫ녀

선생님께서 말씀하시기를 "내 그래도 사관(史官)의 궐문(闕文)과 말이 있는 사람이 남을 빌려 타게 하는 것을 접했었는데, 지금은 없어졌구나!" 하셨다.

【猶】 오히려. 반대로. 그래도. 그렇지만. 부사. 전환을 나타내어 앞뒤 문장의 의미가 상반되는 느낌을 자아냄.

　[참고]

　　① 아직도. 여전히. 동작·행위·성질·상태 등이 원래의 상태를 유지하여 변화가 없음을 나타냄. 文王作豊 武王治鎬 故其民猶有先王之遺風 (문왕은 豊邑을 세우고 무왕은 鎬京을 다스렸다. 그러므로 그곳의 백성들은 여전히 선왕의 遺風을 간직하였다.) [史記 貨殖列傳] ☞ 吾猶及史之闕文也 有馬者借人乘之 : 나는 아직도 사서(史書)에 의문으로 남겨둔 침을 볼 수 있는데, 말을 가진 사람이 (자기가 훈련시킬 줄 모르면) 먼저 다른 사람에게 빌려주어 사용하도록 하는 그런 정신은 지금 없어졌구나(볼 수 없구나)!

　　② …할 수 있다. = 可. 此其君之欲得也 其民力竭也 安猶取哉 (이것이 그 임금이 얻고자 함인데 그 백성의 힘이 다하니 어찌 취할 수 있겠는가?) [戰國策 燕策] ☞ 吾猶及史之闕文也 有馬者借人乘之 : 내 사관이 의심스러운 침이 있으면 잠시 글자를 기록하지 않는 것과 말을 가진 자가 남에게 빌려주어 타게 하는 것을 볼 수 있었다.

【及】 …에 이르다. …에 닿다. …에 미치다. …에 접하다. 시기·생각·힘·작용 등이 어떤 상태[사실]에 이름[다다름]을 나타냄.

【史之闕文也】 사관(史官)이 글을 제외한 것. 사관이 글을 쓰지 않고 비워놓는 것.

　史 : 사관(史官). 사건의 기록을 담당하는 관리.

　之 : …은[는]. …이[가]. 구조조사(주격조사). 주술구조 사이에 쓰여 이를 명사구(절)로 만들어 주는 역할을 함.

　闕 : 비워두다. 빼다. 제외하다. 제쳐놓다. 보류하다. 그대로 두다. 제쳐 놓고 말을 하지 않다.

闕文 : 의문스러운 점이 있어 잠시 빼놓은 글자나 글귀 또는 말.

也 : …은(는). …이란. …이면. 어기조사. 음절을 조정하고 어기를 고르는(말을 잠깐 멈추고 다음 내용을 환기시키는) 역할을 함.

포함(包咸) - 옛날의 훌륭한 사관은 글자에 의심이 있으면 그 자를 빼놓고 아는 이를 기다린다. [古之良史 於書字有疑 則闕之以待知者]

【借人乘之】 남을 빌려 그것을 타게 하다. 남의 손을 빌려 그것을 타게 하다.

借 : 빌리다. 남의 손을 빌리다. 남의 도움을 받다.

之 : 그것. 지시대명사. 앞의 馬를 가리킴.

【亡무】 = 無. 없다.

【矣夫】 …이구나[하구나]! …이로다! 관용형식으로서, 어기조사인 矣와 夫가 연용 됨. 감탄의 어기를 나타냄과 아울러 추측의 의미를 겸함.

[참고]

　矣 : …하게 되다. 어기조사. 상황의 변화나 새로운 상황의 출현을 나타냄.

　夫 : …로다! …이구나! 어기조사. 감탄문의 끝에 쓰여 감개·칭송·비애 등의 어기를 나타냄.

포함(包咸) - 말을 소유하고도 그 말을 길들일 수 없다면 다른 사람에 빌려주어 탈수 있게 연습시키도록 한다. 공자는 그 사람들이 이와 같음을 접해 보았으나 지금은 (그러한 예가) 없다고 스스로 말한 것이다. 이렇게 말한 것은 (당시의) 풍속(風俗)에 천착(穿鑿)하는 폐단이 많았기 때문이다. [有馬不能調良 則借 人乘習之 孔子自謂及見其人如此 至今無有矣 言此者 以俗多穿鑿]

양시(楊時) - 사관(史官)이 글을 빼놓음과 말을 남에게 빌려주는 이 두 가지 일을 공자께서도 오히려 접해 보셨는데 지금은 없어졌으니, 시대가 더욱 야박해짐을 서글퍼하신 것이다. 내 생각하건대 이것은 반드시 까닭이 있어서 하신 말씀일 것이니, 비록 하찮은 문제[연고]이지만 시변(時變)이 큼을 알 수 있다. [史闕文 馬借人此二事 孔子猶及見之 今亡矣夫 悼時之益偸也 愚謂 此必有爲而言 蓋雖 細故 而時變之大者 可知矣]

호인(胡寅) - 이 글의 뜻이 의심스러워 억지로 해석할 수 없다. [此章義疑 不可强解]

정약용(丁若鏞) - 史闕文(사관이 글을 빼놓음)은 삼감[謹]이며 馬借人(말을 남에게 빌려주는 것)은 후한 인심[厚]이다. 후세로 내려오면서 근후(謹厚)한 풍속이 쇠퇴한 것이다. [史闕文 謹也, 馬借人 厚也, 世降而謹厚之風衰] [史之闕文 : 정직성. 삼가함. 有馬者借人乘之 : 人情. 후한 인심.]

♣20100327土

26. 교언巧言은 덕德을, 소小를 참지 못함은 큰일을 어지럽히니

子曰 巧言亂德 小不忍 則亂大謀

子(ス)ㅣ 골ㅇ샤디 巧(교)호 言(언)은 德(덕)을 亂(란)ㅎ고 小(쇼)를 忍(신)티 몯ㅎ면 大謀(대모)를 亂(란)ㅎᄂ니라

선생님께서 말씀하시기를 "교언(巧言)은 덕(德)을 어지럽히고, 작은 것도 참지 못하면 곧 큰 계획[일]을 어지럽히느니라." 하셨다.

【巧言】 듣기 좋게 교묘히 꾸며서 하는 말. [참고] 學而-3.

【亂】 어지럽히다. 손상[파괴]시키다. 해치다.

　정약용(丁若鏞) - 물체가 완전한데, 또 어떤 다른 물체가 밖으로부터 들어와서 이를 무너뜨려 어지럽히는 것을 亂이라 한다. [物之完全者 又有物自外來 而壞亂之曰 亂]

【小不忍】 작은 것을 참지 않다. 작은 것을 참지 못하다. 不忍小인데 강조를 위하여 小를 문두(文頭)로 도치. ⇒ 아주 하찮은 것도 참지 못하다.

【則】 …이면(하면) (곧). 그렇다면 곧. 접속사. 결과나 조건에 대한 상호 원인 등 앞뒤 문장의 전후 상황이 서로 연관됨을 나타냄.

【謀】 계획. 계책(計策). 꾀하는 일.

주희(朱熹) - 巧言은 시비(是非)를 변란시키니, 이것을 들으면 사람으로 하여금 그 지킬 바를 상실하게 한다. 小不忍은 부인(婦人)의 인(仁) [하찮은 인정, 작은 일에 차마 하지 못함]과 필부(匹夫)의 용기(勇氣) [하찮은 일을 참지 못함]와 같은 것으로 둘 다 이것이다. [巧言 變亂是非 聽之 使人喪其所守 小不忍 如婦人之仁 匹夫之勇 皆是]

정약용(丁若鏞) - 巧言은 시비를 변환(變幻, 종잡을 수 없이 빠르게 변화함)시키기 때문에 능히 어진 덕을 가진 이를 참소하여 헐뜯을 수 있으며, 작은 것을 참지 못하면 곧 기밀을 누설시키기 때문에 반드시 큰 계획을 부서져 무너지게 한다. [巧言 變幻是非 故能讒毀賢德 小不忍 則宣洩機密 故必敗壞大謀]

♣20100329月

27. 많은 사람이 미워하여도, 좋아하여도 반드시 살필지니

> 子曰 衆惡之 必察焉 衆好之 必察焉

子(ㅈ)] ᄀᆞᆯᄋᆞ샤ᄃᆡ 衆(즁)이 惡(오)ᄒᆞ야도 반ᄃᆞ시 察(찰)ᄒᆞ며 衆(즁)이 好(호)ᄒᆞ야도 반ᄃᆞ시 察(찰)ᄒᆞᆯ ᄯᅵ니라

선생님께서 말씀하시기를 "많은 사람들이 그를 싫어하여도 반드시 그를 살펴보아야 하며, 많은 사람들이 그를 좋아하여도 반드시 그를 살펴보아야 하느니라." 하셨다.

【衆】 무리. 많은 사람. 대중(大衆). 군중(群衆).

【惡오】 미워하다. 싫어하다.

【之】 그 사람. 어떤 사람. 그것. 지시대명사. 일반적인 사실·사물·사람을 가리킴.

【必】 반드시. 꼭. 참으로. 과연. 동작·행위·성질·상태 등에 대한 결연한 의지나 확신을 나타냄.

【察】 살피다. 살펴서 알다. 자세히 살펴보다. 어떤 현상을 잘 따지고 관찰하다.

【焉】 그를. 於之 합음사(合音詞). 於는 전치사로 동작이나 행위에 관련되는 대상을 나타내며, 之는 지시대명사로 衆惡之(衆好之)를 가리킴.

양시(楊時) - 인자(仁者)만이 능히 사람을 좋아하고 미워할 수 있는 것이니, 여러 사람들이 그를 좋아하고 미워한다고 해서 살펴보지 않는다면 혹 사사로움에 가리게 될 수 있는 것이다. [惟仁者 能好惡人 衆好惡之而不察 則或蔽於私矣]

정약용(丁若鏞) - 많은 사람들이 미워해도 혹 고충(孤忠, 남의 도움 없이 혼자서 바치는 충성)이 있기도 하고, 많은 사람들이 좋아해도 향원(鄕愿, 겉으로만 선량한 척하는 사람, 陽貨-13)이 있기도 한다. [衆惡之 或是孤忠 衆好之 或是鄕愿]

[참고] 里仁-3, 子路-24.   ♣20100329月

28. 사람은 도를 넓힐 수 있으나 도가 사람을 넓히는 것은 아니니

子曰 人能弘道 非道弘人

子(주) l 골 으샤디 人(신)이 能(능)히 道(도)를 弘(홍)호고 道(도) l 人(신)을 弘(홍)홈이 아니니라

선생님께서 말씀하시기를 "사람은 능히 도(道)를 넓힐 수 있지만 도가 사람을 넓히는 것은 아니니라." 하셨다.

【能】 능히[충분히] …할 수 있다. 조동사. 어떤 일을 할 능력이 있거나 조건이 됨을 나타냄.

【弘】 넓히다. 넓게 하다. 널리 펴다.

弘道 : 도를 넓히고 키우다. 수양을 쌓아 도의 수준을 향상시키다.

弘人 : 사람의 인격(人格)을 넓히다.

왕숙(王肅) - 재목[자질]이 큰 자는 道도 따라서 크고, 재목[자질]이 작은 자는 道도 따라서 작기 때문에, 사람을 크게 할 수 없다. [才大者 道隨大 才小者 道隨小 故不能弘人]

주희(朱熹) - 弘은 넓혀서 크게 하는 것이다. 사람 밖에 도가 없고 도 밖에 사람이 없다. 그러나 사람의 마음은 깨달음이 있지만 도의 본체는 작용함이 없다. 그러므로 사람이 도를 크게 할 수 있지만 도는 사람을 크게 할 수 없다. [弘 廓而大之也 人外無道 道外無人 然 人心有覺而道體無爲 故 人能大其道 道不能大其人也]

정약용(丁若鏞) - 道의 큰 근본은 하늘에서 나왔으니 이보다 큰 것이 없음이 道이다. [董仲舒가 이렇게 말하였다.] 그러나 끌어서 이를 넓히는 것은 사람에게 달려 있고, [堯·舜·禹·湯 같은 이다.] 道가 사람을 끌어서 이를 넓히는 것은 아니다. [道之大本 出於天 董子云 莫大者道 然引而廣之 在乎人 如堯舜禹湯 非道引人以廣之]

♣20100329月

29. 허물이 있는데도 고치지 않는 것 이것이 허물이니

子曰 過而不改 是謂過矣

子(주)ㅣ 굴♀샤되 過(과)ㅣ오 改(기)티 아니홈이 이 닐온 過(과)ㅣ니라

선생님께서 말씀하시기를 "허물[잘못]이 있는 데도 고치지 아니한 것 이것이야말로
허물[잘못]이니라." 하셨다.

【過】 허물(이 있다). 잘못(을 하다). 과오(를 범하다).

【而】 그런데. 그러나. 그렇지만. 오히려. 접속사. 역접관계를 나타냄.

【是謂】 이것을 …이라고 말한다. 이를 일러 …이라고 한다. ⇒ 이것이야말로. [참고]
　　子路-30.

　是 : 이. 이것. 지시대명사. 앞의 過而不改를 가리킴.

　謂 : 이르다. 일컫다. 말하다. …라고 하다. …라고 생각하다.

【矣】 …이다. 어기조사. 단정 또는 필연의 결과를 나타냄.

주희(朱熹) - 허물이 있으나 능히 고친다면 허물이 없는 데로 돌아올 수 있다. 오직
　　(허물을) 고치지 않는다면 그 허물이 마침내 이루어져서 장차 고치지 못하게
　　될 것이다. [過而能改 則復於無過 唯不改 則其過遂成 而將不及改矣]

[참고]

　정약용(丁若鏞) - 過란 中庸을 얻지 못한 것을 이름한 것이다. 지나쳐서 中庸을
　　잃은 자가 고쳐서 中庸을 얻으면 이를 過라고 이르지 않는다. 그러나 만약
　　지나쳤는데도 고치지 않으면, 이를 두고 죄과(罪過)라고 이른다. [過者 不得中
　　之名 過而失中者 改而得中 則不謂之過 若仍其過而不改 則斯謂之罪過矣] ☞
　　지나쳤는데도 고치지 않는 것, 이를 허물이라고 한다.　　　　♣20100329月

30. 종일 먹지도 않고 밤새 자지도 않으며 생각하여도 배움만 못하니

子曰 吾嘗終日不食 終夜不寢 以思 無益 不如學也

子(조)ㅣ 굴으샤되 내 일즉 日(실)이 終(죵)토록 食(식)디 아니ᄒᆞ며 夜(야)ㅣ 終(죵)토록 寢(침)티 아니ᄒᆞ야 뻐 思(스)호니 益(익)이 업슨디라 學(혹)홈만 곧디 몯ᄒᆞ도다

第十五篇 衛靈公

선생님께서 말씀하시기를 "내 일찍이 종일토록 밥을 먹지 아니하고 밤새도록 잠을 자지 않고서 (골몰히) 생각하였으나 유익함이 없었으니, 차라리 배우는 것만 못하였느니라." 하셨다.

【嘗상】 = 曾. 일찍이 (…한 적이 있다). 이전에. 요전에. 부사. 동작이나 행위가 일찍이 발생한 적이 있었음을 나타냄.

【終】 마치다. 시작부터 끝까지 모든 단계의 시간.

【以】 = 而. 그리고. 그래서. 그리하여. …하여서. 접속사. 순접관계를 나타냄.

【不如】 …(함)만 못하다. …하는 것이 차라리 낫다. 부사. 앞에서 말한 사건이 뒤에서 말한 사건에 미치지 못함을 나타냄.

【也】 …이다. 어기조사. 진술문의 끝에 쓰여 판단이나 단정 또는 긍정을 나타냄.

주희(朱熹) - 이것은 생각하기만 하고 배우지 않는 자를 위하여 말씀하신 것이다. 무릇 마음을 수고롭게 하여 반드시 구하려 하는 것이 마음을 겸손하게 하여 스스로 아는 것만 못하다. [此 爲思而不學者言之 蓋勞心以必求 不如遜志而自得也]

정약용(丁若鏞) - 思란 스스로의 마음에 연구함이며, 學이란 전적(典籍)에 기록된 것에서 징험(徵驗)함이다. [思謂硏之於自心 學謂徵之於載籍]

[참고] 爲政-15.   ♣20100329月

31. 君子군자는 도道를 걱정하지 가난을 걱정하지 않으니

子曰 君子謀道不謀食 耕也 餒在其中矣 學也 祿在其中矣 君子憂道
不憂貧

子(ᄌ)ㅣ 글ᄋᆞ샤ᄃᆡ 君子(군ᄌ)ᄂᆞᆫ 道(도)를 謀(모)ᄒᆞ고 食(식)을 謀(모)티 아니ᄒᆞᄂᆞ니 耕
(경)홈애 餒(뇌) 그 中(듕)에 잇고 學(ᄒᆞᆨ)홈애 祿(록)이 그 中(듕)에 잇ᄂᆞ니 君子(군ᄌ)
ᄂᆞᆫ 道(도)를 憂(우)ᄒᆞ고 貧(빈)을 憂(우)티 아니ᄒᆞᄂᆞ니라

선생님께서 말씀하시기를 "군자(君子)는 도(道)를 도모(圖謀)하고 먹을 것(녹봉)
을 도모하지 않으니, 밭을 갊에 굶주림이 그 가운데 있으며 배움에 녹봉(祿俸)이
그 가운데 있느니라. 군자는 도를 걱정하지 가난을 걱정하지 않느니라." 하셨다.

【謀】 꾀하다. 일을 도모(圖謀)하다. 계책(計策) [계획]을 세우다. 추구하다.

【也】 …은(는). …이란. …이면. 어기조사. 음절을 조정하고 어기를 고르는(말을
　　잠깐 멈추고 다음 내용을 환기시키는) 역할을 함.

【餒在其中矣】 굶주림이 그 가운데 있다.

餒뇌 : 굶주림. 배고픔. = 飢, 餓.

其 : 그. 그것. 지시대명사. 앞의 耕을 가리킴.

矣 : …이다. 어기조사. 단정 또는 필연의 결과를 나타냄.

[참고] 爲政-18, 子路-18, 子張-6.

[참고] 餒 : 餒(먹이다)와 통함. ⇒ 먹을 것. 음식. ☞ 耕也 餒在其中矣 : 밭을 갈면,
먹을 것이 그 가운데 있다. [李起榮, 李基東]

정현(鄭玄) - 餒는 굶주림이다. 사람들이 비록 밭갈이를 생각하나 학문을 하지
　　않으므로 굶주리며 학문을 하면 곧 녹을 얻으니 비록 밭갈이를 하지 않아도
　　굶주리지 않는다는 말이다. 이는 사람들이 학문하기를 권장한 것이다. [餒
　　餓也 言人雖念耕而不學故飢餓 學則得祿 雖不耕而不餒 此勸人學]

정약용(丁若鏞) - 먹을 것이 풍족한 자는 몸소 밭갈이하기를 기꺼이 하지 않으니
　　바야흐로 밭갈이하는 때부터 굶주림이 在其中이며[먹을 것이 부족하기 때문에 먹을
　　것을 도모하는데 급하다], 먹을 것이 부족한 자는 반드시 학문으로 나아갈 겨를이

없으니 바야흐로 학문하는 때부터 祿이 在其中이다[먹을 것이 여유가 있기 때문에 도를 도모하는데 여가가 있다]. 이는 수확한 이후 그 양식을 헤아려 보고 굶주릴 줄 알거나 이미 벼슬한 후 급여를 받고서야 祿이 있을 줄을 알았다는 것이 아니다. [足食者 必不肯躬耕 方其耕時 餒在其中矣 (不足故 急於謀食) 乏食者 必不遑就學 方其學時 祿在其中矣 (有餘故 暇於謀道) 不待旣稼而後計其糧 而知餒 旣仕而後受其餼 而知祿也]

전편에서는 子爲父隱 父爲子隱 直在其中[子路-18]이라 하였고, 하편에서는 博學而篤志 切問而近思 仁在其中[子張-6]이라 하였으니 무릇 在其中이란 모두가 곧 그 자리에 존재한다는 말이지 미래의 공효(功效)로써 말한 것은 아니다. [前篇曰 子爲父隱 父爲子隱 直在其中 下篇曰 博學而篤志 切問而近思 仁在其中 凡言在其中者 皆當下卽存 非以來效而言之也]

【憂】 근심하다(愁也). 걱정하다. 근심 걱정하다.

주희(朱熹) - 밭을 갊은 밥을 도모하는 것이나 반드시 밥을 얻지 못하고, 학문은 道를 도모하는 것이나 祿이 그 가운데 있다. 그러나 학문을 함에는 도를 얻지 못함을 걱정할 뿐이요 가난을 걱정하는 이유 때문에 이것(학문)을 하여 祿을 얻고자 하는 것은 아니다. [耕 所以謀食 而未必得食 學 所以謀道 而祿在其中 然其學也 憂不得乎道而已 非爲憂貧之故 而欲爲是以得祿也]

♣20100330火

32. 그를 움직임에 예禮로써가 아니면

子曰 知及之 仁不能守之 雖得之 必失之 知及之 仁能守之 不莊以涖之 則民不敬 知及之 仁能守之 莊以涖之 動之不以禮 未善也

子(주) l 굴 ㅇ 샤딕 知及(디급)ㅎ고도 仁(신)이 能(능)히 守(슈)티 몯ㅎ면 비록 得(득)ㅎ나 반두시 失(실)ㅎ느니라 知及(디급)ㅎ며 仁(신)이 能(능)히 守(슈)ㅎ고도 莊(장)으로써 涖(리)티 아니ㅎ면 民(민)이 敬(경)티 아니ㅎ느니라 知及(디급)ㅎ며 仁(신)이 能(능)히 守(슈)ㅎ며 莊(장)으로써 涖(리)ㅎ고도 動(동)호딕 禮(례)로써 아니ㅎ면 善(션)티 몯ㅎ니라

선생님께서 말씀하시기를 "지(智)가 그에 미쳐도 인(仁)이 능히 그것을 지킬 수 없다면 비록 그것을 얻었다 할지라도 반드시 그것을 잃을 것이며, 지(智)가 그에 미치고 인(仁)이 능히 그것을 지킬 수 있어도 정중하게 하여 그를 대하지 않으면 곧 백성이 공경하지 않으며, 지(智)가 그에 미치고 인(仁)이 능히 그것을 지킬 수 있으며 정중하게 하여 그를 대하여도 그들을 움직임에 예(禮)로써가 아니면 아직 좋다할 수 없느니라." 하셨다.

【知】 = 智. 지혜. 슬기. 총명(聰明).

【及】 이르다. 미치다. 뒤쫓아 따르다. 도달하다. 어떤 지점, 목표나 경지에 이르다(다 다르다).

【之】 그것. 어떤 것. 지시대명사. 일반적인 사실·사물·사람을 가리킴. [참고] 논어에서는 공자의 기본 사상인 '道'나 '仁' 등을 가리키기(의미하기)도 함.] 어떤 지위나 임금의 자리, 또는 나라 등을 가리키는 것으로 볼 수 있음. 及之, 守之, 得之, 失之.

포함(包咸) - 지혜가 능히 그 관직을 맡을 수 있음에 미치다. [知能及治其官]

주희(朱熹) - 지혜가 충분히 이 이치(理)를 알 수 있으나 사욕(私慾)이 여기에 끼어들면 그것을 자기 몸에 소유할 수 없는 것이다. [知足以知此理 而私慾間之 則無以有之於身矣]

장백잠(蔣伯潛) - 나라를 다스리고 정치를 행하는 도이다. [治國爲政之道]

양백준(楊伯峻) - 知及之의 之자가 결국 무엇을 가리키는 것인지는 원문에서 언급하지 않았다. 不莊以涖之, 動之不以禮 등 여러 문구를 볼 때 작게는 경대부사(卿大夫士)의 봉록과 벼슬을 가리키고 크게는 천하의 나라를 가리키는 것 같다. 만약 그렇지 않다면 백성을 다스리고 동원하는 일을 언급했을 리 없다.

【不能】 능히[충분히] …할 수 없다.

【雖】 비록 …일[할]지라도. 접속사. 양보관계를 나타냄.

【不莊以涖之】 정중하게 하여서 그들을 대하지 않다. [참고] 爲政-20.

莊 : 장엄(莊嚴)한 자세. 엄숙(嚴肅)하고 위엄(威嚴)이 있는 자세. 정중한 자세. 장중한 모습. 점잖고 무게가 있음. 드레가 있음.

以 : = 而. 그리고. 그래서. 그리하여. …하여서. 접속사. 순접관계를 나타냄.

涖리 : ① 다다르다. 어떤 자리에 임하다. 대하다. 어떤 자리에 나아가다. ② 다스리다. 관리하다.

之 : 그. 그들. 인칭대명사. 뒤의 民을 가리킴.

정약용(丁若鏞) - 莊은 단정하고 위엄이 있는 것이고, 涖는 臨(임하다)이다. [莊端嚴也 涖臨也]

주희(朱熹) - 涖는 임함이니, 백성에게 임함을 이른다. [涖臨也謂臨民也]

포함(包咸) - 위엄으로 백성을 대하지 않으면 백성들이 윗사람을 공경하거나 따르지 않는다. [不嚴以臨之 則民不敬從其上]

【則】 …이면(하면) (곧). 그렇다면 곧. 접속사. 결과나 조건에 대한 상호 원인 등 앞뒤 문장의 전후 상황이 서로 연관됨을 나타냄.

【敬】 공경(恭敬)하다. 존경(尊敬)하다. 공경스럽다. 예의 있게 진심으로 성의를[정성을] 다하다.

【動之不以禮】 그들을 움직임에 예로써 하지 않다. 그들을 움직이는 것을 예로써 하지 않다. 그들을 움직임에 예로써가 아니면.

以 : …(으)로(써). …을(에) 따라. …을 사용하여. …에 근거하여. 전치사. 동작이나 행위가 발생할 때 사물이나 어떤 준칙(기준이나 근거)에 의거하는 것을 나타내며 간혹 강조를 위해 뒤의 목적어와 도치되기도 함.

왕숙(王肅) - 행동을 할 때에 반드시 예로써 한 연후에야 善하게 된다. [動必以禮然後善] 정약용(丁若鏞) - 아니다. 경문에 분명히 之자가 있는데 그들을 움직이게 하는 자는

임금이고 그 움직이는 자는 백성이다. 마땅히 주자설과 같아야 한다. [非也 經文明有之字 則動之 者君 而其動者民也 當如朱子之說]

주희(朱熹) - 動之는 백성을 흥동(興動) 시키는 것이니 고무(鼓舞)하여 작흥(作興) 하게 한다는 말과 같다. 禮는 의리(義理)의 절문(節文)을 이른다. [動之 動民也 猶曰鼓舞而作興之云爾 禮 謂義理之節文]

정약용(丁若鏞) - 動之以禮는 齊之以禮라는 말과 같다. [動之以禮 猶言齊之以禮]

　♣ 齊之以禮 : 그들을 다스리는데 예로써 하다.

【未善也】 아직 좋다고 할 수 없다.

未 : 아직 …하지 않다[못하다]. 아직 …이 아니다. 부사. 동작·행위·상황 등이 아직 발생하지 않았음을 나타냄.

善 : 좋다. 그렇다. 찬동하거나 응낙한다는 뜻을 나타냄.

也 : …이다. 어기조사. 진술문의 끝에 쓰여 판단이나 단정 또는 긍정을 나타냄.

　　　　　　　　　　　　　　　　　　　　♣20100330火

33. 군자는 작은 것을 알 수는 없지만 큰 임무를 맡을 수 있으니

子曰 君子不可小知而可大受也 小人不可大受而可小知也

子(즈) ㅣ 글ᄋ샤디 君子(군즈)는 可(가)히 小(쇼)에 知(디)티 몯ᄒ고 可(가)히 大(대)옌 受(슈)홀 꺼시오 小人(쇼신)은 可(가)히 大(대)옌 受(슈)티 몯ᄒ고 可(가)히 小(쇼)에 知(디)홀 꺼시니라

선생님께서 말씀하시기를 "군자(君子)는 작은 것을 알 수는 없지만 큰 임무를 맡을 수 있으며, 소인(小人)은 큰 임무를 맡을 수는 없지만 작은 것을 알 수 있느니라." 하셨다.

【可】 가히 …할 수 있다. 가능하다. 조동사. 허가나 가능을 나타냄.

【小知】 작은 것을 알다. 작은 일을 알다. 세세한 기술을 알다. 지엽적인 기술이나 지식을 알다. 부정문에서 知小가 도치되었음.

【而】 그렇지만. 오히려. …하더라도[하지만]. 접속사. 역접관계를 나타냄.

【大受】 크게 수임(受任)하다. 큰일을 맡다. 큰 임무를 맡다.

【也】 …이다. 어기조사. 진술문의 끝에 쓰여 판단이나 단정 또는 긍정을 나타냄.

주희(朱熹) - 대개 군자는 작은 일에 있어 반드시 볼 만하지는 못하나 재질과 덕이 충분히 重任을 맡을 만하고, 소인은 비록 기국과 도량이 얕고 좁으나 반드시 한 가지 장점도 취할 만한 것이 없지는 않은 것이다. [蓋君子於細事 未必可觀 而材德足以任重 小人 雖器量淺狹 而未必無一長可取]

정약용(丁若鏞) - 小知란 작은 일에 관여하여 맡은 것을 일컫고 大受란 큰 임무를 온전히 받는 것을 일컫는다. 곧 큰 인재를 작게 쓰면 지혜가 두루 쓸 수 없는 바가 있어 그 직책을 잘해낼 수 없으며, 小器를 크게 등용하면 힘이 이겨낼 수 없는 바가 있어 반드시 그 일을 실패하게 된다. [小知 謂與知小事 大受 謂全受 大任 大才小用 則知有所不周 而不善其職 小器大用 則力有所不勝 而必敗乃事]

[참고] 君子와 小人 : 爲政-14, 里仁-11,16, 述而-36, 顔淵-16, 子路-23,25,26, 憲問-7,24, 衛靈公-1,20, 季氏-8, 陽貨-23. ♣20100331水

34. 백성이 인仁에 의지하는 것은 물불보다 더 심하니

子曰 民之於仁也 甚於水火 水火 吾見蹈而死者矣 未見蹈仁而死者也

子(주) | 글ㅇ샤딕 民(민)이 仁(신)에 水火(슈화)도곤 甚(심)ᄒ니 水火(슈화)ᄂᆞᆫ 내 蹈(도)ᄒ야 死(ᄉᆞ)ᄒᄂᆞᆫ 者(쟈)를 보앗거니와 仁(신)을 蹈(도)ᄒ야 死(ᄉᆞ)ᄒᄂᆞᆫ 者(쟈)를 보디 몯게라

선생님께서 말씀하시기를 "백성이 인(仁)에 의지하는 것은 물불보다 더 심하니, 물불은 내 밟다가 죽는 자를 보았지만 인(仁)을 행하다 죽는 자는 아직 보지 못했노라." 하셨다.

【民之於仁也 甚於水火】 백성이 인(仁)에 의지하는 것은 물과 불보다 더 심하다. 백성들은 인을 물과 불보다 더 중히 여긴다. ⇒ 백성에게 인은 물과 불보다 더 중요하다[필요하다].

之 : …은[는]. …이[가]. 구조조사(주격조사). 주술구조 사이에 쓰여 이를 명사구(절)로 만들어 주는 역할을 함.

於 : ① 기대다. 의지하다. 동사. 民之於仁也. ② …보다. …에 비해. 전치사. 사물의 성질이나 상태를 함께 비교하는 대상을 나타냄. 甚於水火.

也 : …은(는). …이란. …이면. 어기조사. 음절을 조정하고 어기를 고르는(말을 잠깐 멈추고 다음 내용을 환기시키는) 역할을 함.

甚심 : 심하다. 더하다. 과도하다. 정도에 지나치다. ⇒ 중히 여기다.

[참고] 里仁-10, 衛靈公-24. 之於…也. [於 : …에 대해(서). 전치사. 동작이나 행위에 관련되는 대상을 나타냄.] ☞ 백성들이 인에 대해서는 물불보다 더 심하다.

양백준(楊伯峻) - 맹자(孟子) 진심 상(盡心 上)에서 '백성들은 물과 불이 없으면 생존할 수가 없다.(民非水火不生活)'고 했다. ☞ 백성들이 인덕을 필요로 하는 것은 물이나 불을 필요로 하는 것보다 더 급하다.

【蹈도】 ① 밟다. ② 뛰어들다. ③ 따르다. 따라 행하다.

【而】 …하여서. 그리하여. 이에. 접속사. 순접(연관) 관계를 나타냄.

【矣】 …이다. 어기조사. 동작이 이미 완료되었음(어떤 상황이 이미 실현되었거나

형성되었음) 을 나타냄.

【未】 아직 …하지 않다[못하다]. 아직 …이 아니다. 부사. 동작·행위·상황 등이 아직 발생하지 않았음을 나타냄.

【也】 …이다. 어기조사. 진술문에 쓰여 판단이나 단정 또는 긍정을 나타냄.

마융(馬融) - 물불 그리고 仁, 모두 사람들이 우러러 보고 살아가는 바인데 仁이 가장 중요하다. [水火及仁 皆民所仰而生者 仁最爲甚]

주희(朱熹) - 사람이 물과 불에 있어 힘입어 사는 것이어서 하루도 없을 수가 없으니 仁에 있어서도 또한 그러하다. 다만 물과 불은 外物이고 仁은 자기 몸에 있으니, 물과 불이 없으면 사람의 몸을 해침에 불과하고 仁하지 못하면 그 본심까지 잃게 되니, 이는 仁이 있어야 함[仁의 필요성]이 물과 불보다도 더 심하여(급하여) 더더욱 하루도 없을 수가 없다는 것이다. [民之於水火 所賴以生 不可一日無 其於仁也 亦然 但水火外物 而仁在己 無水火 不過害人之身 而不仁則失其心 是 仁有甚於水火 而尤不可一日無者也]

[참고] ☞ 사람들이 인(仁)을 멀리하기를 물불보다 더 심하게 한다. 물과 불을 밟다가 죽는 사람을 내가 보았으나, 인(仁)을 밟다가 죽는 사람은 아직 보지 못하였다.

왕필(王弼) - 사람들이 인을 멀리하기를 물불을 멀리하는 것보다 더 심하다. 물불을 밟다가 죽는 자가 있는 것은 보았으나 인을 밟다가 죽는 자가 있는 것은 아직 보지 못했다. [民之遠於仁甚於遠水火也 見有蹈水火死者 未嘗見蹈仁死者也]

갈인량(葛寅亮) - 지금 세상에서는 백성이 인에 대해 물과 불을 두려워하는 것보다도 더 심하다. [今世民之於仁也 甚於畏水火]

정약용(丁若鏞) - 공자께서 탄식하여 말씀하시기를 '백성이 인을 떠남이 물불보다도 더 심하다. 저것을 밟다가 죽은 자는 있어도, 이것을 밟다가 죽은 자는 없다.' 고 하셨다. [孔子歎曰 民之違仁甚於水火矣 彼有蹈而死者 此無蹈而死者]

남회근(南懷瑾) - 공자는 '인의(仁義)만 말하면 두려워하는 일반인들의 심리는 물이나 불을 두려워하는 것보다 더 심하다.' 고 했다. 물은 빠져 죽을 수도 있고 불은 타죽을 수도 있기 때문에 사람들은 물과 불을 두려워한다. 공자는 이렇게 말하고 있다. '나는 사람이 물에 빠져 죽거나 불에 타 죽은 것은 본적이 있다. 그러나 인의는 그렇게 무서운 것이 아니다. 인의를 잘 행하면 굶어 죽지 않을 것이다. 참된 인의는 사람들에게 아주 좋은 것이다. 그런데도 사람들은

73

인의를 행하기를 두려워한다. 사람들에게 나쁜 일을 시키기는 쉽지만, 좋은 일을 시키면 오히려 두려워한다. 나는 좋은 일을 했기 때문에 죽은 사람은 보지 못했으며, 좋은 일을 하지 않은 사람이 오히려 더 비참하게 죽었다.'

♣20100401木

35. 인仁을 만나면 스승에게도 양보하지 않아야 하니

子曰 當仁 不讓於師

子(즈)ㅣ 길으샤딕 仁(신)을 當(당)ᄒᆞ야 師(ᄉ)에 讓(샹)티 아니홀 띠니라

선생님께서 말씀하시기를 "인(仁)을 만나면 스승에게도 양보하지 않아야 하느니라." 하셨다.

【當仁】 인을 만나다. 인을 행할 일에 당면하다. 인을 실천해야 할 상황에 처하다.
　當 : 만나다. 당면하다. 맞닥뜨리다. 부닥치다. 어떤 것을 해야 할 상황을 만나는 것.
　주희(朱熹) - 當仁은 仁을 자신의 임무로 삼는 것이다. [當仁 以仁爲己任也]
【讓양】 사양하다. 양보하다.
【於】 …에게. 전치사. 동작이나 행위에 관련되는 대상을 나타냄.
공안국(孔安國) - 仁을 행하는 일에 대해서는 스승에게도 양보할 수 없으니 이는 仁을 행하여야 함이 급함을 말하는 것이다. [當行仁之事 不復讓於師 言行仁急]
주희(朱熹) - 비록 스승이라도 또한 사양하는 바가 없다는 것은 마땅히 용맹스럽게 가서 반드시 해야 함을 말씀하신 것이다. 대개 仁이란 사람이 스스로 소유하여 스스로 하는 것이어서 다툼이 있는 것이 아니니 어찌 사양함이 있겠는가? [雖師 亦無所遜 言當勇往而必爲也 蓋仁者 人所自有而自爲之 非有爭也 何遜之有]

♣20100401木

第十五篇 衛靈公

75

第十五篇 衛靈公

36. 군자君子는 올곧지만 고집스럽지 않으니

> 子曰 君子貞而不諒

子(주)ㅣ 글♀샤♀ 君子(군주)는 貞(뎡)ᄒ고 諒(량)티 아니ᄒᄂ니라

선생님께서 말씀하시기를 "군자(君子)는 올곧지만 작은 의리에 고집스럽게 얽매이지 않느니라." 하셨다.

【貞】 곧다. 바르다. 올바르고 견고하다. 바른 것이 변함이 없는 것.

【而】 그러나. 그렇지만. …하지만. 접속사. 역접관계를 나타냄.

【諒량】 작은 신의(信義). 하찮은 절개. 작은 일에 얽매이는 정성. 완고하여 하찮은 절개나 의리에 얽매이다.

공안국(孔安國) - 貞은 올바름이고 諒은 믿음이다. 군자는 그 도를 바르게 할 뿐이니 작은 신의(信義)를 고집하지[굳게 지니지] 않는 것을 말한다. [貞 正諒信也 君子之人 正其道耳 言不必小信]

주희(朱熹) - 貞은 올바르고 굳음이요 諒은 곧 옳고 그름을 가리지 않고 믿음에만 고집하는 것이다. [貞 正而固也 諒 則不擇是非而必於信]

정약용(丁若鏞) - 貞과 諒은 극히 서로 비슷하나 오로지 貞은 모든 의리(義理)에 가늠하여 합치되고 諒은 모든 의리에 가늠하여 어그러진 것이다. [貞與諒 極相似 惟貞揆諸義而合 諒揆諸義而乖]

[참고] 子罕-4.   ♣20100402金

76

37. 그 일을 정성껏 행하고 그 녹봉祿俸은 뒤로 할지니

子曰 事君 敬其事而後其食

子(조)ㅣ 굴으샤딕 君(군)을 事(ᄉ)호딕 그 事(ᄉ)를 敬(경)ᄒ고 그 食(식)을 後(후)홀
띠니라

선생님께서 말씀하시기를 "임금을 섬김에 그 일을 삼가 정성을 다하여 행하고 그
녹봉(祿俸)은 뒤로 할지니라." 하셨다.

【事君】 임금을 섬기다.　事 : 섬기다(侍奉). 모시다.

【敬其事】 그 일을 정성을 다하여 행하다. 자기의 직무를 정성껏 처리하다.

　敬 : 지극히 삼가다. 신중히 하다. 경건(敬虔)하게 하다. 공경하는 마음으로 깊이
　　　삼가고 조심하는 태도가 있게 하다. 예의 바르고 신중(愼重)히 하다. 삼가고
　　　정성(精誠)을 다하여 처리하다.

　其 : 그. 그것. 지시대명사. 자기 자신, 곧 듣는 이를 가리킴.

　事 : 일. 업무. 직무.

【而】 와[과]. …하고. 그리고. 접속사. 병렬관계를 나타냄.

【後其食】 그 녹봉(祿俸)을 뒤로 하다. 녹봉은 나중에 받다.

　後 : 뒤에 하다. 뒤로 하다. 뒤로 돌리다. 동사.

　食 : 녹봉(祿俸). 관리에게 주는 식록(食祿).

주희(朱熹) - 군자가 벼슬함에 관수(官守, 관리로서의 직책)가 있는 자는 그 직책을
　　　수행하고, 언책(言責, 간관諫官의 책임)이 있는 자는 그 충심을 다해서 모두
　　　자신의 일을 공경할 뿐이니, 먼저 녹(祿)을 구하는 마음을 두어서는 안 된다.
　　　[君子之仕也 有官守者 修其職 有言責者 盡其忠 皆以敬吾之事而已 不可先有求
　　　祿之心也]

정약용(丁若鏞) - 敬其事는 맡은 바의 직책에 충심을 다하는 것이고 後其食은 뜻이
　　　배부름에 있지 않는 것이다. 이와 반대로 행하는 자는 義를 뒷전으로 하고
　　　利를 앞세우는 것이다. [敬其事 職當盡忠也 後其食 志不在飽也 反是者 後義而
　　　先利]

♣20100402金

38. 가르침이 있으면 유별類別이 없게 되느니

> 子曰 有教無類

子(주)ㅣ 글ᄋ샤디 敎(교)를 두면 類(류)ㅣ 업스리니라

선생님께서 말씀하시기를 "가르침이 있으면 유별(類別)이 없게 되느니라." 하셨다.

【敎】 가르침. 교육.

정약용(丁若鏞) - 道를 닦는 것을 敎라 한다. [修道之謂敎]

【類】 종류(種類). 유별(類別). 종별(種別)에 따라 나뉨.

정약용(丁若鏞) - 類에는 두 가지 뜻이 있다. 하나는 族類이니 百官 萬民이 귀천으로
　　써 구별되는 것이며, 또 하나는 種類이니 九州 四夷(중국 중원과 변방 오랑캐)
　　가 멀고 가까움으로써 구별되는 것이다. 가르침이 있으면 곧 모두가 大道로
　　돌아올 수 있으니 이것이 無類인 것이다. [類 有二 一曰 族類 百官萬民以貴賤別
　　也 一曰 種類 九州四夷以遐邇別也 有教 則皆可以歸於大道 是無類也]

　　하늘의 강충(降衷, 하늘이 사람에게 내린 착한 마음)에는 귀천도 있지 않고
　　원근도 있지 않다. 가르침이 있으면 모두가 같아지니, 이것이 유(類)가 없는
　　것이다. [天之降衷 無有貴賤 無有遠邇 有教則皆同 是無類也]

　　가르침이 있으면 곧 풍속(風俗)에 차이가 없게 되니 이것이 無類이다. [有教
　　則無異俗 斯無類矣]

마융(馬融) - 사람은 그 사람이 있는 바[처한 상황]에서 가르침을 받으며 종류를
　　두지 않는 것을 말한다. [言人所在見教 無有種類]

황간(皇侃) - 사람에게는 귀천이 있으나 다 같이 마땅히 가르쳐 주어야지 그 종류가
　　서민과 천민이라 하여 그들을 가르치지 않아서는 안 된다. 그를 가르치면 곧
　　착함이 본래대로 되어 類가 없게 된다. [人乃有貴賤 同宜資教 不可以其種類庶
　　鄙而不教之 教之則善本無類也]

주희(朱熹) - 사람의 性은 다 善하나 그 종류에 善과 惡이 다름이 있는 것은 기질과
　　습관에 물들기 때문이다. 그러므로 군자가 가르침이 있으면 곧 사람이 모두

善으로 돌아올 수 있으니 그 종류의 惡함을 다시 논하는 것은 마땅하지 않다.

[人性皆善 而其類有善惡之殊者 氣習之染也 故 君子有敎 則人皆可以復於善 而不當復論其類之惡矣]

[참고] 가르침에 있어서는 차별이 없어야 한다[차별을 두지 않아야 한다].

[참고] 述而-7, 陽貨-2.　　　　　　　　　　　　　　　♣20100402金

교육의 당위성(當爲性)과 교육의 방법(方法)에 대해 생각해 보았음. [洋田]

39. 도道가 같지 않으면 함께 도모圖謀하지 않아야 하니

> 子曰 道不同 不相爲謀

子(ᄌᆞ) ㅣ 글ᄋᆞ샤ᄃᆡ 道(도) ㅣ 同(동)티 아니면 설ᄋᆞ 爲(위)ᄒᆞ야 謀(모)티 몯ᄒᆞᄂᆞ니라

선생님께서 말씀하시기를 "도(道)가 같지 않으면 함께 도모(圖謀)하지 않아야 하느니라." 하셨다.

【不相爲謀】함께 도모(圖謀)하지 않다.

相 : 함께. 더불어. 부사. 동작이나 행위가 몇몇 주체로부터 함께 발생함을 나타냄.
　與其妾訕其良人 而相泣於中庭 ((그 처는) 첩과 더불어 그 남편을 원망하며 마당 가운데에서
　함께 울었다.) [孟子 離婁 下] [延世大學校 虛詞辭典編纂室 編, 虛詞大辭典, 成輔社, 2001. p.314]

爲 : 뒤의 동사 謀를 보조하는 역할을 함. 조동사. 해석하지 않음. 唯仁之爲守 唯義之爲行
　(오직 仁을 지키며, 오직 義를 행한다.) [荀子 不苟篇]

謀 : 꾀하다. 일을 도모(圖謀)하다. 계책(計策) [계획]을 세우다. 추구하다.

[참고] 相 : 서로. 상호. 부사. 동작이나 행위가 서로 미치는 대상임을 나타냄.
　爲 : …와 함께. = 與. 전치사. 동작이나 행위가 관련된 대상을 나타냄. ☞
　서로 함께 (일을) 도모하지 않다.

정약용(丁若鏞) - 바라보고[향해서] 그것을 말미암는 것을 道라 한다. 선왕의 도를
　말미암는 자도 있고, 잡패(雜覇, 왕도王道에 패도覇道를 섞어 다스림, 제멋대로
　패도를 행함)를 말미암는 자도 있으며, 은괴(隱怪, 귀신이나 도깨비에 대한
　기괴한 일)를 말미암는 자도 있으니, 그 추향(趨向)하는 바가 같지 않으면
　함께 일을 도모할 수가 없다. [望而由之曰 道 有由先王之道者 有有雜覇者 有由
　隱怪者 其所趨向不同 則不可與謀事] 　　　　　　　　　♣20100403土

40. 말은 뜻을 전달傳達할 뿐이니

子曰 辭達而已矣

子(주)ㅣ 굴으샤딕 辭(亽)는 達(달)홀 쓰름이니라

선생님께서 말씀하시기를 "말은 뜻을 전달(傳達)할 뿐이니라." 하셨다.

【辭】 말. 보통 사람들의 말. 사신(使臣)의 말. 공식문서와 외교문서를 모두 포함한 말.
정약용(丁若鏞) - 辭는 사신이 전대(專對)하는 말이다. [辭 使臣專對之辭]
　　辭란 무엇인가에 대하여 先儒들은 이를 명백히 말하지 않았다. 經典을 살펴보
면 첫째는 '祈祝의 辭'가 있으니 周禮 大祝에 '六祝의 辭'를 관장했다 하고,
書經의 金滕에서는 "三王에게 기도하였는데 史의 冊祝에 의하면 '오직 당신
의 元孫 某…'라 하였다."하니 이러한 예이며, 둘째는 '盟詛의 辭'로서 주례의
詛祝에 盟詛의 辭를 지었다 하니 左傳에 실린 '會盟의 辭'와 東坡詩集에 실린
鳳翔의 '詛楚文' 따위가 이러한 예이며, 셋째는 'ト筮의 辭'로서, 左傳에 실
린 '令龜의 辭'와 儀禮에 실린 '命筮의 辭'가 이러한 것들이며, 넷째는 '婚姻
의 辭'로서 士昏記의 '納采 問名의 辭'와 '納吉 納徵 請期의 辭'와 '醴辭
醮辭' 따위이니, 이처럼 모두가 辭 아닌 것이 없고, 다섯째는 '獄訟의 辭'로서,
周禮 小司寇에서는 '辭聽'이라 하고 呂刑에서는 '單辭, 兩辭를 명백히 한
다.'라 하니 이러한 예이다. 辭의 쓰임새를 이루 다 말할 수 없으나 요컨대
辭라는 文體는 당연히 그의 뜻을 표현하는 데 그쳐야 하는 것이다. 만일 번거롭
게 변론하면 성실성을 손상하게 된다. 이 글에서 말하는 '辭達'이란 모든
辭體를 통틀어 말한 것이다. 공자는 '我於辭命 則不能[孟子 公孫丑 上]'이라
하고, '爲命 裨諶草創之[憲問-이]'라 하니 이것 모두가 聘禮의 辭命으로서 말한
것이니 곧 여기서 말하는 '辭達' 또한 大夫 專對의 辭이며 다른 辭를 말함이
아니다. 근래의 유학자들은 이 경문을 논하면서 모두 문장가 詞句의 工拙로
말하니, 그 뜻을 잃은 지 오래되었다. [辭之爲何物 先儒未有明說 考之經典
有祈祝之辭 周禮大祝 掌六祝之辭 而金滕禱于三王 史乃冊祝曰 惟爾元孫某以

下 是也 二曰 盟詛之辭 周禮 詛祝作盟詛之載辭 而左傳所載會盟之辭 及東坡詩
集所載鳳翔 詛楚文 是也 三曰 卜筮之辭 左傳所載 令龜之辭 及儀禮所載 命筮之
辭 是也 四曰 婚姻之辭 若士昏記所載 納采問名之辭 納吉納徵請期之辭醴辭醮
辭 無非辭也 五曰 獄訟之辭 周禮小詞寇 謂之辭聽 而呂刑所云 明淸于單辭兩辭
是也 辭之爲用 不可殫指 要之辭之爲體 宜達意而止 若繁縟辯博 則有傷於誠實
此章所謂辭達者 有若通指諸辭而言之者 然孔子曰 我於辭命 則不能 孔子曰 爲
命 裨諶草創之 皆以聘禮辭命而言之 則此所云 辭達 亦大夫專對之辭 非他辭也
近儒論此經 皆以文章家詞句工拙而言之 失之遠矣]

의례 빙례기(儀禮 聘禮記) - 辭는 無常(항상 같은 것으로 존재하지 않음)이니
　　겸손하고서 말하라. 말이 많으면 史(지나치게 꾸밈, 겉치레)라하고 적으면
　　그 뜻이 전달되지 않으니, 辭란 진실로 전달하기에 충분하면 뜻이 지극하게
　　되는 것이다. 그의 말에서 '禮가 아닙니다만, 감히 … ' 하면, 대답도 '예가
　　아닙니다만 감히 말합니다.' 한다. [辭無常 孫而說 辭多則史 小則不達 辭 苟足
　　以達 義之至也 辭曰 非禮也 敢 對曰 非禮也 敢辭]

김용옥(金容沃) - 辭는 어디까지나 금언이며, 인간의 언어에 대한 포괄적 규정이다.

【達】 전달하다. 뜻을 전달하다. 뜻을 표현하다.

【而已矣】 …일 뿐이다. …할 따름이다. '而已'는 제한의 어기를 나타내고, '矣'는
　　긍정의 어기를 나타내는데 이 둘이 연용되어 제한의 어기를 강조함.

공안국(孔安國) - 모든 일은 실질을 넘어서지 말아야 한다. 말은 전달되기만 하면
　　곧 충분하니 번잡하게 꾸민 화려한 말을 하지 않는다. [凡事莫過於實 辭達則足
　　矣 不煩文豔之辭]

주희(朱熹) - 언사(言辭)는 뜻을 전달함을 취하면 그뿐이요, 풍부하고 화려함으로써
　　훌륭함을 삼지 않는다. [辭 取達意而止 不以富麗爲工]　　♣20100403土

41. 악사樂師를 돕는 도道

師冕見 及階 子曰 階也 及席 子曰 席也 皆坐 子告之曰 某在斯 某在
斯 師冕出 子張問曰 與師言之道與 子曰 然 固相師之道也

師(ᄉ)ㅣ언 冕(면)이 見(현)홀씨 階(계)예 미처늘 子(ᄌ)ㅣ 골ᄋ샤ᄃㅣ 階(계)라 ᄒ시고
席(셕)에 미처늘 子(ᄌ)ㅣ 골ᄋ샤ᄃㅣ 席(셕)이라 ᄒ시고 다 坐(좌)ᄒ야늘 子(ᄌ)ㅣ 告(고)
ᄒ야 골ᄋ샤ᄃㅣ 某(모)ㅣ 이예 잇고 某(모)ㅣ 이예 잇다 ᄒ시다 師(ᄉ)ㅣ언 冕(면)이 出(츌)
커늘 子張(ᄌ댱)이 묻ᄌ와 골오ᄃㅣ 師(ᄉ)로 더블어 言(언)ᄒ는 道(도)ㅣ 니잇가 子(ᄌ)ㅣ
골ᄋ샤ᄃㅣ 그러ᄒ다 본ᄃㅣ 師(ᄉ)를 相(샹)ᄒ는 道(도)ㅣ 니라

악사(樂師)인 면(冕)이 (공자를) 뵈러 왔는데, 제단에 이르자 선생님께서 말씀하시
기를 "제단이오." 라 하시고, 자리에 이르자 "자리요" 라 하시고, 모두 자리에 앉자
그에게 일러 말씀하시기를 "아무개는 여기에 있고, 아무개는 여기에 있소." 라고
하셨다. 악사 면이 나가자, 자장(子張)이 여쭈어 말씀드리기를 "악사와 더불어 말씀하
시는 도(道)이니까?" 하니, 선생님께서 말씀하시기를 "그러하니라. 본디 악사를 돕는
도이니라." 하셨다.

【師】 악사(樂師). 태사(太師). 악관(樂官)의 우두머리. 고대에는 주로 장님이었음.
【冕면】 악사의 이름.
　주희(朱熹) - 師는 악사이니 장님이다. 冕은 그의 이름이다. [師 樂師 瞽者 冕 名]
【見현】 뵙다. 찾아뵙다. 만나보다. 알현하다. 뵈러 오다.
　형병(邢昺) - 見이란 공자를 뵈러 온 것을 말한다. [見 謂來見孔子]
【及】 이르다. 미치다. 뒤좇아 따르다. 도달하다. 어떤 지점, 목표나 경지에 이르다(다
　　다르다).
　형병(邢昺) - 皆坐란 공자는 판수를 보고 반드시 일어나 맞이하고, 제자 또한 일어났
　　다가 師冕이 자리에 앉자 공자와 제자 또한 모두 자리에 앉음을 말한다. [皆坐者
　　孔子見瞽者必起 弟子亦起 冕旣登席而坐 孔子及弟子 亦皆坐]
【某在斯】 아무개가 이곳에 있다. 누구는 여기에 있다. .
　某 : 아무개. 어떤 사람. 모인(某人). 어느. 지시대명사. 사람・일・장소・시간을

가리킴.

斯 : 이것[이 사람. 이 일]. 이. 이러한. 이렇게. 여기. 지시대명사.

주희(朱熹) - 두 차례나 某在斯라 말씀하신 것은 좌석에 있는 사람들을 낱낱이
들어서 그에게 알려 주신 것이다. [再言某在斯 歷擧在坐之人以詔之]

【子張】 공자의 제자 전손사(顓孫師). 자가 자장(子張).

【與(師)】 …와[과]. …와 함께. …와 더불어. 전치사. 동작이나 행위에 대한 동반자
임을 나타냄.

【言之道與】 말하는 도[방법, 도리, 禮]입니까?

之 : …하는[한]. …의. 조사. 관형어와 중심어 사이에 쓰여 중심어를 수식하거나
국한하는 관계를 나타냄. 앞의 말에 형용성(形容性)을 띠게 함.

道 : 도리. 방법. 예(禮).

황간(皇侃) - 道는 禮와 같다. [道 猶禮也]

與 : …인가? …입니까? = 歟. 어기조사. 의문문 끝에 쓰여 시비(是非)의 판단을
묻는 어기를 나타냄.

【然】 그렇다. 그러하다. 옳다. 맞다.

【固】 본래. 본디. 원래. 본디부터. 예전부터. 동작·행위·상황 등이 본래 이와 같
음을 나타냄. 부사.

【相】 돕다. 보좌하다. 인도하다.

마융(馬融) - 相은 인도함이다. [相 導也]

정현(鄭玄) - 相은 도움이다. [相 扶也]

주희(朱熹) - 相은 돕는 것이다. 옛날에 판수는 반드시 相이 있었으니 그 방법이
이와 같았다. [相 助也 古者 瞽必有相 其道如此]

【也】 …이다. 어기조사. 진술문의 끝에 쓰여 판단이나 단정 또는 긍정을 나타냄.

[참고] 子罕-9. 鄕黨-1-16.   ♣20100404日

第十六篇

季氏 계씨

友直諒多聞

정직한 이와
성실한 이와
그리고
박학다식한 이와
벗하면
(유익하니)
[季氏-4]

1. 계씨季氏가 장차 전유顓臾를 정벌征伐하려 함에

季氏將伐顓臾 冉有季路見於孔子曰 季氏將有事於顓臾 孔子曰 求 無
乃爾是過與 夫顓臾 昔者先王以爲東蒙主 且在邦域之中矣 是社稷之
臣也 何以伐爲 冉有曰 夫子欲之 吾二臣者皆不欲也 孔子曰 求 周任
有言曰 陳力就列 不能者止 危而不持 顚而不扶 則將焉用彼相矣 且
爾言過矣 虎兕出於柙 龜玉毁於櫝中 是誰之過與 冉有曰 今夫顓臾固
而近於費 今不取 後世必爲子孫憂 孔子曰 求 君子疾夫舍曰欲之 而
必爲之辭 丘也聞有國有家者 不患寡而患不均 不患貧而患不安 蓋均
無貧 和無寡 安無傾 夫如是 故遠人不服 則修文德以來之 旣來之 則
安之 今由與求也 相夫子 遠人不服 而不能來也 邦分崩離析 而不能
守也 而謀動干戈於邦內 吾恐季孫之憂 不在顓臾 而在蕭牆之內也

季氏(계시)ㅣ 쟝춧 顓臾(전유)를 伐(벌)호려 ᄒ더니 冉有(염유)와 季路(계로)ㅣ 孔子(공
자)씌 見(현)ᄒ야 ᄀᆞᆯ오ᄃᆡ 季氏(계시)ㅣ 쟝춧 顓臾(전유)에 事(ᄉᆞ)를 두려 ᄒ노쇠이다 孔子
(공자)ㅣ ᄀᆞᆯ으샤ᄃᆡ 求(구)아 아니 네의 이 過(과)아 顓臾(전유)는 녜 先王(션왕)이 뼈
東蒙(동몽)의 主(쥬)를 삼으시고 ᄯᅩ 邦域(방역) 가온ᄃᆡ 인ᄂᆞᆫ 디라 이 社稷(샤직)ㅅ 臣(신)
이니 엇디 뼈 伐(벌)ᄒ리오 冉有(염유)ㅣ ᄀᆞᆯ오ᄃᆡ 夫子(부ᄌᆞ)ㅣ 欲(욕)ᄒ건뎡 우리 二臣(ᅀᅵ
신)은 다 欲(욕)디 아니ᄒ노이다 孔子(공자)ㅣ ᄀᆞᆯ으샤ᄃᆡ 求(구)아 周任(쥬심)이 言(언)을
두어 ᄀᆞᆯ오ᄃᆡ 力(력)을 陳(딘)ᄒ야 列(렬)에 就(취)ᄒ야 能(능)티 몯ᄒᄂᆞᆫ 者(쟈)ㅣ 止(지)
ᄒᆞᆯ따라 ᄒ니 危(위)호ᄃᆡ 持(디)티 몯ᄒ며 顚(뎐)호ᄃᆡ 扶(부)티 몯ᄒ면 쟝춧 어딘 뎌 相(샹)
을 쓰리오 ᄯᅩ 네 言(언)이 過(과)ᄒ도다 虎(호)와 兕(시)ㅣ 柙(합)에 出(츌)ᄒ며 龜(귀)와
玉(옥)이 櫝中(독듕)에셔 毁(훼)홈이 이 뉘 過(과)오 冉有(염유)ㅣ ᄀᆞᆯ오ᄃᆡ 이제 顓臾(전
유)ㅣ 固(고)ᄒ고 費(비)에 近(근)ᄒ니 이제 取(취)티 아니ᄒ면 後世(후셰)예 반ᄃᆞ시 子孫
(ᄌᆞ손)의 憂(우)ㅣ 되리이다 [孔子(공자)ㅣ ᄀᆞᆯ으샤ᄃᆡ 求(구)아 君子(군ᄌᆞ)는 欲(욕)ᄒ노라
닐으디 아니코 반ᄃᆞ시 辭(ᄉᆞ)ᄒ욤을 疾(질)ᄒᄂᆞ니라 丘(구)는 들오니 國(국)을 두며 家
(가)를 둔ᄂᆞᆫ 者(쟈)ㅣ 寡(과)를 患(환)티 아니ᄒ고 均(균)티 아니홈을 患(환)ᄒ며 貧(빈)
을 患(환)티 아니ᄒ고 安(안)티 아니홈을 患(환)ᄒ다 호니 均(균)ᄒ면 貧(빈)홈이 업고
和(화)ᄒ면 寡(과)홈이 업고 安(안)ᄒ면 傾(경)홈이 업ᄂᆞ니라 이러틋ᄒ 故(고)로 遠人(원
신)이 服(복)디 아니ᄒ면 文德(문덕)을 修(슈)ᄒ야 뼈 來(릭)케 ᄒ고 이믜 來(릭)케 ᄒ면
安(안)케 ᄒᄂᆞ니라 이제 由(유)와 다뭇 求(구)는 夫子(부ᄌᆞ)를 相(샹)호ᄃᆡ 遠人(원신)이
服(복)디 아니호ᄃᆡ 能(능)히 來(릭)케 몯ᄒ며 邦(방)이 分崩(분붕)ᄒ며 離析(리셕)호ᄃᆡ

能(능)히 守(슈)티 몯ᄒ고 干戈(간과)를 邦內(방ᄂᆡ)예 動(동)홈을 謀(모)ᄒ니 나는 季孫(계손)의 憂(우) ㅣ 顓臾(전유)에 잇디 아니ᄒ고 蕭墻(쇼쟝)ㅅ 內(ᄂᆡ)예 이실가 저허ᄒ노라

[ ] 부분은 낙장이어서 光海君 四年本으로 대체

계씨(季氏)가 장차 전유(顓臾)를 치려하자 염유(冉有)와 제로(季路)가 공자를 찾아뵙고 말씀드리기를 "계씨가 장차 전유에서 전쟁을 일으키려 하고 있습니다." 하니, 공자께서 말씀하시기를 "구(求)야! 바로 네가 아주 잘못한 것이 아니더냐? 저 전유는 옛날에 선왕께서 동몽산(東蒙山) 제주(祭主)로 삼으셨으며 또 나라 영역의 안에 있어 이는 사직(社稷)의 신하인데 어찌하여 정벌하겠다는 것인가?" 하셨다. 염유가 말씀드리기를 "그분이 그렇게 하려는 것이지 저희 두 신하는 모두 하고자 하는 것이 아니나이다." 하니 공자께서 말씀하시기를 "사관(史官) 주임(周任)의 말에 '힘을 펼치어 관리(官吏) 대열에 나아가되 감당할 수 없으면 그만둔다.' 하였으니 위태로운 데도 도와주지 못하고 넘어지는 데도 붙들어주지 못한다면 곧 장차 그 보좌관을 어디에 쓰겠느뇨? 또 네 말이 잘못되었느니라. 호랑이와 코뿔소가 우리에서 나왔다거나 귀갑(龜甲)과 보옥(寶玉)이 궤안에서 훼손되었다면 이것은 누구의 잘못이겠느냐?" 하셨다. 염유가 말씀드리기를 "지금 저 전유는 (성곽이) 견고하고 비현(費縣)에 가까이 있습니다. 지금 취하지 아니하면 후세에 반드시 자손들의 근심거리가 될 것입니다." 하니, 공자께서 말씀하시기를 "구야! 군자는 그 일을 하고 싶다 욕심을 말하지 않고 꼭 그 일을 할 수밖에 없다 핑계의 말을 하는 것을 미워하느니라. 내가 듣건대 나라가 있는 제후나 일가(一家)를 가지고 있는 대부는 (백성이) 적음을 걱정하지 않고 고르지 않음을 걱정하며, 가난함을 걱정하지 않고 편안하지 않음을 걱정한다고 하였느니라. 무릇 고르면 가난함이 없고, 평화로우면 백성의 적음이 없고, 편안하면 (나라가) 기울어지는 일이 없느니라. 대체로 (이치가) 이와 같으니 먼 곳 사람들이 복종하지 아니하면 곧 문덕(文德)을 닦아서 그들을 따라오게 하고, 이미 그들이 따라왔으면 그들을 편안하게 해 주어야 하느니라. 지금 유(由)와 구(求)는 그 분을 보필하고 있지만 먼 곳 사람들이 복종하지 않는 데도 따라오게 하지 못하고, 나라가 쪼개지고 무너지고 떨어지고 흩어지려 하나 능히 지키지 못하며, 나라 안에서 병기(兵

器)를 움직이려 도모하고 있으니, 계손씨의 근심이 전유에 있는 것이 아니라 자기 집안에 있지 않을까 내 두려워하느니라." 하셨다.

【季氏】 노나라의 세도가인 한 집안[대부]. 계손씨(季孫氏). 여기서는 季康子를 가리킴.

【將】 장차[앞으로] …하려고 하다. 조동사. 앞으로 어떤 일을 하려는 의지를 나타냄.

【顓臾전유】 노(魯)나라에 종속된 작은 나라. 복희씨의 후손이 건국하였다고 하며, 나라가 아주 작은 관계로 천자에게 속하지 않고 제후국인 노나라에 속하였음. 이런 나라를 부용(附庸)이라고 함.

　양백준(楊伯峻) - 지금의 산동성(山東省) 비현(費縣)의 서북쪽 80리에 전유촌(顓臾村)이 있으며, 그곳이 바로 옛 전유(顓臾)의 땅이다.

【冉有】 공자의 제자 염구(冉求). 자가 자유(子有).

【季路】 공자의 제자 중유(仲由). 자가 季路 또는 子路.

【見현】 (웃어른을) 뵙다. 찾아뵙다. 알현(謁見)하다. 뵈러 오다.

【有事】 전쟁을 일으키다. 전쟁하는 일을 벌이다. 전쟁을 하다.

　有 : 하다. 행하다.

　事 : 국가의 대사(大事). 제사(祭祀)·회맹(會盟)·전쟁(戰爭) 등 천자(天子)나 제후(諸侯)가 주관해야 될 나라의 큰일.

　황간(皇侃) - 有事는 정벌할 일이 있는 것을 일컫는다. [有事謂有征伐之事也]

　양백준(楊伯峻) - 좌전 성공 13년(左傳 成公 十三年)에 '國之大事 在祀與戎(나라의 큰일은 제사와 전쟁이다)'라고 했으니 여기서의 有事는 곧 전쟁을 가리킨다.

【無乃爾是過與】 바로 네가 아주 잘못한 것이 아니냐[아니겠는가]?

　無乃 … 與 : 바로 …이 아니겠는가? 반문형 의문문을 이루어 긍정을 강조하는 효과를 냄. 문장 끝에 의문 또는 반문의 어기를 나타내는 乎, 與 등의 어기조사를 수반함.

　是 : 정말. 실로. 아주. = 實. 어기조사. 어세를 강조하는 역할을 함.

　[참고] 양백준(楊伯峻) - 是자는 도치를 나타내는 데 사용되는 단어로(동사와 목적어 도치) 도치되지 않으면 過爾가 되고 '너를 책망하다.[責備你]', '너의 탓으로 돌리다.[歸罪於你]'는 뜻이다. ☞ 無乃爾是過與 : 이것은 곧 너를 책망해야

될 일이 아니냐? 戎狄是膺 荊舒是懲(융과 적을 치고 형과 서를 징벌하다.) [詩經 魯頌 閟宮]

【以爲東蒙主】 (저 전유를) 동몽산의 제주(祭主)로 삼다.

　以爲 : = 以夫顓臾爲東蒙主. 강조의 효과를 위하여 목적어 夫顓臾를 문장 맨 앞으로 전치(도치) 시켰음.

　以 … 爲 ~ : …으로써 ~을 삼다[여기다]. …을 ~으로 삼다[여기다]. …을 ~(이)라고 여기다[간주하다, 생각하다]. …이(가) ~하다고 여기다[간주하다, 생각하다]. 以는 전치사. 爲는 동사.

　東蒙主 : 동몽산의 제주(祭主). 동몽산은 지금의 산동성 임기시(臨沂市) 몽음현(蒙陰縣) 남쪽에 있는 몽산(蒙山)을 가리킴. 동쪽 기남현(沂南縣), 서쪽 평읍현(平邑縣), 남쪽 비현(費縣)의 경계에 있음.

【且】 또. 게다가. 뿐만 아니라. 접속사. 체증(遞增)[점층]관계를 나타냄.

【社稷】 ① 토지의 신(社)과 곡식의 신(稷), 신을 섬기는 일. 나라에서 신에게 제사 지내는 일. ② 나라나 조정(朝廷). 여기서는 ②의 뜻임.

　주희(朱熹) - 社稷은 공가(公家)[國家]라는 말과 같다. [社稷 猶云公家]

【何以伐爲】 어찌하여 치려는(정벌하려는) 것인가? 어찌하여 쳐야(정벌해야) 하는가? 어디 정벌할 필요가 있겠는가?

　何以 : 왜. 어찌하여. 무슨 이유로. 무엇 때문에. 무슨 까닭으로. 관용형식으로 쓰이며, 전치사 '以'가 '因'의 뜻을 지닌 경우로서 이유나 원인에 대한 질문이나 반문을 나타냄. 문장 속에서 부사어로 쓰임.

　爲 : …한가[인가]? 의문문의 끝에 쓰여 의문이나 반문의 어기를 나타냄. 일반적으로 奚, 何 등과 같이 씀.

　何以…爲 : 어찌. 관용형식으로서 반문을 나타내는 문장에 쓰임. ① [구문 사이에 동사나 동사구문이 올 경우] 어찌하여 …해야 하는가? 무엇 때문에 …해야 하는가? 어디 …할 필요가 있겠는가? ② [구문 사이에 명사나 명사구문이 올 경우] 어찌하여 …이겠는가? 어디 …일 필요가 있겠는가?

　공안국(孔安國) - 이미 노나라에 귀속되어 사직의 신하가 되었는데 어찌하여 그를 멸망시키려는가? [已屬魯 爲社稷之臣 何用滅之爲]

【周任】 주(周)나라의 사관(史官) 이름. ① 옛날의 훌륭한 사관(史官) [마융(馬融) - 古之 良史] ② 주(周)나라의 대부(大夫) ③ 주(周)나라의 태사(太史).

[좌전(左傳) 두예(杜預) 注]

【有言】 말을 두다. 좋은 말이 있다. ⇒ 속담(俗談)이 있다.

言 : 좋은 말. 잘하는 말. 늘 하는 말. 속담(俗談). [참고] 憲問-5.

【陳力就列】 힘을 펼쳐서 대열에 나아가다. 능력(재능)을 펼쳐서(발휘하여) 관직
　　(벼슬)의 줄(대열)에 나아가다. [馬融 - 陳其才力 度己所任 以就其位]

陳 : 진열하다. 꺼내어 늘어놓다. ⇒ 펼치다. 발휘하다.

就 : 나아가다. 좇다. 따르다. 그쪽으로 가다.

列 : 줄. 항렬(行列). 반열(班列). 벼슬 곧 관직(官職)의 대열.

주희(朱熹) - 陳은 폄이요 列은 지위이다. [陳 布也 列 位也]

【危而不持】 위태로우나 도와주지 않다.

持 : 돕다. 받쳐주다. 보호하다.

【則】 …이면(하면) (곧). 그렇다면 곧. 접속사. 결과나 조건에 대한 상호 원인 등
　　앞뒤 문장의 전후 상황이 서로 연관됨을 나타냄.

【將焉用彼相矣】 장차 어디에 그런 신하[보좌관]를 쓰겠는가?

焉 : 어느 곳에. 어디에. 의문대명사. 장소에 대한 물음을 나타냄.

相 : 돕는 사람. 보필하는 사람. 보좌관. 신하.

　주희(朱熹) - 相은 소경을 돕는 사람이다. [相 瞽者之相也]

　정약용(丁若鏞) - 가재(家宰)를 相이라 말하는 것은 원래 瞽相(맹인을 도와주는
　　사람)이라는 뜻에서 취한 것이다. [家宰之謂之相 本取瞽相之義]

【兕】 외뿔소. 들소. [邢昺, 朱熹 - 兕 野牛也]

【柙합】 우리(檻也). 짐승을 가두어 기르는 시설.

【龜玉】 거북이와 옥. 귀갑(龜甲, 거북 등껍데기, 점치는데 사용함)과 보옥(寶玉).

정약용(丁若鏞) - 虎兕란 계씨의 포악을 비유한 것이며 龜玉은 계씨의 존귀를 비유한
　　것이다. 나가서 피해를 끼치면 곧 우리를 지키는 자의 죄이며 훼손되어 파괴되
　　었다면 곧 궤를 지키는 사람의 죄이다. 계씨가 악을 행하여 재앙을 만드는
　　것은 그의 가상(家相)이 그 잘못에 대해 책임을 지지 않을 수 없음을 밝힌
　　것이다. [虎兕喩季氏暴戾 龜玉喩季氏尊貴 出而搏噬 則守柙者之罪也 毁而破壞
　　則守櫝者之罪也 明季氏行惡作孼 則家相不得不任其咎]

【毁훼】 부수다. 파손시키다. 훼손시키다.

【櫝독】 함. 궤(匱). 나무로 짠 궤.

【固】 단단하다. 견고하다. ⇒ 튼튼한 방비(防備). 성곽(城郭)이 견고하다.

　　주희(朱熹) - 固는 성곽(城郭)이 완고(完固)함을 말한다. [固 謂城郭完固]

【費】 비읍(費邑). 계씨의 식읍(食邑). 지금의 산동성(山東省) 비현(費縣) 서북쪽
　　20리에 옛 성이 있음.

【疾夫舍曰欲之 而必爲之辭】 그 사람이 그것을 하고자 한다고 말하는 것을 제쳐두고
　　서 반드시 그것을 하기 위해 핑계를 대는 것을 미워한다. ⇒ 그 사람이 자기가
　　하고 싶다는 속내를 감추고 어쩔 수 없이 할 수밖에 없다고 핑계를 대는 것을
　　미워한다.

　疾 : 증오하다. 미워하다. 싫어하다. 惡也.

　舍 : 보류하다. 뒤로 미루다. 유보하다. 제쳐두다.

　爲 : …을 위하여. …을 하기 위해서. 전치사. 동작이나 행위가 발생하는 목적을
　　나타냄.

　辭 : 말하다. 구실. 핑계. ⇒ 구실을 대다. 핑계를 대다. 변명하다.

[참고]

공안국(孔安國) - 네 말과 같은 것을 미워한다. 이익을 탐낸다는 말을 하지 않은
　　채 다시 다른 말로 변명하는 것 이것이 미워하는 바(대상)이다. [疾如女之言
　　舍其貪利之說 而更作他辭 是所疾也] ⇒ '孔子曰求君子疾夫 舍曰欲之而必爲之
　　辭' 와 같이 구두를 끊었음. ☞ 공자께서 말씀하셨다. "구야! 군자는 그렇게 말하는 것을
　　미워한다. 이익을 탐낸다고 말하지 않고 반드시 그것을 위해 해야 한다고 변명하는 것 말이다.

임희원(林希元) - '君子疾夫舍曰欲之~而爲之辭' 까지를 한 구두점으로 끊어야 한
　　다. [君子疾夫舍曰欲之 直趕到而爲之辭 作一句讀]

정약용(丁若鏞) - 아니다. [형병의 소에서도 또한 같이 13자를 한 구로 하였다.] 悲之를
　　悲夫, 善之를 善夫라고 하니 [단궁에 보임.] 孔氏 注에서 疾夫로 구두점을 끊은
　　것은 근거가 없는 것이 아니다. [非也 邢疏亦似 以十三字通作一句 悲之曰悲夫 善之
　　曰善夫 見檀弓 孔注以疾夫絶句 未嘗無據]

정약용(丁若鏞) - 舍는 止(단지)이며 但(다만)이다. [맹자 - 다만 모두 자신의 집에서
　　가져다 쓰는가?] 다만 당연히 " '그 땅이 욕심난다.' 고 말할 것이지 구차스럽게
　　다른 말로 하려 하다니 … "라는 말이다. [舍 止也 但也 孟子曰 舍皆取諸其宮中而用之

但當曰 欲之而已 令必更作他辭]

【有國有家者】 나라를 갖고 있고 일가(一家)를 갖고 있는 사람. 곧 임금(제후)과 대부. 나라를 다스리고 家를 다스리는 사람. ⇒ 나라를 다스리는 사람.

有 : 얻다. 갖고 있다. 소유하다. ⇒ = 爲. 다스리다.

공안국(孔安國) - 國은 제후요 家는 경대부이다. [國 諸侯 家 卿大夫]

【寡】 적음. 백성[사람]의 수가 적다. [朱熹 - 寡 謂民少]

【均】 공평하게 하다. 고르게 하다. 분배가 고른 것. 백성 모두에게 고르게 혜택을 가도록 하는 것. [朱熹 - 均 謂各得其分]

【安】 편안(便安)하다. 편안하게 살다.

【旣】 이미. …한 후. 부사. 동작·행위·상황 등이 이미 발생했거나 존재함을 나타냄.

【分崩離析분붕리석】 나뉘고(分) 무너지고(崩) 흩어지고(離) 쪼개어지다(析). 지리 멸렬(支離滅裂)하다.

공안국(孔安國) - 백성이 다른 마음을 품고 있는 것을 分, 나라를 떠나려고 하는 것을 崩, 만나 뭉칠 수 없는 것을 離析이라고 말한다. [民有異心曰分 欲去曰崩 不可會聚曰離析]

주희(朱熹) - 分崩離析은 公室이 넷으로 나뉘고 家臣이 여러 번 배반함을 이른다. [分崩離析 謂四分公室 家臣屢叛]

【干戈간과】 방패와 창. 곧 병기(兵器).

【蕭牆소장】 대문이나 중문 등의 정면 조금 안쪽에 설치하여 밖에서 안을 들여다 볼 수 없도록 막아 놓은 가림. 문병(門屛). 소병(蕭屛). ⇒ 蕭牆之內 : 내부(內部).

【於】 ① …를. 전치사. 동작이나 행위에 직접 미치는 대상을 나타냄. 見於孔子. ② …에서. 전치사. 동작이나 행위가 일어나는 장소(범위)를 나타냄. 有事於顓臾, 出於柙, 毁於櫝中, 近於費, 謀動干戈於邦內.

【與】 ① …이겠는가? 어기조사. 반문의 어기를 나타냄. 豈, 非 등과 같이 쓰이며 완곡한 긍정이 의미를 내포함. 無乃爾是過與. ② …인가? 어기조사. 의문대명사 誰, 何 등과 같이 쓰여 의문의 어기를 도움. 是誰之過與. ③ …와[과]. 접속사. 병렬관계를 나타냄. 今由與求也.

【夫】 ① 이(것). 그(것). 저(것). 지시대명사. 夫顓臾. ② 이 (사람). 그 (사람). 저 (사람). 인칭대명사. 君子疾夫. ③ 도대체. 대체. 대체로. 무릇. 어기조사(발

어사). 문장의 첫머리에 쓰여 이야기를 이끌어 내기 위하여 듣는 이의 주의를 환기시키는 역할을 함. 夫如是.

【者】 ① …에[는]. 어기조사. 시기·시간 등을 나타내는 말 뒤에 붙어서 그 말을 부사어로 만들어 주는 역할을 함. 昔者. ② …(두, 세, …) 사람[일, 가지, 곳]. 복수의 수량명사와 함께 명사구를 이룸. 대명사. 앞의 나열한 사람 또는 사물(사건)을 합산함. 吾二臣者. ③ …한[하는, 이라 하는] 사람[일, 때, 곳, 것]. 특수지시대명사. 동사·형용사 혹은 각종 구와 결합하여 그 말의 수식을 받아 명사구를 이루며, 사람이나 사물을 나타냄. 有國有家者. ④ …이면. …하면. …한다면. 어기조사. 가설(가정)이나 조건의 어기를 나타냄. 不能者.

【之】 ① …의. 조사. 관형어와 중심어 사이에 쓰여 종속관계를 나타냄. 邦域之中. 蕭牆之內. ② …의. 조사. 관형어와 중심어 사이에 쓰여 종속관계를 나타냄. 社稷之臣, 是誰之過與, 季孫之憂. ③ 그것. 그 사람. 지시대명사. 夫子欲之, 舍曰欲之, 必爲之辭, 來之, 安之.

【矣】 ① …이다. 어기조사. 단정 또는 필연의 결과를 나타냄. 且在邦域之中矣, 且爾言過矣. ② …이겠는가? 어기조사. 반문의 어기를 나타냄. 則將焉用彼相矣.

【也】 ① …이다. 어기조사. 진술문의 끝에 쓰여 판단이나 단정 또는 긍정을 나타냄. 是社稷之臣也, 皆不欲也, 而不能來也, 而不能守也, 在蕭牆之內也. ② …은(는). …이란. …이면. 어기조사. 음절을 조정하고 어기를 고르는(말을 잠깐 멈추고 다음 내용을 환기시키는) 역할을 함. 丘也聞, 今由與求也.

【而】 ① 그러나. …하더라도[하지만]. 접속사. 역접관계를 나타냄. 危而不持, 顚而不扶, 不患寡而患不均, 不患貧而患不安, 而不能來也, 而不能守也, 而在蕭牆之內也. ② … 하여서. 그리하여. 접속사. 순접관계를 나타냄. 顓臾固而近於費, 而必爲之辭, 而謀動干戈.

【蓋】 대저. 무릇. 어기조사. 문장의 첫머리에 쓰여 의논의 어기를 나타냄.

♣20100405月

2. 천하에 도가 있으면 예악과 정벌이 천자로부터 나오니

孔子曰 天下有道 則禮樂征伐自天子出 天下無道 則禮樂征伐自諸
侯出 自諸侯出 蓋十世希不失矣 自大夫出 五世希不失矣 陪臣執國
命 三世希不失矣 天下有道 則政不在大夫 天下有道 則庶人不議

孔子(공주)] 골ᄋ샤ᄃᆡ 天下(텬하)] 道(도)] 이시면 禮樂(례악)과 征伐(정벌)이 天子
(텬주)로브터 出(츌)ᄒ고 天下(텬하)] 道(도)] 업스면 禮樂(례악)과 征伐(정벌)이 諸侯
(져후)로브터 出(츌)ᄒᄂ니 諸侯(져후)로브터 出(츌)ᄒ면 十世(십셰)예 失(실)티 아니
리 듬을고 태우로브터 出(츌)ᄒ면 五世(오셰)예 失(실)티 아니리 듬을고 陪臣(비신)이
國命(국명)을 執(집)ᄒ면 三世(삼셰)예 失(실)티 아니리 듬으니라 天下(텬하)] 道(도)]
이시면 政(정)이 태우에 잇디 아니ᄒ고 天下(텬하)] 道(도)] 이시면 庶人(셔신)이 議
(의)티 아니ᄒᄂ니라

공자께서 말씀하시기를 "천하에 도(道)가 있으면 예악(禮樂)과 정벌(征伐)이 천자 (天子)로부터 나오며, 천하에 도가 없으면 예악과 정벌이 제후(諸侯)로부터 나오나니, 제후로부터 나오면 십대(十代) 안에 (권력을) 잃지 않음이 드물고 대부(大夫)로부터 나오면 오대(五代) 안에 잃지 않음이 드물며, 대부의 가신이 나라의 권력을 쥐면 삼대 (三代) 안에 잃지 않음이 드물 것이니라. 천하에 도가 있으면 정권(政權)은 대부에 있지 아니하며 천하에 도(道) 있으면 백성들이 (정치에 대해) 왈가왈부 하지 않느니라." 하셨다.

【則】 …이면(하면) (곧). 그렇다면 곧. 접속사. 결과나 조건에 대한 상호 원인 등 앞뒤 문장의 전후 상황이 서로 연관됨을 나타냄.

【禮樂】 예의 제도와 음악. 나라의 제도와 문화. 국가의 법률제도와 문화 등 국내적인 정치.

【征伐】 전쟁 행위. 무(武)를 통치하는 권력. 외교·국방 등 대외적인 정치.

【自】 …(으)로부터. …에서. 전치사. 동작이나 행위가 발생하는 장소·기점·방위 등을 나타냄.

【蓋】 대개. 대체로. 대략. 부사. 술어 앞에 쓰여 사람이나 사물의 수량에 대한 추측을

나타냄.

【十世】 열 세대 이내에, 열 세대가 될 때까지. 명사의 부사로의 전용. 이하 五世,
　　　三世도 같음.

世: 세대(世代). 부자(父子)의 세대교체 기간. 보통 30년을 한 세대로 봄.

【希】 = 稀. 드물다. 희소(稀少)하다. 적다. 거의 없다.

공안국(孔安國) - 希는 적은 것이다. [希 少也] [皇侃]

정약용(丁若鏞) - 希는 드문 것(鮮)이다. [希 鮮也]

【失】 잃다. 나라나 권력을 잃다.

【矣】 …일 것이다. …이다. 어기조사. 진술문의 끝에 쓰여 긍정의 어기를 나타냄.

【陪臣】 신하의 신하. 곧. 대부(大夫)의 가신(家臣).

陪 : 포개지다. 重의 의미. 인신하여 천자는 제후, 제후는 대부를 신하로 삼고
　　대부는 家臣을 가지기에, 대부가 천자, 가신이 제후에 대해 자신을 일컬을
　　때 '겹친 신하'라는 뜻으로 陪臣이라 함.

【國命】 나라의 명령. 나라의 통치권. 국권(國權). 나라의 권력.

형병(邢昺) - 執國命이란 마음대로 권력을 휘둘러 국가의 정령(政令)을 집행하는
　　것이다. [執國命 擅權 執國之政命]

정약용(丁若鏞) - 十世希不失矣는 천자가 지휘를 잃은 것을, 五世希不失矣는 제후가
　　지위를 잃은 것을, 三世希不失矣는 대부가 지위를 잃은 것을 말한다. [十世希不
　　失矣 謂天子失位 五世希不失矣 謂諸侯失位 三世希不失矣 謂大夫失位]

【政】 정권(政權). 정병(政柄).

【庶人】 일반 사람. 백성들.

【議】 (정치를) 평론(評論)하다. 시비를 따지어 말하다. 의론(議論)이 분분하다.
　　(정치에 대해) 왈가왈부(曰可曰否)하다.

공안국(孔安國) - 비난하거나 의논할 것이 없다는 것이다. [無所非議]

형병(邢昺) - 議란 비방을 말한다. 천하에 도가 있으면 나라를 다스리는 자는 백성의
　　말을 참작하여 정교(政敎)를 삼기 때문에 시행함이 모두 옳아서 백성들이
　　비방하거나 논의하는 일이 없게 된다. [議 謂謗訕 言天下有道 則上酌民言 以爲
　　政敎 所行皆是 則庶人無有非毁謗議也]

양백준(楊伯峻) - 공자의 이 말은 아마도 역사를 고찰한 것에서 나왔으며, 특히

당시에 벌어지고 있는 상황에서 얻어낸 결론이다. '自天子出'은 공자가 보기에 요(堯)·순(舜)·우(禹)·탕(湯)과 서주(西周) 때에는 모두 그렇게 이루어졌던 것이다. '天下無道'는 곧 제나라 환공(桓公) 후부터 주나라 천자가 이미 명령을 내리는 힘이 없어졌다는 것이다. 제나라는 환공부터 패권을 잡았고, 효공(孝公)·소공(昭公)·의공(懿公)·혜공(惠公)·경공(頃公)·영공(靈公)·장공(莊公)·도공(悼公)·간공(簡公)까지 10공을 거쳐 간공에 이르러 진항(陳恒)에게 죽었으니, 공자가 그것을 직접 보았다. 진(晉)나라는 문공(文公)부터 패권을 잡았는데, 양공(襄公)·영공(靈公)·성공(成公)·경공(景公)·여공(厲公)·평공(平公)·소공(昭公)·경공(頃公)까지 9공을 거쳐 육경(六卿)이 전권(全權)을 장악하는 것 역시 공자가 직접 본 것이다. 그래서 '十世希不失'이라고 말한 것이다. 노나라는 계우(季友) 때부터 모든 권력을 장악하기 시작하여 문자(文子)·무자(武子)·평자(平子)·환자(桓子)를 거쳐서 양호(陽虎)가 집권을 했는데, 이것 역시도 공자가 직접 본 것이다. 그래서 '五世希不失'이라고 한 것이다. 노나라 계손씨의 가신(家臣)인 남괴(南蒯)·공산불요(公山弗擾)·양호(陽虎) 같은 부류들은 모두 당대에서 몰락해서, 삼대에 이른 적이 없었다. 당시에는 각 나라의 가신들이 정치를 맡고 있었으며 공자가 '三世希不失'이라고 말한 것은 아마 그것을 관대하게 말했던 것 같다. 이것 역시 역사 변천의 필연으로 변혁의 시기에 가까우면 가까울수록 권력 재분배의 투쟁은 반드시 더욱 더 격렬해지는 것을 공자가 오히려 이해하지 못했던 것 같다. ♣20100410土

3. 삼환三桓의 자손이 쇠미衰微하여진 것은…

孔子曰 祿之去公室五世矣 政逮於大夫四世矣 故夫三桓之子孫微矣

孔子(공자)ㅣ 글으샤딕 祿(록)이 公室(공실)에 去(거)흐얀디 五世(오세)오 政(정)이 태우에 逮(톄)흐얀디 四世(亽세)니 故(고)로 三桓(삼환)의 子孫(亽손)이 微(미)흐니라

공자께서 말씀하시기를 "녹작(祿爵)이 왕실(王室)을 떠난 것이 오대(五代)가 되었고, 정권(政權)이 대부에게 이른지 사대(四代)가 되었으니, 그러므로 저 삼환(三桓)의 자손이 쇠미하게 되었느니라." 하셨다.

【祿】 녹봉(祿俸). ⇒ 녹봉을 주는 것. 작록(爵祿, 벼슬과 녹봉)을 주는 권한.

【之】 …은[는]. …이[가]. 구조조사(주격조사). 주술구조 사이에 쓰여 이를 명사구(절)로 만들어 주는 역할을 함.

【去】 가다. 떠나가다. 떠나버리다. 옮아가다.

【公室】 왕실(王室). 노나라 왕실(王室). 노나라 조정(임금).

【五世】 오대(五代) 임금. 노나라 선공(宣公), 성공(成公), 양공(襄公), 소공(昭公), 정공(定公) 5명의 임금.

주희(朱熹) - 노(魯)나라는 문공(文公)이 죽자, 공자수(公子遂)가 자적(子赤)을 살해하고 선공(宣公)을 세우면서 군주(君主)가 그 정권(政權)을 잃게 되었는데, 이때로부터 성공(成公)·양공(襄公)·소공(昭公)·정공(定公)을 거쳐 모두 다섯 공(公)이다. [魯自文公薨 公子遂殺子赤 立宣公 而君失其政 歷成襄昭定 凡五公]

【矣】 …하게 되다. …일[할] 것이다. …하게 될 것이다. 어기조사. 상황의 변화나 새로운 상황의 출현(어떤 사건이 발전·변화하는 과정이나 그것이 장차 발생하려함)을 나타냄. 간혹 미래나 어떤 조건 하에서의 결과가 긍정적임을 나타냄.

【政】 정권(政權). 정병(政柄).

【逮체】 미치다. 이르다.

황간(皇侃), 주희(朱熹) - 逮는 미침이다. [逮 及也]

【於】 …에 (게). 전치사. 동작이나 행위에 관련되는 대상을 나타냄.

【四世】 삼환씨(三桓氏) 의 사대(四代).

공안국(孔安國) - 문자, 무자, 도자, 평자이다. [文子武子悼子平子]

주희(朱熹) - 계무자(季武子)가 비로소 국정(國政)을 전단(專擅)한 뒤로부터 도자(悼子)·평자(平子)·환자(桓子)를 거쳐 모두 4대(代)인데, (환자는) 가신(家臣) 양호(陽虎)에게 붙잡힘을 당하였다. [自季武子始專國政 歷悼平桓子 凡四世 而爲家臣陽虎所執]

모기령(毛奇齡) - 四世란 누구인가. 문자, 무자, 평자, 환자이다. … 일찍이 도자(悼子)는 卿이 되지 못하였다. [其四世何也 曰文武平桓也 … 悼子未嘗爲卿也]

정약용(丁若鏞) - '三桓子孫' 이라는 구절을 살펴보면 '政逮大夫' 란 공통적으로 三家를 말한 것이 분명하다. [觀於三桓子孫一句 政逮大夫之通指三家審矣] 계씨의 四世에 悼子를 셈하고 桓子를 셈하는 것 모두가 그렇지 않다고 할 수는 없다. [世系로 본다면 孔氏처럼 悼子를 세는 것이 옳고 執政으로 말한다면 毛氏처럼 桓子를 세는 것이 옳다.] 그러나 계씨의 후예만을 셈하는 것은 원래 잘못된 것이다. 당연히 삼환(三桓)을 함께 말하여야 한다. 맹헌자(孟獻子仲孫蔑)·맹장자(孟莊子仲孫速)·맹희자(孟僖子仲孫獲)·맹의자(孟懿子何忌) 또한 맹씨의 四世이며, 숙손장숙(叔孫莊叔得臣)·숙손목자(叔孫穆子豹)·숙손소자(叔孫昭子婼)·숙손성자(叔孫成子不敢) 또한 숙손씨의 四世이다. [季氏四世 數悼數桓 俱然不可 [以世系 則孔之數悼 是也 以執政 則毛之數桓 是也] 然獨數季氏 本自疏謬 三桓當並論也 孟獻子[仲孫蔑] 孟莊子[仲孫速] 孟僖子[仲孫獲] 孟懿子[卽何忌] 孟氏亦四世也 叔孫莊叔[名得臣] 叔孫穆子[豹] 叔孫昭子[婼] 叔孫成子[名不敢] 叔孫亦四世也]

【夫】 이 (사람). 그 (사람). 저 (사람). 인칭대명사.

【三桓】 노나라 환공(桓公)의 둘째, 셋째, 넷째 아들이 이룬 세 가문. 첫째 아들은 장공(莊公) 임.

공안국(孔安國) - 三桓이란 중손, 숙손, 계손인데 삼경(三卿)은 모두 환공의 후손이므로 삼환이라고 말한다. 이 중 중손씨는 자기의 씨를 바꾸어 孟氏라고 하였으며, 삼환은 애공에 이르러 모두 쇠퇴하였다. [三桓 謂仲孫叔孫季孫 三卿皆出桓公 故曰三桓也 仲孫氏改其氏稱孟氏 至哀公皆衰]

【微】 쇠미하다. 미약하다. 미약해지다. 쇠퇴하다.　♣20100410土

4. 유익한 벗, 해로운 벗이 각각 셋이니...

孔子曰 益者三友 損者三友 友直 友諒 友多聞 益矣 友便辟 友善柔
友便佞 損矣

孔子(공자)ㅣ 굴으샤디 益(익)흔 者(쟈)ㅣ 三友(삼우)ㅣ오 損(손)흔 者(쟈)ㅣ 三友(삼우)ㅣ
니 直(딕)을 友(우)ᄒ며 諒(량)을 友(우)ᄒ며 多聞(다문)을 友(우)ᄒ면 益(익)ᄒ고 便辟
(편벽)을 友(우)ᄒ며 善柔(선유)를 友(우)ᄒ며 便佞(편녕)을 友(우)ᄒ면 損(손)ᄒᄂ니라

공자께서 말씀하시기를 "유익한 이 세 벗이요 해로운 이 세 벗이니, 정직한 이와
벗하고 성실한 이와 벗하며 박학다식한 이와 벗하면 유익하고, 알랑거리는 이를
벗하고 겉으로만 잘 따르는 이를 벗하며 말만 번드르르하게 하는 이를 벗하면 해로우
니라." 하셨다.

【益】 이익[보탬]이 되다. 유익하다. 좋은 점이 있다.

【者】 …한[하는, 이라 하는] 사람[일, 때, 곳, 것]. 특수지시대명사. 동사·형용사
　　　 혹은 각종 구와 결합하여 그 말의 수식을 받아 명사구를 이루며, 사람이나
　　　 사물을 나타냄.

【友】 ① 벗. 친구. 학우(學友). 三友.　② 벗하다. 벗으로 삼다. 벗으로 사귀다. 친구로
　　　 하다. 명사의 동사로의 전용. 友直, 友諒, 友多聞, 友便辟, 友善柔, 友便佞.

　　[참고] 友直, 友諒, 友多聞, 友便辟, 友善柔, 友便佞의 友 : 명사(주어) ☞ 벗이
　　　 곧거나 벗이 이해심이 있거나 벗이 많이 들어 알면 이롭고, … [李洙泰, 朴起用]

【損손】 손해. 해(害)가 되다. 손해를 입다[보다].

【諒량】 믿음. 성실함. 성실하다. 신실하다. [참고] 憲問-18. 衛靈公-36.

　　형병(邢昺) - 諒은 성신(誠信, 진실함)을 일컫는다. [諒 謂誠信]

　　양백준(楊伯峻) - 설문(說文)에서 '량은 믿다.[諒 信也]' 라고 했다. 때로는 諒과 信이
　　　 같은 뜻으로 쓰이는데, 바로 여기서 그렇다. 때로는 뜻이 다르게 사용될 때가 있으니,
　　　 예를 들면 憲問편에 '豈若匹夫匹婦之爲諒也 (어찌 일반 백성들과 같이 작은 신의
　　　 를 지키기 위해서)' 의 '諒' 은 단지 '작은 일에 성실하다.[小信]' 는 뜻이다.

　　[참고] 사람의 마음을 잘 헤아리다. [丁天求, 李洙泰]

【多聞】많이 들음. 많이 들어서 앎. 박학다식(博學多識) 함.

형병(邢昺) - 多聞은 널리 두루 배움을 일컫는다. [多聞 謂博學]

【矣】…이다. 어기조사. 단정 또는 필연의 결과를 나타냄.

주희(朱熹) - 벗이 곧으면 자신의 허물을 듣게 되고, 벗이 성실하면 성실함에 나아가고, 벗이 문견이 많으면 지혜가 밝아짐에 나아가게 된다. [友直則聞其過 友諒則進於誠 友多聞則進於明]

【便辟편벽】남들이 꺼리는 일을 약게 피하며 사랑을 받으려는 일. 어려운 것을 피하며 남에게 아첨함. 잔꾀를 잘 부리고 아첨함. 남의 비위를 잘 맞추어 아첨함. 알랑거림. [참고] 겉모습은 번지르르하나 마음이 곧지 못함.

辟벽 : 편벽(偏僻) 되다. 겉치레에 익숙하나 성실성이 적다. 바르지 않다. 마음이 한 쪽으로 치우쳐 공정하지 못하다.

마융(馬融) - 便辟은 남이 꺼리는 바를 교묘히 피하여 그 맘에 쏙 들기를 추구하는 것이다. [便辟 巧辟(避) 人之所忌 以求容媚]

주희(朱熹) - 便은 익숙함이다. 便辟은 위의(威儀, 외모)에만 익숙하고 곧지[정직하지] 않음을 일컫는다. [便 習熟也 便辟 謂習於威儀 而不直]

【善柔】부드럽게 굴기를 잘하다. 부드럽게 하여 잘 보이려고 함. 앞에서는 아첨하면서 뒤에서는 비방함. 겉으로 잘 따르는 것.

善 : 잘하다. 능숙하다. 숙달하다. 柔 : 좋다. 따르다.

마융(馬融) - 善柔는 외면상으로만[낯만] 부드럽게 하는 것이다. [面柔也]

황간(皇侃) - 善柔는 면전에서는 복종하다가도 돌아서서는 비방하는 사람을 말한다. [善柔 謂面從而背毀者也]

주희(朱熹) - 善柔는 아첨하여 기쁘게 하는 데만 잘하고 성실하지 않는 것을 일컫는다. [善柔 謂工於媚悅 而不諒]

【便佞편녕】구변이 좋아 남의 비위만 맞춤. 말만 그럴싸하게 잘하다. 입에 발린 말만 잘하는 것. 정현(鄭玄) - 便은 말을 잘하는 것이니 말을 꾸며서 잘하는 것을 일컫는다. [便 辯也 謂佞而辨]

황간(皇侃) - 便佞은 말을 잘하여 교묘하게 둘러대는 것을 말한다. [便佞 謂辯而巧也]

주희(朱熹) - 便佞은 말로만 하는 것에 익숙하고 듣고 본 실제가 없는 것을 일컫는다. [便佞 謂習於口語 而無聞見之實]

♣20100411日

5. 좋아함에도 유익한 것 세 가지, 해로운 것 세 가지니

孔子曰 益者三樂 損者三樂 樂節禮樂 樂道人之善 樂多賢友 益矣
樂驕樂 樂佚遊 樂宴樂 損矣

孔子(공주)ㅣ 굴ㅇ샤디 益(익)혼 者(쟈)ㅣ 三樂(삼요)ㅣ오 損(손)혼 者(쟈)ㅣ 三樂(삼요)
ㅣ니 禮樂(례악) 節(절)홈을 樂(요)ᄒ며 人(신)의 善道(선도)홈을 樂(요)ᄒ며 賢友(현
우)ㅣ 多(다)홈을 樂(요)ᄒ면 益(익)ᄒ고 驕樂(교락)을 樂(요)ᄒ며 佚遊(일유)를 樂(요)
ᄒ며 宴樂(연락)을 樂(요)ᄒ면 損(손)ᄒᄂ니라

공자께서 말씀하시기를 "유익한 것이 세 좋아함이요, 해로운 것이 세 좋아함이니,
예악(禮樂)을 절도 있게 행하기를 좋아하고 사람들의 선(善)한 것을 말하기를 좋아하
며 어진 벗을 많이 사귀기를 좋아하면 유익하고, 으스대며 제멋대로 즐기는 것을
좋아하고 거리낌 없이 마음껏 돌아다니며 노는 것을 좋아하며 잔치를 벌려 주색을
향락하는 것을 좋아하면 해로우니라." 하셨다.

【三樂요】 세 가지 좋아하는 것. 세 가지 취미.

　樂요 : 좋아하다.

【節禮樂악】 예악(禮樂)을 절도(節度) 있게 행하다. 예악으로써 절제하다. 예악에
　　　알맞게 생활하다.

　節 : 절도(節度) 있게 하다. 절제(節制)하다. 넘치거나 모자라지 않고 딱 알맞게
　　　하다. 자기 자신을 잘 다스리다.

　하안(何晏) - 행동함에 예악의 절도를 얻는 것이다. [動得禮樂之節]

【道人之善】 사람들의 선함을 말하다. 남의 착한 행실을 말하다.

　道 : 말하다. 동사.

　之 : …의. 조사. 관형어와 중심어 사이에 쓰여 종속관계를 나타냄.

　형병(邢昺) - 樂道人之善이란 남의 아름다움을 즐겁게 일컫는 것을 말한다. [樂道人
　　　之善 謂好稱人之美]

　善 : 선. 착함. 선량함. 착한 행실.

【多賢友】 어진 벗을 많게 하다. 현명한 벗을 많이 사귀다.

多 : 많게 하다. 형용사의 사역동사로의 전용.

【驕樂락】 방종(放縱)과 향락(享樂). 제멋대로 즐김. 교만하고 방자하게 즐김.

驕 : 잘난 체하다. 교만(驕慢)하다. 거들먹거리다. 우쭐거리다. 뽐내다. 으스대다.
　　오만하며(傲), 늘어지고(縱), 방자함(恣)의 뜻을 아울러 가진 말.

공안국(孔安國) - 존귀함을 믿고 스스로 방자한 것이다. [恃尊貴以自恣]

황간(皇侃) - 스스로 즐기어 교만하고 오만하게 되는 것이다. [爲驕傲以自樂也]

【佚遊일유】 주색(酒色) 잡기(雜技)로 방탕하게 놂. 할 일 없이 놀러 다님.

佚일 : 마음껏 즐기다. 방종(放縱)하다. 방탕(放蕩)하다.

왕숙(王肅) - 佚遊는 드나듦에 절도가 없는 것이다. [佚遊 出入不節]

황간(皇侃) - 스스로 편안함에 방자하여 즐겁게 놀아 절도가 없음. [恣於自逸念念而
　　遨遊 不用節度也]

【宴樂락】 잔치를 벌려 즐김. 먹고 마시며 주색에 빠지는 즐거움. 향락(享樂)에 빠짐.
　　연회(宴會)를 벌려 주색(酒色)의 쾌락(快樂)에 빠짐.

공안국(孔安國) - 宴樂은 주색에 빠져 할 일을 잊고 정도를 지나치게 노는 것이다.
　　[宴樂 沈荒淫瀆]

황간(皇侃) - 잔치를 하고 술을 마셔 술에 빠져 있음을 즐거움으로 삼는다. [宴飲
　　酖酗以爲樂也]　　♣20100411日

第十六篇 季氏

6. 군자君子를 모실 때 세 가지 잘못함이 있으니...

孔子曰 侍於君子有三愆 言未及之而言 謂之躁 言及之而不言 謂之
隱 未見顏色而言 謂之瞽

孔子(공ᄌᆞ)ㅣ ᄀᆞᆯᄋᆞ샤ᄃᆡ 君子(군ᄌᆞ)에 侍(시)홈애 三愆(삼건)이 인ᄂᆞ니 言(언)이 及(급)
디 아니ᄒᆞ야셔 言(언)홈을 躁(조)ㅣ라 닐ᄋᆞ고 言(언)이 及(급)호ᄃᆡ 言(언)티 아니홈을
隱(은)이라 닐ᄋᆞ고 顏色(안ᄉᆡᆨ)을 보디 아니ᄒᆞ고 言(언)홈을 瞽(고)ㅣ라 닐ᄋᆞᄂᆞ니라

공자께서 말씀하시기를 "군자(君子)를 모실 때 세 가지 잘못함이 있으니, 말을 아직
할 때가 아닌데 말을 하는 것 그것을 조(躁, 성마름)라 일컫고, 말을 할 때인데 말을
하지 않는 것 그것을 은(隱, 숨김)이라 일컬으며, 아직 낯빛을 살피지 않고 말을
하는 것 그것을 고(瞽, 눈멂)라 일컫느니라." 하셨다.

【侍시】 모시다. 옆에서 모시다[시중들다]. 섬기다.

【於】 …를. 전치사. 동작이나 행위에 직접 미치는 대상을 나타냄.

【愆건】 허물. 과실. 잘못. = 過. [孔安國 - 愆 過也]

【言未及之】 말이 그에게 미치지 않다. 아직은 그가 말할 때[차례]가 되지 않았다.

　　　[참고] 그가 말할 계제(階梯, 어떤 일을 할 수 있게 된 형편이나 기회)가 되지 못하다.

　未 : 아직 …하지 않다[못하다]. 아직 …이 아니다. 부사. 동작·행위·상황 등이

　　　아직 발생하지 않았음을 나타냄.

【而】 그런데. 그러나. 그렇지만. 오히려. 접속사. 역접관계를 나타냄.

【躁조】 조급하다. 성급하다. 경솔하다. 성마르다.

　정현(鄭玄) - 躁는 안정되지 않은 것이다. [躁 不安靜]

【隱】 숨기고 말하지 않다. 진상을 감추다. 속을 숨기다. 속이다.

　공안국(孔安國) - 隱은 숨기고 실정(實情, 진실)대로 다하지 않음이다. [隱 匿不盡
　　情實]

【瞽고】 소경. 장님. 판수. 맹인. ⇒ 눈멂. 눈치가 없는 것. 분별력이 없는 것.

　　　　　　　　　　　　　　　　　　　　　　　♣20100411日

7. 군자君子는 경계해야 할 것이 세 가지 있으니...

孔子曰 君子有三戒 少之時 血氣未定 戒之在色 及其壯也 血氣方剛
戒之在鬪 及其老也 血氣旣衰 戒之在得

孔子(공주) ┃ 글 ᄋ샤ᄃᆡ 君子(군주) ┃ 三戒(삼계) 인ᄂ니 少(쇼)ᄒᆞᆫ 時(시)예 血氣(혈긔) 定(뎡)
티 몯ᄒᆞ얀ᄂ다라 戒(계) 홈이 色(ᄉᆡᆨ)에 잇고 그 壯(장)에 미처 血氣(혈긔) 뵈야호로 剛(강) ᄒᆞ얀
ᄂ다라 戒(계) 홈이 鬪(투)에 잇고 그 老(로)에 미처 血氣(혈긔) 이믜 衰(쇠) ᄒᆞ얀ᄂ다라 戒(계)
홈이 得(득)에 인ᄂ니라

공자께서 말씀하시기를 "군자(君子)는 세 가지 경계해야 할 것이 있으니, 젊을 때에
는 혈기(血氣)가 아직 정(定)하여 있지 않은지라 경계함이 여색(女色)에 있어야
하며, 장년에 이르러서는 혈기가 한창 강한지라 경계함이 투쟁(鬪爭)에 있어야 하며,
노년에 이르러서는 혈기가 이미 쇠(衰)한지라 경계함이 얻음[탐욕(貪慾)]에 있느니
라." 하셨다.

【戒】 (하지 않도록) 경계하다. 조심하고 주의하다. 삼가다.

【之】 ① …하는[한]. …의. 조사. 관형어와 중심어 사이에 쓰여 중심어를 수식하거나
　　　국한하는 관계를 나타냄. 앞의 말에 형용성(形容性)을 띠게 함. 少之時. ②
　　　…은[는]. …이[가]. 구조조사(주격조사). 주술구조 사이에 쓰여 이를 명사구
　　　(절)로 만들어 주는 역할을 함. 戒之.

　[참고] 戒之의 之 : 자기 자신을 가리키는 지시대명사. ☞ 자기 자신을 경계해야할
　　　것은.

【血氣】 ㉠ 혈액과 호흡. 생명을 유지하는 데 필요한 두 가지 요소. ㉡ 원기(元氣).
　　　정력(精力). ㉢ 기질이나 감정을 이르는 말. ㉣ 기개(氣槪). 의기(意氣).
　　주희(朱熹) - 血氣는 형체(形體)가 의지해서 살아가는 것이니, 血은 陰이며 氣는
　　　　陽이다. [血氣 形之所待以生者 血陰而氣陽也]

【未】 아직 …하지 않다[못하다]. 아직 …이 아니다. 부사. 동작·행위·상황 등이
　　　아직 발생하지 않았음을 나타냄.

【色】 여자의 미모. 여색(女色). 색욕(色慾).

【及】 …에 이르다. …에 닿다. …에 미치다. …에 접하다. 시기·생각·힘·작용 등이
　　어떤 상태[사실]에 이름[다다름]을 나타냄.

【也】 …은(는). …이란. …이면. 어기조사. 음절을 조정하고 어기를 고르는(말을
　　잠깐 멈추고 다음 내용을 환기시키는) 역할을 함.

【方】 바야흐로. 한창. 때가 무르익음. 부사. 상태의 지속이나 동작의 진행을 나타냄.

【剛】 강함. 힘차다. 기운차다. 강성(强盛)하다. 왕성(旺盛)하다.

【得】 탐내다. 욕심을 부리다. 욕심. 탐욕(貪慾).

　공안국(孔安國) - 得은 얻기를 탐하는 것이다. [得 貪得]

　양백준(楊伯峻) - 탐한 것으로는 아마 명예, 지위, 재화 등이 포함될 것이다.

범조우(范祖禹) - 성인(聖人)이 일반인과 같은 것은 혈기(血氣)이며, 일반인과 다른
　　것은 지기(志氣)이다. 血氣는 때에 따라 쇠함이 있으나 志氣는 때에 따라 쇠함
　　이 없으니, 젊을 때 정해지지 않음과 장성해서 강함과 늙어서 쇠해짐은 血氣이
　　며, 여색(女色)을 경계하고 싸움을 경계하고 얻음을 경계함은 志氣이다. 군자
　　는 그 志氣를 기르므로 혈기에 동요되지 않는다. 이 때문에 나이가 많아질수록
　　德이 더 높아지는 것이다. [聖人 同於人者 血氣也 異於人者 志氣也 血氣 有時而
　　衰 志氣則無時而衰也 少未定 壯而剛 老而衰者 血氣也 戒於色 戒於鬪 戒於得者
　　志氣也 君子 養其志氣 故不爲血氣所動 是以年彌高而德彌邵也]

[참고] 少 : 30세 이전, 壯 : 30세부터 50세 사이. 老 : 50세 이후.

♣20100412月

8. 군자君子는 세 가지 두려워할 것이 있으니

孔子曰 君子有三畏 畏天命 畏大人 畏聖人之言 小人 不知天命而不畏也 狎大人 侮聖人之言

孔子(공주)ㅣ 굴오샤티 君子(군주)ㅣ 三畏(삼외) 인ᄂ니 天命(텬명)을 畏(외)ᄒ며 大人(대신)을 畏(외)ᄒ며 聖人(셩신)의 言(언)을 畏(외)ᄒᄂ니라 小人(쇼신)은 天命(텬명)을 아디 몯ᄒ야 畏(외)티 아니ᄒᄂᆫ디라 大人(대신)을 狎(압)ᄒ며 聖人(셩신)의 言(언)을 侮(모)ᄒᄂ니라

공자께서 말씀하시기를 "군자(君子)는 세 가지 두려워할 것이 있으니, 천명(天命)을 두려워해야 하며, 대인(大人)을 두려워해야 하며, 성인(聖人)의 말씀을 두려워해야 하느니라. 소인(小人)은 천명을 알지 못하여 두려워하지 아니하느니라. (또) 대인을 예사로 버릇없이 대하며, 성인의 말씀을 업신여기느니라." 하셨다.

【畏외】 두려워하다. 경외(敬畏) [외경(畏敬)] 하다. 경건(敬虔) 한 마음으로 대하다. 조심하고 삼감으로써 그것을 잃지 않는 것.

　주희(朱熹) - 畏란 엄히 여기고 두려워한다는 뜻이다. [畏者는 嚴憚之意也]

【天命】 ① 하늘의 뜻. 하늘이 정한 운명(運命). ② 하늘이 정한 이치. 자연의 법칙. 인간의 의지를 초월한 질서 곧 우주의 질서와 법칙 등 미묘한 이치의 세계. ③ 하늘이 내려준 명령(命令) [사명(使命)]. 하늘로부터 받은 왕권(王權).

　주희(朱熹) - 天命은 하늘이 부여한 정리(正理) 이다. [天命者 天所賦之正理也]

【大人】 ① 고귀한 사람. 덕행이 높고 뜻이 고매한 사람. ② 지위가 높은 사람. 왕공(王公)·귀족 등 신분이 높은 사람.

【狎압】 가깝다. 친하다. 친근하여 스스럼없이 지내다. 친숙하여 어려워하지 않음. 함부로 대하다. 예사로 버릇없이 대하다.

【侮모】 업신여기다. 깔보다. 얕보다.

윤돈(尹焞) - 세 가지 두려워함은 몸을 닦는 정성에 당연한 것이다. 小人은 몸을 닦고 자신을 성실하게 함에 힘쓰지 않으니, 어찌 두려워함이 있겠는가? [三畏者 修己之誠 當然也 小人 不務修身誠己 則何畏之有]　♣20100412月

9. 태어나면서 아는 사람은 제일 위이니...

孔子曰 生而知之者 上也 學而知之者 次也 困而學之 又其次也 困而不學 民斯爲下矣

孔子(공ᄌᆞ)ㅣ 굴ᄋᆞ샤ᄃᆡ 生(ᄉᆡᆼ)ᄒᆞ야 知(디)ᄒᆞᄂᆞᆫ 者(쟈)ᄂᆞᆫ 上(샹)이오 學(ᄒᆞᆨ)ᄒᆞ야 知(디)ᄒᆞᄂᆞᆫ 者(쟈)ᄂᆞᆫ 次(차)ㅣ오 困(곤)ᄒᆞ야 學(ᄒᆞᆨ)홈이 ᄯᅩ 그 次(차)ㅣ니 困(곤)호ᄃᆡ 學(ᄒᆞᆨ)디 아니ᄒᆞ면 民(민)이라 이에 下(하)ㅣ 되ᄂᆞ니라

공자께서 말씀하시기를 "태어나면서 아는 사람은 으뜸이요, 배워서 아는 사람은 버금이며, 막히어 어려움을 겪고서 배우는 것은 또 그 다음이니라. 막혀 어려움을 겪고서도 배우지 않으면 그 사람은 곧 가장 아래가 되느니라." 하셨다.

【生而知之者】 태어나면서부터 아는 사람. [참고] 述而-19.

　정약용(丁若鏞) - 안다는 것은 道를 아는 것이다. 태어나면서 아는 자는 하늘이 이 백성을 위해 개물성무(開物成務, 만물의 뜻을 깨달아 모든 일을 이룸)하고자 하여 특별히 태어나게 한 신성한 사람이다. [知者 知道也 生而知之者 天欲爲斯民 開物成務 特出神聖之人也]

【而】 ① …하여서. 그리하여. 접속사. 순접관계를 나타냄. 生而知之者, 學而知之者, 困而學之.　② 그러나. 접속사. 역접관계를 나타냄. 困而不學.

【也】 …이다. 어기조사. 진술문에 쓰여 판단이나 단정 또는 긍정을 나타냄.

【困而學之】 막혀서 어려움을 겪고서 배우는 것. 막혀 곤란함을 당해 배우는 것.

　困 : 통하지 않다. 막히다. 일을 하다가 난관에 부딪히다. ⇒ 막히어 어려움을 겪다.

　공안국(孔安國) - 困은 통하지 못하는 바가 있음을 이른다. [困 謂有所不通] [朱熹]

【民斯爲下矣】 그 사람은 이에 곧 아래[최하]가 된다.

　民 : 사람의 통칭. 사람(人也). 사람들. 곧 困而不學의 사람을 가리킴.

　斯 : …하면 (곧). 이렇게 되면. 그렇다면. 접속사. 앞의 문장을 이어받아 조건에 따른 결과를 나타냄.

　矣 : …이다. 어기조사. 단정 또는 필연의 결과를 나타냄.

　[참고] 백성이니[으로서], 곧 최하가 된다. [李洙泰]　♣20100412月

10. 군자君子는 아홉 가지 생각해야함이 있으니

孔子曰 君子有九思 視思明 聽思聰 色思溫 貌思恭 言思忠 事思敬
疑思問 忿思難 見得思義

孔子(공ᄌᆞ)ㅣ ᄀᆞᄅᆞ샤ᄃᆡ 君子(군ᄌᆞ)ㅣ 九思(구ᄉᆞ)ㅣ 인ᄂᆞ니 視(시)에 明(명)을 思(ᄉᆞ)ᄒᆞ며
聽(텽)에 聰(총)을 思(ᄉᆞ)ᄒᆞ며 色(ᄉᆡᆨ)에 溫(온)을 思(ᄉᆞ)ᄒᆞ며 貌(모)에 恭(공)을 思(ᄉᆞ)
ᄒᆞ며 言(언)에 忠(튱)을 思(ᄉᆞ)ᄒᆞ며 事(ᄉᆞ)에 敬(경)을 思(ᄉᆞ)ᄒᆞ며 疑(의)예 問(문)을
思(ᄉᆞ)ᄒᆞ며 忿(분)에 難(난)을 思(ᄉᆞ)ᄒᆞ며 得(득)을 見(견)ᄒᆞ고 義(의)를 思(ᄉᆞ)ᄒᆞᄂᆞ니라

공자께서 말씀하시기를 "군자(君子)는 아홉 가지 생각해야함이 있으니, 봄에는 밝음
을 생각하며, 들음에는 귀밝음을 생각하며, 얼굴빛은 온화함을 생각하며, 몸가짐은
공손함을 생각하며, 말은 진심에서 우러나옴을 생각하며, 일은 경건함을 생각하며,
의심스러움은 물음을 생각하며, 분함은 어려움을 생각하며, 이득(利得)을 보면 의
(義)를 생각하느니라." 하셨다.

【聰】 귀밝다. 똑똑히 잘 듣다.

【色】 안색(顔色). 낯빛(얼굴빛). 기색(氣色). 표정.

【貌】 모습. 몸가짐. 태도. 행동거지.

주희(朱熹) - 色은 얼굴에 나타나는 것이며, 貌는 온몸을 들어 말한 것이다. [色
見於面者 貌 擧身而言]

【溫】 따뜻하다. 온화(溫和)하다. 온유(溫柔)하다.

【忿思難】 한 때의 분노의 결과가 만들어 낼 곤란한 사태를 생각함.

忿 : 성내다. 화내다.

難 : 어려움. 환난(患難). 고난(苦難). 곤란한 사태.

【見得思義】 이득(利得)을 보면 의(義)를 생각한다. [참고] 憲問-13.

정약용(丁若鏞) - 思는 마음을 써서 찾아 구하는 것이다. [思 用心以求索也] 忠은
속이지 않는 것이고, 敬은 게을리 하지 않는 것이다. [忠 不詐也 敬 不怠也]
難은 후환(後患)이다. [難 後患也]　　　♣20100412月

11. 선善을 보면 미치지 아니함 같이 하여 계속 좇으니

孔子曰 見善如不及 見不善如探湯 吾見其人矣 吾聞其語矣 隱居以求其志 行義以達其道 吾聞其語矣 未見其人也

孔子(공ᄌᆞ)ㅣ 골ᄋᆞ샤ᄃᆡ 善(션)을 見(견)ᄒ고 及(급)디 몯홀ᄃᆞᆺ ᄒ며 不善(블션)을 見(견)ᄒ고 湯(탕)을 探(탐)ᄐᆞᆺ 홈을 내 그 人(신)을 보고 내 그 語(어)를 드런노라 隱居(은거)ᄒ야ᄡᅥ 그 志(지)를 求(구)ᄒ며 義(의)를 行(ᄒᆡᆼ)ᄒ야ᄡᅥ 그 道(도)를 達(달)홈을 내 그 語(어)를 드럿고 그 人(신)을 見(견)티 몯ᄒ얀노라

공자께서 말씀하시기를 "선(善)을 보면 마치 미치지 아니함같이 하여 (계속 좇고), 선하지 아니함을 보면 끓는 물에 손을 대듯이 (경계)한다는데, 내 그렇게 하는 사람을 보았거니와 내 그렇다는 말도 들었느니라. 숨어살면서 그 뜻을 추구(追求)하고 의(義)를 행하여 그 도(道)를 달성(達成)하는 것, 내 그런 말은 들었으나 내 그렇게 한 사람을 아직 보지 못하였느니라." 하셨다.

【如】 마치 …와 같다. …인 듯하다. 흡사. 마치. 부사. 상황에 대한 판단이 그다지 확실하지 않음을 나타냄. 곧 추측의 의미가 내포됨.

【探湯】 끓는 물을 손으로 만지다. ⇒ 끓는 물에 손이 닿으면 재빨리 손을 떼듯이 나쁜 일 등에서 빨리 빠져 나감. 또한 경계함.

探 : 더듬다. 만지다. 잡다.

공안국(孔安國) - 探湯은 악(惡)을 제거하기를 재빨리 한다는 것을 비유한다. [探湯喩去惡疾]

타자이 준(太宰純) - 探湯이란 손이 겨우 닿아 조금 뜨거움을 느끼자마자 곧 손을 떼는 것이니 군자는 不善에 대해서도 또한 이와 같이 한다는 것이다. [凡探湯者手纔及之 微覺其熱 卽去之 君子之於不善 亦如是]

【其】 ① 그. 그것. 지시대명사. 각각 앞의 見善~探湯과 隱居~達其道를 가리킴. 其人, 其語. ② 자신. 자기. 인칭대명사. 求其志, 達其道.

【矣】 …이다. 어기조사. 단정 또는 필연의 결과를 나타냄.

【隱居】 세상을 피해 숨어서 살다. 숨어서 살며 세상일에 간여치 않다.

隱 : 은둔(隱遁)하다. 세상을 피해 숨다.

【以】= 而. 그리고. 그래서. 그리하여. …하여서. 접속사. 순접관계를 나타냄.

【求其志】(자기 자신의) 뜻을 추구하다. 뜻을 실현시키려 노력하다. 자기의 지조(志操)를 보전하길 추구하다.

　주희(朱熹) - 그 뜻을 구한다는 것은 행할 바의 도(道)를 지키는 것이다. [求其志守其所達之道也]

【達其道】지극한 도에 이르다. 도를 달성(達成)하다. 자기의 이념을 실천에 옮겨 달성하다.

　達 : 다다르다. 나아가 이르다. 도달하다. 달성(達成)하다[되다]. 목표로 삼은 것이나 하고자 하는 일에 이르다.

　주희(朱熹) - 그 도(道)를 행한다는 것은 그 구하던 바의 뜻을 행하는 것이다.
　　[達其道 行其所求之志也]

【未】아직 …하지 않다[못하다]. 아직 …이 아니다. 부사. 동작·행위·상황 등이 아직 발생하지 않았음을 나타냄.

【也】…이다. 어기조사. 진술문의 끝에 쓰여 판단이나 단정 또는 긍정을 나타냄.

♣20100412月

12. 제경공은 칭송하는 이 없고 백이숙제는 지금까지도 칭송하니

齊景公有馬千駟 死之日 民無德而稱焉 伯夷叔齊餓于首陽之下 民
到于今稱之 其斯之謂與

齊景公(제경공)이 馬(마) 千駟(천사)를 두되 死(스)혼 날애 民(민)이 德(덕)을 稱(칭)홈
이 업고 伯夷(빅이)와 叔齊(슉제)는 首陽(슈양)ㅅ 下(하)에 餓(아)호딕 民(민)이 이제
닐으히 稱(칭)ᄒᄂ니라 그 이를 닐옴인뎌

제경공(齊景公)은 말이 사천필(四千匹)이나 있었는데 그가 죽던 날 사람들은 아무
도 그를 덕(德)이 있다하여 칭송하지 아니하였고, 백이(伯夷)와 숙제(叔齊)는 수양
산 아래에서 굶주려 죽었으나 사람들이 지금에 이르도록 그를 칭송하고 있으니,
아마도 이러한 것을 말하는 것이리라.

【齊景公】 제(齊)나라 임금 경공(景公). 성이 강(姜), 이름은 저구(杵臼)로 58년간
　　　　(B.C 547 ~ 490, 공자 5세 ~ 62세) 재위(在位)하였음.

【駟사】 한 수레에 메우는 네 마리의 말. 千駟 : 말 4,000필.

【民無德而稱焉】 사람들이 아무도 덕이 있다고 칭송하지 않다.

　民 : 사람의 통칭. 사람(人也). 사람들. 人의 복수형.

　無 : = 莫. …한[할] 사람이[것이] 없다. 아무도 …하지 않다. 지시대명사. 사람
　　　·사물·시간·장소 등을 가리킴.

　而 : …하여서. 그리하여. 접속사. 순접(연관) 관계를 나타냄.

　稱 : 일컬어지다. 칭찬(稱讚)하다. 칭송(稱頌)하다.

　焉 : 그를. 於之. 합음사(合音詞). 於는 전치사로 동작이나 행위에 직접 미치는
　　　대상을 나타내며, 之는 지시대명사로 齊景公을 가리킴.

【伯夷叔齊】 백이(伯夷)와 숙제(叔齊). 고죽국(孤竹國)의 두 왕자로 서로 왕위를
　　　　사양하여 주나라로 망명함.

【餓아】 굶주리다. 굶어 죽다.

【于首陽之下】 수양산(首陽山) 아래에서.

　于 : …에서. …에. 전치사. 동작이나 행위가 발생하는 장소를 나타냄.

首陽 : 수양산(首陽山). 현재 위치 불분명.

> 마융(馬融) - 首陽山은 하동(河東) 포판현(蒲坂縣)에 있는데 화산(華山)의 북쪽 이며, 하곡(河曲)의 가운데이다. [首陽山 在河東蒲坂縣 華山之北 河曲之中]

之 : …의. 조사. 관형어와 중심어 사이에 쓰여 종속관계를 나타냄.

【到于今稱之】 지금에 이르도록 그를 칭송한다. 지금까지 칭송하고 있다.

到 : 이르다.

于 : …에. …까지. 전치사. 동작이나 행위가 발생하는 시간을 나타냄.

> [참고] 于今 : 지금에 이르러. 지금까지. 전치사로 줄곧 지금까지 이르렀음을 나타냄. [참고] 憲問-18.

之 : 그. 그것. 지시대명사. 앞의 伯夷叔齊를 가리킴.

【其斯之謂與】 아마도 이것을 말하는 것이리라. [참고] 學而-15.

其 : 아마(도). 어쩌면. 부사. 동작이나 행위 또는 어떤 상황에 대한 추측을 나타냄.

斯 : 이것[이 사람. 이 일]. 이. 이러한. 이렇게. 여기. 지시대명사. 앞의 德而稱을 가리킴.

之 : …을[를]. 구조조사. 목적어를 강조하기 위하여 동사 앞으로 도치시킬 때 그 목적어와 동사 사이에 씀. 謂斯의 도치.

與 : …일 것이다. 어기조사. 진술문 끝에 쓰여 추측의 어기를 나타냄. 일반적으로 '其'와 같이 쓰임.

왕숙(王肅) - 이것(其斯之…)은 이른바 덕을 일컫는 것이다. [此所謂以德爲稱]

호인(胡寅) - 정자(程子)는 제12편의 착간인 '誠不以富 亦祇以異'가 마땅히 이 장의 머리에 있어야 한다고 하였는데 지금 문세를 살펴보니 마땅히 이 구 위에 있어야 할 듯하다. 이는 사람들이 칭송하는 것이 富에 있지 않고 다만 다른 점에 있음을 말한 것이다. [程子以爲第十二篇錯簡誠不以富亦祇以異 當在此章之首 今詳文勢 似當在此句之上 言人之所稱 不在於富而在於異也]

정약용(丁若鏞) - 誠不以富亦祇以異란 그 장(제12편 10장)에 있어서는 반드시 뺄 수 없는 것이고, 이 장에 있어서는 전혀 부합되지 않는 것이다. 亦祇以異 구절은 시경에 있는 말로서 원래 폄사(貶辭, 헐뜯는 말)인 것이다. 시경을 인용하는 데에는 비록 단장취의법(斷章取義法)이 있기는 하나 폄사로써 포장 (襃獎, 칭찬하여 장려함)하는 이런 이치는 전혀 없는 것이다. 亦祇라는 두

글자는 이로움이 없고 다만 해로움이 있음을 말하는 것이다. 만약 백이가 수양산에서 굶주렸던 일이 이로울 바 없고 단지 해로움만 있었다면 어떻게 성인의 말이라 할 수 있겠는가? 이 구절은 위 글의 探湯절과 원래 한 장이었던 것이다. 그러므로 齊景公 구절 위에 孔子曰 세 글자가 없었던 것인데 선유(先儒)들이 이를 두 장으로 잘못 나누어서 끝 부분의 한 구절이 상응될 수 없게 되어버린 것이다. 그러므로 드디어 동쪽의 것을 부셔다가 서쪽에 보완하고자 하였던 것이다. 이는 어찌 자연스럽고 혼연(渾然)하게 이루어져 글을 고친 흔적이 없는 것만 같을 수 있겠는가? 백이가 수양산에서 굶주린 것이 어찌 隱居而行義가 아니겠는가? 仁을 구하여 仁을 얻음이니 어찌 求志而達道가 아니겠는가? 말의 이치로 보나 말의 흐름으로 보나 막힘이 없이 대조를 이루고 있는데 이를 두 단으로 끊어 본 것은 천고에 맞지 않는 일이니 쉽게 경문을 말할 수 있겠는가? 공자가 백이에 앞서 경공을 말한 것은 경공이 장공의 아우였기 때문이다. 최저(崔杼)가 장공을 죽이고 경공을 세웠었는데 경공은 이를 편안히 받아들이고 원수를 재상으로 삼았다. 3년이 되도록 적(최저)은 형벌을 받지 않았고 임금은 개장(改葬)을 하지 않았으니 이는 형제간에 국가를 사양하였던 백이숙제의 일과는 상반된 일이었다. 그러므로 그의 4,000필의 말은 불의의 부귀를 말하는 것이다. 그런 까닭에 반드시 그것을 짝으로 언급한 것이다. [誠不以富亦祇以異 在彼章必不可闕 在此章全不相合 亦祇以異 其在詩語 本是貶辭 引詩之法 雖斷章取義 以貶爲褒 必無是理 亦祇二字 謂無所利 而但有害也 伯夷之餓于首陽 若謂之無所利 而但有害 則豈聖人之語乎 此節與上探湯二節 本是一章 故齊景公之上 無孔子曰三字 先儒誤分爲二 於是末一句 無所照應 遂欲破東以補西耳 曷若因其自然渾然天成 而無斤斧之痕乎 伯夷之餓于首陽 豈非隱居而行義者乎 求仁得仁 豈非求志而達道者乎 詞理語脈洞 然相照 而截爲二段 千古不合 經可易言哉 孔子將言伯夷先言景公者 景公莊公之弟也 崔杼弑莊公而立景公 景公恬然受之以讎爲相 比及三年 賊不受誅 君不改葬 與伯夷叔齊兄弟讓國之事 若相反 然則其千駟之馬 所謂不義之富也 故必雙言之]

정천구(丁天求) - 문맥상으로 보면 앞 장을 잇고 있다고 할 수 있다. 앞 장에서 공자가 '숨어 있으면서 그 뜻을 더욱 다지고 올바름을 행하면서 지극한 도에 이른다고 하였는데 나는 그런 말은 들었으나 그런 사람은 아직 보지 못하였다.'고 한 데 대해 그런 사람으로 백이와 숙제가 있었다는 것을 밝혔다. 그러나 이 말을 한 사람이 공자인지는 분명하지 않다. 오히려 후대에 누군가가 덧붙인 것으로 보는 게 타당하다. 말미에 '그게 이런 걸 이르는 거겠지?' 라고 되묻는 듯이 말한 것도 그 때문이다. 공자 자신조차 확신하지 못하는 것을 입에 담았을 리는 없다고 보기 때문이다.

모기령(毛奇齡) - 왕숙의 주에 의하면 '이것이란(其斯之…)' 이른바 德을 일컬음이라고 하였는데 송유(宋儒)로부터 得자로 바꿔 쓰게 되었고, 근대의 각본(인쇄본)에서는 변함없이 德자로 고쳐 썼으며 드디어 이를 분별하기 어렵게 되었던 것이다. 그 중 오직 祈氏의 동서당장서(東書堂藏書) 중에 송판(宋板)의 집주본이 있는데 거기에서는 得자로 썼다. [王肅註 此云 此所謂以德爲稱 自宋儒改作得字 而近代刻本 則仍改德字 遂難分辨 惟祈氏東書堂藏書 有宋板集註本 是得字]

정약용(丁若鏞) - 황씨본(皇氏本)에서는 德자가 得자로 되어 있으며 또 而자는 없다. 德자를 得자로 고쳐 쓴 것은 송유(宋儒)와는 전혀 상관이 없다. 毛씨의 말은 잘못된 것이다. 나는 당연히 황씨본에 따라서 得자로 읽어야 옳다고 생각한다. 만일 이를 德자로 읽는다면 글 뜻이 통하지 않는다. 태백(泰伯)의 뜻은 이름을 숨기는데 있었던 것이며 따라서 사람들이 그를 일컬어주지 않으므로 공자는 그를 찬미한 것이며, 경공은 몸소 군주자리를 얻고도 사람들이 그를 칭송하지 않았으므로 공자는 그를 나무란 것이니 이는 서로 어긋나지 않는 말이다. [皇氏本 德作得 又無而字 改德爲得 於宋儒毫無利害 毛說非也 余謂當從皇氏本 讀之爲得 若讀之爲德 文理不通矣 泰伯志在韜名 而民無得而稱焉 故孔子美之 景公身旣得位 而民無得而稱焉 故孔子譏之 不相妨也] 泰伯志 ☞ 泰伯-1.

♣20100413火

13. 진항陳亢은 군자는 그 자식을 멀리 한다는 것을 알았으니

陳亢問於伯魚曰 子亦有異聞乎 對曰 未也 嘗獨立 鯉趨而過庭 曰
學詩乎 對曰 未也 不學詩 無以言 鯉退而學詩 他日 又獨立 鯉趨而
過庭 曰 學禮乎 對曰 未也 曰 不學禮 無以立 鯉退而學禮 聞斯二者
陳亢退而喜曰 問一得三 聞詩 聞禮 又聞君子之遠其子也

陳亢(딘강)이 伯魚(빅어)의게 물어 글오듸 子(즈)ㅣ 쪼흔 異(이)흔 聞(문)이 인ㄴ냐 對
(듸)ㅎ야 글오듸 몯ㅎ얀노라 일쯕 혼자 셧거시늘 鯉(리)ㅣ 趨(추)ㅎ야 庭(뎡)애 過(과)ㅎ
다니 글ㅇ샤듸 詩(시)를 學(혹)ㅎ얀는다 對(듸)ㅎ야 글오듸 몯ㅎ얀노이다 詩(시)를 學
(혹)디 아니ㅎ면 뻐 言(언)티 몯ㅎ리라 ㅎ야시늘 鯉(리)ㅣ 退(퇴)ㅎ야 詩(시)를 學(혹)호
라 달은 날애 쏘 혼자 셧거시늘 鯉(리)ㅣ 趨(추)ㅎ야 庭(뎡)애 過(과)ㅎ다니 글ㅇ샤듸
禮(례)를 學(혹)ㅎ얀는다 對(듸)ㅎ야 글오듸 몯ㅎ얀노이다 禮(례)를 學(혹)디 아니ㅎ면
뻐 立(립)디 몯ㅎ리라 ㅎ야시늘 鯉(리)ㅣ 退(퇴)ㅎ야 禮(례)를 學(혹)호라 이 二者(의쟈)
를 들언노라 陳亢(딘강)이 退(퇴)ㅎ야 喜(희)ㅎ야 글오듸 一(일)을 問(문)홈애 三(삼)을
得(득)호니 詩(시)를 聞(문)ㅎ며 禮(례)를 聞(문)ㅎ고 쏘 君子(군즈)의 그 子(즈)를 遠
(원)홈을 聞(문)호라

진항(陳亢)이 백어(伯魚)에게 물어 말하기를 "선생은 또한 색다른 들음이 있으시
오?" 하니, 대답하여 말하기를 "아니네. 일찍이 홀로 서계실 적에 내가 종종걸음으로
뜰을 지나가게 되었는데 말씀하시기를 '시(詩)를 배웠느냐?' 하시기에 대답하여 말씀
드리기를 '아직 아니하였나이다.' 하니 '시를 배우지 않으면 말을 할 수가 없느니라.'
하셔서 내 물러나와 시를 배웠고, 다른 날 또 홀로 서계실 적에 내가 종종걸음으로
뜰을 지나가게 되었는데 말씀하시기를 '예(禮)를 배웠느냐?' 하시기에 대답하여 말씀
드리기를 '아직 아니하였나이다.' 하니 '예를 배우지 않으면 설 수가 없느니라.' 하셔서
내 물러나와 예를 배웠다네. 이 두 가지 것을 들었다네." 하였다. 진항이 물러나와
기뻐하며 말하기를 "하나를 물어 셋을 얻었도다. 시를 들어 알았으며 예를 들어 알았고
또한 군자는 그 자식을 멀리한다는 것을 들어 알았도다." 하였다.

【陳亢】 진(陳)나라 혹은 제(齊)나라 사람. 성이 진(陳). 이름이 항(亢, 본음은 강).

자는 자금(子禽). 공자의 제자 혹은 자공(子貢, 端木賜)의 제자라고 함. 공자보다 40세 아래. [참고] 學而-10. 子張-25.

【伯魚】 공자의 아들. 이름은 리(鯉). 자가 백어(伯魚). 공자보다 20세 아래.

【子】 그대. 당신. 선생. 이인칭대명사. 상대방을 높여 부르는 존칭. 伯魚를 가리킴.

【亦】 또한. 역시. 부사. 몇 개 혹은 하나의 주체가 동일하거나 상이한 동작(행위)을 하고 있음을 나타냄.

【異聞】 다른 들음. 다른 사람들과는 별개로 배운 것. 색다른(특별한) 가르침을 들은 것. 異 : 다른. 별개의. 그 밖의. 형용사.

【乎】 …인가? …한가? 어기조사. 의문(질문)을 나타내며 시비판단의 어기를 도움.

【未】 = 不. …이 아니다. …하지 않다. 부사. 동작·행위·성질·상태 등에 대한 부정을 나타냄.

【也】 …이다. 어기조사. 진술문에 쓰여 판단이나 단정 또는 긍정을 나타냄.

【嘗상】 = 曾. 일찍이 (…한 적이 있다). 이전에. 요전에. 부사. 동작이나 행위가 일찍이 발생한 적이 있었음을 나타냄.

【趨추】 빨리 걷다. 성큼성큼 걷다. 종종걸음으로 걷다. 잰걸음으로 걷다.

【而】 …하여서. 그리하여. 이에. 접속사. 순접(연관)관계를 나타냄.

【無以言】 말할 수가 없다. 남들과 이야기[대화]할 수가 없다. [참고] 泰伯-8. 陽貨-9, 10.
　無以 : …할 수(가) 없다. …할 것[방법]이 없다.

　주희(朱熹) - (시를 배우면) 사리가 통달해지고 심기가 화평해진다. 그러므로 말을 잘할 수 있는 것이다. [事理通達而心氣和平 故能言]

　정약용(丁若鏞) - 詩는 뜻을 말하는 것이므로 이를 배우면 말에 능할 수 있다.
　　[詩所以言志 故學之可以能言]

【無以立】 설 수가 없다. 자립(自立)할 수 없다. 입신(立身)할 수 없다.

　주희(朱熹) - (예를 배우면) 품절에 자세하고 밝아지며 덕성이 굳게 정해진다. 그러므로 능히 설 수 있는 것이다. [品節詳明而德性堅定 故能立]

　정약용(丁若鏞) - 禮는 자기를 이겨 몸을 잡도리하는 것이므로 이를 배우면 몸을 서게 할 수 있다. [禮所以克己約身 故學之可以立身]

【之】 …은[는]. …이[가]. 구조조사(주격조사). 주술구조 사이에 쓰여 이를 명사구(절)로 만들어 주는 역할을 함.

♣20100415木

117

14. 임금의 처를 부인, 소동, 군부인, 과소군이라 하니

邦君之妻 君稱之曰 夫人 夫人自稱曰 小童 邦人稱之曰 君夫人 稱諸
異邦曰 寡小君 異邦人稱之亦曰 君夫人

邦君(방군)의 妻(쳐)를 君(군)이 稱(칭)호야 골오디 夫人(부신)이라 호고 夫人(부신)이
스스로 稱(칭)호야 골오디 小童(쇼동)이라 호고 邦人(방신)이 稱(칭)호야 골오디 君夫人
(군부신)이라 호고 異邦(이방)에 稱(칭)호야 골오디 寡小君(과쇼군)이라 호고 異邦(이
방) 사름이 稱(칭)홈애 또호 골오디 君夫人(군부신)이라 호느니라

나라 임금의 처(妻)를, 임금이 그를 부를 때는 '부인(夫人)'이라 하고, 부인이 스스로
일컬을 때는 '소동(小童)'이라 하고, 나라 사람들이 그를 칭할 때는 '군부인(君夫人)'
이라 하고, 다른 나라에 그를 말할 때는 '과소군(寡小君)'이라 하며, 다른 나라 사람들
이 그를 칭할 때는 또한 말하기를 '군부인'이라 하느니라.

【邦】 나라. 제후(諸侯)의 나라.   邦君 : 제후.

【稱】 칭하다. 지칭하다. 부르다.

【之】 ① …의. 조사. 관형어와 중심어 사이에 쓰여 종속관계를 나타냄. 邦君之妻.
    ② 그. 그 사람. 지시대명사. 앞의 邦君之妻를 가리킴. 稱之.

【小童】 글자 자체는 '작은 아이' 라는 뜻이나 왕비가 자기를 낮추어 표현하는 말.

【諸저】 之於(…에[에게] 그를). 합음사. 之는 지시대명사로 邦君之妻 가리키고 於
    는 전치사로 동작이나 행위가 발생할 때 직접 미치는 대상을 나타냄.

【寡小君】 다른 나라 사람들 앞에서 자기 나라 임금을 표현할 때는 '과군(寡君)' 이
    라 하고 그 부인을 말할 때는 작은 임금 곧 '과소군' 이라 함.

주희(朱熹) - 寡는 德이 적은 것이니 겸사(謙辭)이다. [寡 寡德 謙辭]

공안국(孔安國) - 小君이란 군주의 부인에 대한 호칭인데, 다른 사람에게 겸손하게
    대하여 寡小君이라 부른다. 이 당시에 제후의 본처가 바르지 않고 호칭이 적절
    하지 않으므로 공자가 그 예법을 바로잡아 말한 것이다. [小君 君夫人之稱.
    對異所謙 故曰寡小君 當此之時 諸侯嫡妾不正 稱號不審 故孔子正言其禮也]

♣20100415木

第十七篇

陽貨 양화

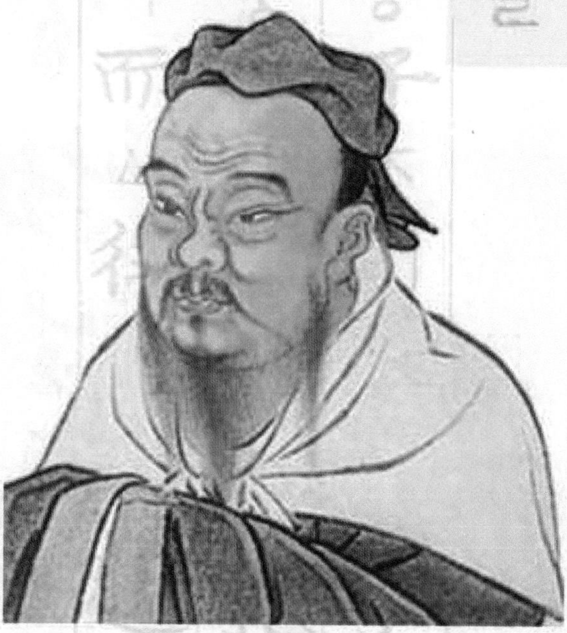

四時行
百物生
天何言哉
네 계절이
변함없이 돌고
온갖 것이
끊임없이
생겨나지만
하늘이
무슨 말을
하더냐?
[陽貨-19]

1. 양화陽貨가 만나지 않으려는 공자를 길에서 우연히 만나...

陽貨欲見孔子 孔子不見 歸孔子豚 孔子時其亡也 而往拜之 遇諸塗
謂孔子曰 來 予與爾言 曰 懷其寶而迷其邦 可謂仁乎 曰 不可 好從事
而亟失時 可謂知乎 曰 不可 日月逝矣 歲不我與 孔子曰 諾 吾將仕矣

陽貨(양화)] 孔子(공즈)를 뵈게코져커늘 孔子(공즈)] 보디 아니ᄒᆞ신대 孔子(공즈)ᄭᅴ
豚(돈)을 歸(귀) ᄒᆞ야늘 孔子(공즈)] 그 업슴을 時(시) ᄒᆞ야 가 拜(비) ᄒᆞ더시니 길헤 遇
(우) ᄒᆞ시다 孔子(공즈)ᄭᅴ 닐어 ᄀᆞᆯ오ᄃᆡ 來(릭)ᄒᆞ라 내 널로 더블어 言(언)호리라 ᄀᆞᆯ오ᄃᆡ
그 寶(보)를 懷(회) ᄒᆞ야 그 邦(방)을 迷(미) 케 홈이 可(가) 히 仁(신)이라 닐으랴 ᄀᆞᆯ오샤
ᄃᆡ 可(가)티 아니ᄒᆞ다 事(ᄉᆞ)를 從(죵)홈을 好(호)호ᄃᆡ ᄌᆞ조 時(시)를 失(실)홈이 可(가)
히 知(디)라 닐으랴 ᄀᆞᆯ오샤ᄃᆡ 可(가)티 아니ᄒᆞ다 日月(실월)이 가ᄂᆞ 디라 歲(세) 나를
與(여)티 아니ᄒᆞᄂᆞ니라 孔子(공즈)] ᄀᆞᆯ오샤ᄃᆡ 諾(락)다 내 쟝ᄎᆞᆺ 仕(ᄉᆞ)호리라

양화(陽貨)가 공자를 만나고자 하였으나 공자께서는 찾아뵙지 않으시자 공자께 삶은 돼지를 선물함에, 공자께서도 그가 없는 때를 틈타 가서 사례(謝禮)를 하였다. (돌아오는) 길에서 그를 우연히 만나게 되었는데 공자께 일러 말하기를 "와보시오! 내 그대와 함께 말하고 싶소!" (하며) 말하기를 "그 보배로운 것(經綸)을 품고서도 그 나라를 길 잃게 하고 있다면 가히 인(仁)이라 말할 수 있겠소?" 말하기를 "말할 수 없겠지요. 정사(政事)에 참여하기를 좋아하면서도 자주 그 때를 잃는다면 가히 지혜롭다 말할 수 있겠소?" 말하기를 "말할 수 없겠지요. 나달은 가고 오지 않는 것이니 세월은 우리를 기다려주지 않는다오!" 하였다. 공자께서 말씀하시기를 "그렇습니다! 저도 장차 벼슬을 할 것이니이다." 하셨다.

【陽貨】 계씨(季氏)의 가신(家臣). 이름은 호(虎). 자가 화(貨). 한때 계환자(季桓子)를 가두고 정권(政權)을 찬탈(簒奪)하려고 하였으나 뜻을 이루지 못하고 노(魯)나라 공실의 보물인 옥(玉)과 활을 훔쳐 진(晉)나라로 도망쳤음. [참고] 子罕-5, 先進-22.

【見】 ① 만나다. 만나보다. 대면하다. 陽貨欲見孔子. ② (웃어른을) 뵙다. 찾아뵙다. 알현(謁見)하다. 뵈러 오다. 음은 현. 孔子不見(현).

第
十
七
篇

陽
貨

【歸】선물하다. 보내다. 음식물 따위의 물건을 보내다. 饋(궤)와 통함. [참고]
　　微子-4.

【豚돈】새끼 돼지. 삶은 작은 돼지.

공안국(孔安國) - (공자로) 하여금 (그에게) 가서 사례하도록 하려고 공자에게
　　새끼 돼지를 보낸 것이다. [欲使往謝 故遺孔子豚]

주희(朱熹) - 禮에 '大夫가 士에게 선물을 하였는데 士가 자기 집에서 직접 받지
　　못하였을 경우에는 대부의 집에 찾아가 사례하여야 한다.' 하였다. [禮 大夫有
　　賜於士 不得受於其家 則往拜其門]

【時其亡也】그가 없는 때를 엿보아서. 그가 없는 때를 기다려. 그가 (집에) 없는
　　때를 틈타.

　時 : 엿보다. 시기(時機)를 보다. 때[기회]를 노리다[엿보다]. 때를 틈타다. 동사.

　其 : 그. 그 사람. 인칭대명사. 앞의 陽貨를 가리킴.

　亡무 : = 無. 없다. 외출하여 집에 있지 아니하다.

　也 : …은(는). …이란. …이면. 음절을 조정하고 어기를 고르는 어기조사. 말을
　　잠깐 멈추고 다음 내용을 환기시키는 역할을 함.

【而往拜之】그리하여 가서 그 선물에 대해 인사를 했다. 가서 그 선물에 대한 사의
　　(謝意)를 표하다. 가서 그 사례(謝禮)를 하다.

　而 : …하여서. 그리하여. 이에. 접속사. 순접(연관)관계를 나타냄.

　之 : 그. 그것. 지시대명사. 歸孔子豚을 가리킴.

　拜 : 사례(謝禮)하다. 고맙다는 뜻을 표시하다.

맹자(孟子) - 양화가 공자를 만나보려(찾아오게 하려) 했으나 무례하다 할까봐
　　이를 꺼려했다. 그래서 大夫가 士에게 예물을 보낼 때 士가 자기 집에서 받지
　　못하면 大夫의 집을 찾아가 인사하는 법을 (이용하여) 양화는 공자가 없는
　　틈을 엿보아 공자에게 삶은 돼지를 보냈었는데 공자 또한 그가 없는 틈을
　　보아 가서 그에 대해 사례했었다. 이때를 당하여 양화가 먼저 예를 갖추어
　　찾아 갔으면 어찌 만날 수 없었겠는가? [陽貨欲見孔子而惡無禮 大夫有賜於士
　　不得受於其家 則往拜其門 陽貨矙孔子之亡也 而饋孔子蒸豚 孔子亦矙其亡也
　　而往拜之 當是時 陽貨先 豈得不見]

【遇諸塗】길에서 우연히 만나다. 돌아오는 길에 우연히 만나다.

遇 : 만나다. 우연히 만나다. 뜻밖에 마주치다. 조우(遭遇) 하다.

諸저 : 之於(…에서 그를). 합음사. 之는 지시대명사로 陽貨 가리키고 於는 전치사로
　　　동작이나 행위가 발생하는 장소나 범위를 나타냄.

塗도 : = 途. 길. 도로.

【予與爾言】 나는 너와 함께 말하고 싶다. 나는 너와 함께 대화를 나누고 싶다.

予 : 나. 일인칭대명사.

爾 : 너. 그대. 너희(들). 당신. 이인칭대명사.

與 : …와[과]. …와 함께. …와 더불어. 전치사. 동작이나 행위에 대한 동반자임을
　　　나타냄.

【懷其寶】 그 보배로운 것을 마음속에 품다. 곧, 재덕(才德) 이나 경륜(經綸)을 품다.

【迷其邦】 그 나라를 미혹(迷惑)한 상태로 두다. 그 나라가 (잘 이끌지 않아) 혼란하
　　　게 되다. 그 나라를 길 잃게 하다.

【乎】 …인가? …한가? 어기조사. 문장 끝에 쓰여 의문(질문)을 나타내며 시비(是
　　　非)판단의 어기를 도움.

【好從事】 정사(政事)에 참여하기를 좋아하다.

從 : 종사(從事) 하다. 일삼아 하다. 참여(參與) 하다. 관여(關與) 하다.

事 : 나라 일. 정사(政事).

【而亟失時】 그러나 자주 때를 잃는다. 그러나 자주 때를 놓치다.

而 : 그러나. 그렇지만. …하되. 접속사. 역접관계를 나타냄.

亟기 : 자주(數). 누차(屢). 여러 번. 여러 차례. 부사. 동작이나 행위가 여러 차례
　　　발생하는 것을 나타냄.

【日月逝矣】 날과 달은[세월은] 지나가고 있다. 나달은[세월은] 가서 오지 않다.

逝서 : 가다. 떠나다. 가서 오지 않다.

이탁오(李卓吾) - 두 차례나 '不可' 라고 말한 것은 이는 곧 양화 스스로 묻고 답한
　　　말로 공자를 풍자한 것이다. [兩曰不可 乃是貨自問自答語 以諷夫子]
　　　이는 말단에 '孔子曰' 세 글자가 있는 것을 보면 알 만하다. [觀末段有孔子曰三
　　　字 可見] [참고] 유월(俞樾) 고서의의거례(古書疑義擧例)

모기령(毛奇齡) - 앞의 두 曰자는 모두 양화의 말이다. 스스로 문답하고 반드시
　　　그럴 것이라는 점을 단정한 말이다. 이는 마치 사기(史記)의 유후세가(留侯世

家)에 장량(張良)이 육국(六國)의 후예를 세우려는 계책을 막을 때 팔불가설(八不可說)을 주장했던 것과 같다. 그 문장을 보면 "오늘날 폐하는 능히 항적(項籍)[項羽]의 사명(死命)을 제압할 수 있습니까? 曰, 능히 할 수 없지요. 능히 항적(項籍)의 머리를 얻을 수 있습니까? 曰, 능히 할 수 없지요. 능히 성인의 묘역을 봉(封)하고 어진 이의 마음을 표하며 지혜로운 이의 문에 공경을 표시하겠습니까? 曰, 능히 할 수 없지요. …"라고 했으니, 이는 장량 스스로가 문답한 말이지 장량이 묻고 한고조(漢高祖)가 대답한 말은 아니다. '漢王 輟食 吐哺 …' 이하 구절에 와서야 겨우 한고조의 말인 것이다. 이 장(章)에서도 '孔子曰' 이하에 와서야 겨우 공자의 말이 나온 것이다. 공자가 대답한 말은 단지 이것뿐이다. 그러므로 이 글을 기록하는 사람이 특별히 '孔子曰' 세 글자를 넣어서 이를 구별한 것이다. 천년 동안 분명치 못한 점이 하루아침에 명백히 밝혀졌으니 참으로 기쁜 일이라 말할 수 있다. 또한 양화는 공자에게 서로의 친분을 구하는 말이 분분한데도 공자는 그를 거절하지 않은 척하면서도 이를 거절하셨는데, 다만 다섯 글자[諾 吾將仕矣]로 대답하고 아울러 한 글자[諾]를 따로 떼놓지 않았으니, 그 당시의 실정을 더욱 분명히 상상해 볼 수 있다. 경전의 해석을 이렇게 하게 되면 어두운 밤에 하나의 횃불이 아니고는 얻을 수 없을 것이다. [前兩曰字 皆是貨口中語 自爲問答 以斷爲必然之理 此如史記 留侯世家 張良阻立六國後八不可語有云 今陛下能制項籍之死命乎 曰未能也 能 得項籍頭乎 曰未能也 能封聖人墓 表賢者閭式智者門乎 曰未能也 皆張良自爲 問答 並非良問而漢高答者 至漢王輟食吐哺以下 纔是高語 此章 至孔子曰以下 纔是孔子語 孔子答語 祇此耳 故記者特加孔子曰三字以別之 千年夢夢 一朝照 醒 可謂極快 且貨求親夫子詞語絮絮 而夫子以不絶絶之 祇作五字答 並不別綴 一字 覺于當日情事 尤爲可念 解經至此 謂非漆室一炬不得矣]

【諾락】 예. 그래요[그렇습니다]. 긍정적으로 대답하는 말.
【將】 장차[앞으로] …하려고 하다. 조동사. 앞으로 어떤 일을 하려는 의지를 나타냄.
【矣】 ① …이다. 어기조사. 단정 또는 필연의 결과를 나타냄.] 日月逝矣. ② …일 것이다. …이다. 어기조사. 진술문의 끝에 쓰여 긍정의 어기를 나타냄. 吾將仕矣.
주희(朱熹) - 양화의 말은 모두 공자를 풍자하여 넌지시 공자로 하여금 속히 벼슬하게 하려고 한 것이다. 공자는 진실로 일찍이 이와 같지 않으셨고, 또한 벼슬하고자 하지 않은 것이 아니요 다만 양화에게 벼슬하지 않으셨을 뿐이다. 그러므로 다만 이치에 의거하여 대답하고 다시 그와 변론하지 않으시어 마치 그의 뜻을 깨닫지 못한 것처럼 하신 것이다. [貨語皆譏孔子而諷使速仕 孔子固未嘗如此 而亦非不欲仕也 但不仕於貨耳 故直據理答之 不復與辯 若不諭其意者]

양화가 공자를 만나려고 한 것은 비록 좋은 뜻이었으나 공자로 하여금 자신을 도와 亂을 일으키려는 데에 불과하였을 뿐이다. 그러므로 공자께서 만나주지 않은 것은 義고, 찾아가서 사례를 한 것은 禮이며, 반드시 양화가 없는 틈을 타서 찾아간 것은 양화의 행동에 맞추고자 한 것이고, 길에서 만나 피하지 않은 것은 끝까지 끊지 않으신 것이며, 질문에 따라서 대답한 것은 이치의 바름이고, 대답만 하고 변론하지 않은 것은 말씀이 공손하였으나 또한 굽히신 바가 없는 것이다. [陽貨之欲見孔子 雖其善意 然不過欲使助己爲亂耳 故孔子 不見者 義也 其往拜者 禮也 必時其亡而往者 欲其稱也 遇諸塗而不避者 不終絶 也 隨問而對者 理之直也 對而不辯者 言之孫而亦無所詘也] ♣20100416金

125

2. 본성은 서로 가까우나 습성이 서로 멀어지게 하니

子曰 性相近也 習相遠也

子(즈) ㅣ 골으샤딕 性(셩)이 서릭 갓가오나 習(습)으로 서릭 머느니라

선생님께서 말씀하시기를 "본성(本性)은 서로 가까우나 습성(習性)이 서로 머니라." 하셨다.

【性】 본성(本性). 품성(稟性). 천성(天性). 태어나면서 부여 받은 성품.

【相】 서로. 부사. 동작이나 행위가 서로 미치는 대상임을 나타냄.

【也】 …이다. 어기조사. 진술문의 끝에 쓰여 판단이나 단정 또는 긍정을 나타냄.

【習】 습관(習慣). 습성(習性). 학습과 환경에 의한 후천적 습관.

　공안국(孔安國) - 군자는 익히는 것에 대해 신중하게 한다. [君子愼所習]

　형병(邢昺) - 性이란 사람이 받고 태어난 바로 고요한 것이니 외물에 느낀 바가
　　없게 되면 곧 사람들 모두가 서로 비슷하게 되니 이것이 가깝다[近]는 것이다.
　　이미 외물에 느낀 바가 있게 되면 곧 익힘에 따라 性이 이루어진다. 善을 익히면
　　군자가 되는 것과 같고, 惡을 익히면 소인이 되는 것과 같다. 이것이 서로
　　멀어진다[相遠]는 것이다. 그러므로 군자는 익히는 것에 신중해야 하는 것이
　　다. [性謂人所稟受以生而靜者也 未爲外物所感 則人皆相似 是近也 旣爲外物所
　　感 則習以性成 若習於善則爲君子 若習於惡則爲小人 是相遠也 故君子愼所習]

　황간(皇侃) - 性은 사람이 나면서 받은 것이다. 習이란 것은 태어난 후에 여러
　　가지 거동이 있는 것을 말하니, 늘 행동하여 익혀진 것들이다. [性者人所稟以生
　　也 習者謂生後有百儀 常所行習之事也]

　주희(朱熹) - 여기에서 말한 性은 氣質을 겸하여 말한 것이다. 기질의 性은 원래
　　좋고 나쁜 차이가 있지만 그 처음을 가지고 말한다면 모두 서로 그렇게 멀지
　　않았다. 다만 善을 익히면 善해지고 惡을 익히면 惡해져서 이에 비로소 서로
　　멀어질 뿐이다. [此所謂性 兼氣質而言者也 氣質之性 固有美惡之不同矣 然以
　　其初而言 則皆不甚相遠也 但習於善則善 習於惡則惡 於是始相遠耳]

정이(程頤) - 이는 氣質之性을 말한 것이요 性의 本然을 말한 것이 아니다. 만약 本然을 말하면 性은 곧 理이고 理는 선하지 않음이 없으니 맹자가 말한 性善이 바로 이것이다. 어찌 서로 비슷함이 있겠는가? [此言氣質之性 非言性之本也 若言其本 則性卽是理 理無不善 孟子之言性善是也 何相近之有哉]

정약용(丁若鏞) - 性이란 본래 마음의 좋아하고 미워하는 것이다. 習이란 듣고 본 것이 익숙해진 것이다. 德을 좋아하고 惡을 부끄러워하는 본성은 聖人이나 보통 사람이나 모두 같으니 이런 까닭으로 본래 서로 가까운 것이다. 賢者를 친히 하고 小人을 친압하는 습성은 甲과 乙이 다름이 있으니 이런 까닭으로 종래는 서로 멀어진 것이다. [性者 本心之好惡也 習者 聞見之慣熟也 好德恥惡 之性 聖凡皆同 以此之故 本相近也 親賢狎小之習 甲乙有殊 以此之故 終相遠也]

♣20100417土

3. 오직 상지上知와 하우下愚는 옮기지 않으니

子曰 唯上知與下愚 不移

子(조)ㅣ 글으샤듸 오직 上知(샹디)와 다믓 下愚(하우)는 移(이)티 아니ᄒᆞᄂᆞ니라

선생님께서 말씀하시기를 "오직 상지(上知)와 하우(下愚)는 옮기지 아니하느니라."
하셨다.

【唯】 단지. 다만. 오직. 오로지. 부사. 범위의 제한이나 한정(어떤 범위에 국한됨)을
　　　나타냄.
【上知】 가장 위의[높은] 지혜로운 사람.
【與】 …와[과]. 접속사. 병렬관계를 나타냄.
【下愚】 가장 아래의[낮은] 어리석은 사람.
【移】 옮기다. 옮겨가다.
공안국(孔安國) - 지극히 지혜로운 자에게 악을 행하게 만들 수 없고 지극히 어리석은
　　　자에게 억지로 현명한 일을 행하게 만들 수 없다. [上知 不可使爲惡 下愚 不可使
　　　强賢]
형병(邢昺) - 그러나 이는 바로 中人을 말한 것뿐이니 그 性이 위로도 갈 수 있고
　　　아래로도 갈 수 있다. 그러므로 善을 만나면 곧 올라가고 惡을 만나면 곧 떨어지
　　　는 것이다. 공자께서 또 일찍이 말씀하시기를 '오직 上知한 聖人은 그를 옮겨
　　　악하게 할 수 없으며, 下愚한 사람은 그를 옮겨 억지로 현명하게 할 수 없다.' 하
　　　셨으니, 이것이 곧 中人의 性과 習이 서로 가깝고 멀게 됨과 같음이 아닌 것이다.
　　　[然此乃是中人耳 其性可上可下 故遇善則升 遇惡則墜也 孔子又嘗曰 唯上知聖
　　　人 不可移之使爲惡 下愚之人 不可移之使强賢 此則非如中人性習相近遠也]
주희(朱熹) - 이는 위 장에 이어서 한 말로, 사람의 氣質은 서로 가까운 가운데
　　　또 좋고 나쁨의 일정함이 있으니, 그래서 익히는 것으로는 능히 옮길 바가
　　　아니라는 것이다. [此承上章而言 人之氣質相近之中 又有美惡一定 而非習之所
　　　能移者] 혹자는 말하기를 '이 장은 위 장과 합하여 마땅히 한 장이 되어야

하니, 子曰 두 글자는 아마도 연문(衍文)일 것이다.' 라 하였다. [或曰 此與上章 當合爲一 子曰二字 蓋衍文耳]

정약용(丁若鏞) - 上知人은 비록 惡人과 함께 서로 익숙하게 지낼지라도 오염(汚染) 되지 않으며 下愚人은 비록 善人과 함께 서로 익숙하게 지낼지라도 훈도[薰陶, 교화(敎化), 감화(感化)]되지 않으니 이것이 不移(옮기지 않음)이다. [上知雖 與惡人相習 而不受染汚 下愚雖與善人相習 而不受薰陶 是不移也]

양백준(楊伯峻) - 上知와 下愚에 대한 해석은 예로부터 많은 이설이 있었다. 한서(漢 書) 고금인표(古今人表)에서 '같이 있으면 착해지고 같이 있지 않으면 악해지 는 사람을 가장 지혜로운 사람(上智)이라고 하며, 같이 있으면 악해지고 같이 있지 않으면 선해지는 사람을 가장 어리석은 사람이라고 한다. [可與爲善 不可 與爲惡 是謂上智 可與爲惡 不可與爲善 是謂下愚]'고 했으니 이것은 인품을 말한 것이다. 손성연(孫星衍)의 문자당집(問字堂集)에서는 '가장 지혜로운 사람은 나면서부터 아는 사람을 말하고 가장 어리석은 사람은 곤란함을 당해도 배우지 않는 사람을 말한다. [上知謂生而知之 下愚謂困而不學]' 라고 했으니 이것은 그 지식과 인품을 같이 말한 것이다.

[참고] 季氏-9.　　　　　　　　　　　　　　　　　　　♣20100417土

第十七篇 ● 陽貨

第
十
七
篇

湯
貨

4. 자유子游가 무성武城을 다스리는 것을 보시고

子之武城 聞弦歌之聲 夫子莞爾而笑曰 割鷄焉用牛刀 子游對曰 昔
者 偃也聞諸夫子曰 君子學道則愛人 小人學道則易使也 子曰 二三
子 偃之言是也 前言 戲之耳

子(주)ㅣ 武城(무성)에 가샤 弦歌(현가)ㅅ 소릭롤 들으시다 夫子(부주)ㅣ 莞爾(완ᅀᅵ)히
笑(쇼)ᄒᆞ야 글ᄋᆞ샤ᄃᆡ 鷄(계)ᄅᆞᆯ 割(할)홈애 엇디 牛刀(우도)ᄅᆞᆯ 쓰리오 子游(ᄌ유)ㅣ 對
(ᄃᆡ)ᄒᆞ야 글오ᄃᆡ 녜 偃(언)이 夫子(부주)의 듣ᄌᆞ오니 글ᄋᆞ샤ᄃᆡ 君子(군주)ㅣ 道(도)ᄅᆞᆯ
學(혹)ᄒᆞ면 사름을 ᄉᆞ랑ᄒᆞ고 小人(쇼신)이 道(도)ᄅᆞᆯ 學(혹)ᄒᆞ면 브림이 쉽다 호이다 子
(주)ㅣ 글ᄋᆞ샤ᄃᆡ 二三子(ᄉᆡ삼주)아 偃(언)의 言(언)이 是(시)ᄒᆞ니 前言(젼언)은 戲(희)
홈이니라

선생님께서 무성(武城)에 가셨는데 현악(絃樂)과 노래 소리를 들으시게 되었다.
저희 선생님께서 빙그레 웃으시며 말씀하시기를 "닭을 잡는데 어찌 소 칼을 쓰느냐?"
하시니, 자유(子游)가 대답하여 말씀드리기를 "옛날에 제가 선생님께 들었사온데 말
씀하시기를 '군자(君子)가 도(道)를 배우면 곧 사람들을 사랑하게 되고, 소인(小人)이
도를 배우면 곧 부리기 쉬우느니라.' 하셨습니다." 하였다. 선생님께서 말씀하시기를
"너희들아! 언(偃)의 말이 옳으니, 앞서 한 말은 희롱한 것뿐이니라." 하셨다.

【武城】 노(魯)나라의 지명. 산동성(山東省) 비현(費縣)의 南西쪽 기수(沂水) 유역
　　　에 옛 성이 있음.
【之】 ① 가다(往也). 동사. 子之武城 ② …하는[한]. …의. 조사. 관형어와 중심어
　　　사이에 쓰여 중심어를 수식하거나 국한하는 관계를 나타냄. 앞의 말에 형용성
　　　(形容性)을 띠게 함. 聞弦歌之聲. ③ …의. 조사. 관형어와 중심어 사이에
　　　쓰여 종속관계를 나타냄. 偃之言是. ④ 그. 그것. 인칭대명사. 앞의 偃을 가리킴.
　　　前言 戲之耳.
【弦歌之聲】 현악(絃樂)을 반주로 시(詩)를 노래하는 소리. 현악과 노랫소리.
　弦 : ＝絃. 거문고·비파 등 현악기. 현악. 현악 반주.
　歌 : 노래. 시(詩)를 노래 함.

주희(朱熹) - 이때에 자유(子游)가 무성(武城)의 읍재(邑宰)가 되어 예악(禮樂)을 가르쳤기 때문에 고을 사람들이 모두 현악(弦樂)에 맞추어 노래를 부른 것이다. [時 子游爲武城宰 以禮樂爲敎 故 邑人皆弦歌也]

【莞爾而笑】 빙그레 표정을 지으며 웃다. 입가에 살며시 웃음기를 띠며 웃다. 빙그레 웃다.

莞爾완이 : 빙그레 웃는 모습. 입가에 웃음기를 띠고 소리 없이 부드럽게 웃는 모양.

爾 : 형용사나 동사 뒤에 쓰여, 부사 또는 형용사를 만드는 접미사.

而 : 접속사. 부사어와 술어를 이어주어 수식이나 한정관계를 나타냄. 이 경우는 해석하지 않음.

【割鷄焉用牛刀】 닭을 잡는데 어찌 소를 잡는 칼을 쓰는가?

割할 : 베다. 자르다. 가르다. 割鷄할계 : 닭을 잡다.

焉 : 어찌. 어떻게. 어디. 부사. 반문의 어기를 강조하며 동사나 조동사 앞에 옴.

공안국(孔安國) - 작은 것을 다스리는 데 어찌 큰 道를 쓸 수 있겠느냐는 말이다. [言治小 何須用大道]

【子游】 공자의 제자. 성은 언(言). 이름은 언(偃). 자가 자유(子游). 오(吳)나라 사람으로 공자보다 45세 아래. 무성(武城)의 읍재(邑宰)를 지냄.

【(昔)者】 …에[는]. 어기조사. 시기·시간 등을 나타내는 말 뒤에 붙어서 그 말을 부사어로 만들어 주는 역할을 함.

【(偃)也】 …은(는). …이란. …이면. 어기조사. 음절을 조정하고 어기를 고르는(말을 잠깐 멈추고 다음 내용을 환기시키는) 역할을 함.

【諸저】 之於(…에게서[으로부터] 그것을). 합음사. 之는 지시대명사로 뒤의 君子學道~則易使也를 가리키고, 於는 전치사로 동작이나 행위와 관련된 대상을 나타냄.

【小人學道則易使也】 소인이 도를 배우면 부리기 쉽게 된다. 소인이 도를 배우면 부리기를 쉽게 할 수 있다. 소인이 도를 배우면 부리기 쉽다. 소인이 도를 배우면 부리기가 쉬워진다. [주체가 군자(君子)나 위정자(爲政者)임.]

則 : …이면(하면) (곧). 그렇다면 곧. 접속사. 결과나 조건에 대한 상호 원인 등 앞뒤 문장의 전후 상황이 서로 연관됨을 나타냄.

易 : 쉽다. 용이하다.

使 : 남을 부림. 남에게 일을 시키는 것. [참고] 憲問-44.

也 : …이다. 어기조사. 진술문의 끝에 쓰여 판단이나 단정 또는 긍정을 나타냄.

공안국(孔安國) - 道는 禮樂을 말한다. 음악은 사람을 온화하게 만들며 사람들이
  온화하면 부리기 쉽다.[道 謂禮樂也 樂以和人 人和則易使]

주희(朱熹) - 君子와 小人은 지위를 가지고 말한 것이다. 자유(子游)가 말한 것은
  아마도 공자께서 항상 하시던 말씀일 것이니, 군자와 소인이 모두 배우지 않아
  서는 안 되므로 무성(武城)이 작은 고을일지라도 또한 반드시 예약(禮樂)으로
  써 가르쳐야 한다는 것이다. [君子小人 以位言之 子游所稱 蓋夫子之常言 言君
  子小人 皆不可以不學 故武城雖小 亦必敎以禮樂]

[참고] 주체가 소인(小人). ☞ 소인이 도를 배우면 쉽게 부리려 한다.

정천구(丁天求) - '소인이 도를 배우면 부리기가 쉬워진다.'로 해석하는 경우가
  많은데, 앞의 '君子學道則愛人'과 짝이 되므로 가락에 맞게 풀어야 한다. 즉
  군자가 도를 배우면 어떻게 한다고 했으니, 소인 또한 도를 배우면 어떻게
  한다는 식으로 풀어야 알맞다. 또 한 가지, 소인은 군자와 함께 사(士)에 속한다
  는 사실이다. 그들도 군자처럼 학문을 하지만 도에 뜻을 두지 않고 명리에
  뜻을 두어 행동한다. 그들에게 학문은 높은 벼슬이나 녹봉, 즉 권력과 금력을
  위해 존재한다. 권력과 금력은 오로지 남을 아래에 두고 부리는 데에 필요한
  것들이다. 그들은 참된 마음으로 섬기지 못하며, 남을 배려하면서 다스리지
  않고 군림하려 한다. 그런 소인이 도를 배우는 것은 자신들의 사사로운 욕심을
  위해서이지 남에게 부려지기 위해서가 아니다. 만약 도를 제대로 배운다면
  그는 더 이상 소인이 아니라 군자이다. 그런 사람은 부림의 대상이 되지 않는다.
  스스로 행동하는 주체적인 사람이기 때문이다. 따라서 위에서처럼 '소인이
  도를 배우면 쉽게 부리려 한다.'로 번역하여야 타당하다.

  ※ 주자(朱子)는 '군자와 소인은 지위를 가지고 말한 것'이라 하였으니, 여기서
    군자는 위정자, 소인은 백성을 가리킨다면 종전의 해석대로 하여도 큰 무리는
    없을 것 같다. 憲問篇에서도 '윗사람이 禮를 좋아하면 곧 백성은 부리기 쉽다.
    [上好禮 則民易使]'라 하였다.

【二三子】 너희들. 여러분. 그대들. 자네들. 본래의 의미는 '두세 아이'라는 뜻으로
  공자가 문하의 제자들을 부를 때 사용하였음.

【是】 옳다. 맞다. 그렇다. 형용사.

【戱희】 놀리다. 희롱하다.

【耳】 …일 뿐이다[따름이다]. 어기조사. 한정의 어기를 나타냄.

 [참고] …이다. 어기조사. 긍정이나 정돈 혹은 종결의 어기를 나타냄. 韓秦强弱 在今年 耳(韓나라와 秦나라가 강해지고 약해진 것은 금년에 있다.) [韓非子 存韓], 而翁歸 自與汝復算耳 (그리고 노인이 돌아가면 스스로 그대와 다시 계산할 것이다.) [聊齋志異 促織]

주희(朱熹) - 다스림에 크고 작은 차이가 있으나 다스림에 있어 반드시 禮樂을 써야 하는 것은, 그 道가 마찬가지이다. 다만 많은 사람들이 대부분 예악(禮樂) 을 쓰지 않고 있는데, 자유(子游)만이 실천하였기 때문에 공자(孔子)께서 갑자 기 들으시고 매우 기뻐하신 것이다. 그리고 그 말씀을 뒤집어서 희롱한 것인데, 자유(子游)가 정도(正道)로써 대답하므로 다시 자유(子游)의 말을 옳다고 인정하시고 스스로 그 농담을 실증하신 것이다. [治有大小 而其治之必用禮樂 則其爲道一也 但衆人 多不能用 而子游獨行之 故夫子驟聞而深喜之 因反其言 以戲之 而子游以正對 故復是其言 而自實其戲也]   ♣20100417土

5. 내 써줄 이 있다면 장차 동주東周를 만들 것이리라

公山弗擾以費畔 召 子欲往 子路不說曰 末之也 已 何必公山氏之之
也 子曰 夫召我者 而豈徒哉 如有用我者 吾其爲東周乎

公山弗擾(공산불요)] 費(비)로써 畔(반)ㅎ야 召(쇼)ㅎ야늘 子(ㅈ)] 往(왕)코쟈 ㅎ더시
니 子路(ㅈ로)] 說(열)티 아니ㅎ야 굴오듸 갈 듸 업슬 ᄯ름이니 엇디 반ᄃ시 公山氏(공산
시)의게 가시리잇고 子(ㅈ)] 굴ᄋ샤듸 나를 召(쇼)ㅎ는 者(쟈)는 엇디 ᄒ갓 ᄒ리오 만일
나를 쓸 者(쟈)] 이실 ᄯ댄 내 그 東周(동쥬)를 홀 ᄯ뎌

공산불요(公山弗擾)가 비읍(費邑)에서 모반(謀叛)을 하여 부름에 선생님께서 가시
고자 하였다. 자로가 기꺼워하지 아니하며 말씀드리기를 "갈 곳이 없으면 그만 두시지,
어찌하여 꼭 공산씨(公山氏)에게 가시려 하나이까?" 하니 선생님께서 말씀하시기를
"대저 나를 부르는 자 어찌 공연히 그러겠느뇨? 만약 나를 써줄 이 있다면 내 장차
동주(東周)를 만들 것이니라." 하셨다.

【公山弗擾】 계씨(季氏)의 가신으로 비읍(費邑)의 읍재(邑宰). 성은 공산(公山).
　　　이름은 불요(弗擾) 또는 불뉴(不狃). 자는 자설(子洩). 좌전(左傳)의 공산불뉴
　　　(公山不狃)와 동일한 사람임.

　주희(朱熹) - 弗擾(불요)는 계씨의 가신으로 양호(陽虎)와 함께 계환자를 구금하
　　　고 읍을 점거하여 배반하였다. [弗擾 季氏宰 與陽虎共執桓子 據邑以叛] [참고]
　　　좌전(左傳) 정공(定公) 5년.

【以】 …으로써. …을 가지고[통하여]. 전치사. 도구·수단·방법을 나타냄.

　以費 : 비읍(費邑)을 가지고. 비읍을 거점으로 하여. 비읍에서.

【費】 비읍(費邑). 계씨의 식읍(食邑). 지금의 산동성(山東省) 비현(費縣) 서북쪽
　　　20리에 옛 성이 있음.

【畔반】 = 叛. 반란(叛亂)을 일으키다. 모반(謀叛)하다. 배반(背叛)하다.

　정약용(丁若鏞) - 畔이란 계씨를 배반한 것이다. [노나라를 배반한 것이 아니다.] 子欲往
　　　이란 '나는 차라리 공산씨의 부름에 가려고 하였다.' 고 농담을 한 것이다.
　　　이는 위의 장 및 아래의 佛肹(필힐) 장과 함께 농담하는 말로 덧붙여 기록해

놓은 것이다. [畔 畔季氏也 非叛魯 子欲往者 戲言我寧欲赴公山氏之召也 與上章 及下佛肸章 以戲言附錄]

【不說열】 기뻐하지 않다. 기꺼워하지 않다. 說 = 悅. ⇒ 언짢아하다.

【末之也 已】 갈 곳이 없으면 그만두다.

　末 : 없다. …할 수 없다. 不能, 無, 勿 등의 의미로 쓰임.

　之 : 가다(往也). ⇒ 갈 곳. 동사의 명사로의 전용.

　也 : 가정문의 선행절 끝에 붙는 조사. [참고] …은(는). …이란. …이면. 음절을 조정하고 어기를 고르는 어기조사.

　已 : = 止. 그치다. 끝나다. 멎다. 그만두다. 중지하다. 말다.

　공안국(孔安國) - 之는 간다는 뜻이다. 갈 만한 곳이 없다면 그만이지 어찌 꼭 公山氏에게 가려는가? [之 適也 無可之則止 何必公山氏之適]

　[참고] 末之也已 : 갈 곳이 없다. [也已 : …이다. 어기조사. 긍정(단정)적인 어기를 나타냄.]

　주희(朱熹) - 末은 없음이다. '道가 이미 행해지지 아니하여 갈 곳이 없거늘 하필 공산씨에게 가시려 하십니까?' 라고 말한 것이다. [末 無也 言道旣不行 無所往矣 何必公山氏之往乎]

【何必公山氏之之也】 어찌 꼭 공산씨에게 가려는 것입니까? 꼭 공산씨에게 갈 필요가 있습니까?

　何必 : …할 필요가 있(겠)는가? 어찌하여 반드시 …하겠는가[하려는 것인가]? 관용형식으로서 강한 반문의 어기를 나타냄.

　　何 : 어찌(하여) …하겠는가(하려는 것인가)? 부사. 강한 반문의 어기를 나타냄.

　　必 : 반드시. 틀림없이. 꼭. 부사. 사람이나 사물에 대한 결연한 의지나 확신을 나타냄.

　之 : ① …을[를]. 목적어를 강조하기 위하여 동사 앞으로 도치시킬 때 그 목적어와 동사 사이에 쓰는 구조조사. 公山氏之之也. ② 가다(適). 동사. 公山氏之之也

　也 : …한가[인가]? 어기조사. 의문문 끝에 쓰여 의문(질문)의 어기를 나타냄. 일반적으로 何, 誰, 奚, 焉 등의 의문대명사와 같이 씀.

【夫】 도대체. 대체. 대체로. 무릇. 어기조사(발어사). 문장의 첫머리에 쓰여 이야기를 이끌어 내기 위하여 듣는 이의 주의를 환기시키는 역할을 함.

【而豈徒哉】 그렇다면 곧 헛되이[허망하게] 하겠는가? 그렇다면 곧 어찌 부질없이

하겠는가? 어찌 부질없이 그렇게 하겠는가? ⇒ 헛되이 부르지는 않았을 것이다.
분명 부를 만한 까닭이 있을 것이다. 어찌 헛되이[공연히] 나를 불렀겠느냐?
而豈徒(召我) 哉.

而 : = 則. 이에 곧. …이면[하면] 곧. 접속사. 조건에 따른 결과를 나타냄.

豈 : 어찌 …하겠는가? 어떻게. 부사. 강한 반문의 어기를 나타냄.

徒도 : 비다. 헛되다. 공연스럽다. 하릴없다. 부질없다. 허망하다.

　형병(邢昺) - 徒는 빈 것[空]이라는 뜻이니, 그 사람이 나를 부르는 것이 어찌
　　공연(空然)한 것이겠냐고 말한 것이다. [徒 空也 言夫人召我者 豈空然哉]

哉 : …이겠는가? …인가? …이랴? 어기조사. 반문의 어기를 나타냄.

【如】 = 若. 만약[만일, 가령] …한다면. 접속사. 가설(가정)이나 조건을 나타냄.

【吾其爲東周乎】 나는 장차 동주(東周)를 만들 것이다. 내 장차 동주를 만들리라.

其 : 곧. 막. 장차. 부사. 술어 앞에 쓰여 동작·행위·상황 등이 곧 발생하려 함을
　　나타냄.

爲 : 만들다. 건설하다.

東周 : 동쪽의 주나라. 노나라는 동쪽에 있었으므로 거기에 주나라 초기의 흥성했던
　　때와 같은 나라를 건설하겠다는 뜻.

乎 : …이다. …하리라! …일 것이다! 어기조사. 단정이나 강조의 어기를 나타냄.

주희(朱熹) - 동주(東周)를 만들겠다는 것은 주(周)나라의 道를 (노나라) 동쪽에
　　일으키겠다는 말이다. [爲東周 言興周道於東方]

정약용(丁若鏞) - 吾其爲東周라 한 것은 노나라 군주를 동쪽으로 비(費) 땅에
　　옮겨 동노(東魯)를 만들고, 노나라는 차라리 삼가(三家)에게 주어 마치 (동주
　　가) 西周의 땅을 秦에게 준 것처럼 그렇게 하는 것이 오히려 지금의 실정보다는
　　나을 것이라는 말이다. [吾其爲東周者 欲以魯君東遷于費 以爲東魯 寧以魯國
　　付之三家 如西周之賜秦然 猶有愈於今日]　　　　　　♣20100418日

136

6. 공손함·너그러움·미쁨·민첩함·은혜로움이 인仁이니

子張問仁於孔子 孔子曰 能行五者於天下 爲仁矣 請問之 曰 恭寬信
敏惠 恭則不侮 寬則得衆 信則人任焉 敏則有功 惠則足以使人

子張(ᄌ댱)이 仁(신)을 孔子(공ᄌ)ᄭ긔 묻ᄌ온대 孔子(공ᄌ)ㅣ ᄀᆞᆯᄋᆞ샤ᄃᆡ 能(능)히 五者(오
쟈)를 天下(텬하)에 行(ᄒᆡᆼ)ᄒᆞ면 仁(신)을 ᄒᆞ욤이니라 請(쳥)컨댄 묻ᄌᆞᆸᄂᆡ이다 ᄒᆞᆫ대 ᄀᆞᆯᄋᆞ
샤ᄃᆡ 恭(공)과 寬(관)과 信(신)과 敏(민)과 惠(혜)니 恭(공)ᄒᆞ면 侮(모)티 아니ᄒᆞ고 寬
(관)ᄒᆞ면 衆(즁)을 得(득)ᄒᆞ고 信(신)ᄒᆞ면 人(신)이 任(심)ᄒᆞ고 敏(민)ᄒᆞ면 功(공)이
잇고 惠(혜)ᄒᆞ면 足(죡)히 뻐 人(신)을 使(ᄉ)ᄒᆞ리니라

자장(子張)이 공자께 인(仁)을 여쭈니 공자께서 말씀하시기를 "천하에 능히 다섯
가지를 행할 수 있으면 인(仁)을 행한다 할 것이니라." 하셨다. 청하여 그것에 대해
여쭈니, 말씀하시기를 "恭(공손함)·寬(너그러움)·信(미쁨)·敏(민첩함)·惠(은혜로움)
이니, 공손하면 곧 업신여김을 받지 아니하며, 너그러우면 여러 사람을 얻으며, 미더
우면 사람들이 (일을) 맡기고, 민첩하면 공업(功業)이 있고, 은혜로우면 족히 사람을
부릴 수 있느니라." 하셨다.

【子張】 공자의 제자 전손사(顓孫師). 자가 자장(子張).

【於(孔子)】 …에게. 전치사. 동작이나 행위에 관련되는 대상을 나타냄.

【能】 능히[충분히] …할 수 있다. 조동사. 어떤 일을 할 능력이 있거나 조건이
　　　됨을 나타냄.

【者】 …(두, 세, …) 사람[일, 가지, 곳]. 특수지시대명사. 복수의 수량명사와 함께
　　　명사구를 이룸. 앞의 나열한 사람 또는 사물(사건)을 합산함.

【於天下】 천하에서. 천하 어디를 가더라도.

　於 : …에서. 전치사. 동작이나 행위가 일어나는 장소(범위)를 나타냄.

　주희(朱熹) - 於天下라는 말은 어느 곳을 가더라도 그렇게 되지 않음이 없다는
　　　것을 말씀한 것이니, '비록 오랑캐의 나라에 가더라도 버려서는 안 된다.' 는
　　　말씀과 같다. [於天下 言無適而不然 猶所謂雖之夷狄 不可棄者]

【爲仁矣】 인(仁)을 행한다 할 것이다.　爲 : 하다. 행하다. 실천하다. 동사.

矣 : …일 것이다. …이다. 어기조사. 진술문의 끝에 쓰여 긍정의 어기를 나타냄.

【請】 청컨대. 바라건대. 부디. 모쪼록. 부사. 희망과 상대방에 대한 존경을 나타냄.

【恭寬信敏惠】 공손함(의젓함), 너그러움, 믿음(미쁨, 미더움), 민첩함(재빠름), 은
　　　혜로움(은혜 베풂).

【則】 …이면(하면) (곧). 그렇다면 곧. 접속사. 결과나 조건에 대한 상호 원인 등
　　　앞뒤 문장의 전후 상황이 서로 연관됨을 나타냄.

【侮】 업신여김을 받다[당하다]. 모욕을 당하다.

　형병(邢昺) - 자기가 만약 공손하게 남을 맞이하면 남도 또한 공손하게 나를 대하므
　　　로 모만(侮慢, 업신여기고 멸시함)을 당하지 않는다는 말이다. [言己若恭以接
　　　人 人亦恭以待己 故不見侮慢] [孔安國 - 不見侮慢]

【得衆】 여러 사람을 얻다. 대중을 얻다. 민심을 얻다. 여러 사람의 마음을 얻다.
　　　대중의 지지를 얻다.

　형병(邢昺) - 언행이 능히 관대하고 까다롭지 않으면 곧 대중이 따르는[돌아오는]
　　　바가 된다. [言行能寬簡 則爲衆所歸也]

【人任焉】 사람들이 그에게 일을 맡기다. 사람들이 그를 신임하다.

　任 : ① (일을) 맡기다. 위임하다.　② 신임하다. 의지하고 믿다.

　　주희(朱熹) - 任은 의지하고 믿는 것이다. [任 倚仗也]

　焉 : 그에게. 於之. 합음사(合音詞). 於는 전치사로 동작이나 행위에 관련되는
　　　대상을 나타내며, 之는 지시대명사로 일반적인 사람을 가리킴.

　형병(邢昺) - 말을 해서 믿음이 있으면 곧 사람들이 위임(委任, 책임지어 맡김)하는
　　　바가 있다. [言而有信 則人所委任也]

【有功】 공이 있다. 공을 세움이 있다. 공적이 있다. 공업(功業)이 있다.

　형병(邢昺) - 敏은 재빠름이다. 일에 민첩하고 빠르게 대응하면 곧 成功(공을 이룸)
　　　함이 많다. [敏疾也 應事敏疾 則多成功也]

【足以】 …할 수 있다. …할 만하다. …에 충분하다[족하다]. …을 충분히 하다.
　　　조동사. 동사 앞에 놓여 부사어로 쓰이며 능력이나 조건이 어떤 일을 하기에
　　　충분함을 나타냄.

　형병(邢昺) - 은혜가 있으면 사람들이 그 수고로움을 잊어버린다. [有恩惠 則人忘其
　　　勞也]　　　　　　　　　　　　　　　　　　　　　　　♣20100418日

7. 필힐佛肸의 부름에 가시려 하시자 자로子路가...

佛肸召 子欲往 子路曰 昔者由也聞諸夫子曰 親於其身爲不善者 君子不入也 佛肸以中牟畔 子之往也 如之何 子曰 然 有是言也 不曰堅乎 磨而不磷 不曰白乎 涅而不緇 吾豈匏瓜也哉 焉能繫而不食

佛肸(필힐)이 김(쇼)ᄒᆞ야ᄂᆞᆯ 子(ᄌᆞ)ㅣ 往(왕)코쟈 ᄒᆞ더시니 子路(ᄌᆞ로)ㅣ ᄀᆞ오ᄃᆡ 녜 由(유)ㅣ 夫子(부ᄌᆞ)ᄭᅴ 듣ᄌᆞ오니 ᄀᆞᄅᆞ샤ᄃᆡ 親(친)히 그 몸애 不善(블션)을 ᄒᆞᄂᆞᆫ 者(쟈)ㅣ 어든 君子(군ᄌᆞ)ㅣ 드디 아니ᄂᆞ니라 ᄒᆞ시니 佛肸(필힐)이 中牟(듕모)로써 畔(반)ᄒᆞ거ᄂᆞᆯ 子(ᄌᆞ)의 往(왕)ᄒᆞ심은 엇더니잇고 子(ᄌᆞ)ㅣ ᄀᆞᄅᆞ샤ᄃᆡ 然(션)ᄒᆞ다 이 말이 인ᄂᆞ니라 堅(견)타 닐ᄋᆞ디 아녀ᄂᆞ냐 磨(마)ᄒᆞ야도 磷(린)티 아니ᄒᆞᄂᆞ니라 白(ᄇᆡᆨ)다 닐ᄋᆞ디 아녀ᄂᆞ냐 涅(날)ᄒᆞ야도 緇(츼)티 아니ᄒᆞᄂᆞ니라 내 엇디 匏瓜(포과)ㅣ라 엇디 能(능)히 繫(계)ᄒᆞ야 食(식)디 아니ᄒᆞ리오

필힐(佛肸)이 부름에 공자께서 가시려 하자 자로(子路)가 말씀드리기를 "옛날에 제가 선생님께 들었사온데 말씀하시기를 '스스로 그 자신에 불선(不善)을 행하는 사람에 군자는 들어가지 않느니라.' 하셨는데, 필힐이 중모(中牟)에서 모반(謀叛)을 하였는데 선생님께서 가시려 함은 어찌된 일이니이까?" 하니, 선생님께서 말씀하시기를 "그리하였느니라. 이런 말도 있느니라. '단단하다 말할 수 있지 아니하냐? 갈아도 닳아지지 않으니, 희다 말할 수 있지 아니하냐? 검은 개흙을 칠하여도 검게 물들지 아니하니.'라 하였으니, 내 어찌 몹쓸 포과(匏瓜)이겠느냐? 어찌 능히 매달려 있기만 하고 먹을 수 없는 것이겠느냐?" 하셨다.

【佛肸필힐】 중모(中牟)의 읍재(邑宰).

　공안국(孔安國) - (佛肸은) 진(晉)의 대부인 조간자(趙簡子)의 읍재이다. [晉大夫 趙簡子之邑宰]

　양백준(楊伯峻) - 진(晉)나라 조간자(趙簡子)가 범중행(范中行)을 공격하자 필힐은 범중행의 가신으로 중모의 현장(縣長)으로 있었기 때문에, 중모에 웅거하여 조간자에게 항거했다. [참고] 史記 孔子世家

【昔者, 諸제】 앞의 4장 참조.

【也】① …이다. 어기조사. 진술문의 끝에 쓰여 판단이나 단정 또는 긍정을 나타냄. 君子不入也, 有是言也. ② …은(는). …이란. …이면. 어기조사. 음절을 조정하고 어기를 고르는(말을 잠깐 멈추고 다음 내용을 환기시키는) 역할을 함. 子之往也.

【親】친히. 몸소. 직접. 스스로. 부사. 동작이나 행위가 스스로 진행되는 것을 나타냄.

【於其身】그의 몸에. 그 자신에 대하여. 그 자신이. 그 스스로.

於 : …에게. …에 대해. …를 향해. 전치사. 동작이나 행위에 관련되는 대상을 나타냄.

【爲】하다. 행하다. 실천하다. 동사.

【以中牟畔】중모(中牟)를 거점으로 모반(謀叛)하다. 중모에서 모반하다.

以, 畔 : 앞의 5장 참조.

양백준(楊伯峻) - 中牟는 춘추시기 진(晉)나라의 읍으로 옛터는 지금의 하북성(河北省) 형태(邢台)와 한단(邯鄲) 사이에 있으며, 하남성(河南省) 中牟와는 전혀 관계가 없다.

【子之往也】선생님께서 가시려 함은.

之 : …은[는]. …이[가]. 구조조사(주격조사). 주술구조 사이에 쓰여 이를 명사구(절)로 만들어 주는 역할을 함.

【如之何】어찌하여[왜] 그렇게 합니까[할 것입니까]? 대명사성 구조인 如何의 사이에 처리할 대상을 나타내는 지시대명사 之를 삽입한 형태로 원인을 묻거나 반문을 나타냄.

【然】그렇다. 그러하다. 옳다. 맞다.

【有是言也】(속담이나 일시逸詩에) 이런 말이 있다.

是 : 이것. 지시대명사. 뒤의 不曰堅乎~涅而不緇를 가리킴.

[참고] 是 : 그것. 지시대명사. 앞의 親於其身~君子不入也를 가리킴. ☞ 然 有是言也 : 그렇다. 그런 말을 한 적이 있다.

【不曰堅乎 磨而不磷 不曰白乎 涅而不緇】단단하다고 말하지 않겠는가[말할 수 있지 않느냐]? 갈아도 닳아지지 않으니, 희다고 말하지 않겠는가[말할 수 있지 않느냐]? 검은 개흙을 칠하여도 검게 물들지 아니하니.

堅 : 굳다. 단단하다. 견고(堅固)하다.

乎 : …인가? …이겠는가? 어기조사. 의문문의 끝에 쓰여 반문의 어기를 나타냄.

而 : 그러나. 오히려. …하여도. 접속사. 역접관계를 나타냄.

磷린 : 얇다(薄也). 닳아서 얇아지다.

涅날 : 개흙. 색깔이 검은 진흙. 검정색으로 물들이다.

緇치 : 검은색. 검게 물들다(黑染). 검은 비단. 검정 옷.

공안국(孔安國) - 지극히 견고한 것은 갈아도 얇아지지 않으며 지극히 하얀 것은 검은 진흙으로 염색하여도 검어지지 않는다. 이는 군자가 비록 혼탁하고 어지러운 곳에 있어도 혼탁하고 어지러움이 그를 오염시킬 수 없음을 비유한 것이다. [言至堅者 磨之而不薄 至白者 染之於涅而不黑 喩君子雖在濁亂 濁亂不能汚]

【吾豈匏瓜也哉 焉能繫而不食】 내가 어찌 박이겠는가? 어찌 능히 매달려 있기만 하고 먹을 수 없는 것이겠는가? 곧 나는 써서[苦] 먹지 못하여 줄기에 매달려 있다가 겨우 바가지(물이나 술을 뜨는 조롱박) 정도로 밖에 쓰지 못하는 그런 박이 아니다.

豈 : 어찌 …하겠는가? 어떻게. 부사. 강한 반문의 어기를 나타냄.

匏瓜포과 : 박. 바가지. 벼슬을 못하거나 중용되지 못하는 사람의 비유.

也哉 : …인가? …하겠는가? 어기조사. 반문의 어기를 나타냄.

焉 : 어찌. 어떻게. 어디. 부사. 반문의 어기를 강조하며 동사나 조동사 앞에 옴.

能 : 능히[충분히] …할 수 있다. 조동사. 어떤 일을 할 능력이 있거나 조건이 됨을 나타냄.

繫계 : 대다. 매달다. 매달리다. 매달려 있다.

而 : …하여서. 그리하여. 이에. 접속사. 순접(연관)관계를 나타냄.

하안(何晏) - 匏는 조롱박(瓠)이다. 조롱박이 한 곳에 매여 있는 것은 먹을 수 없기 때문인데, 나는 먹을 수 있는 식물 같아서 당연히 동서남북 어디에도 갈 수 있으니 먹을 수 없는 식물이 한 곳에 매여 있는 것과는 같을 수 없다는 말이다. [匏 瓠也 言瓠瓜得繫一處者 不食故也 吾自食物 當東西南北 不得如不食之物 繫滯一處]

양백준(楊伯峻) - 匏瓜는 박(匏子)으로, 옛날에는 단 것과 쓴 것 두 종류가 있었다. 쓴 것은 먹을 수 없었지만 물보다 가벼워 허리에 매고 헤엄쳐 건널 때 사용했다. 국어(國語) 노어 하(魯語 下)에서 '대저 쓴 박은 사람이 먹는 데 쓸 수 없고

함께 물을 건널 때 쓸 뿐이다. [夫苦匏不材於人 共濟而已]'라고 한 것과 장자
(莊子) 소요유(逍遙遊)에서 '지금 그대는 다섯 섬짜리 박을 가지고 있으면서
어찌 그것으로 큰 통을 만들어 강호에 띄울 생각을 하지 않는가? [今子有五石之
匏 何不慮以爲大樽 而浮乎江湖]'라고 한 것으로 증명할 수 있다.

♣20100419月

8. 육폐六蔽는 우둔·교만·자해·야박·포악·무모함이니

子曰 由也 女聞六言六蔽矣乎 對曰 未也 居 吾語女 好仁不好學 其
蔽也愚 好知不好學 其蔽也蕩 好信不好學 其蔽也賊 好直不好學 其
蔽也絞 好勇不好學 其蔽也亂 好剛不好學 其蔽也狂

子(즈)ㅣ 글으샤티 由(유)아 네 六言(륙언)에 六蔽(륙폐)를 드럿는다 對(디)ᄒ야 글오티
몯ᄒ얀노이다 居(거)ᄒ라 내 너드려 語(어)호리라 仁(신)을 好(호)ᄒ고 學(혹)을 好(호)
티 아니ᄒ면 그 蔽(폐)ㅣ 愚(우)ᄒ고 知(디)를 好(호)ᄒ고 學(혹)을 好(호)티 아니ᄒ면
그 蔽(폐)ㅣ 蕩(탕)ᄒ고 信(신)을 好(호)ᄒ고 學(혹)을 好(호)티 아니ᄒ면 그 蔽(폐)ㅣ
賊(적)ᄒ고 直(딕)을 好(호)ᄒ고 學(혹)을 好(호)티 아니ᄒ면 그 蔽(폐)ㅣ 絞(교)ᄒ고
勇(용)을 好(호)ᄒ고 學(혹)을 好(호)티 아니ᄒ면 그 蔽(폐)ㅣ 亂(란)ᄒ고 剛(강)을 好
(호)ᄒ고 學(혹)을 好(호)티 아니ᄒ면 그 蔽(폐)ㅣ 狂(광)ᄒ느니라

선생님께서 말씀하시기를 "유(由)야! 너는 육언(六言)의 육폐(六蔽)를 들었느냐?"
하시어, 대답하여 말씀드리기를 "아직 아니나이다." 하니, "앉거라! 내 너에게 말하리라.
인(仁, 어짊)을 좋아하며 배우지 아니하면 그 폐(蔽, 가림)는 우(愚, 우둔함)이고,
지(智, 지혜)를 좋아하며 배우지 아니하면 그 폐(蔽, 가림)는 탕(蕩, 교만함)이며,
신(信, 신의)을 좋아하며 배우지 아니하면 그 폐(蔽, 가림)는 적(賊, 자해함)이고,
직(直, 정직)을 좋아하며 배우지 아니하면 그 폐(蔽, 가림)는 교(絞, 야박함)이며,
용(勇, 용기)을 좋아하며 배우지 아니하면 그 폐(蔽, 가림)는 난(亂, 포악함)이고,
강(剛, 굳셈)을 좋아하며 배우지 아니하면 그 폐(蔽, 가림)는 광(狂, 무모함)이니
라." 하셨다.

【由】 공자의 제자 자로(子路)의 이름. 성은 중(仲). [참고] 爲政-17.
【女】 너. = 汝. 이인칭대명사.
【六言】 여섯 가지 덕(德).
　하안(何晏) - 六言六蔽란 아래 여섯 가지 일이니 인(어짊), 지혜, 믿음(信義),
　　　정직, 용기, 굳셈이다. [六言六蔽者 謂下六事 仁知信直勇剛也]
　양백준(楊伯峻) - 이 言자와 '한마디 말로 평생을 받들 만한 말[有一言而可以身行

之] [衛靈公-24.]'의 言자는 서로 같으며, 명칭은 말[言]이지만 실제로는 덕(德)을 가리킨다.

【蔽】 가리어 막힘.

형병(邢昺) - 蔽는 가리고 막히어 스스로 그 허물(잘못)을 보지 못하는 것을 말한다. [蔽 謂蔽塞不自見其過也]

주희(朱熹) - 蔽는 차엄(遮掩, 막히어 가려짐)이다 [蔽 遮掩也]

【矣乎】 …했다고 할 수 있습니까? …합니까? …입니까? 판단문 끝에 쓰여, 矣는 이미 그러한 것 혹은 장차 그러할 것을 나타내고, 乎는 의문을 나타냄.

주희(朱熹) - 육언(六言)은 모두 아름다운 덕(德)이다. 그러나 한갓 좋아하기만 하고 배움으로써 그 이치를 밝히지 않으면, 각각 가려지는 폐단이 있게 된다. [六言 皆美德 然 徒好之而不學以明其理 則各有所蔽]

【未】 아직 …하지 않다[못하다]. 아직 …이 아니다. 부사. 동작·행위·상황 등이 아직 발생하지 않았음을 나타냄.

【也】 ① …야! 어기조사[호격조사]. 상대를 부를 때 그의 이름 밑에 씀. = 乎. 由也. ② …이다. 어기조사. 진술문의 끝에 쓰여 판단이나 단정 또는 긍정을 나타냄. 未也. ③ …은(는). …이런. …이면. 어기조사. 음절을 조정하고 어기를 고르는 (말을 잠깐 멈추고 다음 내용을 환기시키는) 역할을 함. 其蔽也

【居】 앉다.

【語】 말하다. 일러주다. 가르쳐주다.

【愚】 어리석다. 우직(愚直)하다. 우둔하다. 변통성이 없고 곧기만 하다. 정직하여 융통성이 없다. 고지식하다.

공안국(孔安國) - 仁者가 사물을 사랑하되 조절할 줄을 모르는 것이 곧 愚이다. [仁者愛物 不知所以裁之 則愚]

주희(朱熹) - 愚는 함정에 빠뜨릴 수 있고 속일 수 있는 유(類)와 같은 것이다. [愚 若可陷可罔之類]

【蕩】 교만하고 방자하다. 고원(高遠)함에 치우쳐 절도(節度)가 없어지다. 방탕하여 절제가 없다. 탕일(蕩逸)하다. 도리에 벗어나면서 멋대로 하거나 건방지게 굴다. 독선(獨善). 어지빠르다. 엇되다.

공안국(孔安國) - 蕩은 적절하게 지키는 바가 없는 것이다. [蕩 無所適守]

주희(朱熹) - 蕩은 높은 것을 다하고 넓은 것을 다하여 그치는 곳이 없는 것이다. [蕩 謂窮高極廣而無所止]

【賊】 사람을 다치게 하다. 의(義)를 해치다. 자신을 해치다. 서로 상처를 입히다. 그르치다. 쉽게 남에게 이용당하여 도리어 자신을 해치게 되다. 강상(綱常)을 해치다. [참고] 미생지신(尾生之信) [莊子 盜跖]

공안국(孔安國) - (賊이란) 부자지간이란 서로 잘못을 덮어주는 관계라는 점을 모르는 것이다. [父子不知相爲隱之輩]

주희(朱熹) - 賊은 사물에 상해되는 것이다. [賊 謂傷害於物]

【絞교】 엄격하고 야박하다. 박절(迫切, 인정이 없고 야박하여 쌀쌀함)하다. 급절(急切, 매우 조급함)하다. 갑갑[답답]하다. 융통성이 없이 엄격하다. 편협하다. 날카롭게 남의 잘못을 찔러 마음을 아프게 하다.

황간(皇侃) - 絞는 刺(찌르다)와 같다. 남의 잘못을 찌르기를 잘해서 나의 정직함을 밝히려 하는 것이다. [絞猶刺也 好譏 刺人之非 以成己之直也]

형병(邢昺) - 絞는 절박(切迫)함이다. [絞者 絞切也]

【亂】 포악하고 무도하다. 난폭하다.

【狂】 겁 없이 함부로 행동함. 노여움을 이쪽저쪽으로 옮겨 함부로 사람과 충돌함[다툼]. 뜻만 크고 가벼이 행동하며 서두름. 경솔하고 조급함.

황간(皇侃) - 狂은 사람을 저촉하여 회피함이 없는 것을 말한다. [狂 謂抵觸於人無 廻避者也]

공안국(孔安國) - 狂이란 쓸데없이 다른 사람과 맞닥트려 부딪치는 것이다. [狂 妄抵觸人]

주희(朱熹) - 狂은 조급하고 경솔한 것이다. [狂 躁率也]　　♣20100419月

9. 시詩는 흥興·관觀·군群·원怨할 수 있으니...

子曰 小子何莫學夫詩 詩 可以興 可以觀 可以羣 可以怨 邇之事父
遠之事君 多識鳥獸草木之名

子(조)ㅣ 길ᄋ샤디 小子(쇼조)는 엇디 詩(시)를 學(흑)디 아니ᄒᆞᄂ뇨 詩(시)는 可(가)히
뻐 興(흥)ᄒᆞ며 可(가)히 뻐 觀(관)ᄒᆞ며 可(가)히 뻐 群(군)ᄒᆞ며 可(가)히 뻐 怨(원)ᄒᆞ며
갓가이는 父(부)를 事(ᄉ)홈이며 멀리는 君(군)을 事(ᄉ)홈이오 鳥獸(됴슈)와 草木(초
목)의 일홈을 해 알꺼시니라

선생님께서 말씀하시기를 "너희들은 어찌하여 저 시(詩)를 배우지 아니하ᄂ뇨?
시는 비유(譬喩)하여 감흥(感興)을 일으킬 수 있으며, 물상(物像)과 인간사(人間事)
를 살필 수 있으며, 여럿이 무리 지어 어울릴 수 있으며, 원망(怨望)을 풍자(諷刺)로
풀어 낼 수 있으며, 가까이는 어버이를 섬기게 함이며, 멀리는 임금을 섬기게 함이오,
날·길짐승과 초목(草木)의 이름을 많이 알게 하느니라." 하셨다.

【小子】젊은이(들). 제자(들). 너희들. 스승이 제자를 가리키거나, 아버지가 아들을
　　　　이르는 말. 또는 자기보다 나이 어린 사람을 친근하게 부르는 말.
【何】어찌하여[왜] …한가? 의문대명사. 어떤 일의 이유나 원인에 대해 물음.
【莫】아무(것)도 …한 사람(것)이 없다. 아무도 …하지 않다. 지시대명사.
　何莫 : 어찌하여 아무도 …하지 않는가?
【夫】이(것). 그(것). 저(것). 지시대명사.
【可以】가히[능히] …할 수 있다. …해도 좋다. 조동사. 조건의 허가를 나타냄.
【興】돋우다. 신명나게 하다. 흥취(興趣)나 감흥을 일으키다. 마음의 심정을 펴다.
　　　　연상하다. 사물이나 일 등을 비유하여 감흥을 일으키다. 노래하려는 일과 닮은
　　　　다른 일을 먼저 노래한 다음에 노래하려는 심정을 펴는 것.
　공안국(孔安國) - 興이란 비유를 들어 비슷한 뜻을 연결시키는 것이다. [興 引譬連類]
　황간(皇侃) - 興은 비유를 말한다. [興 謂譬喩也]
　주희(朱熹) - 뜻을 감동하여 펴내는 것이다. [感發志意]
【觀】사물의 이치나 인간사(人間事)를 살피어 앎.

정현(鄭玄) - 풍속의 성쇠를 살피는 것이다. [觀風俗之盛衰]

주희(朱熹) - 득실(得失)을 상고해 보는 것이다. [考見得失]

【羣】= 群. 여럿이 무리를 지어 어울리다. 화합하여 무리를 짓다.

공안국(孔安國) - 羣은 함께 지내면서 학문을 닦는 것이다. [羣 居相切瑳]

주희(朱熹) - 和 하면서도 방탕한 데로 흐르지 않는 것이다. [和而不流]

【怨】애상(哀傷)이나 원망(怨望)을 풍자(諷刺)함으로써 그 한을 풀어냄. 풍자하는
　　방법을 익히다. 원망의 법을 알게 되다.

정현(鄭玄) - 怨은 윗사람의 정치를 풍자함을 말한다. [怨 謂刺上政]

주희(朱熹) - 원망하면서도 성내지는 않는 것이다. [怨而不怒]

【邇之事父 遠之事君】가까이는 어버이를 섬길 수 있게 하며, 멀리는 임금을 섬길
　　수 있게 한다.

之 : = 則. …은(는). …으로 말하자면[말할 것 같으면]. 접속사. 두 가지 또는
　　여러 가지 사실의 대비(대응)관계나 병렬관계를 나타내며 강조의 어감을 가짐.
　　[참고] 連詞(接續詞)로서 응대나 병렬관계를 나타내고 語氣를 강조하는 작용
　　이 있으며, 병렬구 每分句의 장소를 나타내는 狀況語 뒤에 쓰인다. [朴昞大,
　　漢文總論, 일신서적출판사. p.49], 두 가지 또는 여러 가지 사실의 대비관계를 표시하
　　는 접속사. 則과 같다. [류종목, 논어의 문법적 이해, 문학과지성사, 2005. p.563]

주희(朱熹) - 인륜(人倫)의 도(道)가 시(詩)에 갖추어지지 않음이 없으니, 이 두
　　가지는 중한 것을 들어서 말씀한 것이다. [人倫之道 詩無不備 二者 擧重而言]

【(草木)之】…의. 조사. 관형어와 중심어 사이에 쓰여 종속관계를 나타냄.

【識】알다. 알게 하다. 인식하다. 분별하다.　　　　　♣20100420火

147

10. 周南(주남), 召南(소남)을 배우지 아니하면...

子謂伯魚曰 女爲周南召南矣乎 人而不爲周南召南 其猶正牆面而立也與

子(주) l 伯魚(빅어)드려 닐어 골으샤디 네 周南(쥬남)과 召南(쇼남)을 ㅎ연는다 사름이오 周南(쥬남)과 召南(쇼남)을 ㅎ디 아니ㅎ면 그 正(졍)히 墻(쟝)을 面(면)ㅎ야 立(립)홈 곧ᄐᆞ뎌

선생님께서 백어(伯魚)에게 일러 말씀하시기를 "너는 주남(周南)과 소남(召南)을 공부하였느냐? 사람으로 주남과 소남을 공부하지 않으면 어쩌면 바로 앞에 담장을 마주하여 서 있는 것과 같은 것이니라." 하셨다.

【伯魚】 공자의 아들. 이름은 리(鯉). 자가 백어(伯魚). [참고] 先進-7.

【女】 너. = 汝. 이인칭대명사.

【爲】 하다. ⇒ 노력하다. 배우다. 공부하다. 연구하다. 추구하다.

　주희(朱熹) - 爲는 學과 같다. [爲 猶學也]

【周南召南】 시경(詩經) 국풍(國風) 중의 편명. 주공(周公)이 주(周)나라의 시들을 수집한 것으로 그 중에 남쪽 나라 시가 섞여 있어 이를 주남(周南), 소공(召公)이 남쪽 나라에서 모은 시를 소남(召南)이라 함.

　마융(馬融) - 周南과 召南은 국풍의 첫 편인데, 숙녀를 얻어 군자의 배필로 삼음을 즐거워한 것으로, 三綱의 으뜸이 되는 것이며 왕의 가르침에 있어서 단초가 된다. 그러므로 사람이면서 시경을 공부하지 않으면 이는 담벼락을 마주 대하고 서 있는 것과 같다. [周南召南 國風之始 樂得淑女 以配君子 三綱之首 王敎之端 故人而不爲 如向牆而立]

　주희(朱熹) - 주남(周南)과 소남(召南)은 시경(詩經)의 첫머리 편명(篇名)인데, 그 내용이 모두 자기 몸을 수양하고 집안을 다스리는 일이다. [周南 召南 詩首篇名 所言 皆修身齊家之事]

【矣乎】 …했다고 할 수 있습니까? …합니까? …입니까? 판단문 끝에 쓰여, 矣는 이미 그러한 것 혹은 장차 그러할 것을 나타내고, 乎는 의문을 나타냄.

【而】 ① (…이다) 그러나. ⇒ …이면서. …이고서. …으로서. 접속사. 역접관계를 나타냄. [참고] 爲政-22, 八佾-3. 泰伯-10, 子路-22, 憲問-3,7. 人而不爲周南召南. ② …하여서. 그리하여. …하고서. 이에. 접속사. 순접(연관)관계를 나타냄. 正牆面而立.

【其】 아마(도). 어쩌면. 부사. 동작이나 행위 또는 어떤 상황에 대한 추측을 나타냄.

【猶】 같다. …와 같다. 형용사.

【正牆面】 담벼락[벽]을 바로 마주보다.

正 : 정면으로. 바로 앞에. 부사.

面 : 마주보다. 향하다. 마주 대하다. 동사. 牆面은 面牆이 도치된 것임. 부정문이나 의문문에서 대사가 목적어로 쓰이는 경우 이외에는 목적어가 동사 앞으로 도치되면 대개 목적어와 동사 사이에 之, 是 따위를 넣어서 표지를 하지만 그렇지 않은 경우도 있다.

주희(朱熹) - 正牆面而立은 지극히 가까운 곳에 나가서도 한 물건도 보이는 것이 없고 한 걸음도 나갈 수 없음을 말씀한 것이다. [正牆面而立 言卽其至近之地 而一物無所見 一步不可行]

【也與】 …일 것이다. 어기조사. 추측이나 자신의 생각을 완곡하게 표현하는 어기를 나타냄. 일반적으로 '其'와 같이 쓰임. ♣20100420火

11. 옥과 비단만 예禮라 이르랴, 종과 북만 악樂이라 이르랴

子曰 禮云禮云 玉帛云乎哉 樂云樂云 鐘鼓云乎哉

子(자)ㅣ 글으샤딕 禮(례)라 닐으며 禮(례)라 닐으나 玉帛(옥빅)을 닐으랴 樂(악)이라
닐으며 樂(악)이라 닐으나 鐘鼓(종고)를 닐으랴

선생님께서 말씀하시기를 "예(禮)라 예이라 하는데, 옥(玉)과 비단만을 이르겠느
냐? 악(樂)이라 악이라 하는데, 종(鐘)과 북만을 이르겠느냐?" 하셨다.

【云】① 어기조사. 음절을 조정하고 어기를 고르는 역할을 함. 뜻 없이 글머리나
　　구중(句中) 혹은 구말(句末)에 놓임. 道之云遠 曷云能來(길이 너무 머니 어찌 올 수
　　있으리?) [시경(詩經) 패풍(邶風) 웅치(雄稚)] 日云莫矣 寡君須矣 吾子其入也(해가 저물어서
　　우리 임금 기다리고 계시니 우리 그대는 어서 들어가소서!) [좌전(左傳) 성공 12년(成公 十二
　　年)] 禮云, 樂云. ② 이르다. 말하다. …라고 말하다. 남의 말을 인용하여 말할
　　때 사용함. 玉帛云, 鐘鼓云. 강조 효과를 위하여 동사 云과 목적어 玉帛 및
　　鐘鼓를 도치시켰음.
【玉帛云乎哉】옥과 비단만을 말하겠는가[이르겠는가]?
　玉帛 : 옥과 비단. 옥과 비단은 의례(儀禮)의 예물이었음.
　乎哉 : …인가? …이겠는가? 어기조사. 반문의 어기를 나타냄. [참고] 述而-29.
【鐘鼓】종과 북. 악기를 대표함.
주희(朱熹) - 공경을 하고서 玉帛으로 받들면 禮가 되고, 조화를 하고서 鍾鼓로
　　나타내면 樂이 된다. 근본을 빠뜨리고 오로지 그 끝만을 일삼으면 어찌 禮樂이
　　라고 할 수 있겠는가? [敬而將之以玉帛則爲禮 和而發之以鍾鼓則爲樂 遺其本
　　而專事其末 則豈禮樂之謂哉]
효경(孝經) - 풍속을 바꾸는 데는 악(樂)보다 나은 것이 없고 윗사람을 편안하게
　　하고 백성을 다스리는 데는 禮보다 나은 것이 없다. [移風易俗 莫善於樂 安上治
　　民 莫善於禮]
정약용(丁若鏞) - 禮樂은 孝悌忠信을 근본으로 한다. [禮樂 本於孝悌忠信]
[참고] 八佾-3.　　　　　　　　　　　　　　　　　　　　♣20100421水

12. 겉모습은 엄정하나 속내는 유약한 자, 그는 도둑

子曰 色厲而內荏 譬諸小人 其猶穿窬之盜也與

子(ス)ㅣ 글ㅇ샤딕 色(식)이 厲(려)ᄒ고 內(ᄂᆡ)ㅣ 荏(심)홈을 小人(쇼신) 의게 譬(비)컨댄 그 穿窬(천유)ᄒᄂᆞᆫ 盜(도) 곧튼뎌

선생님께서 말씀하시기를 "겉모습은 엄격[엄정]하나 내심은 유약한 자, 그를 소인에 비유한다면, 아마도 벽을 뚫고 담을 넘는 좀도둑이리라." 하셨다.

【色】안색(顔色). 낯빛(얼굴빛). 기색(氣色). ⇒ 외모. 겉모습.

【厲려】엄(嚴)하다. 엄격[엄숙(嚴肅), 준엄(峻嚴)]하다. 위엄이 있다. 엄정하다.

【荏임】부드럽다. ⇒ 유약(柔弱)하다. 나약(懦弱)하다. 담력이 약하다. 겁이 많다.

공안국(孔安國) - 荏은 柔(여리고 약함) 이다. 밖으로는 스스로 긍지와 위엄스러운 체하면서 안으로는 유약하고 아첨하는 것이다. [荏 柔也 爲外自矜厲 而內柔佞]

【諸저】之於[…에(와, 과) 그것을]. 합음사. 之는 지시대명사로 앞의 色厲而內荏을 가리키고, 於는 전치사로 비교의 대상을 나타냄.

【其】아마(도). 어쩌면. 부사. 동작이나 행위 또는 어떤 상황에 대한 추측을 나타냄.

【猶】같다. …와 같다. 형용사.

【穿窬之盜】벽을 뚫고 담을 넘는 도둑.

穿천 : 뚫다. 구멍을 뚫다. 벽을 뚫다.　窬유 : = 踰. 넘다. 담을 넘다.

之 : …하는[한]. …의. 조사. 관형어와 중심어 사이에 쓰여 중심어를 수식하거나 국한하는 관계를 나타냄. 앞의 말에 형용성(形容性)을 띠게 함.

【也與】…일 것이다. 어기조사. 추측이나 자신의 생각을 완곡하게 표현하는 어기를 나타냄. 일반적으로 '其'와 같이 쓰임.

주희(朱熹) - 厲는 위엄이 있는 것이고, 荏은 유약한 것이다. 穿은 벽을 뚫는 것이고 窬는 담을 넘는 것이니, 실상이 없이 이름만 훔쳐 항상 남들이 알까 두려워함을 말씀한 것이다. [厲 威嚴也 荏 柔弱也 穿은 穿壁 窬 踰牆 言其無實盜名 而常畏人知也]

정약용(丁若鏞) - 외모는 仁을 취하면서 행동은 어긋나는 것, 또한 이런 유이다.

[色取仁而行違 亦此類也]　　　　　　　　　♣20100421水

第
十
七
篇

陽
貨

13. 사이비似而非 군자君子는 덕德의 적賊이니

> 子曰 鄕原 德之賊也

子(자) | 굴으샤딕 鄕(향)의 原(원)흔 이는 德(덕)의 賊(적)이니라.

선생님께서 말씀하시기를 "시비(是非)를 가리지 못하는 무골호인(無骨好人)은 덕(德)의 도적(盜賊)이다." 하셨다.

【鄕原】 시비(是非)를 가리지 못하는 무골호인(無骨好人). 매사에 옳고 그름을 분명하게 따지지 않고 시속에 맞추어 두루뭉술하게 삶으로써 온 고을 사람들의 칭송을 받는 사람. 시골 마을에서 근후한 체하며 사는 사이비 군자.

주생렬(周生烈) - 이르는 고을마다 그 곳의 인정을 살펴 그들의 생각에 맞추어 사람을 대하니 이것이 덕을 해치고 어지럽히는 것이다. [所至之鄕 輒原其人情 而爲意以待之 是賊亂德也]

하안(何晏) - 일설에는 '鄕은 向(향하다)이고, 옛 글자도 같다. 이는 사람이 강하거나 굳세지 못하면서 다른 사람을 만나면 언제나 상대의 취향에 근거하여 아첨하여 그들에 영합하려는 것을 말하니, 이것이 덕을 해치는 까닭임을 말한 것이다.' 하였다. [一曰 鄕 向也 古字同 謂人不能剛毅 而見人輒原其趣嚮 容媚而合之 言此所以賊德]

황간(皇侃) - 장빙(張憑)이 '鄕原은 原壤으로 공자의 동향인이므로 鄕原이라 하였다.'라고 하였는데, 그(향원)는 사방으로 떠돌아다니고 법도에 맞게 행동하지 않아 훈도할 수 없었다. 따라서 매번 그의 행적을 억제하는 것이 덕을 넓히는 방도인 것이다. [張憑曰 鄕原原壤也 孔子鄕人 故曰鄕原也 彼遊方之外行 不應規矩 不可以訓 故每抑其迹 所以弘德也]

주희(朱熹) - 鄕은 비속(鄙俗)의 뜻이다. 原은 愿과 같으니, 순자(荀子)에 원각(原慤)이라는 말을 주(註)에서 原을 愿으로 썼으니, 바로 이것이다. 鄕原은 시골 사람 중에 근후한 자이다. 유속(流俗)을 함께 하고 더러움에 영합하여 세상 사람들에게 잘 보이기 때문에 시골 사람들 중에서 홀로 근후하다고 칭송을 받는 것이다.

공자께서는 德과 비슷하나 德이 아니어서 도리어 德을 어지럽히기 때문에, 德의
賊이라고 말씀하여 매우 미워하신 것이다. [鄕者 鄙俗之意 原 與愿同 荀子原慤
註 讀作愿 是也 鄕原 鄕人之愿者也 蓋其同流合汚 以媚於世 故 在鄕人之中
獨以愿稱 夫子以其似德非德而反亂乎德 故 以爲德之賊而深惡之]

맹자(孟子) - 만장(萬章) 이 물었다. "공자께서 말씀하시기를 '내 문 앞을 지나면
서 내 집에 들어오지 않더라도 내 유감으로 여기지 않을 자는 그 오직 향원(鄕
原) 일 것이다. 향원(鄕原) 은 덕(德) 의 적(賊) 이다.' 하셨으니, 어떠하여야 향
원(鄕原) 이라 이를 수 있습니까?" 맹자께서 말씀하였다. "어찌하여 이처럼
말과 뜻이 커서 말은 행실을 돌아보지 않으며, 행실은 말을 돌아보지 않고
말하기를 '「옛 사람이여, 옛 사람이여!」 하며, 행실을 어찌하여 이처럼 외롭고
쓸쓸하게 하는고. 이 세상에 태어났으면 이 세상을 위하여 남들이 선(善) 하다고
하면 가(可) 하다.' 하여서, 엄연(閹然) 히 세상에 아첨하는 자가 이 향원(鄕原)
이다." 만장(萬章) 이 말하였다. "한 지방이 모두 원인(原人) 이라고 이른다면
가는 곳마다 원인(原人) 이 되지 않음이 없거늘, 공자께서 '덕(德) 의 적(賊)'
이라고 하심은 어째서입니까?" 맹자께서 말씀하였다. "비난하려 하여도 들
것이 없으며, 풍자하려 하여도 풍자할 것이 없어서, 유속(流俗) 과 동화하며
더러운 세상에 영합하여, 거(居) 함에 충신(忠信) 과 같으며 행함에 청렴결백
(淸廉潔白) 과 같아서, 여러 사람들이 다 좋아하거든, 스스로 옳다 여기되 요순
(堯舜) 의 도(道) 에 들어갈 수 없으므로 '덕(德) 의 적(賊)' 이라고 하신 것이
다." [(萬章問) 孔子曰 過我門而不入我室 我不憾焉者 其惟鄕原乎 鄕原 德之
賊也 曰 何如 斯可謂之鄕原矣 (孟子)曰 何以是嘐嘐也 言不顧行 行不顧言 則曰
古之人 古之人 行何爲踽踽涼涼 生斯世也 爲斯世也 善斯可矣 閹然媚於世也者
是鄕原也 萬章曰 一鄕 皆稱原人焉 無所往而不爲原人 孔子以爲德之賊 何哉
(孟子)曰 非之無擧也 刺之無刺也 同乎流俗 合乎汚世 居之似忠信 行之似廉潔
衆皆悅之 自以爲是而不可與入堯舜之道 故 曰 德之賊也] [盡心 下]

【之】…의. 조사. 관형어와 중심어 사이에 쓰여 종속관계를 나타냄.

[참고] …을[를]. 목적어를 강조하기 위하여 동사 앞으로 도치시킬 때 그 목적어와
동사 사이에 쓰는 구조조사. 賊德也의 도치. 이때의 賊은 동사로 '해치다' 의
뜻. ☞ 鄕原 德之賊也 : 향원은 덕을 해친다.　♣20100421水

第十七篇 ● 陽貨

14. 예서 듣고 제서 말하면 덕德을 버리는 것이니

> 子曰 道聽而塗說 德之棄也

子(조)ㅣ 굴♀샤듸 道(도)에서 聽(텽)ᄒ고 塗(도)에서 說(셜)ᄒ면 德(덕)을 棄(기)홈이니라.

선생님께서 말씀하시기를 "예 길에서 듣고 저 길에서 말하면 덕을 버리는 것이니라." 하셨다.

【塗】 = 途. 길. 도로. 道 : 길. 도로.

　정약용(丁若鏞) - 道와 塗 두 자를 꼭 짝지어 언급한 것은 여기에서 듣고 저기에다 전하는 것을 밝힌 것이다. [道塗二字 必雙言之者 明聽於此而傳於彼也]

【之】 …을[를]. 목적어를 강조하기 위하여 동사 앞으로 도치시킬 때 그 목적어와 동사 사이에 쓰는 구조조사. 棄德也의 도치.

【棄】 버리다. 내버리다. 포기하다.

　황간(皇侃) - 사인(師人)은 반드시 마땅히 옛일을 돌이켜 새로움을 알고 정밀하게 연구하고 익힌 연후에야 사람을 위해 말을 전할 수 있는 것이다. 만약 길에서 듣고 곧바로 다른 사람을 위하여 말을 전한다면 반드시 잘못됨이 많을 것이다. [師人必當溫故而知新 研精久習 然後乃可爲人傳說耳 若聽之於道路 道路仍即 爲人傳說 必多謬妄]

　주희(朱熹) - 비록 좋은 말을 들었더라도 자기 소유로 하지 아니하면 이는 스스로 그 덕을 버리는 것이다. [雖聞善言 不爲己有 是自棄其德也]

　양백준(楊伯峻) - 길거리에 떠도는 말을 듣고 사방으로 전파하는 것은 마땅히 버려야 할 태도이다.

　정약용(丁若鏞) - 말을 참지 못하고 갑자기 그 말을 듣고는 바로 퍼뜨리는 것을 말한다. 말을 삼가지 못하고 이런 지경에 이르면, 덕에서 가장 낮은 것이니 비루해서 버리게 되는 것이다. [謂不能忍言 俄聞而俄播也 不能愼言 至於如此 於德最賤 所鄙棄也]

[참고] 爲政-15.　　　　　　　　　　　♣20100421水

15. 용렬하고 비루한 자여! 그대 함께 임금을 섬기지 못할 자이니

子曰 鄙夫 可與事君也與哉 其未得之也 患得之 旣得之 患失之 苟患
失之 無所不至矣

子(자) ㅣ 굴ㅇ샤딕 鄙夫(비부)는 可(가)히 더블어 님금을 셤기랴 그 得(득)디 몯ㅎ얀
得(득)홈을 患(환)ㅎ고 이믜 得(득)ㅎ야 失(실)홈을 患(환)ㅎ느니 진실로 失(실)홈을
患(환)ㅎ면 至(지)티 아니홀 빼 업느니라

선생님께서 말씀하시기를 "비부(鄙夫)! 함께 임금을 섬길 수 있겠는가? 그가 그것을
얻지 아니하면 그것을 얻으려고 노심초사(勞心焦思), 이미 그것을 얻었으면 잃을까
노심초사. 만약 잃을까 걱정할진댄 못하는 짓이 없게 되느니라." 하셨다.

【鄙夫】 용렬(庸劣)하고 비루(鄙陋)한 사람. 鄙 : 다랍다. 인색하다.
　주희(朱熹) - 鄙夫는 용렬하고 악하며, 비루하고 졸렬함의 칭호이다. [鄙夫 庸惡陋
　　劣之稱]
【可與事君也與哉】 (그와) 함께 임금을 섬길 수 있겠는가?
　與 : …와[과]. …와 함께. …와 더불어. 전치사. 동작이나 행위에 대한 동반자임을
　　나타냄. 뒤에 鄙夫를 가리키는 之(목적어)가 생략되었음.
　也與哉 : …인가? 어기조사. 감탄과 반문을 겸하는 어기를 나타냄.
【之】 그. 그것. 지시대명사. 일반적인 사실·사물·사람을 가리킴. 여기서는 벼슬이나
　　권력, 명예 등을 가리킴을 유추할 수 있음.
【也】 …은(는). …이란. …이면. 어기조사. 음절을 조정하고 어기를 고르는(말을
　　잠깐 멈추고 다음 내용을 환기시키는) 역할을 함.
　정약용(丁若鏞) - 患得之라는 것은 근심이 얻고자 하는 데에 있는 것이니 (患不得之라
　　한 것보다) 문장의 사리(詞理)가 더욱 살아 있다. 만약 不자를 더하면 말이
　　둔하고 문장이 한 쪽으로 치우치게 될 것이다. [患得之者 患在欲得也 詞理更活
　　若加不字 語鈍而文傾矣] ♣ 왕부(王符)의 잠부론(潛夫論) 등에는 不자가 들어가 있음.
【苟】 (진실로) 만약[가령] …이라면. 접속사. 가정이나 조건을 나타냄. 본래의 뜻인
　　'진실로'의 의미도 내포하고 있음.

【無所不至矣】 두루 미치지 않는 데가 없게 되다. 하지 않는 일이 없다. 손을 안대는 곳이 없다. 못하는 것(짓)이 없게 되다. 나쁜 짓을 하다.

至 : 두루 미치다. 행하다.

矣 : …하게 되다. …일[할] 것이다. …하게 될 것이다. 어기조사. 상황의 변화나 새로운 상황의 출현(어떤 사건이 발전·변화하는 과정이나 그것이 장차 발생하려 함)을 나타냄. 간혹 미래나 어떤 조건 하에서의 결과가 긍정적임을 나타냄.

정현(鄭玄) - 無所不至란 간사하고 아첨하여 하지 못하는 일이 없음을 말한다.

[無所不至者 言其邪媚 無所不爲]　　　　　　　　　♣20100421水

16. 옛날의 세 병폐, 지금은 이것마저 더 심하니…

子曰 古者 民有三疾 今也或是之亡也 古之狂也肆 今之狂也蕩 古之
矜也廉 今之矜也忿戾 古之愚也直 今之愚也詐而已矣

子(주)ㅣ 골으샤티 녜 民(민)이 三疾(삼질)이 잇더니 이제는 或(혹) 이도 업도다 녯 狂(광)
은 肆(스)ᄒ더니 이젯 狂(광)은 蕩(탕)ᄒ고 녯 矜(궁)은 廉(렴)ᄒ더니 이젯 矜(궁)은
忿戾(분려)ᄒ고 녯 愚(우)는 直(딕)ᄒ더니 이젯 愚(우)는 詐(사)홀 ᄯᄅᆞᆷ이로다

선생님께서 말씀하시기를 "옛날에는 사람들에게 세 병폐(病弊)가 있었는데 지금은
아마도 이것마저도 없는 것 같구나. 옛날의 호방(豪放)한 사람은 자잘한 일에 구애받
지 않았으나 지금의 호방한 이는 허랑방탕하고, 옛날의 오만(傲慢)한 사람은 엄격하
나 깨끗하였으나 지금의 오만한 이는 화를 잘 내고 다투기만 하며, 옛날의 어리석은
사람은 솔직하기라도 하였으나 지금의 어리석은 이는 비굴하고 간사하여 속이기만
할 뿐이구나." 하셨다.

【古者】옛날에. 옛날에는. 昔者.

【疾】병폐(病弊).

　주희(朱熹) - 기운(氣運)이 화평(和平)함을 잃으면 병[疾]이 된다. 그러므로 기품
　　(氣稟)이 편벽(偏僻)된 것도 疾이라고 말한다. [氣失其平則爲疾 故氣稟之偏
　　者 亦謂之疾]

【也】① …은(는). …이란. …이면. 어기조사. 음절을 조정하고 어기를 고르는(말을
　　잠깐 멈추고 다음 내용을 환기시키는) 역할을 함. 今也, 狂也, 矜也, 愚也.
　　② …이다. 어기조사. 진술문의 끝에 쓰여 판단이나 단정 또는 긍정을 나타냄.
　　或是之亡也.

【或】혹. 혹시. 아마(도). 대개. 부사. 동작·행위·상황에 대한 추측을 나타냄.

【之】① …을[를]. 구조조사. 목적어를 강조하기 위하여 동사 앞으로 도치시킬
　　때 그 목적어와 동사 사이에 씀. 是之亡. [是는 지시대명사로 앞의 三疾을 가리킴.
　　亡(무)은 無와 같음.] ② …의. 조사. 관형어와 중심어 사이에 쓰여 종속관계를

나타냄. 古之, 今之.

【狂】 호방(豪放)하다. 이상(理想), 포부 등 뜻이 높다(志極高). 뜻이 매우 높으나 행함이 뒤따르지 못하다. 뜻이 매우 높고 원대하며 진취적이나 처사(處事, 일처리)는 데면데면하고 어설픔. 이상이 높고 작은 일에는 거리낌이 없음. 또는 그런 사람. 물불을 가리지 않고 자신의 생각을 추진하는 적극적이고 열광적인 성질을 가진 사람.

　주희(朱熹) - 狂이란 품은 뜻이 너무 높은 것이다. [狂者 志願太高]

【肆사】 자잘함에 구애받지 않음.

　포함(包咸) - 肆는 극단적으로 생각하고 과감하게 말하는 것이다. [肆 極意敢言]

　주희(朱熹) - 肆는 작은 예절에 구애받지 않는 것이다. [肆 謂不拘小節]

　정약용(丁若鏞) - 속으로는 지킴이 있는데 밖으로 방자한 것이다. [中有守而外恣也]

【蕩】 방탕(放蕩)함. 탕일(蕩逸)함.

　공안국(孔安國) - 蕩은 근거가 없는 행동이다. [蕩 無所據]

　주희(朱熹) - 蕩은 큰 한계[법도]를 넘어서는 것이다. [蕩 則踰大閑矣]

　정약용(丁若鏞) - 蕩이란 내면에 주장이 없어 밖으로 행동이 무너지는 것이다.

　　[蕩者 中無主而外壞也]

【矜】 자존심이 매우 강한 사람. 오만(傲慢)한 사람.

　주희(朱熹) - 矜은 자신을 지키기를 너무 엄히 하는 것이다. [矜者 持守太嚴]

　정약용(丁若鏞) - 矜은 마땅히 견(獧, 고지식함)이 되어야 한다. [矜當作獧]

　　♣ 獧 : 마음은 좁으나 스스로 지키는 바는 굳은 것을 말함.

【廉렴】 엄격하고 깨끗함. 모가 나고 엄격함.

　마융(馬融) - 廉은 모가 있음이다. [有廉隅]

　주희(朱熹) - 廉은 모가 있어 엄격함을 이른다. [廉 謂稜角陗厲]

　정약용(丁若鏞) - 廉이란 모가 있어 엄격함이니, 바름을 좇는 것이다. [廉者 稜角陗厲 循於正也]

【忿戾분려】 화를 잘 내고 다투기를 잘함. 분개하여 도리에 벗어난 행동을 함.

　忿 : 성내다.

　戾 : ① 사납다. 흉포(凶暴)하다.　② 어그러지다. 거스르다.

　공안국(孔安國) - 도리를 싫어하고 성냄이 많은 것이다. [惡理多怒]

158

주희(朱熹) - 忿戾는 다툼에 이르는 것이다. [忿戾 則至於爭矣]

정약용(丁若鏞) - 忿戾란 言行이 어그러져서 道理에 위배되는 것이다. [忿戾者 言行乖悖 違於理也]

【愚】 어리석은 사람. 우직(愚直)한 사람.

【直】 곧다. 우직하다. 솔직하다. 강직하다.

주희(朱熹) - 愚는 미련하여 밝지 못한 것이다. [愚者 暗昧不明]

주희(朱熹) - 直은 감정대로 행동하는 것이다. [直 謂徑行自遂]

정약용(丁若鏞) - 깨끗하고 꾸밈이 없으면서 꾀가 없는 것이다. [坦率而無謀也]

【詐사】 비굴하고 간사하다. 속이다.

주희(朱熹) - 詐는 사사로움을 끼고 함부로 행동하는 것이다. [詐 則挾私妄作矣]

정약용(丁若鏞) - 詐란 무지하고 성실하지 못한 것이다. [詐者 佌侗而不愿也]

【而已矣】 …일 뿐이다. …할 따름이다. '而已'는 제한의 어기를 나타내고, '矣'는 궁정의 어기를 나타내는데 이 둘이 연용되어 제한의 어기를 강조함.

♣20100422木

第
十
七
篇

陽
貨

17. 듣고 보기 좋게 꾸민 말과 낯빛에는 인仁이 적으니

子曰 巧言令色 鮮矣仁

없음.

선생님께서 말씀하시기를 "듣기 좋게 교묘히 꾸민 말과 보기 좋게 겉으로 꾸민 낯빛에는 적도다, 인(仁)이!" 하셨다.

【學而篇 3章과 같은 문장이 다시 나왔음.】　　　　　♣20100422木

18. 공자께서 싫어하시는 세 가지

子曰 惡紫之奪朱也 惡鄭聲之亂雅樂也 惡利口之覆邦家者

子(조)ㅣ 골 ♡샤디 紫(조)의 朱(쥬)를 奪(탈)홈을 惡(오)ᄒ며 정성(뎡셩)의 雅樂(아악)을 亂(란)홈을 惡(오)ᄒ며 利口(리구)의 邦家(방가)를 覆(복)ᄒᄂ 者(쟈)를 惡(오)ᄒ노라

선생님께서 말씀하시기를 "간색인 자주색이 정색인 붉은 색을 빼앗음을 싫어하고, 정(鄭)나라 소리가 아악(雅樂)을 어지럽히는 것을 싫어하며, 말재간으로 나라와 집안을 뒤집는 자를 싫어하노라." 하셨다.

【惡오】 미워하다. 싫어하다.

【紫, 朱】 자주색, 붉은 색.

  공안국(孔安國) - 붉은 빛은 바른 색이고 자주색은 중간색 중 아름다운 것이다. 간사하고 아름다운 색으로 바른 색을 빼앗는 것을 싫어한다는 것이다. [朱 正色 紫 間色之好者 惡其邪好而奪正色]

【之】 …은[는]. …이[가]. 구조조사(주격조사). 주술구조 사이에 쓰여 이를 명사구 (절)로 만들어 주는 역할을 함.

【也】 어기조사. 병렬문장에서 몇 가지 사항을 나열할 때 씀.

【鄭聲】 정(鄭)나라의 소리.

  聲 : 소리. 음률(音律). 곡조(曲調). 가락.

  포함(包咸) - 鄭聲은 음탕한 소리 중 애달픈 곡조이니 그것이 아악을 어지럽히는 것을 미워한 것이다. [鄭聲 淫聲之哀者 惡其亂雅樂]

【亂】 어지럽히다. 문란(紊亂)하게 하다.

【雅樂】 소리가 바른 음악. 정통 음악. 정악(正樂). 옛날 궁중에서 의례 등에 정식으로 쓰던 음악.

  황간(皇侃) - 雅樂이란 그 소리가 바른 것이다. [雅樂者 其聲正也]

【利口】 날카로운 말. 민첩하게 잘하는 말. 재빨리 잘 꾸며대는 말. 말재간이 뛰어나고 아첨하는 말.

공안국(孔安國) - 말을 잘하는 사람은 말은 많지만 내실이 적으므로, 당시의 군주를 기쁘게 만들고 아첨하여 나라를 무너뜨릴 수 있다. [利口之人 多言少實 苟能悅媚時君 傾覆國家]

황간(皇侃) - 利口는 말솜씨가 좋고 아첨을 하는 입이다. [利口 辯佞之口也]

【覆復】 전복시키다. ⇒ 기울고 망하게 하다.

【邦家】 ① 제후의 나라와 경대부의 집. ⇒ 나라. ② 나라와 집안.

주희(朱熹) - 朱色은 正色이고, 자주색은 間色이며, 雅는 바름이다. 利口는 말을 민첩하게 잘하는 것이고, 覆은 기울고 망하게 하는 것이다. [朱 正色 紫 間色 雅 正也 利口 捷給 覆 傾敗也]

임희원(林希元) - 朱色은 담백하고 紫色은 요염하다. 자색과 주색을 나란히 진열해 놓으면 자색이 결정적으로 주색을 압도하며, 바른 소리[雅聲]는 정악(正樂)이고 鄭聲은 음란하니, 아성과 정성을 같이 연주하면 정성이 결정적으로 아성을 압도하며, 말재주 부리는 사람은 시비를 바꾸고 어지럽히니, 이는 바로 주색을 빼앗고 아악을 어지럽히는 것과 대비해 말한 것으로써, '나라를 전복시킨다. [覆邦家]'라는 것은 여기에서 한 걸음 미루어 나간 말이다. [朱色淡而紫色艷紫 與朱並陳 決然壓倒朱 雅聲正而鄭聲淫 雅鄭並奏 決然壓倒雅 利口之人 變亂是 非 正與奪朱亂雅對 覆邦家 推出一步說]　　　　♣20100422木

162

19. 내 말하지 않으련다, 하늘이 무슨 말을 하더냐?

子曰 予欲無言 子貢曰 子如不言 則小子何述焉 子曰 天何言哉 四時 行焉 百物生焉 天何言哉

子(ᄌ)ㅣ 굴ᄋ샤ᄃᆡ 내 言(언)이 업고져 ᄒ노라 子貢(ᄌ공)이 굴오ᄃᆡ 子(ᄌ)ㅣ 만일 言(언) 티 아니ᄒ시면 곧 小子(쇼ᄌ)ㅣ 므스거슬 述(슐)ᄒ리잇고 子(ᄌ)ㅣ 굴ᄋ샤ᄃᆡ 天(텬)이 므슴 言(언)을 ᄒ시리오 四時(ᄉ시) 行(ᄒᆡᆼ)ᄒ며 百物(ᄇᆡᆨ믈)이 生(ᄉᆡᆼ)ᄒᄂ니 天(텬)이 므슴 言(언)을 ᄒ시리오

선생님께서 말씀하시기를 "내 말을 하지 않으련다." 하시자, 자공(子貢)이 말씀드리 기를 "선생님께서 말씀하시지 않으시면 저희들이 어떻게 전술(傳述)하겠나이까?" 하니, 선생님께서 말씀하시기를 "하늘이 무슨 말을 하더냐? 네 계절이 변함없이 돌고 온갖 것이 끊임없이 생겨나지만 하늘이 무슨 말을 하더냐?" 하셨다.

【無】 = 不. 아니다. 않다.

주희(朱熹) - 배우는 자들이 대부분 언어로써 성인(聖人)을 관찰하고, 천리(天理)가 유행(流行)하는 실제가 말씀을 기다리지 않아도 드러나는 것을 살피지 못하였다. 그러므로 한갓 그 말씀만을 알고, 말씀하신 이유를 알지 못하기 때문에 공자께서 이것을 말씀하여 깨우쳐 주신 것이다. [學者多以言語觀聖人 而不察其天理流行 之實 有不待言而著者 是以徒得其言 而不得其所以言 故夫子發此以警之]

【子貢】 공자의 제자 단목사(端木賜). 자가 자공(子貢).

【如】 = 若. 만약[만일, 가령] …한다면. 접속사. 가설(가정)이나 조건을 나타냄.

【則小子何述焉】 곧 저희들이 어떻게 그것을 전술(傳述)하겠습니까?

則 : …이면(하면) (곧). 그렇다면 곧. 접속사. 결과나 조건에 대한 상호 원인 등 앞뒤 문장의 전후 상황이 서로 연관됨을 나타냄.

小子 : 저. 저희들. 제자가 스승에 대하여 자기를 낮추어 이르는 말.

何 : 어떻습니까? 어떻게 …합니까? 의문대명사. 상황이나 방식[방법]에 대해 물음. 목적어로 쓰여서 述와 도치됨.

述 : 전(傳)하다. 전술(傳述)하다. 배워서 잇다[전하다].

焉 : …입니까? 어기조사. 의문의 어기를 나타냄. 일반적으로 의문대명사인 何 등과 같이 쓰임.

【天何言哉】 하늘이 무슨 말을 하였던가? 하늘이 무엇을 말하던가?

정약용(丁若鏞) - 하늘은 운행만 있고 말이 없다. [天有行而無言]

何 : 무엇[어느 것이 …한가[인가]? 누구[무엇, 어디]인가? 누구를[무엇을] …한 가? 의문대명사. 주어나 술어, 목적어로 쓰여 사람이나 사물, 장소에 대해 물음. 목적어로 쓰일 때는 일반적으로 도치되어 동사나 전치사 앞에 옴.

哉 : …이겠는가? …인가? …이랴? 어기조사. 반문의 어기를 나타냄.

【四時行焉】 사계절이 (변함없이) 운행(運行)되다.

行 : 가다. 돌다. 운행(運行)하다.

焉 : …은[이란, 이면]. 어기조사. 음절을 조정하고 어기를 고르는 역할을 함.

【百物生焉】 온갖 사물, 곧 만물(萬物)이 (끊임없이) 생육(生育)하다.

百 : 모든. 온갖.

生 : 자라다. 생장(生長)하다. 생육(生育)하다.

주희(朱熹) - 사시(四時)가 운행(運行)되고 온갖 만물이 생장(生長)하는 것은 천리 (天理)가 발현(發現)하여 유행(流行)하는 실제가 아님이 없는데, 말을 기다리 지 않고도 볼 수 있는 것이다. 성인(聖人)의 일동일정(一動一靜)은 오묘한 도(道)와 정밀한 의리(義理)의 발현(發現)이 아님이 없으니, 이 또한 하늘[天] 일 뿐이다. 어찌 말씀을 기다려야 드러나겠는가? 이것도 자공(子貢)에게 보여 주시기를 간절히 하신 것인데, 자공은 끝내 깨닫지 못하였으니, 애석하다. [四時行 百物生 莫非天理發見流行之實 不待言而可見 聖人一動一靜 莫非妙道 精義之發 亦天而已 豈待言而顯哉 此亦開示子貢之切 惜乎라 其終不喩也]

정약용(丁若鏞) - 말로써 백성을 교화하는 것은 말무(末務)이다. 그들을 가르치고 깨우치고자 입술이 닳고 혀가 해지도록 말하여도 백성들은 오히려 따르지 않는다. 묵묵히 몸소 행동하여 그들에게 행하는 일을 보이면 백성이 오히려 보고 느낀 것이 있다. [言語之於化民 末也 教之誨之 勞脣敝舌 而民猶有不從者 默然躬行 見諸行事 而民猶有觀感者]   ♣20100422木

20. 유비의 뵈옴을 병으로써 사양하고 거문고 타며 노래부르신 뜻은

孺悲欲見孔子 孔子辭以疾 將命者出戶 取瑟而歌 使之聞之

孺悲(슈비)ㅣ 孔子(공ㅈ)를 보옵고져 ㅎ거늘 孔子(공ㅈ)ㅣ 疾(질)로써 辭(ㅅ)ㅎ시고 命
(명)을 將(쟝)흔 者(쟈)ㅣ 戶(호)애 出(츌)커늘 瑟(슬)을 取(츄)ㅎ야 歌(가)ㅎ샤 ㅎ여곰
聞(문)케 ㅎ시다

유비(孺悲)가 공자를 뵙고자 하였으나 공자께서는 병으로써 사양(辭讓)하시고,
심부름하는 이가 문을 나서자 거문고를 타고 노래를 부르셔 그가 듣도록 하셨다.

【孺悲】 노나라 사람.
　예기(禮記) - 휼유(恤由)의 상례를 거행할 때에 노(魯)나라 애공(哀公)은 유비(孺
　　　悲)로 하여금 공자에게 士의 상례를 배우게 하였다. 士의 상례가 이 때문에
　　　(다시) 기록에 남았다. [恤由之喪 魯哀公使孺悲之孔子 學士喪禮 士喪禮 於是
　　　乎書] [雜記]
【見현】 (웃어른을) 뵙다. 찾아뵙다. 알현(謁見)하다. 뵈러 오다.
【辭以疾】 병(病)으로써 사양(辭讓)하다. 병을 이유로 사양하다.
　辭 : 사양(辭讓)하다. 사양하고 받지 않다. 사절하다. 거절하다.
　以 : …으로써. …을 가지고[통하여]. 전치사. 도구·수단·방법을 나타냄.
　맹자(孟子) - 가르침에도 또한 많은 방법이 있으니, 내 달갑지 않게 여겨 거절하는
　　　것으로써 가르쳐 깨우친 것, 이 또한 그를 가르치는 것일 뿐이다. [敎亦多術矣
　　　予不屑之敎誨也者 是亦敎誨之而已矣] [告子 下]
【將命者】 명(命)을 전달하는 사람. 손님과 주인 사이를 왔다 갔다 하면서 말을
　　　전하는 심부름을 하는 사람.
　將 : 전하다. 가지고 오다. 전달하다.
　황간(皇侃) - 將命者는 유비가 부린 사람을 일컫는다. [將命者 謂孺悲所使之人也]
　정약용(丁若鏞) - 將命者는 공자의 사람이다. [將命者 孔氏之人也]
　　　소의(少儀)에 의하면 처음 군자를 뵈려는 자는 그 말에 '아무개는 진실로
　　　장명자에게 이름을 들어주기를 원한다.' 라고 하였으니 장명자란 주인의 사람

165

이 아니겠는가? [少儀曰 始見君子者 辭曰 某固願聞名於將命者 將命者 非主人 之人乎]

【取瑟而歌】 거문고 반주에 노래를 하다.

取 : 취하다. 가지다. 손에 들다. ⇒ 가지고 연주하다.

而 : …하여서. 그리하여. 이에. …한 후에 곧. 접속사. 순접(연관) 관계를 나타냄.

【使之聞之】 그로 하여금 그것을 듣도록 하다.

앞의 之 : 그. 그 사람. 인칭대명사. 孺悲를 가리킴.

뒤의 之 : 그. 그것. 지시대명사. 取瑟而歌를 가리킴

정약용(丁若鏞) - 이것은 孺悲로 하여금 듣게 한 것이다. [是使孺悲聞之也]

고린사(顧麟士) - 將命者에 대하여 주소대전존의(註疏大全存疑)에서는 모두 '유비(孺悲)의 측근' 이라 하여 '使之聞이란 장명자에게 이 소리를 듣도록 한 것이다.' 라고 했다. 그러나 몽인(蒙引)과 달설(達說)에서는 모두 '공자 주변인' 이라 하며 '使之聞은 유비에게 들려주는 소리다.' 라고 하였는데 '공자 주변인' 이라는 말이 옳다. [將命者 註疏大全存疑 俱作孺悲邊人 使之聞 使將命者聞之也 然蒙引達說 俱作孔子邊人 使之聞 卽聞於孺悲 孔子邊人是]

하인(何晏) - 孺悲는 魯나라 사람이다. 공지는 만나고 싶지 않았기 때문에 병을 이유로 사절하였는데, 명을 전하는 자가 그만두지 않으므로 일부러 노래를 불러 명을 전하는 자가 깨닫게 하고 이를 통해 孺悲가 이에 대해 생각해보도록 만든 것이다. [孺悲 魯人也 孔子不欲見 故辭之以疾 爲其將命者不已 故歌令將命者悟 所以令孺悲思之] ♣20100422木

21. 재아宰我가 삼년상을 일년상으로 하자 여쭈니

宰我問 三年之喪 期已久矣 君子三年不爲禮 禮必壞 三年不爲樂 樂必崩 舊穀旣沒 新穀旣升 鑽燧改火 期可已矣 子曰 食夫稻 衣夫錦 於女安乎 曰 安 女安 則爲之 夫君子之居喪 食旨不甘 聞樂不樂 居處不安 故不爲也 今女安 則爲之 宰我出 子曰 予之不仁也 子生三年 然後免於父母之懷 夫三年之喪 天下之通喪也 予也有三年之愛於其父母乎

宰我(재아)] 묻주오디 三年(삼년)ㅅ 喪(상)이 期(긔)] 이믜 오라도소이다. 君子(군주)] 三年(삼년)을 禮(례)를 ㅎ디 아니ㅎ면 禮(례)] 반드시 壞(회)ㅎ고 三年(삼년)을 樂(악)을 ㅎ디 아니ㅎ면 樂(악)이 반드시 崩(붕)ㅎ리니 舊穀(구곡)이 이믜 沒(몰)ㅎ고 新穀(신곡)이 이믜 升(승)ㅎ며 燧(슈)를 鑽(찬)ㅎ야 火(화)를 改(긔)ㅎ느니 期(긔)만ㅎ고 可(가)히 已(이)ㅎ암즉 ㅎ도소이다. 子(주)] 골ㅇ샤디 稻(도)를 食(식)ㅎ며 錦(금)을 衣(의)홈이 네게 安(안)ㅎ냐 골오디 安(안)ㅎ이다 네 安(안)커든 ㅎ라 君子(군주)의 喪(상)애 居(거)홈애 旨(지)를 食(식)ㅎ야도 甘(감)티 아니ㅎ며 樂(악)을 聞(문)ㅎ야도 樂(락)디 아니ㅎ며 居處(거체)ㅎ욤애 安(안)티 아니ㅎ는 故(고)로 ㅎ디 아니ㅎ느니 이제 네 安(안)ㅎ거든 ㅎ라 宰我(재아)] 出(츌)커늘 子(주)] 골ㅇ샤디 予(여)의 不仁(블신)홈이여 子(주)] 生(싱)ㅎ 三年(삼년)인 然後(연후)에 父母(부모)의 懷(회)예 免(면)ㅎ느니 三年(삼년)ㅅ 喪(상)은 天下(텬하)앳 通(통)ㅎ 喪(상)이니 予(여)] 三年(삼년)ㅅ 愛(이)를 그 父母(부모)에 둔느냐

재아(宰我)가 여쭙기를 "삼년상(三年喪)은 기간이 너무 깁니다. 군자(君子)가 삼 년 동안 예(禮)를 행하지 아니하면 예는 반드시 무너지며, 삼 년 동안 음악을 하지 않으면 음악은 반드시 어지러워지나이다. 묵은 곡식은 이미 바닥나고 햇곡식이 이미 올라왔으며 부싯돌로 불도 바꾸었으니, 일 년만 하고 그치면 좋겠나이다." 하니, 선생님께서 말씀하시기를 "그 쌀밥을 먹고 그 비단옷을 입음이 너에게는 편안하더냐?" 하시어서, 말씀드리기를 "편안하더이다." 하자, "네가 편안하다면 그리하라! 대저 군자는 상(喪)을 입으면 맛난 것을 먹어도 달지 않고 음악을 들어도 즐겁지 않으며 집에 있어도 편안하지 않기 때문에 그렇게 하지 않느니라. 이제 너는 편안하다면 그리 하라!" 하셨다. 재아가 나가자, 선생님께서 말씀하시기를 "여(予)는 인(仁)하지 않구나! 자식이 태어나서 삼년이 지난 후에야 부모의 품에서 떠나게 되니, 대저 삼년

상은 천하의 통례(通禮)인데 여는 그 부모께 삼년 사랑을 받았겠는가?” 하셨다.

【宰我】 공자의 제자 재여(宰予). 자는 자아(子我). [참고] 公治長-10.

【三年之喪】 삼년상. 부모가 돌아가시면 무덤 옆에 초막(草幕)을 짓고 그곳에서
　　　상복을 입고 삼 년 동안 기거하며 은공을 기리는 상례(喪禮).

【之】 ① …하는[한]. …의. 조사. 관형어와 중심어 사이에 쓰여 중심어를 수식하거나
　　　국한하는 관계를 나타냄. 앞의 말에 형용성(形容性)을 띠게 함. 三年之喪,
　　　三年之愛. ② …의. 조사. 관형어와 중심어 사이에 쓰여 종속관계를 나타냄.
　　　父母之懷. ③ 그. 그것. 지시대명사. 爲之[之는 期可已矣를 가리킴]. ④ …은[는].
　　　…이[가]. 구조조사(주격조사). 주술구조 사이에 쓰여 이를 명사구(절)로 만들
　　　어 주는 역할을 함. 夫君子之居喪, 予之不仁也.

【期已久矣】 기간이 너무 오래되다. 기간이 너무 길다.

　期 : 기간(期間). 기한(期限). 기일(期日).

　已 : 너무. 매우. 지나치게. 대단히. 부사. 성질이나 상태가 어떤 정도를 초과함을
　　　나타냄.

　矣 : …일 것이다. …이다. 어기조사. 진술문의 끝에 쓰여 긍정의 어기를 나타냄.
　　　[참고] 주희(朱熹) - 期는 일주년이다. [期 周年也] ☞ 삼년상(三年喪)은 기년(期年)만(1
　　　년만) 하더라도 너무 오래다고 할 것입니다. [丁若鏞]

【爲】 하다. 행하다. 실천하다. 동사.

【必】 반드시. 꼭. 참으로. 과연. 동작·행위·성질·상태 등에 대한 결연한 의지나
　　　확신을 나타냄.

【壞괴】 무너지다. 쇠망하다.

　황간(皇侃) - 壞는 점차로 무너짐을 말한다. [壞是漸敗之名]

【崩】 무너지다. 손상되다. 망가지다.

　황간(皇侃) - 崩은 떨어져 잃음을 칭한다. [崩是墜失之稱也]

【旣】 이미. …한 후. 부사. 동작·행위·상황 등이 이미 발생했거나 존재함을 나타냄.

【沒】 다하다. 다 없어지다. 다 떨어지다.

　주희(朱熹) - 沒은 다 없어지는 것이다. [沒 盡也]

【升승】 ① (곡식 등이) 익다. 여물다. 성숙하다. 五穀不升爲大饑(오곡이 익지 않은 것이

큰 흉년이다.) [春秋 穀梁傳 襄公24年] ② 오르다. 나오다. 등장하다. ③ 밥상 위에 올라오다.

황간(皇侃) - 햇곡식이 이미 익었다. [新穀已熟]

형병(邢昺) - 햇곡식이 이미 성숙되었다. [新穀已成]

주희(朱熹) - 升은 오르는 것이다. [升 登也]

【鑽燧改火】 부싯돌로 불을 바꾸다. 찬수(鑽燧)로 불씨를 새로 얻다. 철이 바뀔 때마다 나무를 바꾸어 불씨를 얻는 일. 후대에는 한식(寒食) 2일 뒤에 한 번만 바꾸었다.

鑽燧찬수 : 비벼서 불씨를 얻는 나무. 또는 이것으로 불씨를 얻음.

　鑽 : 부싯돌. 불을 일으키는 돌. 찬목(鑽木, 부싯돌 역할을 하는 나무).

　燧 : 불을 일으키는 나무. 부싯돌로 불을 피울 때 쓰는 나무.

改火 : 불을 바꾸다. 불씨를 새로 얻다. 옛날에는 불을 한번 지피면 이를 꺼뜨리지 않고, 숯불과 같은 상태로 보존하면서 계속 사용하였는데 한식이 지나면 새로 시작하는 의미에서 궁궐이든 사가의 가정이든 각기 불씨를 완전히 꺼버린 후 새 불씨를 지피는 행사가 있었고, 한식에 불을 피우지 않고 찬 음식을 먹는 풍습이 유래함.

마융(馬融) - 주서(周書) 월령(月令)에는 불을 바꾸는 것과 관련된 다음 문장이 있다. '봄에는 느릅나무와 버드나무의 불을 취하고, 여름에는 대추나무와 살구나무의 불을 취하며, 늦여름에는 뽕나무와 산뽕나무의 불을 취하며, 가을에는 떡갈나무(자작나무)와 졸참나무의 불을 취하고, 겨울에는 느티나무와 박달나무의 불을 취한다.' 일 년 중 나무를 비벼 불씨를 얻는데 각각 다른 나무를 쓰므로 불을 일으키는 나무를 바꾼다고 말한 것이다. [周書月令 有更火之文. 春取楡柳之火 夏取棗杏之火 季夏取桑柘之火 秋取柞楢之火 冬取槐檀之火 一年之中 鑽火各異木 故曰改火也]

정약용(丁若鏞) - (주례周禮의) 계춘(季春)에 출화(出火)한다는 것은 곧 1년에 한 차례의 개화(改火)를 한다는 것이다. [只季春出火 則一年一改火矣]

【期可已矣】 일 년이면 그칠 만하다. 일주기가 되면 그만둘 수 있다. 1년으로 끝내는 것이 좋다.

期 : ＝ 朞. 주기(週期). 1주년. 1주기. 1년. 한 바퀴 돌아서 다시 돌아온 때.

可 : 옳다. 좋다. 괜찮다. 가(能)하다.

已 : = 止. 그치다. 끝나다. 멎다. 그만두다. 중지하다. 말다. 동사.

矣 : …이다. 어기조사. 단정 또는 필연의 결과를 나타냄.

주희(朱熹) - 已는 그치는 것이다. 1주년이 되면 하늘의 운행이 한 바퀴를 돌고, 시물(時物)이 모두 바뀌니, 상(喪)도 1년이 되면 그칠 수 있음을 말한 것이다. [已 止也 言期年則天運一周 時物皆變 喪至此可止也]

[참고] 1년이면 가하다. 1년이면 좋다. [已矣 : …이다. 이미 발생하였거나 어떤 새로운 상황이 발생할 가능성이 있음을 나타냄.]

【夫】 ① 이(것). 그(것). 저(것). 지시대명사. 食夫稻 衣夫錦. ② 도대체. 대체. 대체로. 무릇. 어기조사(발어사). 문장의 첫머리에 쓰여 이야기를 이끌어 내기 위하여 듣는 이의 주의를 환기시키는 역할을 함. 夫君子之居喪, 夫三年之喪.

【稻도】 벼. ⇒ 쌀밥.

【於】 ① …에게. 전치사. 동작이나 행위에 관련되는 대상을 나타냄. 於女安乎, 於其 父母乎. ② …에서. 전치사. 동작이나 행위가 일어나는 장소(범위)를 나타냄. 於父母之懷.

【女】 너. = 汝. 이인칭대명사.

【安】 편안(便安)하다. 마음이 편안하다. 마음이 안정되다.

【乎】 ① …인가? …한가? 어기조사. 문장 끝에 쓰여 의문(질문)을 나타내며 시비(是 非)판단의 어기를 도움. 於女安乎. ② …인가? …이겠는가? 어기조사. 의문문 의 끝에 쓰여 반문의 어기를 나타냄. 일반적으로 대명사 何, 孰이나 접속사 況, 혹은 부사 庸, 寧, 豈, 不, 非 등과 호응함. 於其父母乎.

주희(朱熹) - 禮에 '부모의 상(喪)에는 빈소(殯所)하고 나서 죽을 먹고 거친 최복 (衰服)을 입으며, 장사지내고 나서 거친 밥을 먹고 물을 마시고 조금 가는 베옷을 입으며, 1년이 지나 소상(小祥)이 되어야 비로소 나물과 과일을 먹고 연포(練布)로 만든 관(冠)을 쓰고 붉은 색으로 선을 두른 옷을 입으며, 수질(首 絰)과 요질(要絰)을 풀지 않는다.' 하였으니, 쌀밥을 먹고 비단 옷을 입는 이치 는 없는 것이다. 공자께서는 재아(宰我)로 하여금 자기 마음에 돌이켜 찾아서 차마 하지 못하는 마음을 스스로 터득하게 하고자 하셨으므로 이것을 물으신 것인데, 재아(宰我)가 살피지 못하였다. [禮 父母之喪 旣殯 食粥麤衰 旣葬

疏食水飮 受以成布 期而小祥 始食菜果 練冠縓緣 要絰不除 無食稻衣錦之理
夫子欲宰我反求諸心 自得其所以不忍者 故問之以此 而宰我不察也]

【則】 …이면(하면) (곧). 그렇다면 곧. 접속사. 결과나 조건에 대한 상호 원인 등
앞뒤 문장의 전후 상황이 서로 연관됨을 나타냄.

【居】 ① 처하여 있다. 일정한 처지에 놓이다. …(하는) 중에 있다. 居喪[상(喪)에
있다. 상중(喪中)에 있다.]. ② 살다. (집에서) 지내다. 거처(居處)하다. 거주
(居住)하다. 일상생활을 하다. 居處不安.

【旨】 맛있는 음식.

【故】 그러므로. 따라서. 그래서. 접속사. 원인에 따른 결과를 나타냄.

【也】 ① …이다. 어기조사. 진술문의 끝에 쓰여 판단이나 단정 또는 긍정을 나타냄.
故不爲也, 天下之通喪也. ② …이여! …이구나! …이도다! …로구나! 어기조사.
감탄문 끝에 쓰여 비통·찬송·감탄·놀람 등의 어기를 나타냄. 予之不仁也.

【子】 자식. 아들과 딸의 통칭.

【然後】 …한 후에야[뒤에야, 다음에야]. 비로소. 접속사. 뒷일의 발생이 앞일을
전제로 함을 나타냄.

【免】 떠나다. 벗어나다.

【懷】 품. 품안. 가슴.

공안국(孔安國) - 자식은 부모님에게 보답해야할 은혜가 하늘처럼 넓고 끝이 없는
데, 재여도 (부모님에게) 삼 년 동안의 사랑을 받았을 것이라는 말이다. [言子之
於父母 欲報之恩 昊天罔極 而予也有三年之愛乎]　　　♣20100424土

22. 하루 내내 배불리 먹고 마음을 쓰는 바가 없으니

子曰 飽食終日 無所用心 難矣哉 不有博奕者乎 爲之猶賢乎已

子(주)ㅣ 굴ㅇ샤딕 飽(포)히 食(식)ᄒ고 日(실)을 終(죵)ᄒ야 ᄆ음을 쁠 빼 업스면 難(난)
ᄒ 디라 博奕(박혁)ᄒ리 잇디 아니ᄒ냐 ᄒ욤이 오히려 已(이)홈도곤 賢(현)ᄒ니라

선생님께서 말씀하시기를 "하루 내내 배불리 먹고 마음을 쓰는 바가 없다면 어렵겠
구나! 장기와 바둑이라는 것이 있지 않은가? 그것이라도 하는 것이 오히려 하지
않는 것보다 나으니라." 하셨다.

【難矣哉】 어렵도다! ⇒ 학문과 덕에 어떤 성취가 있기는 어렵도다! 절망을 표시한
　　　말.　難 : 어렵다. 곤란하다.
　矣哉 : …이구나[이도다]! 관용형식으로 감탄(感歎)·한탄(恨歎)의 어기를 나타냄.
【博奕박혁】 쌍륙(雙六)[우리의 장기와 비슷한 놀이]과 바둑.
　형병(邢昺) - 博이란 說文에 簙자로 쓰여 있으니 국희(局戲, 판 놀이, 장기) 따위를
　　　말하는 것이요, 바둑(圍碁)는 奕이라 말한다. [博說文作簙局戲也 圍碁謂之奕]
　주희(朱熹) - 博은 국희(局戲, 장기)요, 奕은 바둑이다. [博 局戲也 奕 圍棊也]
【乎】 ① …인가? …이겠는가? 어기조사. 의문문의 끝에 쓰여 반문의 어기를 나타냄.
　　　不有博奕者乎. ② = 於. …보다. 전치사. 사람 혹은 사물의 성질이나 상태와
　　　함께 비교하는 대상을 나타냄. 爲之猶賢乎已.
【猶】 오히려. 반대로. 그래도. 그렇지만. 부사. 전환을 나타내어 앞뒤 문장의 의미가
　　　상반되는 느낌을 자아냄.
【賢】 현명하다. ⇒ 더 낫다. 더 좋다.
　황간(皇侃) - 賢은 勝(낫다)과 같다. [賢 猶勝也] [邢昺]
【已】 움직이지 않다(不動作). 활동하지 않다. 동사.
　주희(朱熹) - 已는 그만두는 것이다. [已 止也]
　이욱(李郁) - 聖人이 사람들에게 장기와 바둑을 하라고 가르치신 것이 아니요, 마음
　　　을 쓰는 것이 없으면 안 된다는 것을 깊이 말씀하셨을 뿐이다. [聖人非教人博奕
　　　也 所以甚言無所用心之不可]　　　　　　　　　　　　　　　♣20100424土

23. 군자君子는 의義를 최상最上으로 삼으니...

> 子路曰 君子尙勇乎 子曰 君子義以爲上 君子有勇而無義爲亂 小人
> 有勇而無義爲盜

子路(자로) ㅣ 골오디 君子(군자) ㅣ 勇(용)을 尙(샹)ᄒᆞᄂᆞ니잇가 子(자) ㅣ 골ᄋᆞ샤디 君子
(군자) ㅣ 義(의)로써 上(샹)을 삼ᄂᆞ니 君子(군자) ㅣ 勇(용)이 잇고 義(의) 업스면 亂(란)을
ᄒᆞ고 小人(쇼신)이 勇(용)이 잇고 義(의) 업스면 盜(도)를 ᄒᆞᄂᆞ니라

자로(子路)가 말씀드리기를 "군자(君子)는 용(勇)을 숭상하나이까?" 선생님께서
말씀하시기를 "군자는 의(義)를 제일 위로 삼으니, 군자가 용(勇)이 있고 의(義)가
없으면 (세상을) 어지럽게 하는 자가 되고, 소인(小人)이 용(勇)이 있고 의(義)가
없으면 도둑이 되느니라." 하셨다.

【子路】 공자의 제자 중유(仲由). 자가 자로(子路). [참고] 爲政-17.

【尙】 숭상하다. 높이 여기다. 귀히 여기다.

　주희(朱熹) - 尙은 그것을 가장 위로 하는 것이다. [尙 上之也]

　정약용(丁若鏞) - 尙이란 以爲上(가장 위로 삼다)이고, 以爲上이 바로 尙이다.
　　　[尙 以爲上也 以爲尙者 尙也]

【乎】 …인가? …한가? 어기조사. 의문(질문)을 나타내며 시비판단의 어기를 도움.

【義以爲上】 의(義)를 가장 위로 삼다. 강조의 효과를 위하여 목적어 의를 앞으로
　　　도치시켰음. = 以義爲上

　以 … 爲 ~ : …으로써 ~을 삼다[여기다]. …을 ~으로 삼다[여기다]. …을 ~(이)라고
　　　여기다[간주하다, 생각하다]. …이(가) ~하다고 여기다[간주하다, 생각하다].
　　　以는 전치사. 爲는 동사.

　上 : 으뜸. 최상(最上). 최고의 등급.

【而】 그런데. 그러나. 그렇지만. 오히려. 접속사. 역접관계를 나타냄.

【亂】 난[반란]을 일으키다. 세상을 어지럽게 하다. 또는 그런 사람.

♣20100424土

24. 군자君子도 미워하는 것이 있나니...

子貢曰 君子亦有惡乎 子曰 有惡 惡稱人之惡者 惡居下流而訕上者
惡勇而無禮者 惡果敢而窒者 曰 賜也亦有惡乎 惡徼以爲知者 惡不
孫以爲勇者 惡訐以爲直者

子貢(ᄌ공)이 글오딕 君子(군ᄌ)] ᄯ호 惡(오)홈이 인ᄂᄂ니잇가 子(ᄌ)] 글ᄋ샤딕 惡
(오)홈이 인ᄂ니 人(신)의 惡(악)을 稱(칭)ᄒᄂᄂ 者(쟈)를 惡(오)ᄒ며 下流(하류)에 居
(거)ᄒ야 上(샹)을 訕(산)ᄒᄂᄂ 者(쟈)를 惡(오)ᄒ며 勇(용)ᄒ고 禮(례) 업순 者(쟈)를
惡(오)ᄒ며 果敢(과감)ᄒ고 窒(딜)ᄒ 者(쟈)를 惡(오)ᄒᄂ니라 글ᄋ샤딕 賜(ᄉ)] ᄯ호
惡(오)홈이 인ᄂ냐 徼(요)홈ᄋ로ᄡ 知(디)를 삼ᄂᄂ 者(쟈)를 惡(오)ᄒ며 不孫(블손)ᄋ로ᄡ
勇(용)을 삼ᄂᄂ 者(쟈)를 惡(오)ᄒ며 訐(알)로ᄡ 直(딕)을 삼ᄂᄂ 者(쟈)를 惡(오)ᄒ노이다

자공(子貢)이 말씀드리기를 "군자(君子) 또한 싫어하는 것이 있나이까?" 선생님께
서 말씀하시기를 "싫어하는 것이 있느니라. 다른 사람의 나쁜 점을 떠들어대는 자를
싫어하며, 밑에 있으면서 윗사람을 헐뜯는 자를 싫어하며, 용감하면서 예가 없는
자를 싫어하며, 과감하나 꽉 막힌 자를 싫어하느니라." 하셨다. (자공이) 말씀드리기
를 "저 사(賜)도 또한 싫어하는 것이 있나이다. 훔친 것[표절한 것]을 지혜롭다 여기는
자를 싫어하며, 공손치 않은 것을 용기라고 생각하는 자를 싫어하며, 파헤치는 것을
솔직함으로 여기는 자를 싫어하나이다." 하였다.

【子貢】 공자의 제자 단목사(端木賜). 자가 자공(子貢).

【惡오】 싫어하다. 미워하다.

【乎】 ① …인가? …한가? 어기조사. 문장 끝에 쓰여 의문(질문)을 나타내며 시비(是
　　非) 판단의 어기를 도움. 君子亦有惡乎. ② …이다. …하리라! …일 것이다!
　　어기조사. 단정이나 강조의 어기를 나타냄. 賜也亦有惡乎.

【稱人之惡者】 다른 사람의 나쁜 점을 떠들어 대는 사람.

　稱 : 말하다. 진술하다. 서술하다.

　之 : …의. 조사. 관형어와 중심어 사이에 쓰여 종속관계를 나타냄.

　惡악 : 악한 것. 나쁜 점. 약점.

【者】 …한[하는, 이라 하는] 사람[일, 때, 곳, 것]. 특수지시대명사. 동사·형용사 혹은 각종 구와 결합하여 그 말의 수식을 받아 명사구를 이루며, 사람이나 사물을 나타냄.

【居】 자리에 앉다[있다]. 벼슬자리[관직]에 앉다[있다]. 어떤 직위[지위]에 있다.

【下流】 아래 계층. 밑의 계층.

　양백준(楊伯峻) - 혜동(惠棟)의 고경고의(九經古義)와 풍등부(馮登府)의 논어이문고증(論語異文考證)에 의하면, 만당(晩唐) 이전의 판본(板本)에는 이 '流'자가 없다는 것이 증명되었다. 문장의 뜻을 보아도 이 流자가 반드시 있어야 되는 것은 아니다. 그러나 소식(蘇軾)이 상한태위서(上韓太尉書)에서 이 문장을 인용할 때 이미 流자가 있었던 것으로 보아 북송(北宋) 때 이미 잘못 들어간 것으로 보인다.

【而】 그러나. 그렇지만. 오히려. 접속사. 역접관계를 나타냄.

【訕산】 윗사람을 비방하다. 헐뜯다.

　공안국(孔安國) - 訕은 헐뜯고 비방하는 것이다. [訕 謗毁] [朱熹]

【窒질】 막히다. 꽉 막히다. 융통성이 없다.

　마융(馬融) - 窒은 가로막는 것이다. [窒 窒塞也]

　주희(朱熹) - 窒은 통하지 않는 것이다. [窒 不通也]

　주희(朱熹) - 남의 악함을 말하면 인후(仁厚)한 뜻이 없고, 아랫사람이 윗사람을 비방하면 충경(忠敬)하는 마음이 없으며, 용(勇)만 있고 예(禮)가 없으면 난(亂)을 일으키고, 과감하기만 하고 융통성이 없으면 함부로 행동한다. 그러므로 공자께서 미워하신 것이다. [稱人惡則無仁厚之意 下訕上則無忠敬之心 勇無禮則爲亂 果而窒則妄作 故夫子惡之]

【賜也亦有惡乎】 사(賜), 저 또한 싫어하는 것이 있습니다.

　也 : …은(는). …이란. 어기조사. 음절을 조정하고 어기를 고르는(말을 잠깐 멈추고 다음 내용을 환기시키는) 역할을 함.

　형병(邢昺) - 賜也亦有惡乎은 자공의 말로 '저 사도 또한 증오하는 바가 있다.'는 것이다. [賜也亦有惡乎者 子貢言 賜也亦有所憎惡也] [皇侃]

[참고] 賜也亦有惡乎를 공자의 말로 보는 경우, 乎는 어기조사로 의문을 나타냄.

　☞ 사(賜)야! 너 또한 미워하는 것이 있느냐?

第十七篇 陽貨

주희(朱熹) - 惡徼 이하의 문장이 자공(子貢)의 말이다. [惡徼以下 子貢之言也]

타자이 준(太宰純) - 만약 형병의 설과 같다면 본문에 마땅히 乎자를 넣어서는 안 된다. [如邢說 則本文不當下乎字]

【徼요】 훔치다. ⇒ 표절(剽竊)하다.

공안국(孔安國) - 徼는 베끼는 것이니, 다른 사람의 생각을 그대로 가져다가 자기 것으로 여기는 것이다.[徼 抄也 抄人之意 以爲己有]

주희(朱熹) - 徼는 사찰(伺察, 엿보아 살핌)이다. [徼 伺察也]

【以爲】 …으로 여기다. …으로 삼다. …으로 생각하다. 以 다음에 목적어가 생략됨. [참고] 以 … 爲 ~.

【訐알】 (남의 결점, 비밀 등을) 들추어내다. 폭로하다. 파헤치다.

포함(包咸) - 訐은 타인의 감추어진 사적인 부분을 공격하여 드러내는 것을 말한다. [訐 謂攻發人之陰私] [朱熹]   ♣20100425日

25. 오로지 여자女子와 소인小人은 다루기 어렵나니

子曰 唯女子與小人爲難養也 近之則不孫 遠之則怨

子(즈)ㅣ 굴으샤티 오직 女子(녀즈)와 다못 小人(쇼신)이 養(양)홈이 어려오니 갓가이 ᄒ면 孫(손)티 아니ᄒ고 멀리 ᄒ면 怨(원)ᄒᄂ니라

선생님께서 말씀하시기를 "오로지 여자(女子)와 소인(小人)만은 다루기 어렵나니 가까이 하면 곧 불손(不遜)하고 멀리하면 곧 원망(怨望)하느니라." 하셨다.

【唯】 단지. 다만. 오직. 오로지. 부사. 범위의 제한이나 한정(어떤 범위에 국한됨)을 나타냄.

【女子】 ① 여자. ② 집안의 첩실(妾室) 또는 시녀(侍女).

　[참고] 제나라 무희(舞姬). 제나라에서 공자와 노나라 정공(定公)의 사이를 이간질하여 공자를 노나라에서 내쫓기 위해 무녀(舞女) 80명을 보냈다. 공자가 극구 반대했음에도 불구하고 노나라의 실권자 계환자(季桓子)가 찬성하여 이를 받아들였다. [참고] 微子-4.

【與】 …와[과]. 접속사. 병렬관계를 나타냄.

【小人】 ① 소인. ② 집안의 노비(종복) 또는 내시(內侍).

　주희(朱熹) - 여기의 小人은 또한 마부와 노예 등의 下人을 말한다. [此小人 亦謂僕隸下人也]

【爲】 …이다. 동사. 是의 용법과 같음. 일반적으로 뒤에 명사나 대명사가 옴. 뒤에 형용사나 명사로 전용된 형용사가 오는 경우 '…함이다, …한 것이다, …하다' 라는 뜻의 술어를 이루며 대개 '가장 …하다' 라는 어감을 내포함.

【難】 어렵다. 곤란하다.

【養】 ① 다루다. 다스리다. 대하다. 상대하다. ② 기르다. 부양(扶養)하다.

　정약용(丁若鏞) - 養은 畜(기르다) 이다. [養 畜也]

【也】 …이다. 어기조사. 진술문의 끝에 쓰여 판단이나 단정 또는 긍정을 나타냄.

【則】 …이면(하면) (곧). 그렇다면 곧. 접속사. 결과나 조건에 대한 상호 원인 등 앞뒤 문장의 전후 상황이 서로 연관됨을 나타냄.

【孫】 = 遜. 몸을 낮추다. 겸손(謙遜)하다. 공손(恭遜)하다. ♣20100425日

第十七篇 陽貨

26. 나이 마흔인데도 악함을 보인다면 그 인생도 끝이니

子曰 年四十而見惡焉 其終也已

子(자) | 글으샤티 年(년)이 四十(사십)이오 惡(오)홈을 보면 그 무출 뜨름이니라

선생님께서 말씀하시기를 "나이가 마흔인데도 미움을 받는다면 그의 일생은 끝이니라." 하셨다.

【年】 나이. 연령. 연세(年歲).

【而】 그런데. 그러나. 그렇지만. 오히려. …하더라도[하지만]. 접속사. 역접관계를 나타냄.

【見惡견오】 그러나 미움을 받다. 그런데도 싫어함을 당하다.

見 : 받다. 당하다. 피동을 나타냄.

惡오 : 미워하다. 증오하다. 싫어하다.

[참고] 見현 : 나타내다. 드러내 보이다. 惡악 : 악함. 나쁜 점. ☞ 악함(나쁜 것)을 보인다(드러낸다)면. ※ 선량한 사람이라도 나쁜 사람에게는 미움을 받을 수 있음.

【焉】 …은[이란, 이면]. 어기조사. 음절을 조정하고 어기를 고르는 역할을 함.

【其終也已】 그는 일생이 끝나버렸다. 그 일생은 끝이다.

其 : 그. 그것. 지시대명사. 앞의 年四十而見吾焉을 가리킴.

終 : 종신(終身). 일생(一生). 평생(平生). 인생(人生).

也 : …은(는). …이란. …이면. 어기조사. 음절을 조정하고 어기를 고르는(말을 잠깐 멈추고 다음 내용을 환기시키는) 역할을 함.

已 : = 止. 그치다. 끝나다. 멎다. 그만두다. 중지하다. 말다. 동사.

양백준(楊伯峻) - 已는 동사로 '末之也已'[陽貨-5]와 '斯害也已'[爲政-16]의 已자와 서로 같으며 문장의 구성방식도 '斯害也已'와 일치한다. '其終也'와 '斯害也'는 주어이고 '已'는 동사로 서술어이다. 만약 '其終也' 다음에 한 번 쉬어서 읽으면 문장의 뜻이 더욱 분명해진다.

[참고] 終 : 끝. 마지막. 也已 : …이다. 어기조사. 긍정(단정)적인 어기를 나타냄.

감탄의 어기도 내포됨. ☞ *그는 끝이로구나!*

정현(鄭玄) - 나이가 불혹에 있으면서 남에게 미움을 받는다면 끝내 선행(善行)이 없을 것이다. [年在不惑 而爲人所惡 終無善行也]

주희(朱熹) - 40세는 덕이 성숙되는 때인데, 남에게 미움을 받는다면 여기에서 그칠(끝날) 뿐이다. [四十 成德之時 見惡於人 則止於此而已]

♣20100425日

피동구문

[조동사를 사용하는 경우]   被[見, 爲] + 동사
…을 당하다. …을 받다. …이[가] 되다.

厚者被戮 薄者見疑 [韓非子 說難]
사정이 중한 이는 죽임을 당하고 경미한 이는 의심을 받는다.

見惡焉 (미움을 받다.) [陽貨-26]

靈公少侈 民不附 故爲弒易 [史記 晉世家]
영공은 젊어서 사치하여 백성들이 복종하지 않아 시해되어 교체되었다.

[전치사를 사용하는 경우]   동사 + 於[于, 乎]
~에게 …을 받다[당하다].

通者常制人 窮者常制於[于]人 [荀子 榮辱]
영달한 이는 항상 남을 제압하고 곤궁한 이는 늘 남에게 제압당한다.

不順乎親 不信乎朋友矣 [中庸]
어버이에게 사랑받지 못하면 친구에게도 믿음을 받지 못한다

爲 A 所 B / 見 B 於[于] A
A 에게[에 의해] B 를 당하다[받다].

如姬父爲人所殺 [史記 魏公子列傳]
여희의 아버지는 사람들에 의해 죽임을 당했다[살해되었다].

昔者 彌子瑕見愛于衛君 [史記 韓非列傳]
옛날에 미자하는 위나라 임금(靈公)에게 총애를 받았다.

第十八篇

微子 미자

言中倫 身中清 行中慮

말은 인륜에 맞고 몸은 맑음에 맞으며 행실은 사려(思慮)에 맞았으니 [微子-8]

1. 殷(은)의 세 仁者(인자)는 微子(미자), 箕子(기자), 比干(비간)

微子去之 箕子爲之奴 比干諫而死 孔子曰 殷有三仁焉

微子(미즈)는 去(거)ᄒ고 箕子(긔즈)는 奴(노)ㅣ 되고 比干(비간)은 諫(간)ᄒ야 죽으니라 孔子(공즈)ㅣ 굴ᄋ샤ᄃ 殷(은)에 三仁(삼신)이 인ᄂ니라

미자(微子)는 떠나고 기자(箕子)는 노예(奴隸)가 되고 비간(比干)은 간(諫)하다 죽었다. 공자께서 말씀하시기를 "은(殷)나라에는 세 인자(仁者)가 있었느니라." 하셨다.

【微子】 은(殷)나라 마지막 임금인 주왕(紂王)의 서형(庶兄). 이름은 계(啓). 제을(帝乙) 임금의 장남이나 그 어머니가 첩이었을 때 낳았었고 그 뒤 본처가 되어 주왕을 낳아 주왕이 왕위를 계승하였음. 동생인 주왕이 포악무도하여 여러 번 간언(諫言)을 하였으나 듣지 않자, 종묘의 제기(祭器)를 가지고 은나라를 떠났다. 은나라가 망한 뒤에 주(周)나라 무왕(武王)에 의하여 송(宋)나라 제후로 봉하여져 은나라 선왕의 제사를 모실 수 있게 되었다 함.

【去之】 그를(또는 그 곳을) 떠났다. 그에게서(그 곳에서) 떠나버렸다.

　去 : 가다. 떠나가다. 떠나버리다. 옮아가다.

　之 : 그. 그 것. 지시대명사. 주왕(紂王) 또는 은(殷)나라를 가리킴.

【箕子】 은나라 주왕의 숙부. 이름은 서여(胥餘). 주왕의 포악무도함을 여러 번 간하다가 받아들여지지 않자, 사람들은 기자에게 상(商)[은(殷)]을 떠날 것을 권했다. 하지만 기자는 신하된 도리로 임금이 간언(諫言)을 듣지 않는다고 떠나는 것은 임금의 악행(惡行)을 부추기는 것이니 따를 수 없다고 거절하고 머리를 풀어 미친 척을 하며 남의 노비가 되려 하였으나 주왕(紂王)은 그를 사로잡아서 유폐(幽閉) 시켰음.

【爲之奴】 그의 노예가 되다. 그곳의 죄수로서 노역(奴役)을 하게 되다.

　爲 : 되다.　奴 : ① 종. 노예.　② 죄수.

【比干】 이름은 비(比)이고, 간(干)이라는 나라에 봉(封)해져 비간(比干)이라고 불린다. 상(商)의 28대 태정제(太丁帝)의 둘째 아들로서 주왕(紂王)의 숙부(叔父)임. 사람됨이 곧고 강직하여 주왕(紂王)의 폭정(暴政)을 바로잡기 위해

간언(諫言)하자, 주왕이 '성인의 심장에는 구멍이 일곱 개가 있다고 하더라.' 라고 하면서 그의 심장을 도려내어, 잔인하게 살해함.

【諫而死】 간언(諫言)을 하다 죽다. 간언을 드렸지만 오히려 죽임을 당했다.

諫 : 간언(諫言)을 하다. 바로 잡도록 옳은 말[직언(直言)]을 하다. 바른 말로 충고하다.

而 : 그러나. 그렇지만. 오히려. 접속사. 접속사. 전환을 나타내어 앞뒤 문장의 의미가 상반되는 역접관계를 나타냄.

주희(朱熹) - 微, 箕는 각 두 나라의 이름이고 子는 작위(爵位)이다. 微子는 주왕(紂王)의 서형(庶兄)이고, 箕子와 比干은 주왕(紂王)의 제부(諸父)[숙부(叔父)] 이다. 미자는 주왕이 무도(無道)한 것을 보고 떠나가서 종사(宗祀)를 보존하였으며, 기자와 비간은 모두 간(諫)하니 주왕(紂王)이 비간(比干)을 죽이고 기자(箕子)를 가두어 종을 삼았다. 기자(箕子)는 인하여 거짓 미친 체하고 욕을 받았다. [微箕 二國名 子 爵也 微子 紂庶兄 箕子 比干 紂諸父 微子 見紂無道 去之以存宗祀 箕子 比干 皆諫 紂殺比干 囚箕子以爲奴 箕子因佯狂而受辱]

【仁】 = 仁人. 인(仁)한 사람. 어진 사람. 인(仁)을 행(行)하는 사람. 인덕(人德)을 갖춘[이룬] 사람.

【焉】 …이다. 어기조사. 진술문 끝에 쓰여 종결·판단·긍정의 어기를 나타냄.

하안(何晏) - 仁이란 타인을 사랑하는 것인데, 세 사람의 행함이 다른데도 동일하게 仁하다 칭송되는 것은, 그들이 모두 국가의 혼란을 걱정하고 백성을 편안하게 하고자 함이 있었기 때문이다. [仁者 愛人 三人行異而同稱仁 以其俱在憂亂寧民]

♣20100426月

2. 유하혜柳下惠는 사사士師가 되어서 세 번 쫓겨나니

柳下惠爲士師 三黜 人曰 子未可以去乎 曰 直道而事人 焉往而不三
黜 枉道而事人 何必去父母之邦

柳下惠(류하혜)ㅣ 士師(ᄉᆞᄉᆞ)ㅣ 되여서 세 번 黜(튤)ᄒᆞ여늘 사ᄅᆞ미 굴오ᄃᆡ 子(ᄌᆞ)ㅣ 可
(가)히 뼈 去(거)티 몯ᄒᆞ랴 굴오ᄃᆡ 道(도)를 곧게 ᄒᆞ야 사ᄅᆞᆷ을 셤기면 어듸 가 세 번
黜(튤)티 아니ᄒᆞ며 道(도)를 굽혀 사ᄅᆞᆷ을 셤기면 엇디 반ᄃᆞ시 父母(부모)의 邦(방)을
去(거)ᄒᆞ리오

유하혜(柳下惠)가 사사(士師)가 되어서 세 번이나 쫓겨나자, 사람들이 말하기를
"그대는 떠날 수 없는 것이오?"하자, 말하기를 "도(道)를 곧고 바르게 하여 사람을
섬기면 어디에 가더라도 세 번은 쫓겨나지 않겠는가? 도(道)를 굽혀서 사람을 섬긴다
면 어찌하여 꼭 부모의 나라를 떠날 필요가 있겠는가?"하였다.

【柳下惠】노나라 현자(賢者). 성은 전(展). 이름은 획(獲). 자는 금(禽). 柳下는
　　　그의 식읍(食邑) 이름이며 惠는 시호(諡號)임.
【士師】법과 형벌을 집행하는 관직 이름. 옥관(獄官). 전옥관(典獄官).
　공안국(孔安國) - 士師는 감옥을 관장하는 관리이다. [士師 典獄之官]
【黜출】물러나다. 내몰다. 쫓다. ⇒ 쫓겨나다. 면직[파면]시키다. (피동형)
　주희(朱熹) - 黜은 내치는 것이다. [黜 退也]
【未】= 不. …이 아니다. …하지 않다. 부사. 동작·행위·성질·상태 등에 대한 부정을
　　　나타냄.
【可以】가히[능히] …할 수 있다. …해도 좋다. 조동사. 조건의 허가를 나타냄.
【乎】…인가? …한가? 어기조사. 문장 끝에 쓰여 의문(질문)을 나타내며 시비(是
　　　非)판단의 어기를 도움.
【直道】도(道)를 곧고 바르게 하다. 사람이 지켜야할 도리(道理)를 곧고 바르게
　　　가져가다. ⇒ 법을 원칙대로 지키다. ⇔ 枉道.
【枉道】정도(正道)를 굽혀 남에게 아첨함.
　枉 : 굽다. 굽히다. 사곡(邪曲)하다. 부정직하다.

第十八篇 ● 微子

【事人】 사람을 섬기다. 남을 섬기다.

　事 : 섬기다(侍奉). 모시다.

【焉】 어찌. 어떻게. 어디. 부사. 반문의 어기를 강조하며 동사나 조동사 앞에 옴.

공안국(孔安國) - 올바른 도리로 사람을 섬기면 가는 나라마다 모두 당연히 다시
　　여러 차례 쫓겨나게 된다. [苟直道以事人 所至之國 俱當復三黜]

【而】 ① …하여서. 그리하여. 이에. 접속사. 순접(연관)관계를 나타냄. 直道而事人,
　　枉道而事人. ② 그러나. 그렇지만. …하더라도. 접속사. 역접관계를 나타
　　냄. 焉往而不三黜.

【何必】 …할 필요가 있(겠)는가? 어찌하여 반드시 …하겠는가[하려는 것인가]?
　　관용형식으로서 강한 반문의 어기를 나타냄.

　何 : 무엇. 왜. 어찌하여. 무슨. 의문대명사. 어떤 일의 이유나 원인에 대한 물음을
　　나타내며 술어·전치사의 목적어·관형어·부사어 등으로 쓰임.

　必 : 반드시. 꼭. 참으로. 과연. 동작·행위·성질·상태 등에 대한 결연한 의지나
　　확신을 나타냄.

【之】 …의. 조사. 관형어와 중심어 사이에 쓰여 종속관계를 나타냄.

주희(朱熹) - 유하혜(柳下惠)가 세 번 내침을 당하여도 떠나지 않고 그의 사기(辭氣,
　말의 억양)가 옹용(雍容, 온화하고 여유로움)함이 이와 같았으니, 화(和)하다
　고 이를 만하다. 그러나 그 도(道)를 굽힐 수 없는 뜻은 확고하여 빼앗을 수
　없으니, 이것이 이른바 '반드시 정도(正道)로써 하여 스스로 그 바름을 잃지
　않았다.'는 것이다. [柳下惠三黜不去 而其辭氣雍容如此 可謂和矣 然其不能枉
　道之意 則有確乎不可拔者 是則所謂必以其道 而不自失焉者也]

♣20100426月

3. 제경공齊景公이, 내 늙어서 등용登用할 수 없다 하니

齊景公待孔子曰 若季氏則吾不能 以季孟之間待之 曰 吾老矣 不能
用也 孔子行

齊景公(제경공)이 孔子(공ᄌᆞ)를 待(ᄃᆡ)ᄒᆞ욤을 굴오ᄃᆡ 만일 季氏(계시)ㄴ 則(즉) 내 能
(ᄂᆞᆼ)티 몯ᄒᆞ려니와 季孟(계ᄆᆡᆼ)ㅅ ᄉᆞᄉᆞ이로ᄡᅥ 待(ᄃᆡ)호리라 ᄒᆞ고 굴오ᄃᆡ 내 늙은 디라 能(ᄂᆞᆼ)
히 ᄡᅳ디 몯ᄒᆞ리로다 ᄒᆞᆫ대 孔子(공ᄌᆞ) ㅣ 行(ᄒᆡᆼ)ᄒᆞ시다

제경공(齊景公)이 공자(孔子)를 대우(待遇)함에 대하여 말씀하시길 "제손씨(季孫
氏)와 같이 하라면 곧 내 할 수 없으나 제손씨와 맹손씨(孟孫氏)의 중간으로 그를
대우하리오." (또 나중에) 말하기를 "내 늙어서 등용(登用)할 수 없노라." 하시니,
공자께서는 떠나셨다.

【齊景公】 제(齊)나라 임금 경공(景公). 성이 강(姜), 이름은 저구(杵臼)로 58년간
    (B.C 547 ~ 490, 공자 5세 ~ 62세) 재위(在位)하였음.
【待】 대접(待接)하다. 대우(待遇)하다. 예우(禮遇)하다.
  정약용(丁若鏞) - 待는 희뢰(餼牢, 녹봉)로써 예우함을 일컫는다. [待謂以餼牢遇
    接之]
【若】 같다. 동등하다. ⇒ 같게 하다. 동등하게 하다. 동사.
  [참고] 만일 …한다면[이라면]. …으로 말하면. 접속사. 가설을 나타냄. ☞ 若季氏則
    吾不能 : 만일 계씨 (정도)라면, 곧 내가 할 수 없다.
【則】 …이면(하면) (곧). 그렇다면 곧. 접속사. 결과나 조건에 대한 상호 원인 등
    앞뒤 문장의 전후 상황이 서로 연관됨을 나타냄.
【以】 …으로. …으로서. 전치사. 신분·자격·지위 등을 나타냄.
【之】 ① …의. 조사. 관형어와 중심어 사이에 쓰여 종속관계를 나타냄. 季孟之間
    ② 그. 그분. 인칭대명사. 待之. [之는 앞의 孔子를 가리킴. 이로써 제경공이
    공자에게 직접 한 말이 아님을 알 수 있음.]
주희(朱熹) - 이 말은 반드시 공자를 대면하여 한 말이 아니요, 스스로 그 신하에게
    말한 것인데, 공자께서 들으신 것이다. [此言 必非面語孔子 蓋自以告其臣 而孔

子聞之爾]

【間】 사이. 중간(中間).

공안국(孔安國) - 노(魯)나라 삼경(三卿) 중 季氏는 上卿으로 가장 귀하였지만 孟氏는 下卿이어서 권세를 부릴 수 없는 처지였다. 그런데 두 사람의 중간 정도로 공자를 대우하겠다고 말한 것이다. [魯三卿 季氏爲上卿 最貴 孟氏爲下卿 不用事 言待之以二者之間]

【矣】 …하게 되다. …일[할] 것이다. …하게 될 것이다. 어기조사. 상황의 변화나 새로운 상황의 출현(어떤 사건이 발전·변화하는 과정이나 그것이 장차 발생하려 함)을 나타냄. 간혹 미래나 어떤 조건 하에서의 결과가 긍정적임을 나타냄.

【用】 쓰다. 등용(登用)하다. 기용(起用)하다.

【也】 …이다. 어기조사. 진술문의 끝에 쓰여 판단이나 단정 또는 긍정을 나타냄.

【行】 가다. 떠나다. 떠나가다(去也).

하안(何晏) - 성인의 도는 이루기 어렵다고 생각하여 자신이 늙어 (공자를) 등용할 수가 없다고 말한 것이다. [以聖道難成 故云吾老不能用] ♣20100427火

4. 제나라 가무단에 삼일 동안 정사를 돌보지 않으니

齊人歸女樂 季桓子受之 三日不朝 孔子行

齊(제)ㅅ 사름이 女樂(녀악)을 歸(귀)ᄒ야늘 季桓子(계환ᄌ)ㅣ 받고 三日(삼일)을 朝(됴)티 아니ᄒᆫ대 孔子(공ᄌ)ㅣ 行(ᄒᆡᆼ)ᄒ시다

제(齊)나라 사람이 여자 가무단을 보내옴에 계환자(季桓子)가 이를 받고 삼일 동안 정사를 돌보지 않으니 공자께서 떠나셨다.

【齊人】 제나라 사람.

【歸】 선물하다. 보내다. 음식물 따위의 물건을 보내다. 饋(케)와 통함.

【女樂】 여자 악인(樂人). 노래도 부르고 춤도 추는 무희. 여자 가무단.

【季桓子】 노(魯)나라 대부. 노나라 정공(定公)에서 애공(哀公) 때까지 총리에 해당하는 상경(上卿)의 직에 있으면서 실권을 장악하였음. 이름은 사(斯). 시호가 환(桓). 계강자(季康子)의 아버지.

【之】 그. 그것. 지시대명사. 앞의 女樂를 가리킴.

【朝】 조정(朝廷)의 조회(朝會). 조회를 열다. 곧, 정사를 처리하다.

윤돈(尹焞) - 여악(女樂)을 받고 정사(政事)에 태만한 것이 이와 같았으니, 어진 이를 소홀히 하고 禮를 버려 족히 더불어 (큰일을) 할 수 없음을 알 수 있다. 공자께서 이 때문에 떠나신 것이니, 이른바 기미(幾微)를 보고 일어나서[떠나서] 종일을 기다리지 않았다는 것이다. [受女樂 而怠於政事如此 其簡賢棄禮 不足與有爲 可知矣 夫子所以行也 所謂見幾而作 不俟終日者與]

공자세가(孔子世家) - 정공(定公) 14년(B.C. 496), 공자 나이 56세일 때 대사구(大司寇)로서 재상(宰相)의 일을 대행하게 되었는데 당시 삼환씨의 세력을 견제하면서 국가의 질서를 바로 세웠다. 장수들은 값을 속이지 않고 길가에 물건이 떨어져 있어도 주워가지 않는 등 국권이 바로 서게 되었다. 이에 이웃나라 제나라는 노나라가 강성해져 침략하지나 않을까 두려워하여 아름다운 여인 80명으로 가무단을 구성하여 화려하게 꾸민 말 120필과 함께 노나라 임금께 보냈다. 계환자가 임금께 이를 받아드리도록 권하여 군신이 같이 즐기며 3일

동안 조회를 열지 않고 정사도 돌보지 않았다. 이에 공자는 벼슬을 버리고
노나라를 떠나 천하를 유세하게 되었다. (요약)　♣20100427火

5. 초광접여楚狂接輿가 '아서라, 아서!'라 하니

> 楚狂接輿歌而過孔子曰 鳳兮鳳兮 何德之衰 往者不可諫 來者猶可追
> 已而 已而 今之從政者殆而 孔子下 欲與之言 趨而辟之 不得與之言

楚(초)앳 狂(광)인 接興(접여)ㅣ 歌(가) 호고 孔子(공즈)를 過(과) 호야 글오딕 鳳(봉)이여 鳳(봉)이여 엇디 德(덕)이 衰(쇠)호뇨 往(왕)혼 者(쟈)는 可(가)히 諫(간)티 몯호려니와 來(릭)호는 者(쟈)는 오히려 可(가)히 追(튜)홀 띠니 마롤 띠어다 마롤 띠어다 이젯 政(정)을 從(죵)호는 者(쟈)ㅣ 殆(틱)호니라 孔子(공즈)ㅣ ᄂᆞ리샤 더블어 말호고져 호더시니 趨(추)호야 辟(피)호니 시러곰 더블어 말호디 몯호시다

초(楚)나라 광인(狂人) 접여(接興)가 노래하며 공자를 지나치면서 말하기를 "봉새여~! 봉새여~! 어찌하여 덕(德)을 쇠(衰)하였는가? 가버린 일이야 돌이킬 수 없다지만 오는 일은 오히려 좇을 수 있나니. 아서라, 아서! 지금 정치하는 자 위태롭나니!" 하자, 공자께서 내리시어 그와 함께 말하고자 하였으나 빨리 걸어 피한지라 그와 함께 말할 수 없었다.

【楚狂接興】 초(楚)나라 미치광이 접여(接興).

狂 : 미치광이. 뜻[이상(理想)]이 높은 사람. 호방(豪放)한 사람.

接興 : 수레에 접근하다. 수레에 접근하는 사람. 고사(故事)로 사람 이름이 됨.
　　[참고] 八佾-24.

형병(邢昺) - 接興는 초(楚)나라 사람으로 성은 육(陸). 이름은 통(通). 자가 접여(接興)이다. 초나라 소공(昭公) 때 정령(政令)이 무상(無常)하여 머리를 풀어 헤치고 미친 척하여 벼슬을 하지 않았으니, 그 당시 사람들이 그를 楚狂(초나라의 미치광이)이라 하였다. [接興楚人 姓陸名通字接興也 昭王時 政令無常 乃被髮佯狂不仕 時人謂之楚狂也]

조지승(曹之升) 사서척여설(四書撫餘說) - 논어에 기록된 은자(隱者)는 모두 그 일로써 이름을 불렀다. 문을 지키는 이를 신문(晨門)으로, 지팡이를 짚고 있는 사람을 장인(丈人)으로, 나루터의 사람을 저(沮)·닉(溺)이라 했으며, 공자의 수레와 만났기 때문에 접여(接興)라고 했을 뿐 이름도 자(字)도 아니다. [論語

所記隱士 皆以其事名之 門者謂之晨門 杖者謂之丈人 津者謂之沮溺 接孔子之
輿者謂之接輿 非名亦非字也] [楊伯峻, 論語譯注]

【而】① …하면서. 그리하여. 접속사. 순접(연관) 관계를 나타냄. 歌而過, 趨而辟之.
② …하라[하자]! 어기조사. 명령문 끝에서 충고의 어기를 나타냄. 已而. ③
…이구나[한가]! 어기조사. 감탄문의 어기를 나타냄. 殆而.

【鳳】 봉새. 성왕(聖王)의 시대에 나타난다는 전설적인 새. 수컷이 봉(鳳), 암컷은
황(凰). 공자를 비유함. [참고] 子罕-8.

【兮】 이어라! 이도다! 이여! 어기조사. 찬양이나 감탄의 어기를 나타냄.

【何德之衰】 어찌하여 덕을 쇠약하게 하였는가?

何 : 어찌하여[왜] …한가? 의문대명사. 어떤 일의 이유나 원인에 대해 물음.

之 : …을[를]. 구조조사. 목적어를 강조하기 위하여 동사 앞으로 도치시킬 때
그 목적어와 동사 사이에 씀. 衰德이 도치됨.

衰 : 쇠약하다. 노쇠하다. 쇠락하다.

주희(朱熹) - 鳳은 道가 있으면 나타나고 道가 없으면 숨는다. 접여(接輿)는 봉황으
로써 공자에 비유하고 그 숨지 못함은 德이 쇠했기 때문이라고 기롱한 것이다.
[鳳 有道則見 無道則隱 接輿以比孔子 而譏其不能隱 爲德衰也]

【諫】 바로잡다(匡正). 잘못을 옳게 고치다. 잘못된 것을 돌이키다.

【猶】 오히려. 반대로. 그래도. 그렇지만. 부사. 전환을 나타내어 앞뒤 문장의 의미가
상반되는 느낌을 자아냄.

【追】 좇다. 따르다. ⇒ 은둔(隱遁)의 길을 좇다. ⇒ 숨다. 은둔하다.

주희(朱熹) - 오는 것은 따를 수 있다는 것은 지금이라도 오히려 숨을 수 있음을
말한 것이다. [來者可追 言及今尚可隱去]

【已而】 그만둘지라! 그만두어라! 그리하지 말리라! 아서라!

已 : = 止. 그치다. 끝나다. 멎다. 그만두다. 중지하다. 말다. 동사.

【從政者】 정치하는 사람. 정치에 종사[참여]하는 사람. [참고] 雍也-6. 述而-13.
堯曰-2.

【殆태】 위태롭다. 위태로워지다.

【與】 …와[과]. …와 함께. …와 더불어. 전치사. 동작이나 행위에 대한 동반자임을
나타냄.

【趨而辟之】빨리 걸어서 그를 피하다.

趨추 : 빨리 걷다. 성큼성큼 걷다. 종종걸음으로 걷다. 잰걸음으로 걷다.

而 : 접속사. 순접관계를 나타냄.

辟피 : = 避. 피하다. 회피하다.

之 : 그. 인칭대명사. 孔子를 가리킴.

【得】…할 수 있다. = 能. 조동사. 동작이나 행위에 대한 가능성을 나타냄.

♣20100428水

6. 장저長沮와 걸닉桀溺에게 나루터를 물었는데...

長沮桀溺 耦而耕 孔子過之 使子路問津焉 長沮曰 夫執輿者爲誰 子
路曰 爲孔丘 曰 是魯孔丘與 曰 是也 曰 是知津矣 問於桀溺 桀溺曰
子爲誰 曰 爲仲由 曰 是魯孔子之徒與 對曰 然 曰 滔滔者天下皆是
也 而誰以易之 且而與其從辟人之士也 豈若從辟世之士哉 耰而不
輟 子路行以告 夫子憮然曰 鳥獸不可與同羣 吾非斯人之徒與而誰
與 天下有道 丘不與易也

長沮(댱져)과 桀溺(걸릭)이 耦(우)호야 耕(경)호거늘 孔子(공ᄌ)ㅣ 過(과)호실 시 子路
(ᄌ로)로 호여곰 津(진)을 무ᄅ라 호신대 長沮(댱져)ㅣ ᄀᆞᆯ오디 輿(여)에 執(집)혼 者(쟈)
ㅣ 누고 子路(ᄌ로)ㅣ ᄀᆞᆯ오디 孔丘(공구)ㅣ시니라 ᄀᆞᆯ오디 이 魯(로)ㅅ 孔丘(공구)가 ᄀᆞᆯ오
디 이시니라 ᄀᆞᆯ오디 이 津(진)을 아ᄂᆞ니라 桀溺(걸릭)의게 물은대 桀溺(걸릭)이 ᄀᆞᆯ오디
子(ᄌ)ㅣ 누고 ᄀᆞᆯ오디 仲由(듕유)ㅣ로라 ᄀᆞᆯ오디 이 魯(로)ㅅ 孔丘(공구)의 徒(도)가 對
(디)호야 ᄀᆞᆯ오디 그러호다 ᄀᆞᆯ오디 滔滔(도도)혼 者(쟈)ㅣ 天下(텬하)ㅣ 다 이니 눌로 더블
어 易(역)호리오 또 네 그 사름 辟(피)호ᄂᆞᆫ 士(ᄉ)를 조촘오로 더블어론 엇디 世(셰)ㅣ
辟(피)호ᄂᆞᆫ 士(ᄉ)를 조촘 ᄀᆞ트리오 호고 耰(우)호고 그치디 아니호더라 子路(ᄌ로)ㅣ
行(ᄒᆡᆼ)호야 ᄡᅥ 告(고)혼대 夫子(부ᄌ)ㅣ 憮然(부션)호야 ᄀᆞᆯ ᄋᆞ샤디 鳥獸(됴슈)ᄂᆞᆫ 可(가)
히 더블어 同群(동군)티 몯홀 꺼시니 내 이 사름의 徒(도)를 與(여)티 아니호고 누를
與(여)호리오 天下(텬하)ㅣ 道(도)ㅣ 이시면 丘(구)ㅣ 더블어 易(역)디 아니홀 이니라

장저(長沮)와 걸닉(桀溺)이 나란히 밭을 갈고 있을 때 공자께서 그곳을 지나시다가
자로(子路)에게 나루터를 묻도록 하였다. 장저가 말하기를 "저 고삐를 잡고 있는 이는
뉘시오?" 하니, 자로가 말하기를 "공구(孔丘)이십니다." 하자 말하기를 "그렇다면 노나
라의 공구란 말이오?" 하여서 말하기를 "맞습니다." 하였더니 말하기를 "그렇다면
나루터를 알 것 아니오." 하였다. 걸닉에게 묻자 걸닉이 말하기를 "그대는 뉘시오?"
하니 말하기를 "중유(仲由)이나이다." 하자 말하기를 "바로 노나라 공자의 문도(門徒)
이오?" 하여서 말하기를 "그렇소이다." 하였더니 말하기를 "도도(滔滔)하게 흘러가는
거센 물줄기처럼 천하가 다 이러하니, 무엇으로 그 흐름을 바꾸겠는가? 또 그대가
사람을 피하는 인사(人士)를 따르는 것이 어찌 세상을 피하는 인사를 따르는 것만

하겠는가?" 하고 곰방메질을 멈추지 아니하였다. 자로가 가서 고하자 저희 선생님께서는 무연(憮然)하시어 말씀하시기를 "조수(鳥獸)와는 같은 무리로 함께할 수 없으니, 내 이 사람들의 무리와 함께하지 않고 누구와 함께 하겠는가? (다만) 천하에 도(道)가 있다면 내 그것을 바꾸는 일에 간여(干與)하지 않았을 것이니라." 하셨다.

【長沮桀溺】 초(楚)나라의 두 은자(隱者)의 이름. [참고] 八佾-24.

【耦而耕】 두 사람이 나란히 서서 밭을 갈다. 옛날 중국에서는 소 한 마리에 두 사람이 나란히 서서 쟁기를 들고 밭을 갈았다고 함.

　耦 : 짝. 두 사람이 나란히 서서 밭을 갈다.

　而 : …하여서. 그리하여. 이에. 접속사. 순접(연관)관계를 나타냄.

【使】 …하게 하다. 부리다. 시키다.

【子路】 공자의 제자 중유(仲由). 자가 자로(子路). [참고] 爲政-17.

【津】 나루(渡口). 나루터.

【焉】 그들에게. 於之. 합음사(合音詞). 於는 전치사로 동작이나 행위에 관련되는 대상을 나타내며, 之는 지시대명사로 長沮桀溺을 가리킴.

【夫】 이 (사람). 그 (사람). 저 (사람). 인칭대명사.

【執輿者】 수레에서 고삐를 잡고 있는 사람.

　주희(朱熹) - 執輿는 고삐를 잡고 수레에 있는 것이다. [執輿 執轡在車也]

【爲】 …이다. 동사. 是의 용법과 같음. 爲誰, 爲孔丘, 爲仲由.

【是】 ① 그래서. 그렇다면. 곧. 바로. 접속사. 연관관계를 나타냄. 是魯孔丘與, 是魯孔子之徒與 ② 옳다. 맞다. 그렇다. 형용사. 是也, 滔滔者天下皆是也.

【與】 ① …인가? = 歟. 어기조사. 단독으로 쓰여 가벼운 의문(질문)의 어기를 나타냄. 是魯孔丘與, 是魯孔子之徒與. ② …와[과]. …와 함께. …와 더불어. 전치사. 동작이나 행위에 대한 동반자임을 나타냄. 鳥獸不可與同羣, 吾非斯人之徒與而誰與 ③ 관여(關與)하다. 참여(參與)하다. 간여(干與)하다. 동사. 丘不與易也

【也】 ① …이다. 어기조사. 진술문의 끝에 쓰여 판단이나 단정 또는 긍정을 나타냄. 曰 是也, 滔滔者天下皆是也, 丘不與易也. ② …은(는). …이란. …이면. 어기조사. 음절을 조정하고 어기를 고르는(말을 잠깐 멈추고 다음 내용을 환기시키는) 역할을 함. 從辟人之士也.

【是知津矣】 그렇다면 나루터를 알 것이다. 공자라면 나루터를 알 것이다. ⇒ 그렇다면 나루터를 알 것 아니오.

是 : 그래서. 그렇다면. 곧. 바로. 접속사. 연관관계를 나타냄.

마융(馬融) - 여러 번 천하를 떠돌아다녔기에 스스로 나루터를 알 것이라는 말이다. [言數周流 自知津處] [朱熹]

정약용(丁若鏞) - 孔子가 많이 알고 있으면서 남에게 묻는 것은 마땅하지 않다고 조롱한 말이다. [譏孔子多知不宜問人]

[참고] 是 : 이. 이 사람. 지시대명사. ① 是가 공자를 가리킴. ☞ 그 사람(공자)이 나루터를 알 것이오. ② 是가 桀溺을 가리킴. ☞ 이 사람(걸닉)이 나루터를 알 것이오.

♣ 이 말이 끝나자 자로가 걸닉에게 다시 나루터를 물은 것과 '夫執輿者爲誰'의 夫(저)에서 보듯이 대화의 장소에서 좀 떨어져 있는 공자를 가리키기 보다는 장저 바로 옆에 있는 걸닉을 가리키는 것으로 봄이 더 타당하지 않을 까?

矣 : …이다. 어기조사. 단정 또는 필연의 결과를 나타냄.

【於】 …에게. 전치사. 동작이나 행위가 발생할 때 관련되는 대상을 나타냄.

【徒】 ① 문도(門徒). 제자. 是魯孔子之徒與. ② 무리. 斯人之徒

【然】 그렇다. 그러하다. 옳다. 맞다.

【滔滔者】 큰물이 세차게 흐르는 모양처럼.

滔滔도도 : 큰물이 세차게 흐르는 모양. ⇒ 마치 홍수가 나서 강물이 넘치고 세차게 흘러가듯이 세상이 어지러운 국면.

者 : …처럼. …와 같이. …하듯이. …인 것 같다. …인 듯하다. 어기조사. 비교를 나타냄. 일반적으로 如, 似, 若, 爲 등과 호응함. 狀貌不及中人 言語不足採者(용모는 보통 사람에 미치지 못했고, 말솜씨도 본받을 만한 것 같지 않았다.) [史記 游俠列傳] 然往來視之 覺無異能者(그러나 왔다 갔다 하면서 그것을 관찰했지만 특별한 기능은 없는 것 같이 느꼈다.) [柳宗元 三戒 黔之驢]

【而誰以易之】 그런데 무엇으로 그 흐름을[마치 홍수가 나서 강물이 넘치고 세차게 흘러가듯이 어지러운 천하를] 바꿀 것인가?

而 : 그런데. 그러나. 그렇지만. 접속사. 역접관계를 나타냄.

誰 : 무엇. 어느 것. 의문대명사. 사물에 대한 질문을 나타냄. 敢問 人道誰爲大(감히 문건대, 사람의 도리에서 무엇이 중요합니까?) [禮記 哀公問] [延世大學校 虛詞辭典編纂室 編, 虛詞大辭典, 成輔社, 2001. p.348]

以 : …으로써. …을 가지고[통하여]. 전치사. 도구·수단·방법을 나타냄.

易 : 바꾸다. 변역(變易)하다. 변혁(變革)하다.

之 : 그. 그것. 지시대명사. 앞의 滔滔者 또는 滔滔者天下皆是也를 가리킴.

공안국(孔安國) - 당시 온 천하가 다스려지거나 어지러운 것이 동일한데 공자가
   헛되이 이 나라를 버리고 저 나라로 가려므로 '누가 이것을 바꿀 수 있을
   것인가?'라고 말했다는 뜻이다. [言當今天下治亂同 空舍此適彼 故曰誰以易之]

[참고]

   ① 以 : = 與. …와 함께[더불어]. 전치사는 의문사와 결합할 경우 의문사 뒤에
      놓인다. ☞ **누구와 더불어(함께) 그것을(그 흐름을) 바꾸겠는가?**

      주희(朱熹) - 以는 與(더불어)와 같다. 천하가 다 어지러운데 장차 누구와
      더불어 변역(變易)시키겠는가라는 말이다. [以 猶與也 言天下皆亂 將誰與變
      易之] [楊伯峻 - 以는 '더불어(與)'의 뜻이다.]

   ② 易 : = 違. 어기다. 거스르다. ☞ **누가 그것을 거스르려고 하는가?**

      미야자키 이치사다(宮崎市定) - 易에는 違(다르다)라는 뜻이 있는데 여기서도
      천하의 도도자의 방식과 다르다(違)는 의미로 해석해야 한다.

【且】또. 게다가. 뿐만 아니라. 접속사. 체증(遞增)[점층]관계를 나타냄.

【而與其從辟人之士也 豈若從辟世之士哉】사람을 피하는 선비(人士)를 따르는 것
   이 어찌 세상을 피하는 선비(人士)를 따르는 것만 같겠는가? 사람을 피하는
   선비(人士)를 따르는 것보다 차라리 세상을 피하는 선비(人士)를 따르는 것이
   낫지 않겠는가?

而 : = 爾. 너. 당신. 그대. 2인칭대명사.

與其 : 접속사. 두 상황 중 한 가지를 선택하는 것을 나타냄. 일반적으로 뒤 단문은
   선택을 나타내는 접속사 寧이나 관형어인 孰若, 豈若, 不如 등과 같이 쓰이며,
   與其 뒷부분은 포기해야할 상황임을 나타냄.

辟피 : = 避. 피하다. 회피하다. 몸을 숨기다.

之 : …하는[한]. …의. 조사. 관형어와 중심어 사이에 쓰여 중심어를 수식하거나
   국한하는 관계를 나타냄. 앞의 말에 형용성(形容性)을 띠게 함.

豈若 : 어찌 …만 하겠는가? 어찌 …에 비기겠는가? 관용형식으로서 득실을 따져
   본 후에 선택해야 함을 나타냄. 일반적으로 선택을 나타내는 접속사인 與其,

與 등과 호응함.

哉 : …이겠는가? …인가? …이랴? 어기조사. 반문의 어기를 나타냄.

선택의문
A 與[乎, 邪], 抑[抑與, 且, 將, 其, 其諸, 亡其] B 與[也, 乎, 哉, 邪] A 인가? 아니면 B 인가?
求之與 抑與之與(그것을 요구한 것인가? 아니면 그것을 주는 것인가?) [學而-10]
非 A 而誰[何, 奚]-A 가 아니면 누구[무엇]인가?
宗廟會同 非諸候而何[先進-25] 종묘나 회동의 일이 제후의 일이 아니면 무엇이겠는가? 吾非斯人之徒與而誰與[微子-6] 내 이 사람들의 무리와 함께하지 않으면 누구와 함께 하겠는가?
與(其) A 豈若[孰若] B A 하는 것이 어찌 B 하는 것만 같겠는가? [A 하는 것보다는 차라리 B 하는 것이 낫지 않겠는가?]
與其從辟人之士也 豈若從辟世之士哉[微子-6] 사람을 피하는 선비를 따르는 것이 어찌 세상을 피하는 선비를 따르는 것만 같겠는가? 與其有樂于身 孰若無憂于其心[韓愈 送李愿歸盤谷序] 몸에 즐거움이 있기보다는 마음에 근심이 없는 것이 낫지 않겠는가?

【耰而不輟】 곰방메로 흙덩이를 쳐 고르며 (그 일을) 그치지 아니 하였다. ⇒ 곰방메
　　질을 그치지[멈추지] 아니하였다.

耰우 : 곰방메. ⇒ 곰방메로 흙덩이를 쳐서 땅을 고르다.

而 : …하여서. 그리하여. 이에. 접속사. 순접(연관) 관계를 나타냄.

輟철 : 그치다. 하던 일을 멈추다. 중도에 그만두다.

정현(鄭玄) - 耰는 씨를 덮는 것이고, 輟은 그치는 것이다. 씨를 덮는 일을 계속하면
　　서 나루터를 알려주지 않았다. [耰 覆種也 輟 止也 覆種不止 不以津告]

정약용(丁若鏞) - 이 두 사람이 밭을 갈 뿐 아직 파종을 하지 않았는데 어떻게
　　갑자기 씨앗을 덮는다고 말할 수 있겠는가? 說文의 徐氏註에 의하면 耰摩田器
　　라 하니 종자를 뿌린 후 이 기구로 흙을 골라 파헤친 곳을 다시 합하여 종자를
　　덮는 것이다 하니 또한 鄭氏의 注는 이 말에 따라 오류를 범한 것이다. 耰란
　　흙덩이를 부수는 망치이니 밭의 흙덩이를 부수는 것이다. [二子方耕未播 安得
　　遽已覆種 說文徐註曰 耰摩田器 布種後以 此器摩之使土 開發處復合覆種也 此

亦鄭注之沿誤也. 耰耡塊椎也. 所以破田塊]

【子路行以告】 자로가 가서 고하다.

以 : = 而. 그리고. 그래서. 그리하여. …하여서. 접속사. 순접관계를 나타냄.

【憮然】 ① 실망한 모양. 망연자실한 모양. 창연(悵然). ⇒ 낙심하여 멍한 모양.

　　② 놀라는 모양.

황간(皇侃) - 憮然은 경악(驚愕, 깜짝 놀람)과 같다. [撫然猶驚愕也]

주희(朱熹) - 憮然은 창연(悵然)과 같은 뜻이니, 자신의 뜻을 깨닫지 못함을 안타까

　　워하신 것이다. [憮然 猶悵然 惜其不喩己意也]

【鳥獸不可與同羣】 조수(鳥獸, 날짐승과 길짐승)와는 같은 무리로 함께할 수 없다.

　　⇒ 짐승과는 함께 무리지어 살 수 없다.

공안국(孔安國) - 산림 속에 은거하는 것, 이것이 (조수와) 무리를 짓는 것이다.

　　[隱於山林 是同羣]

황간(皇侃) - 산림에 은거하는 것은 곧 조수와 무리를 짓는 것이고, 세상에 나온

　　것은 곧 세상 사람과 더불어 무리 짓는 것이다. 나는 응당 세상에 나왔으니

　　스스로 산림에서 거처할 수 없으므로 조수와는 함께 무리지어 살 수 없다고

　　말씀하신 것이다. [隱山林者則鳥獸同群 出世者則與世人爲徒旅 我今應出世

　　自不得居於山林 故曰鳥獸不可與同群也]

[참고] ☞ 새와 짐승은 같은 무리를 함께할 수 없다.

　　남회근(南懷瑾) - 새는 드넓은 하늘을 날아다니고, 들짐승은 달려 다니며 대부분

　　산 속에 살고 사람이 사는 사회에서는 살지 않는다. 날아다니는 것과 달리는

　　것은 한 곳에서 살 수 없다. 바꾸어 말하면 사람은 각자의 뜻이 다르니 저마다

　　자기의 길을 가서, 멀리 갈 사람은 멀리 가고, 높이 날아오를 사람은 높이

　　날아오른다는 것이다. [미야자키 이치사다(宮崎市定), 朴起用]

【吾非斯人之徒與而誰與】 내 이 사람들의 무리와 함께하지 않고 누구와 함께하겠

　　는가? 나도 장저·걸닉의 무리와 함께하겠다.

非~ 而… : ~이 아니면 …이다[not~ but…]. [참고] 先進-25.

　　而 : = 則. 이에 곧. …이면[하면] 곧. 접속사. 조건에 따른 결과를 나타냄.

　　斯 : 이것[이 사람. 이 일]. 이. 이러한. 이렇게. 여기. 지시대명사. 가까운 사람

　　·사물·상황·장소·시간 등을 가리킴. 여기서는 長沮와 桀溺을 가리킴. [丁若鏞,

朴起用, 李基東]

誰 : 누구. 어떤 사람. 의문대명사. 사람에 대한 질문을 나타냄.

정약용(丁若鏞) - 斯人之徒는 長沮, 桀溺의 무리를 말한다. 만약 진실로 세상을 피하려 한다면, 장차 누구와 더불어 서로 사귀어 좋게 지내겠는가? 조수(鳥獸)는 (인간과 같이할) 무리가 아니니, 오직 沮·溺의 무리만이 가히 서로 함께할 수 있을 것이다. [斯人之徒 謂長沮桀溺之徒也 苟欲辟世 將誰與交好哉 鳥獸非羣 唯沮溺之徒可相與]

[참고]

① 斯人 : 백성, 세상 사람. ☞ *내가 이 백성[세상 사람]들과 함께하지 않으면 누구와 함께 하겠는가?*

공안국(孔安國) - 내 스스로 이 천하의 사람들과 함께 무리를 짓는 것이 마땅한 것이니, 어찌 사람을 버리고 짐승을 따라 살 수 있겠는가? [吾自當與此天下人同羣 安能去人從鳥獸居乎]

② 斯人 : 장저와 걸닉. 與 : 어기조사. 각각 단정과 의문을 나타냄. ☞ *내가 이 사람들의 무리가 아니라면 누구이겠는가? [사실 나도 이 사람들과 같은 무리이다.]*

유월(俞樾) - 두 개의 與자는 모두 어조사이다. '吾非斯人之徒邪而誰邪(내가 이 사람들의 무리가 아니라면 누구이겠는가?)'라고 말한 것과 같은 것으로 그 말의 뜻은 그 자체로 이 사람들과 서로 친함이 있다는 뜻이다. 그러나 두 개의 與자를 '相與(서로 더불다)'의 與로 읽는다면 문장의 제대로 된 뜻을 얻을 수 없게 된다. [兩與字 竝語詞 猶云吾非斯人之徒邪而誰邪 其語意 自有與斯人相親之意 然讀兩與字 爲相與之與 則於文義]

【丘不與易也】 나는 바꾸는 것에 간여(干與) [관여(關與)] 하지 않았을 것이다.

丘 : 공자의 이름. 저는(제가). 나는(내가). 일인칭대명사. 자신을 가리킬 때 자기 이름을 씀.

하안(何晏) - 천하에 올바른 도리가 있다면 내가 모두 바꾸려고 하지 않을 것이라는 말이니, 이는 자신의 뜻은 크고 다른 사람의 뜻은 작다고 생각하였기 때문이다. [言凡天下有道者 丘皆不與易也 己大而人小故也]

주희(朱熹) - 천하가 만약 이미 편안하게 다스려졌다면 내가 변역(變易)시키려고 할 필요가 없다. 바로 천하에 도(道)가 없기 때문에 도로써 변역시키려고 할뿐이라고 말씀하신 것이다. [天下若已平治 則我無用變易之 正爲天下無道 故 欲

以道易之耳]

[참고]

① 與 : = 以. …을[를]. 다음에 之가 생략됨. ☞ **나는 (그것을) 바꾸려하지 않을 것이다.** [박유리, 리쩌허우(李澤厚), 成百曉, 金學主, 오성수, 李洙泰, 南懷瑾, 김동휘, 金容沃]

② 與 : …와 더불어. …와 함께. 전치사. 동작·행위의 동반자를 나타냄. 與의 대상이 子路 등 제자 무리임. ☞ **나는 (너희들과) 함께 (더불어) 바꾸려 하지 않았을 것이다.** [楊伯峻, 동양고전, 丁天求, 신동준, 유교문화, 이강재]

③ 與의 대상이 장저와 걸닉임. ☞ **나는 (그들 곧 장처·걸닉)과 함께하기 위해 (이렇게) 바꾸지 않았을 것이다.**

정약용(丁若鏞) - '만약 천하에 도가 있었으면, 나는 장저·걸닉과 함께하기 위해 그 하던 바를 바꾸지 않았을 것이다.' 라고 하였으니, 그때 (천하에 도가 있을 때)는 반드시 은둔할 필요는 없을 것인데 지금은 그리워하는 바임을 밝힌 말이다. [若天下有道 吾不與沮溺易其所爲 言彼時不必隱遯 明今所羨慕]

걸닉은 본래 辟人과 辟世를 대칭되는 말로 삼아서 그 우열을 비교하고 그 利害를 따지면서, 먼저 자기가 지키는 것을 바꾸지 못함을 말하고 나서 다시 자로에게 그 추종하는 바를 바꿀 것을 권하였다. 그러므로 공자께서 무연히 그 바꾸지 않는 것이 옳다고 허여하고, 이어 말씀하시기를 '만약 천하에 도가 있었다면, 나는 바꾸지 않을 것이다.' 라고 하셨으니 (朱子의 말처럼) 천하를 변역(變易) 하려고 하였다는 것은 아마도 본뜻이 아닌 듯하다. 與자를 마땅히 자세히 음미해야 한다. [不與易의 與자이다.] [桀溺本以辟人辟世作爲對頭 較其優劣 爭其利害 先言自己不易所守 復勸子路易其所從 故孔子憮然相許 以其不易爲是 繼之曰 若天下有道 則吾不易也 變易天下 恐其本旨 與字宜詳玩 不與易之與字] ♣20100507木

7. 자로子路가 우연히 한 노인을 만났는데...

子路從而後 遇丈人 以杖荷蓧 子路問曰 子見夫子乎 丈人曰 四體不
勤 五穀不分 孰爲夫子 植其杖而芸 子路拱而立 止子路宿 殺鷄爲黍
而食之 見其二子焉 明日 子路行以告 子曰 隱者也 使子路反見之
至 則行矣 子路曰 不仕無義 長幼之節 不可廢也 君臣之義 如之何其
廢之 欲潔其身 而亂大倫 君子之仕也 行其義也 道之不行 已知之矣

子路(즈로)ㅣ 從(죵)하야 後(후)하얏더니 丈人(댱신)이 杖(댱)으로써 蓧(됴)메니를 만나
子路(즈로)ㅣ 물어 굴오듸 子(즈)ㅣ 夫子(부즈)를 보냐 丈人(댱신)이 굴오듸 四體(스톄)
를 勤(근)티 아니하며 五穀(오곡)을 分(분)티 몯하느니 뉘 夫子(부즈)오 하고 그 杖(댱)
을 植(티)하고 芸(운)하더라 子路(즈로)ㅣ 拱(공)하고 立(립)흔대 子路(즈로)를 止(지)
하야 재여 鷄(계)를 殺(살)하며 黍(셔)를 爲(위)하야 머키고 그 두 아들을 뵈여늘 붉는
날애 子路(즈로)ㅣ 行(힝)하야 써 告(고)흔대 子(즈)ㅣ 굴으샤듸 隱者(은쟈)ㅣ로다 하시고
子路(즈로)로 하여곰 反(반)하야 보라 하시니 至(지)흔 則(즉) 行(힝)하돗더라 子路(즈
로)ㅣ 굴오듸 仕(스)티 아니홈이 義(의)ㅣ 업스니 長幼(댱유)의 節(절)을 可(가)히 廢(폐)
티 몯하거니 君臣(군신)의 義(의)를 엇디 그 廢(폐)하리오 그 몸을 潔(결)코쟈 하야 큰
倫(륜)을 亂(란)하놋다 君子(군즈)의 仕(스)홈은 그 義(의)를 行(힝)홈이니 道(도)의
行(힝)티 몯홈은 이믜 아르시느니라

자로(子路)가 (공자를) 따르다 뒤처졌는데 지팡이로 김매는 연장을 어깨에 멘 노인
을 우연히 만났다. 자로가 물어 말하기를 "그대 (제) 선생님을 보셨나이까?" 하니,
노인이 말하기를 "사지(四肢)를 부지런히 하여 일하지도 않고 오곡(五穀)도 분간(分
揀)치 못하는데 누가 선생이란 말인가?" 하고는 지팡이를 땅에 꽂아 세우고 김을
맸다. 자로가 양손을 가슴에 공손히 모아잡고 서 있으니, (장인이) 자로를 자고 가도록
붙잡고, 닭을 잡아 기장으로 요리하여 그에게 먹이고는 그의 두 아들에게 그를 뵙게
하였다. 다음날 자로가 떠나와서 고하자 선생님께서 말씀하시기를 "은자(隱者)로구
나!" 하시고 자로로 하여금 되돌아가 그 사람을 만나보도록 하시니, (자로가 그의
집에) 이르렀으나 이미 떠나버리고 없었다. 자로가 말하기를 "벼슬을 하지 않는 것은
의로운 일이 아니다. 어른과 아이 간의 예절(禮節)도 없앨 수 없는데 어찌하여 임금과

신하간의 의(義)를 없애겠는가? 자기 몸을 깨끗이 하려고 큰 인륜(人倫)을 어지럽히는 것이다. 군자가 벼슬을 하는 것은 의를 행하려는 것이니 도(道)가 행하여지지 않음을 이미 알고 계시노라." 하였다.

【子路】 공자의 제자 중유(仲由). 자가 자로(子路). [참고] 爲政-17.

【從而後】 따르다 뒤처졌다. 수행하다 뒤에 남게 되다.

 後 : 뒤에 있다[남다]. 뒤에 처지다. 뒤떨어지다. 후미에 있다.

【而】 ① 접속사. 역접관계를 나타냄. 從而後. ② 접속사. 순접(연관)관계를 나타냄.

  植其杖而芸, 子路拱而立, 殺鷄爲黍而食之, 而亂大倫.

· 【遇】 만나다. 우연히 만나다. 뜻밖에 마주치다. 조우(遭遇)하다.

【丈人】 어른. 노인.

 포함(包咸) - 丈人은 늙은이이다. [丈人 老人也]

 주희(朱熹) - 장인 또한 은자이다. [丈人 亦隱者]

【以杖荷蓧】 지팡이로(써) 김매는 연장을 어깨에 메다.

 以 : …으로써. …을 가지고[통하여]. 전치사. 도구·수단·방법을 나타냄.

 荷하 : 메다. 짐을 메다. 물건 등을 어깨에 메다. 짊어지다.

 蓧조 : ① 고대에 밭에 있는 김을 매는 연장(도구). ② 대나무로 만든 삼태기.

  포함(包咸) - 蓧는 대나무로 만든 그릇이다. [蓧 竹器] [朱熹]

  형병(邢昺) - 說文에는 莜로 쓰고 있는데 밭에 있는 김을 매는 기구이다. [說文作 莜 芸田器也]

  양백준(楊伯峻) - 고대 밭에 있는 김을 매는데 사용하던 도구이다. 설문(說文)에 서는 莜자로 쓰고 있다.

【見】 ① 만나다. 만나보다. 대면하다. 마주치다. 子見夫子乎, 使子路反見之. ② 보이다. 뵙게 하다. 인사[알현]시키다. 음은 현. 見현其二子焉.

【乎】 …인가? …한가? 어기조사. 문장 끝에 쓰여 의문(질문)을 나타내며 시비(是非)판단의 어기를 도움.

【四體不勤 五穀不分】 사지(四肢, 두 손과 두 발)를 근로(勤勞, 부지런히 일함)시키 지 않고, 오곡을 분별하지 못하다.

 分 : 분별하다. 구별한다. 분간하다.

포함(包咸) - 丈人이 말하기를 '온 몸을 부지런히 움직이지도 못하고 오곡을 구분하여 심을 줄도 모르는데 누가 선생이라 하여 그를 찾는가?' 라고 한 것이다. [丈人云 不勤勞四體 不分植五穀 誰爲夫子而索之邪]

황간(皇侃) - 四體는 손발이고 勤은 부지런히 일하는 것이며 五穀은 기장 같은 유이며 分은 씨앗을 뿌리는 것이다. [四體足手也 勤勤勞也 五穀黍稷之屬也 分播種也]

형병(邢昺) - 丈人이 子路를 책망하여 말하기를 … [丈人責子路云…]

주희(朱熹) - 分은 분별이니 五穀不分이란 팥인지 보리인지를 분별하지 못한다는 말과 같다. 이는 농사를 일삼지 않고 스승을 따라 멀리 다니는 것을 꾸짖는 것이다. [分 辨也 五穀不分 猶言不辨菽麥爾 責其不事農業而從師遠遊也]

양백준(楊伯峻) - 이 두 구절에 대해서는 송나라 여본중(呂本中) 의 자미잡설(紫微雜說)에서부터 청나라 주빈(朱彬) 의 경전고증(經傳考證), 송상봉(宋翔鳳) 의 논어발미(論語發微) 에 이르기까지 모두 장인은 자신을 말한 것이라고 했다. 그 외 더 많은 사람들은 장인이 자로를 책망한 것이라고 주장한다.

[참고] ① 자로를 책망하는 말이다. [朱子, 楊伯峻, 김영일, 신동준, 유교문화연구소] ② 공자를 가리켜 책망하는 말이다. [南懷瑾, 金容沃, 金學主, 윤재근, 이강재, 김동휘, 이민홍, 李基東, 류종목, 오성수, 박유리, 丁天求, 미야자키 이치사다(宮崎市定)]

【孰爲夫子】 누가 선생인가? 누가 선생이란 말인가?

孰 : 누가 …인[한]가? 의문대명사. 사람에 대한 질문을 나타냄.

爲 : …이다. 동사. 是의 용법과 같음.

【植치】 ① 세우다. 땅에 꽂아 세우다. ② 기대다. ③ 두다. 놓아두다. 置와 통용.

공안국(孔安國) - 植은 倚(기대다.) 이다. [植 倚也]

형병(邢昺) - 植은 기대어 세운 것이다. [植 倚立也]

황간(皇侃) - 植은 堅(세우다) 이다. [植堅也]

주희(朱熹) - 植은 세우는 것이다. [植 立之也]

【其】 ① 그. 그 사람. 인칭대명사. 植其杖而芸., 見其二子焉 [이상 丈人을 가리킴]), 欲潔其身 [일반적인 사람을 가리킴], 行其義也 [君子를 가리킴] ② 그. 그렇게. 어기조사. 음절을 조정하고 어세를 강하게 함. 如之何其廢之

【芸운】 밭에 있는 김을 매다.

공안국(孔安國) - 풀을 제거하는 것(김매기)을 芸이라 한다. [除草 日芸]

【拱】 두 손을 맞잡다. 두 손을 들어 가슴 앞에서 마주 잡다. 왼손을 오른손 위에 놓고 두 손을 마주 잡아 공경의 뜻을 나타내다. 拱手.

【止子路宿】 자로를 묵도록[자고 가도록] 붙잡다. [주어(생략됨)+止(술어)+子路 (목적어)+宿(목적보어)]

止 : 만류하다. 가지 못하게 붙잡다.

宿 : 자다. 묵다. 유숙(留宿)하다. 숙박(宿泊)하다.

【殺鷄爲黍】 ① 닭을 잡고 기장밥을 짓다. ② 닭을 잡아 각서(角黍)를 만들다. 닭을 잡아 기장으로 요리하다.

爲 : 만들다. (밥을) 짓다.

황간(皇侃) - 기장밥을 짓다. [作黍飯]

정약용(丁若鏞) - 黍는 각서(角黍)이니 초나라 세속에서는 그것을 중히 여겼다. … 爲黍란 아마도 기장밥(黍飯)이 아닐 것이다. 주송(周頌)에서는 爲酒爲醴, 내칙 (內則)에서는 爲粉爲酏爲熬爲餌라 하니 대체로 爲는 모두 음식물을 만드는 것이 다. 주송(周頌)에서는 其饟伊黍, 곡례(曲禮)에서는 飯黍毋以箸, 내칙(內則)에서 는 煎醢加于黍食上이라 하였다. 단순히 黍라 한다면 이것이 꼭 밥을 말한다고는 할 수 없다. 그러나 오직 의례(儀禮) 제편(諸篇)에서는 '黍飯 稷飯'이라 하여 이를 黍稷이라 한 것은 또 다른 하나의 문례이다. 殺鷄爲黍를 어떻게 黍飯이라 말할 수 있겠는가. 풍토기(風土記)에 의하면 형초(荊楚) 지방의 풍속을 기록하면 서 端午烹鶩進筒粽이라 하니 일명 각서(角黍)로서 고엽(菰葉) 속에 찹쌀, 밤, 대추를 싸서 숯불로 천천히 익히니, 이는 음양을 취하여 기운이 발산하지 못하게 감싼다는 뜻이다. 角黍를 만드는데 반드시 먼저 오리를 삶아야 하는 것이니 殺鷄爲 黍란 또한 닭으로 오리를 대신한 것뿐이다. 爲黍란 어찌 기장밥을 말함이겠는가? 이번 길은 원래 초나라에서 돌아올 때 있었던 일이니 荷蓧는 초나라 사람이었을 것이다. 김매는 농사일은 마땅히 5월에 있으며 곧 이 또한 角黍의 철이다. [黍 角黍也 楚俗重之 … 爲黍恐非黍飯 周頌云 爲酒爲醴 內則云 爲粉爲酏爲熬爲餌 凡言爲者皆食物也 周頌云 其饟伊黍 曲禮曰 飯黍毋以箸 內則曰 煎醢加于黍食上 單言黍未必飯也 唯儀禮諸篇黍飯稷飯 謂之黍稷別一文例也 殺鷄爲黍 豈可曰黍飯 乎 風土記記荊楚俗曰 端午烹鶩進筒粽 一名角黍以菰葉裏黏米栗棗以灰煮令熟 盖

取陰陽包裏未散之象 造角黍者必先烹鶩 則殺雞爲黍者 正亦烹雞以代鶩耳 爲黍 豈飯黍之謂乎 是行原自楚反則 荷蓧者 楚人也 芸田宜在五月 則是又角黍之時也]

【食之】 그것을 먹이다. 그것을 먹게 하다.

　食사 : 먹이다. 먹게 하다.

　之 : 지시대명사. 殺雞爲黍를 가리킴.

【焉】 그에게[그를]. 於之 합음사(合音詞). 於는 전치사로 동작이나 행위에 관련되는 대상을 나타내며, 之는 지시대명사로 子路를 가리킴.

【行以告】 떠나와서 고하다. [참고] 앞장.

【使子路反見之】 되돌아 가서 그를 만나보도록 자로를 시키다.

　使 : …하게 하다. 시키다. 사역형 동사.

　反 : = 返. 되돌아가다.

　之 : 그. 그 사람. 인칭대명사. 丈人을 가리킴.

【則】 이미. 모두. 부사. 이미 이루어진 일을 강조함. 문장 끝의 矣와 호응함.

【也】 ① …이다. 어기조사. 진술문의 끝에 쓰여 판단이나 단정 또는 긍정을 나타냄. 隱者也, 不可廢也, 行其義也. ② …은(는). …이란. …이면. 어기조사. 음절을 조정하고 어기를 고르는(말을 잠깐 멈추고 다음 내용을 환기시키는) 역할을 함. 君子之仕也.

【矣】 …이다. 어기조사. 단정 또는 필연의 결과를 나타냄.

【子路曰】

　정현(鄭玄) - 丈人의 두 아들에게 말을 남겨 전하게 한 것이다. [留言以語丈人之二子]

　주희(朱熹) - 자로가 공자의 뜻을 서술하기를 이와 같이 한 것이다. … 복주(福州)에 국초(國初, 宋初) 때의 사본이 있는데 路字 아래에 反子 두 글자가 있어 이것을 자로가 돌아오자 공자께서 말씀한 것이라고 하였으나 이것이 옳은지의 여부는 알지 못한다. [子路述夫子之意 如此 … 福州 有國初時寫本 路下 有反子二字 以此爲子路反而夫子言之也 未知是否]

　정약용(丁若鏞) - 子路曰 이하는 자로가 丈人이 멀리 떠나감을 나무라고 스스로 그 義를 밝힌 말이다. [子路曰以下 子路非丈人長徃 自明其義]

【之】 ① …의. 조사. 관형어와 중심어 사이에 쓰여 종속관계를 나타냄. 長幼之節, 君臣之義. ② 그. 그것. 지시대명사. 其廢之(君臣之義를 가리킴), 已知之矣(道

之不行을 가리킴). ③ …은[는]. …이[가]. 구조조사(주격조사). 주술구조
사이에 쓰여 이를 명사구(절)로 만들어 주는 역할을 함. 君子之仕也, 道之不行.

【節】 예절. 예법.

【廢】 없애다. 버리다. 폐하다. 폐지하다.

【如之何】 어찌하여[왜] 그렇게 합니까[할 것입니까]? 대명사성 구조인 如何의 사
이에 처리할 대상을 나타내는 지시대명사 之를 삽입한 형태로 원인을 묻거나
반문을 나타냄.

【亂】 어지럽히다. 문란(紊亂)하게 하다.

【倫】 인륜. 윤리. 사람이 지켜야 할 도리.

 포함(包咸) - 倫은 도리이다. [倫 道理也]

 황간(皇侃) - 大倫은 군신(君臣)간의 도리를 말한다. [大倫 謂君臣之道理也]

 주희(朱熹) - 倫은 차례이다. 사람의 큰 인륜이 다섯 가지가 있으니, 부자간에
  친함이 있고 군신간에 의가 있고 부부간에 분별이 있고 장유간에 차례가 있고
  붕우간에 믿음(진실)이 있는 것이 이것이다. [倫 序也 人之大倫 有五 父子有親
  君臣有義 夫婦有別 長幼有序 朋友有信 是也]

 정약용(丁若鏞) - 倫이란 序이며 次이다. [倫者 序也 次也]

【已】 이미. 벌써. 부사. 동작이나 행위가 이미 발생하였음을 나타냄.

[참고] 남회근(南懷瑾) ☞ 道之不行 已知之矣 : 올바른 도가 행하여지지 않은 까닭을 이채
 은사들을 보고나서 알게 되었다.

 포함(包咸) - 군자가 벼슬하는 것은 군주와 신하 사이의 의리를 행하려는 것이지,
  반드시 자기의 道가 행해질 것이라는 것은 아니니, 공자의 道가 쓰이지 않음은
  자신도 이미 알고 있다는 말이다. [言君子之仕 所以行君臣之義 不必自己道得
  行 孔子道不見用 自己知之]　　　　　　　　　　　　　　　♣20100515土

8. 나는 일민逸民과 달라 가可함도 업고 불가不可함도 업다

逸民 伯夷叔齊虞仲夷逸朱張柳下惠少連 子曰 不降其志 不辱其身
伯夷叔齊與 謂柳下惠少連 降志辱身矣 言中倫 行中慮 其斯而已矣
謂虞仲夷逸 隱居放言 身中淸 廢中權 吾則異於是 無可無不可

逸(일)호 民(민)은 伯夷(빅이)와 叔齊(슉졔)와 虞仲(우듕)과 夷逸(이일)과 朱張(쥬댱)
과 柳下惠(류하혜)와 少連(쇼련)이니라 子(ㅈ)ㅣ 굴ㅇ샤디 그 쁘들 降(강)티 아니ᄒ며
그 몸을 辱(욕)디 아니홈은 伯夷(빅이)와 叔齊(슉졔)ㄴ뎌 柳下惠(류하혜)와 少連(쇼련)
을 닐ㅇ샤디 쁘들 降(강)ᄒ며 몸을 辱(욕)ᄒ나 말이 倫(륜)에 마즈며 行(ᄒᆡᆼ)이 慮(려)에
마즈니 그 이 ᄯᆞ름이니라 虞仲(우듕)과 夷逸(이일)을 닐ㅇ샤디 隱居(은거)ᄒ야 말을 放
(방)ᄒ나 몸이 淸(쳥)에 마즈며 廢(폐)ㅣ 權(권)에 마즈니라 나는 이에 달라 可(가)홈도
업스며 可(가)티 아니홈도 업소라

속세를 떠나 초탈하게 숨어 지낸 덕인(德人)은 백이(伯夷), 숙제(叔齊), 우중(虞仲),
이일(夷逸), 주장(朱張), 유하혜(柳下惠), 그리고 소련(少連)이다. 선생님께서 말씀하
시기를 "그 뜻을 굽히지 않고 그 몸을 욕되게 하지 않은 이들은 백이와 숙제이로다!
유하혜와 소련에 대해 말하자면 뜻을 굽히고 몸을 욕되게 하였지만 말은 인륜에
맞고 행실은 사려(思慮)에 맞았으니 아마도 이것뿐이었으리라. 우중과 이일에 대해
말하자면 숨어 지내며 자기 생각을 거리낌 없이 말하였으나 몸은 맑음에 맞고 벼슬을
버리고 속세를 떠난 것은 시의적절한 행동에 맞았느니라. 나는 곧 이와는 다르니
(그리) 가(可)할 것도 없고 불가(不可)할 것도 없느니라." 하셨다.

[참고] 憲問-40. 子曰 作者七人矣

【逸民】 벼슬을 하지 않고 속세를 떠나 초야에 숨어 초탈하게 사는 재덕(才德)이
　　　뛰어난 사람.
　　하안(何晏) - 逸民이란 절개와 행동이 뛰어난 사람이다. [逸民者 節行超逸也]
　　황간(皇侃) - 逸民이란 사람이 절조와 품행이 뛰어나서 세상에 구애받지 않는
　　　자를 말한다. [逸民者 謂民中節行超逸 不拘於世者也]
　　주희(朱熹) - 逸은 벼슬길에서 빠져 있음이요, 民이란 지위가 없는 이의 칭호이다.

[逸 遺逸 民者 無位之稱]

【伯夷叔齊虞仲夷逸朱張柳下惠少連】

伯夷叔齊 : 백이(伯夷)와 숙제(叔齊). 고죽국(孤竹國)의 두 왕자로 서로 왕위를
사양하여 주나라로 망명함.

柳下惠 : 노나라 현자(賢者). 성은 전(展). 이름은 획(獲). 자는 금(禽).

주희(朱熹) - 虞仲은 바로 중옹(仲雍)이니 태백(泰伯)과 함께 형만(荊蠻)으로
숨은 자이다. 夷逸과 朱張은 경전에 보이지 않는다. 少連은 東夷 사람이다.
[虞仲 卽仲雍 與泰伯 同竄荊蠻者 夷逸朱張 不見經傳 少連 東夷人]

왕필(王弼) - 朱張의 자는 子弓이니 순경(荀卿)은 이를 공자와 비교하여 말하였다.
[朱張字子弓 荀卿以比孔子]

정약용(丁若鏞) - 虞仲은 중옹(仲雍)의 손자로, 오자(吳子) 주장(周章)의 아우이
니, 무왕(武王)은 그를 우(虞)나라에 봉하였다. [虞仲者 仲雍之孫 吳子周章之
弟 武王封之於虞]

사기(史記) 오태백세가(吳泰伯世家) - 태백(泰伯)과 중옹(仲雍)이 형만(荊蠻)으
로 도망했을 때 태백(太伯)이 스스로 오태백(吳太伯)이 되었으나 태백에게서
자식이 없었으므로 중옹이 그 뒤를 이어서 왕위에 오른 것이니 이 사람이
곧 오중옹(吳仲雍)인 것이다. 삼대 이후 주장(周章)에 이르러 그 당시 무왕(武
王)이 은(殷)을 이기고 태백 중옹의 후예를 찾던 중 주장 형제를 만났는데
주장은 이미 오나라의 군주였으므로 그를 봉하여 주고 이에 곧 주장의 아우
우중(虞仲)을 우(虞)에 봉하여 준 것이다. [泰伯仲雍 同奔荊蠻 太伯自立爲吳
太伯 而太伯無子 仲雍繼立 卽爲吳仲雍 三傳至周章 是時武王克殷 求泰伯仲雍
之後 得周章兄弟 而周章已君吳 因以封之 乃又封周章之弟虞仲于虞]

한서(漢書) 지리지(地理志) - 무왕이 은나라를 이긴 후 이어서 주장(周章)의 아우
중(中)을 하북(河北)의 우읍(虞邑)에 봉하였다. [武王克殷後 因封周章弟中于
河北之虞] [中은 仲과 통함]

모기령(毛奇齡) - 虞仲의 본명은 仲인데 虞에 봉하여졌으므로 虞仲이라 이름하게
된 것이다. [虞仲本名仲 而以其封虞 始名虞仲]

예기(禮記) 잡기(雜記) - 공자께서 말하시기를 '少連 大連은 상(喪)을 잘 치른
자이다. 사흘 동안 태만하지 않고 세 달 동안 게으르지 않았으며 일 년 동안

슬퍼하였고 삼 년 동안 근심하였다. 동이(東夷) 자손이다.' 하셨다. [孔子曰 少連大連善居喪 三日不怠 三月不解 期悲哀 三年憂 東夷之子也]

【不降其志 不辱其身】 그의 뜻을 굽히지 않고 그의 몸을 욕되게 하지 않다.

降 : 낮추다. 비굴하게 낮추다. 굽히다. 꺾다.

其 : 그. 그 사람. 인칭대명사. 伯夷叔齊를 가리킴.

辱 : 욕을 보(이)다. 욕되게 하다. 욕됨을 당하다.

정현(鄭玄) - 자기 자신을 바르게 하려는 마음을 갖고 있어서 용렬한 군주가 있는 조정에는 들어가지 않음을 말한다. [言其直已之心 不入庸君之朝]

정약용(丁若鏞) - 뜻에는 달갑지 않은 것이지만 굽혀서 따르는 것, 이것이 降志이고, 몸에는 깨끗하지 않은 것이지만 굽혀서 나아가는 것, 이것이 辱身이다. [志所不 肯 俯而從之 是降志也 身所不屑 屈而就之 是辱身也]

【與】 …이리라[하리라]! 어기조사. 감탄[찬탄]의 어기를 나타냄.

【言中倫 行中慮】 말은 인륜에 맞고 행동은 생각한 것에 맞았다.

中 : 적중하다. 꼭 들어맞다. 사리에 들어맞다. 부합하다.

慮 : 생각. 사고(思考). 사려. 사려 깊음. 염려.

공안국(孔安國) - 다만 말은 능히 윤리에 마땅하고 행동은 시려기 깊은 것에 따라서 나옴이 이와 같았을 따름이다. [但能言應倫理 行應思慮 如此而已]

【其斯而已矣】 아마도 이것뿐일 것이다. 아마도 이러하였을 뿐일 것이다. 아마 이러 한 수준이었을 뿐일 것이다.

其 : 아마(도). 어쩌면. 부사. 동작이나 행위 또는 어떤 상황에 대한 추측을 나타냄.

斯 : 이것. 지시대명사. 앞의 降志辱身矣 言中倫 行中慮를 가리킴.

而已矣 : …일 뿐이다. …할 따름이다. '而已'는 제한의 어기를 나타내고, '矣'는 긍정의 어기를 나타내는데 이 둘이 연용되어 제한의 어기를 강조함.

【放言】 말을 함부로 하다. 말을 거리낌 없이 하다. 직언(直言)을 거리낌 없이 하다. 자신의 견해를 거리낌 없이 말하다.

放 : 멋대로 하다. 함부로 하다. 거리낌 없이 하다.

포함(包咸) - 放은 놓다는 뜻이니, 세상의 일에 대해 다시는 말하지 않았다는 것이 다. [放 置也 不復言世務]

정약용(丁若鏞) - 放言이란 말을 함부로 하는 것[하고 싶은 말을 다하는 것]이다.

종묘나 조정에서는 말을 삼가 그 뜻을 나타내지 못하지만 은거할 때는 다시 꺼릴 까닭이 없는 것이다. [放言 縱言也 宗廟朝廷謹言 不盡其意 隱居無復忌諱]

【身中淸 廢中權】 몸은 청결함에 맞고 벼슬을 버리고 속세를 떠난 것은 시의적절한 행동에 맞다.

淸 : 맑다. 맑고 깨끗하다. 청결(淸潔)하다. 행실이 깨끗하다. 고결하다. 청렴(淸廉) 하다. 사념(邪念)이 없다. 탐욕(貪慾)이 없다.

廢 : 그만두다. 물러나다. ⇒ 관직에서 물러나다. 세상을 버리다.

權 : 권도(權道, 임기응변의 방편). 상황에 따라 적의(適宜)하게 하는 행동. 외형적 인 어떤 형식에 얽매이지 않고 그때그때의 상황에 따라 시의적절한 조치를 취하는 융통성 있는 행동. [참고] 子罕-29.

마융(馬融) - 淸은 순결하다는 뜻이다. 어지러운 세상을 만나 자신을 버림으로써 환란을 피하는 것이 權道에 합치된다는 것이다. [淸 純潔也 遭世亂 自廢棄以免 患 合於權也]

【吾則異於是 無可無不可】 나는 곧 이와는 다르니 (그리) 가(可)할 것도 없고 불가 (不可)할 것도 없다.

則 : 곧. 부사. 사람 또는 사물에 대한 강조를 나타냄.

於 : …와(과). …보다. …에 비해. 전치사. 사물의 성질이나 상태를 함께 비교하는 대상을 나타냄.

無可 : 가한 것도 없다. 할 수 있는 것도 아니다. 그렇게 하여야 한다는 것도 없다.

마융(馬融) - 또한 반드시 나아가려고 하지도 않을 뿐만 아니라 또 반드시 물러나려 고 하지도 않고 오직 의로움이 있는 것일 뿐이다. [亦不必進 亦不必退 唯義所在]

맹자(孟子) - 공자는 벼슬할 만하면 벼슬하시고, 그만 둘 만하면 그만두시고, 오래 머물 만하면 오래 머무시고 속히 떠날 만하면 속히 떠나셨다. [孔子 可以仕則仕 可以止則止 可以久則久 可以速則速]

사량좌(謝良佐) - 일곱 사람이 은둔하여 자기 몸을 더럽히지 않은 것은 똑같으나, 그들의 입심(立心)과 조행(造行, 나아간 행실)은 달랐다. 백이·숙제는 天子가 신하로 할 수 없었고 제후가 벗으로 할 수 없었으니, 이미 세상에 은둔하여 무리를 떠난 것이다. 聖人보다 한 등급 내려오면 이들이 아마 가장 높을 것이다. 유하혜와 소련은 비록 뜻을 꺾었으나 몸을 굽히지 않았고, 비록 몸을 욕되게

211

하였으나 세상에 영합하기를 구하지 않았으니, 그 마음에 부설불결(不屑不潔, 깨끗하지 않음을 좋게 여기지 않음)함이 있었다. 그러므로 말이 능히 인륜(人倫)에 맞을 수 있었고 행동이 능히 사려(思慮)에 맞을 수 있었다. 우중과 이일은 숨어살면서 말을 함부로 하였으니, 말이 선왕(先王)의 법(法)에 합하지 않음이 많았을 것이나 깨끗하여 자신을 더럽히지 않았고, 저울질[權道]을 하여 시의(時宜)에 적절하였으니, 방외(方外, 세속을 벗어난 곳)의 선비가 義를 해치고 가르침을 손상시켜 대륜(大倫)을 어지럽힌 것과는 과(科, 등급)가 다르다. 이러므로 똑같이 일민(逸民)이라고 일컬은 것이다. [七人 隱遯不汚則同 其立心造行則異 伯夷叔齊 天子不得臣 諸侯不得友니 蓋已遯世離群矣 下聖人一等 此其最高與 柳下惠少連 雖降志而不枉己 雖辱身而不求合 其心有不屑也 故言能中倫 行能中慮 虞仲夷逸 隱居放言 則言不合先王之法者多矣 然淸而不汚也 權而適宜也 與方外之士害義傷敎而亂大倫者 殊科 是以均謂之逸民]　　　　♣20100516日

9. 태사太師를 비롯 악관樂官들이 떠나니...

大師摯適齊 亞飯干適楚 三飯繚適蔡 四飯缺適秦 鼓方叔入於河 播 鼗武入於漢 少師陽擊磬襄入於海

大師(태스)ㅣ언 摯(지)는 齊(졔)에 適(뎍)ㅎ고 亞飯(아반)이언 干(간)은 楚(초)에 適(뎍)ㅎ고 三飯(삼반)이언 繚(료)는 蔡(채)에 適(뎍)ㅎ고 四飯(스반)이언 缺(결)은 秦(진)에 適(뎍)ㅎ고 鼓(고)ㅎ는 方叔(방슉)은 河(하)에 入(십)ㅎ고 鼗(도)를 播(파)ㅎ는 武(무)는 漢(한)에 入(십)ㅎ고 少師(쇼스)ㅣ언 陽(양)과 磬(경)을 擊(격)ㅎ는 襄(양)은 海(히)예 入(십)ㅎ니라

태사(太師)이었던 지(摯)는 제(齊)나라로 갔고, 아반(亞飯) 간(干)은 초(楚)나라로 갔고, 삼반(三飯) 요(繚)는 채(蔡)나라로 갔고, 사반(四飯) 결(缺)은 진(秦)나라로 갔으며, 북을 치던 방숙(方叔)은 황하(黃河)지역으로 들어갔고, 땡땡이를 흔들던 무(武)는 한수(漢水)지역으로 들어갔고, 소사(少師)이었던 양(陽)과 편경을 치던 양(襄)은 해변(海邊)지역으로 들어갔다.

【大師태사】 = 太師. 모든 악사(樂師) [악관(樂官)]의 우두머리.

　주희(朱熹) - 大師는 노나라 악관의 우두머리이다. [大師 魯樂官之長]

【亞飯】 두 번째 식사 때에 연주를 담당하는 악관(樂官). 고대 천자나 제후가 식사를 할 때 흥을 돋우기 위해 음악을 연주하는 예(禮)가 있었음. 두 번째 식사(점심) 때의 담당자를 아반(亞飯), 세 번째 식사(점심과 저녁 사이의 새참) 때를 삼반(三飯), 네 번째 식사(저녁) 때를 사반(四飯)이라 하였음.

　형병(邢昺) - 천자 제후의 매 식사 때에 음악을 연주하였다. 그에 따른 악장(樂章)이 각기 다르므로 제각기 맡은 악사가 있었다. [天子諸侯每食奏樂 樂章各異 各有樂師]

　주희(朱熹) - 亞飯以下는 음악으로써(음악을 연주하여 흥을 돋위) 음식을 권하는 관직이다. [亞飯以下 以樂侑食之官]

【摯지】 太師의 이름. 이하 간(干), 요(繚), 결(缺), 방숙(方叔), 무(武), 양(陽), 양(襄)도 모두 악관의 이름임.

第十八篇 微子

第十八篇 微子

　　주희(朱熹) - 襄은 바로 공자께서 찾아가 거문고를 배운 사람이다. [襄 卽孔子所從
　　　學琴者]

　양백준(楊伯峻) - 태백편(泰伯篇) 의 태사 摯가 바로 이 사람인지는 알 수 없다.

【適】 가다. 떠나가다.

【於】 …에. …로. 전치사. 동작이나 행위가 일어나는 장소(범위)를 나타냄.

【河】 황하(黃河) 지역. 하내(河內). 주희(朱熹) - 河는 河內이다. [河 河內]

【播파】 흔들다. 공안국(孔安國) - 播는 흔드는 것이다. [播 搖也] [朱熹]

【鼗도】 땡땡이. 소고(小鼓, 작은 북). 북 자루를 잡고 흔들면 북의 좌우에 매단
　　구슬이 북면을 쳐서 소리를 내는 작은 북.

　　주희(朱熹) - 鼗는 작은 북이니 양 옆에 귀가 달려있어 자루를 잡고 흔들면 곁의
　　　귀가 되돌아 스스로 치게 된다. [鼗 小鼓 兩旁有耳 持其柄而搖之 則旁耳還自擊]

【漢】 한수(漢水). 섬서성(陝西省) 영강현(寧强縣) 북쪽의 파총산(嶓冢山)에서 발
　　원하여 동남쪽 호북성(湖北省) 무한(武漢)으로 흘러들어 장강(長江)에 이른
　　다. ⇒ 한수(漢水) 지역. 한중(漢中).

　주희(朱熹) - 漢은 漢中이다. [漢 漢中]

【少師】 악관(樂官)의 우두머리인 태사를 보좌하는 부관(副官). 태사의 보좌관.
　　주희(朱熹) - 少師는 악관의 보좌관이다 [少師 樂官之佐]

【磬】 경쇠. 편경(編磬). 돌이나 옥으로 만든 타악기의 이름.

【海】 해변지역. 바다 쪽. 바닷가.

　주희(朱熹) - 海는 海島이다. [海 海島也] ☞ 入於海 : 섬으로 들어갔다.

공안국(孔安國) - 魯나라 哀公 때 예악이 붕괴되어 악사들이 모두 떠났다. [魯哀公時
　　禮壞樂崩 樂人皆去]

동중서(董仲舒) - 주(紂)가 하늘을 거스르고 만물을 해쳤으며, 어질고 지혜로운
　　이를 살육하였으므로, 관직을 맡은 이들이 모두 달아나고 도망쳐 河內와 海內로
　　들어갔다. [紂逆天暴物 殺戮賢知 守職之人 皆奔走逃亡 入于河海]

주희(朱熹) - 이는 현인이 은둔한 것을 기록하여 앞장에 붙인 것이다. 그러나 반드시
　　공자의 말씀은 아닐 것이다. [此 記賢人之隱遁 以附前章 然未必夫子之言也]

양백준(楊伯峻) - 이들이 어느 시기 때 사람인지는 이미 알 도리가 없다.

♣20100517月

10. 한 사람에게 모든 능력을 갖추기를 요구하지 말라

周公謂魯公曰 君子不施其親 不使大臣怨乎不以 故舊無大故 則不
棄也 無求備於一人

周公(쥬공)이 魯公(로공)ᄃ려 닐어 글ᄋ샤ᄃᆡ 君子(군ᄌ)ㅣ 그 親(친)을 施(이)티 아니ᄒ
며 大臣(대신)으로 ᄒ여곰 쓰디 아니홈을 怨(원)케 아니ᄒ며 故舊(고구)ㅣ 大故(대고)ㅣ
업거든 棄(기)티 아니ᄒ며 一人(일신)의게 備(비)홈을 求(구)티 마롤 ᄯᅵ니라

주공(周公)이 노공(魯公)에게 일러 말씀하시기를 "군자(君子)는 그 친족(親族)을
소홀히 하지 않아야 하며, 대신(大臣)으로 하여금 써주지 않음을 원망하게 하지
않아야 하며, 오래 함께해온 옛 친구는 큰 잘못이 없으면 버리지 않아야 하며, 한
사람에게 모든 능력을 갖추기를 요구하지 말아야 하느니라." 하셨다.

【周公】 노(魯)나라의 시조. 성은 희(姬). 이름은 단(旦).
【謂】 …에게 말하다(이르다). 일러주다. 타이르다.
　황간(皇侃) - 주공이 그(노공)를 가르치고자 하였으므로 謂魯公이라 하였다. [周公
　　　欲敎之 故云謂魯公也]
【魯公】 주공의 아들 백금(伯禽). 아버지 주공이 주 왕실을 보필하느라 노나라에
　　　가지 못하므로 주나라 성왕(成王)이 그 아들 백금을 노나라 제후로 봉하여
　　　노공(魯公)이라 불리게 되었음.
【不施其親】 그의 친족을 소홀히 여기지 않다. 그의 친족을 내버려두지 않다. 그의
　　　친족을 돌보지 않고 버려두지 않다. [참고] 學而-13.
　施이 : 버리다. 돌보지 않고 버려두다. 소홀히 하다. 弛와 통함.
　공안국(孔安國) - 施는 易(이, 가볍게 여기다)이니, 본문은 다른 사람의 친족 때문에
　　　자신의 친족을 가볍게 여기지 말라는 말이다 [施 易也 不以他人之親 易己之親]
　황간(皇侃) - 施는 易(이)와 같다. 군자라는 사람은 타인으로서 자기 친족을 가벼이
　　　여기지 않음을 말하니 이것으로 인하여 그 친족을 잃지 않는 것이다. [施猶易也
　　　言君子之人 不以他人易己之親 是因不失其親也]
　주희(朱熹) - 施는 陸德明의 本에는 弛로 되어 있으며 福州本도 같다. … 弛는

버리는 것이다. [施 陸氏本 作弛 福本同 … 弛 遺棄也]

정약용(丁若鏞) - 여기에서 施자는 당연히 弛자로 써야 하니, 解(풀다) 또는 放(놓다) 그리고 緩(느슨하다) 이다. 不弛其親이란 九族에게 厚하게 함을 말하는 것이다. [施 當作弛 解也 放也 緩也 不弛其親 謂厚於九族]

[참고] ① 施 : 베풀다. ☞ 그의 친족에게 지나치게 베풀지 않아야 한다. ② 施 : 치우치다. 편애하다. ☞ 그의 친족을 편애하지 않아야 한다.

손작(孫綽) - 不施는 치우치지 않는 것이다. 사람이 친족에게 치우치게 은혜를 베풀지 않도록 하여 魯公으로 하여금 지극히 공정함을 높이어 소중히 여기도록 한 것이다. [不施猶不偏也 謂人以不偏惠所親 使魯公崇至公也]

장빙(張憑) - 군자는 사람에 대하여 義로써 견줄 뿐이니 친족에게 치우치게 베풀지 아니한 연후에야 九族이 용훈(庸勳, 공신)과 함께 융성하며 어진 마음과 지극히 공정함이 함께 드러나는 것이다. [君子於人 義之與比 無偏於親親 然後 九族與庸勳竝隆 仁恩與至公俱著也] 比 : 견주다. 親親 : 친척(親戚). 庸勳 : 유공훈자(有功勳者).

【使】 …하게 하다. 부리다. 시키다.

【大臣】 경(卿)과 대부(大夫).

【乎】 = 於. …에(게). …에 대해(서). …을(를). 전치사. 동작이나 행위가 발생할 때 직접 미치는 대상을 나타냄.

【以】 = 用. 쓰다. 등용하다. 임용하다. 동사.

공안국(孔安國) - 以는 用(쓰다, 등용하다)이니, 말을 듣고 써주지 않음을 원망하는 것이다. [以 用也 怨不見聽用]

【故舊無大故 則不棄也】 늙은 신하나 옛 친구가 큰 연고(잘못)가 없으면 곧 버리지 아니한다. [참고] 泰伯-2.

故 : ① 옛. 예전의. 옛날의. 오래 된. 故舊[오랫동안 함께 일한 사람. 옛 친구. 선왕의 옛 신하.]. ② 일. 사고. 사건. 大故[큰 연고. 큰 잘못.].

則 : …이면(하면) (곧). 그렇다면 곧. 접속사. 결과나 조건에 대한 상호 원인 등 앞뒤 문장의 전후 상황이 서로 연관됨을 나타냄.

也 : …이다. 어기조사. 진술문의 끝에 쓰여 판단이나 단정 또는 긍정을 나타냄.

정약용(丁若鏞) - 故舊란 대대로 좋았던 옛사람을 말한다. [故舊 謂世好之舊人]

공안국(孔安國) - 大故란 어른을 죽이거나 반역하는 극악무도한 일을 말한다. [大故 謂惡逆之事] [鄭玄, 朱熹]

주희(朱熹) - 大臣이 그 사람[적임자]이 아니면 버려야 할 것이요, 그 자리에 있다면 쓰지 않을 수 없는 것이다. [大臣非其人則去之 在其位則不可不用]

【無求備於一人】 한 사람에게 모든 능력을 갖추기를 요구하지 마라. [참고] 子路-25.

求 : 구하다. 바라다. 요구하다.

備 : 구비(具備). 완비(完備). 모든 능력을 갖추다. 두루 능력을 갖추다.

於 : …에게. 전치사. 동작이나 행위에 관련되는 대상을 나타냄.

형병(邢昺) - 求는 責(요구하다)이니, 사람에게 일을 맡기되 마땅히 그 재능에 따라 해야 하고, 한 사람에게 재능이 다 갖추어지기를 요구할 수 없다. [求 責也 任人當隨其才 無得責備於一人也]

호인(胡寅) - 이것은 백금(伯禽) [魯公] 이 봉(封)함을 받아 본국(本國)으로 갈 적에 주공(周公)이 훈계하신 말씀인데, 노(魯)나라 사람들이 전송(傳誦)하여 오래도록 잊지 않은 것이다. 아마도 공자께서 일찍이 제자들과 함께 말씀하셨던 것일 것이다. [此伯禽受封之國 周公訓戒之辭 魯人傳誦 久而不忘也 其或夫子嘗與門弟子言之歟

♣20100517月

11. 주나라에는 백달伯達, 백괄伯适 등 여덟 선비가 있었으니

> 周有八士 伯達 伯适 仲突 仲忽 叔夜 叔夏 季隨 季騧

周(쥬)에 八士(팔스)ㅣ 이시니 伯達(빅달)과 伯适(빅괄)과 仲突(듕돌)과 仲忽(듕홀)과 叔夜(슉야)와 叔夏(슉하)와 季隨(계수)와 季騧(계와)ㅣ니라

주(周)나라에 여덟 선비가 있었으니, 백달(伯達)과 백괄(伯适)과 중돌(仲突)과 중홀(仲忽)과 숙야(叔夜)와 숙하(叔夏)와 계수(季隨)와 계와(季騧)이다.

【騧와】 주둥이 검은 누렁 말. 달팽이(蝸). 음은 와(왜). 본음은 과(괘).

포함(包咸) - 周나라 때 네 차례의 출산으로 여덟 아들을 낳았는데, 모두 뛰어난 사람들이어서 일부러 그것을 기록하였을 뿐이다. [周時四乳生八子 皆爲顯士 故記之爾] [쌍둥이로 네 번 낳았다.]

정약용(丁若鏞) - 형제가 8인이기 때문에 둘씩 나누어 字를 지었을 뿐이다. [昆弟八人 故兩兩分之 以爲字耳]

마융(馬融) - 宣王 때의 사람들이다. [宣王時] [劉向]

정현(鄭玄) - 이들은 周公이 成王을 보필할 때 태어난 사람이다. [周公相成王時所生]

양백준(楊伯峻) - 이 여덟 명은 이미 고증해 볼 수 없다. ♣♣20100518火

주희(朱熹) - 내가 상고해 보니, 이 微子篇은 공자께서 삼인(三仁)과 일민(逸民)·사지(師摯)·팔사(八士)에 대해서 이미 모두 칭찬하시고 품평하여 차례를 정하셨으며, 접여(接輿)·장저(長沮)·걸닉(桀溺)·장인(丈人)에 대해서도 또 매양 간절한 생각으로 대하여 인도해 주려는 뜻이 있었으니, 모두 쇠한 세상을 근심하는 뜻이며 그 느끼신 바가 깊으시다. 진(陳)나라에 계실 적에 탄식하신 것도 이와 같다. 三仁은 간연(間然, 흠잡다, 비난하다)할 데가 없고, 나머지 여러 君子들도 모두 一世의 고상(高尙)한 선비이니, 만일 聖人의 道를 들어서 그 지나침을 제재(制裁)하고 미치지 못함을 힘쓰게 하였더라면 그 세운 업적이 어찌 여기에 그칠 뿐이었겠는가. [愚按 此篇 孔子於三仁 逸民 師摯 八士 旣皆稱贊而品列之 於接輿 沮溺 丈人 又每有惓惓接引之意 皆衰世之志也 斯所感者深矣 在陳之歎도 蓋亦如此 三仁則無間然矣 其餘數君子者 亦皆一世之高士 若使得聞聖人之道 以裁其所過而勉其所不及 則其所立 豈止於此而已哉]

第四篇
子張 자장

尊賢容衆

(군자는) 현자(賢者)를 존중(尊重)하고 일반 대중(大衆)도 포용(包容)하니

[子張-3]

1. 선비는 위험을 보면 목숨을 바치고...

子張曰 士 見危致命 見得思義 祭思敬 喪思哀 其可已矣

子張(ㅈ댱)이 굴오딕 士(ㅅ)ㅣ 危(위)를 보고 命(명)을 致(티)ㅎ며 得(득)을 보고 義(의)를 思(ㅅ)ㅎ며 祭(제)예 敬(경)을 思(ㅅ)ㅎ며 喪(상)에 哀(익)를 思(ㅅ)ㅎ면 그 可(가)홀 쯧롬이니라

자장(子張)이 말하기를 "선비가 위험(危險)을 보면 목숨을 바치고, 이득(利得)을 보면 의(義)를 생각하며, 제사(祭祀)에는 경건(敬虔)함을 생각하고, 초상(初喪)에는 슬픔을 생각하면 아마도 (선비로서는) 괜찮을 것이다" 하였다.

【子張】 공자의 제자 전손사(顓孫師). 자가 자장(子張).

【士】 선비. 지식인. 학문하는 사람(책을 읽는 지식인)의 통칭으로 언제든지 벼슬길에 나아갈 가능성을 가진 사람.

【見危致命】 위태로움[위험]을 보면 목숨을 바치다. [참고] 憲問-13.

　危 : 위태로움. 위험한 것. 간간한 것.

　致 : 내맡기다. 내던지다. 주다. 바치다.

　공안국(孔安國) - 致命이란 자신을 아끼지 않는 것이다. [致命 不愛其身]

　주희(朱熹) - 수명(授命)과 같은 말이다. [猶言授命也]

【見得思義】 이득(利得)을 보면 의(義)를 생각한다. [참고] 憲問-13.

　思 : 생각. ⇒ 올바름을 생각하는 일. ⇒ 정황이나 상황에 대한 판단.

【祭思敬】 제사(祭祀) 때에는 경건(敬虔)히 해야 함을 생각한다. [참고] 爲政-5, 八佾-12.

　思 : 생각. ⇒ 각별한 마음을 쏟다. 지극한 마음. 喪思哀의 思도 같음.

【喪思哀】 초상(初喪) 때에는 슬퍼해야 함을 생각한다. [참고] 八佾-4, 子張-14,17.

【其可已矣】 아마도 가(可)할 것이다. 아마도 (선비라) 할 수 있을 것이다. 아마 (선비라 해도) 좋을 것이다. 아마도 (선비로서는) 괜찮을 것이다. [참고] 陽貨-21.

　其 : 아마(도). 어쩌면. 부사. 동작이나 행위 또는 어떤 상황에 대한 추측을 나타냄.

　可 : 괜찮다. 그런대로 좋다[되다]. 겨우 괜찮은 정도에 달한 것이지 썩 좋은 것은

아니라는 뜻이 내포됨.

已矣 : …이다. 할 것이다. 어기조사. 이미 발생하였거나 어떤 새로운 상황이 발생할
　　 가능성이 있음을 나타냄.

황간(皇侃) - 만약 위의 네 가지 일에 선비가 이와 같이 한다면 곧 가(可)하다고
　　 할 수 있다. [如上四事 爲士如此 則爲可也]

형병(邢昺) - 이런 행실이 있으면 아마 가히 선비가 될 수 있을 것이다. [有此行
　　 其可以爲士已矣]

[참고] 그러면 가히 선비라고 할 만하다.

주희(朱熹) - 네 가지는 몸을 세우는 큰일이니, 한 가지라도 지극하지 못함이 있으면
　　 그 나머지는 족히 볼 것이 없다. 그러므로 선비가 이와 같이 할 수 있다면
　　 거의 괜찮다고 말한 것이다. [四者 立身之大節 一有不至 則餘無足觀 故言士能
　　 如此 則庶乎其可矣]　　　　　　　　　　　　　　　♣20100518火

2. 德을 넓게 지니지 못하고 道를 독실하게 믿지 않으면

子張曰 執德不弘 信道不篤 焉能爲有 焉能爲亡

子張(자댱)이 굴오디 德(덕)을 執(집)홈이 弘(홍)티 몯ᄒ며 道(도)를 信(신)홈이 篤(독)디 몯ᄒ면 엇디 能(능)히 잇다 ᄒ며 엇디 能(능)히 업다 ᄒ리오

자장(子張)이 말하기를 "덕(德)을 지님이 넓지 아니하고 도(道)를 믿음이 독실(篤實)하지 않다면 어찌 능히 있다고 말할 수 있으며 어찌 능히 없다고 말할 수 있겠는가?" 하였다.

【執】 지니다. 잡아두다. 꼭 붙들고 실천하다. 지키다.

【弘】 크다(大也). 넓다(廣也).

【篤】 두텁다. 돈독(敦篤)하다. 독실(篤實)하다. 신실(信實)하다. 충실(忠實)하다. 믿음성[인정] 있고 후덕(厚德)하게 하다.

【焉能爲有 焉能爲亡】 (德과 道가) 어찌 능히 있다고 말할 수 있으며 어찌 능히 없다고 말할 수 있겠는가? ⇒ 유무를 따질 필요도 없을 정도로 미미하다.

焉 : 어찌. 어떻게. 어디. 부사. 반문의 어기를 강조하며 동사나 조동사 앞에 옴.

能 : 능히[충분히] …할 수 있다. 조동사. 어떤 일을 할 능력이 있거나 조건이 됨을 나타냄.

爲 : = 謂. 이르다. 일컫다. 말하다. …라고 말하다. 亡무 : = 無. 없다.

李洙泰 - 道니 德이니 하지만 그것이 실천적으로 나타나지 않는다면 어떻게 지니고 있다 없다 하는 말을 할 수 있겠느냐.

정약용(丁若鏞) - 이와 같은 사람은 족히 그것이 있다 없다고 말할 수 없다. [如此者 不足言其有無]

[참고] (이런 사람은) 있다고 해도 그만 없다고 해도 그만이다.

　공안국(孔安國) - 경중을 따질 바가 없다는 말이다. [言無所輕重]

　형병(邢昺) - 비록 세상에 존재하여도 어찌 있다 하여 중하고 비록 세상에 없어도 어찌 없다 하여 가볍겠는가? [雖存於世 何能爲有而重 雖沒於世 何能爲無而輕]

♣20100519水

3. 자하의 제자가 자장에게 사귐에 대해 물으니…

> 子夏之門人問交於子張 子張曰 子夏云何 對曰 子夏曰 可者與之 其
> 不可者拒之 子張曰 異乎吾所聞 君子尊賢而容衆 嘉善而矜不能 我
> 之大賢與 於人何所不容 我之不賢與 人將拒我 如之何其拒人也

子夏(주하)의 門人(문신)이 交(교)를 子張(즈댱)의게 무른대 子張(즈댱)이 글오듸 子夏(주하) ᅵ 엇디 닐ᄋ더뇨 對(듸)하야 글오듸 子夏(주하)ᅵ 글오듸 可(가)ᄒ 者(쟈)를 與(여)하고 그 可(가)티 아니ᄒ 者(쟈)를 拒(거)홀 ᄯᆞ라 하더이다 子張(즈댱)이 글오듸 내 들온 바애 다르두다 君子(군즈)ᄂ 賢(현)을 尊(존)하고 衆(즁)을 容(용)하며 善(선)을 嘉(가)하고 不能(블능)을 矜(긍)하ᄂᆞ니 내 大賢(대현)일 ᄯᅢᆫ댄 人(신)에 어ᄂᆞ를 容(용)티 아닐 빼며 내 賢(현)티 몯홀 ᄯᅢᆫ댄 人(신)이 쟝ᄎᆞᆺ 나를 拒(거)하리니 엇디 그 人(신)을 拒(거)하리오

자하(子夏)의 문인(門人)이 자장(子張)에게 사귐에 대해 물으니 자장(子張)이 말하기를 "자하께서는 무어라 말하시더냐?" 하니 대답하여 말하기를 "자하께서 말하시기를 '사귈만한 사람은 그와 함께하고 그 사귈만하지 않는 사람은 물리쳐라.' 하셨습니다." 하였다. 자장이 말하기를 "내가 들은 것과는 다르도다. 군자는 현자(賢者)를 존중(尊重)하고 일반 대중(大衆)도 포용(包容)하며, 유능한 사람을 칭송(稱頌)하고 무능한 사람도 불쌍히 여기니, 내 큰 현자라면 사람들에게 어찌 받아들여짐이 없겠으며 내 현자가 아니라면 남들이 장차 나를 물리칠 것인데 어떻게 남을 물리칠 수 있겠는가?" 하였다.

【子夏】 공자의 제자 복상(卜商). 자가 자하(子夏).

【門人】 제자(들). 문하생(門下生). 자하의 제자.

【於】 …에게. 전치사. 동작이나 행위에 관련되는 대상을 나타냄. 다음의 於도 같음.

【何】 ① 무엇[어느 것이 …한가[인가]? 누구[무엇, 어디]인가? 누구를[무엇을] …한가? 의문대명사. 주어나 술어, 목적어로 쓰여 사람이나 사물, 장소에 대해 물음. 목적어로 쓰일 때는 일반적으로 도치되어 동사나 전치사 앞에 옴. 子夏云何. ② 어찌하여[왜] …한가? 의문대명사. 어떤 일의 이유나 원인에 대해

물음. 於人何所不用.

【可者與之】 사귈 수 있는 사람[사귈만한 사람]은 그와 함께한다.

可者 : 가한 사람. 가능한 사람. ⇒ 사귈 수 있는 사람. 사귈만한 사람.

[참고] 可 : 좋다. 괜찮다. ⇒ 可者 : 좋은 사람. 괜찮은 사람. ☞ *괜찮은[좋은] 사람은*
   그와 함께 한다.

與 : 함께하다. 동반하다. 어울리다. 교제하다. 사귀다. 동사.

之 : 그. 그들. 인칭대명사. 앞의 可者를 가리킴.

【其不可者拒之】 그 중에 사귈만하지 않는 사람은 그를 거절하다[물리치다].

其 : 그 사람들 중에. 그 사람들 가운데. 인칭대명사. 일반적인 사람을 가리킴.

[참고] 적호(翟灝)의 사서고이(四書考異)에서는 한대(漢代)의 석경(石經)에 이
   부분의 앞뒤 두 者자 사이에 네 글자가 빠졌다(可者□□□□者拒之)는 사실을
   근거로 其자는 본래 없는 것이라고 보았음.

拒 : 거절(拒絕)하다. 거부(拒否)하다. 물리치다.

之 : 그. 그들. 인칭대명사. 앞의 不可者를 가리킴.

【乎】 = 於. …와[과]. 전치사. 서로 다른 대상의 비교를 나타냄.

【尊賢而容眾】 현자(賢者)를 존중[존경]하고 일반 대중도 포용(包容)한다.

尊 : 높이다. 존중(尊重)하다. 존경(尊敬)하다. 공경(恭敬)하다.

而 : 게다가. 또한. 뿐만 아니라. 접속사. 점층관계를 나타냄.

容 : 받아들이다. 용납(容納)하다. 포용(包容)하다.

【而】 게다가. 또한. 뿐만 아니라. 접속사. 점층관계를 나타냄.

【嘉善而矜不能】 유능한 사람을 칭송하고 무능한 사람도 불쌍히 여긴다.

嘉 : 기리다. 칭찬하다. 칭송하다.

善 : 잘하는 사람. 능력이 있는 사람. 어질고 유능한 사람.

矜 : 불쌍히 여기다. 가엽게 여기다.

不能 : 잘하지 못하는 사람. 능력이 부족한 사람. 무능한 사람.

[참고] 善 : 착함. 선량함. 착한 사람. 不能 : 능히(충분히) …할 수 없다. 뒤에
   善이 생략됨. 善人일 수가 없다. ⇒ 선인이 아닌 사람. ☞ *착한 사람은 기리고[칭송하*
   고] 그렇지 않은 사람도 불쌍히 여긴다.

【我之大賢與】 내가 위대한 현자(賢者)라면.

第十九篇 子張

之 : …가 ~하면. 구조 조사(주격조사). 조건을 나타내는 부사절을 만듦.

大 : 위대하다. 훌륭하다. 형용사. 大賢 : 큰 현자(賢者). 위대한[훌륭한] 현자.

　[참고] 大 : 크게. 매우. 부사.　大賢 : 크게 어질다. 매우 현명하다. ☞ **내가 매우 현명하다면.**

與 : …(이) 면. 어기조사. 음절을 조정하고 어기를 고르는 역할을 함. 也와 같음.

【將】 장차[막, 곧] …하려 하다. 부사. 술어 앞에 쓰여 동작이나 행위가 곧(가까운 미래에) 발생하려 함을 나타냄.

【如之何】 어찌하여[왜] 그렇게 합니까[할 것입니까]? 대명사성 구조인 如何의 사이에 처리할 대상을 나타내는 지시대명사 之를 삽입한 형태로 원인을 묻거나 반문을 나타냄.

【其拒人也】 그 남을 거절하겠는가? 그 남들을 거절할 수 있겠는가?

其 : 그. 그렇게. 어기조사. 음절을 조정하고 어세를 강하게 함.

也 : = 乎. …이겠는가? 어기조사. 의문문 끝에 쓰여 반문의 어기를 나타냄.

포함(包咸) - 친구를 사귀는 것은 子夏처럼 해야 하지만, 두루 사람을 사귀는 것은 子張처럼 해야 한다. [友交當如子夏 汎交當如子張]

정현(鄭玄) - 子夏가 말한 것은 동년배와의 사귐이고, 子張이 말한 것은 존귀하거나 비천한 사람과의 사귐이다. [子夏所云 倫黨之交也 子張所云 尊卑之交也]

왕숙(王肅) - 子夏가 말한 것은 지위가 서로 비슷한 사람 사이(同列)의 사귐이고, 자장이 말한 것은 모든 것을 덮어주는 사귐이다. [子夏所云 敵體交 子張所云 覆蓋交也]

주희(朱熹) - 처음 배우는 자는 마땅히 자하의 말과 같이 해야 하며 德을 이루고자 하는 자는 마땅히 자장의 말과 같이 해야 한다. [王陽明도 그리 말했다.] [初學當如子夏之言 成德當如子張之說 王陽明亦云]

[참고]

子夏曰	子張曰
無友不如己者 자기보다 못한 자를 벗하려 하지 마라. [學而-8]	汎愛衆而親仁 널리 뭇 사람들을 사랑하되 어진 이를 가까이 해야 한다. [學而-6]

♣♣20100520木

4. 작은 도道는 군자가 추구하지 않으니…

子夏曰 雖小道 必有可觀者焉 致遠恐泥 是以君子不爲也

子夏(자하)ㅣ 굴오디 비록 쟈근 道(도)ㅣ나 반두시 可(가)히 보암즉혼 者(쟈)ㅣ 잇거니와
遠(원)에 致(티)호욤애 泥(녜)홀까 恐(공)혼 디라 일로뻐 君子(군즈)ㅣ 호디 아니호느니라

자하(子夏)가 말하기를 "비록 작은 도(道)일지라도 반드시 볼만한 것이 있겠지만
원대함에 이르는데 장애가 될까 염려되므로 이 때문에 군자(君子)는 추구하지 않는
다." 하였다.

【雖】 비록 …일[할]지라도. 접속사. 양보관계를 나타냄.

【小道】 작은 도. 작은 기예(技藝)[기술(技術)]. 道 : 기예(技藝). 기술(技術).

　하안(何晏) - 小道란 이단을 말한다. [小道 謂異端]

　정현(鄭玄) - 小道란 지금의 諸子書와 같다. [小道 如今諸子書也]

　주희(朱熹) - 小道란 농사와 원예, 의술(醫術)과 복술(卜術) 같은 등속이다. [小道
　　　如農圃醫卜之屬]

　정약용(丁若鏞) - 大體를 닦는 것은 大道, [곧 性命의 學이다.] 小體를 기르는 것은
　　　小道이다. [軍旅, 農圃, 醫藥 같은 유이다.] [修治大體曰 大道 卽性命之學 輔養小體曰
　　　小道 如軍旅農圃醫藥之類]

【可觀者】 볼만한 것.

【焉】 그것에서. 於之. 합음사(合音詞). 於는 전치사로 동작이나 행위가 일어나는
　　　장소(범위)를 나타내며, 之는 지시대명사로 小道를 가리킴.

【致遠恐泥】 원대함에 이르는 데 통하지 않을까 두렵다. 원대한 사업을 이루는 데
　　　방해가 될까 염려된다. [작은 道에 깊이 빠져 거기에 열중하다 보면 나라를 경영하는
　　　일 등 큰일을 하는 것, 곧 원대한 사업을 이루는 데 장애가 될 것이다.]

　致遠 : 원대함이 이르다. 원대한 사업을 이루다.

　　致 : 이르다. 정상에 이르다. 이루다. 달성하다. 도달하다. 지극함까지 이르다.
　　　궁극의 경지에 이르게 하다. 　遠 : 고원(高遠)하다. 원대(遠大)하다.

정약용(丁若鏞) - 致遠이란 上達과 같은 말이니 止於至善(지극히 선한 경지에 이름) 을 일컫는다. [致遠 猶言上達 謂止於至善]

恐 : 두려워하다. 걱정하다. 염려하다. 동사.

泥니 : 통하지 않다. 막히다. 지체되다. 장애가 되다. 방해가 되다.

포함(包咸) - 泥란 어려워 통하지 않는 것이다. [泥 難不通]

정현(鄭玄) - 泥란 어딘가에 막혀있거나 파묻혀서 통하지 않는 것을 말한다. [泥 謂滯陷不通] [朱熹 - 泥 不通也]

정약용(丁若鏞) - 泥란 滯(체, 정체되다, 막히다) 이니 막히면 통하지 못한다. [泥 滯也 滯則不通] 泥의 물건 됨이 끈끈하고 찐득찐득하게 아교처럼 착 달라붙어 유통될 수 없는 것이다. 그러므로 가차(假借) 하여 여기에 사용하였다. [泥之爲 物 黏著膠滯 不能流通 故假借用之]

[참고] ☞ 깊숙이 들어가면 아마도 빠지게 될 것이므로.

致遠 : 멀리까지 이르다. 깊이 들어가다. 깊이 힘쓰다. [致 : 힘쓰다. 지극히 하다. 깊이 연구하다. 遠 : 깊다. 심오하다. 심원하다.]

恐 : 아마도. 부사. 동작이나 행위 혹은 어떤 상황에 대한 추측을 나타냄.

泥 : 진흙에 디럽혀지다. 진흙에 빠지다. 흠뻑 젖다. 빠지다.

[참고] ☞ 좇아 깊은 데까지 이르다 보면 그것에 너무 빠쳐들까 염려되므로. [恐 : 두려워하다. 염려하다. 동사.]

【是以】 이로써. 이로 인해. 이 때문에. 이런 이유로. 따라서. 그러므로. 관용형식으로 서 단문을 연결시키는 역할을 하며, 결과를 나타냄.

【爲】 하다. ⇒ 노력하다. 배우다. 공부하다. 연구하다. 추구하다.

황간(皇侃) - 爲는 배움과 같다. [爲猶學也]

【也】 …이다. 어기조사. 진술문의 끝에 쓰여 판단이나 단정 또는 긍정을 나타냄.

양시(楊時) - 백가(百家) 의 갖가지 기예(技藝)는 마치 이목구비(耳目口鼻)와 같아 서 모두 밝은 바가 있으나 서로 통할 수 없으니, 볼 만한 것이 없는 것은 아니요, 원대함에 이르는 데 장애가 된다. 그러므로 君子가 하지 않는 것이다. [百家衆技 猶耳目口鼻 皆有所明而不能相通 非無可觀也 致遠則泥矣 故君子不爲也]

♣20100521金

5. 날마다 없는 바를 알고 달마다 능能한 바를 잊지 않으면

子夏曰 日知其所亡 月無忘其所能 可謂好學也已矣

子夏(조하)ㅣ 굴오디 날로 업슨 바를 알며 들로 그 能(능)ᄒᆞ는 바를 닛디 아니ᄒᆞ면 可(가)
히 學(흑)을 好(호)ᄒᆞ다 닐엄즉 홀 ᄯᆞ름이니라

자하(子夏)가 말하기를 "날마다 자기가 모르는 것을 알아가고 달마다 자기가 잘하는
것을 잊지 않는다면 가히 배움을 좋아한다 말할 수 있을 것이다." 하였다.

【日知】 날마다 알다. 날마다 알아 가다.　知 : 알다. 깨달아 알다.

【其所亡】 그가 없는 것. 자기가 가지고 있지 않는 것. 자기가 모르는 것.

　其 : 그가. 자기가. 인칭대명사. 일반적인 사람을 가리킴.

　所 : …하는 바. …하는 것. …한. 특수지시대명사. 주어와 술어 사이에 쓰여 주술구조
　　를 명사구로 만들어 줌.　亡무 : = 無. 없다. ⇒ 알지 못하고 행하지 못한 것.

　주희(朱熹) - 亡(무)는 없는 것이니, 자신이 가지고 있지 못한 것을 이른다. [亡
　　無也. 謂己之所未有]

【其所能】 그가 능한 것. 자기가 잘하는 것. ⇒ 자기가 이미 알고 행한 것.

【也已矣】 …이다. 어기조사. 긍정적 단정의 어기를 나타냄.

　정약용(丁若鏞) - 이 장은 다만 日就月將의 뜻이다. [此章只是日就月將意]

　♣ 日就月將 [詩經 周頌] [就 : 앞으로 나아가다(進取). 將 : 받들어 유지하다(承持).]

　황간(皇侃) - 이것은 곧 옛 것을 잊지 않고 익히며 새것을 아는 것이다. 日知其所亡은
　　바로 知新이요 月無忘所能은 바로 溫故이다. 可謂好學은 바로 爲師를 말함이
　　다. [此即是溫故而知新也 日知其所亡 是知新也 月無忘所能 是溫故也 可謂好
　　學是謂爲師也] [참고] 爲政-11.

　형병(邢昺) - 예전에 듣지 못했던 것은 마땅히 이를 배워야 하고, 예전에 이미 능했던
　　것은 마땅히 이를 온심(溫尋, 복습함)하여야 한다. [舊無聞者當學之 舊已能者
　　當溫尋之]

　윤돈(尹焞) - 배우기를 좋아하는 사람은 날로 새로워지고 잃음이 없다. [好學者
　　日新而不失]
　　　　　　　　　　　　　　　　　　　　　　　　　　♣20100521金

6. 博學박학, 篤志독지, 切問절문, 近思근사 속에 仁인이 있으니

子夏曰 博學而篤志 切問而近思 仁在其中矣

子夏(ㅈ하)ㅣ 굴오듸 學(흑)을 博(박)히 ᄒ고 志(지)를 篤(독)히 ᄒ며 切(절)히 問(문)ᄒ고 近(근)히 思(ᄉ)ᄒ면 仁(신)이 그 中(듕)에 인ᄂ니라

자하(子夏)가 말하기를 "널리 배우고 돈독(敦篤)[독실(篤實)]하게 뜻을 가지며 간절(懇切)[절실(切實)]하게 묻고 가까이에서 생각한다면 인(仁)은 그 가운데에 있을 것이다." 하였다.

【博學】 널리 배우다. 광범위하게 배우다. 학문(學文)을 풍부하게 하다. 배운 것이 많고 학식이 넓다. 다방면에 걸쳐 두루 알다.
　형병(邢昺) - 博은 넓음이다. [博 廣也]
【而】 와[과]. …하고. 그리고. 접속사. 병렬관계를 나타냄.
【篤志】 뜻을 돈독하게 하다. ⇒ 돈독(敦篤)[독실(篤實)]하게 뜻을 지니다. 어떤 일을 이루려고 마음을 단단히 먹는 것, 곧 어떤 유혹에도 흔들리지 않고 반드시 이루어내고 말겠다는 각오를 다지는 것을 뜻함. [김영일]
　篤 : 두텁다. 돈독(敦篤)하다. 독실(篤實)하다. 신실(信實)하다. 충실(忠實)하다. 믿음성[인정] 있고 후덕(厚德)하게 하다.
　志 : 뜻. 마음. 의지(意志).
　정약용(丁若鏞) - 篤은 굳건함이다. [篤 固也]
　[참고] 志 : 기록하다(識也). [邢昺]
　　공안국(孔安國) - 넓게 배우고 그것을 잘 기록하는 것이다. [廣學而厚識之]
　정약용(丁若鏞) - 그 학문을 두루 넓게 하면 곧 고루하여 막히는 일이 없고 그 뜻을 견고하게 하면 곧 세속으로 흐르지 않는다. [汎博其學 則不滯於陋 堅固其志 則不流於俗]
【切問】 간절(懇切)하게 묻다. 절실(切實)하게 묻다. 잘 모르는 것이 있으면 진지하고 간절하게 묻고 배우려는 자세를 갖는다는 것을 뜻함. [김영일]
　정약용(丁若鏞) - 切은 割(나누다, 저미다)이요 刻(깎다)이다. [切 割也刻也]

황간(皇侃) - 切은 급함과 같다. [切 猶急也]

하안(何晏) - 切問이란 자신이 배워 미처 깨닫지 못한 바의 일을 절실하게 묻는 것이다. [切問者 切問於己所學未悟之事]

【近思】 가까이에서 생각하다. 가까운 것에서부터 생각하다. 비근(卑近)하게 생각하다. [참고] 雍也-28. 能近取譬 可謂仁之方也已.

정약용(丁若鏞) - 近이란 자신이다. [近者 身也]

하안(何晏) - 近思란 자기가 미처 능히 미치지 못한 바의 일을 생각하는 것이다. [近思者 思己所未能及之事]

정약용(丁若鏞) - 그것을 묻기를 각할(刻割)하듯이 하면 곧 아는 것이 정밀하여지고, 그것을 생각하기를 자신으로부터 하면 깨닫는 것이 충실하여진다. [問之如刻割 則所知者精 思之自本身 則所悟者實]

【其】 그. 그것. 지시대명사. 앞의 博學~近思를 가리킴.

【矣】 …이다. 어기조사. 단정 또는 필연의 결과를 나타냄.

주희(朱熹) - 이 네 가지는 모두 박학(博學)·심문(審問)·신사(愼思)·명변(明辨)의 일들이니, 힘써 행해서 仁을 하는 데는 미치지 못한다. 그러나 여기에 종사하면 마음이 밖으로 치달리지 않아 보존하고 있는 것이 저절로 익숙해진다. 그러므로 仁이 그 가운데 있다고 말씀한 것이다. [四者 皆學問思辨之事耳 未及乎力行而 爲仁也 然 從事於此 則心不外馳 而所存自熟 故 曰仁在其中矣] [中庸 20章]

소식(蘇軾) - 배우기를 널리 하기만 하고 뜻을 독실하게 하지 않으면 크기만 하고 이룸이 없으며, 범연히 묻고 멀리 생각하면 수고롭기만 하고 공효가 없다. [博學而志不篤 則大而無成 泛問遠思 則勞而無功]   ♣20100521金

231

7. 군자君子는 학문學文으로써 도道에 이르니

子夏曰 百工居肆以成其事 君子學以致其道

子夏(주하)ㅣ 글오딕 百工(빅공)이 肆(ᄉ)에 居(거)ᄒ야 뼈 그 事(ᄉ)룰 成(셩)ᄒ고 君子(군주)ㅣ 學(혹)ᄒ야 뼈 그 道(도)룰 致(티)ᄒᄂ니라

자하(子夏)가 말하기를 "모든 장인(匠人)은 공방(工房)에 있음으로써 그 일을 이루고, 군자(君子)는 학문(學文)을 함으로써 그 도(道)에 이른다." 하였다.

【百工】 모든 공인(工人) [장인(匠人)].

　百 : 모든. 온갖.　工 : 공인(工人). 장인(匠人).

【居肆以】 공방(工房) [점포(店鋪)]에 작업하며 있음으로써. 以居肆의 도치.

　居 : 있다. 꾸준히 한 곳에 머물다. 자리 잡고 일하다[살다].

　肆사 : 진열하다. ⇒ 물건을 진열하는 곳. 옛날에 장인이 스스로 물건을 만들기도
　　　　하고 팔기도 하던 작업장(공방工房) 겸 가게(점포店鋪). [참고] 憲問-38.

　以 : …으로써. …을 가지고[통하여]. 전치사. 도구·수단·방법을 나타냄.

　형병(邢昺) - 肆는 관청(官廳)에 부설된 물건을 만드는 곳을 말한다. [肆 謂官府造
　　　作之處也]

　정약용(丁若鏞) - 肆는 물건을 진열하는 곳이다. [肆 陳物之處]

【成】 이루다. 해내다. 완성하다. (일 등을) 성취하다.

【致】 이르다. 정상에 이르다. 이루다. 달성하다. 도달하다. 지극함까지 이르다. 궁극
　　　의 경지에 이르게 하다.

　황간(皇侃) - 致는 至(이르다)이다. [致 至也] [邢昺]

　주희(朱熹) - 致는 極(지극히 하다)이다. [致 極也]

【其】 그. 그 사람. 인칭대명사. 앞의 百工과 君子를 각각 가리킴.

　정약용(丁若鏞) - 모든 공인은 자신이 항시 자기 공방에 살면서 손수 쉬지 않고
　　　그 작업을 조작하여 그 일을 완성한다. 군자가 학문으로써 도의 지극한 경지에
　　　이르는 것도 마땅히 또한 이와 같은 것이다. [百工身恒居其肆 手恒操其業乃成
　　　其事 君子之學以致道 宜亦如此]　　　　　　　　　　　♣20100521金

8. 소인小人은 잘못하면 반드시 꾸며 둘러대니

子夏曰 小人之過也 必文

子夏(ᄌ하)ㅣ 굴오ᄃᆡ 小人(쇼신)의 過(과)ᄂ 반ᄃ시 文(문)ᄒᄂ니라

자하(子夏)가 말하기를 "소인(小人)은 잘못을 하면 반드시 꾸며 둘러댄다." 하였다.

[참고] 學而-8, 衛靈公-29.

【之】 ⋯가 ~하면. 구조 조사(주격조사). 조건을 나타내는 부사절을 만듦.

【過】 허물(이 있다). 잘못(을 하다). 과오(를 범하다).

【也】 ⋯은(는, 이). ⋯이면. 음절을 조정하고 어기를 고르는 어기조사.

【必】 반드시. 꼭. 참으로. 과연. 동작·행위·성질·상태 등에 대한 결연한 의지나 확신을 나타냄.

【文】 꾸미다. 겉꾸밈. ⇒ 변명하여 둘러대다. 핑계를 대다.

　주희(朱熹) - 文은 꾸미는 것이다. [文 飾之也]

공안국(孔安國) - 자기의 잘못을 꾸미고 실정을 말하지 않는 것이다. [文飾其過 不言情實]

주희(朱熹) - 小人은 잘못을 고치는 것을 꺼리고 스스로 속이는 것을 꺼리지 않는다. 그러므로 반드시 문식(文飾)하여 잘못을 무겁게 만든다. [小人 憚於改過 而不憚於自欺 故必文以重其過]

정약용(丁若鏞) - 小人은 반드시 이(허물)를 차단해 가리려는 방법을 생각하기 때문에 그것(허물)에 대해 꾸며댄다. [小人必思所以遮掩之 故文之]

♣20100521金

9. 군자君子는 삼변三變이 있으니 엄연儼然·온溫·려厲이라

子夏曰 君子有三變 望之儼然 卽之也溫 聽其言也厲

子夏(ㅈ하)ㅣ 굴오딕 君子(군ㅈ)ㅣ 三變(삼변)이 인ᄂ니 望(망)홈애 儼然(엄션)ᄒ고 卽(즉)홈애 溫(온)ᄒ고 그 言(언)을 聽(텽)홈애 厲(려)ᄒ니라

자하(子夏)가 말하기를 "군자(君子)는 삼변(三變)이 있으니, 멀리서 바라보면 근엄(謹嚴) 단정(端正)하고, 다가가면 낯빛이 온화(溫和)하고, 그 말을 들으면 명확(明確) 엄정(嚴正)하다." 하였다.

【變】 얼굴색을 바꿈. 변모(變貌).

【望】 바라보다. 멀리서 바라보다.

【之】 그. 그 사람. 인칭대명사. 앞의 君子를 가리킴.

【也】 …은(는). …이란. …이면. 어기조사. 음절을 조정하고 어기를 고르는(말을 잠깐 멈추고 다음 내용을 환기시키는) 역할을 함.

【儼然】 의젓하고 공손하다. 엄숙하고 장중한 모양. 근엄(謹嚴)하다.

　주희(朱熹) - 儼然은 용모가 장엄한[씩씩한] 것이다 [儼然者 貌之莊]

【卽】 나아가다(就也). 자리에 나아가다(卽位, 卽席). 가까이 다가가다. 그것을 향해 앞으로 가다. 황간(皇侃) - 卽은 나아감이다. [卽 就也] [丁若鏞]

【溫】 따뜻하다. 온화(溫和)하다. 온유(溫柔)하다.

　주희(朱熹) - 溫은 얼굴빛이 온화한 것이다. [溫者 色之和]

【厲】 엄(嚴)하다. 엄격하다. 위엄이 있다. 엄숙(嚴肅)하다. 준엄(峻嚴)하다. 명확하고 엄정하다.

　정현(鄭玄) - 厲는 엄숙하고 정직한 것이다. [厲 嚴正]

　주희(朱熹) - 厲는 말이 확실한 것이다. [厲者 辭之確]

　정약용(丁若鏞) - 厲는 말이 준엄한 것이다. [厲者 辭之峻]

　이충(李充) - 사람들은 이를 변함이라 이르지만 군자는 변함이 없는 것이다. [人謂之 變耳 君子無變也]

형병(邢昺) - 보통 사람은 멀리서 바라보면 많이 게을러 보이고, 가까이 가서 보면 안색이 사납고, 그 말을 들으면 많이 간사하다. [常人 遠望之則多懈惰 卽近顏色 猛厲 聽其言則多佞邪]

[참고] 述而-37.   ♣20100521金

10. 믿음을 받은 후에 일을 시키고 간(諫)할 수 있으니

子夏曰 君子信而後勞其民 未信則以爲厲己也 信而後諫 未信則以
爲謗己也

子夏(주하)ㅣ 굴오디 君子(군주)ㅣ 信(신)흔 後(후)에 그 民(민)을 勞(로)홀 띠니 信(신)
티 몯ᄒ면 뼈 己(긔)를 厲(려)흔다 ᄒ리니라 信(신)흔 後(후)에 諫(간)홀 띠니 信(신)티
몯ᄒ면 뼈 己(긔)를 謗(방)흔다 ᄒ리니라

자하(子夏)가 말하기를 "군자(君子)는 믿음을 받은 이후에 백성을 부릴지니 아직
믿음을 받지 못하면 곧 자기를 괴롭힌다고 여긴다. 신임(信任)을 받은 이후에 간언(諫
言)을 할지니 아직 신임을 받지 못하면 곧 자기를 헐뜯는다고 생각한다." 하였다.

【信】 믿음을 받다. 신뢰(信賴)를 얻다.

　주희(朱熹) - 信은 성의가 간곡하여 남들이 이것을 신임함을 말한다. [信 謂誠意惻
　　怛而人信之也]

【而後】 이후에. 그런 다음에. …한 연후에. …하고 난 후에. = 以後. 단문을 연결시키
　　며, 뒷일이 앞의 일에 이어서 발생하는 연관관계를 나타냄.

【勞】 수고롭게 하다. 부리다. 일을 시키다. 노역을 시키다.

【未】 아직 …하지 않다[못하다]. 아직 …이 아니다. 부사. 동작·행위·상황 등이
　　아직 발생하지 않았음을 나타냄.

【則】 …이면(하면) (곧). 그렇다면 곧. 접속사. 결과나 조건에 대한 상호 원인 등
　　앞뒤 문장의 전후 상황이 서로 연관됨을 나타냄.

【以爲】 …으로 여기다. …으로 삼다. …으로 생각하다. 以 다음에 목적어가 생략됨.

【厲려】 괴롭히다. 해롭게 하다. 학대하다. 가혹하게 대하다.

　왕숙(王肅) - 厲는 病(괴로움, 고통)과 같다. [厲 猶病也]

【也】 …이다. 어기조사. 판단이나 단정 또는 긍정의 어기를 나타냄.

【諫】 간언(諫言)을 하다. 바로 잡도록 옳은 말[직언(直言)]을 하다. 바른 말로
　　충고하다.

【謗】 헐뜯다. 비방(誹謗)하다.　　　　　　　　　　　　　♣20100521金

11. 큰 덕이 법도를 넘지 않으면 작은 덕은 출입이 가可하니

子夏曰 大德不踰閑 小德出入可也

子夏(즈하)ㅣ 굴오딕 큰 德(덕)이 閑(한)에 踰(유)티 아니ᄒᆞ면 쟈근 德(덕)은 出入(츌입) ᄒᆞ야도 可(가)ᄒᆞ니라

자하(子夏)가 말하기를 "큰 덕이 법도의 한계를 넘지 않는다면 작은 덕은 넘나들어도 괜찮다." 하였다.

【大德】 큰 덕목(德目). 대절(大節). 대륜(大倫). 사회생활의 기본이 되는 윤리규범.
　주희(朱熹) - 大德·小德은 대절(大節, 큰 일)·소절(小節, 작은 일)이라는 말과
　　같다. [大德小德 猶言大節小節]
【踰유】 넘다. 벗어나다.
【閑】 한계. 규범의 경계. 지켜야 할 한계선. ⇒ 법도. 도덕규범.
　공안국(孔安國) - 閑은 法(법도)과 같다. [閑 猶法也]
　주희(朱熹) - 閑은 난(闌)이니 외물(外物)의 출입을 중지시키는[막는] 것이다.
　　[閑 闌也 所以止物之出入] ♣ 闌 : 출입을 못하게 문 앞을 가로막는 가름대.
　정약용(丁若鏞) - 閑은 예방(禮防, 예로써 막음)이다. [閑자는 門에 나무가 있는 형상으로
　　문 안팎의 한계를 짓는 것이다.] [閑 禮防也 閑字象門有木 以作內外之限]
【出入】 나가고 들어가다. 드나들다. 넘나들다. 다소 경계선을 벗어나다.
【可】 옳다. 좋다. 괜찮다. 가(능)하다.
【也】 …이다. 어기조사. 판단이나 단정 또는 긍정의 어기를 나타냄.
형병(邢昺) - 大德의 사람은 上賢을 일컬으니 행하는 바가 모두 법도를 벗어나지
　　않으며 小德을 지닌 자는 그 다음의 賢人을 이르니, 이는 법도를 넘지 않을
　　수 없다. 때로는 법도를 넘어서 벗어남이 있어도 곧 다시 돌아와 그 법도를
　　지킬 수 있으니, 그 사람이 다 갖추기를 요구하지 않으므로 可하다라고 말한
　　것이다. [大德之人 謂上賢也 所行皆不越法則也 小有德者 謂次賢之人 不能不
　　踰法 有時踰法而出旋能入守其法 不責其備 故曰 可也] ☞ 큰 덕은 법도의 한계를
　　넘을 수 없고, 작은 덕은 드나들어도 괜찮다.

第十九篇 ● 子張

정약용(丁若鏞) - 大德은 성인(聖人)을 말하고, 小德은 배우는 이를 말한다. [大德
謂聖人 小德 謂學者]

성인은 법규를 넘어서는 안 된다. 한 번이라도 넘는 일이 있으면 성인이 아니다.
배우는 이는 아직 미처 성덕(成德)이 되지 않으니, 때로 잘못이 있더라도 다만
머지않아 회복하면[나갔다 들어오면] 가한 것이다. [聖人不踰矩 一有踰 非聖人也
學者未及成德 時有過差 但能不遠而復出而入 則可矣]

이 장의 뜻은 어리석은 자를 포용하여 그 허물을 용서하는 데 있다. [此章意
在包蒙恕尤]   ♣20100521金

12. 군자君子의 도道를 어찌 무시하여 왜곡歪曲하리

子游曰 子夏之門人小子 當灑掃應對進退 則可矣 抑末也 本之則無
如之何 子夏聞之曰 噫 言游過矣 君子之道 孰先傳焉 孰後倦焉 譬諸
草木 區以別矣 君子之道 焉可誣也 有始有卒者 其惟聖人乎

子游(ㅈ유)ㅣ 글오딕 子夏(ㅈ하)의 門人(문인) 小子(쇼ㅈ)ㅣ 灑掃(새소)와 應對(응딕)와
進退(진퇴)에 當(당)ㅎ얀 可(가)ㅎ나 末(말)이라 本(본)흔 則(즉) 업스니 엇더ㅎ뇨 子夏
(ㅈ하)ㅣ 듣고 글오딕 噫(희)라 言游(언유)ㅣ 過(과)ㅎ도다 君子(군ㅈ)의 道(도)ㅣ 어늬
를 先(선)이라 ㅎ야 傳(뎐)ㅎ며 어늬를 後(후)ㅣ라 ㅎ야 倦(권)ㅎ리오 草木(초목)에 譬
(비)컨댄 區(구)로뻐 別(별)홈이니 君子(군ㅈ)의 道(도)ㅣ 엇디 可(가)히 誣(무)ㅎ리오
始(시)를 두며 卒(졸)을 둠은 그 오직 聖人(성인)인뎌

　　자유(子游)가 말하기를 "자하(子夏)의 제자 애들은 물 뿌려 비로 쓰는 청소의 일과
손님을 맞이하고 대하는 일과 나아가고 물러나는 일에 대해서는 잘 배웠으나 말단적
인 것이라, 근본을 궁구(窮究)함은 곧 없으니 이를 어찌하랴?" 하였다. 자하(子夏)가
이를 듣고 말하기를 "아! 언유(言游)는 잘못 알고 있도다! 군자(君子)의 도(道)가
어느 것을 먼저 전하여 가르치며, 어느 것을 뒤로하여 가르치기를 게을리 하겠는가?
그것을 초목(草木)에 비유(譬喩)하자면 종류로써 구별하여 기르는 것과 같으니,
군자의 도를 어떻게 무시하여 왜곡할 수 있겠는가? 처음이 있고 끝이 있는 사람은
아마도 오직 성인(聖人)일 것이로다!" 하였다.

【子游】 공자의 제자. 성은 언(言). 이름은 언(偃). 자가 자유(子游). 오(吳)나라
　　사람으로 공자보다 45세 아래. 무성(武城)의 읍재(邑宰)를 지냄. 뒤의 言游는
　　성과 자를 부른 것임.

【門人小子】 ① 문하에 있는 소년 제자들. ② 제자 아이들. 小子도 제자라는 뜻이지만
　　여기서는 경시하는 느낌과 격의 없는 느낌을 주기 위하여 門人과 겹쳐서 쓴
　　것으로 보임. [류종목]

　정약용(丁若鏞) - 門人小子란 門人(제자) 중에서도 특별히 小子를 들어서 말한
　　것이다. [門人小子 於門人之中 別擧小子而言之]

【當】 …에 관해서는. …에 대해서는. 전치사. 동작이나 행위가 발생할 때 직접적으로
　　 관련되는 대상임을 나타냄.

【灑(洒)掃쇄소】 물을 뿌리고 비로 쓰는 일. 청소(淸掃) 의 일.

【應對】 응대(應待) 하고 대답하는 일. 손님이나 웃어른을 맞이하여 모시고 물음에
　　 잘 대답하는 일. 접대(接待) 의 일.

【進退】 윗사람을 뵐 때 나아가고 물러나고 하는 몸가짐의 일. 행동규범(行動規範)
　　 의 일.

【則】 …은[는] 곧. …로 말하면[말할 것 같으면] 곧. …으로는 곧. …할 때는[경우에
　　 는]. …하여서는 곧. 접속사. 두 가지 또는 여러 가지 사실의 대비(대응)관계나
　　 병렬관계를 나타내며 강조의 어감을 가짐.

【可】 괜찮다. 그런대로 좋다[되다]. ⇒ 그런대로 잘한다. 그런대로 잘 배웠다.

【矣】 …이다. 어기조사. 단정 또는 필연의 결과를 나타냄. 則可矣, 區以別矣.

【抑】 그러나. 그렇지만. 단지. …이지만. 접속사. 역접관계 또는 전환을 나타냄.
　　 즉 앞뒤 문장의 의미가 상반됨을 나타냄.

【末】 끝부분. 말단(末端). 지엽(枝葉). 지엽적인 일. 말단적인 일.

【也】 ① …이다. 어기조사. 판단이나 단정 또는 긍정의 이기를 나타냄. 末也. ②
　　 …한가[인가]? 어기조사. 의문(질문) 의 어기를 나타냄. 일반적으로 何, 誰,
　　 奚, 焉 등의 의문대명사와 같이 씀. 焉可誣也.

【本】 본질(本質). 근본(根本). ⇒ 근본을 궁구(窮究) 하다.

【之】 ① …의. 조사. 관형어와 중심어 사이에 쓰여 종속관계를 나타냄. 子夏之門人小
　　 子, 君子之道. ② …은[는]. …이[가]. 구조조사(주격조사). 주술구조 사이에
　　 쓰여 이를 명사구(절)로 만들어 주는 역할을 함. 本之則無. ③ 그. 그것. 지시대
　　 명사. 子夏聞之曰(子夏之門人小子 ~ 如之何를 가리킴).

【如之何】 그것을 어떻게 합니까? 대명사성 구조인 如何의 사이에 처리할 대상을
　　 나타내는 지시대명사 之를 삽입한 형태로 의문을 나타내거나 방법을 물음.
　　 如之何可矣.

【噫】 아! 감탄사. 비통·분노·감격·놀라움·찬송·애석함 등의 감정을 나타냄.

【孰先傳焉 孰後倦焉】 어느 것을 먼저 전하여 가르치며, 어느 것을 뒤로 하여 가르치
　　 기를 게을리 하겠는가?

孰 : 무엇이 …인[한]가? 무엇을[어느 것을] …하겠는가? 의문대명사. 사물에
　　대한 질문을 나타냄.

傳 : 전하다. 전수(傳授)하다. 전하여 가르치다. 가르쳐 주다. 동사.

焉 : …인가? 어기조사. 의문의 어기를 나타냄. 반문의 어기가 내포됨.

倦 : 게을리 하다. 나태하다. 게으름을 피우다.

　주희(朱熹) - 倦은 '사람을 가르치기를 게을리 하지 않는다[誨人不倦].' 는 倦자
　　와 같다. [倦 如誨人不倦之倦] [참고] 述而-2.

【譬】비유(譬喩)하다.

【諸저】之於(그것을 …에[와, 과]). 합음사. 之는 지시대명사로 앞의 君子之道~倦焉
　　을 가리키고, 於는 전치사로 비교의 대상을 나타냄.

【區以別矣】종류로써 구별하여 기르는 것이다. 종류로써 구별하여 기르는 것과
　　같다. 종류에 따라 구분하여 기르다.

區 : 구분(區分)하다. 분별[구별]하다. ⇒ 구분[구별]하여 기르다.

以別 : 종별(種別)로써. 종류(種類)에 따라.

　以 : …(으)로(써). …을(에) 따라. …을 사용하여. …에 근거하여. 전치사. 동작이
　　나 행위가 발생할 때 사물이나 어떤 준칙(기준이나 근거)에 의거하는 것을
　　나타내며 간혹 강조를 위해 뒤의 목적어와 도치되기도 함.

　別 : 사물의 종별(種別). 종류(種類). 유별(類別). 차이.

[참고] ① 區 : 종류. 以 : …로써. 전치사. 以區의 도치. 別 : 구별하다. ☞
　　종류로써 구별하다. ② 區 : 구획하다. 구분하다. 분별하다. 以 : 그리고. 그래서.
　　= 而. 접속사. 순접관계를 나타냄. 別 : 나누다. 달리하다. ☞ 구분하여 나누다.
　　구분하여 달리한다. 구획을 지어서 갈라놓다.

　주희(朱熹) - 區는 類(종류)와 같다. [區 猶類也]

정약용(丁若鏞) - 모종을 심는 것은 각기 그 시기가 있으니 이르고 늦음이 똑같지
　　않으므로 종류에 따라 이를 구별하는 하는 것이다. [蒔藝 各有其時 早晩不齊
　　故區以別之]

【焉可誣也】어떻게 무시하여 왜곡할 수 있겠는가?

焉 : 어떻게. 의문대명사. 방식이나 상황에 대한 물음을 나타냄.

誣 : 거짓으로 꾸며 말하다. 속이다. 무시하여 왜곡(歪曲)시키다. 날조하다.

241

주희(朱熹) - 군자의 도는 지엽적인 것을 먼저라 하여 전수하는 것도 아니며, 근본적인 것을 뒤라 하여 가르치기를 게을리 하는 것도 아니다. 다만 배우는 자의 이른 바가 스스로 얕고 깊음이 있으니, 마치 초목에 대소(大小)가 있어 그 종류가 진실로 구별됨이 있는 것과 같다. 만약 그 얕고 깊음을 헤아리지 못하고, 그 설고 익음을 따지지 않고서, 개괄하여 높고 원대한 것을 가지고 억지로 말해준다면 이는 속이는 것일 뿐이니, 군자의 도가 어찌 이와 같겠는가? [言君子之道非以其末爲先而傳之 非以其本爲後而倦敎 但學者所至 自有淺深 如草木之有大小 其類固有別矣 若不量其淺深 不問其生熟 而槪以高且遠者 强而語之 則是誣之而已 君子之道豈可如此]

也 : …한가[인가]? 어기조사. 의문문 끝에 쓰여 의문(질문)의 어기를 나타냄. 일반적으로 何, 誰, 奚, 焉 등의 의문대명사와 같이 씀.

【有始有卒者】 처음이 있고 끝이 있는 사람. 시작도 있고 끝도 있는 사람. 처음과 끝을 다 갖추다. ① 지엽적인 것도 갖고 있고 근본적인 것도 갖고 있는 완전무결하게 갖춘 사람. ② 처음부터 차례차례 군자의 도를 모두 가르쳐 교육을 완성하는 사람. 처음부터 끝까지 가리지 않고 모두 가르칠 수 있는 사람.

卒 : 끝. 그드머리. 말단(末端).

【其】 아마(도). 어쩌면. 부사. 동작이나 행위 또는 어떤 상황에 대한 추측을 나타냄.

【惟】 獨也. 오직. 다만. 유독. …만이. 부사. 범위의 제한이나 한정을 나타냄.

【乎】 …일 것이로다! 어기조사. 감탄의 어기를 나타냄. 其와 함께 쓰이는 경우 추측의 어기를 내포함.

공안국(孔安國) - 처음과 끝이 한결같은 것은 오직 성인뿐이다. [始終如一 唯聖人耳]

주희(朱熹) - 시종(始終)과 본말(本末)이 일이관지(一以貫之) 되는 것으로 말하면 오직 성인(聖人)만이 그럴 수 있으니, 어찌 門人小子들에게 바랄 수 있겠는가? [若夫始終本末一以貫之 則惟聖人爲然 豈可責之門人小子乎]

정이(程頤) - 聖人의 道에는 더욱이 정밀하고 거친 것이 없으니, 쇄소응대(灑掃應對)에서부터 의리를 정밀히 연구하여 신묘한 경지에 들어가기까지 관통되어 있어 다만 하나의 이치일 뿐이다. [聖人之道 更無精粗 從灑掃應對與精義入神 貫通只一理]

♣20100522土

13. 학문學文을 하고서 여유가 있으면 곧 벼슬하니

子夏曰 仕而優則學 學而優則仕

子夏(즈하)ㅣ 굴오디 仕(스)홈애 優(우)ᄒᆞ 則(즉) 學(흑)ᄒᆞ고 學(흑)홈애 優(우)ᄒᆞ 則(즉) 仕(스)홀 ᄯᆡ니라

자하(子夏)가 말하기를 "벼슬길에 나아가 여유가 있으면 곧 학문을 하고, 학문을 하고서 여유가 있으면 곧 벼슬길에 나아간다." 하였다.

【仕】 벼슬살이하다. 벼슬길에 나가다. 관직에 나아가다.

【而】 …하여서. 그리하여. 접속사. 순접(연관)관계를 나타냄.

【優】 넉넉하다. 남음이 있음(有餘). 여력이 있다. 여가가 있다.

　주희(朱熹) - 優는 여력(餘力, 남은 힘) [여가]이 있는 것이다. [優 有餘力也]

【則】 …이면(하면) (곧). 그렇다면 곧. 접속사. 결과나 조건에 대한 상호 원인 등 앞뒤 문장의 전후 상황이 서로 연관됨을 나타냄.

[참고] 學而-6. 行有餘力 則以學文.

정약용(丁若鏞) - 배우면 벼슬을 하고, 벼슬함은 배움에 힘을 입는다. 그러므로 서로 관여하고 있는 것이다. [學所以仕 仕資於學 故得相間]

주희(朱熹) - 벼슬과 배움이 이치는 같으나 일은 다르다. 그러므로 그 일을 당한 자는 반드시 먼저 그 일을 다한 뒤에 그 나머지에 미칠 수 있는 것이다. 그러나 벼슬하면서 배우면 벼슬하는 데 이용함이 더욱 깊어지고, 배우고서 벼슬하면 그 배운 것을 징험함이 더욱 넓어진다. [仕與學 理同而事異 故當其事者 必先有以盡其事而後可及其餘 然仕而學 則所以資其仕者益深 學而仕 則所以驗其學者益廣]

[참고] 박기봉 - 而 : 만약……이라면. 접속사. 조건이나 가정을 나타냄. [참고] 八佾-22. 優 : 훌륭히 해내다. 남보다 뛰어나다. [참고] 憲問-12. ☞ (이미) 관직에 나아간 자가 자기 일을 훌륭하게 해내려면 계속 배워야 하고, 배우는 자가 배움이 뛰어나면 관직에 나아간다.

♣20100522土

14. 상례喪禮는 슬픔을 다하면 그치니

子游曰 喪致乎哀而止

子游(즈유)ㅣ 골오디 喪(상)은 哀(익)를 致(티)ᄒ고 止(지)홀 ᄯ니라

자유(子游)가 말하기를 "상례(喪禮)는 슬픔을 다하면 곧 그친다." 하였다.

[참고] 八佾-4.

【致】 다하다. 지극히 하다. 극진(極盡)하게 하다. 정성을 다하다. 치성(致誠) 하다. 끝까지 온갖 힘을 다 쏟다.

【乎】 = 於. …에(게). …에 대해(서). …을(를). 전치사. 동작이나 행위가 발생할 때 직접 미치는 대상을 나타냄.

【而】 …하면 곧. = 則. 접속사. 조건에 따른 결과를 나타냄. [참고] 而 : 순접(연관)관 계를 나타냄. ☞ 喪致乎哀而止 : 상례는 슬픔을 다하고서 그치는 것이다.

【止】 그치다. 멈추다. 그만두다. 중단하다. 정지하다.

공안국(孔安國) - (슬픔이 지나쳐서) 몸을 훼손하여 타고난 性命을 해쳐서는 안 된다. [毀不滅性]

주희(朱熹) - 슬픔을 극진히 하고 문식(文飾)은 숭상하지 않는 것이다. [致極其哀 不尙文飾也]

양시(楊時) - 喪은 형식적으로 잘 치르기보다는 차라리 슬퍼하여야 하니, 예가 부족 하고 슬픔이 남는 것만 못하다는 뜻이다. [喪 與其易也 寧戚 不若禮不足而哀有 餘之意]

[참고] 而止 : = 而已. …일 뿐이다. …일 따름이다. 그만이다. 어기조사. 제한 또는 한정의 어기를 나타냄. ☞ 상례는 슬픔을 극진히 하면 그만일 뿐이다. 상례는 슬픔을 지극히 할 뿐이다. ♣♣20100522土

15. 자장은 잘하기 어려운 일을 하였으나 아직 인仁하지 않으니

子游曰 吾友張也 爲難能也 然而未仁

子游(주유)ㅣ 글오딕 내 友(우) 張(댱)이 難(난)히 能(능)홀 꺼시나 그러나 仁(신)티 몯ᄒ니라

자유(子游)가 말하기를 "내 학우(學友) 자장(子張)은 잘하기 어려운 일을 하였으나 아직 인(仁)하지는 아니하다." 하였다.

【張】 子張. 공자의 제자 전손사(顓孫師). 자가 子張이므로 張이라 부름.

【友】 벗. 친구. 학우(學友). 자장은 자유보다 세 살 아래임.

【也】 ① …은(는). …이란. …이면. 어기조사. 음절을 조정하고 어기를 고르는(말을 잠깐 멈추고 다음 내용을 환기시키는) 역할을 함. 吾友張也. ② …이다. 어기조사. 진술문의 끝에 쓰여 판단이나 단정 또는 긍정을 나타냄. 爲難能也.

【爲難能也】 잘하기 어려운 것[일]을 하다. 술어[爲, 동사] + 목적어[難能, 명사구[술어(難)+보어(能)]] ⇒ (남들에게 돋보이고 싶어) 남들이 하기 어려운 일을 하다.

[참고] 하기 어려운 것에 능하다. ☞ 어려운 일을 잘하다. 어려운 일을 잘해내다.

【然而】 이와 같음에도 불구하고. 이와 같지만. 그렇지만. 그러나. 관용형식으로서 단문을 연결시키는 역할을 하며 전환을 나타냄.

【未】 아직 …하지 않다[못하다]. 아직 …이 아니다. 부사. 동작·행위·상황 등이 아직 발생하지 않았음을 나타냄. ♣20100522土

16. 자장子張은 더불어 함께 인仁을 행하기 어렵도다

曾子曰 堂堂乎張也 難與並爲仁矣

曾子(증ㅈ) l 글 오샤딕 堂堂(당당)ᄒ다 張(댱)이여 더블어 ᄒᆞ 가지로 仁(신)을 홈이 어렵도다

증자(曾子)가 말하기를 "당당(堂堂)하도다! 자장(子張)이여! 더불어 인(仁)을 행함을 함께하기 어렵도다!" 하였다.

【曾子】 공자의 제자 증삼(曾參). 자는 자여(子輿).

【堂堂】 당당하다. 위풍당당하다. 풍채가 위엄이 있고 씩씩한 모습.

　주희(朱熹) - 堂堂은 용모가 훌륭[성대]한 것이다. [堂堂 容貌之盛]

【乎】 아! …이도다! …이(로)구나! 어기조사. 비분·찬양·감격 등의 감탄 어기를 나타냄.

【張】 子張. 공자의 제자 전손사(顓孫師). 자가 子張이므로 張이라 부름.

【也】 …이여! …이구나! …이도다! …로구나! 어기조사. 감탄문 끝에 쓰여 비통·찬송·감탄·놀람 등의 어기를 나타냄.

【與】 …와[과]. …와 함께. …와 더불어. 전치사. 동작이나 행위에 대한 동반자임을 나타냄. 뒤에 子張을 가리키는 之가 생략되었음.

【並】 한가지로 하다. 함께하다. 같이하다. 동사.

【爲仁】 인을 행하다[실천하다]. 인의 정신을 실현하다.

【矣】 …이구나! …이도다! …로구나! 어기조사. 감탄문의 끝에 쓰여 비통·찬송·감탄·놀람 등의 어기를 나타냄.

정현(鄭玄) - 자장이 용모와 태도는 성대하지만 仁의 도리에는 부족하다는 말이다. [言子張容儀盛, 而於仁道薄也]

주희(朱熹) - 그 외면만 힘쓰고 스스로 높은 체하여 서로 도와 仁을 행할 수 없으며, 또한 남의 仁을 도와줄 수 없음을 말한 것이다. [言其務外自高 不可輔而爲仁 亦不能有以輔人之仁也]

범조우(范祖禹) - 자장이 외모는 남음이 있으나 내면이 부족하였다. 그러므로 문인들

이 다 함께 仁을 행하는 것을 허여하지 않은 것이다. [子張外有餘而內不足
故門人皆不與其爲仁]   ♣20100522土

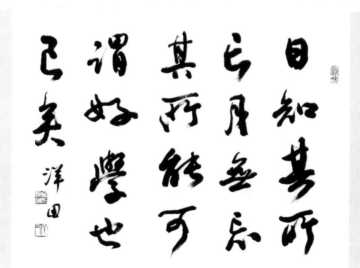

日知其所亡 月無忘其所能 可謂好學也已矣

날마다 자기가 모르는 것을 알아가고 달마다 자기가 잘하는 것을 잊지 않는다면 가히
배움을 좋아한다 말할 수 있을 것이니 [子張-5]

17. 지극함을 다하는 자, 친상親喪을 당했을 때이리

曾子曰 吾聞諸夫子 人未有自致者也 必也親喪乎

曾子(증そ)ㅣ 골으샤티 내 夫子(부そ)씌 듣ろ오니 사롬이 스스로 致(티)홀 者(쟈)ㅣ 잇디 아니ᄒ니 반드시 親喪(친상)인뎌

증자(曾子)가 말하기를 "내 저희 선생님께 이것을 들었는데, '사람이 스스로 지극함을 다하는 자 아직 있지 아니하나, 굳이 있다 한다면 부모의 상(喪)을 당했을 때이리라!' 하셨다." 하였다.

【諸저】之於(…에게 이것을). 합음사. 之는 지시대명사로 뒤의 人未有~親喪乎를 가리키고, 於는 전치사로 동작이나 행위와 관련되는 대상을 나타냄.

【人未有自致者也】사람이 스스로 지극함을 다하는 것은 아직 있지 아니하다. 사람이 자신이 스스로 정성을 다하는 것[일]은 아직 없다.

未 : 아직 …하지 않다[못하다]. 아직 …이 아니다. 부사. 동작·행위·상황 등이 아직 발생하지 않았음을 나타냄.

自 : 자기 자신. 일인칭대명사. 자신을 가리킴. 부사적 성격이 강하기 때문에 목적어로 쓰일 경우 동사 앞에 놓임.

致 : 다하다. 지극히 하다. 극진(極盡)하게 하다. 정성을 다하다. 치성(致誠)하다. 끝까지 온갖 힘을 다 쏟다.

　주희(朱熹) - 致는 그 지극함을 다하는 것이다. [致 盡其極也]

也 : …이다. 어기조사. 진술문의 끝에 쓰여 판단이나 단정 또는 긍정을 나타냄.

【必也】만약 …이 있다면 틀림없이 …일 것이다. 꼭[굳이] …한다면 반드시[틀림없이] …할 것이다. 그렇다면 반드시. 굳이 말하자면. = 必是. 必은 부사로 사람이나 사물에 대한 행위의 필요성·결연한 의지·확신 등을 나타내며, 也는 어기조사로 음절을 조정하고 어기를 고르는 역할을 함. [참고] 雍也-28.

남회근(南懷瑾) - '굳이. 꼭. 한사코 이야기해야 한다면.' 의 뜻으로 사실은 그런 슬픔도 때로는 자연스럽게 우러나는 참된 감정이 아니라 억지로 자아내는

감정일 수 있다는 것이다.

【親喪】 부모의 상(喪). 어버이의 상.

【乎】 …이다. …하리라! …일 것이다! 어기조사. 단정이나 강조의 어기를 나타냄.

마융(馬融) - 사람이 비록 다른 일에는 스스로 정성을 다할 수 없어도 부모님의 상에 이르러서는 반드시 스스로 정성을 다함을 말한 것이다. [言人雖未能自致 盡於他事 至於親喪 必自致盡]

윤돈(尹焞) - 어버이 喪에는 진실로 스스로 극진히 해야 하니, 여기에 그 정성을 쓰지 않는다면 어디에다가 정성을 쓰겠는가? [親喪 固所自盡也 於此不用其誠 惡乎用其誠] ♣ 親喪 固所自盡也 : 孟子 滕文公에 나옴.   ♣20100522土

18. 맹장자는 아버지의 신하와 정령政令을 바꾸지 않았으니

曾子曰 吾聞諸夫子 孟莊子之孝也 其他可能也 其不改父之臣與父
之政 是難能也

曾子(증즈)] 굴ᄋ샤디 내 夫子(부즈)끠 듣즈오니 孟莊子(밍장즈)의 孝(효)] 그 他(타)
는 可(가)히 能(능)ᄒ려니와 그 父(부)의 臣(신)과 다못 父(부)의 政(정)을 改(기)티
아니홈이 이 能(능)홈이 어려우니라

증자(曾子)가 말하기를 "내 저희 선생님께 이것을 들었는데, '맹장자(孟莊子)의 효행
(孝行)은 그 중에서 다른 것들은 가히 잘할 수 있으나 그가 아버지의 신하와 아버지의
정령(政令)을 바꾸지 아니한 것, 이것이 잘하기 어려운 것이니라.' 하셨다." 하였다.

【孟莊子】노(魯)나라 대부(大夫)로 성은 중손(仲孫). 이름은 속(速). 헌자(獻子)
　　　멸(蔑)의 아들. [朱熹 - 孟莊子 魯大夫 名速 其父 獻子 名蔑]
【之】…의. 조사. 관형어와 중심어 사이에 쓰여 종속관계를 나타냄.
【也】① …은(는). …이란. …이면. 어기조사. 음절을 조정하고 어기를 고르는 역할
　　　을 함. 孟莊子之孝也. ② …이다. 어기조사. 판단이나 단정 또는 긍정의 어기를
　　　나타냄. 其他可能也, 是難能也.
【其】① 그 중의. 그 중에서. 지시대명사. 其他可能也[孟莊子之孝를 가리킴.] ② 그.
　　　그 사람. 인칭대명사. 其不改父之臣與父之政[孟莊子를 가리킴.]
【與】…와[과]. 접속사. 병렬관계를 나타냄.
【能】능하다. 잘하다. 능력이 있다.
【是】이것. 지시대명사. 앞의 其不改父之臣與父之政을 가리킴.
마융(馬融) - 그가 선친의 상을 치르는 동안에 선친의 신하와 선친의 정치 중 비록
　　　좋지 못한 것이 있어도 차마 바꾸지 않았다는 것을 말한다. [謂在諒陰之中
　　　父臣及父政雖有不善者 不忍改也]
주희(朱熹) - 獻子가 훌륭한 德이 있었는데, 莊子가 아버지의 신하를 등용하고 그
　　　정사를 지켰으므로 다른 孝行도 칭송할 만한 것이 있으나 모두 이 일처럼
　　　어려운 것만은 못한 것이다. [獻子有賢德 而莊子能用其臣 守其政 故其他孝行

雖有可稱 而皆不若此事之爲難]

정약용(丁若鏞) - 어진 아버지가 어진 신하를 부려 선정(善政)을 세웠는데 그 자식이 이를 고치지 않은 것은 족히 칭찬할 것이 못된다. 오직 신하가 다 어질지 않고 정사가 다 착하지 않은데도 만약 큰 악이 없으면 따라서 이들을 그대로 부리고, 만약 큰 폐단이 없으면 따라서 이들을 그대로 인도한다면, 이를 일러 '능하기 어렵다(難能)' 이라고 하는 것이다. 맹헌자는 진실로 어진 대부이다. 그러나 공자가 맹장자를 칭찬한 것은 그 뜻이 아마도 이와 같지는 않을 듯하다. [賢父使賢臣立善政 而其子不改之 不足稱也 惟臣未必盡賢 政未必盡善 而苟無大惡 因而使之 苟無大弊 因而導之 斯之謂難能也 孟獻子固是賢大夫也 然孔子之所以美莊子者 其意恐不如此]

[참고] 學而-11.

♣20100522土

19. 만일 사정을 알게 되면 가엾이 여기고 기뻐하지 말지니

孟氏使陽膚爲士師 問於曾子 曾子曰 上失其道 民散久矣 如得其情
則哀矜而勿喜

孟氏(밍시)ㅣ 陽膚(양부)로 ᄒ여곰 士師(ᄉᆞᄉᆞ)를 삼은 디라 曾子(증ᄌᆞ)ᄭᅴ 묻ᄌᆞ온대 曾子
(증ᄌᆞ)ㅣ ᄀᆞᆯᄋᆞ샤ᄃᆡ 上(샹)이 그 道(도)를 失(실)ᄒᆞ야 民(민)이 散(산)ᄒᆞ얀디 오라니 만일
에 그 情(졍)을 得(득)ᄒᆞ야든 哀矜(ᄋᆡ긍)ᄒᆞ고 喜(희)티 마롤 ᄠᅵ니라

맹씨(孟氏)가 양부(陽膚)를 사사(士師)로 등용한지라 (양부가) 증자(曾子)께 물으
니, 증자가 말하기를 "윗사람이 도(道)를 잃어 민심(民心)이 흩어진 지 오래니 만일
죄인(罪人)의 사정을 알게 되거든 곧 슬퍼하여 가엾이 여기고 기뻐하지 마라." 하였다.

【孟氏】 노(魯)나라의 대부 맹손씨(孟孫氏). (맹손씨를 말하는 것인지 불확실하다
는 견해도 있음.)

　정현(鄭玄) - 경보(慶父)는 수레의 끌채를 들어 올리다가 죽었는데, 당시 사람들이
　　그의 이름을 직접 말하기 싫어하여 孟氏라고 말한 것이다. [慶父 抗輈稱死
　　時人爲之諱 故云孟氏] [참고] 환공(桓公)에게는 네 명의 아들이 있었는데 장남은 부친의
　　뒤를 이어 장공(莊公)이 되고 나머지 세 아들이 가로가 되어 이른바 삼환씨(三桓氏)이니 경보(慶
　　父)는 맹손씨(孟孫氏), 아(牙)는 숙손씨(叔孫氏), 우(友)는 계손씨(季孫氏) 임.

맹의자(孟懿子)	⇒	맹무백(孟武伯)	⇒	맹경자(孟敬子)
공자께 효(孝)를 물음 [爲政-5]		공자께 효(孝)를 물음 [爲政-6] 공자께 子路가 仁한지 물음 [公冶長-7]		증자를 병문안 함 [泰伯-4]

♣ 경보(慶父)는 맹손씨의 1대, 맹헌자(孟獻子)는 5대, 맹희자(孟僖子)는 8대, 맹의자(孟懿子)는 9대,
　孟武伯은 10대, 孟敬子는 11대임.

【陽膚】 증자(曾子)의 제자.

【士師】 법과 형벌을 집행하는 관직 이름. 옥관(獄官). 전옥관(典獄官).

형병(邢昺) - 그 스승에게 옥사(獄事)를 맡는 법에 대해 가르쳐주기를 물은 것이다.

　　[問其師求典獄之法]

【民】 백성. 민심(民心).

【散】 흩어지다. 뿔뿔이 흩어지다.

 주희(朱熹) - 民散은 정의(情義)가 괴리되어 상호 연계되지 못함을 말한다. [民散
　　謂情義乖離 不相維繫]

 정약용(丁若鏞) - 덕으로써 인도하지 않고 형벌로써 다스리므로 백성들이 흩어지고
　　혼란하게 되어 악에 빠지는 것이다. [不道之以德 齊之以刑 故民散亂以陷於惡]

【如得其情】 만약 사람들의 사정을 알게 되면. 죄인의 속사정을 알게 되면.

 如 : = 若. 만약[만일, 가령] …한다면. 접속사. 가설(가정)이나 조건을 나타냄.

 得 : 얻다. ⇒ 알다. 알게 되다.

 其 : 그. 그 사람. 인칭대명사. 일반적인 사람을 가리킴. 여기서는 죄를 지은 사람을
　　가리킴. ⇒ 죄인(罪人).

 情 : 사정(事情). 실제(實際). 사실(事實). 실상(實狀). 정황(情況). 사람들이
　　죄를 짓게 된 속사정.

 得其情 : 죄를 지은 실정(實情)을 파악하게 되다.

　 정약용(丁若鏞) - 실상을 조사하여 범죄의 실정을 알아내는 것이다. [得其情
　　謂覈實得獄之情]

【則】 …이면(하면) (곧). 그렇다면 곧. 접속사. 결과나 조건에 대한 상호 원인 등
　　앞뒤 문장의 전후 상황이 서로 연관됨을 나타냄.

【哀矜】 슬퍼하여 불쌍하게 여기다. 가엾이 여기다.

 矜 : 불쌍히 여기다. 가엽게 여기다.

【而】 …하여서. 그리하여. 이에. 접속사. 순접(연관)관계를 나타냄.

【勿】 …하지 마라. …해서는 안 된다. 부사. 동작이나 행위에 대한 금지 및 충고를
　　나타냄.

마융(馬融) - 백성들이 뿔뿔이 흩어지고 쉽게 법을 어기게 되는 것은 윗사람의
　　행동에 연유한 것이지 백성의 잘못이 아니니, 마땅히 그들을 불쌍히 여겨야
　　하며 그들의 실정을 파악하게 되었다고 스스로 기뻐해서는 안 된다. [民之離散
　　爲輕漂犯法 乃上之所爲 非民之過 當哀矜之 勿自喜能得其情]

사량좌(謝良佐) - 백성들이 흩어짐은 부리기를 無道하게 하고 가르치기를 본래부터
　　하지 않았기 때문이다. 그러므로 그들이 범법한 것은 부득이 함에 핍박해서이거

나, 그것이 아니면 無知에 빠져서이다. 그러므로 그 실정을 파악하면 불쌍히 여기고 기뻐하지 말아야 하는 것이다. [民之散也 以使之無道 敎之無素 故其犯法也 非迫於不得已 則陷於不知也 故得其情 則哀矜而勿喜] ♣20100523日

學以致道
학문(學文)을 함으로써
도(道)에 이르니
[子張-7]

20. 군자君子는 하류下流에 처하기를 싫어하니

子貢曰 紂之不善 不如是之甚也 是以君子惡居下流 天下之惡皆歸焉

子貢(ᄌ공)ㅣ 글오듸 紂(듀)의 善(션)티 아니홈이 이러틋시 甚(심)티 아니ᄒᆞ니 일로써 君子(군ᄌ)ㅣ 下流(하류)에 居(거)홈을 惡(오)ᄒᆞ느니 天下(텬하)읫 惡(악)이 다 歸(귀)ᄒᆞ느니라

자공(子貢)이 말하기를 "주왕(紂王)의 선(善)하지 아니함이 이와 같이 심하지는 않았으리라. 이 때문에 군자(君子)는 하류(下流)에 처하는 것을 싫어하니, 천하(天下)의 악(惡)이 모두 여기로 돌아오기 때문이다." 하였다.

【子貢】 공자의 제자 단목사(端木賜). 자가 자공(子貢).

【紂ᄌ】 은(殷)[상(商)]나라 마지막 임금. 이름은 신(辛). 자는 수(受). 시호가 주(紂)임. 폭군으로 유명함. ♣ 酒池肉林

【(紂)之】 …의. 조사. 관형어와 중심어 사이에 쓰여 종속관계를 나타냄.

【不如是之甚也】 이와 같은 것의 심함이 아니다. 이처럼 심하지 않다. 이와 같이 심하지 않다. 이와 같은 심한 상태가 아니다.

不 : = 非. …이 아니다. 동작·행위·성질·상태 등에 대한 부정을 나타냄.

如 : …와 같다. 형용사.

是 : 이. 이것. 지시대명사. 일반적인 사람이나 사물을 가리킴. 여기서는 역사적으로 지금까지 일컬어 온 것을 가리킴.

　如是 : 이와 같이. 이처럼. 다른 사람들이 말하는 것처럼.

之 : …하는[한]. …의. 조사. 관형어와 중심어 사이에 쓰여 중심어를 수식하거나 국한하는 관계를 나타냄. 앞의 말에 형용성(形容性)을 띠게 함.

　[참고] 之 : 그것. 그렇게. 지시대명사. 부사어의 역할을 함. 앞의 紂之不善을 가리킴. ☞ 不如是之甚也 : 이와 같이 그렇게 심하지 않다.

也 : …이다. 어기조사. 진술문의 끝에 쓰여 판단이나 단정 또는 긍정을 나타냄.

【是以】 이로써. 이로 인해. 이 때문에. 이런 이유로. 따라서. 그러므로. 관용형식으로서 단문을 연결시키는 역할을 하며, 결과를 나타냄.

【惡】 ① 싫어하다. 미워하다. 음은 '오'. 君子惡居下流. ② 악함. 악명(惡名). 天下之
　　惡皆歸焉.

【居】 살다. (집에서) 지내다. 거처(居處)하다. 거주(居住)하다. 일상생활을 하다.

【下流】 강의 아래쪽. 흐르는 물의 하류. 인생의 밑바닥. 지대가 낮아 각처의 오물이
　　다 모이는 곳.

　주희(朱熹) - 下流는 지형이 낮은 곳인데 모든 물이 모여드는 곳이다. 사람의 몸에
　　더럽고 천박한 실제 행실이 있으면 또한 악명이 모여드는 것과 같음을 비유한
　　것이다. [下流 地形卑下之處 衆流之所歸 喩人身有汚賤之實 亦惡名之所聚也]

【焉】 여기로. 이곳에. 於是. 합음사. 於는 전치사로 동작이나 행위가 일어나는 장소
　　(범위)를 나타내며, 是는 지시대명사로 下流를 가리킴.

공안국(孔安國) - 紂임금이 선(善)하지 못한 행동을 하여 천하를 잃어버렸는데,
　　후세 사람들이 그를 심하게 미워하여 모든 천하의 잘못을 紂임금 탓으로 돌렸
　　다. [紂爲不善 以喪天下 後世憎甚之 皆以天下之惡歸之於紂]

주희(朱熹) - 자공(子貢)이 이를 말한 것은 사람들이 항상 스스로 경계하고 살펴
　　한 번이라도 그 몸을 불선(不善)한 곳에 두지 않게 하려고 한 것이요, 주왕(紂
　　王)이 본래 죄가 없는데 공연히 악명을 입었다고 말한 것은 아니다. [子貢言此
　　欲人常自警省 不可一置其身於不善之地 非謂紂本無罪而虛被惡名也]

정약용(丁若鏞) - 배우는 이들이 주(紂)의 죄악을 진열해 놓고 그 음란하고 잔학함을
　　거론하는데, 그 가운데는 허실(虛實)이 서로 어긋남이 있어, 자공은 이로 인하
　　여 그를 경계한 것이다. [學者臚陳紂之罪惡 議其淫虐 其中有虛實相錯 子貢因
　　以戒之] ♣20100523日

21. 군자君子의 잘못은 일식日食이나 월식月食과 같으니

子貢曰 君子之過也 如日月之食焉 過也 人皆見之 更也 人皆仰之

子貢(ㅈ공)ㅣ 글오듸 君子(군ㅈ)의 過(과)는 日月(실월)의 食(식)홈 ᄀᆞᆮ튼디라 過(과)홈애 사ᄅᆞᆷ이 다 見(견)ᄒᆞ고 更(경)홈애 사ᄅᆞᆷ이 다 仰(앙)ᄒᆞᄂᆞ니라

자공(子貢)이 말하기를 "군자(君子)의 잘못은 일식(日食)이나 월식(月食)과 같으니, 잘못을 하면 사람들이 모두 그를 보고, (잘못을) 고치면 모두 그를 우러러 본다." 하였다.

【之】 ① …의. 조사. 관형어와 중심어 사이에 쓰여 종속관계를 나타냄. 君子之過也. [참고] 之를 '…은[는]. …이[가]. 주술구조 사이에 쓰여 이를 명사구(절)로 만들어 주는 역할을 하는 구조조사(주격조사).'로 볼 경우 過는 동사이며 '잘못을 저지르다.'의 뜻이 됨. ☞ 君子之過 : 군자가 잘못을 처치르는 것은. ② …하는[한]. …의. 조사. 관형어와 중심어 사이에 쓰여 중심어를 수식하거나 국한하는 관계를 나타냄. 앞의 말에 형용성(形容性)을 띠게 함. 如日月之食焉. ③ 그. 그 사람. 인칭대명사. 見之, 仰之. 둘 모두 앞의 君子를 가리킴.

【如日月之食焉】 일식이나 월식과 같다.

如 : …과 같다. 형용사.

食 : = 蝕 갉아먹다. 가리다. [日蝕(食) : 달이 태양의 일부나 전부를 가림. 月蝕(食) : 달이 지구의 그림자에 가려 전부나 일부가 보이지 아니함.]

焉 : …이다. 어기조사. 진술문 끝에 쓰여 종결·판단·긍정의 어기를 나타냄.

【也】 …은(는). …이란. …이면. 어기조사. 음절을 조정하고 어기를 고르는(말을 잠깐 멈추고 다음 내용을 환기시키는) 역할을 함.

【更】 고치다(改也). 개선(改善)하다. [孔安國]

형병(邢昺) - 군자가 만약 허물이 있으면, 많은 사람들에게 알려지니, 이는 마치 해와 달이 일식과 월식을 할 때를 만나면 만물이 모두 (그 어둠을) 보는 것과 같으며, 그 허물을 고칠 때에 이르면, 사람들이 다시 그 덕을 우러러보니, 이는 마치 해와 달이 밝은 빛이 생긴 후에 만물이 또한 모두 그 밝음을 우러러보는

것과 같다. [君子苟有過也 則爲衆所知 如日月正當食時 則萬物皆覩也 及其改過 之時 則人皆復仰其德 如日月明生之後 則萬物亦皆仰其明] ♣20100523日

22. 중니仲尼에게는 어찌 일정한 스승이 있었겠는가

衛公孫朝問於子貢曰 仲尼焉學 子貢曰 文武之道 未墜於地 在人 賢者識其大者 不賢者識其小者 莫不有文武之道焉 夫子焉不學 而亦何常師之有

衛(위)ㅅ公孫朝(공손됴)ㅣ 子貢(ᄌ공)의게 무러 ᄀᆞᆯ오ᄃᆡ 仲尼(듕니)ᄂᆞᆫ 어ᄃᆡ 學(혹)ᄒᆞ시뇨
子貢(ᄌ공)이 ᄀᆞᆯ오ᄃᆡ 文武(문무)의 道(도)ㅣ 地(디)예 墜(튜)티 아니ᄒᆞ야 人(신)에 인ᄂᆞᆫ
디라 賢(현)ᄒᆞᆫ 者(쟈)ᄂᆞᆫ 그 大(대)ᄒᆞᆫ 者(쟈)를 識(지)ᄒᆞ고 賢(현)티 몯ᄒᆞᆫ 者(쟈)ᄂᆞᆫ 그
小(쇼)ᄒᆞᆫ 者(쟈)를 識(지)ᄒᆞ야 文武(문무)의 道(도)를 두디 아니리 업스니 夫子(부ᄌᆞ)ㅣ
어ᄃᆡ 學(혹)디 아니ᄒᆞ시며 ᄯᅩᄒᆞᆫ 엇디 덛덛ᄒᆞᆫ 師(ᄉᆞ)ㅣ 이시리오

위(衛)나라 공손조(公孫朝)가 자공(子貢)에게 물어 말하기를 "중니(仲尼)께서는 어디서 배우셨소?" 하니, 자공이 말하기를 "문왕(文王)과 무왕(武王)의 도(道)가 아직 땅에 떨어지지 아니하고 사람들에게 있는지라, 현자(賢者)는 그 중에서 본질적인 큰 것을 알고 있고 현(賢)하지 못한 자도 그 중에서 지엽적인 작은 것들을 알고 있어 문왕과 무왕의 도가 있지 아니한 곳이 없으니, 저희 선생님께서는 어디에선들 배우지 않으셨겠으며, 그리고 또한 어찌 일정한 스승이 있었겠소?" 하였다.

【公孫朝】 위(衛)나라의 대부.

【焉】 ① 어느 곳에서. 어디에서. 의문대명사. 장소에 대한 물음을 나타냄. 仲尼焉學,
　　夫子焉不學. [참고] 누구. 사람을 묻는 의문대명사. ☞ 仲尼焉學 : 중니는 누구에게 배웠습니까?
　　② …이다. 어기조사. 진술문 끝에 쓰여 종결·판단·긍정의 어기를 나타냄.
　　莫不有文武之道焉. [참고] 합음사. = 於之 ☞ 문·무왕의 도가 그들에게 있지 아니함이 없다.
　　문왕과 무왕의 도를 지니고 있지 않은 자는 아무도 없다.

【文武之道】 주나라 문왕과 무왕이 남긴 예악 등 문물제도.

　주희(朱熹) - 文武之道는 문왕(文王)·무왕(武王)의 훈계와 공렬(功烈), 그리고
　　모든 주(周)나라의 예악(禮樂)과 문장(文章)이 모두 그것이다. [文武之道 謂
　　文王武王之謨訓功烈 與凡周之禮樂文章 皆是也]

【未墜於地】 아직 땅에 떨어지지 않다.

未 : 아직 …하지 않다[못하다]. 아직 …이 아니다. 부사. 동작·행위·상황 등이 아직 발생하지 않았음을 나타냄.

墜추 : 떨어지다. 없어지다. 땅에 떨어져 없어지다. 실추되다.

於 : …에. …으로. 전치사. 동작이나 행위가 일어나는 장소(범위)를 나타냄.

정약용(丁若鏞) - 未墜於地는 이를 보배로 아깝게 여겨 서로 다투어 이어 받드는 것을 말한다. [未墜於之 謂人寶惜之 爭承受焉]

【識지】 기억하다. 외우다. 마음에 새기다. 의식 속에 잘 갈무리해두다. ⇒ 깨달아 알다. 주희(朱熹) - 識은 記(기억하다) 이다. [識 記也]

【其】 그 중의. 그 중에서. 지시대명사. 사람이나 사물의 전체를 가리킴.

정약용(丁若鏞) - 大者는 성명(性命)과 덕교(德敎) 이고, 小者는 예악(禮樂)과 문장(文章) 이다. [大者 性命德敎 小者 禮樂文章]

【莫】 아무 곳도 …한 곳이 없다. 아무도 …하지 않다. 지시대명사.

【而】 와[과]. …하고. 그리고. 접속사. 병렬관계를 나타냄.

【亦】 또한. 역시. 부사. 몇 개 혹은 하나의 주체가 동일하거나 상이한 동작(행위)을 하고 있음을 나타냄.

【何常師之有】 어찌 일정한 스승이 있었겠는가? 강조의 효과를 위하여 何有常師를 도치.

何 : 어찌(하여) …하겠는가(하려는 것인가)? 부사. 강한 반문의 어기를 나타냄.

常 : 일정하다. 정해지다.

何[奚,胡,曷] A 之有
어찌 A 하겠는가? 어찌 A 이겠는가? 어찌 A 가[이, 함이] 있겠는가?

而亦何常師之有(그리고 또한 어찌 일정한 스승이 있겠는가?)
何不利之有(어찌 불리하겠는가? 어찌 이롭지 않음이 있겠는가?) [易 繫辭]
奚國之有(어찌 나라가 있겠는가?) [韓非子 揚搉]

공안국(孔安國) - 어느 곳에서든 좇아가 배우지 않은 곳이 없으므로 일정한 스승이 없는 것이다. [無所不從學 故無常師]　　　　　♣20100523日

23. 선생님의 담장은 높아 종묘의 미美나 백관의 부富를 못보니

淑孫武淑語大夫於朝曰 子貢賢於仲尼 子服景伯以告子貢 子貢曰
譬之宮牆 賜之牆也及肩 窺見室家之好 夫子之牆數仞 不得其門而
入 不見宗廟之美 百官之富 得其門者或寡矣 夫子之云 不亦宜乎

叔孫武叔(슉손무슉)이 朝(됴)애 태우ᄃ려 닐어 골오딕 子貢(ᄌ공)이 仲尼(듕니)두곤 賢
(현)ᄒ니라 子服景伯(ᄌ복경빅)이 뻐 子貢(ᄌ공)의게 告(고)ᄒᆞᆫ대 子貢(ᄌ공)이 골오딕
宮牆(궁쟝)에 譬(비)ᄒ건댄 賜(ᄉ)의 牆(쟝)은 肩(견)에 及(급)ᄒ 디라 室家(실가)의
好(호)홈을 여어 보려니와 夫子(부ᄌ)의 牆(쟝)은 數仞(수신)이라 그 門(문)을 得(득)ᄒ
야 드디 몯ᄒ면 宗廟(종묘)의 美(미)홈과 百官(빅관)의 富(부)홈을 보디 몯ᄒ리니 그
門(문)을 得(득)한 者(쟈)ㅣ 或(혹)져근 디라 夫子(부ᄌ)의 닐옴이 ᄯ또한 맛당티 아니ᄒ냐

숙손무숙(叔孫武叔)이 조정(朝廷)에서 대부(大夫)들에게 일러 말하기를 "자공(子
貢)은 중니(仲尼)보다 더 현명하다." 하여 자복경백(子服景伯)이 그것을 자공에게
알리니, 자공이 말하기를 "집의 담장에 비유하면 저 사(賜)의 담장은 어깨 정도에
미쳐 집안의 좋은 것들을 들여다볼 수 있으나 저희 선생님의 담장은 몇 길이나 되어
그 문을 찾아 들어가지 않고서는 종묘(宗廟)의 아름다움이나 백관(百官)의 풍성함을
보지 못하리니, 그 문을 찾은 사람이 아마도 적은지라 숙손선생의 말씀 또한 당연하지
않겠소이까?" 하였다.

【叔孫武叔】 노(魯)나라의 대부 숙손씨(叔孫氏). 이름은 주구(州九). 자는 숙(叔).
　　시호는 무(武)임.
【於】 ① …에서. 전치사. 동작이나 행위가 일어나는 장소(범위)를 나타냄. 語大夫於
　　朝. ② …와(과). …보다. …에 비해. 전치사. 사물의 성질이나 상태를 함께
　　비교하는 대상을 나타냄. 子貢賢於仲尼.
【朝】 조정(朝廷).
【子服景伯】 노(魯)나라 대부. 성이 자복(子服). 이름은 하(何). 시호가 경(景).
　　자가 백(伯).
【以】 …을(를). 전치사. 동작이나 행위가 발생할 때, 직접 파급되거나 목적이 되는

대상을 나타냄. 다음에 之가 생략되었음. 이때 之는 지시대명사로 앞의 淑孫武

叔語~子貢賢於仲尼을 가리킴.

【及】 …에 이르다. …에 닿다. …에 미치다. …에 접하다. 시기·생각·힘·작용 등이

어떤 상태[사실]에 이름[다다름]을 나타냄.

【窺見】 엿보다. 들여다보다. 窺窺 : 엿보다.

【好】 좋다. 훌륭하다. 또는 그러한 것.

【數仞수인】 수 길. 몇 길. 仞인 : 길. 높이나 길이의 단위. 한 길은 칠척(七尺)임.

【得】 얻다. 알다. 알아차리다. 알아내다. ⇒ 찾아내다.

【宗廟之美】 종묘(宗廟)의 아름다움. 종묘는 임금의 조상을 모시는 사당(祠堂)으로

예악(禮樂)의 훌륭함을 상징함.

【百官之富】 많은 관리들이 넉넉하게 있음. 예악(禮樂) 등 문물제도에 대한 풍성한

지식을 보유하고 있음을 상징함.

  [참고] 양백준(楊伯峻) - 官자의 본래의 뜻은 가옥[房舍]으로 후에 관직이라는

   뜻으로 확대되었다. 여기에서도 역시 가옥을 가리키는 말이다. ⇒ 百官之富

   : 다양한 건물들. 온갖 방들의 다양함.

【或寡矣】 아마도 적을 것이다.

 或 : 혹. 혹시. 아마(도). 대개. 부사. 동작·행위·상황에 대한 추측을 나타냄.

 矣 : …일 것이다. …이다. 어기조사. 진술문의 끝에 쓰여 긍정의 어기를 나타냄.

【夫子之云】 선생의 말씀. 여기서 夫子는 叔孫武叔을 가리켜 높여 부른 말. ⇒ 숙손선

생의 말씀.

【不亦宜乎】 또한 당연하지 않은가[않겠는가]?

 不亦…乎 : 또한 …하지 아니한가? 또한 …이 아니겠는가? 긍정의 뜻이 담긴 완곡한

  반문(反問)을 나타냄.

  亦 : 또한. 역시. 대단히. 매우. 참으로. 조사.

  乎 : …인가? …이겠는가? 어기조사. 의문문의 끝에 쓰여 반문의 어기를 나타냄.

   일반적으로 대명사 何, 孰이나 접속사 況, 혹은 부사 庸, 寧, 豈, 不, 非 등과

   호응함.

 宜의 : 마땅하다. 당연하다.   ♣20100523日

24. 즁니仲尼께서는 일월日月이라 넘을 수 없으니

淑孫武淑毀仲尼 子貢曰 無以爲也 仲尼不可毀也 他人之賢者 丘陵
也 猶可踰也 仲尼日月也 無得而踰焉 人雖欲自絶 其何傷於日月乎
多見其不知量也

叔孫武叔(슉손무슉)이 仲尼(듕니)를 毀(훼)ᄒᆞ야늘 子貢(ᄌ공)이 골오ᄃᆡ 써 ᄒᆞ디 말라
仲尼(듕니)ᄂᆞᆫ 可(가)히 毀(훼)티 몯홀 꺼시니 他人(타신)의 賢(현)ᄒᆞᆫ 者(쟈)ᄂᆞᆫ 丘(구)와
陵(능)이라 오히려 可(가)히 踰(유)ᄒᆞ려니와 仲尼(듕니)ᄂᆞᆫ 日(실)과 月(월)이라 시러곰
踰(유)티 몯홀 이니 사ᄅᆞᆷ이 비록 스스로 絶(졀)코쟈 ᄒᆞ나 그 엇디 日(실)과 月(월)에
傷(샹)ᄒᆞ리오 마ᄎᆞᆷ 그 量(량)을 아디 몯홈을 보리로다

숙손무숙(叔孫武叔)이 즁니(仲尼)를 헐뜯자, 자공(子貢)이 말하기를 "이리 하지
마십시오! 즁니는 헐뜯을 수 없는 분입니다. 다른 사람들의 현명함은 구릉(丘陵)인지
라 그래도 가히 넘을 수 있으나 즁니는 일월(日月)인지라 넘을 수 없으니, 사람들이
비록 스스로 (일월을) 끊고자 하나 그 어찌 일월을 해칠 수 있겠소이까? 다만 자기의
헤아릴 줄 모름만 드러낼 뿐이겠지요." 하였다.

【毀훼】헐뜯다. 험담하다. 비난하다. 비방(誹謗)하다.
【無以爲也】이리[이같이] 하지 마라. 이렇게 하지 마시오.
　無 : = 毋. …하지 마라. …해서는 안 된다. 부사. 동작이나 행위에 대한 금지 및
　　　충고를 나타냄.
　以 : 이. 이것. 이처럼. = 此. 지시대명사. 가까운 사람이나 사물, 상태(상황) 등을
　　　가리킴. 앞의 淑孫武淑毀仲尼를 가리킴.
　爲 : 하다. 행하다. 실천하다. 동사.
　也 : …하라. …하시오. …해야 한다. 어기조사. 명령문 끝에 쓰여 충고나 금지의
　　　어기를 나타냄. 일반적으로 부정을 나타내는 無, 毋, 不 등의 부사와 호응함.
　[참고] 以 : = 用. 쓰다. 소용되다. 동사. 爲也 : …이다! …인가? 어기조사. 반문
　·명령·감탄 등의 강한 어기를 나타냄. ☞ 無以爲也 : 소용(이) 없오! 쓸데없는 짓이오!
　주희(朱熹) - 無以爲는 이러한 짓을 하는 것이 소용없다는 말과 같다. [無以爲

263

猶言無用爲此]

【丘陵】 언덕. 언덕과 둔덕. 주희(朱熹) - 땅이 높은 것을 丘라 하고 큰 언덕을
　　　陵이라 한다. [土高曰 丘 大阜曰 陵]

【猶】 오히려. 반대로. 그래도. 그렇지만. 부사. 전환을 나타내어 앞뒤 문장의 의미가
　　　상반되는 느낌을 자아냄.

【踰유】 넘다. 뛰어나다. 극복하다. 초월하다.

【得而】 = 得以. …할 수 있다. 관용형식으로서 동사 앞에 쓰이는데 이때 得은 가능성
　　　을 나타내는 조동사이며, 而는 조동사와 동사를 연결시키는 역할을 함. 간혹
　　　得 앞에 可가 오기도 함.

【焉】 …이다. 어기조사. 진술문 끝에 쓰여 종결·판단·긍정의 어기를 나타냄.

【人雖欲自絶】 사람들이 비록 스스로 (일월을) 끊고자 할지라도. 사람들이 비록
　　　스스로 (일월과) 단절시키고자 하여도.

雖 : 비록 …일[할] 지라도. 접속사. 양보관계를 나타냄.

絶 : 끊다. 단절시키다. 관계를 끊다. 日月 곧 仲尼와 관계를 끊다.

주희(朱熹) - 自絶은 비방하고 헐뜯어 스스로 공자와 끊음을 이른다. [自絶 謂以謗
　　　毀自絶於孔子]

【其何傷於日月乎】 그것이 어찌 일월을 해칠 수 있겠는가?

何 : 어찌(하여) …하겠는가(하려는 것인가)? 부사. 강한 반문의 어기를 나타냄.

其 : 그. 그것. 지시대명사. 人雖欲自絶을 가리킴.

傷 : 해치다. 상하게 하다. 손상시키다.

於 : …을. 전치사. 동작이나 행위에 직접 미치는 대상을 나타냄.

乎 : …인가? …이겠는가? 어기조사. 의문문의 끝에 쓰여 반문의 어기를 나타냄.

【多見其不知量也】 다만 자신의 헤아릴 줄 모름을 드러내 보일 뿐이다.

多 : 다만. 단지. 부사. 동작이나 행위의 대상이 단지 어떤 범위에 국한됨을 나타냄.
　　주희(朱熹) - 多는 祇(단지)와 같으니 適(다만) 이다. [多 與祇同 適也]

見현 : 나타내다. 드러내다. 드러내 보이다.

其 : 그. 그 사람. 인칭대명사. 앞의 人을 가리킴(絶하려는 그 사람 자신).

量 : ① 헤아림. 분수(分數, 사물을 분별하는 슬기). ② 자기의 용량. 인격의 정도.
　　주희(朱熹) - 不知量은 자신의 분량(분수)을 스스로 알지 못함을 이른다. [不知量

謂不自知其分量也]

구모백(丘毛伯) - 量은 단지 췌량(揣量, 헤아림)의 量이니, 고하(高下)를 헤아릴
줄 모름을 말한다. [量只作揣量之量 言不知揣量高下也] [尹任卿]

也 : …일 뿐이다[따름이다]. 어기조사. 진술문의 끝에 쓰여 제한의 어기를 나타냄.

♣20100524月

25. 사다리로 하늘에 오를 수 없는 것과 같이 스승에 미칠 수 없으니

陳子禽謂子貢曰 子爲恭也 仲尼豈賢於子乎 子貢曰 君子一言以爲
知 一言以爲不知 言不可不愼也 夫子之不可及也 猶天之不可階而
升也 夫子之得邦家者 所謂立之斯立 道之斯行 綏之斯來 動之斯和
其生也榮 其死也哀 如之何其可及也

陳子禽(딘즈금)이 子貢(즈공)드려 닐러 글오디 子(즈)ㅣ 恭(공)을 ᄒ건뎡 仲尼(듕니)ㅣ
엇디 子(즈)두곤 賢(현)ᄒ시리오 子貢(즈공)이 글오디 君子(군즈)ㅣ ᄒ 말애 뻐 知(디)라
ᄒ며 ᄒ 말애 뻐 不知(블디)라 ᄒᄂ니 말을 可(가)히 愼(신)티 아니티 몯홀 꺼시니라
夫子(부즈)의 可(가)히 밋디 몯홈은 하늘의 可(가)히 階(계)ᄒ야 升(승)티 몯홈 ᄀ트니라
夫子(부즈)ㅣ 邦家(방가)를 得(득)ᄒ실 떤댄 닐온 밧 立(립)홈애 이예 立(립)ᄒ며 道(도)
홈애 이예 行(ᄒᆡᆼ)ᄒ며 綏(유)홈애 이예 來(ᄅᆡ)ᄒ며 動(동)홈애 이예 和(화)ᄒ야 그 生(ᄉᆡᆼ)
ᄒ심애 榮(영)ᄒ고 그 死(ᄉ)ᄒ심애 哀(ᄋᆡ)ᄒ리니 엇디 그 可(가)히 미츠리오

진자금(陳子禽)이 자공(子貢)에게 일러 말하기를 "선생은 공손함을 행하십니다만 중니(仲尼)께서 어찌 선생보다 더 현명하셨겠습니까?" 하니, 자공(子貢)이 말하기를 "군자(君子)는 한마디 말로써 지혜롭다 여기고 한마디 말로써 지혜롭지 못하다 여기니, 말이란 신중하게 삼가지 아니할 수 없는 것일세. (내가) 저희 선생님께 가히 미칠 수 없는 것은 마치 하늘에 사다리를 놓아서 올라갈 수 없는 것과 같으니, 저희 선생님께서 나라나 식읍을 다스리는 제후나 경대부의 직위를 얻게 되셨다면, 이른바 '그들[그 백성]을 세움에 이에 서게 되고, 그들을 인도함에 이에 행하게 되고, 그들을 편안케 함에 이에 찾아오고, 그들을 감동시킴에 이에 어우러지게 되도다! 그 살아서는 영예(榮譽)롭고 그 죽어서는 애도(哀悼)를 받네.' 라는 말과 같았을 터인데 어떻게 가히 (내가) 미칠 수 있겠는가?" 하였다.

【陳子禽】 ① 자공(子貢)의 제자. ② 공자의 제자. 성은 진(陳). 이름은 항(亢).
　　자가 자금(子禽). 공자보다 40세 아래. 자공보다 9세 아래. [참고] 學而-10,
　　季氏-13. ③ 진항(陳亢)과 동명이인(同名異人).
　　황간(皇侃) - 이 子禽은 필시 진항(陳亢)이 아닐 것이다. 마땅히 이는 성명이 같은

子禽일 것이다. [此子禽必非陳亢 當是同姓名之子禽也] [邢昺 - 此子禽不作陳亢 當是同其姓字耳]

【爲恭】 공손함을 행하다. 공손하게 행동하다. 공손하게 처신하다.

爲 : 하다. 행하다. 실천하다. 처신하다. 동사.

정약용(丁若鏞) - 子爲恭은 자공이 겸손한 마음으로 공자를 받들어 스승으로 삼는 것을 말한다. [子爲恭 言子貢謙遜 奉之爲師]

【豈】 어찌 …하겠는가? 어떻게. 부사. 강한 반문의 어기를 나타냄.

【於】 …와(과). …보다. …에 비해. 전치사. 사물의 성질이나 상태를 함께 비교하는 대상을 나타냄.

【乎】 …인가? …이겠는가? 어기조사. 의문문의 끝에 쓰여 반문의 어기를 나타냄.

【一言以爲知】 한마디 말로써 지혜롭다고 여기다. 以一言爲知의 도치.

以爲 : …으로 여기다. …으로 삼다. …으로 생각하다. 以 다음에 목적어가 생략됨.

知 : = 智. 지혜롭다. 슬기롭다. 지혜가 있다. 총명하다.

【夫子之不可及也】 선생님을 따라갈 수 없는 것은. 선생님께 미칠 수 없는 것은.

之 : …을[를]. 구조조사. 목적어를 강조하기 위하여 동사 앞으로 도치시킬 때 그 목적어와 동사 사이에 씀. 不可及夫子也의 도치.

【猶】 같다. …와 같다. 형용사.

【階而升】 사다리를 놓아 올라가다.

階 : 사다리. 사다리를 놓다. 명사의 동사로의 전용.

而 : …하여서. 그리하여. 이에. 접속사. 순접(연관) 관계를 나타냄.

【夫子之得邦家者】 선생님께서 나라를 얻었다면. 나라를 다스리게 되었다면.

之 : …가 ~하면. 구조 조사(주격조사). 조건을 나타내는 부사절을 만듦.

得 : 얻다. ⇒ 다스리다.

邦家 : ① 제후의 나라와 경대부의 집. ⇒ 나라. ② 나라와 집안.

者 : …이면. …하면. …한다면. 어기조사. 가설(가정)이나 조건의 어기를 나타냄.

정약용(丁若鏞) - 邦家는 국가를 말하는 것과 같으니, 임금을 일컫는다. [邦家 猶言國家 謂人主]

【所謂立之斯立 道之斯行 綏之斯來 動之斯和 其生也榮 其死也哀】

所謂 : 말하는 바. 말하는 것. 이른바. 소위. 관용형식으로 재차 말해서 인증함을

나타냄.

之 : 그. 그 사람. 인칭대명사. 일반적인 사람(백성들)을 가리킴.

斯 : 비로소. 곧. …하면 곧. 이에 곧. 동작이나 행위가 일정한 조건을 갖춘 후에야 비로소 발생하는 것을 나타냄. 　道 : = 導. 이끌다. 인도(引導)하다.

綏수 : 편안하다. 편안하게 하다. 　動 : 감동시키다. 고무시키다.

和 : 서로 응하여 화합하다. 갈등이 없이 어우러지다. 화목하다.

其 : 그 사람. 인칭대명사. 일반적인(立之~斯和를 하게 한) 사람을 가리킴.

榮 : 영예롭다. 영광스럽다. 영예(榮譽, 영광스러운 명예)를 차지하다.

주희(朱熹) - 立之는 그 삶을 세워줌을 이르고, 道는 인도함이니 가르침을 이르며, 行은 따름이다. 綏는 편안함이요, 來는 歸附(스스로 와서 복종함)하는 것이며, 動은 鼓舞(격려하여 기세를 북돋움)시키는 것이다. 和는 於變時雍(아! 변해서 이에 화하도다.)이란 것이니 그 감응의 묘가 신속함이 이와 같음을 말한 것이다. 榮은 높이고 친애하지 않는 이가 없음을 이르고, 哀는 考妣(부모)를 잃은 것과 같이 슬퍼하는 것이다. [立之 謂植치其生也 道 引也 謂敎之也 行 從也 綏 安也 來 歸附也 動 謂鼓舞之也 和 所謂於오變時雍 言其感應之妙 神速如此 榮 謂莫不尊親 哀 則如喪考妣] ♣ 於오變時雍 ⇒ 사람들이 모두 변화하여 크게 화목함. 於오 : 감탄사. 變 : 惡을 변하여 善하게 하는 것. 時 : 是와 통함. [書經 堯典]

정약용(丁若鏞) - 斯立과 斯行은 백성이 정령(政令)을 따르는 것이다. [斯立斯行 謂民從令] 綏는 품어서 편안하게 해주는 것을 이르고, 動은 고무(鼓舞)시키는 것을 일컫는다. 來는 귀순(歸順)하는 것이고 和는 화하게 어울리는 것이니, 斯來와 斯和는 백성이 교화됨을 말한다. [綏謂懷而安之也 動謂鼓之舞之也 來 歸也 和 雍也 斯來斯和 言民從化]

【如之何其可及也】어떻게 가히 미칠 수 있겠는가? 어떻게 (내가 선생님을) 가히 따라갈 수 있겠는가?

如之何 : 그것을 어떻게 합니까? 대명사성 구조인 如何의 사이에 처리할 대상을 나타내는 지시대명사 之를 삽입한 형태로 의문을 나타내거나 방법을 물음.

其 : 그. 그렇게. 어기조사. 음절을 조정하고 어세를 강하게 함.

也 : …이겠는가? 어기조사. 의문문 끝에 쓰여 반문의 어기를 나타냄. 乎의 용법과 같음.

♣20100525火

第二十篇

堯曰 요왈

執中

(진실로)
중정(中正)함을
지닐지어다!
[堯曰-1]

1. 요堯, 순舜, 우禹, 탕湯, 무武왕의 고誥함이...

堯曰 咨 爾舜 天之曆數 在爾躬 允執其中 四海困窮 天祿永終
舜亦以命禹

曰 予小子履 敢用玄牡 敢昭告于皇皇后帝 有罪不敢赦 帝臣不蔽 簡
在帝心 朕躬有罪 無以萬方 萬方有罪 罪在朕躬

周有大賚 善人是富 雖有周親 不如仁人 百姓有過 在予一人

謹權量 審法度 修廢官 四方之政行焉 興滅國 繼絶世 擧逸民 天下之
民歸心焉 所重 民食喪祭 寬則得衆 信則民任焉 敏則有功 公則說

堯(요)ㅣ 글ㅇ샤티 咨(ㅈ)홉다 너 舜(순)아 天(텬)의 曆數(력수)ㅣ 네 躬(궁)에 인ᄂ니
진실로 그 中(듕)을 執(집)ᄒ라 四海(ᄉ희)ㅣ 困窮(곤궁)ᄒ면 天(텬)의 祿(록)이 永(영)
히 終(죵)ᄒ리라

舜(순)이 ᄯ 뼈 禹(우)를 命(명)ᄒ시니라

글ㅇ샤티 나 小子(쇼ㅈ) 履(리)ᄂ 敢(감)히 玄牡(현모)를 用(용)ᄒ야 敢(감)히 皇皇(황
황)ᄒ신 后帝(후뎨)씌 昭告(쇼고)ᄒ노니 罪(죄)ㅣ 인ᄂ이를 敢(감)히 赦(샤)티 아니ᄒ며
帝(뎨)의 臣(신)을 蔽(폐)티 아니ᄒ노니 簡(간)홈이 帝心(뎨심)에 인ᄂ니이다 朕躬(딤
궁)의 罪(죄)ㅣ 이심은 萬方(만방)으로써 아니오 萬方(만방)의 罪(죄)ㅣ 이심은 罪(죄)ㅣ
朕躬(딤궁)에 인ᄂ니라

周(쥬)ㅣ 大賚(대뢰)를 두신대 善人(션신)이 이예 富(부)ᄒ니라 비록 周(쥬)ᄒ 親(친)이
이시나 仁人(신신)만 ᄀ디 몯ᄒ고 百姓(ᄇ셩)의 過(과)ㅣ 이심이 나 一人(일신)에 인ᄂ니라
權量(권량)을 謹(근)ᄒ며 法度(법도)를 審(심)ᄒ며 廢官(폐관)을 修(슈)ᄒ신대 四方(ᄉ
방)읫 政(졍)이 行(힝)ᄒ니라 滅(멸)ᄒ 國(국)을 興(흥)ᄒ며 絶(졀)ᄒ 世(셰)를 繼(계)
ᄒ며 逸(일)ᄒ 民(민)을 擧(거)ᄒ신대 天下(텬하)읫 民(민)이 心(심)을 歸(귀)ᄒ니라
重(듕)히 너기신 바ᄂ 民(민)의 食(식)과 喪(상)과 祭(졔)러시다 寬(관)ᄒ 則(즉) 衆(즁)
을 得(득)ᄒ고 信(신)ᄒ 則(즉) 民(민)이 任(심)ᄒ고 敏(민)ᄒ 則(즉) 功(공)이 잇고
公(공)ᄒ 則(즉) 說(열)ᄒᄂ니라

요(堯)임금께서 말씀하시기를 "아, 아! 그대 순(舜)이여! 하늘의 운수가 그대의
몸에 있나니 진실로 중정(中正)함을 지닐지어다! 온 세상이 곤궁(困窮)해지면 하늘
의 복록(福祿)이 영원히 끝나리라." 하셨다.

순임금도 또한 이처럼 우임금에게 명(命)하셨다.

（탕임금이）말씀하시기를 "저 소자(小子) 이(履)는 감히 검은 황소를 재물로 올리어 거룩하고 위대하신 하느님께 감히 분명하게 아뢰옵나이다. 죄(罪)가 있으면 감히 용서치 아니할 것이며 하늘의 신하(臣下)는 덮어두지 않겠사오니 가려 뽑으시는 것은 하느님의 마음에 (달려) 있나이다." 하시고, "제 몸에 죄가 있다면 만백성 때문이 아니오며 만백성에게 죄가 있다면 (그) 죄는 제 몸에 있는 것이나이다." 하셨다.

（무왕이 말하기를）"주(周)나라에 큰 은사(恩賜)를 두셨으니[베푸셨으니] 선인(善人)이 실로 많게 되었도다. 비록 지극히 가까운 사람들이 있다지만 인(仁)한 사람만 같지 아니하니 백성이 잘못이 있으면 나 한 사람에게 있는 것이니라." 하셨다.

（무왕은）도량형을 삼가 엄격히 지키고 법률과 제도를 신중히 살피며 없앴던 관직을 복원하여 정비하니 온 나라의 정령(政令)이 (잘) 시행되었다. 멸망한 나라를 부흥(復興)시키고 끊어진 세대(世代)를 잇게 하고 숨은 인재들을 등용하니 천하의 백성이 (모두) 심복(心腹)하여 돌아왔다. 중시한 것은 백성(百姓), 식량(食糧), 상례(喪禮), 제사(祭祀)였다. 너그러우면 여러 사람을 얻으며, 미더우면 백성들이 (일을) 맡기고, 민첩(敏捷)하면 공업(功業)이 있고, 공정(公正)하면 기뻐하리라.

【堯】요 임금. 고대 중국의 성왕(聖王). 성은 이기(伊祁). 도당씨(陶唐氏)라고도 함. 이름은 방훈(放勳). 희화(羲和) 등에 명하여 농사짓는 데 필요한 역법(曆法)을 만들었다고 함. [1년을 366일로 정하고 4년에 한 번씩 윤달을 둔 것이 이때 만들어졌다고 함.] 중국 역사상 가장 이상적인 정치를 하여 태평성세를 누리게 한 전설적인 임금.

【咨자】아! 감탄사. 문장 밖에서 단독으로 쓰여 찬양의 어기를 나타냄.
　주희(朱熹) - 咨는 차탄(감탄)하는 소리이다. [咨 嗟歎聲]

【爾】너. 그대. 너희(들). 당신. 이인칭대명사.

【舜】순 임금. 중국 고대의 성왕(聖王). 성은 요(姚). 유우씨(有虞氏)라고도 함. 이름은 중화(重華). 요(堯)로부터 선양(禪讓)을 받아 48년간 재위(在位)하였으며, 그도 또한 자기 아들 상균(商均)에게 제위(帝位)를 전하지 않고, 우(禹)에게 선양하였음. 특히 순(舜)은 효성이 뛰어나 후세의 귀감이 된 성인임.

【曆數】제왕(帝王)이 될 차례. 천명으로 정해진 임금이 될 운수(運數). 고대에는

제왕의 흥기(興起)는 천지자연이 가진 운행의 수리(數理)와 상관이 있다고 생각했고, 이러한 운행의 이치를 천도(天道) 또는 역수(曆數)라 했음.

[참고] 역법(曆法)을 관장하는 직책. [丁若鏞]

형병(邢昺) - 공주(孔註) 상서(尙書)에 의하면 '曆數는 天道이다.' 라고 하니 하늘의 역운수(曆運數)를 말하는 것이다. 제왕이 성씨를 바꾸어 일어나기도 하므로 曆數라고 말한다. 정현(鄭玄)은 曆數在身을 도록(圖錄, 길흉을 점치는 책)의 이름이라 하고 하안(何晏)은 열차(列次, 차례, 순위)라 하니 뜻이 둘 다 통한다. [孔註尙書云 曆數謂天道 謂天曆運之數 帝王易姓而興 故言曆數 鄭玄以曆數在身 謂圖錄之名 何云列次 義得兩通]

주희(朱熹) - 曆數는 제왕들이 서로 계승하는 차례이니 세시와 절기의 선후와 같은 것이다. [曆數 帝王相繼之次第 猶歲時氣節之先後也]

정약용(丁若鏞) - 상고(上古)에는 신인(神人)이나 성인(聖人)만이 역상(曆象, 역법)을 다스릴 수 있었던 것이다. 그러므로 역수(曆數)를 관장하는 자는 마침내 황제 지위에 오를 수 있었다. 이제 역수의 관장이 너의 몸에 있음을 말한다. [上古 唯神聖乃治曆象 故掌曆數者 終陟帝位 言今曆數之職 在爾躬]

【允執其中】 진실로 그 중정(中正)함을 지니다[지키다].

允 : 진실로. 정말로. 확실히. 부사. 동사나 형용사 앞에 쓰여 성질·상태·상황 등에 대한 강조나 긍정을 나타냄.

執 : 지니다. 잡아두다. 꼭 붙들고 실천하다. 지키다.

其 : 그. 그것. 지시대명사. 일반적인 사실이나 사물을 가리킴.

中 : 치우치지 않음. 과불급(過不及)이 없음. 치우침이 없이 항상 일정하여 변함이 없음. 가장 합리적이고 지극히 당연하여 옮기지 않는 것. 중심. 중정(中正, 어느 한 쪽으로 치우침이 없이 곧고 올바름). 중용(中庸).

주희(朱熹) - 允은 信(진실로)이다. 中은 과하거나 불급함이 없는 명칭이다. [允 信也 中者 無過不及之名]

【四海困窮 天祿永終】 온 세상이 곤궁(困窮)해지면 하늘의 복록(福祿)이 영원히 끝난다.

四海 : 온 나라. 온 세상. ＝ 四方(동서남북의 총칭, 온 나라, 온 천하)

天祿 : 하늘이 내리는 복록(福祿). 하늘이 내려준 임금의 자리.

永終 : 영원히 끝나다. 終 : 끝나다. 그만두다.

주희(朱熹) - 사해의 인민이 곤궁하면 군주의 녹(祿) 또한 영원히 끊길 것이니 이는 (순임금을) 경계한 말이다. [四海之人困窮 則君祿亦永絶矣 戒之也]

정약용(丁若鏞) - 단궁(檀弓)에 君子曰終 小人曰死라 하였으니 終이란 死이며 盡이다. 집주 설을 바꿀 수 없다. [檀弓云 君子曰終 小人曰死終者 死也 盡也 集註不可易]

[참고] 포함(包咸) - 允은 '진실로'이며, 困은 지극함(혹은 다함)이요, 永은 '오래도록'이다. 정치를 행하는 데에 있어 진실로 그 중용을 잡는다면 사해가 다할 때까지 하늘이 내린 임금의 지위가 오래도록 지속될 것이라는 말이다. [允 信也 困 極也 永 長也 言爲政信執其中 則能窮極四海 天祿所以長終] 황간(皇侃) - 困은 極(지극함)이요 窮은 盡(다함)이다. 永은 長(오래다)이요 終은 졸경(卒竟, 죽음, 끝까지 가다)과 같다. [困 極也 窮 盡也 永 長也 終 猶卒竟也] 邢昺]

주희(朱熹) - 이것은 요임금이 순임금에게 명하여 제위(帝位)를 선양(禪讓)해 주신 말씀이다. [此堯命舜而禪以帝位之辭]

【舜亦以命禹】순임금도 또한 이처럼 우임금에게 명(命)하였다.

以 : 이. 이것. 이처럼. = 此. 지시대명사. 가까운 사람이나 사물, 상태(상황) 등을 가리킴. 앞의 咨 爾舜~天祿永終을 가리킴.

　[참고] …으로써. …을 가지고. …을 통하여. 전치사. 도구·수단·방법을 나타냄. 뒤에 之가 생략되었음.

命 : 명하다. 명령하다. 말하다. 고하다.

禹 : 우임금. 하(夏)나라의 시조. 치수(治水)의 공으로 순(舜)임금으로부터 천하를 선양(禪讓)을 받음.

【予小子履 敢用玄牡 敢昭告于皇皇后帝】저 소자(小子) 이(履)는 감히 검은 황소를 재물로 올리어 거룩하고 위대하신 하느님께 감히 분명하게 아뢰옵니다.

小子 : 아들이 부모에 대하여 자기를 이르는 말. 천자(天子)는 하늘을 아버지로 여기므로 천자가 하늘에 대해 자신을 칭할 때 쓰는 말.

履리 : 은(殷)나라 시조 탕왕(湯王)의 이름.

敢 : 감히. 실례합니다만. 부사. 겸손하게 자신을 낮추고 상대방에 대한 존경을 나타냄.

玄牡 : 검은 수소. 검은 황소. 牡 : 수컷. 길짐승의 수컷.

274

昭 : 밝게. 분명하게. 확실하게. 부사로의 전용.

于 : …에. …에게. ＝於, 乎. 전치사. 동작이나 행위가 발생할 때 관련되는 대상을 나타냄.

皇皇 : 큰 모양. 거룩하고 위대한 모양.　后帝 : 하느님. 천제(天帝).

공안국(孔安國) - 履은 殷나라 湯임금의 이름이다. 이는 桀임금을 정벌하면서 하늘에게 고한 글이다. 殷나라는 흰색을 숭상했지만 夏나라 예를 바꾸지 않았으므로 검은 소를 사용하였다. 皇은 大(크다, 위대하다), 后는 君(임금)이니, 여기서 大는 大君이며 帝는 天帝(하느님)를 말한다. 墨子가 탕서(湯誓)를 인용하였는데, 그 말이 이와 같다. [履 殷湯名 此伐桀告天之文 殷家尙白 未變夏禮 故用玄牡 皇 大 后 君也 大 大君 帝 謂天帝也 墨子引湯誓 其辭若此]

【赦사】 용서하다. 사면(赦免)하다.

【帝臣不蔽】 하느님의 신하는 덮어두지 않다. 덮어두지[은폐하지] 않고 등용하다.

蔽폐 : 덮다. 가리다. ⇒ 쓰지 않고 내버려두다.

[참고] 하안(何晏) - 桀임금이 황제의 지위에 있으면서 저지른 잘못된 죄는 은폐할 수 없으니 이는 그것을 가려냄이 하늘의 마음에 달려있기 때문이라는 말이다. [言桀居帝臣之位 罪過不可隱蔽 以其簡在天心故]

【簡】 가리다. 선택(選擇)[선발(選拔)]하다. 간택(簡擇)하다. 가리어 뽑다.

【朕짐】 나. 자신에 대한 자칭. 일인칭대명사. 진시황 때부터 천자의 자칭으로 쓰이게 됨.

【無以萬方】 만백성에게는 원인(原因)이 없다. 만백성과는 연고(緣故)가 없다. ⇒ 만백성들 때문이 아니다.

以 : … 때문에. …으로 인하여. 전치사. 동작이나 행위가 발생한 원인을 나타냄.

萬方 : 만백성(萬百姓). 천하의 모든 백성.

공안국(孔安國) - 無以萬方은 모든 백성과는 관련이 없다는 것이다. 萬方有罪는 나 자신의 잘못이라는 것이다. [無以萬方 萬方不與也 萬方有罪 我身之過]

주희(朱熹) - 이것은 상서(商書) 탕고(湯誥)의 말을 인용한 것이니 탕왕(湯王)이 이미 걸왕(桀王)을 추방하고 제후들에게 말씀한 것이다. 서경(書經)의 글과 대동소이하니 曰자 위에 마땅히 湯자가 있어야 한다. 履는 아마 탕왕의 이름인 듯하다. 검은 희생을 쓴 것은 夏나라가 흑색을 숭상하였으니 아직 그 예를

변경하지 않은 것이다. 簡은 간열(簡閱, 선발함)이니, 이는 걸왕이 죄가 있으니 내가 감히 용서해 줄 수 없고 천하의 현인들은 모두 상제(上帝)의 신하이어서 내가 감히 은폐할 수 없으니 간열함이 상제의 마음에 달려 있어 오직 상제의 명을 따른다고 말씀하신 것이다. 이는 맨 처음 상제에게 명을 청하여 걸왕을 칠 때의 말씀을 기술한 것이다. 또 임금이 죄가 있음은 백성들의 소치가 아니요 백성들이 죄가 있음은 실로 임금인 한 것이라고 말씀하신 것은 자신을 책함에 후하고 남을 책함에 박한 뜻을 볼 수 있다. 이는 제후들에게 말씀한 것이다. [此引商書湯誥之辭 蓋湯旣放桀而告諸侯也 與書文大同小異 曰上當有湯字 履 蓋湯名 用玄牡 夏尙黑 未變其禮也 簡 閱也 言桀有罪 己不敢赦 而天下賢人 皆上 帝之臣 己不敢蔽 簡在帝心 惟帝所命 此述其初請命而伐桀之辭也 又言君有罪非 民所致 民有罪實君所爲 見其厚於責己薄於責人之意 此其告諸侯之辭也]

【周有大賚】 주나라는 큰 하사품(下賜品)이[은사(恩賜)가] 있었다. ⇒ (하늘이) 주나라에 큰 은사를 베풀었다.

賚뢰 : 하사품(下賜品). 은사(恩賜, 임금이 내려줌 또는 그 물건).

【善人是富】 선인(善人)들이 실로 많게[풍부하게] 되었다.

是 : 정말. 실로. 아주. = 實. 어기조사. 어세를 강조하는 역할을 함.

富 : 많다. 풍부하다. 넉넉하다.

하안(何晏) - 周는 주나라 집안을 말하며, 賚는 賜(하사하다)이다. 주나라가 하늘의 큰 하사함을 받았으니 이는 선한 사람을 넉넉하게 가질 수 있었는데 잘 다스리는 신하 열 사람이 있었다는 것이 바로 이것이라는 말이다. [周 周家 賚 賜也 言周家受天大賜 富於善人 有亂臣十人 是也] [참고] 泰伯-20.

[참고] 大賚 : 제후(諸侯)들을 크게 봉(封)한 것을 가리킴. 周有大賚 : 주 무왕은 큰 은사를 베풀었다. 곧 제후를 크게 봉하였다. 富 : 부유(富裕)하게 되다.

☞ 周有大賚 善人是富 : 주나라는(즉 무왕은) 큰 은사를 베풀어 선량한 백성들이 실로 넉넉하게 되었다.

주희(朱熹) - 이 이하는 무왕(武王)의 일을 기술한 것이다. 賚는 줌이다. 무왕이 상(商)나라를 이기고 사해(四海)에 크게 준 것이니 주서(周書) 무성편(武成篇)에 보인다. 이는 부유하게 된 자가 모두 선인(善人)임을 말한 것이다. 시(詩) 서(序)에 이르기를 '賚는 선인에게 주는 것이다.'라고 하였으니 아마 여기에

서 근본한 것일 것이다. [此以下述武王事 賚 予也 武王克商 大賚于四海 見周書 武成篇 此言其所富者 皆善人也 詩序云 賚所以錫予善人 蓋本於此] [참고] 周書 武成 - 大賚於四海 而萬姓悅服(사해에 큰 은혜를 내려주니 모든 백성들이 기뻐하며 복종하였다.)

정약용(丁若鏞) - 善人是富란 공덕이 있는 자만이 봉상(封賞)을 받는다는 말이 다. [善人是富 言有功德者受封賞]

【雖有周親 不如仁人】 비록 가장 친한[가까운] 사람이 있다지만 仁한 사람만 같지 않다. 비록 가장 가까운 친족이 있지만 仁한 사람만 못하다.

雖 : 비록 …일[할] 지라도. 접속사. 양보관계를 나타냄.

周 : 지극하다(至也). 더할 나위 없다. 매우. 아주. 가장.

親 : 가까운 사람. 친한 사람. 친척(親戚). 친족(親族). 동족(同族)이나 혼인관계가 있는 사람.

周親 : 지친(至親). 가장 가까운 사람. 친척.

不如 : …함만 못하다. …만 같지 못하다. …하는 게 차라리 낫다. 부사. 앞에서 말한 사건이 뒤에서 말한 사건에 미치지 못함을 나타냄. [참고] 學而-15, 公冶長 -9, 28.

공안국(孔安國) - 周는 지극함이니 주왕(紂王)이 지극히 가까운 친척이 비록 많으 나 주(周)나라에 어진 사람이 많은 것만 못함을 말한 것이다. [周 至也 言紂至親 雖多 不如周家之多仁人]

공안국(孔安國) - 친척이면서도 현명하지도 않고 충성하지도 않으면 그를 죽이는 것인데, 管叔과 蔡叔이 이러한 사람에 속한다. 어진 사람이란 箕子와 微子를 말하는데 (항복해) 와서 그를 등용하였다. [親而不賢不忠則誅之 管蔡是也 仁 人 謂箕子微子 來則用之]

주희(朱熹) - 이것은 주서(周書) 태서(泰誓)의 말이다. [此 周書泰誓之辭]

[참고] 정약용(丁若鏞) - 周親은 희씨(姬氏, 곧 무왕)의 친족이고, 仁人은 미자(微 子)·기자(箕子) 같은 이를 가리킨다. 무왕은 미처 수레에서 내리지도 아니하여 황제(黃帝)와 요(堯)·순(舜)의 후예를 봉하고, 이미 수레에 내려서는 미자를 봉하고 기자를 석방하며 비간(比干)을 정표(旌表, 어진 행실을 세상에 드러내 어 널리 알림)하였으나, 동성(同姓)[친족]을 봉하는 일에는 아직 겨를이 없었 다. 그러므로 비록 周親이 있어도 仁人만 같지 못하다고 한 것이다. [周親

姬氏之親也 仁人 謂微子箕子之屬 武王未下車 封黃帝堯舜之後 旣下車 封微子

釋箕子 表比干 而同姓之封 時未遑焉 故曰 雖有周親 不如仁人]

【謹權量 審法度】 도량형(度量衡)을 삼가 엄격히 지키고, 법률과 제도를 신중히

　　살피다.

謹 : 삼가 엄격히 지키다.

權 : 저울. 저울질하다. 무게를 달다.

量 : 용기. 말(斗)이나 섬(斛) 등 양을 측량하는 용기. 되질하다. 양을 재다.

審 : 삼가다. 신중히 하다. 살피다.

法度 : 법률(法律)과 제도(制度).

주희(朱熹) - 權은 저울과 저울추이고 量은 말과 섬이다. 法度는 예악(禮樂)과

　　제도(制度)가 모두 이것이다. [權 稱錘也 量 斗斛也 法度 禮樂制度皆是也]

[참고] ☞ 도량형을 삼가 신중히 하여 그 제도를 살피다.(도량형을 검사하여 결정하다.)

　　양백준(楊伯峻) - 權은 양의 경중의 형량(衡量)이고 量은 곧 용량(容量)이다.

　　度는 길이[長度]를 말한다. 法度는 법률제도의 뜻은 아니다. 사기(史記) 진시

　　황본기(秦始皇本記)와 진나라의 저울대·저울추[秦權], 진나라의 말·섬[秦量]

　　에 새겨진 글자 중에 法度라는 단어가 있으며 모두 길이의 분(分)·촌(寸)

　　·척(尺)·장(丈)을 가리키는 것으로 인용되고 있다. 그래서 謹權量 審法度 두

　　구절은 단지 '도량형을 잘 맞추다[齊一度量衡].' 는 뜻이다. 이러한 견해는

　　청나라 염약거(閻若璩)의 사서석지우속(四書釋地又續)에서 이미 실마리를

　　찾을 수 있다. [法 : 본. 틀. 사물의 표준이 되는 도량형(度量衡)이나 규구준승(規矩準繩)의

　　기기(機器). 度 : 자(尺也). 길이를 재다. 法度 : 도량형의 제도.]

【修廢官】 없애버렸던 관직을 복원하여 정비하다.

修 : 수리하다. 다스리다. 다듬고 정리하다. ⇒ 복원하여 정비하다.

廢 : 없애다. 폐하다. 폐지하다.

양백준(楊伯峻) - 조우(趙佑)의 사서온고록(四書溫故錄)에서 말했다. '어떤 때에

　　는 그 일[職務]은 있으나 관직이 없고 때로는 관직은 있으나 그 일을 하지

　　않는 경우가 있으니 이를 모두 廢라고 한다. [或有職而無其官 或有官而不擧其

　　職 皆曰廢]' 이 이하는 모두 공자의 말이다. 문장의 풍격으로 보아 요(堯)가

　　순(舜)에게 말한 것과 성탕(成湯)이 비 내리기를 기원한 것, 무왕(武王)이

제후를 봉할 때의 문고체(文誥體)와는 다르다. 역대 주석가들은 대부분 공자의 말이라고 생각했으며 대체로 믿을 만하다.

【焉】① …이다. 어기조사. 진술문 끝에 쓰여 종결·판단·긍정의 어기를 나타냄. 四方之政行焉, 天下之民歸心焉. ② 그에게. 於之 합음사(合音詞). 於는 전치사로 동작이나 행동에 관련되는 대상을 나타내며, 之는 인칭대명사로 武王을 가리킴. 信則民任焉.

【興滅國】 멸망한 나라를 다시 일으키다. 멸망한 나라를 부흥시키다.

興 : 다시 일으키다. 다시 세우다. 부흥(復興) 시키다.

【繼絶世】 끊어진 세대를 이어주다[잇게 하다]. 곧 후예를 찾아 그 조상의 제사를 잇게 하다.

【逸民】 벼슬을 하지 않고 속세를 떠나 초야에 숨어 초탈하게 사는 재덕(才德)이 뛰어난 사람.

주희(朱熹) - 멸망한 나라를 일으켜 주고 끊어진 세대를 계승해 주었다는 것은 황제(黃帝)·요(堯)·순(舜)과 하(夏)·상(商)의 후손을 봉(封)해 준 것을 말하며, 숨겨진 사람을 등용했다는 것은 갇혀 있던 기자(箕子)를 석방시켜 주고, 상용(商容)의 지위를 회복시켜 준 것을 말한다. 이 세 가지는 모두 사람들이 원하는 바였다. [興滅繼絶 謂封黃帝堯舜夏商之後 舉逸民 謂釋箕子之囚 復商容之位 三者皆人心之所欲也]

【所重 民食喪祭】 중시한 것은 백성(百姓), 식량(食糧), 상례(喪禮), 제사(祭祀)였다.

重 : 중시하다. 소중히 여기다.

공안국(孔安國) - 백성을 중시하는 것은 국가의 근본이기 때문이며, 먹을 것을 중시하는 것은 백성들의 목숨이기 때문이다. 상례를 중시하는 것은 슬픔을 다하려는 것이며 제사를 중시하는 것은 공경을 지극히 하려는 것이다. [重民 國之本也 重食 民之命也 重喪 所以盡哀 重祭 所以致敬]

[참고] ☞ 소중히 여겼던 것은 백성의 식량과 상례와 제례였다.

주희(朱熹) - 무성(武成)에 백성의 오교(五敎)를 중히 여기되 식량과 상례와 제례를 함께하였다. [武成曰 重民五敎 惟食喪祭]

정양용(丁若鏞) - 民食은 농정(農政)을 말한다. 소중한 것이 세 가지이니 무본(務本)과 신종(愼終)과 추원(追遠)이다. [民食 謂農政也 所重者三 曰務本 曰愼終

曰追遠] [참고] 學而-9.

【寬則得衆 信則民任焉 敏則有功】 너그러우면 여러 사람을 얻으며, 미더우면 백성들이 (일을) 맡기고, 민첩(敏捷)하면 공업(功業)이 있다. [참고] 陽貨-6.

주희(朱熹) - 이것은 무왕(武王)의 일에 보이는 바가 없으니, 아마도 제왕(帝王)의 도리(道理)를 널리 말씀하신 것인 듯하다. [此於武王之事 無所見 恐或泛言帝王之道也]

양백준(楊伯峻) - 한석경(漢石經)에는 信則民任焉 이 다섯 글자가 없다. 천문본교감기(天文本校勘記)에서 '황본·당본·진번본·정평본 같은 판본에는 모두 이 문장이 없다[皇本唐本津藩本正平本均無此句].' 라고 했으니, 이 구절은 양화편(陽貨篇)의 信則人任焉 때문에 잘못 붙여진 것으로 볼 수 있다. 양화편에서 쓴 人은 지도자를 말하며 여기서 잘못 쓴 民은 백성을 가리킨다. 성실하면 백성들에게 임명을 받을 수 있다는 이런 사상은 결코 공자가 가질 수 있었던 것이 아니며, 특히 이 구절은 원문이 아닌 것으로 보인다.

【公】 공평(公平)하다. 공정(公正)하다.

공안국(孔安國) - 정치와 교화가 공평하면 곧 백성들이 기뻐하게 된다. 이러한 일은 二帝(堯와 舜)와 三王(禹, 湯, 文武王) 시대가 잘 다스려진 까닭이므로 이를 전함으로써 후세에 보여주고자 한 것이다. [孔曰 言政敎公平 則民說矣 凡此二帝三王所以治也 故傳以示後世] ♣20100528金

2. 오미五美를 종히 여기고 사악四惡을 물리쳐야 하느니

子張問於孔子曰 何如斯可以從政矣 子曰 尊五美 屏四惡 斯可以從政
矣 子張曰 何謂五美 子曰 君子惠而不費 勞而不怨 欲而不貪 泰而不
驕 威而不猛 子張曰 何謂惠而不費 子曰 因民之所利而利之 斯不亦
惠而不費乎 擇可勞而勞之 又誰怨 欲仁而得仁 又焉貪 君子無衆寡
無小大 無敢慢 斯不亦泰而不驕乎 君子正其衣冠 尊其瞻視 儼然人望
而畏之 斯不亦威而不猛乎 子張曰 何謂四惡 子曰 不教而殺謂之虐
不戒視成謂之暴 慢令致期謂之賊 猶之與人也 出納之吝謂之有司

子張(ᄌᆞ댱)이 孔子(공ᄌᆞ)ᄭᅴ 묻ᄌᆞ와 글오ᄃᆡ 엇디ᄒᆞ야ᅀᅡ 이예 可(가)히 뻐 政(졍)을 從(죵)
ᄒᆞ리잇고 子(ᄌᆞ)ㅣ 글ᄋᆞ샤ᄃᆡ 五味(오미)를 尊(존)ᄒᆞ며 四惡(ᄉᆞ악)을 屏(병)ᄒᆞ면 이예 可
(가)히 뻐 政(졍)을 從(죵)ᄒᆞ리라 子張(ᄌᆞ댱)이 글오ᄃᆡ 엇디 닐온 五美(오미) 니잇고 子
(ᄌᆞ)ㅣ 글ᄋᆞ샤ᄃᆡ 君子(군ᄌᆞ)ㅣ 惠(혜)ᄒᆞ오ᄃᆡ 費(비)티 아니ᄒᆞ며 勞(로)히요ᄃᆡ 怨(원)티 아니
ᄒᆞ며 欲(욕)ᄒᆞ오ᄃᆡ 貪(탐)티 아니ᄒᆞ며 泰(태)ᄒᆞ오ᄃᆡ 驕(교)티 아니ᄒᆞ며 威(위)ᄒᆞ오ᄃᆡ 猛(밍)티
아니홈이니라 子張(ᄌᆞ댱)이 글오ᄃᆡ 엇디 닐온 惠(혜)ᄒᆞ오ᄃᆡ 費(비)티 아니홈이니잇고 子
(ᄌᆞ)ㅣ 글ᄋᆞ샤ᄃᆡ 民(민)의 利(리)ᄒᆞᆫ 바를 因(인)ᄒᆞ야 利(리)케 ᄒᆞ니 이 ᄯᅩ한 惠(혜)ᄒᆞ오ᄃᆡ
費(비)티 아니홈이 아니가 可(가)히 勞(로)ᄒᆞ얌즉 ᄒᆞ니를 擇(ᄐᆡᆨ)ᄒᆞ야 勞(로)ᄒᆞ거니 ᄯᅩ
뉘 怨(원)ᄒᆞ리오 仁(신)코쟈 ᄒᆞ야 仁(신)을 得(득)ᄒᆞ거니 ᄯᅩ 엇디 貪(탐)ᄒᆞ리오 君子(군
ᄌᆞ)ㅣ 衆寡(즁과)ㅣ 업스며 小大(쇼대)ㅣ 업시 敢(감)히 慢(만)티 아니ᄒᆞᄂᆞ니 이 ᄯᅩ한 泰
(태)ᄒᆞ오ᄃᆡ 驕(교)티 아니홈이 아니가 君子(군ᄌᆞ)ㅣ 그 衣冠(의관)을 正(졍)히 ᄒᆞ며 그 瞻視
(쳠시)를 尊(존)히 ᄒᆞ야 儼然(엄연)히 人(신)이 望(망)ᄒᆞ고 畏(외)ᄒᆞᄂᆞ니 이 ᄯᅩ한 威(위)
ᄒᆞ오ᄃᆡ 猛(밍)티 아니홈이 아니가 子張(ᄌᆞ댱)이 글오ᄃᆡ 엇디 닐온 四惡(ᄉᆞ악)이니잇고 子
(ᄌᆞ)ㅣ 글ᄋᆞ샤ᄃᆡ 敎(교)티 아니코 殺(살)홈을 닐온 虐(학)이오 戒(계)티 아니코 成(셩)을
視(시)홈을 닐온 暴(포)ㅣ오 슈(령)을 慢(만)히 ᄒᆞ고 期(긔)를 致(티)홈을 닐온 賊(적)이
오 오히려 人(신)을 與(여)호ᄃᆡ 出(츄)ᄒᆞ며 納(납)홈이 吝(린)홈을 닐온 有司(유ᄉᆞ)ㅣ니라

자장(子張)이 공자(孔子)께 여쭈어 말씀드리기를 "어떻게 하면 이에 가히 정치에
종사할 수 있나이까?" 하니, 선생님께서 말씀하시기를 "다섯 가지의 아름다운 덕을
중히 여겨 실천하고, 네 가지의 악함을 물리치면 곧 가히 정치에 종사할 수 있느니라."
하셨다. 자장이 말씀드리기를 "무엇을 다섯 가지의 아름다운 덕이라 하나이까?" 하니,
선생님께서 말씀하시기를 "군자(君子), 은혜를 베풀되 허비하지 아니하고, 일을 시키

되 원망을 사지 아니하며, 하고자 하되 탐하지 아니하고, 의연(毅然)하되 교만하지 아니하며, 위엄이 있으되 사납지 아니하는 것이니라." 하셨다. 자장이 말씀드리기를 "무엇을 베풀되 허비하지 않는 것이라 하나이까?" 하니 선생님께서 말씀하시기를 "백성의 이익이 되는 바에 따라 그들을 이롭게 한다면 이 또한 은혜를 베풀되 허비하지 않는 것이라 하지 않겠느냐? 일을 시킬만한 이를 가리어 그들에게 일을 시키면 또한 누가 원망하겠느냐? 인(仁)하고자 하여 인을 얻으면 또한 무엇을 탐하겠느냐? 군자가 많고 적음도 없고 작고 큼도 없으며 함부로 업신여김도 없으면 이 또한 의연(毅然)하되 교만하지 않는 것이 아니겠느냐? 군자가 자기의 의관(衣冠)을 바르게 하고 자기의 보이는 모습을 존엄하게 하며 근엄하여 사람들이 바라보고 그를 경외(敬畏)한다면 이 또한 위엄이 있으되 사납지 않은 것이 아니겠느냐?" 하셨다. 자장이 말씀드리기를 "무엇을 네 가지의 악함이라 하나이까?" 하니 선생님께서 말씀하시기를 "교화하지 아니하고 죽이는 것 그것을 일컬어 잔학(殘虐)하다 하고, 경계하여 일러주지 아니하고 성과를 보이라 하는 것 그것을 일컬어 포악(暴惡)하다 하며, 더디게 시키며 기한(期限)을 재촉하는 것 그것을 일컬어 적해(賊害)한다 하고, 어차피 사람들에게 주어야 함에도 내고들임에 인색(吝嗇)한 것 그것을 일컬어 유사(有司)[구실아치]라 하느니라." 하셨다.

【子張】 공자의 제자 전손사(顓孫師). 자가 자장(子張).

【何如斯可以從政矣】 어떻게 하면 이에 가히 정치에 종사할 수 있습니까?

何如 : 어떻게 합니까? 관용형식으로 방법[방식]에 대해 물음. 술어나 부사어로 쓰임.

斯 : 비로소. 곧. …하면 곧. 이에 곧. 동작이나 행위가 일정한 조건을 갖춘 후에야 비로소 발생하는 것을 나타냄. 뒤의 斯 : …하면 (곧). 이렇게 되면. 그렇다면. 접속사. 앞의 문장을 이어받아 조건에 따른 결과를 나타냄.

可以 : 가히[능히] …할 수 있다. …해도 좋다. 조동사. 조건의 허가를 나타냄.

【矣】 ① …인가? 어기조사. 의문의 어기를 나타냄. 何如斯可以從政矣. ② …이다. 어기조사. 단정 또는 필연의 결과를 나타냄. 斯可以從政矣.

【尊五美 屛四惡】 다섯 가지의 아름다운 덕을 중히 여겨 실천하고 네 가지의 악을

물리쳐 멀리하다.

尊 : 높이다. 중시하다. 존귀하게 여기다. 중히 여겨 실천하다.

屛병 : 물리치다. 멀리하다. 제거하다.

　공안국(孔安國) - 屛은 없애다는 뜻이다. [屛 除也]

【何謂五美】 무엇을 다섯 가지의 아름다운 덕이라 말합니까? 의문문이나 부정문에
　　서 대명사가 목적어로 될 경우 도치됨. 謂何五美.

何 : 무엇[어느 것]이 …한가[인가]? 누구[무엇, 어디]인가? 누구를[무엇을] …한
　　가? 의문대명사. 주어나 술어, 목적어로 쓰여 사람이나 사물, 장소에 대해
　　물음. 목적어로 쓰일 때는 일반적으로 도치되어 동사나 전치사 앞에 옴.

【惠而不費】 은혜를 베풀되 낭비(허비) 하지 아니하다.

惠 : 은혜(恩惠)롭다. 사랑하고 이롭게 하다. 혜택(惠澤)이 가게 하다. 사랑을
　　베풀고 물질적 혜택을 주다. 은혜를 베풀다.

費 : 소비하다. 허비하다. 낭비하다.

왕숙(王肅) - 백성을 이롭게 하는 것은 정치를 어떻게 하는가에 달려있으니, 재물을
　　낭비함이 없어야 한다. [利民在政 無費於財]

【而】 ① 그러나. 그렇지만. 오히려. …하되. 접속사. 역접관계를 나타냄. 惠而不費,
　　勞而不怨, 欲而不貪, 泰而不驕, 威而不猛.　② …하여서[하고서]. 그리하여.
　　이에. 접속사. 순접(연관)관계를 나타냄. 因民之所利而利之, 擇可勞而勞之,
　　欲仁而得仁, 不敎而殺.

【勞而不怨】 일을 시키되 원망을 사지 아니한다. [참고] 里仁-18.

勞 : 수고롭게 하다. 부리다. 일을 시키다. 노역을 시키다.

怨 : 원망을 사다. 원망의 말을 듣다.

【欲而不貪】 하고자 하되 탐하지 아니하다. ⇒ 인의(仁義)를 행하고자 하되 재색(財
　　色)을 탐하지 아니하다.

양백준(楊伯峻) - 뒷 문장에 '欲仁而得仁 又焉貪' 이라고 하였으며, 이 欲자는 '어
　　질고 의로워지다[欲仁欲義].' 는 것을 가리키는 말이다. 이 때문에 황간(皇侃)
　　의 의소(義疏)에서 '어질고 의로워지려는 사람은 청렴해지고, 재물과 여색을
　　구하는 사람은 탐하게 된다[欲仁義者爲廉 欲財色者爲貪].' 이라 했다.

【泰而不驕】 너그럽고 의젓하되 교만하지 아니하다. [참고] 子路-26.

정약용(丁若鏞) - 중차대(重且大)하여도 또한 감히 거만(倨慢)함이 없을 뿐으니 이른바 태(泰)이며 과차소(寡且小)하여도 감히 거만함이 없을 뿐이니 교만하지 않은 것이다. [衆且大 亦無敢慢而已 所謂泰也 寡且小 亦無敢慢而已 不爲驕也]

【因民之所利而利之】백성의 이익이 되는 바에 따라 그들을 이롭게 한다면.

因 : 따르다. 좇다.

之 : ① …의. 소유격 조사. 民之所利. ② 그들. 인칭대명사. 앞의 民을 가리킴. 利之.

利 : 이익이 되다. 의동사(意動詞). 뒤의 利는 사역동사.

【斯不亦惠而不費乎】이것 또한 은혜를 베풀되 허비하지 않는 것이라 하지 않겠는가?

斯 : 이것[이 사람. 이 일]. 이. 이러한. 이렇게. 여기. 지시대명사.

不亦…乎 : 또한 …하지 아니한가? 또한 …이 아니겠는가? 긍정의 뜻이 담긴 완곡한 반문(反問)을 나타냄.

【擇】가리다. 고르다. 골라내다. 선택하다.

【可勞】일을 시킬 수 있는 사람[환경]. 일을 시킬 만한 사람[환경].

【誰】누구. 어떤 사람. 의문대명사. 사람에 대한 질문을 나타냄.

【焉】무엇. 의문대명사. 사물에 대한 물음을 나타냄.

【無敢慢】함부로 업신여김이 없다. 함부로 업신여기지 않는다.

敢 : 감히. 함부로. 조동사. 동사 앞에 쓰여 어떤 일을 할 용기가 있음을 나타냄. 앞에 부정사가 오면 강한 반대의 뜻[할 용기가 없음]을 나타냄.

慢만 : 업신여기다.

정약용(丁若鏞) - 慢이란 업신여기는 것이다. [慢 侮也]

공안국(孔安國) - 군자는 적거나 작다고 해서 태만히 해서는 안 된다는 말이다. [言君子不以寡小而慢也]

【尊其瞻視】자기의 보이는 모습을 존엄하게 하다.

尊 : 존엄(尊嚴)하게 하다. 其 : 자신. 자기. 일인칭대명사.

瞻視첨시 : 봄. 보이는 모습. 외관(外觀). 외모(外貌).

【儼然】근엄(謹嚴)[엄숙(嚴肅)]하고 진중(鎭重)한 모양.

【不敎而殺】백성을 교화(敎化)하지 않고 죽이다. 먼저 해서 될 일과 안 될 일 등을 가르쳐 주지도 않고 있다가 잘못을 저지르면 죽이다.

【不戒視成】 경계하여 일러주지 않고 성과(成果)를 보려 하다.

　戒 : 경계하여 일러주다. 계고(戒告)하다. 경고하다. 예고하다.

　成 : 성과(成果).

　마융(馬融) - 사전에 경계하지 않고 있다가 눈앞에 이르러 이루어진 것만을 책망하
　　는 것을 視成이라 한다. [不宿戒而責目前成 爲視成]

【慢令致期】 명령을 게을리 하면서 기한(기한)을 재촉하다. 더디게 시키면서 기한
　　(기한)을 재촉하다.

　慢 : 게을리 하다. 더디게 하다.

　令 : 명령(命令)하다. 명령을 내리다. …하게 하다. 부리다. 시키다.

　致 : 이르다. 정상에 이르다. 이루다. 달성하다. 도달하다.

　期 : 기간(期間). 기한(期限). 기일(期日).

　주희(朱熹) - 致期는 기일(期日)을 각박(刻薄)하게 하는 것이다. [致期 刻期也]

　공안국(孔安國) - 백성들에게 신뢰를 주지 못한 채 헛되이 기한만을 각박하게
　　하는 것이다. [與民無信而虛刻期]

【賊】 해치다. 해(害)를 끼치다. 적해(賊害)하다. 가해(加害)하다.

【猶之與人也】 어차피 사람들에게 주어야 함에도.

　猶 : 마찬가지로. 똑같이. 어차피(이렇게 하나 저렇게 하나 똑같다). 부사. 서로
　　다른 상황에서 동작이나 행위가 같음을 나타냄. [참고] 先進-10.

　之 : 그것. 지시대명사. 일반적인 사람이나 사물, 사실을 가리킴

　與 : 주다. 동사.

　也 : …은(는, 이). …이면. 어기조사. 음절을 조절하고 어기를 고르는 역할을 함.

　주희(朱熹) - 猶之는 均之(똑같음)라고 말하는 것과 같다. [猶之 猶言均之也]

【出納】 내어주고 받아들이다. 지출과 수입. ⇒ (물건을) 내어주다.

　양백준(楊伯峻) - 出과 納은 서로 상반되는 뜻의 단어로 여기서는 비록 연용해서
　　사용되었지만 오히려 出의 뜻으로 사용되었으며 納의 뜻은 없다.

　유월(俞樾) - 사기(史記) 자객전(刺客傳)에서 '多人不能無生得失(사람이 많으면
　　서도 사람을 잃게 되는 일이 생기지 않을 수 없다.)' 이라는 구절이 있는데
　　여기서도 失을 말하면서 得을 아울러 언급한 것이다. [史記刺客傳 多人不能無
　　生得失 言失而幷言得也]

【吝嗇】아끼다. 인색(吝嗇)하다.

【有司】일 주관하는 실무 담당자. 전담자(專擔者). ⇒ 말단 창고지기. 구실아치(각
관아의 벼슬아치 밑에서 일을 보던 사람). ⇒ 말단 창고지기의 근성. ⇒ 옹졸함.

공안국(孔安國) - 재물은 모두 다른 사람에게 주어야 마땅한 것인데도 물건을
내주는 것에 인색해서 아까워 이를 어렵게 여기는 것, 이것은 창고지기 같은
유사의 임무일 뿐이지 군주의 도는 아니라는 말이다. [謂財物俱當與人 而吝嗇
於出納惜難之 此有司之任耳 非人君之道]

양백준(楊伯峻) - 有司는 옛날 일을 관리하던 사람을 가리키는 말로 하는 일이
비천하고 보잘 것 없었다. 여기서는 의역해서 '옹졸하다[小家子氣]'라고 했다.

정약용(丁若鏞) - 이 장은 곧 백성을 다스리는 묘결(妙訣)이다. 그러므로 왕정(王政)
의 아래에다 기록해 놓았다. [此章乃治民之妙訣 故錄在王政之下]

♣20100530日

286

3. 천명天命과 예禮와 언言을 알아야 하느니

子曰 不知命 無以爲君子也 不知禮 無以立也 不知言 無以知人也

子(자)ㅣ 글오샤디 命(명)을 아디 몯ᄒ면 뻐 君子(군자)ㅣ 되디 몯ᄒ고 禮(례)를 아디 몯ᄒ면 뻐 立(립)디 몯ᄒ고 言(언)을 아디 몯ᄒ면 뻐 人(신)을 아디 몯ᄒ리니라

선생님께서 말씀하시기를 "천명(天命)을 알지 못하면 군자(君子)가 될 수 없고 예(禮)를 알지 못하면 설 수 없으며 언(言)을 알지 못하면 사람을 알 수 없느니라." 하셨다.

【不知命 無以爲君子也】 천명을 알지 못하면 군자가 될 수 없다.

命 : 하늘의 뜻. 천명(天命). 운명(運命). 하늘이 정한 운명.

無以 : …할 수(가) 없다. …할 것[방법]이 없다. 爲 : 되다.

也 : …이다. 어기조사. 진술문의 끝에 쓰여 판단이나 단정 또는 긍정을 나타냄.

공안국(孔安國) - 命이란 출세를 하거나 하지 못함의 분수[성패의 갈림]를 말한다. [命 謂窮達之分]

동중서(董仲舒) - 하늘의 영(令)을 命이라 한다. 사람이 하늘에서 명을 받아 진실로 다른 여러 생물체보다도 뛰어나게 달라 만물보다 고귀하다. 그러므로 천지의 성에서 사람이 고귀한 것이다. [天令之謂命 人受命于天 固超然異于群生 貴于物也 故曰天地之性人爲貴]

정약용(丁若鏞) - 命은 하늘이 사람에게 부여한 것이니, 性이 德을 좋아하는 것 그것이 命이며 사생(死生), 화복(禍福), 영욕(榮辱) 또한 命이 있다. 命을 알지 못하면, 능히 善을 즐기고 지위에 편안할 수 없다. 그러므로 군자가 될 수 없는 것이다. [命 天之所以賦於人者 性之好德 是命也 死生禍福榮辱 亦有命 不知命 則不能樂善而安位 故無以爲君子]

[참고] 爲政-4, 子罕-1, 先進-18, 憲問-38, 季氏-8.

【不知禮 無以立也】 예(禮)를 알지 못하면 설 수 없다.

立 : 서다. 입신(立身)하다. 사회에서 올바로 처신하는 것.

주희(朱熹) - 예(禮)를 알지 못하면 이목(耳目)을 가(加)할 곳이 없고 수족(手足)을 둘 곳이 없다. [不知禮 則耳目無所加 手足無所措]

[참고] 學而-12, 爲政-5, 八佾-4, 8, 15, 22, 里仁-13, 雍也-25, 述而-30, 泰伯-2, 8, 顏淵-1, 衛靈公-17, 季氏-13, 陽貨-11.

【不知言 無以知人也】 언(言)을 알지 못하면 사람을 알 수 없다.

양백준(楊伯峻) - 知言의 뜻은 맹자(孟子) 공손추 상(公孫丑 上)의 '나는 남의 말을 이해할 수 있다.[我知言]'의 지언과 같으며, 다른 사람의 말을 잘 분석하여 그 옳고 그름과 선악을 판단할 수 있다는 뜻이다.

마융(馬融) - 말을 들으면 곧 그 말의 옳고 그름을 구별하게 된다는 것이다. [聽言 則別其是非也]

주희(朱熹) - 말의 잘잘못에 따라 사람의 간사함과 올바름을 알 수 있는 것이다. [言之得失 可以知人之邪正]

[참고] 學而-3,7,14, 爲政-13,18, 里仁-18,22,24,26, 公冶長-4, 先進-24, 顏淵-23, 子路-3,15,27, 憲問-4,5,14,21,23,29, 衛靈公-7,10,22,26,40, 季氏-6, 陽貨-14,17,18.

정현(鄭玄) - 魯論에는 이 장이 없는데, 지금은 古論을 따른다. [魯論無此章 今從古]

정약용(丁若鏞) - (처음에는) [第一篇 學而] 學으로써 시작하여 (끝에는) 命으로써 마치니, 이것이 下學上達(아래로 배워서 위로 달하다)의 내용이다. [始之以學 終之以命 是下學上達之義] ♣20100530日

[終]

288

공자도 읽지 못한

논어

서예가 양전 김원익이 공부하다

부 록

차 례

引用 學者 小傳
인용 학자 소전

長處樂

편안하고 부유함에 오래 처하니 [里仁-2]

引用 學者 小傳 (인용 학자 소전)

◎ **강희(江熙)** - 진대(晉代)의 학자. 저서로는 논어강씨집해(論語江氏集解)가 있음. 8-18, 10-1·3,8, 12-3, 14-11

◎ **고염무(顧炎武)** - 1613~1682. 명말청초(明末淸初)의 사상가(思想家), 경학자(經學者). 강소(江蘇) 곤산인(昆山人). 자는 녕인(寧人). 호는 정림(亭林). 저서로는 일지록(日知錄), 천하군국리병서(天下郡國利病書), 조성지(肇城志), 음학오서(音學五書), 정림시문집(亭林詩文集) 등이 있음. 12-7, 14-6,47

◎ **공안국(孔安國)** - 전한(前漢) 무제(武帝) 때의 학자(學者). 산동(山東) 곡부인(曲阜人). 자는 자국(子國). 공자의 11대손. 상서(尙書) 고문학의 시조. 관은 박사(博士), 간대부(諫大夫), 임회(臨淮) 태수. 노(魯)나라의 공왕(共王)이 공자의 옛 집을 헐었을 때 과두문자(蝌蚪文字)로 된 고문상서(古文尙書), 예기(禮記), 논어(論語), 효경(孝經)이 나왔는데 당시 아무도 이 글을 읽지 못한 것을 금문(今文)과 대조·고증, 해독하여 주석을 붙였음. 1-7,8,9, 11,13,14,15, 2-4,9,10,13,14, 3-10,18,19,21, 4-12,16, 5-26, 6-7,8,11,14,28, 7-5,10,17,26, 27,30,34,35, 8-3,6,12,14,16, 9-5,6,7,10,11,21,23,26, 10-1·2,3,4,6,11,13,15,16, 11-1,3,15,16,23, 25, 12-1,3,4,8,10,11,12,19,21,24, 13-1,4,9,12,15,18,20,22,24,25, 14-1,6,8,10,12,13,14,15,17,19, 25,31,37,38,43,45, 15-3,8,9,21,35,36,40, 16-1,2,3,5,6,7,9,11,14, 17-1,2,3,4,5,6,7,8,9,12,16,18, 21,24, 18-2,3, 6,7,8,9,10, 19-1,2,6,8,11,12,14,20,22, 20-1,2,3

◎ **구모백(丘毛伯)** - 명대(明代)의 문신(文臣), 학자(學者). 임천인(臨川人). 이름은 조린(兆麟). 자가 모백(毛伯). 관은 어사(御史), 하남순무(河南巡撫). 저서로는 낙여원집(樂餘園集)이 있음. 19-24 [尹任卿]

◎ **노동원(盧東元)** - 명대(明代)의 학자(學者). 14-10

◎ **단옥재(段玉裁)** - 1735~1815. 청대(淸代)의 학자(學者). 강소인(江蘇人). 자는 약응(若膺). 호는 무당(茂堂). 저서로는 설문해자주(說文解字注), 고금상서찬이(古今尙書撰異), 춘추좌씨경(春秋左氏經) 등이 있음. 14-46

◎ **마융(馬融)** - 79~166. 후한(後漢)의 유가(儒家). 섬서(陝西) 무릉인(茂陵人). 자는 계장(季長). 관은 태수. 춘추삼전이동설(春秋三傳異同說)을 짓고, 효경(孝經), 논어(論語), 시경(詩經), 주역(周易), 상서(尙書), 이소(離騷) 등을 주석함. 1-5,6,12, 2-4,6,8,23, 3-1,6,8,16, 4-5, 5-7,12, 7-33, 8-5,20,21, 9-11,13,26, 10-1·2,8, 11-10,25, 12-1,20, 13-4,14,28, 14-2,9,10,16,18, 21,38,39,46,47, 15-24,34,38,41, 16-1,4,12, 17=10,16,21,24, 18-6,8,11, 19-17,18,19, 20-2,3

● **맹자(孟子)** - B.C. 372?~289? 전국시대 유학자(儒學者). 추(鄒)나라[지금의 산동성(山東省) 추현(鄒縣)] 사람. 이름은 가(軻). 자는 자여(子輿) 또는 자거(子車). 어릴 때부터 공자를 숭배하고, 공자의 사상을 발전시켜 유교를 후세에 전하는 데 큰 영향을 끼쳤음. 1-1, 2-7, 7-33, 12-19, 13-21, 15-14,34, 17-1,13,20, 18-8, 20-3

● **모기령(毛奇齡)** - 1623~1716. 청(淸)나라 숙산인(蕭山人). 자는 대가(大可). 호는 서하(西河), 숙산(蕭山), 노청(老晴) 또는 추청(秋晴). 저서로는 고문상서원사(古文尙書冤詞) 외에 경집(經集) 50종, 문집 등이 있음. 1-4, 6-5, 8-14, 14-17, 15-24, 16-3,12, 17-1, 18-8,

● **미야자키 이치시다(宮崎市定)** - 1901~1995. 일본 교토대학 교수. 문학박사. 나가노현 태생. 중국사의 거의 모든 분야와 서아시아사에 걸쳐 방대한 연구 업적을 남김. 대표적인 저서로는 구품관인법의 연구(九品官人法の研究), 과거(科擧), 아시아사 연구(アジア史研究), 논어의 신연구(論語の新研究), 수호전(水滸傳) 등이 있음. 1-9, 4-4,13, 5-23, 7-27, 8-9, 10-1-3, 14-10,13,42, 17-14, 18-6

● **범녕(范甯)** - 진(晉)나라 학자. 자는 무자(武子). 저서로는 춘추곡량전집해(春秋穀梁傳集解)가 있음. 12-1,2

● **범조우(范祖禹)** - 북송(北宋)의 학자. 성도인(成都人). 자는 순보(淳父). 정자(程子) 문하의 고제(高弟). 저서로는 당감(唐鑑)이 있음. 2-16, 4-26, 9-12,19, 10-1-11,16, 15-19

● **사량좌(謝良佐)** - 북송(北宋)의 경학가(經學家). 자는 현도(顯道). 상채인(上蔡人). 정이(程頤)에게 종학(從學)하였으며, 유초(游酢), 여대임(呂大臨), 양시(楊時)와 함께 정문사선생(程門四先生)이라 불렸음. 저서로는 논어설(論語說)이 있음. 1-1, 4-23, 7-20, 19-19

● **소식(蘇軾)** - 1037~1101. 송(宋)나라 문장가(文章家), 학자(學者). 자는 자첨(子瞻). 호는 동파(東坡). 당송팔대가(唐宋八大家)의 한 사람. 저서로는 논어해(論語解)와 동파집(東坡集)이 있음. 8-16, 13-1, 14-8, 15-11, 19-6

● **손광(孫鑛)** - 1542~1613. 명대(明代)의 학자. 절강성(浙江省) 여요인(餘姚人). 자는 문융(文融). 호는 월봉(月峰). 관은 남경병부상서(南京兵部尙書). 저서로는 손월봉평경(孫月峰評經), 금문선(今文選), 서화발발(書畵跋跋) 등이 있음. 14-45

● **송잠실(宋潛室)** - 송(宋)나라의 진잠실(陳潛室)을 말함. 남송(南宋)의 이학자(理學者). 성명은 진식(陳埴). 저서은 홍범해(洪範解)가 있음. 14-40

● **순열(荀悅)** - 148~209. 후한(後漢)의 학자(學者). 영천(潁川) 영음인(潁陰人). 자는 중예(仲豫). 순자(荀子)의 후손. 저서로는 신감(申鑒), 한기(漢記), 숭덕(崇德), 정론(正論)이 있음. 9-28

● **순자(荀子)** - B.C. 298?~BC 238? 전국시대(戰國時代) 말기의 사상가이자 유학자. 성은 순(荀), 이름은 황(況), 자는 경(卿). 맹자(孟子)의 성선설(性善說)을 비판하여 성악설(性惡說)을 주장했으며, 예(禮)를 강조하는 유학 사상을 발달시켰음. 2-14

● **양백준(楊伯峻)** - 1909~1990. 중국의 언어학자. 호남(湖南) 장사인(長沙人). 본명은 양덕숭(楊德崇). 1932년 북경대학(北京大學) 졸업. 중국어언학회 이사(中國語言學會 理事), 중학교 교사, 광동성 중산대학(廣東省 中山大學) 교수, 호남성 민주보(湖南省 民主報) 사장, 북경대학 중문계(北京大學 中文系)와 난주대학 중문계(蘭州大學 中文系) 부교수 등을 역임. 주요 저서로는 맹자도독(孟子導讀), 문언상용허사(文言常用虛詞), 중국문법어문통해(中國文法語文通解), 열자집석(列子集釋), 논어역주(論語譯註), 맹자역주(孟子譯註), 고한어허사(古漢語虛詞), 춘추좌전주(春秋左傳注) 등이 있음. 1-1,4,5,6,7,10, 11,12,14, 2-1,2,3,8,10,14,15,16,19,21,22, 3-1,13,20,21, 5-9,13, 6-4,8, 7-2,4,17, 8-15,17, 9-2,13, 15, 10-1-6,8, 11-1,12,13,25, 12-3,5,7,12, 13-5,8,14,18,19,22, 14-4,7,10,13,17,22,29,45,46,47, 15-10,13,14,16,21,32,34, 16-1,2,4,7, 17-3,7,8,14,24,26, 18-7,9,11,23, 20-1,2,3

● **양시(楊時)** - 북송(北宋) 장악인(將樂人). 자는 중립(中立). 호는 귀산(龜山). 두 정자(程子) [程頤·程顥] 문하의 고제(高弟). 저서로는 이정자수언(二程子粹言) 등이 있음. 1-5, 10-1-11, 12-6, 13-4,27, 15-6,25,27, 19-4,14

● **여대임(呂大臨)** - 북송(北宋)의 학자(學者). 남전인(藍田人). 이름이 대임(大臨). 자는 여숙(與叔). 두 정자(程子)에게 수학(受學)함. 2-18

● **오규 나베마쓰(荻生雙松)** - 일본 강호시대(江戶時代)의 경학가(經學家). 자는 무경(茂卿). 호는 소라이(祖徠조래). 별칭 물조래(物祖徠). 저서로는 대학해(大學解), 중용해(中庸解), 논어징(論語徵), 조래집(祖徠集) 등이 있음. 1-8,13, 11-10, 14-42,45

● **왕부지(王夫之)** - 1619~1692. 명말(明末) 청초(淸初)의 사상가, 학자. 호남성 형양현(衡陽縣) 출신. 자는 이농(而農), 호는 강재(薑齋), 일호도인(一瓠道人). 황종희(黃宗羲), 고염무(顧炎武)와 함께 명말 청초의 3대 학자라 불렸음. 저서로는 독통감론(讀通鑑論), 송론(宋論), 황서(黃書), 악몽(噩夢), 소수문(搔首問), 주역외전(周易外傳), 사서훈의(四書訓義) 등이 있음. 1-16

● **왕숙(王肅)** - 195~256. 삼국시대(三國時代) 위(魏)나라 경학가(經學家). 자는 자옹(子雍). 동해인(東海人). 관은 중령군(中領軍), 산기상시(散騎常侍). 저서로는 논어(論語), 상서(尙書), 시경(詩經), 좌전(左傳) 등의 註와 삼례(三禮)의 註가 있음. 1-1,3,7, 3-7, 4-2, 7-13, 12-13,14, 13-2,11,15,27, 14-11,32, 15-3,22,28,32, 16-5,12, 19-3,10, 20-2

● **왕필(王弼)** - 226~249. 삼국시대(三國時代) 위(魏)나라의 학자. 산양(山陽) 고평인(高平人). 자는 보사(輔嗣). 관은 상서랑(尙書郎). 노장학(老莊學)에 심취하였으나 유가(儒家) 경전(經典)에도 정통(精通)하였음. 저서로는 주역주(周易注), 주역약례(周易略例), 노자도덕경주(老子道德經注), 논어석의(論語釋疑) 등이 있음. 11-17, 14-21, 15-34, 18-8

● **요노(饒魯)** - 남송(南宋)의 이학가(理學家). 요주(饒州) 여간인(餘干人). 자는 백여(伯與), 또는 중원(仲元). 호는 쌍봉(雙峯)이라 자칭함. 사시(私諡)는 문원(文元). 주자(朱子)의 사위인 황간(黃榦) 문하의 중요 인물. 석동서원(石洞書院)을 세워 후학을 가르쳤으

며 저서로는 오경강의(五經講義), 어맹기문(語孟紀聞), 학용찬술(學庸纂述) 등이 있지만 요쌍봉강의(饒雙峯講義)만 현존함. 13-6,11, 15-11

◉ **요시가와 고오지로오(吉川行次郞)** - 1904~1980. 일본 중국문학자. 저서로는 원잡극연구(元雜劇硏究), 두보사기(杜甫私記) 등이 있음. 1-13, 11-25

◉ **원료범(袁了凡)** - 명(明) 오강인(吳江人). 자는 곤의(坤儀), 요범(了凡). 이름은 황(黃). 호는 양행재(兩行齋). 저서로는 역법신서(曆法新書), 평주팔대문종(評注八大文宗), 군서비고(群書備考), 양행재집(兩行齋集) 등이 있음. 2-21, 9-6

◉ **위관(衛瓘)** - 三國時代 진(晉)나라 안읍인(安邑人). 자는 백옥(伯玉). 魏나라에서 중서랑(中書郞), 연위경(延尉卿)을, 晉나라에서 녹상서사(錄尙書事)를 지냈음. 저서로는 논어위씨집주(論語衛氏集注)가 있음. 13-7,22

◉ **유면지(劉勉之)** - 1091~1149. 유빙군(劉聘君). 이름이 면지(勉之). 자는 치중(致中). 호는 초당(草堂), 백수(白水). 주자의 어릴 때 스승이자 장인. 7-16,20, 10-1-18

◉ **유보남(劉寶楠)** - 1791~1855. 청(淸)나라 고증학자. 자는 초정(楚楨), 호는 염루(念樓). 강소성(江蘇省) 보응인(寶應人). 유문기(劉門淇), 유흥은(柳興恩), 진립(陳立) 등과 함께 각각 하나의 경전을 연구하기로 하여 논어(論語)를 맡았음. 황간(皇侃), 형병(邢昺)의 소(疏)에 오류가 많다고 생각하여 한(漢)나라 이래 여러 학자의 학설을 두루 모으고 송유(宋儒)의 의리론과 청유(淸儒)의 훈석(訓釋)을 참고하여 논어정의(論語正義) 24권을 저술하였으나 생전에 완성을 못하고, 사후에 아들 공면(恭冕)이 완성하였음. 그 밖의 저서로는 석곡(釋穀), 한석례(漢石例), 염루집(念樓集) 등이 있음. 9-29, 11-3, 12-2

◉ **유월(兪樾)** - 1821~1906. 청(淸)나라 말기의 학자. 절강성인(浙江省人). 자는 음보(蔭甫). 호는 곡원(曲園). 30세 때 진사에 급제하여 한림원 편수(編修)가 되었고, 그 뒤 서원의 학장으로 있으면서 면학에 정진. 저서는 전집으로 춘재당전서(春在堂全書)가 있는데, 그 중에서 군경평의(群經平議), 제자평의(諸子平議), 고서의의거례(古書疑義擧例)가 가장 유익한 내용으로 평가되고 있음. 1-12, 10-1-16, 11-2,18,25, 12-5, 13-1,8,18,22, 14-20, 15-6,10,13,19, 18-6, 20-2

◉ **육덕명(陸德明)** - 약 550~630. 당(唐)의 경학자(經學者). 소주(蘇州) 오인(吳人). 이름은 원랑(元朗). 자가 덕명(德明). 관은 국자박사(國子博士). 저서로는 경전석문(經典釋文)이 있음. 1-16, 9-12, 10-1-8,16, 12-12

◉ **육유(陸游)** - 1125~1209. 남송(南宋)의 시인. 자는 무관(務觀). 호는 방옹(放翁). 나라의 상황을 개탄한 시나 전원의 한적한 생활을 주제로 한 시가 많음. 저서로는 시집 검남시고(劍南詩稿)와 기행문 입촉기(入蜀記), 사서(史書) 남당서(南唐書) 등이 있음. 15-15

◉ **윤돈(尹焞)** - 1071~1142. 북송(北宋) 말 남송(南宋) 초의 이학가(理學家). 낙양인(洛陽人). 자는 명언(明彦) 또는 덕충(德充). 흠종(欽宗)이 화정처사(和靖處士)라는 호를 사여(賜與)했음. 정이(程頤)의 문인. 저서로는 논어해(論語解), 맹자해(孟子解) 등이 있음.

4-23, 13-10, 14-20,35, 15-1, 16-8, 18-4, 19-5,17

❁ 이공(李塨) - 청(淸)나라 유학자(儒學者). 청초(淸初)의 철학자 안원(顔元)의 제자. 저서로는 논어전주(論語傳注)가 있음. 13-26

❁ 이돈(李惇) - 청말(淸末)의 학자. 고증학 양주학파(揚州學派)의 한 사람. 저서로는 군경식소(羣經識小) 등이 있음. 10-1-8

❁ 이욱(李郁) - ?~1152. 북송(北宋)의 학자. 소무인(昭武人). 자는 광조(光祖). 양시(楊時)의 제자이자 사위. 서산선생(西山先生)이라 불렸음. 저서로는 논맹유고(論孟遺稿) 등이 있음. 14-40, 17-22

❁ 이충(李充) - 동진(東晋) 때의 학자(學者). 강하인(江夏人). 자는 홍도(弘度). 관은 대저작랑(大著作郞), 중서시랑(中書侍郞). 저서로는 상서주(尙書注), 주역지(周易旨)가 있음. 19-9

❁ 이탁오(李卓吾) - 1527~1602. 명대(明代)의 유학자(儒學者). 이름은 지(贄). 호가 탁오(卓吾). 별호는 굉보(宏甫). 관은 운남요안부지사(雲南姚安府知事). 저서로는 분서(焚書), 장서(藏書) 등이 있음. 17-1

❁ 임희원(林希元) - 1481~1651. 명대(明代)의 관료이자 학자. 복건성인(福建省人). 자는 무정(茂貞), 또는 사헌(思獻). 호는 차애(次崖). 관은 남경대리시승(南京大理寺丞), 광동안찰사(廣東按察司). 저서로는 대학경전정본(大學經傳定本), 사서존의(四書存疑), 역경존의(易經存疑) 등이 있음. 16-1, 17-18

❁ 장식(張栻) - 1133~1180. 송(宋)나라 때의 철학자. 광한인(廣漢人). 자는 경부(敬夫). 호는 남헌(南軒). 호오봉(胡五峯)의 학문을 이어받아 성리학에 관한 지식이 깊고 경(敬) 문제에 관해서는 주자와 자주 논쟁을 벌여 그 학문에 영향을 많이 주었음. 저서에는 남헌역설(南軒易說), 수사언인(洙泗言仁), 논어설(論語說), 맹자설(孟子說) 등이 있음. 6-18,19, 11-21, 15-11

❁ 장횡거(張橫渠) - 1020~1077. 북송(北宋) 중기의 학자. 장안인(長安人). 자는 자후(子厚). 이름은 재(載). 저서로는 경학이굴(經學理窟), 정몽(正蒙), 서명(西銘) 등이 있음. 특히 정몽(正蒙)에서 송나라 최초로 '기일원(氣一元)'의 철학 사상을 전개했음. 14-40

❁ 정약용(丁若鏞) - 1762.6.16.~1836.2.22. 조선 후기 학자 겸 문신. 광주(廣州)(현 경기도 남양주시 조안면) 출생. 본관은 나주(羅州). 자는 미용(美鏞), 송보(頌甫). 호는 다산(茶山), 삼미(三眉), 여유당(與猶堂), 사암(俟菴), 자하도인(紫霞道人), 탁옹(籜翁), 태수(苔叟), 문암일인(門巖逸人), 철마산초(鐵馬山樵). 가톨릭 세례명은 안드레아. 시호는 문도(文度). 사실적이며 애국적인 많은 작품을 남겼고, 한국의 역사·지리 등에도 특별한 관심을 보여 주체적 사관을 제시했으며, 합리주의적 과학 정신은 서학을 통해 서양의 과학 지식을 도입하기에 이르렀음. 주요 저서로는 정다산전서(丁茶山全書)[여유당전서(與猶堂全書)]가 있고, 그 속에 목민심서(牧民心書), 경세유표(經世遺表), 흠흠신서(欽欽新書),

마과회통(痲科會通), 《모시강의(毛詩講義), 매씨서평(梅氏書平), 상서고훈(尙書古訓), 상서지원록(尙書知遠錄), 상례사전(喪禮四箋), 사례가식(四禮家式), 악서고존(樂書孤存), 주역심전(周易心箋), 역학제언(易學諸言), 춘추고징(春秋考徵), 논어고금주(論語古今注), 맹자요의(孟子要義) 등이 실려 있음. 1-1,2,4,5,9,10,12,13,15, 2-1,2,3,4,6,7,8,10,11,14,15,16,19,20,21,22,23, 3-1,3,4,5,7,10,12,16,18,22,23,24,26, 4-1,4,7,10,13,15,16,18, 23,25,26, 5-6,10,16,19,21,22,23,24, 6-4,5,7,8,10,11,14,16,17,18,20,23,26,28, 7-1,2,4,6,8,11,14,16,17,21,24,26,27,28,29,30,33,37, 8-2,5,8,9,12,13,14,15,16,17,18, 9-1,5,7,9,12,13,16,18,20,23,25,26,27,29, 10-1-1,2,4,5,6,8,11,16,18, 11-1,2,4,10,12,13,16,18,19,20,21,23,25, 12-1,2,3,5,6,7,8,9,10,14,16,17,19,21,22,23,24, 13-1,2,3,4,5,8,10,11,12,14,15,17,18,19,20,24,25,26,27,28,29,30, 14-1,2,3,6,8,9,10,11,12,13,14,17,18,20,21,23,24,25,30,31,34,36,37,38,39,41,42,43,44,45,46, 15-1,2,3,4,5,7,8,10,11,14,15,18,19,20,24,25,26,27,28,29,30,31,32,33,34,36,37,38,39,40, 16-1,2,3,9,10,12,13, 17-2,3,4,11,12,14,15,16,19,20,21,23,25, 18-3,6,7,8,10,11, 19-2,4,5,6,7,8,9,11,12,13,18,19,20,22,25, 20-1,2,3

● **정이 (程頤)** - 1033~1107. 북송(北宋) 중기의 유학자(儒學者). 호남성(河南省) 낙양인(洛陽人). 자는 정숙(正叔). 호는 이천(伊川). 시호는 정공(正公). 형 정호(程顥)와 함께 주돈이(周敦頤)에게 배웠고, 형과 아울러 '이정자(二程子)'라 불리며 정주학(程朱學)의 창시자로 알려짐. '이기이원론(理氣二元論)'의 철학을 수립하여 큰 업적을 남김. 저서로는 역전(易傳) 4권, 춘추전(春秋傳), 안자소학하론(顔子所學何論), 어록(語錄) 등이 있고, 제자들이 그와 형 정호(程顥)의 저작을 모아 이정전서(二程全書)를 펴냈음. 1-1,2, 2-18, 3-5,12,18, 4-9,12, 5-7,17, 6-2,11,23,27, 7-28,29, 8-14, 9-1,3,28,29, 11-1,19, 12 2,10,12, 14-25, 15-1, 17-2, 19-12

● **정현 (鄭玄)** - 127~200. 후한(後漢) 말기의 대표적 유학자. 북해(北海, 山東省) 고밀인(高密人). 자는 강성(康成). 시종 재야(在野) 학자로 지냈으며, 제자들에게는 물론 일반인들에게서도 훈고학·경학의 시조로 깊은 존경을 받았음. 그의 저서 중 완전하게 현존하는 것은 모시(毛詩)의 전(箋)과 주례(周禮), 의례(儀禮), 예기(禮記)의 주해(註解)뿐이고, 그밖의 것은 단편적으로 청나라 원균(袁鈞)의 정씨일서(鄭氏佚書)에 실려 있음. 또 그의 논어(論語) 주석의 일부가 근래 신강유오이[新疆維吾爾] 자치구에 있는 당나라 시대의 무덤에서 출토되었음. 1-1,6,8,10,15, 2-1,2,3,4,8,11,18,19, 3-4,8,13,22,23, 4-1,5, 5-6,7, 11, 6-10, 7-2,7,19,34,36, 8-3,10,12,15,16,20, 9-2,6, 10-1-3,5,6,8,12,14,16, 11-2,12,13,25, 12-8,15,17, 13-14,18,20,22,24,28, 14-6,9,16,31,35,38,40,41,43, 15-16,31,41, 16-4,6, 17-9,15,26, 18-6, 7,8,11, 19-3,4,9,16,19, 20-1,3

● **정호(程顥)** - 1032~1085. 북송(北宋) 중기의 유학자. 호남성(河南省) 낙양인(洛陽人). 자는 백순(伯淳). 호는 명도(明道). 시호는 순(純). 존칭으로 명도선생이라 불리고, 동생 정이(程頤)와 함께 이정자(二程子)로 알려짐. 이기일원론(理氣一元論)', '성즉이설(性則理說)'을 주창하였고, 그의 사상은 동생 정이를 거쳐 주자(朱子)에게 큰 영향을 주어 송나라 새 유학의 기초가 되었으며, 정주학(程朱學)의 중핵을 이루었음. 저서로는 정성서

(定性書), 식인편(識仁篇) 등이 있음. 4-26, 5-6, 6-17,25, 14-39, 15-17

❀ **주부선(周孚先)** - 송(宋) 의 학자. 비능인(毗陵人). 자는 백우(伯忧). 정이(程頤) 의 문인. 저서로는 논어해(論語解) 등이 있음. 2-13

❀ **주생렬(周生烈)** - 삼국시대 위(魏)나라 돈황인(燉煌人). 성이 周生. 이름이 烈. 관은 시중(侍中). 경전(經傳) 에 注를 하였으며, 저서로 논어주생씨의설(論語周生氏義說) 이 있음. 10-1-16, 13-14,18, 17-13

❀ **주희(朱熹)** - 1130.10.8.~1200.4.23. 남송(南宋) 때의 유학자(儒學者). 복건성(福建省) 우계인(尤溪人). 자는 원회(元晦), 중회(仲晦). 호는 회암(晦庵), 회옹(晦翁), 운곡노인(雲谷老人), 둔옹(遯翁). 존칭하여 주자(朱子)라고 칭함. 주자학을 집대성하여 중국 사상계에 가장 큰 영향을 미쳤음. 저서로는 사서장구집주(四書章句集注), 주역본의(周易本義), 서명해(西銘解), 태극도설해(太極圖說解), 시집전(詩集傳), 초사집주(楚辭集注), 그밖에 후인이 편찬한 주문공문집(朱文公文集), 주자어류(朱子語類) 등이 있음. 1-1,2,3,4, 6,7,8,9,11,13,14,15, 2-1,2,3,4,5,6,7,8,9,10,11,12,14,15,18,19,20,23,24, 3-1,2,4,5,6,7,8,9,10,11, 13,15,16,17,20,21,22,23,24,25,26, 4-1,2,3,4,5,6,7,8,10,11,13,14,15,16,17,21,25, 5-1,2,3,4,5,6,8, 9,11,12,13,14,15,16,18,19,21,22,23,24,25,26,27, 6-1,3,4,5,7,8,10,13,14,16,20,21,22,23,24,25,26, 27,28, 7-1,2,4,5,6,7,8,10,11,12,13,14,17,18,19,21,22,23,25,26,28,29,31,33,34,37, 8-1,2,3,4,5,7, 9,10,11,12,13,15,16,18,19,20,21, 9-1,2,3,4,5,6,7,8,16,18,19,20,21,22,23,26,28,30, 10-1-1,2,3,4, 5,6,7,8,10,12,13,15,16,17,18, 11-1,2,3,10,11,13,15,17,18,19,20,21,22,23,24,25, 12-1,2,3,5,6,7,8, 9,10,11,12,14,16,18,19,20,21,22,23, 13-2,3,4,5,7,8,10,11,12,14,15,16,18,19,20,21,22,23,24,25,28, 29,30, 14-1,2,3,4,5,6,9,10,12,13,14,15,16,17,18,20,21,23,24,26,28,29,30,33,34,36,37,39,41,42,43, 45,46,47, 15-1,3,4,5,6,8,9,10,13,14,15,16,21,23,24,26,28,29,30,31,32,33,34,35,36,37,38,40,41, 16-1,3,4,7,8,10,11,13,14, 17-1,2,3,4,5,6,8,9,10,11,12,13,14,15,16,18,19,21,22,23,24,25,26, 18-1, 2,3,5,6,7,8,9,10,11, 19-1,3,4,5,6,7,8,9,10,11,12,13,14,16,17,18,19,20,22,24,25, 20-1,2,3

❀ **채청(蔡淸)** - 명대(明代) 복주(福州) 진강(晉江) 사람. 자는 개부(介父). 관은 강서제학부사(江西提學副使) 에 올랐으나 사직을 하고, 곧이어 남경국자감제주(南京國子監祭酒) 가 되었으나 임지에 도착하자마자 죽음. 주자학 특히 역경(易經) 연구로 명성이 높았음. 저서로는 사서몽인(四書蒙引), 역몽인(易蒙引), 허재집(虛齋集) 등이 있음. 14-6, 15-14

❀ **타자이 준(太宰純)** - 1680~1747. 일본 경학자(經學者). 호는 춘대(春臺). 저서로는 논어고훈(論語古訓) 10권과 논어고훈외전(論語古訓外傳) 20권이 있음. 7-34, 8-11, 11-25, 12-23, 14-34,40, 16-11, 17-24

❀ **포함(包咸)** - 후한(後漢) 회계인(會稽人). 자는 자량(子良). 논어(論語) 에 대한 주해가 있었는데, 지금은 단행본으로 유행하지 않고 위(魏) 하안(何晏) 의 논어집해(論語集解) 에 실려 있음. 1-3,5, 2-1,2,7,8,12,19,20,21,22, 3-2,3,4,6,11,22, 4-2,13,17,18,22,24, 5-9, 6-3,16,20, 7-1,22,34, 8-2,4,5,10,19, 9-9,20, 10-1-3,16, 11-25, 12-2,4,10,23, 13-4,19,21,29, 14-2,4,40,42, 15-6,21,22,25,32, 17-16,18,24, 18-7,8,11, 19-3,4, 20-1

❀ **하안(何晏)** - 193?~249. 위진(魏晉)의 현학(玄學, 老壯學)의 시조로 받들어지는 삼국시대 위(魏)나라의 관료 겸 사상가. 자는 평숙(平叔). 후한(後漢)의 대장군 하진(何進)의 손자. 어머니 윤(尹)씨가 후에 조조(曹操)의 부인이 된 탓으로 위나라 궁정 안에서 자랐고, 위나라 공주를 아내로 맞았음. 조상(曹爽)이 권력을 잡자 이부상서(吏部尙書)로 승진하였으나, 사마의(司馬懿)에 의해 조상 일족과 함께 살해됨. 그가 왕필(王弼)과 주고받은 청담(淸談)은 일세를 풍미하였음. 저서로는 논어집해(論語集解) 등이 있음. 1-4,8,13, 2-3,4, 7,10,11,15,16, 3-22,23, 4-5,8, 6-4,5,27, 7-6,31, 8-6,9,17,18, 9-4,17,22,27,30, 10-1-2,6,8, 11-8,10,15,18,20, 12-12, 13-5,6,23, 14-3,4,24,41,42,44,47, 15-1,2,4,10,19,20, 16-5, 17-7,8,13,20, 18-1,3,6,8, 19-4,6, 20-1

❀ **해서(海瑞)** - 1514~1587. 명나라의 관리. 하이난섬[海南島]에서 출생. 자는 여현(汝賢), 호는 강봉(剛峰), 시호는 충개(忠介)임. 강직한 성품의 청렴결백한 인물로 유명함. 가정제(嘉靖帝)의 실정을 직간하여 옥에 갇혔다가 가정제의 죽음으로 석방되었음. 관은 남경이부우시랑(南京吏部右侍郞)에 이르렀음. 저서로는 비망집(備忘集), 원우당인비고(元祐黨人碑考) 등이 있음. 15-24

❀ **형병(邢昺)** - 932~1010. 북송(北宋) 경학가(經學家). 자는 숙명(叔明). 관은 예부상서(禮部尙書). 저서로는 논어정의(論語正義), 이아소(爾雅疏), 효경소(孝經疏) 등이 있음. 1-1,4,8,12,15, 2-1,5,6,7,10,17, 3-3,5,11,19, 4-10,13,15,19, 5-1,4,10,13,23, 7-24,26,31,35, 8-14,18, 20, 9-6,12,13,20,22,24,25, 10-1-1,2,3,4,5,6,8,9,11,13,16,17,18, 11-1,2,7,10,12,16,20,23,24,25, 12-2,5,7,10, 13-5,6,8,10,13,14,16,18,20,22,30, 14-6,13,18,28,29,34,35,38,39,42,45,46, 15-5,6,7, 13,41, 16-2,4,5, 17-2,3,5,6,8,21,22,24, 18-5,7,9,10, 19-1,2,5,6,7,11,19,21, 20-1

❀ **호인(胡寅)** - 자는 명중(明仲). 호는 치당(致堂). 시호는 문충(文忠). 관은 휘유각직학사(徽猷閣直學士). 저서로는 독사관견(讀史管見), 논어상설(論語詳說), 비연집(斐然集) 13권 등을 남겼다고 함. 4-26, 11-4, 12-17,18, 13-19,28, 14-13,35,46, 15-25, 16-12, 18-10

❀ **홍흥조(洪興祖)** - 1090~1155. 자는 경선(慶善). 왕은 잡혀가고 북송(北宋)이 멸망하고(37세), 충신 악비(岳飛)는 살해되고(51세), 간신 진회가 득세한 현실의 울분을 '초사보주(楚辭補註)'에 담아 굴원의 정신을 추앙하고 실천하려고 노력함. 저서로는 논어설(論語說) 등이 있음. 11-12, 14-19

❀ **황간(皇侃)** - 488~545. 남조(南朝) 양(梁)의 경학가(經學家). 오군(吳君) 사람. 자는 미상. 관은 국자조교(國子助敎), 원외산기시랑(員外散騎侍郞). 저서로는 논어의소(論語義疏), 예기의소(禮記義疏) 등이 있음. 1-1,7,8,9,15, 2-1,3,4,10,11,12,13,14,15, 3-1,7,22, 5-1, 9,12,13,23, 6-12, 7-4,26, 8-18, 9-18,22, 10-1-4,6,9,16,17, 11-1,6,25, 12-1,3,12,14,19,24, 13-5,6,7, 11,15,16,22,26,28, 14-10,18,24,29,40,43,46, 15-5,11,16,17,19,20,38,41, 16-1,3,4,5, 17-2,8,9,13, 14,18,20,21,22, 18-6,7,8,10, 19-1,4,5,6,7,9,25, 20-1,2

❀ **황조순(黃祖舜)** - 1000~1165. 자는 계도(繼道). 그가 재상일 때 주자가 조정의 화친정책[主和苟安]을 비판함. 저서로는 논어해의(論語解義) 등이 있음. 3-18, 14-23

論語 字解
논어 자해

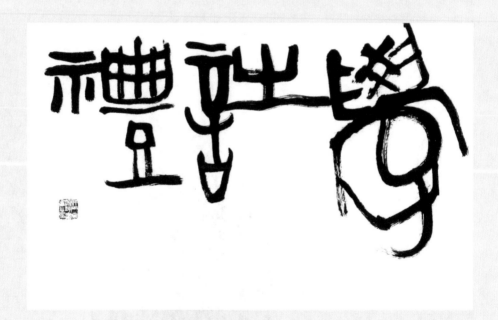

學詩禮

시(詩)와 예(禮)를 배워야 하니 [季氏-13]

論語 字解 (논어 자해)

「ㄱ」

【加가】 ① 더하다. 보태다. ㉠ (옷이나 이불 등을) 몸 위에 덮다[얹다]. 10-1-13 ㉡ 더 먹게 하다. 더 살게 하다. 7-16 ② 베풀다(=施). 미치다(=及). 베풀어 미치다. 4-6 ③ 치다. 공격하다. 11-25 ④ 하다. 행하다. 가하다. (무슨 행위를) 가하다. 모욕을 가하다. 무리한 것을 강요하다. 해를 끼치다. 5-12

【可가】 ① 옳다. 좋다. 괜찮다. 가(能)하다. 2-22, 4-8, 17-21 19-11 ② 괜찮다. 그런대로 좋다[되다]. 겨우 괜찮은 정도에 달한 것이지 썩 좋은 것은 아니라는 뜻이 내포됨. 1-15, 6-1, 13-10, 19-1,12 可觀者 : 볼만한 것. 19-4 ③ 가히 …할 수 있다. 가능하다. 조동사. 동사 앞에 쓰여 허가나 가능을 나타냄. 단독으로 쓰여 술어 역할을 하는 경우도 있음. 1-11, 3-1, 5-8, 6-1,6,20,24, 8-20, 9-29, 11-25, 12-6,20, 15-7,33 可勞 : 일을 시킬 수 있는 사람[환경]. 일을 시킬 만한 사람[환경]. 20-2 可使 : …하게 할 수 있다. …하게 할 만하다. …을 시킬 수 있다. 5-8, 6-1,6, 11-25 ④ (마땅히) …해야 한다. 조동사. 이치가 마땅히 이와 같아야 함을 나타냄. 동사 앞에 놓임. 9-22

【可以가이】 = 能(得). 가히 …할 수 있다. 능히 …할 수 있다. 가능하다. 조동사. 조건의 허가를 나타내며 동사의 앞에서 부사어로 쓰임. 2-11, 4-2, 6-19,25, 7-16, 8-6, 12-12, 13-11,15,22,29, 14-2,12,13,19, 15-23, 17-9, 18-2, 20-2

【可者가자】 가한 사람. 가능한 사람. ⇒ 사귈 수 있는 사람. 사귈만한 사람. 19-3 [참고] 可 : 좋다. 괜찮다. ⇒ 可者 : 좋은 사람. 괜찮은 사람.

【嘉가】 기리다. 칭찬하다. 칭송하다. 19-3

【歌가】 노래. 시(詩)를 노래 함. 17-4

【稼가】 (곡식을) 심다. ① 농사일. 동사의 명사로의 전용. 13-4 ② 농사를 짓다. 14-6

【駕가】 멍에. 탈 것. 수레. 10-1-13

【角각】 뿔이 나다. 뿔이 반듯하다(길면서 곧다). 뿔이 딱 맞게 자라다. 동사로의 전용. 6-4

【侃간】 ① 강직(剛直)하다. ② 화락(和樂)하다. 侃侃如 : 화락(和樂, 화목하고 즐거움)

附
錄

論
語
字
解

한 모습. 화기애애(和氣靄靄)한 모양. 如는 형용사 접미사. 10-1-2, 11-12

【干간】 ① 방패. 干戈 : 방패와 창. 곧 병기(兵器). 16-1 ② 구하다. 찾다. 얻으려 하다. 2-18 ③ 악관(樂官) 이름. 18-9

【簡간】 ① 간략함. 간소함. 소략(疏略)함. 번거롭게 하지 않음. 세밀하거나 꼼꼼하지 않음. 간략하고 대범함. 소홀하고 거침. 5-22, 6-1 ② 가리다. 선택(選擇)[선발(選拔)]하다. 간택(簡擇)하다. 가리어 뽑다. 20-1

【簡公간공】 제(齊)나라 임금(B.C. 484~481 재위). 이름은 임(壬). 14-22

【諫간】 ① 간언(諫言)을 하다. 바로 잡도록 옳은 말[직언(直言)]을 하다. 바른 말로 충고하다. 4-18, 18-1, 19-10 ② 바로잡다(匡正). 잘못을 옳게 고치다. 잘못된 것을 돌이키다. 3-21, 18-5

【間간】 ① 사이. 중간(中間). 18-3 ② 틈. 틈에 끼다. ⇒ 딴말[다른 말]을 하다. 헐뜯다. 이의를 제기하다. 틈을 보아 흠을 잡다. 비난(非難)하다. 間然. 8-21, 11-4

【竭갈】 다하다. 있는 힘을 다하다. ⇒ 있는 힘을 다하여 알려주다[가르쳐 주다]. 9-7

【堪감】 견디다. 버티다. 감당하다. 6-9

【憾감】 한스럽다(恨也). 원망스럽게 생각하다. 서운한 감정. 섭섭한 마음. 유감(遺憾)으로 여기다. 5-26

【敢감】 ① 감히. 실례합니다만. 부사. 겸손하게 자신을 낮추고 상대방에 대한 존경을 나타냄. 11-11,21, 12-21, 13-20, 20-1 ② 감히. 함부로. 조동사. 동사 앞에 쓰여 어떤 일을 할 용기가 있음을 나타냄. 앞에 부정사가 오면 강한 반대의 뜻[할 용기가 없음]을 나타냄. 5-9, 6-13, 9-15, 10-1-11, 11-22, 12-17, 13-4, 14-34, 20-2 ③ 감히. 감히 하다. 감행하다. 감당하다. 감히 되다. 감히 자처하다. 7-33

【監감】 비추어 보다. 거울삼다. ⇒ 거울삼아 본받다. 본보기로 삼다. 3-14

【紺감】 감색. 검푸른 남색. 상복(喪服)이나 제복(祭服)에 쓴 색. 10-1-6

【剛강】 ① 굳세고 강함. 강직(剛直)함. 강인(強忍)함. 사욕이 없고 의지가 강함. 5-11, 13-27 ② 강함. 힘차다. 기운차다. 강성(强盛)하다. 왕성(旺盛)하다. 16-7

【綱강】 그물을 버티는 밧줄. 큰 그물(大網). 그물질하다. 그물로 물고기를 잡다. 7-26

【襁강】 포대기. 강보(襁褓). 13-4

【講강】 강해(講解)하다. 강구(講究)하다. 연구하다. 궁구하다. 7-3

【降강】 ① 내려오다. 내려가다. 10-1-4 ② 낮추다. 비굴하게 낮추다. 굽히다. 꺾다. 18-8

【改개】 고치다. 바로잡다. ⇒ 고쳐서 행하다. 고쳐 실천하다. 9-23

【改火개화】 불을 바꾸다. 불씨를 새로 얻다. 옛날에는 불을 한번 지피면 이를 꺼뜨리지 않고, 숯불과 같은 상태로 보존하면서 계속 사용하였는데 한식이 지나면 새로 시작하는 의미에서 궁궐이든 사가의 가정이든 각기 불씨를 완전히 꺼버린 후 새 불씨를 지피는 행사가 있었고, 한식에 불을 피우지 않고 찬 음식을 먹는 풍습이 유래함. 17-21

【皆개】 모두. 다. 부사. 7-17

【蓋개】 ① 대개. 대체로. 대략. 부사. 술어 앞에 쓰여 사람이나 사물의 수량에 대한 추측을 나타냄. 13-3, 16-2 ② 아마도. 혹시나. 아마도 …할[일] 것이다. 아마 …할 것 같다. 부사. 동작·행위·사람·사물의 상황·성질 등에 대한 추측을 나타냄. 4-6, 7-27 ③ 대저. 무릇. 어기조사. 문장의 첫머리에 쓰여 의논의 어기를 나타냄. 16-1

【硜갱】 돌 두드리는 소리. 고집스럽다. 천루(淺陋)하다. 硜硜 : 딱딱한 소리. 땡땡거리는 소리. 융통성 없이 완고함을 비유. 14-42 硜硜然 : 융통성이 없고 완고한 모양. 융통성 없이 깐깐한 모양. 然은 형용사 접미사. 13-20

【鏗爾갱이】 ㉠ 거문고를 내려놓을 때 나는 소리. ㉡ 거문고를 뜯는 소리. ㉢ 거동이 찬찬하고 조심스러운 모양. 침착하고 조심스러운 모양. 11-25

【去거】 ① 가다. 떠나가다. 떠나버리다. 옮아가다. 16-3, 18-1 ② 벗어나다. 면하다. 4-5 ③ 제거하다. 없애다. 버리다. 선택[시행]하지 않다. 3-17, 12-7, 13-11 ④ 벗다. 마치다. 去喪 : 상(喪)을 마치다. 상복(喪服)을 벗다. 10-1-6

【居거】 ① 살다. (집에서) 지내다. 거처(居處)하다. 거주(居住)하다. 일상생활을 하다. 1-14, 7-4, 8-13, 9-13, 10-1-7,16, 13-19, 15-9, 16-11, 17-21, 18-8, 19-20 ② 있다. 자리하다. 자리 잡다. 꾸준히 한 곳에 머물다. 자리 잡고 일하다[살다]. 2-1, 19-7 ③ 안거(安居). 안주(安住). 편안하게 삶. 편안히 지냄. 14-3 ④ 처하여 있다. 일정한 처지에 놓이다. …(하는) 중에 있다. 17-21 ⑤ 처(處)하다. 처신(處身)하다. 자처(自處)하다. 12-20 ⑥ 앉다. 자리에 앉다. 앉아 있다. 방석 등을 깔고 앉다. 10-1-6, 14-47, 15-16, 17-8 ⑦ 자리에 앉다[있다]. 벼슬자리[관직]에 앉다[있다]. 어떤 직위[지위]에 있다. 3-26, 12-14, 17-24 ⑧ 쌓아 놓다. 저장하다. 관리하다. 처리하다. 居室 : 집안 재산을 모으다. 집안 살림을 하다. 집안 살림을 돌보다. 13-8 ⑨ 있다. 놓아두다. 집에 두다. 보관하다. 간직하다. 5-18 ⑩ 평소(平素). 평상시(平常時). 평상시 처하여 있음. 6-1, 11-25

【居喪거상】 상(喪)에 있다. 상중(喪中)에 있다. 17-21

【居處거처】 집에서 지내다. 일상생활을 하다. 13-19

【拒거】 거절(拒絶)하다. 거부(拒否)하다. 물리치다. 19-3

【據거】 의거(依據)하다. 근거(根據)하다. 굳게 지키다. 7-6

【擧거】 ① 들다. 들어 올리다. 들어 보여주다. 7-8 ② 들어 쓰다. 천거(薦擧)하다. 거용(擧用)하

307

附錄 ◉ 論語字解

다. 기용(起用)하다. 등용(登用)하다. 2-19,20, 12-22, 13-2, 15-22 ③ 오르다. 날아오르다. 10-1-18

【莒父거보】 노나라 동남쪽의 한 고을. 지금의 산동성(山東省) 거현(莒縣) 일대. 산동통지(山東通志) - 지금의 산동성 고밀현(高密縣) 동남쪽. 13-17

【蘧伯玉거백옥】 위(衛)나라의 대부. 성은 거(蘧). 이름은 원(瑗). 자가 백옥(伯玉). 공자께서 위나라에 계실 때 이 사람의 집에서 묵은 일이 있었음. 14-26, 15-6

【愆건】 허물. 과실. 잘못. = 過. 16-6

【乞걸】 빌다. 구걸하다. 5-24

【儉검】 검소(儉素)하다. 검약(儉約)하다. 1-10, 3-4, 7-35

【揭게】 바짓가랑이나 옷자락을 걷어 올리고 물을 건너. 14-42

【格격】 바르게 하다. 바로잡다. 일정한 틀에 맞게 바로잡다. [참고] ① 이르다. 善에 이르다. ② 품격을 갖추다. ③ 오다. 따르다. 귀의(歸依)하다. 사람들의 마음이 돌아오다. ④ 감동하다. 감화하다. 2-3

【擊격】 치다. 두드리다. ⇒ 연주(演奏)하다. 14-42

【綌격】 거친 갈포(葛布). 10-1-6

【堅견】 굳어지다[굳다]. 단단해지다[단단하다]. 견고(堅固)해지다[견고하다]. 9-10, 17-7

【狷견】 안목이 높지 않으면서 고지식한(강직하여 고집스럽고 융통성이 없는) 성질(을 가진 사람). 스스로 지키는 바가 굳으나 마음이 너그럽지 못한 사람. 자기의 한계를 깨닫고 가진 멋만을 굳게 지키려는 사람. 절의를 지켜 뜻을 굽히지 않는 사람. 13-21

【見견】 ① 만나다. 만나보다. 대면하다. 마주치다. 17-1, 18-7 ② 보다. ㉠ 살펴보다. 15-5 ㉡ 눈을 두다. 보고 마음을 두다. ⇒ 추구하다. 13-17 見得[利]思義 : 이득(利得)을 보면 의(義)를 생각한다. 14-13, 16-10, 19-1 ③ 받다. 당하다. 피동을 나타냄. 17-26

【見현】 ① ㉠ 나타내다. 드러내다. 드러내 보이다. 19-24 ㉡ 나타나다. 세상에 나오다. 現과 같음. ⇒ 출사(出仕)하다. 벼슬하다. 관직에 나가다. 8-13 ② ㉠ (웃어른을) 뵙다. 찾아뵙다. 알현(謁見)하다. 뵈러 오다. 3-24, 7-28, 12-22, 15-1,41, 16-1, 17-1,20 ㉡ 보이다. 뵙게 하다. 인사[알현]시키다. 18-7

【潔결】 깨끗하게 하다. 몸을 닦다. 정결(淨潔)히 하다. 마음을 깨끗이 하다. 7-28

【兼겸】 겸하다. 두 배로 하다. 두 가지 이상을 한꺼번에 지니거나 맡다. 兼人 : 다른 사람보다 두 배로 앞서가다. 남보다 뛰어나다. 혼자서 몇 사람을 당해내다. ⇒ 다른 사람보다 너무 앞서려 하다. 11-21

【徑경】 지름길. 목적을 이루기 위한 정당하지 않은 길. 6-12

【敬경】 ① 공경(恭敬)하다. 존경(尊敬)하다. 공경스럽다. 예의 있게 진심으로 성의를 다하다. 2-7,20, 4-18, 5-16,17, 6-20, 11-14, 13-4, 15-32 ② 지극히 삼가다. 신중히 하다. 경건(敬虔)하게 하다. 공경하는 마음으로 깊이 삼가고 조심하는 태도가 있게 하다. 예의 바르고 신중(愼重)히 하다. 삼가고 정성(精誠)을 다하여 처리하다. 1-5, 3-26, 6-1, 12-5, 13-19, 14-45, 15-5,37, 16-10, 19-1

【更경】 고치다(改也). 개선(改善)하다. 19-21

【磬경】 경쇠. 편경(編磬). 돌이나 옥으로 만든 타악기의 이름. 14-42, 18-9

【經경】 끈으로 목매어 죽다. 목을 매다. = 縊. 14-18

【脛경】 정강이. 아랫다리(무릎 아래)에서 앞 뼈가 있는 부분. 14-46

【啓계】 ① 열다. 열어 보다. ⇒ 이불 등을 젖히고 보다. ⇒ 살펴보다. 8-3 ② 계도(啓導)하다. 깨우쳐 알게 하다. 가르쳐 주다. 7-8

【季康子계강자】 노(魯)나라의 대부. 이름은 비(肥). 시호가 강(康). 노나라의 실권을 장악하고 있는 삼환씨(三桓氏) [孟孫氏, 叔孫氏, 季孫氏] 중 가장 세력이 큰 계씨 가문의 대부로 애공(哀公) 3년에 아버지 계환자(季桓子)의 뒤를 이어 대부가 되었음. 2-20, 6-6, 11-6, 12-17 季氏 : 3-6, 6-7, 11-16, 16-1 康子 : 10-1·11, 14-20

【季路계로】 공자의 제자 자로(子路). 성은 중(仲). 이름은 유(由). 자가 계로(季路) 또는 자로(子路). 노나라 사람으로 공자보다 9세 아래. 논어에 38회 등장. 옛 법에 50세가 되면 백(伯)·중(仲)·숙(叔)·계(季)의 항렬과 자(字)를 사용하였음. 5-26, 11-2,11, 16-1

【季文子계문자】 노(魯)나라 대부. 성은 계손(季孫). 이름은 행보(行父). 시호가 문(文). 노나라 집권층 중에서도 가장 세력 있는 계손씨 가문의 3대 영주로 문공(文公), 선공(宣公), 성공(成公), 양공(襄公)의 4대 군주를 모시면서 재상을 하였음. 사기(史記)에 '그가 죽었을 때 비단 옷을 입은 첩이 없었고, 마구간에 곡식을 먹는 말이 없었으며 창고에 금과 옥 같은 패물이 없었다.'고 적고 있음. [참고] 행보(行父)의 '父'는 '아비부'가 아니고, 남자를 부르는 칭호로, 재덕이 있는 남자를 높여 부르거나 나이 많은 남자를 올려 부르는 말, 또 각종 직업에 종사하는 남자를 통칭(通稱)하는 말(甫와 통함)로, 음은 '보'임. 지금 굴원(屈原)의 '어보사(漁父辭)'를 '어부사', 윤선도(尹善道)의 '어보사시사(漁父四時詞)'를 '어부사 시사'라 하고 있는데 이는 잘못이다. 어부(漁夫)와 어보(漁父)는 다르다. 5-20

【季孫계손】 노(魯)나라의 세도가 중의 한 집안[대부]. 계손씨(季孫氏). 계환자(季桓子)를 가리킴. 14-38

【季氏계씨】 노(魯)나라의 세도가 중의 한 집안[대부]. 계손씨(季孫氏). 계평자(季平子) → 계환자(季桓子) → 계강자(季康子) ① 많은 학자들이 노(魯)나라 대부 계평자(季平子)로 봄. 3-1 ② 노(魯)나라 대부 계강자(季康子)를 가리킴. 3-6, 6-7, 11-16, 16-1

【季子然계자연**】** 삼환(三桓) 이라 불리는 노(魯) 나라의 세도가 계손씨(季孫氏) 의 일족(一族). 이름은 평자(平子), 자는 자연(子然) 으로 계환자(季桓子) 의 동생이며 계강자(季康子) 의 숙부라는 설이 있음. 11-23

【季桓子계환자**】** 노(魯) 나라 대부. 노나라 정공(定公) 에서 애공(哀公) 때까지 총리에 해당하는 상경(上卿) 의 직에 있으면서 실권을 장악하였음. 이름은 사(斯). 시호가 환(桓). 계강자(季康子) 의 아버지. 18-4

【戒계**】** ① (하지 않도록) 경계하다. 조심하고 주의하다. 삼가다. 16-7　② 경계하여 일러주다. 계고(戒告) 하다. 경고하다. 예고하다. 20-2

【繫계**】** 대다. 매달다. 매달리다. 매달려 있다. 17-7

【繼계**】** ① 잇다. 이어 나가다. 계승(繼承) 하다. 2-23　② 더하다(增益). 보태주다. 불려 나가다. 6-3

【階계**】** ① 섬돌. 계단. 10-1·4,10, 15-41　② 사다리. 사다리를 놓다. 명사의 동사로의 전용. 19-25

【古고**】** 옛것. 선인들의 학문과 사상. 선왕(先王) 의 도(道). 7-1

【古者고자**】** 옛날에. 옛날에는. 昔者. 4-22, 17-16　[참고] 옛날 사람들(古之者). 4-22

【叩고**】** ① 때리다. 치다. 14·46　② 두드리다. ⇒ 물어보다. 캐묻다. 9-7

【告고**】** ① 고하다. 알리다. 말하다(말씀드리다). 1-15, 2-5, 5-19, 6-24, 7-30, 14-14,22,38, 15-41, 18-6,7, 19-23, 20-1　② 일러주다. 일깨우다. 허물을 고치도록 타이르다. 권고하다. 충고하다. 12-23

【告朔곡삭**】** 매월 초하루에 종묘에 나가서 살아 있는 양을 제물로 바치며 지내는 제사. 3-17

【固고**】** ① 단단하다. 견고하다. 견실하다. ⇒ 튼튼한 방비(防備). 성곽(城郭) 이 견고하다. 16-1　② ㉠ 가리다. 가리어 어둡다. 막히다. 막혀서 통하지 않다(閉塞不通). 고폐(固蔽, 고루하고 막히어 사리에 어둠) 하다. 1-8　㉡ 고루(固陋) 하다(낡은 습관에 젖어 고집이 세고 융통성이 없다). 비루(鄙陋) 하다. 7-35　㉢ 완고(頑固) 함. 고집(固執) 스러움. 변통(變通) 할 줄 모르고 완강하게 지킴(拘泥). 하나만을 고집하여 변통하지 못하는 것. 잘못된 것을 개혁하려 하지 않고 자기의 생각만이 옳다고 고집하는 어떤 집념. 9-4, 14-34　③ 원래. 본래. 본시. 본디부터. 처음부터. 예전부터. 부사. 동작·행위·상황 등이 본래 이와 같음을 나타냄. 15-41　④ 확실히. 틀림없이. 진실로. 참으로. 부사. 동작·행위·상황 등에 대한 강조를 나타냄. 9-6, 14-38　⑤ 말할 것도 없이. 물론. 부사. [동아 백년옥편, 두산동아. 2005. p.330] 15-1

【孤고**】** 외롭다. 홀로 되다. 의지할 데가 없다. 4-25

【故고**】** ① 옛. 예전의. 옛날의. 오래 된. 18-10　② 옛일. 옛사람들의 학문. 과거의 역사나

문화 전반. 2-11　③ 일. 사고. 사건. 18-10　④ 까닭. 이유. 3-9　⑤ 그러므로. 따라서. 그래서. 접속사. 원인에 따른 결과를 나타냄. 9-6, 17-21

【故舊고구】 오랫동안 함께 일한 사람. 옛 친구. 선왕의 옛 신하. 8-2, 18-10

【沽고】 ① 팔다. 물건을 팔다. 9-12　② 장사치에게 사다. 10-1-8

【皐陶고요】 고대 중국의 전설적 현신(賢臣). 순(舜)임금의 신하로 형정(刑政)을 담당하는 사(士)의 직에 있었다 함. 서경에 고요가 순임금 앞에서 우(禹)와 대화한 기록인 고요모(皐陶謨)편이 있음. 12-22

【瞽고】 소경. 장님. 판수. 맹인. ⇒ 눈멂. 눈치가 없는 것. 분별력이 없는 것. 16-6

【瞽者고자】 소경. 맹인(盲人). 판수. 9-9, 10-1-16

【羔고】 검은 양[흑양(黑羊)]. 10-1-6

【羔裘고구】 검은 양의 가죽으로 만든 옷. 제후(諸侯)·경(卿)·대부(大夫)의 조복(朝服)으로 쓰였음. 裘는 갖옷[가죽옷]. 10-1-6

【觚고】 술잔. 아가리는 나팔 모양이며 허리 부분이 가늘고 배와 권족(圈足) 사이에 모가 있는, 의식 때 쓰는 술잔. 6-23

【賈고】 장사. 장사치. 장사꾼. 商은 이곳저곳 돌아다니며 물건을 파는 사람이며(行商), 賈는 어느 한 곳에 있으면서 손님이 오기를 기다리며 물건을 파는 사람임(坐商). [班固, 白虎通] 9-12

【高宗고종】 은(殷)나라[상(商)나라]를 중흥시켰던 왕. 이름은 무정(武丁). 묘호(廟號)가 고종(高宗). 소을(小乙)의 아들로 반경(盤庚)의 아우. 14-43

【鼓고】 ① 북. 11-6, 17-11　② 타다. 탄주(彈奏)하다. 연주하다. 11-25　鼓瑟希 : 거문고를 타는 소리가 나지막하다. 11-25　③ 북을 치는 악관(樂官). 18-9

【曲肱곡굉】 팔을 구부리다. 팔을 굽히다. 팔뚝을 베다.　曲 : 굽히다. 구부리다. 7-15

【穀곡】 곡식. ① 녹봉(祿俸)으로 받는 곡식. ⇒ 녹봉을 받다. 명사의 동사로의 전용. 14-1　② 벼슬. 관직(官職). 8-12

【困곤】 ① 통하지 않다. 막히다. 일을 하다가 난관에 부딪히다. ⇒ 막히어 어려움을 겪다. 16-9　② 어려움을 당하다. 곤란하게 되다. 곤경에 처하다. 9-15　③ 다하다. 극도에 이르다. = 極 20-1

【昆곤】 맏. 형. 昆弟 = 형제(兄弟). 11-4

【公공】 ① 공평(公平)하다. 공정(公正)하다. 20-1　② 제후의 조정(朝廷). 14-19

【公卿공경】 임금과 大夫. 춘추시대 공(公)은 제후국의 임금을, 경(卿)은 대부(大夫)

등 고급관리를 말함. 9-15

【公明賈공명가】 위나라 사람. 성이 공명(公明). 이름이 가(賈). 14-14

【公門공문】 제후의 궁궐 문. 대궐 문. 10-1-4

【公伯寮공백료】 노(魯)나라 사람. 계손씨(季孫氏)의 가신(家臣). 성이 공백(公伯).
이름이 료(寮). 자는 자주(子周). 14-38

【公山弗擾공산불요】 계씨(季氏)의 가신으로 비읍(費邑)의 읍재(邑宰). 성은 공산
(公山). 이름은 불요(弗擾) 또는 불뉴(不狃). 자는 자설(子洩). 좌전(左傳)의 공산불뉴(公
山不狃)와 동일한 사람임. 17-5

【公西華공서화】 공자의 제자. 노나라 사람. 성이 공서(公西). 이름은 적(赤). 자가
자화(子華). 공자보다 42세 아래. 7-33, 11-21,25 [참고] 5-8.

【公孫朝공손조】 위(衛)나라의 대부. 19-22

【公叔文子공숙문자】 위(衛)나라 대부. 성이 공손(公孫). 이름은 발(拔). 시호(諡
號)가 문(文)임. 14-14,19

【公室공실】 왕실(王室). 노나라 왕실(王室). 노나라 조정(임금). 16-3

【公冶長공야장】 공자의 제자이자 사위. 성은 공야(公冶). 이름은 장(長). 자는 자장(子長).
사기(史記)에는 제(齊)나라 사람, 공자가어(孔子家語)에는 노(魯)나라 사람이라 하였음. 5-1

【公子공자】 임금의 아들. 대부. 13-8, 14-17

【公綽공작】 노나라의 대부 맹공작(孟公綽). 14-13

【共공】 ① 함께하다. 함께 쓰다(사용하다). 같이 쓰다(사용하다). 5-26 ② 함께하다.
⇒ 따라 함께 돌다. 따라 함께 운행하다. 2-1 ③ 같게 하다. 하나로 하다. 한 가지로
하다. 共學 : 한 가지로 배우다. 동문수학(同門修學)하다. 9-29 ④ = 供. 바치다. 올리다.
10-1-18

【孔文子공문자】 위(衛)나라 대부(大夫). 성은 공(孔). 이름은 어(圉). 시호(諡號)가
문(文). 중숙어(仲叔圉)로도 불림. 5-15

【孔氏공씨】 ① 공씨 문중. 공자 문하. 14-41 ② 공자께서 거처하시는 집. 14-42

【工공】 공인(工人). 장인(匠人). 기술자. 손으로 물건을 만드는 일을 업으로 하는 사람.
15-9, 19-7

【恐공】 두려워하다. 걱정하다. 염려하다. 동사. 5-14, 19-4

【恭공】 ① 공손(恭遜)하다. 예의 바르고 겸손(謙遜)하다. 용모와 태도가 단정하고 근엄하
다. 나볏하다(몸가짐이나 행동이 반듯하고 의젓하다). 1-10,13, 5-16, 7-37, 8-2, 13-19, 15-4,

16-10, 17-6 ② (다른 사람에게) 공손히 하다. 겸손히 하다. 공순히 하다. 5-25, 12-5, 19-25

【悾悾공공】 정성스럽고 간절한 모양. 간절하게 원하는 모양. [참고] ① 우직(愚直)한 모양. 무능(無能)한 모양. ② 텅 빈 모양. 8-16

【拱공】 두 손을 맞잡다. 두 손을 들어 가슴 앞에서 마주 잡다. 왼손을 오른손 위에 놓고 두 손을 마주 잡아 공경의 뜻을 나타내다. 拱手. 18-7

【攻공】 ① 다루다. 공부하다. 연구하다. 전공하다. 전념하여 공부하다. 2-16 ② 공박(攻 駁)하다. 질책(叱責)하다. 책망(責望)하다. 따지고 꾸짖다. 11-16, 12-21

【空공】 ① 가진 것이 없다. 궁핍하다. 가난하다. 11-18 ② 비다. 空空 : 텅 비어 아무 것도 없는 상태(모양) ⇒ 아는 것이 아무것도 없는 상태. 9-7

【寡과】 ① 적다. 2-18, 14-26, 20-2 ② 적게 하다. 14-26 ③ 백성[사람]의 수가 적다. 16-1, 19-23 ④ 능력이 부족하거나 학식(學識)이 적은 사람. 8-5 ⑤ 자기를 낮추어 이르는 말. 寡小君 : 다른 나라 사람들 앞에서 자기 나라 임금을 표현할 때는 '과군(寡君)'이라 하고 그 부인을 말할 때는 작은 임금 곧 '과소군'이라 함. 16-14

【果과】 과감(果敢)하다. 결단성(決斷性)이 있다. 과단성(果斷性)이 있다. 해내려 하다. ⇒ 결단하여 반드시 해내다. 끝까지 견지(堅持)하고 관철시키다. 6-6, 13-20, 14-42

【瓜祭과제】 간단하게 감사의 뜻을 표하는 제사를 지내다. ⇒ 식전(食前) 감사제(感謝祭)를 지내다. 고수레를 하다. (주)교학사. 교학대한한사전. 2005. p.2062 - 오이가 익었을 때, 음식의 법을 처음으로 만든 옛 사람에게 맨 먼저 차례를 지내서 근본을 잊지 아니함을 나타내는 일. 단국대학교 동양학연구소. 한한대사전. 2006. 9권 p.674 - 첫물의 오이를 따서 조상에게 지내는 제사. 예기(禮記) 옥조(玉藻) - 오이(瓜)는 상환(上環, 꼭지 있는 쪽으로 반을 자른 것)을 제(祭)한다. [瓜祭上環] 10-1-8

【科과】 품등(品等). 등급. 3-16

【過과】 ① ㉠ 허물(이 있다). 잘못(을 하다). 과오(를 범하다). 1-8, 4-7, 5-27, 6-2, 7-16, 7-30, 9-24, 13-2, 14-14,26, 15-29, 16-1, 19-8,21, 20-1 ㉡ 잘못 알다. 19-12 ② 지나치다. 넘치다. 한도를 넘다. 11-15 ③ 넘다. 뛰어넘다(超越). 앞서가다. 더 낫다. 능가하다. 5-7 14-29 ④ 지나가다. 9-9, 10-1-4, 14-42, 16-13, 18-5,6

【椁(槨)곽】 덧널. 외관(外棺). 관(棺)을 담는 궤(櫃). 11-7

【鞹곽】 鞟의 略字. 털을 제거한 짐승의 가죽. 무두질(모피를 칼로 훑어서 털과 기름을 뽑고 가죽을 부드럽게 다루는 일)한 가죽. 12-8

【冠者관자】 관례를 끝낸 성년 남자. 11-25

【官事관사】 관청의 일. 가신(家臣)들이 일을 맡는 것. 3-22

附
錄

論
語
字
解

【寬관】 너그럽다. 넓고 두텁다. 너그럽고 후하다. 3-26, 17-6, 20-1

【灌관】 제사를 시작할 때 울창(鬱鬯)이란 술을 땅에 뿌려 신을 강림하게 하는 제례의 한 절차. ⇒ 강신주(降神酒)를 따르다. 3-10

【管仲관중】 ? ~ BC 645. 춘추시대(春秋時代) 제(齊)나라 대부(大夫). 성은 관(管), 이름은 이오(夷吾), 자는 중(仲). 공자보다 약 200년 전의 사람으로 환공(桓公)의 재상이다. 환공을 도와 내정을 개혁하고 국력을 증강시켜 패업(霸業)을 완성한 사람. 3-22, 14-10,17

【觀관】 보다. ① 관찰하다. 2-10 ② 자세히 보다. 살피다. 깊이 생각하다. 1-11 ③ 사물의 이치나 인간사(人間事)를 살피어 앎. 17-9

【貫관】 ① 꿰뚫다. 관통(貫通)하다. 통(通)하다. 4-15, 15-2 ② 일(事). 사정. 舊貫 : 이전부터 행해 오던 일. 전례(前例). 11-13

【關雎관저】 시경(詩經) 국풍(國風) 주남(周南) 첫 편의 시 편명(篇名). 이 시는 문왕(文王)의 비(妃) 태사(太姒)의 덕을 노래한 것이라 보는 것이 통설이나, 신혼의 남녀를 축복하는 시라고 보는 이도 있고 아름다운 아가씨를 그리는 청년의 연시(戀詩)라는 설도 있음. 3-20, 8-15

【匡광】 ① 고을(邑)의 이름. 정(鄭)나라 읍. 9-5 ② 바르다(正也). 바로잡다. 바르게 하다. 14-18

【狂광】 ① 호방(豪放)하다. 이상(理想), 포부 등 뜻이 높다(志極高). 뜻이 매우 높으나 행함이 뒤따르지 못하다. 뜻이 매우 높고 원대하며 진취적이나 처사(處事, 일처리)는 데면데면하고 어설픔. 이상이 높고 작은 일에는 거리낌이 없음. 또는 그런 사람. 물불을 가리지 않고 자신의 생각을 추진하는 적극적이고 열광적인 성질을 가진 사람. 5-22, 13-21, 17-16, 18-5 ② 겁 없이 함부로 행동함. 노여움을 이쪽저쪽으로 옮겨 함부로 사람과 충돌함 [다툼]. 뜻만 크고 가벼이 행동하며 서두름. 경솔하고 조급함. 17-8 ③ 오만하고 무례하다. 오만 방자(放恣)하다. 제멋대로 하다. 광망(狂妄, 방자하게 제멋대로 행동함)하다. 임성(任性, 제멋대로 함, 방자함)하다. 8-16

【狂簡광간】 뜻이 높고 원대(遠大)하나 처사(處事, 일처리)는 데면데면하고 어설픔. 뜻이 크나 일처리는 거침. 뜻이 커서 좋으나 실행이 미치지 못하여 소홀하고 거침. 5-22

【壞괴】 무너지다. 쇠망하다. 17-21

【怪괴】 기이(奇異)한 일. 괴이(怪異)한 일. 비합리적인 것. 초능력의 세계. 7-20

【肱굉】 팔뚝. 팔꿈치에서 손목에 이르는 부분. 7-15

【巧교】 예쁘다. 아름답다. 예쁘고 귀엽다. 3-8

【巧言교언】 듣기 좋게 교묘히 꾸며서 하는 말. 1-3. 15-26

【巧言令色교언영색】 ㉠ 듣기 좋게 교묘히 꾸며서 하는 말과 겉으로 보기 좋게 꾸며 아첨하는 얼굴빛. 남의 환심을 사려고 아첨하는 교묘한 말과 꾸민 태도(거짓된 표정). ⇒ 巧言 : 교묘히 꾸며대는 말. 令色 : 위선적인 얼굴. [수식관계] ㉡ 말을 듣기 좋게 교묘히 하고, 얼굴빛을 겉으로 보기 좋게 꾸미는 것. [주술관계] 1-3, 5-25, 17-17

【教교】 ① 가르침. 교육. 15-38 教民 : 백성을 가르침. 13-29 ② 교화(教化)하다. 먼저 해서는 될 일과 안 될 일 등을 가르쳐 주다. 20-2

【校교】 계산하다. 따지다. 논쟁하다. 맞받아 다투다. 맞서 싸우다. 맞대응하다. 갚음을 하다. 8-5

【皦교】 음절이 명백한 것. [音節明白曰 皦(丁若鏞)]. 개별 악기의 소리가 분명하고 명료하게 구별되는 것. 3-23

【絞교】 엄격하고 야박함. 박절(迫切, 인정이 없고 야박하여 쌀쌀함)함. 급절(急切, 매우 조급함)함. 갑갑[답답]함. 융통성이 없이 엄격함. 편협함. 날카롭게 남의 잘못을 찔러 마음을 아프게 함. 8-2, 17-8

【驕교】 크고 잘생긴 말(馬)이 뻣뻣하다. ⇒ 잘난 체하다. 교만(驕慢)하다. 거들먹거리다. 우쭐거리다. 뽐내다. 으스대다. 오만하며(傲), 늘어지고(縱), 방자함(姿)의 뜻을 아울러 가진 말. 1-15, 8-11, 13-26, 14-11, 16-5

【驕樂교락】 방종(放縱)과 향락(享樂). 제멋대로 즐김. 교만하고 방자하게 즐김.

【丘구】 ① 공자의 이름. 14-34 ② 저는(제가). 나는(내가). 일인칭대명사. 공자를 가리킴. 자신을 가리킬 때 자기 이름을 씀. 5-25, 7-23,30,34, 10-1-11, 18-6

【丘陵구릉】 언덕. 언덕과 둔덕. 19-24

【久구】 오래 머물다(滯留). 6-27

【九구】 ① 아홉. 6-3, 8-20, 9-13, 16-10 ② 여러 번. 여러 차례. 14-17 [참고] 모으다. 규합(糾合)하다. 糾와 통함. [좌전 장공 8·9년(左傳 莊公 八·九年)에는 九가 糾로 되어 있음.] 즉 九合 = 糾合.

【九夷구이】 아홉 오랑캐 땅. 중원(中原)의 동쪽 변방 지역. 9-13

【俱구】 모두. 다. 부사. 주어가 가리키는 사람에 대한 총체적인 판단을 나타냄. 14-6

【具臣구신】 숫자나 채우는 신하. 신하의 수나 채우는 신하. 11-23

【區구】 구분(區分)하다. 분별[구별]하다. ⇒ 구분[구별]하여 기르다. 19-12

【咎구】 탓하다. 책망(責望)하다. 3-21

【廐구】 마구간. 廏의 속자. 10-1-12

【懼구】 ① 두려워하다. 겁내다. 4-21, 9-28, 12-4, 14-30 ② 두려워하고 신중히 하다. 7-10

【救구】 ㉠ 막다. 못하게 하다. 말리다. ㉡ 구(救)하다. 구제하다. 3-6

【求구】 ① 구하다. 추구하다. (잘못의 원인을) 찾다. 정당하게 구하다. 합법적으로 구하다. 힘쓰다. 노력하다. 1-14, 4-14, 7-11, 7-19, 15-8,20, 16-11 ② 요구(要求)하다. 해주기를 바라다. 청(請)하다. 1-10, 13-25, 14-15, 18-10 ③ 탐하다(貪也). 탐내다. 9-26

【求구】 공자의 제자. 성은 염(冉). 이름은 구(求). 자는 자유(子有). 노나라 사람으로 공자보다 29세 아래. 계강자(季康子)의 가신(家臣)을 지냄. [참고] 八佾 - 6. 5-8, 6-6, 11-16

【溝구】 봇도랑. 14-18 溝瀆 : 도랑. 14-18

【溝洫구혁】 봇도랑(물을 대거나 빼게 만든 도랑). ⇒ 농사나 가뭄·홍수를 대비하기 위한 치수(治水) 사업. 8-21

【疚구】 병. 마음의 병. 잘못. 양심의 가책. 꺼림칙함. 12-4

【矩구】 곱자(曲尺). ⇒ 법(法). 법도(法度). 2-4

【舊貫구관】 이전부터 행해 오던 일. 전례(前例). 貫 : 일(事). 11-13

【舊惡구악】 옛날의 악한 일. 과거의 원한(악연, 惡緣). 지난날 잘못을 당한 일. 5-23

【苟구】 ① 구차(苟且, 말이나 행동이 떳떳하거나 버젓하지 못함)하다. 구차스럽다. 구차하게 미봉책으로 넘어가려 하다. 13-3 ② 진실로. 참으로. 부사. 13-8 ③ (진실로) 만약[가령] …이라면. 접속사. 가정이나 조건을 나타냄. 본래의 뜻인 '진실로'의 의미도 내포하고 있음. 4-4, 7-30, 12-18, 13-10,13, 17-15

【裘구】 가죽옷(皮服). 갖옷. 여우의 겨드랑이 털만을 모아 만든 귀한 겨울철 두루마기. 여우 20마리를 잡아야 옷 한 벌을 만든다고 함. 5-26, 6-3, 10-1-6

【國命국명】 나라의 명령. 나라의 통치권. 국권(國權). 나라의 권력. 16-2

【鞠躬국궁】 (존경의 표시로) 몸을 약간 굽히다. 허리를 굽히다. 10-1-4,1-5

【君군】 ① 인군(人君). 임금. 7-30 ② 임금의 자리. 임금의 지위. 3-5

【君君군군】 임금이 임금답다. 임금은 임금다워야 함. 임금이 임금노릇을 하다. 뒤의 君은 명사가 형용사로 전용된 것으로 술어로 쓰였음. 臣臣, 父父, 子子도 이와 같음. 12-11

【君子군자】 ① 경대부(卿大夫). 백성을 다스리는 위치에 있는 사람. 위정자(爲政者). 지위를 얻은 사회 지도층. 2-13, 5-16, 6-3, 8-2, 11-1, 12-19, 13-3, 14-7,28, 15-22, 16-6, 18-10,

19-10, 20-2   ② 학문과 덕을 갖춘 사람. 학식과 덕행이 높은 사람. 5-3, 11-25, 12-24   ③ '①' 과 '②' 의 뜻을 한데 아울러 일반적으로 표현한 경우. 1-1,2,8,14, 2-12,14, 3-7,24, 4-5,10,11,16, 24, 6-24,25, 7-30,36, 8-4, 9-6,13, 12-4,5,8,16, 13-23,25,26, 14-6,24,29,30,45, 15-1,6,17,18,19,20, 21,31,33,36, 16-1,7,8,10,13, 17-4,7,21,23,24, 18-7, 19-3,4,7,9,12,20,21,25, 20-3   ④ 군자의 도 (道). 군자의 덕(德). 군자의 경지. 7-32   ⑤ 군자답다. 명사의 형용사로의 전용. 술어로 쓰임. 3-7, 6-11,16, 7-25, 8-6, 11-20   ⑥ 공자를 가리킴. 10-1-6

【羣군】 = 群. ① 여럿이 무리를 지어 어울리다. 화합하여 무리를 짓다. 15-21, 17-9   ② 여럿이 모이다. 떼 지어 모이다. 15-16

【軍旅군려】   ① 군대(軍隊). 군대의 편제 단위로 軍은 12,500명, 旅는 500명. 주례(周禮) 지관(地官) 소사도(小司徒) - 五人爲伍 五伍爲兩 四兩爲卒 五卒爲旅 五旅爲師 五師爲軍 [伍는 5명, 兩은 5伍(25명), 卒은 4兩(100명), 旅는 5卒(500명), 師는 5旅(2,500명), 軍은 5師(12,500명)]   15-1   ② 군대(軍隊)에 관한 일. 군사(軍事). 국방업무(國防業務). 14-20

【宮室궁실】 사람이 사는 집. 가옥(家屋). 제왕의 궁전. 8-21

【窮궁】 곤궁(困窮)하다. 궁지에 빠지다. 괴롭고 힘든 상황. 15-1

【躬궁】 ① 몸. 자신. 그 자체. 궁행(躬行) (몸소 행함). 4-22, 20-1   ② 몸소. 스스로. 직접. 친히. 부사. 동작이나 행위가 자신에 의해 진행됨을 나타냄. 7-32, 14-6, 15-14

【躬自궁자】 친히. 몸소. 직접. 동작이나 행위가 주체자에 의해 직접 행해짐을 강조하는 2음절 부사. 동사 앞에 놓임. 母王氏 因疾失明 彦躬自侍養(모친은 왕씨인데 질병으로 인해 실명하였으므로 盛彦이 직접 모시고 봉양하였다.) [搜神記 蟒蠐炙(수신기 제조적)] [연세대학교 허사사전편찬실, 허사대사전, 2001. p.110~1]. 15-14

【倦권】 게을리 하다. 나태하다. 게으름을 피우다. 7-2,33 19-12

【勸권】 권면(勸勉)하다. 일에 힘쓰다. 열심히 일하다. ⇒ 자신의 일에 부지런히 힘쓰다. 2-20

【卷권】 거두어들이다(收也). 말아서 감다(= 捲). 자기의 능력이나 지식을 쓰지 않음을 비유. 15-6

【權권】 ① 저울. 무게를 달다. 20-1   ② 권도(權道, 임기응변의 방편). 상황에 따라 적의(適宜)하게 하는 행동. 외형적인 어떤 형식에 얽매이지 않고 그때그때의 상황에 따라 시의적절 한 조치를 취하는 융통성 있는 행동. 상황에 따라 적의(適宜)하게 행동하다[일을 처리하 다]. 일의 경중(輕重)을 올바로 따져 사리(事理)에 맞게 행동하다. 융통성을 발휘하다. ⇒ 헤아려 변통(變通)하다. 9-29, 18-8

【闕궐】 ① 산동성(山東省) 곡부(曲阜)에 있는 마을 이름. 14-47   ② 비워두다. 빼다. 제외하다. 제쳐놓다. 보류하다. 그대로 두다. 제쳐 놓고 말을 하지 않다. 2-18, 13-3, 15-25

【闕文궐문】 의문스러운 점이 있어 잠시 빼놓은 글자나 글귀. 15-25

附
錄

論
語
字
解

【闕如궐여】 제쳐놓고 말하지 않다. 의심스러워서 말을 하지 않고 보류해 두다. 말하지
않고 그대로 두다. 13-3

【簣궤】 삼태기.　一簣 : 한 삼태기의 양 ⇒ 한 삼태기의 흙. 9-18

【蕢궤】 삼태기. = 簣. 흙을 나르는 물건. 대나무나 풀로 결어 만든 그릇. 14-42

【饋궤】 ① 보낸 물품. 선물. 10-1-15　② 음식이나 물건을 보내다. 10-1-11

【歸귀】 ① 돌아가다. 되돌아가다. 1-9　② 되돌아오다. 귀화하다. 감화되어 붙좇아 오다,
감화하여 돌아오다. 되돌리다. 허여하다. 칭찬(칭송)하다. 12-1　③ 선물하다. 보내다. 음식물
따위의 물건을 보내다. 饋(궤)와 통함. 17-1, 18-4　④ 시집가다(嫁). 之子于歸 宜其室家(이
아가씨 시집가니 그 집안이 화목하리.) [詩經 周南 桃夭] 3-22　⑤ 몸을 의탁하다. 10-1-15

【貴귀】 ① 귀하다. 귀중(貴重)하다. 소중(所重)하다. 중요(重要)하다. 1-12, 9-23　②
귀(貴)히 되다. 고귀(高貴)하게 되다. 고귀한 사람이 되다. 명사의 동사로의 전용. 7-15

【鬼귀】 조상(祖上)의 영혼(靈魂). 사람은 죽어도 영혼은 여전히 존재한다고 믿었는데,
바로 이 영혼을 일컬음. 이로 인해 죽은 조상을 역시 귀(鬼)라고 했음. 2-24, 11-11

【鬼神귀신】 조상(祖上)의 영혼(靈魂)과 산천(山川)의 신(神). 天神과 地祇[地神]와
人鬼의 통칭(通稱). 6-20, 8-21, 11-11

【龜玉귀옥】 거북이와 옥. 귀갑(龜甲, 거북 등껍데기, 점치는데 사용함)과 보옥(寶玉). 16-1

【圭규】 명규(命圭). 서옥(瑞玉). 천자(天子)가 제후(諸侯)에게 내려준 옥(玉)으로 만
든 홀(笏)[패(牌)]. 외교사절로서 다른 나라를 방문할 때 임금에게서 받아 지참하고 가서
상대국의 임금에게 제시하는 일종의 신분증명서. 10-1-5

【窺규】 엿보다.　窺見 : 엿보다. 들여다보다. 19-23

【糾규】 제(齊)나라 희공(僖公)의 아들. 환공(桓公)의 형. 14-17

【均균】 공평하게 하다. 고르게 하다. 분배가 고른 것. 백성 모두에게 고르게 혜택을
가도록 하는 것. 16-1

【克극】 ① 이기다. 극복하다. 12-1　② 남을 이기기를 좋아하는 것. 남에게 이기려고만
하는 것. 기승부리기. 14-2

【克己復禮극기복례】 자기를 이기고 예(禮)로 되돌리다[되돌아가다]. 12-1

【棘子成극자성】 위(衛)나라의 대부(大夫). 12-8

【謹근】 ① 삼가다. 행실을 삼가다. 신중히 하다. 신중하게 행동하다. 공경하고 조심하다
[敬謹]. 1-6, 10-1-1　② 삼가 엄격히 지키다. 20-1

【近근】 가까이에서. 가까운 곳에서. 가까운데서. 6-28

【近思근사】 가까이에서 생각하다. 가까운 것에서부터 생각하다. 비근(卑近)하게 생각하다. [참고] 雍也 - 28. 能近取譬 可謂仁之方也已. 19-6

【近憂근우】 가까운 근심. 눈앞에 닥치는 근심. 15-11

【今금】 ① 지금. 이제. 2-7, 5-10, 6-2,10,14, 8-3, 9-3, 11-6,23, 13-20, 14-13,18,25, 15-25, 16-1,12, 17-16,21, 18-5 ② 지금. ⇒ 지금의 사람. 지금의 우리들. 9-22

【及급】 ① …에 이르다. …에 닿다. …에 미치다. …에 접하다. 시기·생각·힘·작용 등이 어떤 상태[사실]에 이름[다다름]을 나타냄. 15-25, 16-7, 19-23 ② 이르다. 미치다. 뒤좇아 따르다. 도달하다. 어떤 지점, 목표나 경지에 이르다(다다르다). 5-21, 8-17 15-32,41 ③ 미치다. 이르다. …에 미쳐서는. …에 이르게 되면. …할 때에 이르러. ⇒ …을 할 때에는. 13-25

【急급】 급한 것. 위급한 것. 재난. 곤궁한 것. 궁핍한 것. 가난한 사람. 다급한 처지에 놓인 사람. 6-3

【給급】 말 잘하다(口齒伶俐). 5-5 口給 : 구민(口敏). 구변(口辯). 말솜씨가 좋음. 말주변이 있음. 5-5

【兢긍】 두려워하다. 조심하다. 8-3

【矜긍】 ① 긍지를 갖다. 꿋꿋한 긍지를 지니다. 자랑스러워하다. 떳떳하다. 어엿하다. 자존심을 지키다. 몸가짐을 장중[엄숙, 엄정]하게 하다. 15-21 ② 자존심이 매우 강한 사람. 오만(傲慢)한 사람. 17-16 ③ 불쌍히 여기다. 가엽게 여기다. 19-3,19

【亟기】 자주(數). 누차(屢). 여러 번. 여러 차례. 부사. 동작이나 행위가 여러 차례 발생하는 것을 나타냄. 17-1

【其기】 ① 그. 그것. 지시대명사. ㉠ 앞의 사물이나 내용을 가리킴. 2-1,8,18,22, 3-7,11,17, 5-8, 6-5,9, 7-21, 8-4, 9-7, 13-15,18,20, 15-5,9,31, 16-11, 17-26, 19-6,24 ㉡ 일반적인 사실이나 사물을 가리킴. 8-14, 14-41, 20-1 ② 그. 그 사람. 인칭대명사. ㉠ 앞의 사람을 가리킴. 1-11, 2-6,9,13, 5-1,24, 6-3,24, 7-18, 8-4,19, 9-20, 11-5, 12-3, 13-14,25, 14-17,18, 15-9, 17-1, 18-7,8 19-7,18,24 ㉡ 일반적인 사람을 가리킴. 1-2,7, 2-10, 7-28, 12-10, 13-6,15, 18-7, 19-19,25 ㉢ 자신. 자기. 인칭(지시) 대명사. 2-24, 9-14, 11-12, 12-21, 14-29,32, 15-37, 16-11, 19-5, 20-2 其死 : 기명(其命). 그 수명(壽命). 제 명[수명]대로 죽다. 천수(天壽)를 누리고 때가 되어 죽다. 11-12, 14-6 其所 : 그것의 자리. ⇒ 제자리. 9-14 其所能 : 그가 능한 것. 자기가 잘하는 것. ⇒ 자기가 이미 알고 행한 것. 19-5 其位 : 그 자리. 자기 자리[지위, 위치, 분수, 본분]. 14-28 ③ 그 중의. 그 중에서. 그 사람들 중에. 그 사람들 가운데. 지시(인칭) 대명사. 사람이나 사물의 전체를 가리킴. 7-27, 19-3,18,22 ④ 아마(도). 어쩌면.

319

부사. 동작이나 행위 또는 어떤 상황에 대한 추측을 나타냄. 1-2,15, 3-11, 5-7, 6-27,28, 8-1,20, 9-19,26, 11-18, 12-12, 13-14, 14-18,37,45, 15-4,13,23,24, 16-12, 17-10,12, 18-8, 19-1,12 ⑤ 곧. 막. 장차. 부사. 술어 앞에 쓰여 동작·행위·상황 등이 곧 발생하려 함을 나타냄. 2-22, 7-22, 9-5, 14-38, 17-5 ⑥ 어찌 …하리오. 어찌 …하겠는가? 豈와 같음. 부사. 강한 반문의 어기를 나타내며 의문대명사의 역할을 함. 6-4, 13-2, 14-14 ⑦ 만약. 접속사. 단문을 연결시키며 가설(가정)을 나타냄. 2-23 ⑧ 그. 그렇게. 어기조사. 음절을 조정하고 어세(語勢)를 강하게 함. 강조하고자 하는 말 뒤에 위치함. 2-21, 3-23, 4-5, 6-24, 8-20, 9-6,30, 12-9, 14-14,37, 18-7, 19-3,25

【其기…與여】 아마 (어쩌면) …일 것이다. 아마도 …이리라. [其 : 아마(도). 어쩌면. 부사. 동작이나 행위 또는 어떤 상황에 대한 추측을 나타냄. 與 : …일 것이다. 어기조사. 추측의 어기를 나타냄. 일반적으로 '其' 와 같이 쓰임.] 1-2, 5-7, 15-13

【其諸기저…與여】 아마도. 대개. 부사. 동작이나 행위에 대한 추측 및 예측을 나타냄. 其자만으로도 추측의 어기를 나타내는데 여기에 어세를 강하게 하는 조사 諸를 덧붙이고, 다시 끝에 역시 추측을 나타내는 어기조사 與를 추가한 형태임. 대개 '其諸…與' 의 형식으로 연용되어 강한 추측을 나타내는 말로 쓰임. 홍이훤(洪頤煊)은 독서총록(讀書叢錄)에서 '其諸는 제나라와 노나라의 사투리다.' 했음. [楊伯峻 論語譯註 註] 1-10

【其次기차】 그 다음은. 또한. 14-39

【器기】 ① 도구. 연장. 용구. 15-9 ② 그릇. 도(道)와 상반되는 개념으로 형체를 갖춘 구체적인 기물. ⇒ 오직 한 가지의 전문적 기능만을 지닌 인재. 쓸모 있는 재목(材木). 5-4 ㉠ 그릇 같다. 명사의 형용사로의 전용. 2-12 ㉡ 그릇으로 쓰다. 그릇으로 여기다. 기량에 따라서 부리다. 적재적소에 쓰다. 명사의 동사로의 전용. 13-25 ③ 그릇. ⇒ 기량(器量). 도량(度量). 3-22

【寄기】 맡기다. 기탁(寄託)하다. 위임(委任)하다. 8-6

【己기】 ① 자기 자신. ⇔ 人 : 다른 사람. 6-28 ② 이기심. 자신의 욕망. 사욕(私慾). 12-1

【幾기】 ① 가깝다. 근접하다. 비슷하다. 13-15 ② 조용하다(微也). 은근히. 넌지시. 조용하고 공손하게. 완곡하게. 4-18

【忮기】 해치다(害也). 거스르다. 시기(猜忌) 질투(嫉妬) 하다. 질투하고 부러워하는 마음. 9-26

【旣기】 ① 마치다. 끝마치다. 동사. 3-10 ② 이미. …한 후. 부사. 동작·행위·상황 등이 이미 발생했거나 존재함을 나타냄. 13-9, 16-1, 17-21 ③ 모두. 전부. 부사. 주어가 가리키는 것이 모두 어떤 동작이나 행위를 하고 있거나, 혹은 이어받았음을 나타냄. 11-25 ④ 이미. 접속사. 흔히 亦, 又, 終, 則, 且, 或 등의 접속사와 함께 쓰여 두 상황이 동시에 존재하거나 출현함을 나타냄. 12-10

【旣기… 又우~】 이미 …한데다가 또 ~도 하다. …하기도 하고 ~하기도 하다. =
旣…且~, 終…且~. 12-10

【旣往기왕】 과거. 이미 지난 일. 3-21

【旣而기이】 오래지 않아. 얼마 안 있어. 잠시 후에. 조금 뒤에. 잠시 있다가. 원래 '(하나
의 동작이) 끝나고 나서' 라는 뜻인데 관용어로 동작이나 행위가 오래지 않아 발생함을
나타냄. 14-42

【期(朞)기】 ① 기간(期間). 기한(期限). 기일(期日). 17-21, 20-2 ② = 朞. 주기(週期).
1주년. 1주기. 1년. 한 바퀴 돌아서 다시 돌아온 때. 13-10, 17-21

【朞月기월】 만 12월. 1년. 달이 한 바퀴 돌아서 같은 달이 다시 돌아오는 기간. 13-10

【杞기】 중국 하남성(河南省) 기현(杞縣) 에 있었던 나라. 주(周)나라 무왕(武王) 이 하
나라 우왕(禹王) 의 후예인 동루공(東樓公) 에게 우왕의 제사를 지내게 하기 위하여 세워
준 나라. 3-9

【棄기】 버리다. 내버리다. 포기하다. 13-19,30, 17-14

【欺기】 잠시 속(이)다. 그럴 듯해서 잠시 속다. 그럴듯한 방법으로 잠시 속이다. 6-24

【氣기】 숨. 호흡. 10-1-4

【沂기】 강 이름. 기수(沂水). 산동성 추현(鄒縣) 동북 니구산(尼丘山) 에서 발원하여
서쪽 곡부(曲阜) 를 거쳐 사수(泗水) 로 흘러드는 강. 11-25

【祇기】 땅[토지] (地) 의 신. 7-34

【祇지】 = 只. 다만. 오직. 다만…에 불과하다. 다만…에 지나지 않는다. 오로지. 다만…할
뿐이다. 부사. 술어 앞에 쓰여 동작이나 행위가 어떤 범위에 국한됨을 나타냄. 12-10

【箕子기자】 은나라 주왕의 숙부. 이름은 서여(胥餘). 주왕의 포악무도함을 여러 번
간하다가 받아들여지지 않자, 사람들은 기자에게 상(商) [은(殷)] 을 떠날 것을 권했다.
하지만 기자는 신하된 도리로 임금이 간언(諫言) 을 듣지 않는다고 떠나는 것은 임금의
악행(惡行) 을 부추기는 것이니 따를 수 없다고 거절하고 머리를 풀어 미친 척을 하며
남의 노비가 되려 하였으나 주왕(紂王) 은 그를 사로잡아서 유폐(幽閉) 시켰음. 18-1

【豈기】 ① 어찌 …하겠는가? 어떻게. 부사. 강한 반문의 어기를 나타냄. 7-33, 9-30, 17-5,7,
19-25 ② 혹시. 설마 …란 말인가? 아마 …이겠지요. 부사. 행위나 상황에 대한 추측
또는 의문의 어기를 나타냄. 14-14

【豈敢기감】 어찌 감히 하겠는가? 어찌 함부로 하겠는가? ⇒ 어찌 감히 자처하겠는가?
상황이 허락하지 않음을 나타냄. 7-33

【豈若기약**】** 어찌 …와 같겠는가? 어찌 …만 하겠는가? 어찌 …에 비기겠는가? 관용형식으로서 득실을 따져 본 후에 선택해야 함을 나타냄. 일반적으로 선택을 나타내는 접속사인 與其, 與 등과 호응함. 14-18, 18-6

【起기**】** 일어나다. 일으키다. 일으켜 주다. 흥기(興起) 시키다. ⇒ 일깨워 주다. 분발시키다. 감발시키다. 3-8

【饑기**】** 곡식이 익지 않음. 기근(饑饉)이 듦. 흉년이 됨. 12-9

【饑饉기근**】** 흉년으로 먹을 양식이 없어 굶주림. 11-25

【驥기**】** 천리마(千里馬). 기주(驥州) 지방에서 나는 훌륭한 말로 하루에 천리를 달린다고 함. 14-35

【吉月길월**】** 매월 초하루. 10-1-6

附錄

論語字解

【儺나】 나례(儺禮). 역귀(疫鬼)를 몰아내기 위한 굿(놀이). 연말 또는 3월, 10월에 행해
졌음. 10-1-10

【諾낙】 ① 승낙. 허락. 12-12 ② 예. 그래요[그렇습니다]. 긍정적으로 대답하는 말.
7-14, 17-1

【難난】 ① 어렵다. 곤란하다. 2-8, 6-14,20, 7-25,28, 8-20, 12-3, 13-15,25, 14-2,11,21,42,
15-16, 17-22,25, 19-15,16 ② 환난(患難). 고난(苦難). 곤란한 사태. 16-10 [참고] 비난하다.
꾸짖다. 힐난(詰難) 하다. 힐책(詰責) 하여 따지다. 14-42

【難養난양】 ㉠ 다루기 어렵다. 다스리기 어렵다. ㉡ 기르기 어렵다. 부양(扶養) 하기
어렵다. ㉢ 대하기 어렵다. 상대하기 어렵다. 17-25

【涅날】 개흙. 색깔이 검은 진흙. 검정색으로 물들이다. 17-7

【南宮适남궁괄】 공자의 제자. 자는 자용(子容). [참고] 公冶長 - 2. 14-6

【南面남면】 남쪽으로 향하다. 남쪽으로 향하여 앉아 있다. ⇒ 임금 자리에 앉다. 임금이
되다. 조정에서 임금은 남면(南面) 하고 신하는 북면(北面) 하므로 인하여 '임금이 되다'
는 뜻이 됨. 6-1, 15-4

【南容남용】 공자의 제자. 성은 남궁(南宮). 자는 자용(子容). 이름은 사기(史記) 에
괄(适)로, 공자가어(孔子家語) 에는 도(縚) 로 되어 있음. 주희(朱熹) 는 南宮에 거처하였고
시호(諡號) 는 경숙(敬叔) 이며 맹의자(孟懿子) 의 형이라 하였음. 또 정현(鄭玄) 의 예기
(禮記) 단궁(檀弓) 주(注) 에는 '남궁도(南宮縚) 는 맹희자(孟僖子) 의 아들 남궁열(南宮
閱) 이다.' 라고 하였음. [참고] 좌전(左傳) 소공(昭公) 11년 - 천구(泉丘, 지금의 산동성
(山東省) 영양(寧陽) 과 사수(泗水) 사이에 있는 지명) 의 여자가 맹의자를 먼저 낳고
그 뒤에 경숙을 낳았다. [泉丘女先生懿子 後生敬淑] [참고] 憲問-6. 5-2, 11-5

【南子남자】 위(衛) 나라 영공(靈公) 의 부인. 음란한 여인으로 송조(宋朝) 와도 정을
통한 여인. [참고] 雍也-14, 述而-14, 先進-12. 6-26

【乃내】 이에. 곧. 바로 …이다. 앞의 말을 이어받아 연결시킴. 6-1, 14-34, 16-1

【內내】 안으로. 속으로. 내심(內心) 으로. 마음속으로. 부사. 4-17, 5-27

【內顧내고】 뒤돌아 보다. 돌아보다. 둘러보다. 머리를 돌려서 보다. 10-1-17

【女녀】 ① 너. 당신. 그대. 자네. 너희들. = 汝. 이인칭대명사. 2-17, 3-6, 5-4,9, 6-10,11,12,
7-18, 11-22, 15-2, 17-8,10,21 ② 여자. 18-4

【女樂여악**】** 여자 악인(樂人). 노래도 부르고 춤도 추는 무희. 여자 가무단. 18-4

【女子여자**】** 여자. 집안의 첩실(妾室) 또는 시녀(侍女). 17-25

【年년**】** ① 나이. 연령. 연세(年歲). 4-21, 17-26 ② 년. 세월. 시대. 1-11, 4-20, 7-16, 8-12, 11-25, 13-10,11,29, 14-43, 17-21 ③ 해. 수확. 연곡(年穀). 그[한] 해의 곡물 수확. 올해의 수확. 작황(作況). 12-9

【年饑년기**】** 올해의 수확이 기근이 듦. (말하는) 그 해가 흉년이 됨. 12-9

【念념**】** 늘 생각하다. 염두에 두다. 마음속에 두다. 마음속에 품다. 5-23

【佞녕**】** 말재주(口才). 말을 잘하다(善辯). 말재주가 좋다. 구변(口辯)이 좋다. 아첨하다. 교묘한 말로 알랑거리다. 5-5, 6-14, 11-24, 14-34, 16-1

【佞人영인**】** 말을 잘하고 아첨을 잘하는 사람. 말이 번지르르한 아첨꾼. 15-10

【甯武子영무자**】** 위(衛)나라의 대부. 성은 녕(甯). 이름은 유(兪). 시호가 무(武). 5-21

【寧녕**】** 차라리 …하는 것이 낫다. 접속사. 득실을 따져 본 후에 선택해야 함을 나타냄. 3-4,13, 7-35, 9-11

【奴노**】** ㉠ 종. 노예. ㉡ 죄수. 18-1

【怒노**】** 노여움. 분노. 화냄. 성냄. 6-2

【農농**】** 농사일을 하는 사람, 곧 농부(農夫). 13-4

【餒뇌**】** ① 굶주림. 배고픔. = 飢, 餓. 15-31 ② 물고기가 썩어서 문드러지다. 생선이 썩다. 10-1-8

【訥눌**】** 어눌하게 말하다. 과묵(寡黙)하여 말을 경솔하게 하지 않다. 4-24, 13-27

【能능**】** ① 능하다. 잘하다. 능력이 있다. 9-6, 14-30,32, 15-18, 19-5,15,18 ② 능력이 있는 사람. 유능한 사람. 재능이 있는 사람. 2-20, 8-5, 19-3 ③ 능히[충분히] …할 수 있다. 조동사. 어떤 일을 할 능력이 있거나 조건이 됨을 나타냄. 1-7, 2-7, 3-9, 4-3,6,13, 5-14,27, 6-15,28, 8-19, 9-23, 11-11,25, 12-22, 14-8,38, 15-1,28, 17-6,7, 19-2 ④ 곧. 능히. 부사. 동작이나 행위가 일정한 조건을 갖춘 후에야 비로소 발생함을 나타냄. 7-3

【泥니**】** 통하지 않다. 막히다. 지체되다. 장애가 되다. 방해가 되다. 19-4

【匿닉**】** 숨기다. 은닉(隱匿)하다. 몰래 감추다. 5-25

【多다】 ① 많다. ㉠ 많다. 형용사. 4-12, 9-6, 10-1-8, 13-5, 16-5 ㉡ 많이. 부사. 2-18, 7-27, 10-1-8, 15-2, 16-4, 17-9 ② 학식(學識)이 많은 사람. 8-5 ③ 다만. 단지. 부사. 동작이나 행위의 대상이 단지 어떤 범위에 국한됨을 나타냄. 19-24

【多能다능】 능한 것이 많다. 잘한 것이 많다. 재주가 많다. 다재다능(多才多能). 9-6

【多聞다문】 많이 들음. 많이 들어서 앎. 박학다식(博學多識) 함. 16-4

【多學다학】 많이 배우다. ⇒ 널리 배우다. [참고] 雍也 - 25. 君子博學於文 15-2

【短단】 ① 짧다. 6-2, 11-6 ② 짧게 하다. 형용사의 사역동사로의 전용. 10-1-6

【端단】 ① ㉠ 끝. 어느 한 쪽 끝. ㉡ 처음. 일의 단서. 실마리. ㉢ 바르다. 2-16, 9-7 兩端 : 양끝. 일이나 사물의 본말(本末)과 종시(終始). 어떤 일의 자초지종(自初至終). 9-7 ② 고대 예복의 이름. 玄端服. 11-25

【端章甫단장포】 예복과 예관. 예복과 예관을 착용하다. 11-25

【簞단】 밥 바구니(소쿠리). 대나무로 엮어 만든 둥근 밥그릇. 네모난 것은 '笥(사)'. 6-9

【達달】 ① 통달(通達)하다. 달관(達觀)하다. 꿰뚫다. 사통팔달(四通八達)하다. 사물의 이치에 통하다(通事理). 사물의 이치를 깨달아 막힘없이 환히 꿰뚫어 알다. 6-6, 12-20 ② 다다르다. 나아가 이르다. 도달하다. 달성(達成)하다[되다]. 목표로 삼은 것이나 하고자 하는 일에 이르다. 13-17, 14-24,37, 16-11 ③ 현달(顯達, 벼슬·명성·덕망이 높아서 이름이 세상에 드러남)하다. 현달시키다. 입신출세하다[시키다]. 6-28 ④ 깨닫다. 알다. 분명하게 이해하다. 10-1-11, 12-22 ⑤ 잘하다. 잘 처리하다. 제대로 해내다. 13-5 ⑥ 전달하다. 뜻을 전달하다. 뜻을 표현하다. 15-40

【達巷달항】 마을 이름. 9-2

【澹臺滅明담대멸명】 魯나라 武城 사람. 성은 담대(澹臺). 이름은 멸명(滅明). 자는 자우(子羽). 공자보다 39세 아래. 사기(史記) 등에서 공자의 제자로 언급하고 있으나 여기의 글로 보아 이 이후에 공자의 제자가 된 것으로 추정하는 이도 있음. 6-12

【唐虞당우】 요순시대(堯舜時代). 堯는 도당씨(陶唐氏), 舜은 유우씨(有虞氏)로 그 성씨(姓氏)의 끝 자를 따서 唐虞라고 함. 8-20

【唐棣당체】 산앵두나무. 욱리(郁李). 철쭉과의 낙엽 활엽 관목. 9-30

【堂당】 ① 사당(祠堂). 조상의 신주(神主)[위패(位牌)]를 모셔 놓은 집. 3-2 ② 전당(殿堂). 명당(明堂, 임금이 조회 시 알현을 받는 곳). 10-1-4, 11-14

【堂堂당당】 당당하다. 위풍당당하다. 풍채가 위엄이 있고 씩씩한 모습. 19-16

【當당】 ① 만나다. 당면하다. 맞닥뜨리다. 부닥치다. 어떤 것을 해야 할 상황을 만나는 것. 10-1-6, 15-35 ② …에 관해서는. …에 대해서는. 전치사. 동작이나 행위가 발생할 때 직접적으로 관련되는 대상임을 나타냄. 19-12

【黨당】 ① 고대 지방의 편제 단위로 500가구가 사는 마을. 고향 마을. 향리(鄕里). 5-22, 6-3, 10-1-1, 13-18, 14-47 ② 어느 한 쪽에 치우치다. 편들다. 편파적으로 행동하다. 작당(作黨)하다. 편당(偏黨)을 짓다. 파당(派黨)[파벌(派閥)]을 짓다. 치우친 생각으로 끼리끼리 모이다. 7-30, 15-21 ③ 무리(徒也). 동아리. 의기가 서로 통하는 벗. 부류(部類). 도당(徒黨). 4-7

【黨人당인】 마을 사람. 黨은 500가구 규모의 마을. [참고] 公冶長 - 22, 雍也 - 3. 9-2

【大대】 ① 크다. 大故 : 큰 연고. 큰 잘못. 18-10 ② 위대하다. 훌륭하다. 형용사. 3-4, 19-3

【大德대덕】 큰 덕목(德目). 대절(大節). 대륜(大倫). 사회생활의 기본이 되는 윤리규범. 19-11

【大賓대빈】 큰 손님. 임금을 찾아온 이웃나라의 중요한 손님. 천자나 제후의 손님을 賓, 일반적인 손님을 客이라함. 12-2

【大受대수】 크게 수임(受任)하다. 큰일을 맡다. 큰 임무를 맡다. 15-33

【大臣대신】 ① 큰 신하. 훌륭한 신하. 11-23 경(卿)과 대부(大夫). 18-10

【大人대인】 ① 고귀한 사람. 덕행이 높고 뜻이 고매한 사람. ② 지위가 높은 사람. 왕공(王公)·귀족 등 신분이 높은 사람. 16-8

【大葬대장】 성대한 장례. 임금이나 경대부들이 죽었을 때 치르는 장례. 9-11

【大哉대재】 위대하도다! 훌륭하도다! 3-4, 9-2

【大節대절】 큰 절개(節槪). 절개를 지키는 일이 문제가 되는 중차대한 일. 8-6

【大祭대제】 큰 제사. 하늘과 땅의 신에게 지내는 제사 또는 종묘의 제사와 같은 큰 제사. 12-2

【大賢대현】 큰 현자(賢者). 위대한 현자. 훌륭한 현자. 19-3

【大태】 太(태)와 통용. 너무. 지나치게. 심하게. 6-1

【大廟태묘】 천자나 제후들의 시조(始祖)를 모신 묘(廟) [사당]. 3-15

【大師태사】 = 太師. 모든 악사(樂師)[악관(樂官)]의 우두머리. 종사(鐘師)·경사(磬師)·생사(笙師)·소사(簫師)의 총관(總官). 3-23, 18-9

【大宰태재】 벼슬 이름. 재상(宰相)에 해당함. 오(吳)나라의 태재 백비(伯嚭)를 가리킴.

大 = 太. 9-6

【待대】 ① ㉠ 기다리다. 9-12 ㉡ 의지하다. 맞이하다. 모시다. 13-3 ② 대접(待接)하다. 대우(待遇)하다. 예우(禮遇)하다. 18-3

【德덕】 ① 덕. 도덕성. ㉠ 도덕적·윤리적 이상을 실현해 나가는 인격적 능력. 도덕적·윤리적 선(善)에 대한 의지(意志)의 항상적(恒常的) 지향성(志向性) 및 선(善)을 실현하는 항상적 능력. ㉡ 공정하고 남을 넓게 이해하고 받아들이는 마음이나 행동. 1-9, 2-1,3, 4-11,25, 6-27, 7-3,6,22, 8-1,20, 9-17, 11-2, 12-10,19,21, 13-22, 14-5,6, 15-3,12,26, 16-12, 17-13, 14, 18-5, 19-2,11 ② 은덕(恩德). 은혜(恩惠). 선의(善意). 14-36 ③ 품성(品性). 잘 조련(調練)된 덕. 잘 달릴 수 있는 능력. 14-35

【到도】 이르다. 도달하다. 14-18, 16-12

【圖도】 ① 생각하다. 생각이 미치다. 헤아리다. 예상하다. 7-13 ② 하도(河圖). 복희씨(伏羲氏) 때에 용마(龍馬)가 黃河에서 나왔는데 그 등에 1에서부터 10까지의 그림이 그려져 있었는 바, 복희씨가 이것을 보고 역(易)의 팔괘(八卦)를 그었다고 함. 9-8

【塗도】 = 途. 길. 도로. 17-1,14

【徒도】 ① 문도(門徒). 제자. 是魯孔子之徒與 11-16, 18-6 ② 무리. 斯人之徒 18-6 ③ 비다. 헛되다. 공연스럽다. 하릴없다. 부질없다. 17-5 ④ 걷다. 徒行 : 걸어서 다니다. 도보(徒步)로 길을 가다. 11-7

【滔滔도도】 큰물이 세차게 흐르는 모양. ⇒ 마치 홍수가 나서 강물이 넘치고 세차게 흘러가듯이 세상이 어지러운 국면. 18-6

【稻도】 벼. ⇒ 쌀밥. 17-21

【蹈도】 ① 밟다. ② 뛰어들다. ③ 따르다. 따라 행하다. 15-34

【道도】 ① ㉠ 바른 길(正道). 올바른 방법. 합당한 도리(道理). ㉡ 인간이 지켜야 할 도리(道理)로서 일상생활을 하는 사이에 마땅히 행하여야 하는 원칙. 도덕(道德). ㉢ 걸었던 길. 일을 처리하시던 방식이나 원칙. 추구하던 삶이나 삶의 방식. 1-2,11,12,14, 3-16,24, 4-5,8,9,15,20, 5-2,7,13,16,21, 6-10,15, 7-6, 8-4,7,13, 9-26,29, 11-19,23, 12-19, 13-25, 14-1,4,20,30,38, 15-6,24,28,31,39,41, 16-2,11, 17-4, 18-2,6,7, 19-7,12,19 ② 선왕(先王)의 도(道). 곧. 선왕의 도가 행해지는 이상(理想)의 국가. 6-22, 19-22 ③ 기예(技藝). 기술(技術). 19-4 ④ 다스리다. 통치하다. 동사. 1-5 ⑤ = 導. 이끌다. 인도(引導)하다. 2-3, 12-23, 19-25 ⑥ 길. 도로. 6-10, 9-11, 17-14 ⑦ 말하다. 동사. 14-30, 16-5

【鼗도】 땡땡이. 소고(小鼓, 작은 북). 북 자루를 잡고 흔들면 북의 좌우에 매단 구슬이 북면을 쳐서 소리를 내는 작은 북. 18-9

【匵독】 궤. 상자. 9-12

【櫝독】 함. 궤(匱). 나무로 짠 궤. 16-1

【瀆독】 물도랑. 14-18

【獨독】 홀로. 혼자서. 단독으로. 유독(惟獨). 12-5, 16-13

【篤독】 두텁다. 돈독(敦篤)하다. 독실(篤實)하다. 신실(信實)하다. 충실(忠實)하다. 믿음성[인정] 있고 후덕(厚德)하게 하다. 8-2, 11-20, 15-5, 19-2,6

【豚돈】 새끼 돼지. 삶은 작은 돼지. 17-1

【動동】 ① 움직이다. 움직이게 하다. 8-4, 15-32, 16-1 ② 동적(動的)이다. 활동적(活動的)이다. 6-21 ③ 행동(行動)하다. 실행하다. 12-1 ④ 감동시키다. 고무시키다. 19-25

【同동】 ① 같다. 3-16, 7-30, 15-39, 18-6 ② 덩달아 같이하다. 아무런 주견(主見)이 없이 이익에 따라 남의 의견이나 행동에 무턱대고 동조하여 똑같이 함. 자기 색깔을 잊고 특정한 것에 따르기만 하는 것. 13-23 ③ 모이다. 11-25 ④ 함께. 같이. 부사. 동작·행위가 몇몇 주체로부터 함께 발생함을 나타냄. 14-19

【東里동리】 지명(地名). 자산(子產)이 살던 동네의 이름. 14-9

【東周동주】 동쪽의 주나라. 노나라는 동쪽에 있었으므로 거기에 주나라 초기의 흥성했던 때와 같은 나라를 건설하겠다는 뜻. 17-5

【斗두】 말. 열 되(十升)들이 용기(容器). 13-20

【斗筲之人두소지인】 도량(度量)[국량(局量), 기량(器量)]이 좁은 사람. 말가웃밖에 안 되는 자잘한 사람. 13-20

【豆두】 굽이 달린 나무 그릇으로 주로 밥 따위를 담는데 쓰는 제기(祭器). 8-4, 15-1

【得득】 ① ㉠ 얻다. 손에 넣다. 갖다. 갖게 되다. 4-5, 8-12, 9-11 ㉡ 갖게 되다. 찾다. 잡다. 9-14 ② ㉠ 알다. 알게 되다. 깨닫다. 19-19 ㉡ 알아내다. 찾아내다. 19-23 ③ 만나다. 13-21 ④ 탐내다. 욕심을 부리다. 욕심. 탐욕(貪慾). 16-7 ⑤ 다스리다. 19-25 ⑥ 터득하다. 경지에 이르다. 7-32 ⑦ …할 수 있다. = 能. 조동사. 동사나 짧은 구 앞에 쓰여 동작이나 행위에 대한 가능성을 나타냄. 3-24, 4-1, 7-25, 9-5, 11-10,12, 18-5

【得無득무…乎호】 어찌 …하지 않을 수 있는가? 관용형식으로 추측이나 반문을 나타냄. 得은 가능을, 無는 부정의 의미를, 乎는 반문을 나타냄. 12-3

【得而득이】 = 得以. …할 수 있다. 관용형식으로서 동사 앞에 쓰이는데 이때 得은 조동사로 가능성을 나타내며, 而는 조동사와 동사를 연결시키는 역할을 함. 간혹 得 앞에 可가 오기도 함. 夫舜惡得而禁之(무릇 순임금이 어찌 그것을 금할 수 있겠는가?) [孟子 盡心 上] 然後國之良士 亦將可得而衆也(그런 후에야 나라의 우수한 인물들도 점차 많아질 것입니다.) [墨子 尙賢 上] [참고] 可得 : …할 수 있다. 조동사. 허가나 가능을 나타냄. 請問此五者 可得聞乎(이

다섯 가지 문제에 대하여 들을 수 있을까요?) [黃帝內經素問 脈要精微論] 5-13, 7-25, 8-1, 12-11, 19-24

【得衆득중】 여러 사람을 얻다. 대중을 얻다. 민심을 얻다. 여러 사람의 마음을 얻다. 대중의 지지를 얻다. 17-6

【滕등】 등(滕)나라. 춘추시대 노나라 부근에 있었던 작은 나라 이름. 14-12

【等등】 계단. 층계. 10-1-4

ㄹ

【樂락】 ① 즐겁다. 1-1, 6-18,21, 7-18 ② 안락하다. 편안하고 부유하다.(安富). 4-2

【樂악】 음악. 풍류. 3-3, 8-8

【樂요】 좋아하다. 6-21, 16-5

【亂란】 ① 패란(悖亂)의 일. 어지러운 일. 문란(紊亂)한 일. 반란을 일으키는 일. 변란(變亂). 난동행위(亂動行爲). 혼란(混亂). 음란(淫亂). 7-20 ② 어지럽히다. 문란(紊亂)하게 하다. 17-18, 18-7 ③ 난[반란]을 일으키다. 세상을 어지럽게 하다. 또는 그런 사람. 8-10, 17-23, ④ 포악하고 무도하다. 난폭(亂暴)하다. 8-2, 17-8 ⑤ 망치다. 손상[파괴]시키다. 해치다. 15-26 ⑥ 다스리다. 治와 같음. 亂臣十人 : (나라를 잘) 다스리는 신하 열 사람. 8-20 ⑦ 악곡(樂曲)의 마지막 장(章). ⇒ 음악을[연주를] 끝내다. 8-15

【濫람】 넘치다. 넘다. ⇒ 지켜야할 선을 넘다. ⇒ 함부로 행동하다. 예나 법도에 어그러진 짓을 함부로 하다. 제멋대로 나쁜 짓을 하다. 15-1

【來者래자】 올 사람들. ⇒ 곧 후생(後生). 장래(將來)의 그들. 9-22

【梁량】 다리(橋也). 교량. 10-1-18

【良량】 선량(善良)하다. 양순(良順)하다. 1-10

【諒량】 ① 믿음. 성실함. 성실하다. 신실하다. 16-4 ② 작은 신의(信義). 하찮은 절개. 작은 일에 얽매이는 정성. 완고하여 하찮은 절개나 의리에 얽매이다. 14-18, 15-36 ③ 흉하다. 상서롭지 못하다. 14-43

【諒陰양암】 천자(天子)나 제후가 거상(居喪)하는 곳 또는 그 기간. 천자가 거상(居喪)함을 이르는 말. 諒闇. 亮陰. 梁闇. 涼陰. 14-43

【量량】 ① ㉠ 헤아림. 분수(分數, 사물을 분별하는 슬기). ㉡ 자기의 용량. 인격의 정도. 19-24 ② 용기. 말(斗)이나 섬(斛) 등 양을 측량하는 용기. 되질하다. 양을 재다. 20-1 ③ 한도(限度). 용량의 한도. 분량. 10-1-8

【厲려】 ① 엄(嚴)하다. 엄격하다. 위엄이 있다. 엄숙(嚴肅)하다. 준엄(峻嚴)하다. 명확하고 엄정하다. 7-37, 17-12, 19-9 ② 괴롭히다. 해롭게 하다. 학대하다. 가혹하게 대하다. 19-10 ③ 아랫도리를 벗어 들고 물을 건너다. 옷을 허리춤까지 걷고 물을 건너다. 옷을 입고 물을 건너다. 14-42

【慮려】 생각(하다). 근심(하다). 염려(하다). 깊이 생각하다[사려, 사려 깊음]. 12-20, 15-11, 18-8

330

【戾려】 ㉠ 사납다. 흉포(凶暴)하다. ㉡ 어그러지다. 거스르다. 17-16

【旅려】 여제(旅祭). 산신제(山神祭). ⇒ 산신제[여제]를 지내다. 명사의 동사로의 전용. 3-6

【力력】 ① 힘. 1-6,7, 3-16, 4-6, 6-10, 8-21, 14-17 ② 능력. 14-35,38 ③ 용력(勇力)을 쓰는 일. 힘으로 하는 일. 물리적인 힘을 쓰는 일. 무력(武力). 폭력(暴力). 초월적 마력(魔力). 7-20

【曆數역수】 제왕(帝王)이 될 차례. 천명으로 정해진 임금이 될 운수(運數). 20-1

【列렬】 줄. 항렬(行列). 반열(班列). 벼슬 곧 관직(官職)의 대열. 16-1

【烈렬】 사납고 맹렬하다(猛也). 10-1-16

【廉렴】 엄격하고 깨끗함. 모가 나고 엄격함. 17-16

【斂렴】 부과하다. 거두어들이다. 11-16

【令령】 명령(命令)하다. 명령을 내리다. …하게 하다. 부리다. 시키다. 13-6, 20-2

【令尹영윤】 초(楚)나라 관직명. 군권을 장악하는 고관으로 중원에 있는 제후국의 재상(宰相)에 상당함. 5-19

【逞령】 펴다. 부드럽게 하다. 긴장을 풀다(放也). 10-1-4

【靈公영공】 위(衛)나라 임금. B.C 534~493 재위. 15-1

【禮례】 ① 예의(禮意). 예의(禮儀). 예제(禮制). 예법(禮法). 예의범절. 질서의식. 윤리규범. 1-12,13, 2-5, 3-3,4,8,15,17,18,19, 4-13, 7-30, 8-8, 9-3, 10-1-5, 11-1,25, 12-1,5, 13-3,4, 14-13,44, 15-17,32, 16-2,5,13, 17-11, 20-3 ② 어떤 덕목(德目)에 극단적인 방향으로 치닫는 욕망을 조절하는 자제력(自制力). 어떤 극단적인 것을 과부족(過不足)이 없는 중용(中庸)의 길로 조절하는 행동규범. 도가 지나치지 않고 사리에 맞게 적절히 조절된 절도 있는 행동양식. 6-25, 8-2, 9-10

【禮樂예악】 예의 제도와 음악. 나라의 제도와 문화. 국가의 법률제도와 문화 등 국내적인 정치. 11-1,25, 13-3, 14-13, 16-2,5

【禮讓예양】 예의와 겸양. 禮는 讓의 형식(文)이며, 讓은 禮의 내용(實)이다. 4-13

【勞로】 ① 수고롭게 하다(되다). ㉠ 부리다. 일을 시키다. 노역을 시키다. 19-10, 20-2 ㉡ 괴롭고 힘들게 되다. 헛수고하게 되다. 피곤하게 되다. 8-2 ㉢ 노력하게 하다. 분발하게 하다. 14-8 ㉣ 힘을 다하여 애쓰다. 힘써 노력하다. (몸소) 애써 수고하다. 13-1 ② 노고. 수고로움. ⇒ 일(事也). 2-8, 5-26 ③ 괴롭다. 괴로워하다. 근심하다. 고민하다. 4-18 [참고] 위로하다. 14-8

【老로】 ① 늙다. 5-26, 7-18, 14-46, 16-7, 18-3 ② 늙은. ⇒ 경험이 많은. 노련한. 익달한.

13-4 ③ 가로(家老). 가신(家臣)의 우두머리(家臣之長). 14-12

【老彭노팽**】** 殷(商)나라의 어진 대부(大夫) 老彭. 7-1

【輅로**】** 큰 수레. 임금이 타던 수레. 은나라의 수레. 路와 통함. 15-10

【魯로**】** ① 노(魯)나라. 주(周)나라 제후국(諸侯國). 주(周)나라 무왕(武王)의 동생 주공 단(周公旦)을 제후로 봉하였음. 3-23, 5-3, 6-22, 9-14, 11-13, 13-7, 14-15, 18-6 ② 아둔하다(영리하지 못하고 둔하다). 미련하다. 어리석고 둔하다. 어리석으면서도 곧고, 곧으면서도 좀 느리다. 11-17

【魯公노공**】** 주공의 아들 백금(伯禽). 아버지 주공이 주 왕실을 보필하느라 노나라에 가지 못하므로 주나라 성왕(成王)이 그 아들 백금을 노나라 제후로 봉하여 노공(魯公)이라 불리게 되었음. 18-10

【魯人노인**】** 노나라 사람. 노나라의 어떤 사람. 노나라 고위 관리(官吏). 11-13

【祿록**】** ① 녹봉(祿俸). 관리가 받는 봉급. 벼슬자리. 2-18, 15-31, ② 녹봉(祿俸). ⇒ 녹봉을 주는 것. 작록(爵祿, 벼슬과 녹봉)을 주는 권한. 16-3 ③ 복록(福祿). 복되고 영화로운 삶. 20-1 天祿 : 하늘이 내리는 복록(福祿). 하늘이 내려준 임금의 자리. 20-1

【論론**】** ① 말 하는 것. 언론(言論, 말이나 글로 자기의 주장이나 견해를 표현함). 주장. 11-20 ② 말하다. 논하다. 의론(議論)하다. 14-9

【牢뢰**】** 위(衛)나라 사람. 공자의 제자. 성은 금(琴). 이름이 뢰(牢). 자는 자개(子開) 혹은 자장(子張)이라는 설이 있지만 사기(史記) 중니제자열전(仲尼弟子列傳)에는 보이지 않고, 공자가어(孔子家語)에 보임. 9-6

【誄뢰**】** 제문(祭文). 조문(弔文). 기도문(祈禱文). 죽은 이를 애도하여 그의 행실을 기록한 글. 7-34

【賚뢰**】** 하사품(下賜品). 은사(恩賜, 임금이 내려줌 또는 그 물건). 20-1

【屢루**】** 자주. 여러 차례. 누차(屢次·累次). 부사. 동작이나 행위가 항상 혹은 여러 차례 발생함을 나타냄. 5-5, 11-18

【屢空누공**】** 자주 비어있다. ⇒ 늘 가난하다. 11-18

【縲루**】** 포승(黑索). 검은색의 오랏줄. 5-1

【縲絏누설**】** ① 범인을 묶는 노끈. 포승(捕繩). (인신하여) 감옥(監獄). ② 구금함. 누설(縲紲). 5-1

【陋루**】** 누추(陋醜)하다. 비루(鄙陋)하다. 6-9, 9-13

【陋巷누항**】** 누추한 곳. 누추한 집. 6-9 ① 巷(골목, 거리) : 누추(陋醜, 좁고 지저분하며

더러움)한 골목이나 거리. 빈천(貧賤)한 사람들이 사는 협소(狹小)한 골목.　② 巷(동리, 마을) : 빈천(貧賤)한 사람들이 사는 동네(마을). 빈촌(貧村).　③ 巷(집, 宅也) : 누추한 집. [(주)교학사, 교학대한한사전, 2005. p.964.] 6-9

【柳下惠류하혜】 노나라 현자(賢者). 성은 전(展). 이름은 획(獲). 자는 금(禽). 柳下는 그의 식읍(食邑) 이름이며 惠는 시호(諡號)임. 15-13, 18-2,8

【類류】 유별(類別)하다. 종별(種別)에 따라 나누다. 차별(差別)하다. 15-38

【倫륜】 인륜. 윤리. 사람이 지켜야 할 도리. 18-7,8

【利리】 ① 날카롭다.　㉠ 날카로운. 예리한. 17-18　㉡ 벼리다(날이 무딘 연장을 불에 달궈 날카롭게 만들다). 날카롭게 하다. 예리하게 하다. 날카롭게 손질하다. 갈다. 형용사의 사역동사로의 전용. 15-9　② 이롭다.　㉠ 이익. 공리(功利). 이해관계. 만인의 복지. 백성이나 나라를 이롭게 하는 것[利民 利國]. 9-1　㉡ 이롭게 여기다. 동사로의 전용. 4-2　㉢ 이익이 되다. 의동사(意動詞). 20-2　㉣ 이롭게 하다. 사역동사. 20-2

【利口이구】 날카로운 말. 민첩하게 잘하는 말. 재빨리 잘 꾸며대는 말. 말재간이 뛰어나고 아첨하는 말. 17-18

【履리】 ① 밟다. 발을 땅 위에 대고 디디다. 8-3, 10-1-4　② 은(殷)나라 시조 탕왕(湯王)의 이름. 20-1

【涖리】 ㉠ 다다르다. 어떤 자리에 임하다. 대하다. 어떤 자리에 나아가다. ㉡ 다스리다. 관리하다. 15-32

【犁(犂)리】 얼룩얼룩하다. 6-4

【犁牛이우】 얼룩소. 노란 털과 검은 털이 섞인 얼룩소. 제사에 사용하는 희생(犧牲)은 털빛이 순일(純一)해야 하기 때문에 얼룩소는 희생으로 쓰지 못하고 밭을 가는 데 주로 이용되었다 함. 6-4

【里리】 ① 거리의 단위. 8-6　② 마을. 25家. 6-3, 15-5　③ 살다. 터를 잡고 안주(安住)하다. [대한한사전편찬실 편, 교학대한한사전, (주)교학사, 2005. p.3385.]. 거주하다. 이웃하여 살다. 4-1

【里仁이인】 인(仁) 속에서 살다. 인(仁)에 터 잡고 안주하다. 곧 인(仁)을 실천하는 삶. 또는 삶 자체가 인(仁)임을 말한다. ⇒ 인(仁)을 실천하다. 4-1

【離리】 흩어지다. 16-1

【鯉리】 공자의 아들. 자는 백어(伯魚). 공자가 70세 때 죽음. 11-7, 16-13

【吝린】 아끼다. 인색(吝嗇)하다. 8-11, 20-2

【磷린】 얇다(薄也). 닳아서 얇아지다. 17-7

【鄰(隣)린】 ① 이웃. 4-25, 5-24 ② 마을. 주(周)나라 때 행정 구획의 단위. 5가(家). 6-3

【林放임방】 노(魯)나라의 어떤 사람. 공자의 제자라는 설이 있으나 불분명함. 3-4,6

【臨림】 ① 임하다. 만나다. 당하다. 직면하다. 당면하다. 어떤 사태나 일에 직접 부닥치다. 3-26, 7-10, 8-6 ② 임하다. 윗사람이 아랫사람을 대하다. 2-20 ③ 다다르다. 어떤 장소에 나와 이르다. 8-3 ④ 다스리다. 통치하다. 6-1

【立립】 ① 서다. 5-8, 9-26, 10-1·3,4,10,17, 15-5,13, 16-13, 17-10, 18-7 ② 세우다. 수립하다. 확립하다. 1-2, 9-10 ③ 자립(自立)하다. 입신(立身)하다. 禮는 사람의 행동 기준이므로 그 기준에 따라 자립(自立)하는 것. ㉠ 학문이나 수양이 어느 정도 이루어져서 사회적으로 자립하다. ㉡ 올바른 도를 굳건히 세워 흔들리지 않는 단계에 서다. ㉢ 내 뜻이 분명하고 확고해져서 주체적으로 당당하게 행동할 수 있는 근거가 마련된다. 2-4, 4-14, 6-28, 8-8, 9-29, 16-13, 19-25, 20-3 ④ 존립(存立)하다. 12-7

口

【磨마】 갈아 광을 내다. 광내다. 1-15

【馬十乘마십승】 전차 10대를 끌 수 있는 말. 말 40필. 전차 1대를 말 네 마리가 끌었으므로 이를 일컬음. 5-19

【麻冕마면】 삼베 실로 짜서 만든 모자[예관(禮冠), 예모(禮帽)] 9-3

【莫막】 ① …이 아니다. 無 또는 不와 같음. ⇒ 莫猶 : 같지 않다[못하다]. 7-32 ② 아무(것, 곳)도 …한 사람(것, 곳)이 없다. 아무도 …하지 않다. 지시대명사. 4-14, 6-15, 13-4,15, 14-18,37,42, 15-1, 17-9, 19-22 ③ 하면 안 된다. 절대 아니라고 부정하고 고집을 부림. '適'과 반대 개념. 4-10 ④ = 暮. 음은 '모'. 저물다. 늦다. 11-25

【慢만】 ① 게을리 하다. 더디게 하다. 20-2 ② 업신여기다. 20-2 ③ 오만(傲慢)하다. 거만(倨慢)하다. 교만(驕慢)하다. 8-4

【萬方만방】 만백성(萬百姓). 천하의 모든 백성. 20-1

【蠻만】 남쪽의 오랑캐. 15-5

【蠻貊만맥】 오랑캐. 15-5

【末말】 ① 끝부분. 말단(末端). 지엽(枝葉). 지엽적인 일. 말단적인 일. 19-12 ② 없다. …할 수 없다. 不能, 無, 勿 등의 의미로 쓰임. 9-10,23 , 15-15, 17-5 ③ 아니다(不也). 부정사. 14-42

【亡망】 잃다(喪失). 3-5, 6-8

【亡무】 = 無. 없다. 6-2, 7-25, 11-6, 12-5, 15-25, 17-1,16 19-2,5

【望망】 ① 바라보다. 멀리서 바라보다. 19-9, 20-2 ② 비교하다. 견주어 보다. 方과 통함. 5-9

【罔망】 ① 속이다. 미혹되다. ㉠ 속임을 당하다. 무망(誣罔, 속이다)을 당하다. 사이비 주장에 쉽게 속다. ㉡ 미혹되다. 미혹되어 아는 것이 없다. 어찌할 바를 모르고 헤매다. 주관이 서지 않아 얻은 바가 없다. ㉢ 사리 분별없이 완전히 속다(속이다). 사리 분별없이 완전히 현혹되다(현혹시키다). 속여서 진상(眞相)을 감추다. 2-15, 6-24 ② 곧지 않음(不直). 바르지 않음. 정직하지 않음. 또는 그런 사람. 6-17

【貊맥】 중국 북방의 한 종족. 15-5

【孟敬子맹경자】 魯나라 대부. 성은 중손(仲孫). 이름은 첩(捷). 시호가 경(敬). 맹부백(孟武伯)의 아들. 8-4

【孟公綽맹공작】 노나라의 대부. 14-12

【孟武伯맹무백】 맹의자(孟懿子) 의 아들로 아버지 뒤를 이어 노나라 대부가 되었음. 이름은 체(彘) 또는 설(泄). 시호가 무(武). 백(伯)은 항렬(行列) 임. 2-6, 5-8

【孟氏맹씨】 노(魯)나라의 대부 맹손씨(孟孫氏). (맹손씨를 말하는 것인지 불확실하다 는 견해도 있음.) 19-19

【孟懿子맹의자】 노나라의 대부(大夫). 성은 중손(仲孫). 이름은 하기(何忌). 의(懿) 는 시호(諡號) 임. 노(魯)나라 실권을 장악했던 삼환씨(三桓氏, 孟孫氏·叔孫氏·季孫氏) 중의 하나인 맹손씨(孟孫氏) 家의 한 사람. [참고] 子張-19. 2-5

【孟莊子맹장자】 노(魯)나라 대부(大夫)로 성은 중손(仲孫). 이름은 속(速). 헌자(獻 子) 멸(蔑)의 아들. [朱熹 - 孟莊子 魯大夫 名速 其父 獻子 名蔑] 19-18

【孟之反맹지반】 魯나라 대부. 성은 맹(孟). 이름은 측(側) [集註] 또는 지측(之側) [春 秋左氏傳]. 자가 지반(之反). 6-13

【猛맹】 사납다. 사납고 세차다. 7-37, 20-2

【免면】 ① 떠나다. 벗어나다. 17-21 ② 면하다. 모면하다. 화(禍)를 면하다. 죄를 면하다. 형벌을 피하다. 2-3, 5-2, 6-14,17, 8-3

【冕면】 ① 면류관. 대부(大夫) 이상의 귀인이 길례(吉禮) 때 갖추던 예모(禮帽) [예관 (禮冠)]. 8-21, 9-9, 15-10 ② 예모(禮帽)를 쓰다. 10-1-16 ③ 악사의 이름. 15-41

【冕衣裳면의상】 예모(禮帽) [관모(官帽)], 그리고 상의(上衣)와 하의(下衣). ⇒ 예 모(禮帽)와 예복(禮服) [관복(官服), 공복(公服)]. ⇒ 관복(冠服) 9-9

【冕者면자】 예모(禮帽) [예관(禮冠)]를 쓴 사람. 곧 관리(官吏). 10-1-16

【勉면】 힘쓰다. 정성(精誠)을 다하다. 9-15

【面면】 마주보다. 향하다. 마주 대하다. 동사. 6-1, 15-4, 17-10

【名명】 ① 이름. 명칭. 17-9 ② 명성. 명망. 명예. 4-5, 9-2, 15-19 ③ 이름 부르다. ⇒ 말로 표현하다. 형언(形言)하다. 형용(形容)하다. 칭송(稱頌)하다. 8-19 ④ ㉠이름. 명의 (名義). 명분(名分). [참고] 雍也-23, 顔淵-11. ㉡ 이름을 짓다. 이름을 붙이다. 명칭을 붙이다. 명분을 세우다. 명사의 동사로의 전용. 13-3

【命명】 ① 목숨. ㉠ 수명(壽命). 6-2, 11-6 ㉡ 생명(生命). 14-13, 19-1 ② 하늘의 뜻. 천명(天命). 운명(運命). 하늘이 정한 운명(運命). 2-4, 6-8, 9-1, 11-18, 12-5, 14-38, 16-8, 20-3 ③ 使命. 명령. 맡겨진 임무. 10-1-3,13, 13-20, 14-47, 17-20 ④ 정령(政令). 통치권. 권력. 8-6, 16-2 ⑤ 임금의 명령. 사령(辭令). 외교문서. 외교 공고문. 14-9 ⑥ 명하다.

명령하다. 말하다. 고하다. 20-1

【明명】 ① 밝음. 사리에 밝음. 현명(賢明)함. 12-6, 16-10 ② 깨끗하다. 10-1-7 ③ 다음. 지금의 다음. 15-1

【明衣명의】 깨끗한 옷. 목욕재계(沐浴齋戒)한 뒤에 입는 깨끗한 옷. 10-1-7

【明日명일】 내일. 이튿날. 그 다음 날. 15-1

【袂메】 소매. 옷소매. 10-1-6

【侮모】 ① 업신여기다. 깔보다. 얕보다. 16-8 ② 업신여김을 받다. 모욕을 당하다. 17-6

【某모】 아무개. 어떤 사람. 모인(某人). 지시대명사. 사람·일·장소·시간을 가리킴. 15-41

【牡모】 수컷. 길짐승의 수컷. 20-1

【謀모】 ① 계획. 계책(計策). 꾀하는 일. 15-26 ② 꾀하다. 일을 도모(圖謀)하다. 계책(計策)[계획]을 세우다. 추구하다. 1-4, 7-10, 15-31,39, 16-1 ③ 꾀하다. 도모하다. ⇒ 정사(政事)를 논의하다. ⇒ 논하다. 관여하다. 참견하다. 간섭하다. 8-14, 14-27

【貌모】 ① 모습. 몸가짐. 태도. 행동거지. 16-10 ② 용모. 예의 바른 용모. 8-4, 10-1-16

【木목】 ① 나무. 5-10, 17-9, 19-12 ② 질박(質樸)함. 순박(淳樸)함. 수수함. 꾸밈이 없이 순수함. 13-27

【木鐸목탁】 구리로 요령과 같은 모양을 만들고 나무로 혀를 매단 것. 고대 중국에서 새로운 법령이나 정령 등을 백성들에게 알릴 때 주위를 환기시키기 위해 관원들이 흔들고 다니던 종. 목탁이 백성을 가르치고 깨우치는 역할을 한 것으로 인하여 세상을 일깨워줄 훌륭한 인물(선각자 또는 계몽가)을 뜻함. 3-24

【沐목】 머리를 감다. 14-22

【目목】 ① 눈. 3-8 ② 조목(條目). 세목(細目). 12-1

【穆穆목목】 온화한 모습. 공손한 모습. 위엄이 있는 모습. 장엄한 모습. 아름답고 훌륭한 모양. 3-2

【沒몰】 ① 다하다. = 盡. ㉠ 마치다. 끝마치다. 끝나다[끝내다]. 10-1-4, 15-19 ㉡ 다 없어지다. 다 떨어지다. 17-21 ② 생명이 다하다. 죽다. 1-11, 9-5

【沒階몰계】 계단을 다 내려오다. 10-1-4

【沒世몰세】 ① 세상을 마치다[떠나다]. 세상을 떠난 후에. 죽은 후에. ② 세상을 떠날 때까지. 죽을 때까지. 평생[종신]토록. 15-19

【沒齒몰치】 이빨이 빠지다. 이빨이 다 빠져 죽게 되다. 수명이 다하여 죽게 되다. 또는

그 기간. ⇒ 죽을 때까지. ⇒ 평생(平生). 한평생. 14-10

【苗묘】 싹. ⇒ 싹이 나다. 명사의 동사로의 전용임. 9-21

【務무】 힘쓰다. 온 힘을 다하다. 전심전력으로 힘써 하다. 힘써 이루다. 1-2, 6-20

【務本무본】 근본(根本)에 힘쓰다. 근본에 전심전력(專心專力)하다. 1-2

【巫馬期무마기】 공자의 제자. 성은 무마(巫馬). 이름은 시(施). 자가 자기(子期). 노나라 사람으로 공자보다 30세 아래. 7-30

【巫醫무의】 ① 무당과 의원 ② 무당. 무의(巫醫). 13-22

【憮然무연】 ① 실망한 모양. 망연자실한 모양. 창연(悵然). ⇒ 낙심하여 멍한 모양. ② 놀라는 모양. 18-6

【武무】 ① 주나라 무왕(武王) 시대의 음악. 3-25 ② 주나라 무왕(武王). 19-22 ③ 악관의 이름. 18-9

【武城무성】 노(魯)나라의 지명. 산동성(山東省) 비현(費縣)의 南西쪽 기수(沂水) 유역에 옛 성이 있음. 6-12, 17-4

【毋무】 ① …하지 마라. …해서는 안 된다. 부사. 勿의 뜻으로 동작이나 행위에 대한 금지·훈계·충고 등을 나타냄. 6-3, 9-24, 11-25, 12-23 ② 없다. …하지 않다. 無와 같음. 9-4

【無무】 ① 없다. 1-11,15, 2-2,3,5,22,24, 3-7,13,24, 4-4,5,10,14,20, 5-2,3,7,12,19,21,26, 7-10, 16,23, 27, 8-1,2,5,13,19,21, 9-2,7,11,22,23, 10-1-6,8,15, 11-3,7, 12-2,5,7,13,19, 13-3,15,22, 14-1, 4,10,11,20,30,46, 15-6,8,11,18,30,38, 16-1,2,13, 17-15,22,23,24, 18-8,10, 19-12,24, 20-1,2 ② = 不. 아니다. 않다. 1-14, 7-7, 12-3,12, 15-4, 17-19, 18-7, 19-5 ③ = 毋. …하지 마라. …해서는 안 된다. 부사. 동작이나 행위에 대한 금지 및 충고를 나타냄. 1-8, 6-11, 13-1,17, 18-10, 19-24 ④ = 莫. …한[할] 사람이[것이] 없다. 아무도 …하지 않다. 지시대명사. 사람·사물·시간·장소 등을 가리킴. 16-12

【無乃무내…乎호[與여]】 바로 …이 아니겠는가? 반문형 의문문을 이루어 긍정을 강조하는 효과를 냄. 乃 : 이에. 곧. 바로 …이다. 앞의 말을 이어받아 연결시킴. 乎[與] : …인가? …한가? 어기조사. 문장 끝에 놓여 의문(반문)을 나타냄. [참고] 無乃 : 아마도. 너무. …이 아닌가? 그럴 리가 없다. 부사. 동작이나 행위에 대한 추측을 나타냄. 乎[與] : 어기조사. 추측의 어기를 나타냄. 6-1, 14-34, 16-1

【無寧무녕】 차라리 …하는 것이 낫다. 접속사. 득실을 따져 본 후에 선택해야 함을 나타냄. 9-11

【無道무도】 ① 올바른 도리가 통하지 않음. 사회의 질서가 없음. 정치가 어지럽다. 3-24, 5-2,21, 8-13, 14-1,4, 15-6, 16-2 ② 무도한 사람. 도(道)가 없는 사람. 행실이 거칠며

사납고 나쁜 사람. 막된 것[사람]. 꺼덕친 짓 또는 그런 짓을 일삼는 사람. 꺼덕친 사람.
12-19 ③ 임금의 행위가 매우 나쁘다. 14-20

【無以무이】 …할 수(가) 없다. …할 것[방법]이 없다. 관용형식으로서, '無' 는 문장
중에서 술어로 쓰이며, 부정을 나타내고, '以' 는 생략된 목적어와 함께 '전치사 + 목적
어' 구문을 이루어, 근거가 되는 사물을 나타내며, 부사어로 쓰임. 4-6, 16-13, 20-3

【舞무】 ① 춤추다. 춤을 추게 하다. 3-1 ② 武와 통함. 주나라 무왕(武王) 시대의 음악. 15-10

【舞雩무우】 지명. 기수가 북쪽으로 마주한 직문(稷門). 일명 우문(雩門) 이라고도 함.
기우제(祈雨祭) 를 지내는 곳(제단). 지금의 곡부현 남쪽에 있음. 11-25, 12-21

【誣무】 거짓으로 꾸며 말하다. 속이다. 무시하여 왜곡(歪曲) 시키다. 날조하다. 19-12

【黙묵】 묵묵하다. 말없이 잠잠하다. 묵좌(黙坐) 하다. 침묵(沈黙) 하다. 7-2

【黙而묵이】 묵묵히. 말없이 잠잠한 모양. 부사구. 7-2 [而 : 부사어와 술어를 이어주는
역할, 곧 부사구를 만드는 역할을 하는 접미사. 영어의 '…ly' 와 같음.]

【文문】 ① ㉠ 글자. 글귀. 문장. 말. 15-25 ㉡ 학문(學文). 경전(經典). 문헌(文獻) 상의
지식. 옛 서적을 통하여 배우는 역사·문학·정치 등. 육경(六經, 詩·書·禮·樂·易·春秋) 을
비롯한 과거의 전적(典籍) 이 담겨 있는 문물. 1-6, 3-9, 5-13, 6-25, 7-24,32, 9-10, 11-2, 12-15,24,
16-1 ② 꾸미다. 겉꾸밈. ㉠ 문화(文化). 문물제도(文物制度, 예악과 제도 등 문화적
산물). 3-14, 9-5 ㉡ 무늬. 문채(文彩). 형식적 (외형적)인 면. ⇔ 質. 6-16, 12-8 ㉢ 무늬를
놓다. 문채(文彩) 를 완성하다. 겉꾸미다. 다듬다. 14-13 ㉣ 변명하여 둘러대다. 핑계를
대다. 19-8 ③ 최상급에 속하는 시호(諡號). 5-15, 14-19 ④ 주(周)나라 문왕(文王).
9-5, 19-22

【文章문장】 예악(禮樂) 과 법도(法度). 문물(文物) 과 전장(典章). 문물과 제도. 문화
(文化)와 법률(法律) 제도. 문화(文華). 5-13, 8-19

【文學문학】 학문. 詩·書·禮·樂 등 고대 문헌. 11-2

【文獻문헌】 전적(典籍, 책, 서적, 기록)과 어진 사람. 3-9

【汶문】 문수(汶水). 노(魯)나라와 제(齊)나라의 국경에 있는 강 이름. 대문하(大汶河). 6-7

【問문】 ① 물음. 묻다. 질문하다. 1-10외 118회. ② 문병(問病) 하다. 병문안(病問安) 하다.
6-8 ③ 문안(問安) 하게 하다. 안부를 물으러 보내다. 10-1-11

【聞문】 ① ㉠ 듣다. 1-10, 2-18, 3-15,21, 5-7,20,26, 6-2,3, 7-13,27,30, 9-2,6, 12-5, 14-19,
16-1,11, 17-4,20,21, 19-12 ㉡ 들어서 알다. 알다(知也). 깨닫다. 깨우치다. 4-8, 5-13, 7-3,
13-14, 15-1, 16-4,13 ㉢ 옳은 것을 듣다. 가르침이나 훌륭한 말을 듣다. 5-9, 11-21, 17-4,7,8,
19-3,17,18 ㉣ 들은 것. 가르침을 들은 것. (스승으로부터) 들은 교훈. 5-14, 16-13 ②

들리다. 알려지다. 소문나다. 유명함. 명성(名聲). 명망(名望). 9-22, 12-20

【門문】 ① 문(門). 3-22, 10-1-4, 11-2, 12-2, 14-42, 19-23 ② 성문(城門). 6-13, 14-41 ③ 문하(門下). 4-15, 7-28, 8-3, 9-2, 11-14, 9-11, 11-10,14, 19-3,12

【門人문인】 제자(들). 문하생(門下生). 공자의 제자들. 4-15, 7-28, 9-11, 11-10,14, 19-3,12

【門弟子문제자】 문하(門下)의 제자(弟子). 제자들의 총칭. 8-3, 9-2

【勿물】 ① …하지 마라. …해서는 안 된다. 부사. 동작이나 행위에 대한 금지 및 충고를 나타냄. 1-8, 9-24, 12-1,2, 14-23, 15-23, 19-19 ② = 不. …이 아니다. …하지 않다. 부사. 동작이나 행위에 대한 부정을 나타냄. 6-4, 14-8

【媚미】 아첨(阿諂)하다. 비위를 맞추다. 아양 떨다. 알랑거리다. 3-13

【彌미】 더욱. 더더욱. 한층. …하면 할수록. 부사. 동작·행위·성질·상태 등의 정도가 원래와 비교하여 더욱 심해짐을 나타냄. 9-10

【微미】 ① 만일 …가 아니라면. 만일 …이 없다면. 사실과 상반되는 가설(가정)을 나타냄. 접속사. 微夫人之力 不及此 (만일 그 사람의 힘이 아니었다면 여기에 이르지 못하였을 것이다.) [左傳 僖公三十年] 14-18 ② 쇠미하다. 미약하다. 미약해지다. 쇠퇴하다. 16-3

【微生高미생고】 노(魯)나라 사람으로 성은 미생(微生). 이름은 고(高). '장자(莊子) 도척(盜跖)'의 미생고(尾生高)와 동일인인지는 확인을 못함. 5-24

【微生畝미생묘】 사람 이름. 성은 미생(微生). 이름은 묘(畝, 本音은 무). 공자 보다 연상의 당시 은자(隱者)로 추정함. 14-34

【微子미자】 은(殷)나라 마지막 임금인 주왕(紂王)의 서형(庶兄). 이름은 계(啓). 제을 (帝乙) 임금의 장남이나 그 어머니가 첩이었을 때 낳았고 그 뒤 본처가 되어 주왕을 낳아 주왕이 왕위를 계승하였음. 동생인 주왕이 포악무도하여 여러 번 간언(諫言)을 하였 으나 듣지 않자, 종묘의 제기(祭器)를 가지고 은나라를 떠났다. 은나라가 망한 뒤에 주(周) 나라 무왕(武王)에 의하여 송(宋)나라 제후로 봉하여져 은나라 선왕의 제사를 모실 수 있게 되었다 함. 18-1

【未미】 ① = 不. …이 아니다. …하지 않다. 부사. 동작·행위·성질·상태 등에 대한 부정을 나타냄. 3-25, 5-19, 9-18,29,30, 10-1-11, 14-17, 16-13, 18-2 ② 아직 …하지 않다[못하다]. 아직 …이 아니다. 부사. 동작·행위·상황 등이 아직 발생하지 않았음을 나타냄. 1-2,7, 4-6, 5-11,14,27, 6-2, 7-32, 9-5,17,20, 11-14, 12-22, 13-24, 14-7, 15-1,12,32,34, 16-6,7,11, 17-8,15, 19-10,15,17,22

【未能미능】 능히[충분히] …할 수 없다. 능히[충분히] … 못하다. 5-6, 11-11, 14-26

附
錄

論
語
字
解

【未嘗미상】 일찍이 …한 적이 없다. 아직까지 …한 일이 없다. 부사. 동작이나 행위 혹은 어떤 상황이 발생한 적이 없음을 나타냄. 3-24, 6-12, 7-7,9

【未若미약】 = 不如. …(함)만 못하다. …하는 것이 차라리 낫다. 부사. 앞에서 말한 사건이 뒤에서 말한 사건에 미치지 못함을 나타냄. [참고] 公冶長-28. 1-15

【未足미족】 ≒ 不足. …하기에 족하지 못하다. 부사. …하기에 부족하다. …할 가치가 없다. 사물의 가치 혹은 가능성에 대한 부정적 판단을 나타냄. 4-9

【美미】 ① 아름답다. 미려(美麗)하다. 미모(美貌). 미색(美色). 3-8,25, 6-14, 8-21, 9-12 ② 훌륭하다. 좋다. 뛰어나다. 1-12, 4-1, 8-11, 12-16, 13-8, 19-23, 20-2

【美미, 惡오】 ① 아름다운 점[일]과 악한 점[일]. 좋은 일과 나쁜 일. 좋은 점과 나쁜 점. ② 아름다움과 추함(美醜). 옳음과 그름. 12-16

【迷미】 미혹(迷惑)한 상태로 두다. 혼란하게 되다. 길 잃게 하다. 17-1

【敏민】 ① 민첩(敏捷)하다. 재빠르다. ⇒ 남보다 먼저 앞장서서 하다. 앞장서 부지런히 배우거나 실천하다. 수고를 아끼지 않고 앞장서 부지런히 일하다. 1-14, 4-24, 5-15, 7-19, 17-6, 20-1 ② 영민(英敏, 穎敏, 영특하고 민첩하다)하다. 명민(明敏)하다. 총명(聰明)하다. 영리하다. 12-1,2

【民민】 ① 백성(百姓). 민심(民心). 1-5, 2-3,19, 3-21, 5-16, 6-1,28, 8-1,2,9,19, 11-25, 12-2,7,19, 13-3,4,29,30, 14-18, 44, 15-24,32,34, 19-10,19, 20-1 ② 사람의 통칭. 사람(人也). 사람들. 1-9, 6-20,27, 16-9,12, 17-16, 18-8, 20-1

【民德민덕】 사회 전체의 도덕적 기풍. 1-9

【民人민인】 인민. 백성. 국민. 11-24

【閔子騫민자건】 공자의 제자. 성은 민(閔). 이름은 손(損). 자가 자건(子騫). 魯나라 사람으로 공자보다 15세 아래. 6-7, 11-2,4,12,13

附
錄

論
語
字
解

□

【博박】 널리. 널리 미치게(普也). 광범위하게. 6-25,28, 9-2,10, 12-15, 19-6

【博學박학】 널리 배우다. 광범위하게 배우다. 학문(學文)을 풍부하게 하다. 배운 것이 많고 학식이 넓다. 다방면에 걸쳐 두루 알다. 6-25, 9-2, 19-6

【博弈박혁】 쌍륙(雙六)[우리의 장기와 비슷한 놀이]과 바둑. 17-22

【薄박】 ① 얇다. 8-3   ② 약하게 하다. 가볍게 하다. 적게 하다. 15-14

【反반】 ① 반대의. 12-16   ② = 返. 돌아오다. 되돌아가다. 9-14, 18-7   ③ 다시하다. 반복(反復)하다. 7-31   ④ 반응하다. 유추(類推)하다. 미루어 생각하다. 7-8

【反번】 = 翻. 펄럭이다. 일렁거리다. 9-30

【反坫반점】 주나라 때에, 제후들이 회맹을 할 때 다 마신 술잔을 엎어 놓기 위하여 흙으로 만든 잔대(盞臺). 작점(爵坫). 3-22

【畔반】 ① = 叛. 반란(叛亂)을 일으키다. 모반(謀叛)하다. 배반(背叛)하다. 17-5, 17-7   ② 어그러지다. 위배되다(背也). 어긋나다. 道 또는 정도(正道)를 위배하다[어기다, 벗어나다]. 6-25, 12-15

【盼반】 눈이 예쁘다. 눈매가 시원스럽다. 흑백이 분명한 눈동자. 선명한 눈동자. 눈이 초롱초롱한 모양. 3-8

【飯반】 먹다. 밥을 먹다. 동사. 7-15, 10-1-13, 14-10

【勃발】 얼굴빛(顏色)을 고치는 모양. 새삼스레 얼굴을 긴장하는 모양. 10-1-3,1-5

【發발】 ① 열어주다. 밝혀주다. 계발(啓發)하다. 깨우쳐 열어주다. 열어 표현하게 하다. 7-8   ② 발휘하다. 내면에 쌓인 것이 절로 드러나게 하다. (배운 것을) 실행[실천]하다. 선생님의 가르침을 능히 깨닫고 실천에 옮기다. 2-9   ③ 발하다. 내보내다. 일으키다. 7-18

【發憤발분】 학문을 배움에 알려고 애쓰다. (알지 못하면) 알려고 애쓰다. 열심히 공부하다. 7-18

【放방】 ① ≒ 倣. 의거하다. 의지하다(依也). 따르다. 4-12   ② 멀리하다. 내치다. 몰아내다. 좇아내다. 추방하다. 15-10   ③ 멋대로 하다. 함부로 하다. 거리낌 없이 하다. 18-8

【方방】 ① 방향. 곳. 장소. 1-1, 4-19   ② 사방. 고대 면적을 계산하는 용어. 方七十里 : 사방 각 70리. 11-25   ③ ㉠ 나라. 13-4,5,20   ㉡ 백성. 20-1   ④ 방법(方法). 방도(方道). 방책(方策). 6-28, 11-25   ⑤ 비교하다. 비교(比較)하여 평(評)하다. 비평(批評)하다. 비방

(誹謗)하다. 잘잘못을 따져 말하다. 14-31 ⑥ 바야흐로. 한창. 때가 무르익음. 부사. 상태의 지속이나 동작의 진행을 나타냄. 16-7

【謗방】 헐뜯다. 비방(誹謗)하다. 19-10

【邦방】 나라. 제후(諸侯)의 나라. 1-10, 3-22, 5-2,19,21, 8-13, 10-1-11, 11-25, 12-2,20, 13-11,15, 14-1,4, 15-5,6,9,10, 16-1,14, 17-1,18, 18-2, 19-25

【防방】 방읍(防邑). 고을 이름. 지금의 산동성(山東省) 비현(費縣) 인근의 읍으로 장무중이 봉지(封地)로 받은 곳. 14-15

【拜배】 ① 절하다. 읍(揖)하다. 9-3, 10-1-11,15 ② 사례(謝禮)하다. 고맙다는 뜻을 표시하다. 17-1

【陪배】 포개지다. 重의 의미. 인신하여 천자는 제후, 제후는 대부를 신하로 삼고 대부는 家臣을 가지기에, 대부가 천자, 가신이 제후에 대해 자신을 일컬을 때 '겹친 신하'라는 뜻으로 陪臣이라 함. 16-2

【陪패】 사리[도리]에 어긋남. 背와 같음. 8-4

【陪臣배신】 신하의 신하. 곧. 대부(大夫)의 가신(家臣). 16-2

【伯氏백씨】 제(齊)나라 대부 백언(白偃). 죄를 지었으므로 환공이 관중의 청을 받아들여 그의 식읍인 병읍을 빼앗아버려 매우 어려운 생활을 하였다고 함. 14-10

【伯魚백어】 공자의 아들. 이름은 리(鯉). 자가 백어(伯魚). [참고] 先進-7. 16-13, 17-10

【伯牛백우】 공자의 제자. 성은 염(冉). 이름은 경(耕) 자가 백우(伯牛). 魯나라 사람으로 공자보다 7년 아래. 6-8

【伯夷叔齊백이숙제】 백이(伯夷)의 이름은 윤(允), 숙제(叔齊)의 이름은 치(致). 두 사람은 은(殷)나라 말, 고죽국(孤竹國)의 왕자들로 왕이 죽자 서로 왕위를 양보하고 주(周)나라로 왔는데 周의 무왕(武王)이 천자의 나라 은(殷)을 치려하자 무왕의 말고삐를 잡고 만류하며 불효(不孝) 불충(不忠)함을 간언하였으나 무왕이 은나라를 멸망시키고 천하를 장악하자, 불의를 저지른 주(周)의 곡식은 한 톨도 먹을 수 없다며 수양산(首陽山)으로 들어가 고사리로 연명하다 굶주려 죽었다고 함. 5-23, 7-14, 16-12, 18-8

【柏백】 측백나무(편백과의 상록 침엽 교목). 잣나무(소나뭇과의 상록 교목). 3-21, 9-27

【白圭백규】 백규(白圭, 하얀 옥으로 만든 규)라는 시(詩). 시경(詩經) 대아(大雅) 억(抑)의 제5장. 항상 말조심하여야 함을 경계한 시. 11-5

【百백】 ① 100. 백. 2-2,23, 5-8, 6-3, 8-6, 13-5,11, 14-10 ② 모든. 온갖. 많음을 나타냄. 12-9, 14-43,45, 17-19, 19-7,23, 20-1

【百官백관】 모든 관리. 여러 관리. 14-43 百官之富 : 많은 관리들이 넉넉하게 있음.

附
錄

論
語
字
解

예악(禮樂) 등 문물제도에 대한 풍성한 지식을 보유하고 있음을 상징함. 19-23

【百里백리】 사방 백리가 되는 나라[제후국]. 8-6

【百乘之家백승지가】 전차 백대(百臺)를 가진 나라. 경대부(卿大夫)의 가(家). 옛날에는 제후가 다스리는 지역을 國, 경대부가 다스리는 지역을 家라고 불렀음. 5-8

【樊遲번지】 공자의 제자. 성은 번(樊). 이름은 수(須). 자가 자지(子遲). 제(齊)나라 사람으로 공자보다 36세 아래. 2-5, 6-20, 12-21,22, 13-4,19

【伐벌】 ① 토벌(討伐)하다. 정벌(征伐)하다. 16-1,2 ② 자랑하다. 자신의 공을 자랑하다. 뽐내다(誇也). 5-26, 6-13, 14-2

【汎범】 널리. 광범위하게. 널리 차별 없이. 1-6

【犯범】 ① ㉠ 잘못을 범하다. 업신여기거나 거스르다. 1-2 ㉡ 침범을 당하다. 공격을 당하다. (다른 사람이) 잘못을 범하다. (다른 사람이) 덤비다. 피동형. 8-5 ② 거스르다. 어기다. ⇒ 듣는 이의 비위를 거스르다. ⇒ 면전(面前)에서 간언(諫言)하다. 그(임금)를 거스르더라도 직간(直諫)하다. 14-23

【法度법도】 법률(法律)과 제도(制度). 20-1

【法語법어】 바른 말. 법도(法度)[예법(禮法), 이치(理致)]에 맞는 올바른 말. 법언(法言). 격언(格言). 9-23

【辟벽】 = 僻. 한 쪽으로 쏠리다. 치우치다. 형식에 치우치다. 편벽(偏僻)되다. 겉치레에 익숙하나 성실성이 적다. 바르지 않다. 마음이 한 쪽으로 치우쳐 공정하지 못하다. 11-17, 16-4

【辟피】 = 避. 피하다. 회피하다. 몸을 숨기다. 14-39, 18-5,6

【辟公벽공】 제후(諸侯). 고대 중국의 봉건제도에서 국가의 최고 권력자인 천자(天子)로부터 일정한 구역을 봉토(封土)로 받아 그 지역을 다스리는 사람. 3-2

【卞莊子변장자】 노나라의 대부로 변읍(卞邑)에 살았으며, 호랑이를 때려잡고 전쟁터에서 용맹을 떨쳤다고 함. 14-13

【籩변】 대나무로 만들어 주로 과일 따위를 담는데 쓰는 제기(祭器). 8-4

【籩豆변두】 제기(祭器)들 이름. 인신하여 제사(祭祀)를 가리킴. 籩豆之事 : 제기의 일. 제기를 다루는 일. ⇒ 제사(祭祀)를 지내는 일. 제례(祭禮)를 행하는 일. [참고] 衛靈公-1. 俎豆之事. 8-4

【變변】 ① 바꾸다. ㉠ 용모를 고치다. 얼굴색을 바꾸다. 변모(變貌)하다. 정색(正色)하다. 10-1-16, 19-9 ㉡ 음식을 바꾸다. 음식을 평소와 다르게 하다. ② 변하다. 변혁(變革)하다. 개혁(改革)하다. 6-22

【變食변식】 음식을 바꾸다. 음식을 평소와 다르게 하다. ㉠ 술, 자극성 있는 채소(마늘,

파, 부추 등)를 먹지 않는 것. ㉡ 술, 자극성 있는 채소뿐만 아니라 생선과 고기도 먹지 않는 것. ㉢ 먹다 남은 음식을 다시 데워서 먹지 않는 것. 10-1-7

【辨변】 분별(分別)하다. 변별(辨別)하다. 12-10,21

【別별】 ① 구별(區別)하다. 2-7 ② 사물의 종별(種別). 종류(種類). 유별(類別). 차이. 19-12

【並병】 ① 나란히. 함께. 14-47 ② 한가지로 하다. 함께하다. 같이하다. 동사. 19-16

【兵병】 군사(軍士)와 병장기(兵仗器). 군대(軍隊). 국방(國防). 군비(軍備). 12-7, 14-17

【屛병】 ① 물리치다. 멀리하다. 제거하다. 20-2 ② 가리다. 감추다. 억제하다. 10-1-4

【屛氣병기】 숨을 죽이다. 10-1-4

【病병】 ① 병들다. 굶주리다. 15-1 ② 위독[위중]하다. 7-34, 9-11 ③ 병으로 여기다. 근심하다(憂也). 걱정하다. 괴로워하다. 고민하다. 부심(腐心)하다. 어려워하다(難也). 어렵게 여기다. 힘들어 하다. 疾, 患, 憂 등과 같음. 6-28, 14-45, 15-18

【病間병간】 병이 좀 나음. 병이 약간 차도(差度)가 있음. 9-11

【秉병】 용량의 단위. 곡식 16곡(斛)이 1병(秉). 1곡은 10두(斗)임. 따라서 五秉은 80곡 곧 800두임. 6-3

【騈邑병읍】 지명. 산동성(山東省) 임구현(臨朐縣) 유산채(柳山寨)에 옛 성터가 있는데 이곳이 춘추시대의 병읍이라 함. [阮元 積古齋鐘鼎彝器款識] 14-10

【保보】 ① 보전하다. 마음속에 계속 갖고 있다. 얽매이다. ② 보증하다. 감싸다. 7-28

【輔보】 돕다. 도와서 바르게 하다. 도와서 증진시키다. 도움을 받다. 덧방나무(수레에 무거운 짐을 실을 때 바퀴살의 힘을 돕기 위해 바퀴 양쪽에 덧대는 나무). 12-24

【輔仁보인】 인(仁)을 돕다. 인(仁)한 길로 나아가는 데 도움을 받다. 仁이 배양(증진) 되도록 (서로) 돕다. 인을 증진시키다. 12-24

【僕복】 종. 마부(馬夫). ⇒ 마부를 하다. 말을 몰다. 마차(수레)를 몰다. 명사의 동사로의 전용. 13-9

【復복】 ① 이행하다. 실천하다. 1-13 ② 돌아가다. 원래의 상태로 돌아가다. 되돌리다. 되돌아가다. 10-1-4, 12-1 ③ 보고하다. 복명하다. 10-1-3 ④ 반복하다. 11-5

【復부】 ① 다시 오다. 6-7 ② 다시 하다. 다시 또 하다. 다시 말해주다. 다시 알려주다. 7-8 ③ 다시. 부사. 7-5

【復命복명】 명령에 따라 처리한 일의 결과를 보고하다. 복명하다. 10-1-3

【服복】 ① 옷. 의복. 8-21, 10-1-6,10,13,16, 11-25 ② 입다. 쓰다. 동사. 15-10 ③ 복종하다.

믿고 따르다. 말을 듣다. 마음으로 따르다. 2-19, 13-4, 16-1 ④ 종사하다. 떠맡다. 맡아 하다. 맡아서 대신하다. 2-8

【服事복사】 엎드려 섬기다. 복종하여 섬기다. 8-20

【覆복】 ① 뒤엎다. 뒤집다. ⇒ 붓다. 쏟아 붓다. 9-18 ② 전복시키다. ⇒ 기울고 망하게 하다. 17-18

【本본】 ① 본질(本質). 근본(根本). 1-2, 3-4 ② 근본을 궁구(窮究)하다. 19-12

【封봉】 지경, 경계, 국경. 3-24

【封人봉인】 국경을 관리하는 하급 관리(官吏). 3-24

【鳳봉】 봉새. 성왕(聖王)의 시대에만 나타난다는 전설적인 새. 수컷이 봉(鳳), 암컷은 황(凰). 공자를 비유함. 18-5

【鳳鳥봉조】 봉황새. 봉(鳳)은 수컷, 황(凰)은 암컷 임. 성왕(聖王)의 시대에 나타난다 는 전설적인 새. 9-8

【否부】 부정(不正, 올바르지 아니하거나 옳지 못함)하다. 잘못하다. 잘못된 짓을 하다. 6-26

【夫부】 ① 사나이. 장정. 9-7,25, 14-18, 17-15 ② 이(것). 그(것). 저(것). 지시대명사. 16-1, 17-9, 17-21 ③ 이 (사람). 그 (사람). 저 (사람). 인칭대명사. 11-9,10,13,24, 14-22, 15-4, 16-1,3, 18-6 ④ 도대체. 대체. 대체로. 무릇. 어기조사(발어사). 문장의 첫머리에 쓰여 이야기를 이끌어 내기 위하여 듣는 이의 주의를 환기시키는 역할을 함. 6-28, 9-30, 12-4,20, 13-4, 14-20,31, 15-5, 16-1, 17-5,21 ⑤ …로다! …이구나! 어기조사. 감탄문의 끝에 쓰여 감개·칭송·비애 등의 어기를 나타냄. 7-10, 8-3, 9-16, 13-22

【夫人부인】 제후의 아내. 16-14

【夫子부자】 그분. 저분. 그 어른. 선생님. 제3자의 존칭. 대부 이상은 흔히 부자라고 했음. 논어에서는 주로 공자를 존칭하는 말로 쓰이나 간혹 상대의 선생이나 경대부를 지칭하기도 함. 이때 夫는 사람을 가리키는 인칭대명사로 관형어임. 1-10, 3-24, 4-15, 5-13, 6-26, 7-14, 9-6,10, 11-25, 12-8,22, 14-6,14,26,30,38, 16-1, 17-4,7, 18-7, 19-17,18,22,23,25

【婦人부인】 이미 결혼한 여자. 사(士)의 아내. 8-20

【富부】 ① 부(富)를 얻다. 부자(富者)가 되다. 재산이 많다. 명사의 동사로의 전용. 1-15, 4-5, 6-3, 7-11,15, 8-13, 11-16, 12-5,10, 14-11 ② 많다. 풍부하다. 넉넉하다. 성(盛)하다. 많은[풍부한] 뜻을 지니다. 의미가 넓다. 의미심장하다. 12-22, 13-8, 19-23, 20-1 ③ 부유하도 록 하다. 13-9

【桴부】 떼. 뗏목(筏也). 5-7

【浮부】 (배 등을) 띄우다. (배 등을) 타고 가다. 부류(浮流, 떠서 흐름)하다. 흐름을 따라 가다. 유유히 떠다니다. 5-7, 7-15

【浮雲부운】 뜬구름. 아무 관계가 없거나 관심을 두지 않는 대상의 비유. 소용없음. 부질없음. 덧없음. (나와) 상관없음. 7-15

【父兄부형】 아버지와 형님. ⇒ 부모형제(父母兄弟). 9-15, 11-21

【膚부】 피부. 살갗. 12-6

【負부】 지다. 등에 짐을 지다. 업다. 13-4, 10-1-16

【負版者부판자】 판(版)을 짊어진 사람. 나라의 도적(圖籍)을 짊어진 사람. 10-1-16

【賦부】 군대. 군사. 병사. 여기서는 군정(軍政) 전반적인 것. 5-8

【釜부】 용량의 단위. 6斗 4升 (여섯 말 넉 되). 6-3

【附부】 붙이다. 늘게 하다. 11-16

【附益부익】 더함. 보탬. ⇒ 재산을 더욱더 늘려줌. 11-16

【北辰북신】 ㉠ 북극(北極). ㉡ 북극성(北極星). 2-1

【分분】 ① 나누다. 나뉘다. 16-1 ② 분별하다. 구별한다. 분간하다. 18-7

【分崩離析분붕리석】 나뉘고(分) 무너지고(崩) 흩어지고(離) 쪼개어지다(析). 지리멸렬하다. 16-1

【奔분】 달아나다. 패주(敗走)하다. 싸움에 패하여 후퇴하다. 전쟁에서 패배하여 도망가다. 6-13

【忿분】 성내다. 분노(忿怒)하다. 화내다. 12-21, 16-10, 17-16

【忿戾분려】 화를 잘 내고 다투기를 잘함. 분개하여 도리에 벗어난 행동을 함. 17-16

【憤분】 알려고 노력하다. 알려고 애쓰다. 번민하다(心鬱). 답답하게 여기다. 마음속으로 이해하고자 하나 잘되지 않아 알려고 노력하는 모양. 7-8,18

【焚분】 불에 타다. 10-1-12

【糞土분토】 거름흙. 흙에 분뇨를 뿌려놓으면 그 흙이 썩어 거름흙이 되고 이것이 농산물의 성장에 영양분을 제공하는 옛날의 거름. 이것은 찰기가 없어 담장을 쌓는 흙으로는 사용할 수가 없음. 5-10

【不불(부)】 ① = 非. …이 아니다. 동작·행위·성질·상태 등에 대한 부정을 나타냄. 1-2, 19-20 등. ② = 勿. …하지 마라. …해서는 안 된다. 부사. 동작이나 행위에 대한 금지 및 권고를 나타냄. 1-16

附
錄

論
語
字
解

【不불…乎호】 …하지 않은가? …하지 않지는[못하지는] 않았는가? 9-5

【不可以不불가이불】 가히 …하지 않으면 안 된다. 이중부정. ⇒ …하여야만 한다. 8-7

【不能불능】 ① 능히(충분히) …할 수 없다. 3-6, 4-13, 7-33, 9-10, 10-1-1, 13-513, 15-32, 16-1, 18-3, 19-3 ② 곧 …하지 않다. 능히 …하지 않다. 7-3 ③ 잘하지 못하다. 능력이 부족하다. 무능하다. 또는 그런 사람. 2-20, 8-5, 14-32,

【不得已부득이】 어쩔 수 없이. 하는 수 없이. 마지못하여. 부득이하여. 12-7

【不如불여】 …(함) 만 못하다. …하는 것이 차라리 낫다. 부사. 앞에서 말한 사건이 뒤에서 말한 사건에 미치지 못함을 나타냄. 1-8,15, 3-5,6 5-9,28, 6-18, 9-22,24, 13-4,24, 15-30 20-1

【不亦불역…乎호】 또한 …하지 아니한가? 또한 …이 아니겠는가? 긍정의 뜻이 담긴 완곡한 반문(反問)을 나타냄. 1-1, 6-1, 8-7, 13-15, 19-23, 20-2

【不足부족】 ① 부족하다. 충분하지 않다. 圀요한 양이나 기준에 미치지 못하다. 4-6, 6-10, 10-1-4, 12-9 ② …할 만하지 않다. …할 가치가 없다. …할 것이 없다. 8-11, 9-22

【不足以부족이】 …하기에 충분하지 않다. …하기에 부족하다. 사물의 가치나 가능성에 대한 부정적인 판단을 나타냄. [참고] 子罕-26. 14-3

【不必불필】 반드시 …한 것만은 아니다. 부분부정. 14-5

【弗불】 = 不. 아니다. 부정부사. 복적어가 생략된 타동사나 선치사, 그리고 부사어 수식을 받지 않는 형용사 술어 앞에 쓰여 不보다 더 강한 부정의 어기를 나타냄. 자동사, 목적어가 생략되지 않은 타동사나 전치사, 부사어의 수식을 받는 술어 앞에는 사용되지 않음. 3-6, 6-25, 12-15

【弗如불여】 = 不如. 같지 않다. …만 못하다. [참고] 公冶長-28. 5-9

【黻불】 가슴 앞으로 늘어뜨리어 무릎을 가리게 하는 예복(禮服) [제복(祭服)]. 제사지낼 때 입으며 가죽으로 만들었다고 함. 8-21

【黻冕불면】 제사(祭祀) 지낼 때 입는 예복(禮服)과 쓰는 예관(禮冠) [예모(禮帽)]. 8-21

【崩붕】 무너지다. 손상되다. 망가지다. 17-21

【朋붕】 벗. 친구. 동지(同志). 뜻을 같이하는 친구. 1-1

【朋友붕우】 벗. 친구. [참고] 동문(同門)을 朋, 동지(同志)를 友라 함. 1-4,7, 4-26, 5-26, 10-1-15, 13-28

【卑비】 낮다. 비천(卑賤)하다. ⇒ 낮게 하다. 비천하게 하다. 형용사의 사역동사로의 전용임. 8-21

【悱비】 말로 표현하려고 애쓰다. 말로 표현하고자 하나 제대로 되지 않아 애태우는 모습. 7-8

【斐비】 아름다운 모양. 문채(文采)가 있어 아름다운 모양. 곱고 빛나는 모양. 斐然 5-22

【比비】 ① 비교하다. 견주다. 4-10, 7-1 ② 편들다. 편을 가르다. 패거리 짓다. 편당(偏黨)을 짓다. 2-14

【比干비간】 이름은 비(比)이고, 간(干)이라는 나라에 봉(封)해져 비간(比干)이라고 불린다. 상(商)의 28대 태정제(太丁帝)의 둘째 아들로서 주왕(紂王)의 숙부(叔父)임. 사람됨이 곧고 강직하여 주왕(紂王)의 폭정(暴政)을 바로잡기 위해 간언(諫言)하자, 주왕이 '성인의 심장에는 구멍이 일곱 개가 있다고 하더라.'라고 하면서 그의 심장을 도려내어, 잔인하게 살해함. 18-1

【比及비급】 …의 때에 이르다. 比 와 及 둘 다 '미치다. 이르다.'의 뜻으로 이 둘을 합하여 한 의미가 됨. 동사. 11-25

【菲비】 엷다. 가볍다. 보잘것없다. ⇒ 보잘것없게 하다. 형용사의 사역동사로의 전용임. 8-21

【裨諶비심】 춘추시대 정(鄭)나라 대부. 이름은 조(竈). 자가 심(諶). 14-9

【譬비】 ① 비유(譬喩)하다. 17-12, 19-12,23 ② 하나의 사실을 통하여 다른 사실을 미루어 알다. 비유로 인하여 알다. ⇒ 깨닫다. 6-28

【譬如비여】 비유하자면 …와 같다. 비유컨대 …와 같다. 2-1, 9-18

【費비】 ① 소비하다. 허비하다. 낭비하다. 20-2 ② 비읍(費邑). 계씨의 식읍(食邑). 지금의 산동성(山東省) 비현(費縣) 서북쪽 20리에 옛 성이 있음. 6-7, 11-24, 16-1, 17-5

【鄙비】 ① 비천(鄙淺)함. 천박함. 상스럽고 속되다. 8-4 ② 고루(固陋)하다. 완고(頑固)하다. 14-42 ③ 다랍다. 인색하다. 17-15

【鄙倍비패】 천박(淺薄)하고 사리[도리]에 어긋남. 8-4

【鄙夫비부】 ① 비천(鄙淺)하고 무식(無識)한 사람. 9-7 ② 용렬(庸劣)하고 비루(鄙陋)한 사람. 17-15

【鄙事비사】 비천(卑賤)한 일. 잡일. 9-6

【彬彬빈빈】 무늬(외관)와 바탕(내용)이 갖추어져 잘 조화를 이루는 모양. 두 가지가 적절히 섞여서 조화와 균형을 이룬 모양. 6-16

【擯빈】 손님을 접대(接待)하다. 귀빈(貴賓)을 영접(迎接)하다. 10-1-3

【殯빈】 장사를 지내기 전에 시신을 관에 넣어 일정한 곳에 안치하는 일. 10-1-15

【賓빈】 존경을 받는 손님. 귀빈. 제후(諸侯)의 손님. 10-1-3, 12-2,

【賓客빈객】 ① 귀빈(貴賓). 천자나 제후를 만나러 온 손님. 천자나 제후의 손님을 빈(賓), 일반적인 손님을 객(客)이라 하였음. 여기서는 합하여 (타국에서 온) 외교사절(外交使節)을 뜻함. 5-8 ② 손님을 접대하는 일. 곧 나라간의 외교업무(外交業務). 14-20

【ㅅ】

【事사】 ① ㉠ 일. 업무. 직무. 1-5,14, 2-8, 3-8,21,33, 6-12, 7-10, 8-4, 9-6, 11-25, 12-21, 13-3,19, 15-1,9,37, 16-10, 19-7 ㉡ ⇔ 政. 개인적인 일. 사적인 일. 집안의 일. 13-14 ② 섬기다(侍奉). 모시다. 1-7, 2-5, 3-18,19,25, 4-18,26, 5-16, 8-20, 9-15, 11-11,23, 13-25, 14-23, 15-9,37, 17-9,15, 18-2 ③ ㉠ 나라 일. 정사(政事). 17-1, 13-17 ㉡ 국가의 대사(大事). 제사(祭祀)·회맹(會盟)·전쟁(戰爭) 등 천자(天子)나 제후(諸侯)가 주관해야 될 나라의 큰일. 16-1 ④ 일하다. 종사(從事)하다. 일삼다(해야 할 일로 여겨서 하다). 실천하다. 12-1,2, ⑤ 일삼다(從事). ⇒ …에 그치다. …에 한정하다. …일 뿐이다. 6-28

【仕사】 벼슬살이하다. 벼슬길에 나가다. 관직에 나아가다. 5-6,19, 15-6, 17-1, 18-7, 19-13

【使사】 ① (사람을) 부리다. (일을) 시키다. 동사. 1-5, 3-19, 5-16, 10-1-3, 12-2, 13-25, 14-44, 17-4 ② …에게(으로 하여금) ~하도록 하다. …에게 ~을 시키다. 사역동사. 2-20, 3-21, 4-6, 5-6,8, 6-6,7, 7-31, 8-9, 9-11, 10-1-8, 11-24,25, 12-13,22, 18-6,7,10 ③ 가사. 가령. 접속사. 가정 또는 조건을 나타냄. 8-11 ④ 사신(使臣). 사자(使者). 심부름꾼. 14-26

【使시】 사신(使臣)으로 가다. 사신으로 보내다. 동사. 6-3, 13-5,20, 14-26

【使사…爲위~】 …로 하여금 ~하게 하다. …을(를) ~하게 시키다. …로 하여금 ~으로 삼다. 6-7, 9-11, 11-24

【俟사】 기다리다(待也). 대기하다. 10-1-13, 11-25, 14-46

【司사】 맡다. 직무로써 주관하다. 관리(官吏). 8-4, 13-2, 20-2

【司馬牛사마우】 공자의 제자. 성이 사마(司馬). 이름은 경(耕). 자가 자우(子牛). 12-3,4,5

【司敗사패】 진나라 벼슬 이름. 법의 집행을 담당한 관리로 사법장관(司法長官)에 해당함. 다른 나라에서는 사구(司寇)라 했음. 7-30

【史사】 ① 사관(史官). 사건의 기록을 담당하는 관리. 15-25 ② 사관(史官)의 문장처럼 외관만 화려하고 형식적이다. 지나치게 꾸미다. 겉치레만하다. 형식적이다. 겉모양만 번지르르한 상태. 6-16

【史魚사어】 위(衛)나라의 대부. 성은 사(史). 이름은 추(鰌). 자가 자어(子魚). 15-6

【四사】 4. 넷. 2-4, 5-16, 7-24, 9-4,22, 17-26, 20-2 四時 : 사계절. 17-19 四體 : 사지(四肢) 18-7

【四飯사반】 고대 천자나 제후가 네 번째 식사 때에 연주를 담당하는 악관(樂官). 18-9

【四世사세】 삼환씨(三桓氏) 의 사대(四代). 16-3

【四海사해】 = 四方(동서남북의 총칭). 온 나라, 온 천하. 온 세상. 13-4,5,20, 20-1
四海之內 : 사방 바다의 안. ⇒ 온 세계. 온 세상 사람들. 천하의 사람들. 옛날에는 땅이
바다로 둘러싸였다고 생각하였음. 12-5

【士사】 ① 주(周)나라 시대 귀족(貴族) 중에서 제일 아래 계층의 사람들. 선비. 지식인.
특별히 일정한 사회적 지위나 수양이 있는 사람. 당시의 士는 학문하는 사람(책을 읽는
지식인)의 통칭으로 언제든지 벼슬길에 나아갈 가능성을 가진 사람. [참고] 중국 상고시대
의 청년 열 명마다 한 명씩 추천하여 국가를 위해 봉사하게 한 제도. 4-9, 8-7, 12-20,
13-20,28 14-3, 15-9, 18-11, 19-1 ② 일반적으로 보통 인사(人士)를 가리킴. 7-11, 18-6

【士師사사】 법과 형벌을 집행하는 관직 이름. 옥관(獄官). 전옥관(典獄官). 18-2, 19-19

【奢사】 사치(奢侈) 하다. 3-4, 7-35

【射사】 활쏘기. 궁술. 고대 육예(六藝) 가운데 하나. [참고] 六藝 : 禮, 樂. 射(활쏘기).
御(말타기), 書(글쓰기), 數(산술). 3-7, 3-16, 9-2, 14-6

【射석】 맞히다. 쏘아서 적중시키다. 맞혀서 잡다. 7-26

【師사】 ① 선생. 스승. 2-11, 7-21, 15-35, 19-22 ② 악사(樂師). 태사(太師). 악관(樂官) 의
우두머리. 고대에는 주로 장님이었음. [참고] 八佾 - 23. 8-15, 15-41

【師사】 공자의 제자 전손사(顓孫師). 자는 자장(子張). [참고] 爲政-18. 11-15,17

【師旅사려】 군대(軍隊). [참고] 周나라의 군사제도 - 오(伍) (5명), 양(兩) (25명), 졸(卒) (100명),
여(旅) (500명), 사(師) (2,500명), 군(軍) (12,500명). [주례(周禮)] 11-25

【徙사】 옮기다. 옮겨가다. 옮아가다. 실천에 옮기다. 실천하다. 7-3, 12-10

【思사】 ① 생각. ⇒ 올바름을 생각하는 일. ⇒ 정황이나 상황에 대한 판단. 2-2,15, 4-17,
5-20, 14-13,28, 15-30, 16-10, 19-1,6 ② 생각. ⇒ 각별한 마음을 쏟다. 지극한 마음. 9-30, 19-1

【斯사】 ① 이것[이 사람. 이 일]. 이. 이러한. 이렇게. 여기. 지시대명사. 가까운 사람
·사물·상황·장소·시간 등을 가리키며 주어·목적어(전치사의 목적어 포함)·관형어·부사어
등으로 쓰임. 1-12,15, 2-16, 3-11,24, 5-3,6, 6-8, 7-25, 8-5,20, 9-5,16,22, 12-1,2,7, 14-45, 15-24,41,
16-12,13, 18-6,8, 20-2 ② 비로소. 곧. …하면 곧. 이에 곧. 부사. 동작이나 행위가 일정한
조건을 갖춘 후에야 비로소 발생하는 것을 나타냄. 10-1-18, 11-21, 12-20, 13-20,28, 19-25,
20-2 ③ …하면 (곧). 이렇게 되면. 그렇다면. 접속사. 앞의 문장을 이어받아 조건에 따른
결과를 나타냄. 4-7,26, 5-20, 7-29, 8-4 10-1-10,18, 11-21, 12-3,4,20, 14-42, 15-1, 16-9, 20-2

【死사】 ① 죽다. 2-5, 4-8, 6-2, 7-10, 8-4,7,13, 9-5,11, 10-1-15, 11-6,7,8,9,10,11,12,22,
12-5,7,10, 14-6,17,18,46, 15-34, 16-12, 19-25 其死 : 기명(其命). 그 수명(壽命). 제 명[수명]

대로 죽다. 천수(天壽)를 누리고 때가 되어 죽다. 11-12, 14-6 ② 죽임을 당하다. 18-1

【社사】 토지의 신(神). ⇒ 토지신의 신주(神主). 사주(社主). 3-21

【社稷사직】 ① 토지의 신(社)과 곡식의 신(稷), 신을 섬기는 일. 나라에서 신에게 제사 지내는 일. 11-24 ② 나라나 조정(朝廷). 16-1

【私사】 ① 사생활. 개인 생활. 개인적인 일. 평소의 행동[생활]. 개인적인 거처. 2-9 ② 사적으로. 개인적으로. 개인적인 신분으로. 私覿 : 공식 행사가 끝난 후 상대국 관리들과 사적으로 만나는 예(禮). 10-1-5

【肆사】 ① 진열하다. ⇒ 물건을 진열하는 곳. 옛날에 장인이 스스로 물건을 만들기도 하고 팔기도 하던 작업장(공방工房) 겸 가게(점포店鋪). 19-7 ② 자잘함에 구애받지 않음. 17-16 ③ 죄인을 처형하여 그 시체를 여럿에게 보이다. 14-38

【舍사】 ① 버리다(放棄). 내버리다. 내버려두다. 捨와 통용. 6-4, 13-2 ② 버리다. 버려지다. 쓰이지 않다(不用). 등용되지 않다. 捨와 통용. 7-10 ③ 버리다. ⇒ 놓다. 내려놓다. 11-25 ④ 보류하다. 뒤로 미루다. 유보하다. 제쳐두다. 16-1 ⑤ 머물다. 쉬다. 그치다. 9-16

【詐사】 비굴하고 간사하다. 속이다. 속임을 당하다. 9-11, 14-33, 17-16

【賜사】 ① 하사(下賜)하다. 윗사람이 아랫사람에게 주다. 10-1-13 ② 은혜(恩惠). 은덕(恩德). 14-18

【賜사】 공자의 제자 단목사(端木賜). 자는 자공(子貢). [참고] 學而-10. 1-15, 3-17, 5-4,9,12, 6-6, 11-18, 14-31, 15-2, 17-24, 19-23

【赦사】 용서하다. 사면(赦免)하다. 13-2, 20-1

【辭사】 ① 말. 언사(言辭). 보통 사람들의 말. 사신(使臣)의 말. 공식문서와 외교문서를 모두 포함한 말. 15-40 ② 말하다. 구실. 핑계. ⇒ 구실을 대다. 핑계를 대다. 변명하다. 16-1 ③ 사양(辭讓)하다. 사양하고 받지 않다. 사절하다. 거절하다. 6-3,7, 17-20

【辭氣사기】 말과 성기(聲氣, 소리와 숨). 말과 소리. 말씨. 말투. 8-4

【邪사】 간사하다. 사악(邪惡)하다. 2-2

【駟사】 사마(駟馬). 한 수레에 메우는 네 마리의 말. 12-8, 16-12 千駟 : 말 4,000필. 16-12

【山산】 ① 뫼. 산. 6-21, 9-18 ② 산 무늬(彰也). 임금의 의복(儀服)에 수놓던 산의 무늬. 여기서는 동사로 전용되어 '산(山) 무늬를 새기다(그리다).'의 뜻. 5-18

【山梁산량】 산 계곡의 다리. [참고] 산언덕[기슭]. 10-1-18

【山川산천】 산천. 산천의 신(神). 제사를 받는 존재를 가리킴. 6-4

【散산】 흩어지다. 뿔뿔이 흩어지다. 19-19

附

錄

論
語
字
解

【算산】 셈하다. 헤아리다. 계산에 넣다. 셈하여 따지다. 13-20

【訕산】 윗사람을 비방하다. 헐뜯다. 17-24

【殺살】 ① 죽이다. 12-19, 14-17,18, 15-8, 18-7, 20-2 殺身 : 몸을 죽이다. 자신을 죽이다. 자신을 희생하다. 15-8 ② 죽이는 일. 살육(殺戮). 살인. 죽이는 형벌. 사형(死刑). 13-11

【殺쇄】 덜다. 줄이다. 잘라내다. 10-1-6

【三삼】 ① 3. 셋. 1-11, 2-2,4, 3-2,22,24, 4-20, 5-19, 6-5, 7-8,10,13,21,23, 8-1,4,12,20, 9-11,25, 10-1-8, 11-25, 12-7, 13-5,10, 1410,22,43, 15-24, 16-2,3,4,5,6,7,8,13, 17-4,16,21, 18-1,2,4,9, 19-9 ② 셋이다. 셋이 있다. 술어 역할을 함. 명사의 동사로의 전용. 14-30 ③ 횟수가 많다. 여러 차례. 1-4, 5-20, 10-1-18, 11-5

【三家삼가】 세 가문. 당시 노나라의 실권을 장악하고 있었던 세 대부 집안[삼환씨(三桓氏)]. 맹손씨(孟孫氏), 숙손씨(叔孫氏), 계손씨(季孫氏). 3-2

【三軍삼군】 일군(一軍)이 12,500명으로 삼군은 37,500명의 대군(大軍). 周나라의 제도에 따르면 제후 가운데 대국은 三軍을 가질 수 있고, 그 다음의 나라는 二軍, 작은 나라는 一軍을 가질 수 있는데 천자는 六軍을 거느린다 함. 춘추시대에 三軍은 군대의 통칭으로 쓰였음. 7-10, 9-25

【三子삼자】 세 사람. 삼가(三家). 세 대부. 곧, 당시 노(魯)나라 정권을 잡고 있었던 세 대부 맹손씨(孟孫氏). 숙손씨(叔孫氏), 계손씨(季孫氏)를 가리킴. 14-22

【三桓삼환】 노나라 환공(桓公)의 둘째, 셋째, 넷째 아들이 이룬 세 가문. 첫째 아들은 장공(莊公)임. 16-3

【上상】 ① 위에. 부사. 장소를 나타냄. 6-7, 9-3,16 ② 위. 윗사람. 주상(主上). 임금. 통치자. 1-2, 5-16, 13-4, 14-44, 17-24, 19-19 ③ 위. 형이상학(形而上學). 천리(天理). 인의(仁義). 도(道). 14-24,37 ④ 위. 상급 수준의 학문. 높은 경지의 학문. 높고 깊은 학문이나 도리. 6-19 ⑤ 으뜸. 최상(最上). 최고의 등급. 16-9, 17-3,23 ⑥ 상등(上等)의 지위(地位). 높은 자리. 3-26, 6-19 ⑦ 올리다. 위로 올리다. 10-1-5 ⑧ 더하다. 가하다. 12-19

【上達상달】 ① 하늘의 이치를 좇아 날마다 진보하다. ② 높은 가치, 곧 인의(仁義)에 통달하다. 14-24

【上大夫상대부】 관직명. 경(卿). 10-1-2

【上知상지】 가장 위의[높은] 지혜로운 사람. 17-3

【傷상】 ① 해치다. 상하게 하다. 손상을 입히다. 19-24 ② 다치게 하다. 상하게 하다. 상처를 입다. 10-1-12 ③ 마음을 상하게 하다. 마음에 상처를 입히다[상심케 하다]. 3-20 ④ 생각하다. 걱정하다. 근심하다. 11-25

【商상】 공자의 제자 복상(卜商). 자는 자하(子夏). [참고] 學而-7. 3-8, 11-15, 12-5

【喪상】 ① 초상. 상사(喪事). 상례. 장례(葬禮)를 치르는 일. 3-4,26, 7-9, 9-15, 10-1-6, 17-21, 19-1,14,17, 20-1 ② 잃다. 지위나 벼슬 따위를 잃음. 나라를 잃어버림. 3-24, 13-15, 14-20 ③ 망하게 하다. 망치다. 파멸시키다. 버리다. 없애다. 9-5, 11-8

【嘗상】 ① 맛보다. ⇒ 먹다. 복용하다. 10-1-11,13 ② = 曾. 일찍이 (…한 적이 있다). 이전에. 요전에. 부사. 동작이나 행위가 일찍이 발생한 적이 있었음을 나타냄. 8-5, 15-1,30, 16-13

【尚상】 ① 더하다(加也). 보태다. 덧붙이다. 4-6 ② 숭상하다. 높이 여기다. 귀히 여기다. 14-6, 17-23

【常상】 일정하다. 정해지다. 19-22

【相상】 ① 함께. 더불어. 부사. 동작이나 행위가 몇몇 주체로부터 함께 발생함을 나타냄. 15-39 ② 서로. 부사. 동작이나 행위가 서로 미치는 대상임을 나타냄. 17-2 ③ ㉠ 돕다. 보좌하다. 14-18, 15-41, 16-1 ㉡ 돕는 사람. 보필하는 사람. 보좌관. 신하. 3-2, 11-25, 16-1

【翔상】 비상하다. 새가 공중에서 선회하다. 10-1-18

【裳상】 옛날 아랫도리에 입었던 옷. 긴 치마 같음. 9-9, 10-1-6

【賞상】 상(賞) 주다. 잘한 일을 기리어 주는 것. 12-18

【塞門색문】 문 가리개. 즉 밖에서 집안을 들여다보지 못하도록 대문 앞에 병풍 같이 세우는 가림벽[병장(屛牆)]임. 3-22

【色색】 ① 빛깔. 색깔. 10-1-8, 14-9 ② 안색(顏色). 낯빛(얼굴빛). 기색(氣色). 1-3, 2-8, 5-19,25, 8-4, 10-1-3,4,5,16, 11-20, 12-20, 14-39, 16-6,10, 17-12,17 ③ 여자의 미모. 여색(女色). 색욕(色慾). 1-7, 9-17, 15-12, 16-7 ④ 놀라다(驚駭). 10-1-18

【色難색난】 얼굴빛을 온화하게 짓기가 어렵다. 2-8

【生생】 ① 낳다. 출생하다. 태어나다. 생기다. 1-2, 7-19,22, 16-9, 17-21 ② 살다. 살아있다. 살아가다. 2-5, 12-5,10, 15-8, 19-25 ③ 삶. 살아가는 이치. 6-17, 11-11 ④ 자라다. 생장(生長) 하다. 생육(生育) 하다. 17-19 ⑤ 산 짐승. 생물(生物). 10-1-13

【庶서】 ① 무리. 여럿(衆也). 무리가 많다. 사람들이 많다. 13-9 ② 가깝다. 거의 비슷하다. 11-18

【庶人서인】 일반 사람. 백성들. 16-2

【恕서】 남의 사정을 헤아릴 줄 앎. 내 마음이 남의 마음과 같이 되어, 남의 처지를 이해하고 배려하게 되는 마음[如+心]. 4-15. 15-23

【書서】 ① 서경(書經). 상서(尙書). 중국의 요순(堯舜) 때부터 주(周)나라 때까지의

정사(政事)에 관한 문서를 수집하여 공자(孔子)가 편찬한 역사서(歷史書). 2-21, 7-17, 14-43 ② 서적. 책. 11-24 ③ 쓰다. 적다. 15-5

【栖栖서서】 연연해 하는 모습. 분주한 모습. 허둥지둥하며 돌아다니는 모습. 정처 없이 떠돌아다니는 모습. 불안한 모습. 14-34

【逝서】 ① 가도록 하다. 6-24 ② 가다. 떠나다. 가서 오지 않다. 9-16, 17-1

【席석】 자리. 방석(方席). 10-1·9,13, 15-41

【昔者석자】 옛날에. 과거에. 8-5, 16-1, 17-4,7,16

【析석】 쪼개어 지다. 16-1

【石門석문】 지명(地名). 14-41

【僎선】 사람 이름. 14-19

【先선】 ① ㉠ 먼저. 2-13, 10-1·13, 15-9, 19-12 ㉡ 먼저 하다. 앞서 하다. 6-20, 12-7,21, 13-3 ② 앞장서다. 솔선하다. 솔선수범하다. 13-1,2

【先覺者선각자】 남보다 앞서서 이치를 깨달은 사람. 그런지 그렇지 않은지 곧 진위(眞僞)를 먼저 알아내는 사람. 14-33

【先生선생】 자기보다 먼저 난 사람. 손윗사람. 웃어른, 곧 연장자의 존칭. 2-8, 14-47

【先王선왕】 훌륭한 정치를 베푼 선대(전대)의 임금들. 곧 요(堯)·순(舜)·우(禹)·탕왕(湯王)·문왕(文王)·무왕(武王)을 가리킴. 1-12, 6-22, 16-1

【先進선진】 먼저 나아가다. (예악을) 먼저 학습하다. 먼저 예악을 학습하고 그 다음에 벼슬을 하다. [참고] ① 선대의 사람. 周나라 초기의 사람들. ② 공자가 천하유세를 떠나기 이전에 입문한 전기 제자들. 곧 子路, 顔淵, 冉有, 宰我, 子貢, 閔子騫, 冉伯牛, 仲弓, 原憲, 子羔, 公西華 등. 11-1

【善선】 ① ㉠ 착하다. 마음이 곱고 어질다. 선량하다. 7-3, 8-4, 12-19, 13-24 ㉡ 선. 착함. 선량함. 착한 행실. 착한 사람. 16-5, 16-11, 17-7, 19-20 ② ㉠ 좋다. 훌륭하다. 아주 좋아서 나무랄 것이 없다. 3-25, 7-31, 9-12, 12-11,21 ㉡ 좋은 점. 훌륭한 점. 뛰어난 점. 장점. 7-21,27 ㉢ 좋다. 그렇다. 찬동하거나 응낙한다는 뜻을 나타냄. 13-15,22, 15-32 ③ ㉠ 잘하다. 능숙하다. 숙달하다. 14-6, 16-4 ㉡ 잘해내다. 잘 처리하다. 13-8, 15-9 ㉢ 잘함. 능력이 있음. 어질고 유능함. 또는 그런 사람. 2-20, 5-26, 19-3 ④ 옳다. 올바르다. 착하고 정당하여 도덕적 기준에 맞다. 13-15 ⑤ 닦다(修也). 다스리다(修治). 잘 다스리다. 8-13, 11-19 ⑥ 잘. 잘하다. …에 능하다. …에 뛰어나다. 부사. 어떤 동작이나 행위에 능함을 나타냄. 5-17, 9-10, 12-23 ⑦ 잘. 좋게. 부사. 요구나 부탁의 어기를 나타냄. 6-7

【善賈선고】 물건을 볼 줄 아는 훌륭한 상인. 9-12

【善人선인】 덕(德)을 이루어 행실에 악(惡)함이 없어 사람을 잘 다스리거나 정치를 잘하는 사람. 7-25, 11-19, 13-11,29, 20-1

【撰선】 갖추다. 갖추어지다. 재질(才質)이 갖추어지다. ⇒ 갖추어진 재질(才質). 11-25

【選선】 가리다. 가려 뽑다. 12-22

【鮮선】 적다(少也). 드물다. 흔하지 않다. 거의 없다. 1-2,3, 4-23, 6-27, 15-3, 17-17

【緤설】 묶다. 포박하다. 5-1

【薛설】 설(薛)나라. 춘추시대 노나라 부근에 있었던 작은 나라 이름. 14-12

【褻설】 ① 무람없다(어른이나 친한 사이에 스스럼없고 버릇이 없다.). 친근하다. 허물없다. 자주 만나는 사이. 아주 가까운 사이. 10-1-16 ② 평상복. 褻服 : 상복. 집에서 입는 평상복. 평소에 입는 옷. 사복(私服). 10-1-6

【說설】 ① 말하다. 이야기하다. 거론(擧論)하다. 3-21 ② 학설. 이론. 생각. 의견. 뜻. 의의(意義). 내용. 3-11

【說열】 = 悅. ① 기쁘다. 기뻐하다(悅懌). 즐겁다. 1-1, 5-6, 9-23, 11-3, 13-25, 17-5, 20-1 ② 기쁘게 하다. 형용사의 사역동사로의 전용. 13-16,25 ③ 좋아하다(好也). 존경하다(敬重) 6-10,26

【攝섭】 ① 겸하다. 겸직(兼職)하다. 3-22 ② 끌어 당기다. 잡다. 들어 올리다. 10-1-4 ③ 사이에 끼어 있다. ⇒ 부대끼다. 위협과 압박을 받고 있다. 11-25

【葉公섭공】 초(楚)나라에 속하였던 고을[지금의 하남성(河南省) 섭현(葉縣) 남쪽지역]의 수장(首長). 성는 심(沈). 이름은 제량(諸梁). 자는 자고(子高). 7-18, 13-16,18

【性성】 본성(本性). 품성(稟性). 천성(天性). 태어나면서 부여 받은 성품. 5-13, 17-2

【成성】 ① ㉠ 이루다. 완성하다. (일 등을) 성취하다. 성사(成事)시키다. 치적(治積)을 이루다. 행동이나 인격을 온전하게 하다. 인격을 완성하다. 5-22, 7-10, 8-8, 9-18, 13-3,10,17, 14-47, 15-8,17, 19-7 ㉡ 완성시켜주다. 이루도록 해주다. 되게 해주다. 12-16 ㉢ 이미 이루어진. 成事 : 이미 이루어진 일. 3-21 ② 갖추다. 구비되다. 11-25 ③ 성과(成果). 20-2 ④ 완성되다. 한 곡이 이루어지다. 음악이 마무리 되다. 음악이 끝나다. 3-23

【成功성공】 공업(功業)을 이루다. 큰 공적을 세우다. 8-19

【成名성명】 명예를 이루다. (군자라는) 이름(名聲명성)을 이루다[떨치다]. 4-5, 9-2

【成人성인】 이루어진 사람. 완성된 사람. 완전한 사람. 온사람(全人). 학문이나 덕행을 온전하게 갖춘 사람. 14-13

【盛성】 풍성하다. 많다. 8-20, 10-1-16

【省성】 살피다. 반성(反省)하다. 자신을 돌아보다. 1-4, 4-17, 12-4

【聖성】 성인(聖人) (智德出類). [참고] 述而-25. 6-28, 7-33, 9-6

【聖人성인】 지혜와 덕성이 뛰어나 세인의 모범으로서 모든 면에서 숭상 받을 만한 사람. 성인은 자신의 노력도 필요하겠지만 처음부터 훌륭한 자질을 타고난 사람이다. 하늘이 낸 사람이라고 볼 수 있다. 유교(儒敎)에서는 요(堯), 순(舜), 우(禹), 탕(湯), 문왕(文王), 무왕(武王), 공자(孔子) 등을 가리킨다. 7-25, 16-8, 19-12

【聲성】 소리. 음률(音律). 곡조(曲調). 가락. 15-10, 17-18

【腥성】 날고기. 생고기.(生肉). 10-1-13

【誠성】 ① 진실로. 정말로. 부사. 동작 · 행위 · 성질 · 상태 등에 대한 강조나 긍정을 나타냄. 12-10 ② 진실 되다. 참되다. 오롯하다. 지극하다. 13-11

【騂성】 붉다(赤色). 털빛이 붉다. 6-4

【世세】 ① 세대. 부자(父子)의 세대교체 기간. 보통 30년을 한 세대로 봄. 왕조(王朝). 조대(朝代). 2-23, 13-12, 16-2,3, 20-1 ② 세상. 시대. 6-14, 14-39, 15-19

【世叔세숙】 춘추시대 정(鄭)나라 대부 유길(游吉). 자가 太叔(世叔, 고대에는 世와 太는 통용되었음). 외교수완이 탁월하였음. 14-9

【歲세】 ① 시간. 세월. 17-1 ② 날. 때(時日). 歲寒 : 한 해 중에서 날씨가 추운 때. 9-27

【召소】 부르다. 소환하다. 8-3, 10-1-3,13, 17-5,7

【召南소남】 시경(詩經)의 편명. 소공(召公)이 남쪽 나라에서 모은 시. 17-10

【召忽소홀】 공자(公子) 규(糾)의 스승. 규가 망명할 때 수행하였음. 14-17

【小子소자】 ① 저. 저희들. 아들이 부모에 대하여 자기를 이르는 말. 천자(天子)는 하늘을 아버지로 여기므로 천자가 하늘에 대해 자신을 칭할 때 쓰는 말. 제자가 스승에 대하여 자기를 낮추어 이르는 말. 17-19, 20-1 ② 젊은이(들). 제자(들). 너희들. 스승이 제자를 가리키거나, 아버지가 아들을 이르는 말. 또는 자기보다 나이 어린 사람을 친근하게 부르는 말. 5-22, 8-3, 11-16, 17-9, 19-12

【小童소동】 글자 자체는 '작은 아이'라는 뜻이나 왕비가 자기를 낮추어 표현하는 말. 16-14

【小人소인】 ① 덕을 갖추지 못한 사람. 사적 이익에 집착하는 사람. 2-14, 4-11,16, 6-11, 7-36, 12-16, 13-4,20,23,25,26, 14-7,24, 15-1,20,33, 16-8, 17-4,12,23, 19-8 ② 일반 백성. 평민. 서민. 12-19 ③ 집안의 노비(종복) 또는 내시(內侍). 17-25

【少師소사】 악관(樂官)의 우두머리인 태사를 보좌하는 부관(副官). 태사의 보좌관. 18-9

附錄 論語字解

【愬소】 ① 비방하다. 헐뜯다. 모함하다. 참소하다. 14-38 ② 남을 일러바쳐 억울함을 호소함. 하소연. 무고(誣告)의 호소(呼訴). 12-6

【所소】 ① 장소. 위치. 처소. 자리. 명사. 2-1, 9-14 ② …하는 바. …한 것. …한. 특수지시대 명사. 동사 혹은 '동사+목적어'로 된 절이나 구와 함께 쓰여 명사성 구조를 이룸. 곧 주어와 술어 사이에 쓰여 주술구조를 명사구로 만들어 줌. 주어·술어·목적어·한정어로 쓰이며, 앞에 구조조사 '之'를 함께 쓰는 경우가 많음. 1-12, 2-4,10,23, 3-7,13, 4-5, 5-7,12, 7-11,12,17, 9-2,10, 10-1-6,15, 11-3, 12-2, 13-2,3,21, 15-23,24, 17-15,22, 19-3,5, 20-1,2 ③ …한 사람에게. …와. 대명사. '所+전치사(以, 由, 與, 從, 自, 爲 등)+동사(동사가 없는 경우도 있음)'의 형태로 명사성 구조를 이루어 원인·장소·대상·시간 등을 나타냄. 여기서는 대상을 가리킴. 10-1-3 ④ 만약. 만일. 접속사. 대부분 맹세하는 말 중에 쓰이며 가정 또는 조건을 나타냄. 6-26

【所소…者자】 …한 것(사람). 지시대명사 '者'와 명사성 구조를 이루는 경우[所+동 사+者]로서, 이 경우 '所'는 지시하는 역할을 하고 '者'는 대신 칭하는 역할을 함. 8-4, 15-24

【所謂소위】 말하는 바. 말하는 것. 이른바. 소위. 관용형식으로 재차 말해서 인증함을 나타냄. 11-23, 12-20, 19-25

【所以소이】 ① …하는 방법, …하는 수단. 동작이나 행위가 의거하는 방식·방법·도구 등을 나타냄. 以는 수단이나 도구를 나타냄. 4-14, 5-22 ② …하는 까닭[이유, 원인]. 내막. 사정. ⇒ 까닭이 되는 것. 바탕. 근거. 동작이나 행위가 발생하는 원인을 나타냄. 以는 因의 뜻임. 15-24

【昭소】 밝게. 분명하게. 확실하게. 부사로의 전용. 20-1

【昭公소공】 노나라 임금. 이름은 주(裯)[현재 음은 조]. B.C. 541~510 재위. 7-30

【疏소】 ① 친하지 않다. 사이가 멀어지다. 소원(疏遠)해지다. 4-26 ② 거칠다. 7-15, 10-1-8

【疏食소사】 거친 밥. 추반(麤飯). 7-15, 10-1-8

【筲소】 대그릇(竹器). 용량에 대해서는 다섯 되(五升), 한 말(十升). 한 말 두 되(十二升) 라는 설이 있음. 인신하여 작은 분량이나 용렬한 사람을 뜻함. 13-20

【素소】 ① 희다. 흰색. 10-1-6 ② 무늬가 없는 흰 색깔의 피륙. 흰 비단. ⇒ 흰 바탕. 3-8

【蕭牆소장】 대문이나 중문 등의 정면 조금 안쪽에 설치하여 밖에서 안을 들여다 볼 수 없도록 막아 놓은 가림. 문병(門屛). 소병(蕭屛). ⇒ 蕭牆之內 : 내부(內部). 16-1

【韶소】 순(舜)임금 시대의 태평성대(太平聖代)를 구가(謳歌)한 음악. 순임금은 요(堯)

임금으로부터 왕위를 이어받았으며, 나중에 우(禹) 임금에게 다시 물려주었다. 즉 선양(禪讓)이라는 평화적인 방법으로 천하를 얻고 물려 준 것이다. '詔' 도 '잇는다. 이어받는다. 계승한다.' 라는 뜻을 가지고 있음. 3-25, 7-13, 15-10

【束속】 묶다. 매다. 5-8

【束脩속수】 육포(肉脯) 열 개를 묶은 예물(禮物). 束은 묶음으로 된 사물을 세는 단위로 포(脯) 열 조각을 한 묶음으로 이르는 말이며, 脩는 말린 고기 즉 육포(肉脯) 를 일컫는 것으로, 옛날에는 사람을 처음 찾아가 상견례(相見禮) 를 할 때 옥(玉), 염소, 기러기, 꿩, 육포(脩) 등을 예물로 가져갔다고 하는데 이 중에서 육포는 가장 등급이 낮은 예물이었다고 함. 7-7

【粟속】 조(오곡五穀의 하나). 겉곡식(찧지 않은 곡식). 인신(引伸) 하여 '곡식' 을 가리킴. 식량(양식糧食) 의 총칭. 6-3, 12-11

【孫손】 ① 자손. 16-1,3 ② = 遜. 몸을 낮추다. 겸손(謙遜) 하다. 공손(恭遜) 하다. 7-35, 14-4,46, 15-17, 17-24,25

【巽손】 공손(恭遜) [공순(恭順)]하다. 공손(恭遜) 하고 유순(柔順) 하다. 9-23

【損손】 ① 덜다. 빼다. 줄이다. 2-23 ② 손해. 해(害) 가 있다. 손해를 입다[보다]. 16-4,5

【損益손익】 덜거나 보탬. 빼거나 더함. 가감(加減) 함. 변화의 추이(推移). 2-23

【率爾솔이】 경솔하고 급한 모양. 지망지망(조심성이 없고 경박하게 출랑대는 모양). 서슴지 않고. 거리낌 없이. 爾는 부사[형용사] 접미사. 11-25

【宋송】 중국 하남성(河南省) 상구현(商邱縣) 에 있었던 나라. 주나라 무왕이 은나라 탕왕(湯王) 의 후예인 미자(微子) 에게 탕왕의 제사를 지내게 하기 위하여 세워 준 나라. 3-9

【宋朝송조】 송(宋)나라의 공자(公子). 이름이 조(朝). 미남(美男) 으로 위(衛) 나라 양공(襄公) 의 부인인 선강(宣姜) 과 정을 통하였을 뿐만 아니라 그 아들 영공(靈公) 의 부인인 남자(南子) 와도 정을 통했다고 함. 6-14

【訟송】 ① 꾸짖다. 책망(責望) 하다. 질책(叱責) 하다. 5-27 ② 송사(訟事). 시비(是非) 를 다투는 일. 분쟁이 있을 때, 관(官) 에 호소하여 판결을 구하는 일. 12-13

【誦송】 외다. 암송(暗誦) 하다. 9-26, 13-5

【頌송】 시경(詩經) 의 송(頌) 음악. 주(周)나라 종묘(宗廟) 에서 제사지낼 때 연주되었던 무악(舞樂). 9-14

【灑(洒)掃쇄소】 물을 뿌리고 비로 쓰는 일. 청소(淸掃) 의 일. 19-12

【衰쇠】 쇠약하다. 노쇠하다. 쇠락하다. 18-5

【修수】 ① 닦다. 몸과 마음을 수양하다. 7-3, 14-45 ② 다스리다. 16-1 ㉠ 다듬고 정리하다. 복원하여 정비하다. 20-1 ㉡ 다스려 없애다. 12-21 ③ 고치다. 손질하다. 잘 가다듬다. 꾸미다. 14-9

【修飾수식】 문장을 잘 가다듬어 꾸미다. 자구와 내용을 수정하다. 문장을 가감하고 교감하다. 14-9

【修慝수특】 간악(奸惡)함을 닦아 없앰. 사특(邪慝)함을 다스려 없앰. 12-21

【受수】 받다. 어떤 행동·영향 등을 당하거나 입다. 10-1-11, 11-18, 12-6, 14-18, 18-4

【受命수명】 천명(天命)을 받다. ⇒ 천운(天運)을 타고나다. 11-18

【守수】 지키다. 보전하여 잃지 아니하다. 8-13, 15-32, 16-1

【帥수】 장수(將帥). 통솔자. 9-25

【帥솔】 이끌다. 앞장서다. 솔선하다. 12-17

【廋수】 숨기다. 은닉하다. 2-10

【授수】 ① 주다. 내주다. 내놓다. 바치다. 내던지다. 授命 : 목숨을 바치다. 10-1-5, 14-13 ② 임무를 주다. 일을 맡기다. 일임하다. 13-5

【數수】 ① 몇. 일정하지 않은 약간의 수. 7-16, 19-23 ② 운수. 운명. 20-1

【數삭】 번삭(煩數)하다[번거롭게 잦다. 너무 잦아 귀찮다]. 자주 번거롭게 하다. 자주하다. 되풀이하다. 4-26

【樹수】 세우다. 건립하다. 3-22

【燧수】 불을 일으키는 나무. 부싯돌로 불을 피울 때 쓰는 나무. 17-21

【秀수】 꽃(草木之花). ⇒ 이삭이 나오고 꽃이 피다(抽穗開花). 꽃이 피다. 명사의 동사로의 전용임. 9-21

【綏수】 ① 편안하다. 편안하게 하다. 19-25 ② 수레의 손잡이 끈. 10-1-17

【羞수】 부끄러움. 치욕(恥辱). 13-22

【脩수】 말린 고기. 포. 7-7

【誰수】 ① 누구. 어떤 사람. 의문대명사. 사람에 대한 질문을 나타냄. 6-15, 7-10, 9-11, 11-9, 15-24, 16-1, 18-6, 20-2 ② 무엇. 어느 것. 의문대명사. 사물에 대한 질문을 나타냄. 18-6

【遂수】 ① 끝나다. 끝내다. 다 마치다. 3-21 ② 그예. 이에 있어서. 이로 인하여. 곧. 그래서. 부사. 뒤에 오는 동작이나 행위 혹은 상황이 앞의 것에 연이어서 발생함을 나타냄. 15-1

【雖수】 ① 비록 …일[할] 지라도. 접속사. 양보관계를 나타냄. 1-7, 2-23, 5-1, 6-4, 7-11, 9-3,9,10,18, 10-1-8,15,16, 12-1,2,11,18, 13-5,6,14,19,25, 14-15, 15-5,32, 19-4,24, 20-1 ② 가령 …한다면. 만약(일) …한다면. 접속사. 가설·가정의 뜻을 나타냄. 6-24

【首陽수양】 수양산(首陽山). 현재 위치 불분명. 16-12

【叔孫武叔숙손무숙】 노(魯)나라의 대부 숙손씨(叔孫氏). 이름은 주구(州九). 자는 숙(叔). 시호는 무(武)임. 19-23

【孰숙】 ① 누구. 무엇. 지시대명사. 일반적인 사람이나 사물을 가리킴. 3-1,15 ② 누가 …인[한]가? 의문대명사. 사람에 대한 질문을 나타냄. 3-22, 5-9,24, 6-2, 7-30, 11-6,15,25, 12-17, 18-7 ③ 무엇이 …인[한]가? 의문대명사. 사물에 대한 질문을 나타냄. 19-12

【孰與숙여】 어찌 …만하겠는가? 함께 선택된 둘 사이에서 전자가 후자를 능가할 수 없음을 나타냄. (직역을 하면 '누구와 더불어, 누구와 함께' 라는 뜻임.) [참고] 동사성 어구로서 '어찌 …에 비길 수 있겠는가?' 로 해석되는 경우가 있음. 즉, 후자가 전자를 능가할 수 없음을 나타냄. 12-9

【宿숙】 ① 자다. 묵다. 유숙(留宿)하다. 숙박(宿泊)하다. 14-41, 18-7 ② (하루저녁을) 재우다. 두다. 10-1-8 ③ 묵혀 두다. 망설이다. 미루어 두다. 유예하다. [참고] 미리 하다. 12-12 ④ 숙조(宿鳥). 잠자는 새. ⇒ 깃들은 새. 둥지에 깃든 새. 7-26

【熟숙】 익다. 익히다. 삶아서 익히다. 10-1-13

【循순】 뒤따르다. 좇다. 10-1-5

【循循然순순연】 차근차근히. 차근차근하게. 질서정연하게. 9-10

【恂恂순순】 온화하고 공손한 모양(溫恭貌). [王肅] 신실(信實)한 모양. [朱熹] 10-1-1

【純순】 ① 생사(生絲). 명주실. ⇒ 생사로 짠 모자(예관)를 쓰다. 9-3 ② 융합되어 하나로 어우러지는 것. 조화. 하모니. 純如 : 음악이 잘 어우러지는 모양. 3-23

【舜순】 순 임금. 중국 고대의 성왕(聖王). 성은 요(姚). 유우씨(有虞氏)라고도 함. 이름은 중화(重華). 요(堯)로부터 선양(禪讓)을 받아 48년간 재위(在位)하였으며, 그도 또한 자기 아들 상균(商均)에게 제위(帝位)를 전하지 않고, 우(禹)에게 선양하였음. 특히 순(舜)은 효성이 뛰어나 후세의 귀감이 된 성인임. 사기(史記)에 의하면, 순의 아버지는 장님이었고 계모와 이복동생과 같이 살았는데 계모의 핍박으로 죽을 고비를 당하면서도 효행의 도를 다해 요 임금이 이를 알고 두 딸을 주어 등용하였다 함. 6-28, 8-18,20, 12-22, 14-45, 15-4, 20-1

【順순】 이치(理致)에 따르다. 도리에 따르다. 순리(順理)에 맞다. 13-3

【述술】 ① 말하다. 기술하다. 서술하다. 일컫다. ⇒ 일컬을 만한 것. 이야기할 만한 업적.

뚜렷이 내세울 것. 칭찬받을 만한 일. 14-46 ② 전(傳)하다. 전술(傳述)하다. 배워서 잇다[전하다]. 전인(前人)의 학설을 전해 받아 밝히다. 선왕(先王)의 도(道)를 진술(陳述)하여 후세(後世)에 전수(傳授)하다. 7-1, 17-19

【崇숭】 높이다. 세우다. 쌓아올리다. 숭상(崇尙)하다. 崇德 : 덕(德)을 높임. 덕을 숭상(崇尙)함. 12-10,21

【瑟슬】 큰 거문고. 현(弦)이 25현 또는 27현이라 함. 11-14, 11-25, 17-20

【習습】 ① 익히다. 숙달하다. 연습하다. 실습하다. 반복하여 몸에 배게 하다. 1-1,4 ② 습관(習慣). 습성(習性). 학습과 환경에 의한 후천적 습관. 17-2

【乘승】 ① 타다. 5-7, 6-3, 15-10,25 ② 수레를 세는 단위. ㉠ 전차 한 대. 1-5, 5-8, 11-25 ㉡ 말 네 필. [일승(一乘)은 네 필의 말이 끈다.] 5-19

【勝승】 ① 능가하다. 뛰어나다. …보다 더 낫다. …보다 더 좋다. 6-16 ② 초과하다. 지나치다. 10-1-8 ③ 이겨내다. 감당하다. 견디다. 10-1-5 ④ 이기다. ⇒ 억누르다. 물리치다. 감화시키다. 13-11

【升승】 ① 오르다(登上). 높은 곳에 오르다. 당(堂)에 오르다. 벼슬길에 오르다. 3-7, 10-1-4,17, 11-14, 14-19, 19-25 ② ㉠(곡식 등이) 익다. 여물다. 성숙하다. ㉡ 오르다. 나오다. 등장하다. ㉢ 밥상 위에 올라오다. 17-21

【承승】 ① 받들다. 공경하여 높이 모시다. 12-2 ② 잇다. 이어지다. 이어받다. 뒤따르다. (⇒ 닥치다. 당하다.) 13-22

【侍시】 모시다. 옆에서 모시다[시중들다]. 섬기다. 5-26, 10-1-13, 11-12,25, 16-6

【侍食시식】 배식(陪食). 손윗사람을 모시고 식사를 함. 10-1-13

【侍坐시좌】 모시고 앉다. 옆에 앉아서 시중들다. 11-25

【偲시】 책선(責善)하다. 서로 선(善)을 권면(勸勉)하다. 채근(採根)하다. 권변(權變)하고 독려(督勵)하다. 偲偲 : 선(善)을 권하고 격려하는 모양. 자세히 살피고 서로 권하고 격려하여 힘쓰는 모양. 서로 잘하도록 북돋아주는 모양. 자상(仔詳)하게 힘쓰는 모양. 자상하게 권면(勸勉)하는 모양. 13-28

【兕시】 외뿔소. 들소. 16-1

【始시】 ① 처음. 시작. 명사. 19-12 ② 처음으로. 시작하다. 부사. 동작이나 행위가 발생하기 시작하는 것을 나타냄. 3-23, 13-8 ③ 원래. 이전에. 당초에. 처음에(는). 부사. 초기 또는 과거로 거슬러 올라감을 나타냄. 5-10 ④ …에서야 비로소. 이제야. 곧. 부사. 동작이나 행위가 어떤 조건을 갖춘 후에야 비로소 발생하게 됨을 나타냄. 1-15, 3-8 ⑤ 악곡(樂曲)의 처음 장(章). ⇒ 음악을[연주를] 시작하다. 8-15

附錄

論語字解

【市시】 시장에서 사다. 10-1-8

【市朝시조】 저자(市場)과 조정(朝廷). 14-38

【弑시】 죽이다. 시해하다. 아랫사람이 윗사람을 죽이는 것. 5-19, 11-23, 14-22

【施시】 ① 베풀다. 행하다. 가하다. 하게 하다. 시키다. 끼치다. 5-26, 12-2, 15-23 ② 은혜를 베풀다. 은덕을 베풀어 주다. 6-28

【施이】 ① 미치다(及也). 미치게 하다. 이르게 하다. ⇒ 파급되게 하다. 반영시키다. 2-21 ② 버리다. 돌보지 않고 버려두다. 소홀히 하다. 弛와 통함. 18-10

【施勞시로】 수고로운 일을 남에게 시키다. 수고를 남에게 끼치다. 힘든 일을 남에게 미루다. [참고] 공로(功勞)를 과시(誇示)하다. 공로를 뽐내다(자랑하다). 공로를 과장(誇張)하다. 공로를 드러내다. 5-26

【是시】 ① ㉠ 어떤. 어느. 지시대명사. 불특정한[막연한] 것을 가리킴. 관형어로 쓰임. '모든'의 의미가 내포됨. 1-10, 7-9, 15-9 ㉡ 이. 이것. 지시대명사. 일반적인 사람이나 사물을 가리킴. 여기서는 역사적으로 지금까지 일컬어 온 것을 가리킴. 19-20 ㉢ 이 사람[이것]. 이. 이렇게. 여기. 이곳. 지시대명사. 가까운 데 있는 사람·상황·사물·시간·장소 등을 가리키며 주어·술어·목적어·관형어 등으로 쓰임. 2-8,17,21, 3-1,15, 4-5, 5-10, 7-3,10,23,27, 9-26, 12-10,16,20, 13-3,4,11,18,30, 14-20,33,46, 15-29, 16-1, 17-7, 18-8, 19-18 ② (바로) …이다. 동사. 현내 중국어에서도 평상시에 통용되고 있음. 14-41 ③ 옳다. 맞다. 그렇다. 형용사. 17-4, 18-6 ④ = 如是. 이같이. 이처럼. 부사. 어떤 상황과 같음을 나타냄. 14-34 ⑤ = 祇. 단지. 다만. 부사. 동작이나 행위의 제한을 나타냄. 2-7 ⑥ 그래서. 그렇다면. 곧. 바로. 접속사. 연관관계를 나타냄. 18-6 ⑦ = 實. 정말. 실로. 아주. 어기조사. 어세를 강조하는 역할을 함. 9-30, 16-1, 20-1 ⑧ 강조의 효과를 위하여 문장이 도치될 때(목적어를 동사 앞에 놓을 경우) 목적어와 동사 사이에 쓰는 구조조사. 之와 같음. 11-20

【是故시고】 이렇기 때문에. 이로 인해. 이런 까닭으로. 이래서. 접속사. 원인과 결과를 이어주는 역할을 함. 11-24,25

【是謂시위】 이것을 …이라고 말한다. 이를 일러 …이라고 한다. ⇒ 이것이야말로. 13-30, 15-29

【是用시용】 = 是以. 이로 인해. 이것 때문에. 그래서. 그러므로. 따라서. 관용형식으로서 단문을 연결시키는 역할을 하며, 결과를 나타냄. 5-23

【是以시이】 이로써. 이로 인해. 이 때문에. 이런 이유로. 따라서. 그러므로. 관용형식으로서 단문을 연결시키는 역할을 하며, 결과를 나타냄. 5-15, 19-4,20

【時시】 ① (제) 때. 시기(時期). (제) 철. 적당한 때. 1-5, 10-1-8,18, 14-14, 16-7 ②

때. 시령(時令). 역법(曆法). 15-10　③ 때로. 때때로. 시시(時時) 로. 수시로. 언제나 늘. 항상. 부사. 1-1　④ 엿보다. 시기(時機) 를 보다. 때[기회]를 노리다[엿보다]. 때를 틈타다. 동사. 17-1　⑤ 계절. 17-19

【柴시】　공자의 제자. 성은 고(高). 이름이 시(柴). 자는 자고(子羔). 공자보다 30세 아래. [참고] 家語 - 40세 아래. 11-17

【矢시】　① 화살. 곧다. 15-6　② 맹세하다(誓也). 6-26

【示시】　보다. 들여다보다. 3-11

【葸시】　두려워하다. ⇒ 소심(小心) 하다. 8-2

【視시】　① 보다. 보이다. [참고] 視 : 보다.　觀 : 관찰하다.　察 : 자세히 살펴보다. 2-10, 12-1, 16-10, 20-2　② 대하다. 대우하다. 11-10　③ 찾아와서 보다. 병문안을 와서 보다. 10-1-13

【詩시】　시(詩). 시경(詩經). 중국 최고(最古) 의 시집으로, 주(周)나라 초부터 춘추 시대 까지의 시(詩) 311편을 수록함. 공자(孔子) 가 편찬하였다고 하나 확실하지 않음. 1-15, 2-2, 3-8, 7-17, 8-8, 16-13, 17-9

【試시】　① 쓰다(用). 등용(登用) 하다. 9-6　② 시험하다. 살펴보다. 따져보다. 검증(檢證) 하다. 증험(證驗) 하다. 15-24

【式식】　수레의 앞 쪽에 가로댄 나무를 잡고 경의(敬意) 를 표하다. 수레의 식[式(軾)]을 잡고 예를 표하다. 10-1-16

【植치】　① 세우다. 땅에 꽂아 세우다.　② 기대다.　③ 두다. 놓아두다. 置와 통용. 18-7

【殖식】　불리다. 재산 등을 늘어나게 하다. 11-18

【識식】　알다. 알게 하다. 인식하다. 분별하다. 17-9

【識지】　기억하다. 외우다. 마음에 새기다. 의식 속에 잘 갈무리해두다. 깨달아 알다. 7-2,27, 15-2, 19-22

【食식】　① 먹다. 1-14, 4-5, 7-9,15,18, 8-21, 10-1-7,8,13, 12-11, 15-30, 17-7,21,22　② 식량. 12-7, 20-1　③ 녹봉(祿俸). 관리에게 주는 식록(食祿). 15-31,37　④ = 蝕 갉아먹다. 가리다. 19-21

【食사】　① 밥(飯也). 곡식을 익힌 주식. 6-9, 7-15, 10-1-8, 14-10　② 익힌 음식물. 2-8, 4-9, 10-1-13　③ 먹이다. 먹게 하다. 18-7

【食氣식희】　밥. 또는 주식. 氣는 餼의 고자. [단국대학교 동양학연구소, 한한대사전, 2008. 15권 p.247]　♣ 餼 : 남에게 보내는 양식. 또는 양식을 두루 이르는 말. 10-1-8

【飾식】 ① 꾸미다. 장식하다. 14-9 ② 가선을 두르다. 목 옷깃이나 소매의 가선을 두르다.
10-1-6

【信신】 ① ㉠ 사람으로서의 도리를 잘 지켜 서로에게 믿음을 주는 것. 언행일치(言行一
致). 신의(信義). 신실(信實). 신용(信用). ㉡ 성실하여 미쁘게 하다. 신의를 지키다.
신실하게 하다. 1-4,6,7,8,13, 2-22, 5-26,28, 7-24, 8-4,16, 9-24, 12-10, 13-4,20, 15-5,17, 17-6,8
② ㉠ 믿다. 신뢰(信賴) 하다. 의심하지 않다. ㉡ 믿음을 받다. 신뢰(信賴)를 얻다. ㉢
믿게 하다. 신뢰하도록 하다. 신임을 받다. 1-5, 5-10, 7-1, 8-13, 12-7, 14-15,33, 19-2,10,
20-1 ③ 자신하다. 스스로의 굳은 믿음이 있다. 5-6 ④ ㉠ 진실로. 진짜로. 참으로. 정말로.
부사. 동작·행위·성질·상태 등에 대한 강조 및 긍정을 나타냄. 12-11 ㉡ 진실이다. 진짜이다.
참말이다. 정말이다. 형용사. 14-14

【哂신】 웃다. 비웃다. 씁쓰레 웃다. 넌지시 나무라는 의미의 미소. 哂之. 11-25

【慎신】 ① 삼가다. 신중(愼重)하다. 8-2 ② 삼가다. 조심하다. 신중(愼重)히 하다. 신중하
게 여기다. 신중히 다루다. 예를 다하여 신중히 거행하다. 1-9,14, 2-18, 7-12, 19-25

【慎終신종】 부모의 장례를 예법에 맞게 잘 치르다. 상례를 예를 다하여 신중히 거행하
다. 1-9

【新신】 ① 새로운. 신임의. 형용사. 5-19, 17-21 ② 새로운 것. 새로운 뜻이나 이치.
아직 알지 못한 것. 2-11

【晨門신문】 새벽녘에 문[성문]을 여는 문지기. ⇒ 은자(隱者). 은사(隱士). 14-41

【申申如신신여】 여유롭고 느긋한. 마음이 편안하여 여유로운 모습의. 7-4

【申棖신정】 신정. 노(魯)나라 사람. 5-11

【神신】 ① 하늘(天)의 신. 산천(山川)의 신. 조상 이외의 다른 신. 3-12, 7-34, 8-21, 11-11
② 귀신(鬼神)에 관한 일. 무속신앙(巫俗信仰). 주술(呪術)적 행위. 7-20

【神祇신지】 천지(天地)의 신. 7-34

【紳신】 예복에 갖추어 매는 큰 띠. 허리에 매고 남은 부분을 길게 늘어뜨린 큰 띠. 10-1-13,
15-5

【臣신】 ① 신하(臣下). 가신(家臣). 3-19, 8-20, 11-23, 12-11, 13-15, 14-19, 16-1,2, 18-7,10,
19-18, 20-1 ② 소신(小臣). 장례를 치르는 사람. 당시의 예법은 경대부(卿大夫)라야
가신을 두어 장례를 치르도록 하였음. 이때의 가신을 소신(小臣)이라 하였음. 9-11

【身신】 ① 몸. 자기 자신. 본인. 1-4,7, 4-6, 9-26, 12-21, 13-6,13, 15-8,23, 17-7, 18-7,8
② 길이의 단위. 길. 한 길은 사람의 키 정도의 길이임. 一身 : 한 길. 10-1-6

【迅신】 빠르다(疾也). 갑작스럽다. 迅雷 : 갑자기 일어나는 심한 천둥. 10-1-16

【失실】 ① 잃다. 1-13, 8-17, 10-1-8, 12-5, 15-7,32, 16-2, 17-1,15, 19-19 ② 과실을 범하다. 잘못이나 허물이 생기다. 잘못하다. 실수하다. 4-23

【失飪실임】 음식이 익힘의 정도를 잃은 것. 음식이 너무 익거나 설익어 요리가 잘못되다. 10-1-8

【室실】 ① 집(家). 사는 곳. 5-8,28, 8-21, 9-30, 16-3, 19-23 ② ㉠ 방(堂後之正室, 내실). ㉡ 정당(政堂, 집무실執務室). ㉢ 인신하여 도(道) 의 경지를 가리킴. 6-12, 11-14,19 ③ 집안 재산(家産, 家財). 집안 살림. 13-8

【實실】 ① 내용이 있고 충실하다. 내용이 알차다. ⇔ 虛. 8-5 ② 열매. ⇒ 열매를 맺다. 명사의 동사로의 전용임. 9-21

【審심】 삼가다. 신중히 하다. 살피다. 20-1

【甚심】 심하다. 정도를 벗어나다. 과도하다. 정도에 지나치다. 7-5,28, 8-10, 15-34, 19-20

【亞飯아반**】** 두 번째 식사 때에 연주를 담당하는 악관(樂官). 고대 천자나 제후가 식사를 할 때 흥을 돋우기 위해 음악을 연주하는 예(禮)가 있었음. 두 번째 식사(점심) 때의 담당자를 아반(亞飯), 세 번째 식사(점심과 저녁 사이의 새참) 때를 삼반(三飯), 네 번째 식사(저녁) 때를 사반(四飯)이라 하였음. 18-9

【我아**】** ① 나. 나의. 우리(의). 2-5 외 43회 나옴. ② 친근함을 나타내는 역할을 함. 7-1 ③ 아집(我執). 자신을 고집함. 자기중심으로만 생각함. 자기 개인만을 생각함. 자기만이 옳다고 함. 9-4

【雅아**】** ① 바른. 정상(正常)의, 표준의. 17-17,18 ② 시경(詩經)의 아(雅) 음악. 주(周)나라의 왕실(王室)이나 귀족(貴族)들의 향연(饗宴)에서 주로 연주되었던 궁중음악(宮中音樂). 9-14

【雅樂아악**】** 소리가 바른 음악. 정통 음악. 정악(正樂). 옛날 궁중에서 의례 등에 정식으로 쓰던 음악. 17-18

【雅言아언**】** 바른말(正言). 고아(高雅)한 말. 주(周)나라의 표준어. 7-17

【餓아**】** 굶주리다. 굶어 죽다. 16-12

【惡악**】** 악한 것. 나쁜 점. 약점. 악함. 악명(惡名). 나쁘다. 거칠다. 조악(粗惡)하다. 8-21, 17-24, 19-20

【惡오**】** 미워하다. 증오하다. 싫어하다. 4-3,5,6, 11-24, 12-10, 15-27, 17-18,24,26, 19-20

【惡乎오호**】** 어찌[어떻게] …하겠는가? 의문대명사. 일반적으로 문장의 맨 앞에서 부사어로 쓰여 강한 반문을 나타냄. 4-5

【安안**】** ① 편안(便安)하다. ㉠ 편안하게 살다. 16-1 ㉡ 마음이 편안하다. 마음이 안정되다. 17-21 ㉢ 안락하다. 편하고 즐겁다. 1-14 ② 편안하게 하다. 편안하게 해주다. 편안하게 모시다. 대하기에 편안하다. 편안하게 대해주다. 5-26, 7-37, 14-45 ③ 편안하게 여기다. 형용사의 동사로의 전용. 4-2 ④ 편안히 여겨 즐겨하다. ⇒ 마음을 두다(居心何在). 마음을 기울이다. 마음이 향하다. 지향하다(意氣歸向). 2-10 ⑤ 어디에서. 어느 곳에서. 의문대명사. 장소에 대한 물음을 나타냄. 목적어로 쓰이며 일반적으로 동사나 전치사 앞에 위치함. 11-25

【晏안**】** 늦다. 시간이 늦다. 13-14

【晏平仲안평중**】** 제(齊)나라의 대부. 성은 안(晏). 이름은 영(嬰). 자가 중(仲). 시호가 평(平). 제나라 영공(靈公), 장공(莊公), 경공(景公)을 모신 재상(宰相). 저서로 '안자춘추(晏子春秋)'가 있음. 5-17

【顏路안로】 안회(顏回)의 아버지. 이름은 무요(無繇). 자가 로(路). 공자보다 6세 연하로 초기 제자. 11-7

【顏淵안연】 공자의 제자 안회(顏回). 자가 자연(子淵) [참고] 爲政 - 9. 5-26, 7-10, 9-10,20, 11-2,7,8,9,10,22, 12-1, 15-10

【顏回안회】 공자의 제자로 노나라 사람. 성은 안(顏). 이름은 회(回). 자는 자연(子淵). 6-2, 11-6

【訐알】 들추어내다. 폭로하다. 파헤치다. 17-24

【狎압】 가깝다. 친하다. 친근하여 스스럼없이 지내다. 친숙하여 어려워하지 않음. 함부로 대하다. 예사로 버릇없이 대하다. 10-1-16, 16-8

【哀애】 슬픔. 슬퍼하다. 3-20,26, 8-4, 19-1,14,19,25

【哀公애공】 노(魯)나라 임금(B.C. 494~468 재위). 성은 희(姬). 이름은 장(蔣). 시호가 애공(哀公). 정공(定公)의 아들로 춘추(春秋) 말엽에 27년간 재위함. 2-19, 3-21, 6-2, 12-9, 14-22

【哀矜애긍】 슬퍼하여 불쌍하게 여기다. 가엾이 여기다. 19-19

【愛애】 ① 사랑하다. 1-6, 12-10,22, 14-8, 17-4,21 ② 아끼다. 아까워하다(惜也). 알뜰히 여기다. 1-5, 3-17

【餲애】 음식의 맛이 변하다. 10-1-8

【也야】 ① …은(는). …이란. …이면. 어기조사. 음절을 조정하고 어기를 고르는(말을 잠깐 멈추고 다음 내용을 환기시키는) 역할을 함. 곧 중간에 말을 잠시 끊음으로써 화자의 호흡을 조절하고 청자의 주의를 환기시키는 역할을 함. 1-2,10,15, 2-9, 3-1,4,7,11,24 4-7,10, 5-4,5,7,8,9,10,11,12,16, 6-1,2,3,5,6,9,17,27,28, 7-11,18,30,35, 8-6,18, 9-3,5,6,11,26, 11-3,6,10, 12,14,16,17,18,21,23,25, 12-3,13, 13-4,15,25,28, 14-18,21,31,42,47, 15-9,24, 25,31,34, 16-1, 7, 17-1,4, 7,8,15,16,24,26, 18-6,7, 19-8,9,15,18,21,23, 20-2 ② ㉠ …이다. 어기조사. 진술문의 끝에 쓰여 판단이나 단정 또는 긍정을 나타냄. 명사대사·수사 또는 이에 준하는 명사성 구조가 술어인 체언술어문(體言述語文)의 끝에 쓰임. 1-2,12,13,15, 2-17,22,23,24, 3-5,8,9, 11,13,15,16,18,24, 4-4,5,6,9,14,22, 5-1,8,9,10,12,13,15, 19,21,28, 6-1,2,8,10,12,13,24, 7-3,4,8,9, 19,23,27,33, 8-6,10,12,13, 9-3,5,6,7,12,18,20,25, 27,30 10-1-1,2,3,4,5,8, 11-1,3,7,10,12,14,16,23, 25, 12-8,10,13,17,20, 13-14,15,19,21,24,25, 14-1,2,7,10,14,15,17,20,22,26,30,34,35,44,47, 15-1, 5,13,24,30,32,33,34,41, 16-1,8,9,11,13, 17-2,4,8,14,16,17,21,25, 18-3,6,7,10, 19-4,10,11,12,15, 17,18,20,24, 20-3 ㉡ 어기조사. 병렬문장에서 몇 가지 사항을 나열할 때 씀. 3-23, 4-10, 17-18 ③ ㉠ …한가[인가]? 어기조사. 의문문 끝에 쓰여 의문(질문)의 어기를 나타냄. 일반적으로 何, 誰, 奚, 焉 등의 의문대명사와 같이 씀. 2-5,23, 3-1,8,13, 4-15, 5-15,18,

6-15, 7-14, 9-6,22, 11-25, 12-5,9,22, 13-14, 14-43, 17-5, 19-12 ㉡ …인가? 어기조사. 의문문 끝에 쓰여 옳고 그름의 어기를 나타냄. 6-24 ㉢ …이겠는가? 어기조사. 의문문 끝에 쓰여 반문의 어기를 나타냄. 乎의 용법과 같음. 3-1, 6-24, 7-32, 13-20, 14-18,37, 19-3,25 ④ …하라. …하시오. …해야 한다. ㉠ 어기조사. 명령문 끝에 쓰여 명령이나 청유의 어기를 나타냄. 1-16, 14-32, 15-5 ㉡ 어기조사. 명령문 끝에 쓰여 충고나 금지의 어기를 나타냄. 일반적으로 부정을 나타내는 無, 毋, 不 등의 부사와 호응함. 4-17,21, 11-25, 14-23, 19-24 ⑤ …이여! …이구나! …이도다! …로구나! 어기조사. 감탄문 끝에 쓰여 비통·찬송·감탄·놀람 등의 어기를 나타냄. 3-25, 5-27, 6-8, 7-5,13, 8-19, 9-17, 11-25 13-3,4,7,11, 15-12, 17-21, 19-16 ⑥ …일 뿐이다. …일 따름이다. 어기조사. 진술문 끝에 쓰여 제한의 어기를 나타냄. 11-25, 19-24 ⑦ 가정문의 선행절 끝에 붙는 조사. 17-5 ⑧ …야! 어기조사[호격조사]. 상대를 부를 때 그의 이름 밑에 씀. = 乎. 3-17, 5-2,12, 17-8 ⑨ 접미사로 때를 나타냄. 12-22

【也夫야부】 …하는구나! …로세! 어기조사. 감탄의 어기나 예측의 강조를 나타냄. 14-37

【也與야여】 ① …은[는]. …도. 어기조사. 문장 가운데에 쓰여 정돈(멈춤)을 나타냄. 14-38 ② …일 것이다. 어기조사. 추측이나 자신의 생각을 완곡하게 표현하는 어기를 나타냄. 일반적으로 '其'와 같이 쓰임. 9-19,26, 12-12, 15-4, 17-10,12 ③ …인가? …입니까? 어기조사. 의문문 끝에 쓰여 옳고 그름의 판단이나 선택적 의문을 나타냄. 6-6, 11-25

【也與哉야여재】 …인가? 어기조사. 감탄과 반문을 겸하는 어기를 나타냄. 17-15

【也已야이】 ① …이다. 어기조사. 긍정(단정)적인 어기를 나타냄. 단정적인 어기를 나타내는 두 글자가 연용되어 긍정적인 단정을 더욱 강조함. 1-14, 2-16, 6-28, 8-11, 9-22 ② …이다! …이구나! …하구나! 어기조사. 감탄의 어기를 나타냄. 9-10

【也已矣야이의】 ① …이다. 어기조사. 긍정적 단정의 어기를 나타냄. 9-23, 12-6, 15-15, 19-5 ② …이로다[…이구나]! 어기조사. 감탄의 어기를 나타냄. 8-1,20 ③ …일 따름이다[뿐이다]. 어기조사. 긍정이나 제한의 의미를 나타냄. 간혹 개탄의 의미를 겸하기도 함. 11-25

【也者야자】 ① = 也. …은. …이라는 것은. …이란. 어기조사. 제시와 아울러 문(文)을 잠깐 멈추게 하고 다음 말을 환기시키는 역할을 함. 1-2, 12-20 ② …하겠는가? 어기조사. 문장 끝에 쓰여 의문의 어기를 나타냄. 11-25

【也哉야재】 …인가? …하겠는가? 어기조사. 반문의 어기를 나타냄. 17-7

【野야】 촌스럽고 거칠다. 거칠고 세련되지 못하다. 야성(野性)적이고 질박(質朴)한 상태. 꾸밈이 없는 상태. 천박하고 경솔하다. 야만적이다. 교양이 없다. 6-16, 13-3

【野人야인】 농부. 평민. 성 밖에서 사는 사람. [참고] 수수하고 다듬어지지 않아 촌스러워 보이는 사람. 소박한 사람. 벼슬자리에 오르지 못한 사람. 11-1

370

【約약】 ① 간략하게 하다. 요약(要約)하다. 집약(集約)하다. 다잡다. 잡도리(잘못되지 않도록 엄하게 단속하는 일)하다. 절제하다. 다그쳐 단단히 잡다. 엄하게 단속을 하거나 통제하다. 들뜨거나 어지러운 마음을 가라앉혀 바로잡다. 단단히 다스리거나 잡도리하다. 어떤 사실을 꼭 집어내거나 다지다. [단속, 조심, 주의, 신중] 4-23, 6-25 ② 적다(少也). 작다. ⇔ 泰 7-25 ③ 곤궁함(窮困). 4-2

【若약】 ① …인 것같이 하다. …인 듯하다. 가장하다. 동사. 8-5 ② 같다. 동등하다. ⇒ 같게 하다. 동등하게 하다. 동사. 18-3 ③ …와 같다. 형용사. 어떤 일이나 상황이 대체로 이와 같음을 나타냄. 11-12 ④ 이. 그. 저. 이러한. 지시대명사. 가까이 있는 사물·상황 등을 나타내며 주어·관형어·부사어로 쓰임. 5-3, 14-6 ⑤ 만일[만약] …한다면[이라면]. 접속사. 가설을 나타냄. 14-13 ⑥ …에 대해서는. …으로[을, 를] 말하자면[말할 것 같으면]. …의 경우는. …에 이르러서는. 접속사. 사건(話題화제)의 전환이나 대비를 나타냄. 7-33

【若是약시】 이와 같이. 이처럼. = 若此, 如此. 부사구. 위의 문장을 대신하여 어떤 상황을 나타냄. 13-15

【攘양】 훔치다. 제 발로 들어온 것을 숨겨 제 것으로 만들다. 13-18

【洋洋양양】 충만한 모양. 매우 아름다운 모양. 아름다움이 넘쳐흐르는 모양. 넘실넘실 아름다움이 충만한 모양. 8-15

【讓양】 ① 겸양(謙讓)하다. 사양(辭讓)하다. 겸손해 하다. 1-10, 3-7, 4-13, 11-25 ② 양보하다. 8-1, 15-35

【陽膚양부】 증자의 제자. 19-19

【陽貨양화】 계씨(季氏)의 가신(家臣). 이름은 호(虎). 자가 화(貨). 한때 계환자(季桓子)를 가두고 정권(政權)을 찬탈(簒奪)하려고 하였으나 뜻을 이루지 못하고 노(魯)나라 공실의 보물인 옥(玉)과 활을 훔쳐 진(晉)나라로 도망쳤음. [참고] 子罕-5, 先進-22. 17-1

【養양】 ① 기르다. 음식을 먹여서 기르다. 양육(養育)하다. 부양(扶養)하다. 5-16 ② 봉양(奉養)하다. 공양(供養)하다. 2-7 ③ 다루다. 다스리다. 17-25

【養民양민】 백성을 기르다. 백성을 양육(養育)하다(백성을 먹이고 교육시키는 것). 세금을 거두고 이를 분배하는 데 백성들에게 유익한 방법으로 운용하는 것. 곧 국민 복지 정책을 시행하는 것. 5-16

【御어】 ① 어거(馭車)하기. 마차(馬車) 몰이. 수레를 메운 소나 말을 부리어 모는 일. 고대 육예[六藝 : 禮(예), 樂(음악), 射(활쏘기), 御(마차 몰기), 書(글쓰기), 數(셈하기)] 중의 하나. 9-2 ② 수레를 몰다. 2-5

【於어】 ① …에 있다(在也). 존재하다. 처하다. 살고 있다. 살아가다. 동사. ['於' 자체에 '처하다. 존재하다.'의 의미가 내포되어 있으므로 이를 동사로 간주하여 '…에 처하다.

…에 존재하다. …에 살아가다.'로 해석함. (류종목 등)] 3-11, 4-5,10, 10-1-1 ② 따르다. 따라하게 되다. 동사. 4-7 ③ 기대다. 의지하다. 동사. 15-34 ④ …에서. …까지. …로부터. 전치사. 동작이나 행위가 일어나는 시간을 나타냄. 7-9, 8-20 ⑤ …에(서). …로. 전치사. 동작이나 행위가 일어나는 장소나 범위 등을 나타냄. 1-10. 3-1,2, 5-8, 6-3,12,14,22, 7-9,13,30, 9-5,11,12, 10-1-8,10,11,15, 11-14,19,22, 12-7,21,22, 13-5,20, 14-18,41,42, 15-5, 16-1, 17-6,21, 18-9, 19-22,23 ⑥ …을[를]. 전치사. 동작이나 행위가 일어날 때 직접 미치는 대상을 나타냄. 동사 다음에 위치하여 뒤에 목적어를 수반하므로, 즉 대상이 목적어가 되므로 굳이 於를 해석할 필요는 없음. 1-11,14, 2-23, 3-14, 4-20,24, 6-25,28, 8-2,5, 11-1, 12-15,22, 15-14, 16-1,6, 19-24 ⑦ …에. …에게. …에 대해(서). …와 함께. …의 곁에서. …을 향해. 전치사. 동작이나 행위가 일어날 때 관련되는 대상을 나타냄. 1-10,13, 2-5,21, 3-6,13,21, 4-4,6,9,12,16, 5-2,10,24, 6-6,28, 7-1,2,6,15,18,22, 8-2,5, 9-5,15, 10-1-13, 11-3,4, 12-2,9,11,17,18, 19, 13-3,13 14-6,14,15,22,26,38,43, 15-1,23,24,35, 16-3,13, 17-6,7,21, 18-6,10, 19-3,19,22, 20-2 ⑧ …때문에. …으로 말미암아. …으로 인하여. …에(게) 서. 전치사. 동작이나 행위가 일어나는 원인을 나타냄. 5-10 ⑨ …에. …으로써. …을 사용하여. …에 의거하여. …에 근거하여. …에 따라. 전치사. 동작이나 행위가 사람·사물·방식 혹은 어떤 원칙에 의거하여 일어남을 나타냄. 8-8 ⑩ …와(과). …보다. …에 비해. 전치사. 사물의 성질이나 상태를 함께 비교하는 대상을 나타냄. 11-16, 13-18, 15-34, 18-8, 19-23,25 ⑪ …에게. …에 의해. 전치사. 피동문에서 동작의 주체를 나타냄. 5-5 ⑫

【禦어】막다. 맞서다. 대항하다. 대적하다. 응대하다. 상대하다. 대하다. 5-5

【語어】① 말하다. 동사. ㉠ 이르다. 의견을 말하다. 3-23, 13-18, 19-23 ㉡ 일러주다. 언급하다. 가르쳐주다. 6-19, 7-20, 9-19, 17-8 ㉢ 대답하다. 대화하다. 10-1-8 ② 말. 말씀. 9-23, 11-2, 12-1,2, 16-11

【億억】臆과 통함. 헤아리다. 추측하다. 예측하다. 억측하다. 지레짐작하다. 주관적 추측을 하다. 11-18, 14-33

【抑억】① …아니면 ~이다. 접속사. 선택관계를 나타냄. 1-10 ② 그러나. 그렇지만. 단지. …이지만. 접속사. 역접관계 또는 전환을 나타냄. 즉 앞뒤 문장의 의미가 상반됨을 나타냄. 7-33, 13-20, 14-33, 19-12

【抑亦억역】그러나. 그렇지만. 抑이 경미한 전환을 나타내는 경우로, 전환구(轉換句)의 첫머리에 쓰임. [亦 : 또한. 역시. 부사. 몇 개 혹은 하나의 주체가 동일하거나 상이한 동작(행위)을 하고 있음을 나타냄.] 13-20, 14-33

【偃언】① 쓰러지다. 한 쪽으로 쏠리다. 눕다. 12-19 ② 공자의 제자 언언(言偃). 자는 자유(子游). 6-12, 17-4,

【嗲언】세련미가 없고 거칠다. 거칠고 저속(低俗)하다. 11-17

【焉언】 ① 의문대명사. 질문을 나타내며 목적어나 부사어로 쓰임. ㉠ 무슨. 무엇(에). 어디(에). 사물에 대해 물음. 5-5, 20-2 ㉡ 어느 곳(에, 에서). 어디(에, 에서). 장소에 대해 물음. 5-3, 16-1, 19-22 ㉢ 어떻게. 어찌해서. 의문대명사. 방식이나 상황에 대해 물음. 9-22, 13-2, 19-12 ② 어찌. 어떻게. 어디. 부사. 반문의 어기를 강조하며 동사나 조동사(得, 敢, 可, 能, 足 등) 앞에 옴. 2-10, 11-11, 12-19, 13-4, 17-4,7, 18-2, 19-2 ③ 부사[형용사] 접미사. 然과 같음. 9-10 ④ …은[이란, 이면]. 어기조사. 음절을 조정하고 어기를 고르는 역할을 함. 8-13, 9-22, 17-19,26 ⑤ …이다. 어기조사. 진술문 끝에 쓰여 종결·판단·긍정의 어기를 나타냄. 5-16, 6-24, 11-18,25, 12-1, 14-46, 15-19, 18-1, 19-21,22,24, 20-1 ⑥ …입니까? 어기조사. 의문의 어기를 나타냄. 일반적으로 의문대명사인 何 등과 같이 쓰임. 17-19, 19-12 ⑦ 합음사(合音詞). 於是. 於之. 於彼. 문장의 끝에 쓰여 전치사인 '於'와 대명사인 '是', '之', '彼' 등의 역할을 겸함. 보어로 쓰임. ㉠ 그것에. 거기에. 그에게(들을). 그 사람에게(들을). 동작이나 행위에 따른 대상을 나타냄. 1-14, 4-17, 5-24, 6-5,7, 7-7, 8-1,18,19,20, 9-7, 12-6, 13-9,20,25, 14-2,8,26,30,15-18, 15-27, 16-12, 17-6, 18-6,7, 20-1 ㉡ 그 중에. 그 안에. 그곳에(는). 거기에(는). 동작이나 행위가 일어나는 장소(범위)를 나타냄. 5-28, 6-12, 7-21, 11-24, 19-4,20 ㉢ 이것(그것)으로 인해. 동작이나 행위가 일어나는 원인을 나타냄. 12-23

【焉得언득】 어찌 …할 수 있으리오. 어떻게 …할 수 있겠는가? 객관적인 사물의 가능성을 부정하는 반문의 어기를 나타내며 동사의 앞에 놓여 부사어로 쓰임. 得은 조동사로 가능성을 나타냄. 3-22, 4-1, 5-11,19

【言언】 ① 말. 언어. 명사. 1-3 외 63회. ㉠ 잘하는 말. 늘 하는 말. 속담(俗談). 16-1 ㉡ 좋은 말. 훌륭한 말. 값진 말. 가치 있는 말. 이치에 맞는 말. 훌륭한 이론[학설]. 덕담(德談). 명언(名言). 14-5, 15-22 ㉢ (임금의) 무도(無道)한 말. 의롭지 아니한 말. 14-39 ② 말하다. 1-7, 10-1-8 외 56회.

【儼然엄연】 근엄(謹嚴)하다. 의젓하고 공손하다. 근엄(謹嚴)[엄숙(嚴肅)]하고 진중(鎭重)한 모양. 엄숙하고 장중한 모양. 19-9, 20-2

【予여】 ① 나. 인칭대명사. 일인칭을 나타냄. 3-8, 6-26, 7-22, 8-3,20, 9-5,11, 11-8,10, 13-15, 15-2, 17-1,19, 20-1 ② 공자의 제자 재여(宰予). 자는 자아(子我). 5-10, 17-21

【如여】 ① = 若. 만약[만일, 가령] …한다면. 접속사. 가설(가정)이나 조건을 나타냄. 6-7,28, 7-11, 11-1,25, 12-11,19, 13-14,15, 15-24, 17-5,19, 19-19 ② = 若. 만일[만약, 가령] …할지라도. 설사 …하더라도. 접속사. 양보관계를 나타냄. 8-11, 13-12 ③ …이거나. …이 아니면, 또는. 혹은. 접속사. 선택관계를 나타냄. 11-25 ④ = 若. …에 대해서는[있어서는]. …으로 말하자면[말할 것 같으면]. …의 경우는. 접속사. 상황(話題화제)의 전환이나 대비를 나타냄. [참고] 述而-33. 11-25 ⑤ = 乃. 이에 곧. 이것이 곧 …이다. 부사. 사람·사물·상황 등에 대한 강조 혹은 긍정을 나타내며 설명이나 변별의 뜻을 담고 있음. 14-17

373

⑥ 형용사 또는 부사의 접미사로 쓰여 상태를 나타냄. 영어의 '-able, -ful, -ly' 등에 해당됨. 3-23, 7-4, 9-7, 10-1-1,2,3,4,5,8, 11-12, 13-3,28 ⑦ 마치 …와 같다. …인 듯하다. 흡사. 마치. 부사. 상황에 대한 판단이 그다지 확실하지 않음을 나타냄. 곧 추측의 의미가 내포됨. 2-9, 3-11, 8-17, 9-10, 16-11 ⑧ 마치 …와 같다. (마치) …처럼[같이] 하다. 부사. 한 사물(대상)을 다른 사물(대상)과 직접 비유함을 나타냄. 1-15, 2-1, 3-12, 8-3, 9-16,17,18, 10-1-4,5, 12-2, 15-12 ⑨ …와[과] 같다. 형용사. 5-28, 7-15, 13-4, 14-20,45, 15-6, 16-1, 19-20,21

【如여…何하】 …을 어떻게 하겠는가? …을 무엇 하겠는가? 어찌 …하겠는가? 대명사성 구조인 如何의 사이에 처리할 대상을 직접 삽입하여 그 일의 처리를 묻는 관용구. 의문이나 반문을 나타냄. 3-3, 4-13, 7-22, 9-5, 13-13, 14-38

【如之何여지하】 대명사성 구조인 如何의 사이에 처리할 대상을 나타내는 지시대명사 之를 삽입한 것임. 이때 如는 동사로 '처리하다. 처치하다. 대처하다.' 의 뜻임. ① 그것은 어떠한가? 그것을 어떻게 합니까? 의문을 나타내거나 방법을 물음. 2-20, 3-19, 9-23, 11-13, 12-9, 15-15, 19-12,25 ② 어찌하여[왜] 그렇게 합니까[할 것입니까]? 원인을 묻거나 반문을 나타냄. 9-13, 11-21, 17-7, 18-7, 19-3

【與여】 ① 거동. 행동. 10-1-2 ② 주다. 동사. 1-10, 5-24, 6-3, 14-26, 15-13, 20-2 ③ 참여(參與)하다. 관여(關與)하다. 간여(干與)하다. 동사. 3-12, 8-18, 9-5, 13-14, 18-6 ④ 함께 하다. 동반하다. 어울리다. 교제하다. 사귀다. 동사. 4-10, 7-10,23,31, 13-19,21, 19-3 ⑤ 허락하다. 허여(許與, 마음으로 허락하고 인정하여 칭찬함)하다. 칭찬하다. 인정하다. 받아들이다. 동의하다. 동사. 7-28, 9-23, 11-20,25 ⑥ …와[과]. …와 함께. …와 더불어. 전치사. 동작이나 행위에 대한 동반자임을 나타냄. 1-4, 1-7,15, 2-9, 3-8, 4-9, 5-8,17,26, 7-28,31, 9-26,29, 10-1-2,3, 14-19,26,47, 15-7,13, 17-1,15, 18-5,6, 19-16 ⑦ …에 대해. …에게. 전치사. 동작이나 행위가 발생할 때 직접 파급되는 대상을 나타냄. 12-5, 13-19 ⑧ …와[과]. 및. 접속사. 단어나 문장을 연결시키는 역할을 하며 병렬관계를 나타냄. 4-5, 5-9,13, 7-33, 9-1,9, 10-1-16, 11-15,23, 16-1, 17-3,25, 19-18 ⑨ …일 것이다. 어기조사. 진술문 끝에 쓰여 추측의 어기를 나타냄. 일반적으로 '其' 와 같이 쓰임. 1-2, 1-10, 5-7, 15-13, 16-12 ⑩ …인가? …입니까? = 歟. 어기조사. 의문문 끝에 쓰여 시비(是非) 의 판단을 묻는 어기를 나타냄. 9-6, 11-23, 14-18,41,47, 15-2,41 ⑪ …인가? = 歟. 어기조사. 의문문 끝에 쓰여 선택의 어기를 나타냄. 1-10 ⑫ …인가? …입니까? = 歟. 어기조사. 의문문 끝에 쓰여 추측의 어기를 나타냄. 1-15 ⑬ …인가? = 歟 어기조사. 단독으로 쓰여 가벼운 의문(질문) 의 어기를 나타냄. 3-6, 8-6, 11-15, 18-6 ⑭ …인가? 어기조사. 의문대명사 誰, 何 등과 같이 쓰여 의문의 어기를 도움. 14-34, 16-1 ⑮ …이리라[하리라]! 어기조사. 감탄문 끝에 쓰여 감탄[찬탄]의 어기를 나타냄. 5-22, 18-8 ⑯ …이겠는가? 어기조사. 반문의 어기를 나타냄. 豈, 非 등과 같이 쓰이며 완곡한 긍정이 의미를 내포함. 12-21, 16-1 ⑰ 어기조사. 음절을 조정하고 어기를 고르는 역할을 함. 也와 같음. 문장의 중간이나 끝에 쓰여 완만한 어기를 나타내거나 잠시 쉬는 역할을 한다. 이 경우 대부분 해석하지 않지만 문맥에 따라 해석하기

도 한다. 5-10, 19-3

【與其여기】 접속사. 두 상황 중 한 가지를 선택하는 것을 나타냄. 일반적으로 뒤 단문은 선택을 나타내는 접속사 寧이나 관형어인 孰若, 豈若, 不如 등과 같이 쓰이며, 與其 뒷부분은 포기해야할 상황임을 나타냄. 3-4,13, 7-35, 9-11, 18-6

【與其여기…豈若기약~】 …하는 것보다는 차라리 ~하는 것이 낫지 않겠는가? …하는 것이 어찌 ~하는 것만 같겠는가? 18-6

【與其여기…寧녕~】 …하는 것보다[것에 비하여] 차라리[오히려] ~하는 것이 더 낫다. …하느니 차라리 ~하겠다. 3-4,13, 7-35, 9-11

【與其여기…無寧무녕~】 = 與其… 寧~. …하는 것보다[것에 비하여] 차라리[오히려] ~하는 것이 더 낫다. …하느니 차라리 ~하겠다. 9-11

【與與如여여여】 행동거지가 법도에 맞는 모양. 위엄 있고 엄숙하여 몸가짐이 올바른 모양. 행동거지가 법도에 맞고 의연(毅然)한 모습. 10-1-2

【餘여】 ① 남다. 나머지(의). 여분(의). 1-6, 2-18, 8-11, ② 뒤. 이후(以後). [(株)教學社. 教學大漢韓辭典. 2005. p.3695] 6-5

【亦역】 ① 또한. 역시. 부사. 몇 개 혹은 하나의 주체가 동일하거나 상이한 동작(행위)을 하고 있음을 나타냄. 2-21, 3-22, 5-12,25, 7-11,15,30, 11-7,23,25, 13-20, 14-33, 15-1,7, 16-13,14, 17-24, 19-22, 20-1 ② 또한. 역시. 부사. 반문의 어기를 강조함. 13-5 ③ 단지. 다만. 부사. 사람 혹은 동작이나 행위의 대상이 어떤 범위에 한정되어 있음을 나타냄. 12-10 ④ 곧. 즉. 부사. 동작이나 행위가 일정한 조건이나 정황에서 갖추어져 저절로 그러함을 강조함. […하면 곧 ~한다.] 1-12,13, 6-25, 9-22, 11-19, 12-15, 13-11,29, 14-13 ⑤ 또한. 역시. 대단히. 매우. 참으로. 조사. [참고] 不亦 : …이 아닌가? 또한 …이 아니겠는가? 긍정의 뜻이 담긴 완곡한 반문(反問)을 나타내는데, 술어 앞에서 부사어로 쓰이며 문장 끝에 '乎' 등의 의문(반문) 어기조사를 붙여 호응함. 1-1, 6-1, 8-7, 13-15, 19-23, 20-2 ⑥ 확실히. 분명히. 실로. 부사. 뒷말을 수식하여 강세를 더함. 2-9

【易역】 ① 바꾸다. 변역(變易)하다. 변혁(變革)하다. 1-7, 18-6 ② 역(易). 주역(周易). 역경(易經). 7-16 ③ 다스리다. 잘 치르다. 잘 처리하다. 3-4

【易이】 ① 쉽다. 용이하다. 형용사. 13-15,25, 14-11, 14-44, 17-4 ② 쉽게. 쉬이. 부사. 8-12

【繹역】 ① 실마리를 찾아내다. 궁구(窮究)하다. 연역(演繹)하다. ⇒ 참뜻을 헤아려 실천할 방도를 강구(講究)하다. 참뜻을 헤아려 실천하다. 9-23 ② 실오라기처럼 끊이지 않고 이어지는 것. 서로 이어져 끊이지 않음(相續不絕). 면연(綿延)함. 3-23

【逆역】 미리. 앞서서. ⇒ 미리 짐작하다(迎也). 예측하다. 14-33

【閾역】 문지방. 10-1-4

【宴樂연락】 잔치를 벌여 즐김. 먹고 마시며 주색에 빠지는 즐거움. 향락(享樂)에 빠짐. 연회(宴會)를 벌여 주색(酒色)의 쾌락(快樂)에 빠짐. 16-5

【然연】 ① 그러한. 그렇게. 이처럼. 대명사. 가까운 성질·상황·상태 등을 대신 나타내며 술어나 부사어로 쓰임. 6-24, 8-20, 14-13,14,43 ② 그렇다. 그러하다. 옳다. 맞다. 3-13, 6-1, 15-2,41, 17-7, 18-6 ③ 그러나. 그렇지만. 그런데. 접속사. 연결된 두 부분이 의미가 상반됨을 나타냄. 14-6 ④ …이다. 어기조사. 서술문 끝에 위치하여 종결의 어기를 나타냄. 11-12, 14-6 ⑤ 그러한 모양. 형용사 또는 부사를 만드는 접미사. 어떤 모습을 형용하는 역할을 함. 5-22, 9-10, 11-25, 13-20, 18-6, 19-9, 20-2

【然而연이】 이와 같음에도 불구하고. 이와 같지만. 그렇지만. 그러나. 관용형식으로서 단문을 연결시키는 역할을 하며 전환을 나타냄. 19-15

【然則연즉】 그러면. 그렇다면. 이와 같다면. 접속사. 뒷일이 앞일을 이어받는 것, 즉 연관관계를 나타냄. 앞의 말을 근거로 어떤 결론을 이끌어 내는 역할을 함. 3-22, 11-15,23

【然後연후】 …한 후에야[뒤에야, 다음에야]. 비로소. 접속사. 뒷일의 발생이 앞일을 전제로 함을 나타냄. 6-16, 9-14,27, 11-24, 14-14, 15-5, 17-21

【燕居연거】 집에 편안히 거처하다. 평소 집에서 기거하다. 집에 한가히 계시다. 공무를 보시 않고 집에서 편안히 쉬다. 한가히 지내다. 7-4

【冉求염구】 공자의 제자. 성은 염(冉). 이름은 구(求). 자가 자유(子有). 노나라 사람으로 공자보다 29세 아래. 계강자(季康子)의 가신(家臣)을 지냄. 6-10, 11-23, 14-13 【冉有염유】 3-6, 7-14, 11-2,12,21,25, 13-9, 16-1 【冉子염자】 6-3, 13-14

【冉伯牛염백우】 공자의 제자. 성은 염(冉). 이름은 경(耕) 자가 백우(伯牛). 魯나라 사람으로 공자보다 7년 아래. [참고] 雍也-8. 11-2

【厭염】 ① 싫어하다. 좋아하지 않다. 혐오하다. 10-1-8, 14-14 ② 싫증나다. 싫증을 내다. 물리다. 7-2,33 ③ 싫어하다. 미워하다. 포기하다. 버리다. 저버리다[등지거나 배반하다]. 6-26

【榮영】 영예롭다. 영광스럽다. 영예(榮譽, 영광스러운 명예)를 차지하다. 19-25

【永영】 영원히. 부사. 永終 : 영원히 끝나다. 20-1

【盈영】 차다. 가득 차다. 충만하다. 8-15

【羿예】 궁술의 명인. 하(夏)나라 말기에 유궁(有窮)이라는 나라가 있었는데, 예(羿)는 그 나라의 임금으로 활을 아주 잘 쏘았다 함. 전설에 의하면 당시 해가 열 개 있었는데 너무 뜨거워서 그 중 아홉 개를 그가 활로 쏘아 떨어뜨렸다고 함. 한때 하나라 임금을

죽이고 왕위를 찬탈하였으나 정치는 돌보지 않고 사냥만 즐긴 나머지 그의 신하인 한착(寒浞)에 피살되어 나라와 아내를 빼앗겼다고 함. [참고] 左傳 襄公 四年. 14-6

【藝예】 ① 육예(六藝). 예술. 기술. ☞ 예(禮, 예의범절 ⇒ 철학적·정치적·교육적·사회적인 모든 문화), 악(樂, 음악 ⇒ 예능), 사(射, 활쏘기 ⇒ 군사, 체육), 어(御, 마차 몰기 ⇒ 技能), 서(書, 글씨 그림 ⇒ 문학, 역사), 수(數, 수학 과학) 7-6, 14-13 ② 재주가 있다. 재능(才能)이 있다. 재주가 많다. 동사로 전용됨. 6-6, 9-6

【譽예】 기리다. 칭찬하다. 치켜세우다. 15-24

【輗예】 수레의 끌채 마구리. 우마(牛馬)와 수레를 연결하는 연결 장치. 2-22

【麑예】 어린 사슴. 새끼 사슴. 麑裘 : 어린 사슴의 가죽으로 만든 흰옷. 10-1-6

【五世오세】 오대(五代) 임금. 노나라 선공(宣公), 성공(成公), 양공(襄公), 소공(昭公), 정공(定公) 5명의 임금. 16-3

【吾오】 나. 우리. 우리들. 일인칭대명사. 1-4, 9-18, 14-18 외 100회.

【吳오】 오나라. 주(周)나라의 선조인 태왕(太王)의 아들 태백(太伯)이 세운 나라. 주나라 무왕의 동생 주공이 세운 노나라와 같은 성인 희(姬)씨임. 7-30

【吳孟子오맹자】 노나라 소공의 부인. 임금 부인의 호칭은 출신국의 이름 뒤에 본인의 성씨를 덧붙여 쓰게 되었는데 당시의 예법에 동성끼리의 혼인을 금하고 있었기 때문에 소공이 동성임을 감추기 위해 이렇게 호칭을 붙였음. 孟子는 장녀라는 뜻임. 7-30

【嗚呼오호】 아! 아! 감탄사. 문장 밖에서 단독으로 쓰여 슬픔을 나타냄. 3-6

【奡오】 한착(寒浞)과 예(羿)의 아내 사이에 태어난 아들로 포악한 짓을 하다 夏나라 임금인 소강(少康)에게 사형을 당하였음. 14-6

【奧오】 방의 서남쪽 모퉁이 자리. 방의 아랫목. ⇒ 아랫목 신(神). 3-13

【杇오】 흙손(흙을 벽 등에 바를 때 쓰는 연모). 흙손질 하다. 흙손으로 다듬다. 미장(벽이나 천장, 바닥 따위에 흙이나 회, 시멘트 따위를 바름) 하다. 5-10

【獄옥】 옥사(獄事). 송사(訟事). 재판(裁判). 12-12

【慍온】 ① 성내다. 노여워하다. 원망하다. 1-1, 5-19 ② 성[화]내다. 분개하다. 마음속에 분함을 품다. 15-1

【溫온】 ① 따뜻하다. 온화(溫和)하다. 온유(溫柔)하다. 1-10, 7-37, 16-10, 19-9 ② 따뜻하다. ⇒ 익히다. 제대로 익히다. 연구하다. 2-11

【溫故知新온고지신】 옛것을 잘 익혀서 새로운 것을 알다[터득하다]. 2-11

【縕온】 枲著(시착). 수삼 즉 모시로 만든 솜. 삼을 두드려 빻아서 만든 솜. 縕袍 :

수삼 솜으로 누빈 핫옷. 9-26

【韞온】 감추다. 싸다. 갈무리하다. ⇒ 넣다. 싸서 넣다. 9-12

【雍옹】 ① 시경(詩經) 주송(周頌) 중의 한 편(篇). 주(周)나라 천자가 종묘에서 제사를 마치고 제사상을 치우면서 연주하던 노래. 3-2. ② 공자의 제자. 노(魯)나라 사람으로 성은 冉(염). 이름이 雍(옹). 자는 仲弓(중궁). 공자보다 29세 아래. 5-5, 6-1, 12-2

【騧와】 주둥이 검은 누렁 말. 달팽이(蝸). 음은 와(왜). 본음은 과(꽈). 18-11

【完완】 갖추다. 완전히 갖추다. 완비(完備)하다. 13-8

【莞爾완이】 빙그레 웃는 모습. 입가에 웃음기를 띠고 소리 없이 부드럽게 웃는 모양. 17-4

【曰왈】 ① 말하다. 1-1 외 749회 ② …라(고) 하다. …라고 말하다. …이다. = 爲. 주어가 생략됨. 1-7, 14-15,17 ③ (바로)…이다. 동사. 是의 용법과 같음. [배학해(裵學海) 고서허자 집석(古書虛字集釋)] [참고] 憲問-41. 2-2, 3-21

【往왕】 ① 가다. 1-15, 9-18, 17-1,5,7 ② 가버린 것. 이전의 일. 지난 일. 과거. 돌아간 뒤의 행위. 3-21, 7-28, 18-5 ③ = 後. ☞ 而往. 3-10

【枉왕】 ① 굽다. 굽히다. 사곡(邪曲)하다. 부정직하다. 12-22, 18-2 ② 굽은 사람. 사곡(邪曲)한 사람. 사악하고 올바르지 못한 사람. 2-19, 12-22

【王孫賈왕손가】 위(衛)나라의 대부(大夫)로 위(衛) 영공(靈公)의 신하. 성이 왕손(王孫). 이름이 가(賈). 병사 훈련, 군비 확충, 전략 수립 등 군대를 통솔하는 능력이 뛰어난 사람. 3-13, 14-20

【王者왕자】 왕다운 사람. 성왕(聖王). 무력을 주축으로 한 패자(覇者)와 대조되는 개념으로 요임금이나 순임금처럼 왕도로써 천하를 다스리는 성왕을 가리킴. [孟子] 13-12

【巍巍외외】 숭고(崇高)하다. 높고 큰 모양. 8-18,19

【畏외】 ① 두려워하다. 경외(敬畏) [외경(畏敬)] 하다. 경건(敬虔)한 마음으로 대하다. 조심하고 삼감으로써 그것을 잃지 않는 것. 9-22, 16-8, 20-2 ② 두려움에 처하다. 두려운 일을 당하다. ⇒ 경계하는 마음을 품다. 구류(拘留)의 두려움에 처하다. 9-5, 11-22

【堯요】 고대 중국의 성왕(聖王). 성은 이기(伊祁). 도당씨(陶唐氏)라고도 함. 이름은 방훈(放勳). 희화(義和) 등에 명하여 농사짓는 데 필요한 역법(曆法)을 만들었다고 함. [1년을 366일로 정하고 4년에 한 번씩 윤달을 둔 것이 이 때 만들어졌다고 함.] 중국 역사상 가장 이상적인 정치를 하여 태평성세를 누리게 한 전설적인 임금. 6-28, 8-19, 14-45, 20-1

【夭夭요요】 화색이 돌고 온화함. 화기가 넘침. 화색이 좋고 즐거운 기색. 7-4

【徼요**】** 훔치다. ⇒ 표절(剽竊)하다. 17-24

【要요**】** ① 約의 가차자. 약속. 언약. 가난하고 고생스러움. 곤궁(困窮)[빈궁(貧窮)]함. 14-13   ② 요협(要脅, 체력이나 세력을 믿고 남을 으르는 것). 으르다. 압력을 가하다. 협박(脅迫)하다. 14-15

【慾욕**】** = 欲. 욕심[嗜慾]이 많다. 탐욕(貪慾)을 내다. 탐욕하다. 5-11

【欲욕**】** ① = 慾. 욕심. 탐욕. 욕심내고 질투하는 것. 잔뜩 바라는 것. 욕심내기. 욕심을 내다. 탐욕을 부리다. 게걸들리다. 12-18, 14-2,13   ② …하고자 하다. …하려고 하다. …하기를 바라다. 하고자 하다. 바라다(希望). 원하다. 2-4, 3-10,17, 4-5,24, 5-12, 6-4,28, 7-29, 9-10,13, 11-10, 12-2,10,19, 13-17, 14-26,47, 15-9,23, 16-1, 17-1,5,7,19,20, 18-5,7, 19-24, 20-2

【浴욕**】** 몸을 씻다. 11-25, 14-22

【辱욕**】** 모욕(하다). 욕을 보(이)다. 욕되게 하다. 욕됨을 당하다. 곤욕을 당하다. 곤욕을 치르다. 1-13, 4-26, 12-23, 13-20, 18-8

【勇용**】** 용감(勇敢)하다. 용기가 있다. 2-24, 5-7, 8-2,10, 9-28, 11-25, 14-5,13,30, 17-8,23,24

【容용**】** ① 얼굴. 근엄한 용모. 10-1-16   容貌 : 얼굴 모습. 8-4   容色 : 안색. 얼굴빛. 10-1-5   ② 받아들이다. 용납(容納)하다. 포용(包容)하다. 10-1-4, 19-3

【用용**】** ① 쓰다. 사용하다. 1-5, 4-6, 5-5, 6-4, 12-19, 13-4, 17-4,22, 20-1   ② 쓰다. 등용(登用) [기용(起用)]하다. 쓰이다. 뜻을 써주다. 알아서 써주다. 등용(登用)[기용(起用)]되다. 7-10, 11-1, 13-10, 16-1, 17-5, 18-3   ③ 하다. 행하다. 적용(適用)하다. 운용(運用)하다. 시행(施行)하다. 동사. 1-12, 13-4   ④ 비용. 쓸 비용. 나라에서 쓸 비용. 국가의 재정(財政). 12-9   ⑤ = 以. …으로써. …으로 인해. …때문에. 전치사. 是用. 何用. 5-23, 9-26

【于우**】** ① …에. …에게. = 於, 乎. 전치사. 동작이나 행위가 발생할 때 관련되는 대상을 나타냄. 2-4, 2-21, 7-34, 20-1   ② …에. …까지. 전치사. 동작이나 행위가 발생하는 시간을 나타냄. 14-18, 16-12   ③ …에. …에서. 전치사. 동작이나 행위가 발생하는 장소를 나타냄. 5-7, 16-12

【優우**】** 넉넉하다. 남음이 있음(有餘). 여력이 있다. 여가가 있다. 능력이 충분하다. 잘해 낼 수 있다. 우수하다. 뛰어나다. 14-12, 19-13

【又우**】** ① 또. 또한. 부사. 연속이나 중복(동시)의 뜻을 나타냄. 4-18, 5-8,19, 7-14, 12-10, 13-9, 16-9,13, 20-2   ② 오히려. 더욱이. 부사. 전후 두 상황이 상반됨을 나타냄. 14-18   ③ = 而且. 게다가. 또한. 그리고 또. 부사. 접속사의 작용을 하며 점층 관계를 나타냄. 3-25, 9-6

【友우**】** ① 벗. 친구. 학우(學友). 8-5, 12-23,24, 16-4,5, 19-15 [朋友 : 1-4,7, 4-26, 5-26,

10-1·15, 13-28] ② 벗하다. 벗으로 삼다. 벗으로 사귀다. 친구로 하다. 명사의 동사로의 전용. 1-8, 5-25, 9-24, 15-9, 16-4 ③ 우애하다. 형제를 존경하고 사랑하다. 명사의 동사로의 전용. 2-21

【尤우】 ① 허물. 실수. 과실. 잘못. 2-18 ② 책망하다. 나무라다. 허물하다. 탓하다. 잘못을 돌리다. 14-37

【愚우】 ① 어리석다. 우직(愚直)하다. 변통성이 없고 곧기만 하다. 정직하여 융통성이 없다. 고지식하다. 2-9, 5-21, 11-17, 17-8 ② 어리석은 사람. 우직한 사람. 17-3,16

【憂우】 ① 괴로움(阨也). 고통. 고생. 6-9 ② 근심. 걱정. 시름. 근심하다(愁也). 걱정하다. 근심 걱정하다. 2-6, 7-3,18, 9-28, 12-4,5, 14-30, 15-11,31, 16-1

【禹우】 우임금. 하(夏) 왕조의 시조이며 성은 사(似), 이름은 문명(文命). 순(舜)에게 발탁되어 치수(治水) 사업을 맡아보다가 구하(九河)와 구주(九州)를 잘 다스리는 공을 세워 재상(宰相)이 되었음. 순임금으로부터 제위(帝位)를 선양받은 뒤 하후씨(夏后氏)라고 호(號)하였음. 안색(安色)에 도읍을 정하고 국호를 하(夏)라고 불렀음. 8-18,21, 14-6, 20-1

【耦우】 짝. 두 사람이 나란히 서서 밭을 갈다. 18-6

【櫌우】 곰방메. ⇒ 곰방메로 흙덩이를 쳐서 땅을 고르다. 18-6

【迂우】 우원(迂遠)하다. 우활(迂闊)하다. → 실지의 사정과 멀다. 물정에 어둡다. 13-3

【遇우】 만나다. 우연히 만나다. 뜻밖에 마주치다. 조우(遭遇)하다. 17-1, 18-7

【隅우】 모서리. 네모꼴의 한 모서리[모퉁이]. 7-8

【郁郁욱욱】 ㉠ 향기가 대단히 짙게 나는 모양. ㉡ 찬란히 빛나는 모양. ㉢문물이 성한 모양. 3-14

【云운】 ① ㉠ 말. 말한 것. 말씀. 19-23 ㉡ 이르다. 말하다. 1-15, 2-21, 8-3, 9-6, 14-43, 19-3 ② 이와 같이(如此). 이렇게. 지시대명사. 상황·성질·상태 등을 나타냄. 7-18,33 ③ 어기조사. 음절을 조정하고 어기를 고르는 역할을 함. 뜻 없이 글머리나 구중(句中) 혹은 구말(句末)에 놓임. 17-11

【云爾운이】 ① 이러이러하다. … 등등의 말. …이다. 생략한 말을 대신 가리키며 대개 대화 혹은 인용문에서 쓰임. 7-18 ② 이러할 뿐이다. 이와 같을 뿐이다. 상황·성질·상태 등을 나타내는 지시대명사 云과 단정 및 한계를 나타내는 어기사 爾로 이루어짐. 7-33

【芸운】 밭에 있는 김을 매다. 18-7

【原思원사】 공자의 제자로 노(魯)나라 사람. 송(宋)나라 사람이라고도 함. 성은 원(原). 이름은 헌(憲). 자는 자사(子思). 공자보다 36세 아래. 공자가 노(魯)나라에서 사구

(司寇)라는 벼슬을 할 때 원사를 가재(家宰)로 삼았다 함[포함(包咸)]. 이 말대로 하면 공자가 사구 벼슬을 할 때가 52세이므로 자사는 이때 나이 16세가 되며 가신(家臣)을 하기에는 너무 어린 나이이므로 26세 연하로 보아야 한다는 설도 있음. 6-3

【原壤원양】 노나라 사람. 성은 원(原). 이름은 양(壤). 공자의 친구. 예기(禮記) 단궁(檀弓)에 의하면 그의 어머니가 죽었을 때 공자가 장례를 도와주고 있었는데 그는 오히려 널 위에 올라가서 노래를 불렀다고 함. 14-46

【怨원】 원망하다. ㉠ 원망(怨望). 원한(怨恨). 악의(惡意). 분해하고 한을 품음. 남을 탓함. 뒤틀린 마음. 응등그러진 마음. 4-12, 5-23,25, 12-2, 14-2,36, 15-14 ㉡ 원망하다. 남을 탓하다. 후회(後悔)하다. 4-18, 7-14, 14-10,11,37, 17-25, 18-10 ㉢ 원망을 사다. 원망의 말을 듣다. 20-2 ㉣ 애상(哀傷)이나 원망(怨望)을 풍자(諷刺)함으로써 그 한을 풀어냄. 풍자하는 방법을 익히다. 원망의 법을 알게 되다. 17-9

【愿원】 근후(謹厚, 조심스럽고 온후하다)하다. 소박 성실하다. 8-16

【遠원】 ① 멀다. 1-1, 4-19, 7-29, 8-7, 9-30, 13-16, 15-11, 16-1, 17-2,9 ② 멀리하다. 멀리 떨어지게 하다. 1-13, 6-20, 8-4, 15-10, 16-13, 17-25 ③ 멀어지다. 사라지다. 없어지다. 12-22, 15-14 ④ 고원(高遠)하다. 원대(遠大)하다. 19-4 ⑤ 멀리 내다봄. 멀리 미침. 밝음이 멀리 미침. 멀리 내다보는 식견. 멀리 내다보는 현명함. 명지(明智)의 최고의 경계(境界) ⇒ 지극한 현명함. 12-6 ⑥ 멀리 가신 분. 돌아가신 분. ⇒ 조상(祖上). 1-9

【軏월】 수레의 끌채 멍에걸이. 우마(牛馬)와 수레를 연결하는 연결 장치. 2-22

【位위】 ① 지위(地位). 직위(職位). 작위(爵位). 벼슬자리. 4-14, 8-14, 14-27,28, 15-13 ② 자리 있는 장소. 14-47 ③ 문 안쪽에 임금이 거기로 납시었을 때에 반드시 서 계시던 곳. 10-1-4

【危위】 ① 위태로움. 위험한 것. 간간한 것. 또는 그러하다. 8-13, 14-13, 16-1, 19-1 ② 높다. 고준(高峻)하다. 당당하다. 바르다. 곧다. 정직하다. 14-4

【喟然위연】 속 깊은 데서 절로 나오는 감탄이나 탄식의 소리. 한숨 쉬며 탄식하는 모양. 위연히. 9-10, 11-25

【威위】 위엄(威嚴). 권위(權威). 다른 사람들로 하여금 경외심(敬畏心)이 나타나도록 하는 기세. 위엄(威嚴)이 있다. 1-8, 7-37, 20-2

【爲위】 ① 하다. ㉠ 행하다. 실천하다. 동사. 2-1,19,21,24, 3-26, 4-6, 6-24, 12-1,3,19, 13-3,4,15,21, 14-21,26,41, 15-4,9, 17-6,7,21,22, 19-15,16,24,25 ㉡ 노력하다. 배우다. 공부하다. 연구하다. 추구하다. 7-13,33, 17-10, 19-4 ㉢ 연주(演奏)하다. 7-13, 11-14 ㉣ = 作爲. 일부러 하다. 작정하고 하다. 억지로 하다. 인위적으로 애쓰는 일. 15-4 ② …하게 하다. …하도록 하다. 쓰다. 삼다(인연을 맺어 자기와 관계있는 사람으로 만들다). 시키다. 4-14,

381

5-8, 6-7, 9-11, 11-24, 14-12,15, 19-19 **③** 정사(政事)를 행하다. 다스리다(治理). 통치하다. 4-13, 11-25, 13-11, 15-10 **④** 위하다. 위해 일하다. 돕다. 조력하다. 7-14, 14-25 **⑤** 만들다(作也). 짓다. 작성하다. 제작하다. 건설하다. 3-8, 9-18, 11-7,13, 14-9, 17-5, 18-7 **⑥** = 謂. 이르다. 일컫다. 말하다. …라고 말하다. 2-17, 11-24, 14-2,3,13,19, 19-2 **⑦** 되다. 이루어지다. 1-2, 2-11, 5-19, 6-3,11,12,27, 7-11,18, 8-19, 11-25, 13-2,17,20, 16-1,9, 18-1,2, 20-3 **⑧** 삼다(여기다). 생각하다. 간주하다. [참고] 以爲. 以… 爲~. 1-12, 2-8, 3-18,24, 7-23, 8-7, 10-1-6, 11-22,23, 15-2,17, 16-1, 17-23,24, 19-10,25 **⑨** …이다. 동사. 是의 용법과 같음. 일반적으로 뒤에 명사나 대명사가 옴. 뒤에 형용사나 명사로 전용된 형용사가 오는 경우 '…함이다, …한 것이다, …하다' 라는 뜻의 술어를 이루며 대개 '가장 …하다' 라는 어감을 내포함. 1-2,12, 2-21, 4-1, 6-2, 7-30, 8-19,20, 9-23, 11-6, 14-46, 17-25, 18-6,7 **⑩** …을 위하여. …을 하기 위해서. 전치사. 동작이나 행위가 발생하는 목적을 나타냄. 1-4, 3-22, 6-3,7, 11-9,16, 13-18, 14-18, 16-1 **⑪** … 때문에. …으로 인하여. 왜냐하면. 전치사. 동작이나 행위가 발생하는 원인을 나타냄. 仲尼曰 始作俑者 其無後乎 爲其象人而用之也(중니가 '처음으로 나무 인형을 만든 자는 아마도 후손이 없을 것이리라.' 라고 한 것은 그가 사람의 형상을 본떠서 사용했기 때문이다.) [孟子 梁惠王 上] 3-16, 9-15, 14-34,37 **⑫** …(이라고) 하다. …한 것처럼 하다. …한[인] 체[척]하다. 僞와 같음. 7-25, 9-11 **⑬** 조동사. 뒤의 동사 謀를 보조하는 역할을 함. 해석하지 않음. 15-39 **⑭** …한가[인가]? 의문문의 끝에 쓰여 의문이나 반문의 어기를 나타냄. 일반적으로 奚, 何 등과 같이 씀. 12-8, 13-5, 16-1

【衛 위】 위(衛)나라. 지금의 하남성(河南省) 기현(淇縣)을 서울로 하였음. 7-14, 9-14, 13-3,7,8,9, 14-20,42, 15-1, 19-22

【衛君 위군】 위(衛)나라의 임금 출공(出公). 출공의 이름은 첩(輒). 영공(靈公)의 손자이며 괴외(蒯聵)의 아들. 7-14, 13-3

【衛靈公 위령공】 위(衛)나라 임금. B.C 534~493 재위. 14-20, 15-1

【謂 위】 ① 이르다. 일컫다. 말하다. …라고 하다. …라고 생각하다. 1-7,11,14,15, 2-5,7, 3-6,8,13,15, 4-15,20, 5-24, 6-20,28, 7-30,33, 8-1,20, 11-23, 12-3,4,6,20,22, 13-20,28,30, 14-43, 15-29, 16-6,12, 17-1, 19-5, 20-2 ② 말하다. 비평(批評)하다. 평(評)하여 말하다. 3-1,25, 5-1,2,3,16, 6-4, 9-20, 13-8, 18-8 ③ …에게 말하다(이르다). 일러주다. 타이르다. 2-21, 3-6, 5-9, 6-11, 7-10, 9-2, 14-34, 17-1,10, 18-10, 19-25 ④ 일컫다. 부르다. ⇒ 시호(諡號)하다. 5-15

【違 위】 ① (예나 도리 등을) 어기다. 위반하다. 위배하다. 2-5 ② 거스르다. 거역하다. 이의(異意)를 제기하다. 2-9, 4-18, 13-15 ③ 어긋나다. 일치하지 않다. 9-3, 12-20 ④ 떠나다(去也). 떠나가다. 벗어나다. 4-5, 5-19, 6-5

【儒 유】 학자(學者). 선비. (道를) 배우는 사람의 통칭. 6-11

【唯 유】 ① 단지. 다만. 오직. 오로지. 부사. 범위의 제한이나 한정(어떤 범위에 국한됨)을 나타냄. 2-6, 5-14, 8-19, 10-1-1,8 13-15, 17-3,25 ② 예(諾也). 예, 그렇습니다. 즉시 공손하게

382

응낙(應諾)(긍정적인 응답)하는 말. 4-15 ③ 구(句) 앞에 쓰여 어기를 강화시키는 작용을 함. 조사로 문장의 맨 앞에 쓰이며 이 경우 해석하지 않음. ⇒ 문장의 첫머리에서 이야기를 이끌어 내고 듣는 이의 주의를 환기시키는 역할을 하는 어기조사로 보아 '이', '대저', '대체', '도대체' 정도로 해석할 수 있음. 7-28, 7-33, 11-25

【喩유】 밝다. 훤히 알다. 깨닫다. 4-16

【孺悲유비】 노나라 사람. 17-20

【帷裳유상】 조회나 제사 때 입는 예복으로 통폭(온폭)의 천을 주름잡은 치마. 10-1-6

【庾유】 용량단위. 열여섯 말(16斗). 일설에는 두 말 넉 되(2斗 4升)라고 함. 6-3

【惟유】 獨也. 오직. 다만. 유독. …만이. 부사. 범위의 제한이나 한정을 나타냄. 2-21, 4-3, 7-10, 19-12

【愉愉如유유여】 유쾌(愉快)하다. 유쾌한 모습을 하다. 화평하고 기쁘다. 웃는 얼굴을 하고 즐거운 얼굴을 하는 것. 10-1-5

【愈유】 …보다 낫다(우수하다)(勝也). 뛰어나다. 5-9, 11-15

【有유】 ① 있다. ⇔ 無. 1-1외 149회. ② 얻다. 갖고 있다. 소유하다. 다스리다. 12-22, 13-8, 16-1 ③ 하다. 행하다. 16-1 ④ 두다. 마련해 두다. 갖추다. 준비하다. 10-1-6,7 ⑤ 어떤. 어느. 지시대명사. 정확히 밝혀지지 않은 사람이나 사물을 가리킴. 9-7 ⑥ = 又. 또. 거듭. 부사. 동작이나 행위가 반복 또는 연속적으로 발생하는 것을 나타냄. 5-14 ⑦ …와[과]. 또. = 又. 접속사. 숫자의 중간에 들어가 정수(整數)와 우수리를 연결함. 해석하지 않아도 무방함. 2-4, 10-1-6 ⑧ 명사, 형용사, 동사 등의 앞에 쓰여 어조를 고르는 역할을 함. 2-21, 11-21, 13-3

【有道유도】 ① 올바른 도로 잘 다스려짐. 정치가 청명(淸明)하고 천하가 태평함. 5-2, 21, 8-13, 14-1,4, 15-6, 16-2, 18-6 ② 도덕과 학문을 몸에 갖추고 있음 또는 그 사람. 올바른 도를 지닌 사람. 세상살이의 이치를 아는 사람. 1-14, 12-19

【有司유사】 ① 일 주관하는 실무 담당자. 주관(主管)하는 사람. 소관 직책의 해당 관리. 전담자(專擔者). 8-4, 13-2 ② 일 주관하는 실무 담당자. 전담자(專擔者). ⇒ 말단 창고지기. 구실아치(각 관아의 벼슬아치 밑에서 일을 보던 사람). ⇒ 말단 창고지기의 근성. ⇒ 옹졸함. 20-2

【有若유약】 공자의 제자 유약(有若). 자는 자유(子有). [참고] 學而-2. 12-9

【有言유언】 말을 두다. 좋은 말이 있다. 훌륭한 말이나 좋은 말을 두다. ⇒ 속담(俗談)이 있다. 격언(格言)이 있다. 13-22, 14-5, 16-1

【有子유자】 공자의 제자. 노(魯)나라 사람으로 성은 유(有), 이름은 약(若), 자는 자유

(子有). 공자보다 43세 아래[史記 弟子傳]. [33세 아래라는 설도 있음.] 1-2,12,13

【有恒者유항자】 겉과 속이 언제나 변하지 않는 한결같은 마음을 가진 사람. 지조(志操)가 있는 사람. 표리부동(表裏不同)하지 않는 사람. 언제나 한결같이 착한 마음을 가진 사람. 언제나 선하고 올바르게 살려고 마음 쓰는 사람. 일편단심(一片丹心)의 지조를 지키는 사람. 7-25

【柔유】 좇다. 따르다. 16-4

【游유】 노닌다. 즐긴다. 즐기며 하다. 즐기며 익힌다. 즐기며 익숙하게 한다. 7-6

【牖유】 창. 창문. 남쪽으로 난 창. 6-8

【猶유】 ① 같다. …와 같다. 형용사. 5-19, 7-32, 11-15, 12-8,13, 17-10,12, 19-25 ② 부사. 서로 다른 상황에서 동작이나 행위가 같음을 나타냄. ㉠ 마치 …와 같이. …처럼. …와 마찬가지로. 11-10 ㉡ 마찬가지로. 똑같이. 어차피(이렇게 하나 저렇게 하나 똑같다). 20-2 ③ 아직도. 여전히. 부사. 동사 앞에 놓여 동작·행위·성질·상태 등이 원래의 상태를 유지하여 변화가 없음을 나타냄. 14-38 ④ 오히려. …마저도. …까지도. …조차. …마저도 오히려. 부사. 동작·상태·상황의 정도가 심화되는 것을 나타냄. 6-28, 14-45 ⑤ 오히려. 반대로. 그래도. 그렇지만. 부사. 전환을 나타내어 앞뒤 문장의 의미가 상반되는 느낌을 자아냄. 8-17, 12-9, 15-25, 17-22, 18-5, 19-24

【由유】 ① 말미암다(어떤 현상이나 사물이 원인이나 이유가 되다). 연고가 되다. 시초가 되다. 유래가 되다. 12-1 ② 말미암다. 본으로 하다. 좇다. 따르다. 1-12, 6-15, 8-9, 9-10 ③ 겪어오다. 지내오다. 所由 : 지내온 길. 경력(經歷). 2-10 ④ 지나가다. 거치다. 경유하다. 통하다. 6-15 ⑤ 행하다. 이행하다. 꾀하다. 도모하다. 6-12

【由유】 공자의 제자. 성은 중(仲). 이름은 유(由). 자는 자로(子路) 또는 계로(季路). 노(魯)나라 사람으로 공자보다 9세 아래. 계강자(季康子)의 가재(家宰)를 지냈음. 2-17, 5-7,8, 9-26, 11-14,17, 15-3, 17-8

【窬유】 = 踰. 넘다. 담을 넘다. 17-12

【維유】 …이다. 동사. 萬邦黎獻 共維帝臣(만방의 여러 어진 사람들이 공히 임금의 신하이다.) [書經 益稷] 3-2

【誘유】 이끌다. 이끌어 나가다. 유도(誘導)하다. 인도(引導)하다. 권도(勸導)하다. 이끌어 가르치다. 9-10

【踰유】 넘다. 벗어나다. 뛰어넘다. 극복하다. 초월하다. 2-4, 19-11,24

【遊유】 ① 떠나다. 여행하다. 놀다. 나가 놀다. 4-19, 16-5 ② 걷다. (유유히) 노닐다. 산책하다. 12-21

【遺유】 버리다. 잊다. 8-2

【六尺之孤육척지고】 15세 미만의 어린 고아. 부왕(父王)의 상중(喪中)에 있는 어린 임금의 자칭(自稱). ⇒ 어린 임금. 六尺 : 15세. 周나라에서는 一尺을 두 살 반(二歲半)이라 하였음. 8-6

【允윤】 진실로. 정말로. 확실히. 부사. 동사나 형용사 앞에 쓰여 성질·상태·상황 등에 대한 강조나 긍정을 나타냄. 20-1

【潤윤】 ① 젖다. 물에 젖다. 12-6 ② 광택을 내다. 빛내다. 潤色 : 광택을 내고 색칠하다. 매끄럽게 다듬다. 문채를 빛나게 하다. 14-9

【戎융】 병장기(무기). 병사. 군대. 정벌. ⇒ 전쟁. 전쟁터. 13-29

【殷은】 은(殷)나라. 탕왕(湯王)이 건국하여 B.C. 17세기 경부터 지금의 하남성 일대를 중심으로 발달한 나라.(B.C. 1760~1122.) 고고학적으로 확인되고 있는 중국 최초의 왕조. 처음에는 국호를 상(商)이라 하였고, 반경(盤庚) 때에 은(殷)으로 고쳤음. 2-23, 3-9,21, 8-20, 15-10, 18-1

【誾誾은은】 존경하는 태도로 온화하면서 시비를 분명하게 변별하는[밝히는] 모양. 온화한 표정으로 바르고 분명하게[조리 있게] 말하는 모습. 10-1-2, 11-12

【隱은】 ① 숨기고 말하지 않다. 진상을 감추다. 속을 숨기다. 아껴서 말하지 아니하다. 숨겨두고 다 가르쳐 주지 않다. 속이다. 7-23, 13-18, 16-6 ② 은둔(隱遁)하다. 세상을 피해 숨음. 숨어서 살며 세상일에 간여치 않다. 隱居 : 세상을 피해 숨어서 살다. 8-13, 16-11, 18-7,8,

【淫음】 ① 음란(淫亂)하다. 간사하다. 사악하다. ② 정도에 지나치다. 지나쳐 바름[적당함]을 잃다. 절제를 못하다. 질탕(跌宕)하다. 3-20, 15-10

【陰암】 말을 않다. 무덤 곁에 지어 놓은 움막. 14-43

【飮음】 ① 물·차 등의 마실 것. 음료. 6-9, 8-21 ② 마시다. 3-7, 7-15, 10-1-10

【揖읍】 읍하다. 예를 갖추어 인사하다. (두 손을 모으고 공손하게) 인사하다. 상대방에게 공경의 뜻을 나타내는 예(禮)의 하나로서 포개어 잡은 두 손을 가슴 앞으로 들고 허리를 앞으로 공손히 구부렸다가 펴면서 손을 내리는 인사. 3-7, 7-30, 10-1-3,5

【應對응대】 응대(應待)하고 대답하는 일. 손님이나 웃어른을 맞이하여 모시고 물음에 잘 대답하는 일. 접대(接待)의 일. 19-12

【依의】 의지한다. 항상 떠나지 않는다. 의거하다. 근거로 하다. 7-6

【儀의】 지명. 위(衛)나라의 한 읍(邑). 3-24

附

錄

論
語
字
解

【宜의】 마땅하다. 당연하다. 19-23

【意의】 주관이 없이 의심하거나 억측(臆測)함. 확실한 근거도 없이 자의(恣意)로 단언(斷言)함. 제멋대로 하는 마음. 사사로이 판단함. 9-4

【毅의】 굳세다. 의지가 강하다. 강직(剛直)·의연(毅然)하고 결단력이 있다. 강인(強忍)하다. 과감(果敢)함. 의연(毅然)함. 과감하고 흔들림이 없는 것. 8-7, 13-27

【疑의】 의심스러운 것. 믿지 못하는 것. 자신할 수 없는 것. 의심을 하다. 의혹을 가지다. 2-18, 12-20, 16-10

【矣의】 ① …일 것이다. …이다. 어기조사. 진술문의 끝에 쓰여 긍정의 어기를 나타냄. 1-7,9,11, 4-20, 7-16,25, 13-20,29, 14-2,13,40, 16-2, 17-1,6,21, 19-23 ② …이다. 어기조사. 단정 또는 필연의 결과를 나타냄. 1-2, 2-11,18, 3-9,10,24, 4-8,23,26, 5-19,20, 6-2,14,20, 7-29, 8-4,5,16, 10-1-3,8,10,13, 11-6,9,22,23, 12-1,2, 13-18,20,28, 14-3,42, 15-1,29,31, 16-1,4,9,11, 17-1,21, 18-6,7,8, 19-6,12,19, 20-2 ③ …이다. 어기조사. 동작이 이미 완료되었음(어떤 상황이 이미 실현되었거나 형성되었음)을 나타냄. 4-6, 5-27, 11-14, 12-5, 15-12,34 ④ …하게 되다. …일[할] 것이다. …하게 될 것이다. 어기조사. 상황의 변화나 새로운 상황의 출현(어떤 사건이 발전·변화하는 과정이나 그것이 장차 발생하려 함)을 나타냄. 간혹 미래나 어떤 조건 하에서의 결과가 긍정적임을 나타냄. 4-7, 6-7,27, 7-34, 9-2, 12-19,22, 13-4,8,9,11, 15-1,5,14, 16-3, 17-15, 18-3 ⑤ …일 것이다. 어기조사. 짐작하거나 추측의 어기를 나타냄. 14-18, 15-24 ⑥ …인가? 어기조사. 의문의 어기를 나타냄. 12-20, 13-20,28, 14-2, ⑦ …이겠는가? 어기조사. 반문의 어기를 나타냄. 16-1, 20-2 ⑧ …이구나! …이도다! …로구나! 어기조사. 감탄문의 끝에 쓰여 비통·찬송·감탄·놀람 등의 어기를 나타냄. 1-3, 3-25, 7-5,15, 8-21, 14-19, 15-3, 17-17, 19-16 ⑨ …해라. …해야 한다. 어기조사. 명령문의 끝에 쓰여 청유나 명령의 어기를 나타냄. 12-7 ⑩ 어기조사. 잠시 말을 멈추게 하는 느낌[짧은 휴지(休止)]을 주고 문장이 끝나지 않았음을 나타냄. 구(句)의 끝에서 다음 말을 일으키는 역할을 함. 4-4, 7-25, 10-1-18, 13-13

【矣夫의부】 …이구나[하구나]! …이로다! 관용형식으로서, 어기조사인 矣와 夫가 연용됨. 감탄의 어기를 나타냄과 아울러 추측의 의미를 겸함. 6-8,25, 9-8,21, 12-15, 14-7, 15-25

【矣哉의재】 …이구나[이도다]! 관용형식으로 감탄(感歎)·한탄(恨歎)의 어기를 나타냄. 9-11, 13-9, 15-16, 17-22

【矣乎의호】 ① …했다고 할 수 있습니까? …합니까? …입니까? 판단문 끝에 쓰여, 矣는 이미 그러한 것 혹은 장차 그러할 것을 나타내고, 乎는 의문을 나타냄. 4-6, 5-19, 12-3,4, 17-8,10 ② 감탄문의 끝에 쓰여 矣는 이미 그러함을 나타내고 乎는 감탄을 나타냄. 其와 함께 쓰이는 경우 추측의 어기를 내포함. 6-27

【義의】 올바름. 의리. 의로움. 사리에 합당한 행위. 옳은 길. 마땅히 지켜야 할 도리.

의무. 또는 이렇게 하다. 1-13, 2-24, 4-10,16, 5-16, 6-20, 7-3,15, 12-10,20, 13-4, 14-13,14, 15-16,17, 16-10,11, 17-23, 18-7, 19-1

【衣의】 ① 옷. 의복. 상의. 4-9, 5-26, 8-21, 9-9, 10-1-3,6,7, 20-2 ② (옷을) 입다. 동사. 6-3, 9-26, 10-1-6, 17-21

【議의】 ① 의논하다. 논의하다. 꾀하다. 4-9 ② (정치를) 평론(評論)하다. 시비를 따지어 말하다. 의론(議論)이 분분하다. (정치에 대해) 왈가왈부(曰可曰否)하다. 16-2

【饐의,애】 음식이 쉬다. 10-1-8

【二이】 ① 2. 둘. 3-14, 5-9, 8-20, 12-7, 16-1,13, 18-7 ② 10분의 2. 2/10. 10분의 2를 세금으로 거둬들이다. 동사적 의미. 12-9

【二三子이삼자】 너희들. 여러분. 그대들. 자네들. 본래의 의미는 '두세 아이'라는 뜻으로 공자가 문하의 제자들을 부를 때 사용하였음. 3-24, 7-23, 9-11, 11-10, 17-4

【以이】 ① 이. 이것. 이처럼. = 此. 지시대명사. 가까운 사람이나 사물, 상태(상황) 등을 가리킴. 14-14, 19-24, 20-1 ② = 用. 쓰다. 동사. ㉠ 쓰다. 사용하다. 3-21, 13-5,30, 14-17 ㉡ 등용하다. 임용하다. 13-14, 18-10 ㉢ 쓰다. 사용하다. ⇒ 마음을 쓰다. 생각하다. 염두에 두다. 11-25 ③ 가지다. 지니다. 동사. 10-1-16 ④ 하다. 행하다. 동사. 所以 : 하는 바. 행동(行動). 2-10 ⑤ 조동사. 往, 來, 內, 外, 東, 西, 南, 北, 上, 下 등과 함께 쓰여 시간·방위·장소 등을 나타냄. 6-19, 7-7 ⑥ …(으)로(써). …을(에) 따라. …을 사용하여. …에 근거하여. 전치사. 동작이나 행위가 발생할 때 사물이나 어떤 준칙(기준이나 근거)에 의거하는 것을 나타내며 간혹 강조를 위해 뒤의 목적어와 도치되기도 함. 1-5, 2-1, 6-25, 7-19,24, 11-23, 12-15,17, 13-25, 14-13, 15-22,32, 19-12 ⑦ …으로써. …을 가지고. …을 통하여. 전치사. 도구·수단·방법을 나타냄. 1-6,12, 2-2,3,5,20, 3-2,19, 4-5,13,15,23, 5-1,2,5,9, 6-1, 7-8, 9-10, 10-1-6, 11-5,7,23, 12-14,24, 13-30, 14-15,36,46, 15-2,17, 17-5,7,20, 18-6,7, 19-7 ⑧ …으로. …으로서. 전치사. 신분·자격·지위 등을 나타냄. 8-5, 18-3 ⑨ …을(를). 전치사. 동작이나 행위가 발생할 때, 직접 파급되거나 목적이 되는 대상을 나타냄. 5-19, 6-3, 7-30, 8-1, 11-25, 12-20, 13-5, 14-38, 19-23 ⑩ … 때문에. …으로 인하여. 전치사. 동작이나 행위가 발생한 원인을 나타냄. 4-21, 7-18, 11-7,25, 12-10,21, 14-22, 20-1 ⑪ = 而. 그리고. 그래서. 그리하여. …하여서. 접속사. 순접관계를 나타냄. 1-10, 2-20, 3-8,23, 7-16,28, 11-7, 12-19, 14-43,45, 15-8,30,32, 16-1,11, 18-6,7 ⑫ = 而. 그러나. 오히려. 접속사. 역접관계를 나타냄. 8-20 ⑬ = 則. …하면 곧. …으로 말하자면 곧. 접속사. 두 가지 또는 여러 가지 사실의 대비(대응) 관계를 나타냄. 11-25

【以이…爲위~】 …으로써 ~을 삼다[여기다]. …을 ~으로 삼다[여기다]. …을 ~(이)라고 여기다[간주하다, 생각하다]. …이(가) ~하다고 여기다[간주하다, 생각하다]. 以는 전치사. 爲는 동사. 3-24, 7-23, 8-7, 11-22,23, 15-2,17, 17-23, 19-10,25

【以爲이위**】** …으로 여기다. …으로 삼다. …으로 생각하다. 以 다음에 목적어가 생략됨.
[참고] 以… 爲~. 2-8, 3-18, 16-1, 17-24, 19-10,25

【伊尹이윤**】** 은나라 탕(湯) 임금의 현신(賢臣). 이는 성이며 윤은 벼슬 이름. 이름은
지(摯). 탕임금은 초야에 묻혀 살던 그를 재상으로 삼았으며 탕임금이 죽은 후에도 탕의
적손(嫡孫)을 세워 극진히 보필하였음. 12-22

【夷이**】** 걸터앉다. 두 다리를 뻗고 앉다. 쭈그리고 앉다. 웅크리고 앉다. 14-46

【夷狄이적**】** 오랑캐. 중국 변방의 야만스러운 종족[미개민족]. 오랑캐 땅. 오랑캐 나라.
중원(中原) 변방의 나라들. 동쪽을 夷(이), 서쪽을 戎(융), 남쪽을 蠻(만), 북쪽을 狄(적)
이라 하였음. 3-5, 13-19

【已이**】** ① = 止. 그치다. 끝나다. 멎다. 그만두다. 중지하다. 말다. 동사. 5-27, 8-7, 9-8,
14-42, 15-12, 17-5,21,26, 18-5 ② 그만두게 되다. 물러나게 되다. 파면되다. 해임되다.
동사. 5-19 ③ 움직이지 않다(不動作). 활동하지 않다. 동사. 17-22 ④ 너무. 매우. 지나치게.
대단히. 부사. 성질이나 상태가 어떤 정도를 초과함을 나타냄. 8-10, 17-21 ⑤ 이미. 벌써.
부사. 동작이나 행위가 이미 발생하였음을 나타냄. 18-7 ⑥ = 了. …이다. 어기조사. 진술문
의 끝에 쓰여 긍정이나 종결의 어기를 나타냄. [참고] 也已. 1-14, 2-16, 6-28, 8-11, 9-22

【已矣이의**】** …이다. …할 것이다. 어기조사. 이미 발생하였거나 어떤 새로운 상황이
발생할 가능성이 있음을 나타냄. 1-15, 3-8, 7-33, 19-1

【怡怡이이**】** ① 화순(和順)한 모양. 밝고 편안한[자유로운] 모습. 10-1-4 ② 화목한
모양. 화기애애한 모양. 화락한 모양. 살갑게 대하는 모양. 화목하여 기뻐하는 모양. 13-28

【爾이**】** ① 너. 그대. 너희(들). 당신. 이인칭대명사. 3-17, 5-12,26, 7-10,34, 9-30, 11-25,
12-20, 16-1, 13-2, 17-1, 20-1 ② = 而已. 耳. …일 뿐이다[따름이다]. 어기조사. 제한의 어기를
나타냄. 일반적으로 범위를 나타내는 부사 '乃, 但' 등과 호응함. 7-33, 10-1-1 ③ 어기조사.
호흡을 늦춤으로써 억양이나 어기를 부드럽게 들리도록 도와주는 역할을 함. 6-12 ④
어기조사. 진술문의 끝에 쓰여 종결의 어기를 나타냄. 일반적으로 云과 함께 쓰임. 7-18
⑤ 형용사나 동사 뒤에 쓰여 부사 또는 형용사를 만드는 접미사. 9-10, 11-25, 17-4

【異이**】** ① 다른 것[사람]. 새로운 것. 색다른 것. 특이한 것. 대명사. 11-23, 12-10 ②
다르다. 같지 않다. 색다르다. 특이(特異)하다. 형용사. 1-10, 11-25, 13-18, 18-8, 19-3
③ 다른. 별개의. 그 밖의. 형용사. 2-16, 16-13,14

【異端이단**】** ㉠ 바른 길에서 벗어난 특이하고 치우친 길. 괴이하고 기교(奇巧)한 작은
도(道). ㉡ 성인의 도와 실마리를 달리하는 잡된 학설. ㉢ 부정확한 의론(議論). 2-16

【而이**】** ① = 爾. 너. 당신. 그대. 2인칭대명사. 18-6 ② 와[과]. …하고. 그리고. 접속사.
병렬관계를 나타냄. 1-5,6,14, 2-3,20, 4-24, 5-15, 6-1,20, 7-1, 10-1-8, 12-20, 14-23, 15-14,37,

附錄

論語字解

19-6,22 ③ …하여서. 그래서. 그리하여. …하고서(야). 곧. 이에. …하니 곧. …하자마자[한 후에] 곧. 접속사. 이치상으로 앞뒤의 내용이나 시간의 흐름이 이어지는 순접(연관)관계를 나타냄. 1-1,2,12,14,15, 2-1,3,4,9,11, 3-7, 4-12, 5-10,19,24,25, 6-10,13, 7-10,19,21, 23,27,30, 8-20, 9-7,12,22, 10-1-6,10,11,13, 11-16,25, 12-5,22,23, 13-2,3,4,15,21, 14-18,22,26, 37,42, 15-2,4,6,23,24,34, 16-1,8,9,12,13,16, 17-1,7,10,14,20, 18-5,6,7, 19-13,19,23,25, 20-2 ④ 그런데. 그러나. 그렇지만. …하더라도. …하지만. 오히려. 접속사. 전환을 나타내어 앞뒤 문장의 의미가 상반되는 역접관계를 나타냄. 1-1,2,4,15, 2-14,15,22,24, 3-3,20, 4-9,18, 5-5,17, 6-8,20, 7-1,10,25,26,37, 8-2,10,16,18,21, 9-2,11,21,23,26, 11-7,16,18, 12-1,20, 13-6,15,18,22,23,25,26, 14-3,6,7,11,16,26,41, 15-7,13,19,21,29,33,36, 16-1,6,9, 17-1,7,10,12,23,24,26, 18-1,6,7, 20-2 ⑤ 게다가. 또한. 뿐만 아니라. 접속사. 점층관계를 나타냄. 6-14, 19-3 ⑥ = 則. 이에 곧. …이면[하면] 곧. 접속사. 조건에 따른 결과를 나타냄. 4-17, 5-27, 6-28, 9-19, 11-9,25, 12-19, 13-15, 17-5, 19-14 ⑦ = 如. 만일 …이면(…하면). 접속사. 가설(가정)이나 조건을 나타냄. 3-22, 7-11,30,31, 12-7, 13-22 ⑧ 접속사. 부사어와 술어를 이어주어 수식이나 한정관계를 나타냄. 이 경우는 해석하지 않음. 11-25, 17-4 ⑨ 접속사. 조동사와 동사를 연결시키는 역할을 함. 得而. 5-13, 7-25, 8-1, 12-11, 19-24 ⑩ …이[가, 는]. 之와 같이 주어와 술어 사이에 놓여 명사구 또는 절이 되게 하는 구조조사. 14-29 ⑪ …이구나[한가]! 어기조사. 감탄의 어기를 나타냄. 9-30, 18-5 ⑫ …하라[하자]! 어기조사. 명령문 끝에 쓰여 충고의 어기를 나타냄. 18-5 ⑬ …에(는). …함에 있어서는. …일 때는. 어기조사. 잠시 멈춰 어기를 고르거나 상황이 진행되고 있음을 나타냄. 1-4,7, 7-2, 14-46 ⑭ 조동사. 뒤에 上, 下, 往, 來, 前, 後 등을 동반하여 범위를 나타냄. 而往. 而後. 2-13, 3-10, 5-20, 7-31, 8-3, 8-7, 10-1-18, 13-12, 19-10 ⑮ 부사형 접미사. 부사구를 만드는 역할을 함. 영어의 '…ly'와 같음. 6-17, 7-2

【而今이금】 지금. 지금에 와서. 이제 와서. 이제. 오늘날. 부사. 시간을 나타냄. 8-3

【而往이왕】 = 而後. 以後. 이후에. …하고 난 후에. 그런 다음에. …한 연후에. 단문을 연결시키며, 뒷일이 앞의 일에 이어서 발생하는 연관관계를 나타냄. 3-10

【而已이이】 …일 뿐이다. …일 따름이다. 그만이다. 어기조사. 진술문의 끝에 쓰여 제한 또는 한정의 어기를 나타냄. 8-20, 13-10, 14-45

【而已矣이이의】 …일 뿐이다. …할 따름이다. '而已'는 제한의 어기를 나타내고, '矣'는 긍정의 어기를 나타내는데 이 둘이 연용되어 제한의 어기를 강조함. 4-15, 6-5, 12-8, 13-3,22, 14-42, 15-4,40, 17-16, 18-8

【而後이후】 이후에. 그런 다음에. …한 연후에. …하고 난 후에. =以後. 단문을 연결시키며, 뒷일이 앞의 일에 이어서 발생하는 연관관계를 나타냄. 2-13, 5-20, 7-31, 8-3,7, 10-1-18, 13-12, 19-10

【耳이】 ① 귀. 2-4, 8-15 ② …일 뿐이다[따름이다]. 어기조사. 한정의 어기를 나타냄.

17-4

【貳이】 둘. 두 번 하다. 재차(再次) 하다. 되풀이하다. 다시 하다(復也). 6-2

【弋익】 주살(오늬에 줄을 매어 쏘는 화살). 주살질하다. 주살로 새를 잡다. ♣ 오늬 : 화살의 머리를 활시위에 끼도록 에어 낸 부분. 7-26

【益익】 ① 더하다. 보태다. 더 주다. 더 해주다. 2-23, 6-3, 11-16, 13-1 ② ㉠유익함. 좋은 점. 장점. 이익. 15-30 ㉡ 이익[보탬]이 되다. 유익하다. 좋은 점이 있다. 16-4,5 ③ 나아가다(進就). 더 좋아지거나 향상되다. 학덕(學德)을 늘리다. 정진(精進) 하다. 14-47

【翼익】 공경하고 근신하는 단정한 모양. 10-1-3

【人인】 ① 사람. 인간. 일반적으로 사람을 통칭함. 1-2외 113회 ② 남. 다른 사람. 나와 대조되는 개념. 1-1,4,16, 4-3, 5-5,12,17,25, 6-28, 7-2,31,32,33, 11-21,24, 12-1,2,5,13,16, 20,21, 13-13,19, 14-25,31,32,37, 15-14,18,20,23,24,25, 17-24, 19-3 ③ 사람. 지배층의 사람. 관리(벼슬아치). 대체로 사대부 이상의 사람을 가리킴. 1-5, 3-21,24, 11-13, 14-9,45 ④ 인재(人材). 훌륭한 인물. 6-12, 14-10 ⑤ 양사(量詞). 7-21, 8-20, 11-25, 14-40, 18-10, 20-1

【仁인】 ① 사욕이 없는 완전무결한 덕성(德性)으로 사랑을 실현하기 위한 원리. 공자의 도덕 표준. 1-2,3, 3-3, 4-1~7, 5-5, 5-8,19, 6-5,20,21,24,28, 7-6,14,29, 8-2,7,10, 9-1,28, 12-1,2, 3,20,22, 13-12,19,27, 14-2,5,7,17,18,30, 15-8,9,32,34,35, 17-1,6,8,17,21, 19-6, 15,16, 20-1,2 ② 백성들이 인(仁)하게 되다. 인정(仁政)이 이루어지다. 어진 정치가 행해지고 베풀어지다. 교화(敎化)가 두루 미치다. 인화(仁化)되다. 인덕(仁德)에 의한 감화(感化)가 이루어지다. 13-12 ③ = 仁人. 인(仁)한 사람. 어진 사람. 인(仁)을 행(行)하는 사람. 인덕(人德)을 갖춘[이룬] 사람. 1-6, 7-33, 18-1

【仞인】 길. 높이나 길이의 단위. 한 길은 칠척(七尺)임. 19-23

【因인】 ① 인하다. 말미암다. ⇒ 인습(因襲)하다. 답습하다. 이어받다. 계승(繼承)하다. 근거로 하다. 따르다. 좇다. 2-23, 20-2 ② 이어 받다. 연달다. 뒤따르다. 뒤를 잇다. 겹치다. 11-25 ③ 곧. 따라서. 이로 인해. 그렇게 함으로써. 부사. 뒤의 동작이나 행위가 앞의 동작이나 행위에 이어 발생하는 것을 나타냄. 1-13

【忍인】 참다. 참고 보아 넘기다. 용인(容忍)하다. 용납(容納)하다. 3-1, 15-26 [참고] 하다. 차마 하다(忍爲). 서슴지 않고 하다. 나쁜 마음으로 하다.

【訒인】 (함부로 말하지 않고) 조심스럽고 어렵게 말하다. 할 말을 참고 신중히 하다. 12-3

【一일】 ① 하나. 4-15, 5-9, 15-2, 16-13 ② ㉠ 하나의. 한. 2-2, 4-6, 6-9, 7-8, 9-18, 10-1-4,6, 11-25, 13-15, 15-23, 18-10, 19-25, 20-1 ㉡ 또 다른 하나의. 어느 하나의. 많은 것 가운데의 어느 하나. 5-19, 12-1 ③ 한편으로. 4-21 ④ 한 번. 두 가지 일이 발생 시간상 앞뒤 긴밀한 관계가 있음을 나타냄. 6-22 ⑤ 단번에 모두. 일시에 모두. 부사. 14-18

【一日일일】 ① 어느 날이라도. 일조(一朝)에. 일단(一旦). ② 하루라도. 12-1

【一朝일조】 하루 아침. 일시(一時). 일시적인 시간. 짧은 시간을 말함. 12-21

【佚일】 마음껏 즐기다. 방종(放縱)하다. 방탕(放蕩)하다. 佚遊 : 주색(酒色) 잡기(雜技)로 방탕하게 놂. 할 일 없이 놀러 다님. 16-5

【日일】 ① 날. 일. 2-9, 4-6, 7-9, 10-1-8, 11-25, 12-1, 15-1,16,30, 16-13, 17-22, 18-4,7 ② 부사. 날마다. 매일. 1-4, 19-5

【日月일월】 ① 해와 달. 19-21,24 ② 날로 달로. 날마다 달마다. 매일이나 매달. 6-5 ③ 세월. 17-1

【逸民일민】 벼슬을 하지 않고 속세를 떠나 초야에 숨어 초탈하게 사는 재덕(才德)이 뛰어난 사람. 18-8, 20-1

【任임】 ① 맡음. 맡은 일. 짐. 임무. 책임. 8-7 ② (일을) 맡기다. 책임을 맡기다. 위임하다. 신임하다. 의지하고 믿다. 17-6

【荏임】 부드럽다. ⇒ 유약(柔弱)하다. 나약(懦弱)하다. 담력이 약하다. 겁이 많다. 17-12

【袵임】 = 衽. 옷깃. 옷섶. 14-18

【飪임】 잘 익힌 음식. 음식물을 삶아서 익히다. 10-1-8

【仍잉】 인(因)하다. 그대로 따르다. 그대로 두다. 11-13

犬

【咨자】 아! 감탄사. 문장 밖에서 단독으로 쓰여 찬양의 어기를 나타냄. 20-1

【子자】 ① 그대. 당신. 선생. 이인칭대명사. 상대방을 높여 부르는 존칭. 2-21, 11-23, 12-17,18,19, 13-3, 16-13, 18-2,6,7, 19-25 ② 선생님. 스승. 남자의 존칭으로 성(姓) 밑에 붙여 씀. 특별히 공자를 가리킴. 1-1,3,5,6,8,11~15,16, 2-1~6,8~20,18~24, 3-2~18,20~23,25,26, 4-1~25, 5-1~12,15~28, 6-1,3~6,8~28, 7-1~13,15~37, 8-1,2,8~19,21, 9-1~9,11~30, 10-1-12, 11-1~4,7~16,18~25, 12-1~4,6,7,10,12~16,20~23, 13-1~14,16,17,19~30, 14-1~21,23~27,29~33, 35~40,42~47, 15-1~41, 17-2~5,7~19,21~26, 18-7,8, 20-2,3 (375회) ③ 자식. 아들과 딸의 통칭. 11-7,24, 12-11, 13-18, 17-21, 20-1 ㉠ 아들. 3-15, 11-10, 18-7 ㉡ 딸. 5-1,2, 11-5 ④ 자식답다. 자식 노릇을 하다. 12-11 ⑤ …사람. …아이. …분. (三子, 二三子 등). 3-24, 7-23, 9-11, 11-10,25, 14-22, 17-4 ⑥ 동물의 새끼. 6-4

【子羔자고】 공자의 제자 고시(高柴). 자가 자고(子羔). [참고] 先進-17. 11-24

【子貢자공】 공자의 제자. 위(衛)나라 사람. 성은 단목(端木). 이름은 사(賜). 자가 자공(子貢). 공자보다 31세 아래. 1-10,15, 2-13, 3-17, 5-4,9,12,14,15, 6-28, 7-14, 9-12, 11-2,12,15, 12-7,8,23, 13-20,24, 14-18,30,31,37, 15-9,23, 17-19,24, 19-20,21,22,23,24,25

【子禽자금】 진(陳)나라 혹은 제(齊)나라 사람. 성이 진(陳). 이름이 항(亢, 본음은 강). 자는 자금(子禽). 공자의 제자 혹은 자공(子貢)의 제자라고 함. 공자보다 40세 아래. [참고] 季氏-13, 子張-25. 1-10

【子路자로】 공자의 제자. 성은 중(仲). 이름은 유(由). 자가 자로(子路) 또는 계로(季路). 노나라 사람으로 공자보다 9세 아래. [참고] 爲政-17. 5-7,8,14,26, 6-26, 7-10,18,34, 9-11,26, 10-1-18, 11-12,14,21,24,25, 12-12, 13-1,3,28, 14-13,17,23,38,41,45, 15-1, 17-5,7,23, 18-6,7

【子文자문】 초(楚)나라의 대부. 성은 투(鬪). 이름은 누오도(穀於菟). 자가 자문(子文). 일설에는 이름이 곡(穀), 자가 오도(於菟)라고 함. 초나라의 방언에 젖먹이는 것을 穀(누), 호랑이를 於菟(오도)라고 하는데, 자문은 태어나자마자 버려져 호랑이의 젖을 먹고 살았다 하여 穀於菟(누오도)라는 이름이 붙여졌다고 함. 5-19

【子服景伯자복경백】 노(魯)나라 대부. 성이 자복(子服). 이름은 하(何). 시호가 경(景). 자가 백(伯). 14-38, 19-23

【子產자산】 춘추시대 정(鄭)나라의 재상(宰相)(大夫). 정치외교가. 성은 공손(公孫). 이름은 교(僑). 자가 자산(子產). 22년간 정(鄭)나라 간공(簡公), 정공(定公), 헌공(獻公), 성공(聲公)을 모시면서 나라를 부강케 했음. 진(晉)과 초(楚) 등의 대국 사이에서 능란한 외교술로 약소국 정나라의 안정을 유지한 것으로 유명함. 내정에서도 중국 최초의

성문법을 제정하여 인습적인 귀족정치를 배격하였고, 특히 미신을 배척하고 인간애를 강조하는 활동으로 공자의 사상적 선구가 되었음. 5-16, 14-9,10

【子桑伯子자상백자】 신원 미상. 노나라 사람으로 추정. 6-1

【子西자서】 춘추시대 정나라의 대부 공손하(公孫夏). 14-10

【子羽자우】 춘추시대 정(鄭)나라 대부 공손휘(公孫揮). 자가 자우(子羽). 14-9

【子游자유】 공자의 제자. 성은 언(言). 이름은 언(偃). 자가 자유(子游). 오(吳)나라 사람으로 공자보다 45세 아래. 무성(武城)의 읍재(邑宰)를 지냈음. 2-7, 4-26, 6-12, 11-2, 17-4, 19-12,14,15

【子張자장】 공자의 만년 제자. 성은 전손(顓孫). 이름은 사(師). 자가 자장(子張). 진(陳)나라 사람으로 공자보다 48세 아래. 2-18,23, 5-19, 11-19, 12-6,10,14,20, 14-43, 15-5,41, 17-6, 19-1,2,3,15,16, 20-2

【子賤자천】 공자의 제자. 魯나라 사람. 성은 宓(복). 이름은 不齊(부제). 자가 子賤(자천). 사기(史記)에는 공자보다 30세 아래로, 공자가어(孔子家語)에는 49세 아래로 되어 있음. 5-3

【子夏자하】 공자의 제자. 성이 복(卜). 이름이 상(商). 자가 자하(子夏). 위(衛)나라 사람으로 공자보다 44세 아래. 1-7, 2-8, 3-8, 6-11, 11-2, 12-5,22, 13-17, 19-3,4,5,6,7,8,9,10,11, 12,13

【子華자화】 공자의 제자. 노(魯)나라 사람. 성은 공서(公西). 이름이 적(赤). 자가 자화(子華). 공자보다 42세 아래. [참고] 公冶長-8. 6-3

【紫자】 자주색. 10-1-6, 17-18

【者자】 ① …(두, 세, …) 사람[일, 가지, 곳]. 특수지시대명사. 복수의 수량명사와 함께 명사구를 이룸. 앞의 나열한 사람 또는 사물(사건)을 합산함. 3-2, 11-25, 12-7, 14-22, 16-1,13, 17-6 ② …한[하는, 이라 하는] 사람[일, 때, 곳, 것]. 특수지시대명사. 동사·형용사 혹은 각종 구와 결합하여 그 말의 수식을 받아 명사구를 이루며, 사람이나 사물을 나타냄. 1-2,8,15, 3-8,10,11,24, 4-2,3,6,9,23, 5-7,11,26,27,28, 6-2,7,10,12,18,20,21,24,28, 7-9,10,19,21, 23,25,27, 9-5,6,9,12,16,17,19,21,22,24,26,28, 10-1-1,4,10,16, 11-2,3,6,9,20,24,25, 12- 3,12,22, 13-10,12,16,18,20,21,24, 14-5,7,14,18,25,26,33, 34,37,39,40,41,42,47, 15-1,2,3,4,7,9,12,13,15, 23,25,34, 16-1,4,5,9. 17-5,7,18,20,22,24, 18-5,6,7, 19-3,4,12,17,22,23,24 ③ …에는]. 어기조사. 시기·시간 등을 나타내는 말 뒤에 붙어서 그 말을 부사어로 만들어 주는 역할을 함. 4-22, 8-5, 11-25 16-1, 17-4,7,16 ④ …이면. …하면. …한다면. 어기조사. 가설(가정)이나 조건을 나타내는 복문에서 앞 단문의 끝에 쓰임. 2-23, 5-3, 6-26, 16-1, 19-25 ⑤ …처럼. …와 같이. …하듯이. …인 것 같다. …인 듯하다. 어기조사. 비교를 나타냄. 일반적으로 如, 似, 若, 僞 등과 호응함. 狀貌不及中人 言語不足採者(용모는 보통 사람에 미치지 못했고,

말솜씨도 본받을 만한 것 같지 않았다.) [史記 游俠列傳]. 然往來視之 覺無異能者(그러나 왔다 갔다 하면서 그것을 관찰했지만 특별한 기능은 없는 것 같이 느꼈다.) [柳宗元 三戒 黔之驢] 18-6 ⑥ …은. …이란[이라는 것은]. 어기조사. 제시와 아울러 문(文)을 잠깐 멈추게 하고 다음 말을 환기시키는 역할을 함. 2-7, 11-23, 12-17,20, 14-13,30

【自자】 ① 자기 자신. 일인칭대명사. 자신을 가리킴. 부사적 성격이 강하기 때문에 목적어로 쓰일 경우 동사 앞에 놓임. 先名實者 爲人也 後名實者 自爲也[(명예와 공적을, 앞세우는 사람은 남을 위하고 뒤로 돌리는 사람은 자기 자신을 위합니다.) [孟子 告子 下] 4-17, 5-27, 12-23, 14-18,30, 15-14, 16-14, 19-17,24 ② …(으)로부터. …에서. 전치사. 동작이나 행위가 발생하는 장소·기점·방위 등을 나타냄. 1-1, 6-8, 9-14, 14-41, 16-2 ③ …(으)로부터. …이후로. 전치사. 동작이나 행위가 발생하는 시간을 나타냄. 3-10, 12-7 ④ …(으로)부터. …이(가). 전치사. 동작 행위의 주동자를 나타냄. 7-7

【玆자】 이. 이것. 이 사람. 여기. 이곳. 대명사. 가까운 것을 가리키며 사람·사물·방식·시간·장소 등을 나타냄. 9-5

【雌자】 일반적으로 짐승이나 새의 암컷. 雌雉 : 암꿩. 까투리. 10-1-18

【作작】 ① 일어나다(起也). 몸을 일으키다. 일어서다. 9-9, 10-1-16,18, 11-25 ② 일으키다. 1-2 ③ 짓다. 지어내다. 작품을 쓰다. 찬술(撰述)하다. 창작(創作)하다. 창제(創製)하다. 7-1,27, 14-40 ④ (집, 건축물 따위를) 짓다. 만들다. 제작하다. 11-13 ⑤ 비롯하다[되다]. 시작하다[되다]. 3-23 ⑥ 하게 하다. 되다. 13-22

【怍작】 부끄러워하다. 부끄럽게 여기다. 14-21

【殘잔】 해치다. ⇒ 잔학한 행위. 잔학한 사람. 잔인하고 포학한 사람. 13-11

【丈人장인】 어른. 노인. 늙은이. 18-7

【將장】 ① 전하다. 가지고 오다. 전달하다. 將命 : 명(命)을 전달하다. 주인의 명에 따라 손님들의 시중을 드는 것. 손님과 주인 사이를 왔다 갔다 하면서 말을 전하는 심부름을 하는 것. 14-47, 17-20 ② 장차[앞으로] …하려고 하다. 조동사. 앞으로 어떤 일을 하려는 의지를 나타냄. 7-14, 13-3, 16-1, 17-1 ③ …하게 하다. …이 되게 하다. 조동사. 장래에 가능한 일을 나타냄. 9-6 ④ 장차[막, 곧] …하려 하다. 부사. 술어 앞에 쓰여 동작이나 행위가 곧(가까운 미래에) 발생하려 함을 나타냄. 3-24, 6-13, 7-18, 8-4, 9-5, 14-38, 19-3

【張장】 子張. 공자의 제자 전손사(顓孫師). 자가 子張이므로 張이라 부름. 19-15,16

【掌장】 손바닥. 3-11

【杖장】 지팡이. 10-1-10, 14-46, 18-7

【杖者장자】 지팡이를 짚은 사람[노인]. 연로자(年老者). 60세 이상의 노인. 10-1-10

【牆장】 담. 벽. 5-10, 16-1, 17-10, 19-23

【章장】 글. 문장. 문채. 5-22

【章甫장보】 예모(禮帽) [예관(禮冠)] 의 이름. 11-25

【臧장】 착하다(善也). 선량하다. 훌륭하다. 좋다. 착하게 여기다. 좋게 여기다. 9-26

【臧武仲장무중】 노나라 대부 장손흘(臧孫紇). 武는 시호. 仲은 항렬(行列). 장문중 (臧文仲) 의 손자. 14-13,15

【臧文仲장문중】 노나라의 대부. 성은 장손(臧孫). 이름은 신(晨). 자는 중(仲). 시호 가 문(文). 장공(莊公), 민공(閔公), 희공(僖公), 문공(文公) 등 네 임금에 걸쳐 벼슬을 하였음. 공자 탄생 66년 전에 죽음. 5-18, 15-13

【莊장】 장엄(莊嚴)한 자세. 엄숙(嚴肅)하고 위엄(威嚴)이 있는 자세. 언행이 바르면서 위엄이 서는 모습. 점잖고 무게가 있음. 드레가 있음. 또는 그러하다. 2-20, 11-20, 15-32

【藏장】 감추다. ㉠ 도(道)를 간직함. (주장을) 감추다. 가슴에 품어 두다. 숨다. 숨어 지내다. 은둔(隱遁) 하다. 7-10 ㉡ 감추다. 간직하다. ⇒ 보관하다. 9-12

【長장】 ① 길다. 길이. 10-1-6 ② ㉠ 나이가 비교적 많은. 11-25 ㉡ 자라다. 장성(長成)하다. 늙다. 14-46 ㉢ 어른. 18-7 ③ = 久. 오래도록. 부사. 4-2 ④ 항상. 늘. 부사. 7-36

【長府장부】 창고(倉庫) 이름. 재화를 보관해 두는 곳의 이름. 長倉庫. 11-13

【長沮桀溺장저걸닉】 초(楚)나라의 두 은자(隱者) 의 이름. [참고] 八佾 - 24. 18-6

【哉재】 ① 어기조사. 진술문의 끝에 쓰여 긍정 혹은 종결의 어기를 나타냄. 문맥에 따라 '…이다.' 로 해석하기도 하고 해석하지 않기도 함. 13-20 ② …입니까? …인가? 어기조사. 질문 (의문) 의 어기를 나타냄. 일반적으로 의문대명사 安, 何 등과 호응함. 11-25, 12-20, 15-4 ③ …이겠는가? …인가? …이랴? 어기조사. 반문의 어기를 나타냄. 2-10,22, 3-26, 6-23, 7-2,29, 9-6,7,15, 12-1, 14-31, 15-5, 17-5,7,11,19, 18-6 ④ …이로다! …이구나! …이도다! …하구나! …로구나! …이여! 어기조사. 찬양·비통·분노·경악·감개 등의 감탄의 어기를 나타냄. 3-4,14,22, 5-3, 6-9, 8-15,19, 9-2,12, 10-1-18, 11-4, 12-11,21,22, 13-3,4,11, 14-6,10,42, 15-6,17

【在재】 있다. ㉠ 살아있다[계시다]. 생존해 있다. ⇔ 沒. 1-11, 4-19, 11-21,22 ㉡ …에 있다. 어떤 장소에 있거나 상황 등에 처해 있음을 나타냄. 2-18, 3-12, 5-1,22, 6-7,9, 7-13,15, 9-5,10,16, 10-1-1,2, 12-2,5,20, 13-18, 15-1,5,31,41,16-1,2,7, 19-6,22, 20-1 ㉢ 지위나 벼슬 등에 자리하고 있다. 8-14, 12-2,20, 14-27

【宰재】 읍장(邑長) 과 가신(家臣) 의 통칭[集註 - 宰 邑長家臣通號]. 5-8 ㉠ 대부(大夫) 집안 가신(家臣) 의 우두머리[가재(家宰)]. 6-3, 13-2 ㉡ 경대부(卿大夫) 의 채읍(采邑)을

附錄 論語字解

관장하는 우두머리[읍재(邑宰)]. 6-7,12, 11-24, 13-17

【宰我재아】 공자의 제자. 성은 재(宰). 이름은 여(予). 자가 자아(子我). 노나라 사람. 3-21, 6-24, 11-2, 17-21

【宰予재여】 공자의 제자. 성은 재(宰). 이름이 여(予). 자는 자아(子我). 노나라 사람. 5-10

【才재】 ① 재능(才能). 재주. 재능이 있는. 8-11, 9-10, 11-7 ② 인재(人才). 才難 : 인재(人才)를 구하기가 어렵다. 8-20, 13-2

【材재】 = 裁. 재량(裁量, 자기의 생각과 판단에 따라 일을 처리함. = 裁度재탁) 하다. 재결(裁決, 옳고 그름을 가려 결정함. = 裁斷재단) 하다. 5-7

【裁재】 마름질하다. 재단하여 바르게 만들다. 재단하여 좋게 옷을 만들다. 재량(裁量) 하다. 사리에 맞게 헤아리다. 5-22

【賊적】 ① 도둑. 적. 도적(盜賊). 해치는 사람. 해로운 사람. 14-46, 17-13 ② 해치다. 상(傷)하게 하다. 해(害)를 끼치다. 적해(賊害) 하다. 가해(加害) 하다. 11-24, 17-8, 20-2

【赤적】 공자의 제자. 노나라 사람. 성은 공서(公西). 이름이 적(赤). 자는 자화(子華). 공자보다 42세 아래. 5-8, 6-3, 11-21,25

【踖적】 두려워하는 모양(惶懼不安貌). 10-1-2,4

【適적】 ① 옳다고 주장함. 꼭 그래야 한다고 주장함(고집을 부림). 4-10 ② 가다. 나아가다. 뜻한 곳을 향하여 나아가다. 9-29 ③ 가다. 떠나가다. 6-3, 13-9, 18-9

【傳전】 전하다. 전수(傳授) 하다. 전하여 가르치다. 가르쳐 주다. 동사. 1-4, 19-12

【專전】 ① 온전하다. 제대로 하다. 오롯하다. ② 단독으로 하다. 독자적으로 하다. 혼자 힘으로 하다. 13-5

【戰전】 ① 싸우다. 전쟁하다. 전쟁. 7-12, 13-30 ② 떨다. 3-21, 8-3, 10-1-5

【戰色전색】 너무나 긴장되고 심각하여 전율(戰慄) 하는[벌벌 떠는] 듯한 안색. 10-1-5

【戰栗전율】 전율(戰慄, 몹시 무섭거나 두려워 몸이 벌벌 떨림)케 하다. 栗과 慄이 음이 같다는 사실에 착안하여 재아가 임의로 이렇게 해석한 것임. 3-21

【戰戰兢兢전전긍긍】 두려워서 몸을 벌벌 떨며 조심하는 모습. 8-3

【殿전】 후군(後軍, 행군 때 가장 뒤에 서는 군대). 후군이 되다. 군대 후미(後尾)에 있다(후미에서 적을 막다). 후군으로 적을 막다. 군 후방을 지키다. 6-13

【顓臾전유】 노(魯)나라에 종속된 작은 나라. 복희씨의 후손이 건국하였다고 하며, 나라가 아주 작은 관계로 천자에게 속하지 않고 제후국인 노나라에 속하였음. 이런 나라를

부용(附庸) 이라고 함. 16-1

【顚沛전패】 넘어지고 쓰러지다. 곤궁하여 의지가 꺾이다. ⇒ 실패하다. 4-5

【切절】 ① 자르다. 1-15 ② 간절하다. 간곡하다. 정성을 다하다. 13-28, 19-6

【切問절문】 간절(懇切)하게 묻다. 절실(切實)하게 묻다. 잘 모르는 것이 있으면 진지하고 간절하게 묻고 배우려는 자세를 갖는다는 것을 뜻함. 19-6

【切切절절】 몹시 간절(懇切)한 모양. 간절하고 절실(切實)한 모양. 절실하고 정성(精誠)스러운 모습. 간곡(懇曲)하고 지극(至極)한 모습. 13-28

【切磋琢磨절차탁마】 자르고 갈고 쪼고 광내다. 학문과 덕행을 끊임없이 갈고 닦아 더욱더 정진하다. 1-15

【折절】 자르다. 결단하다. 판단하다. 판결하다. 12-12

【梲절】 동자(童子)기둥(梁上短柱). 들보 위에 세워 상량이나 오량 따위를 받치는 짧은 기둥. 5-18

【竊절】 ① 훔치다. 몰래 가져가다. 도둑질하다. 12-18, 15-13 ② 모르게. 몰래. 속으로. 마음속으로. 부사. 7-1

【節절】 ① 예절. 예법. 18-7 ② 절개. 굳은 지조. 기개. 8-6 ③ 절도(節度)있게 하다. 절제(節制)하다. 넘치거나 모자라지 않고 딱 알맞게 하다. 적당[적절]하다. 자기 자신을 잘 다스리다. 1-5, 1-12, 16-5 ④ 두공(枓栱). 기둥위에 대는 네모반듯하거나 직사각형의 나무. 5-18

【絶절】 ① 끊다. ㉠ 단절시키다. 관계를 끊다. 19-24 ㉡ 전혀 하지 않다. 행함이 없다. 9-4 ㉢ 대(代)가 끊어지다. 후대 자손들의 제사가 끊기다. 20-1 ② 없어지다. 없게 되다. 떨어지다. 다하다. 15-1

【占점】 점. 점치다. 13-22

【點점】 공자의 제자 증점(曾點). 자가 자석(子晳). 증삼(曾參)의 아버지. 11-25

【接輿접여】 수레에 접근하다. 수레에 접근하는 사람. 고사(故事)로 사람 이름이 됨. [참고] 八佾-24. 18-5

【定公정공】 노나라 임금(B.C. 509~495 재위). 이름은 송(宋). 양공(襄公)의 아들이며 소공(昭公)의 아우. 공자의 나이 44세에서 58세 되던 해까지의 임금. 3-19, 13-15

【庭정】 뜰. 정원. 3-1, 16-13

【征伐정벌】 전쟁 행위. 무(武)를 통치하는 권력. 외교·국방 등 대외적인 정치. 16-2

【情정】 사정(事情). 실제(實際). 사실(事實). 실상(實狀). 13-4, 19-19

【政정】 ① 정사(政事). 정무(政務). 정치(政治). 1-10, 2-21, 5-19, 6-6, 8-14, 11-2, 12-7, 11,14,17,19, 13-1,2,3,5,7,13,14,16,17,20, 14-27, 18-5, 20-2 ② 정령(政令). 법령(法令). 명령(命令). 2-3, 19-18, 20-1 ③ 정권(政權). 정병(政柄). 16-2,3

【正정】 ① 바르다. ㉠ 올바르다. 바르게 하다. 도리에 맞게 행하다. 12-17, 13-3,6,13 ㉡ 정도(正道). 상도(常道). 14-16 ② 바로잡다. 법도 등에 맞게 바로잡다. 자신의 판단이나 행동을 올바르게 하다. 교정(矯正)하다. 1-14, 13-3 ③ 바르게 되다. 법도나 규격에 맞게 되다. 바로잡히다. 9-14 ④ 방정하다. 모양이 네모져 가지런하고 반듯하다. 10-1-8,9,13 ⑤ 단정하도록 하다. 의관(衣冠), 자세나 표정 등을 바르게 하다. 8-4, 10-1-17, 20-2 ⑥ 마침. 바로. 정말로. 참으로. 부사. 두 상황이 잘 들어맞는 것을 나타냄. 7-33 ⑦ 단지. 겨우. 오로지. 부사. 어떤 상황이나 동작 행위의 대상이 어떤 범위에 국한됨을 나타냄. 15-4 ⑧ 바로 앞에. 정면으로. 부사. 17-10

【正名정명】 이름을 바르게 함. 명분(名分)을 바로 세움. 명분을 바로 잡음. 13-3

【精정】 잘 찧은 쌀. 곱게 잘 찧은 쌀. 10-1-8

【貞정】 곧다. 바르다. 올바르고 견고하다. 바른 것이 변함이 없는 것. 15-36

【鄭聲정성】 정(鄭)나라의 소리. 정나라 음악. 15-10, 17-18

【弟제】 ① = 悌. (형·어른들을) 공경하다. 공손(恭遜)하다. (형·아우 사이에) 우애가 있다. 형에 대한 동생의 공경과 사랑. 1-2, 13-20, 14-46 ② 동생. 아우. 2-21, 11-4, 12-5, 13-7,28

【弟子제자】 ① 젊은이. 젊은 사람. 연소자. 동생과 자식. ⇔ 부형(父兄). 1-6, 2-8 ② 학생. 배우는 사람. 6-2, 7-33, 8-3, 11-6

【濟제】 구제하다. 어려운 처지에 있는 사람을 도와주다. 난관을 넘길 수 있도록 하다. 6-28

【祭제】 ① 제사. 귀신(鬼神)이나 조상(祖上)에 대한 공양(供養). 3-12, 10-1-15, 12-2, 19-1, 20-1 ② 제사를 지내다. 명사의 동사로의 전용. 2-5,24, 3-12, 10-1-8 ③ 감사제(感謝祭). 고수레. 과제(瓜祭). [참고] 鄉黨-1-8. 10-1-13

【諸제】 ① = 於. …에. …로. 전치사. 장소(귀착점 또는 출발점)를 나타냄. 14-19 ② 그. 그들. 그런 일. 인칭대명사. 之에 해당함. 동사의 목적어가 되며 일반적으로 가리키는 대상이 앞에 이미 나타남. 1-15 ③ 여러. 모든. 부사. 3-5

【諸저】 ① = 之於. 합음사. 之는 지시대명사로 앞의 말이나 문장을 가리키며 於는 전치사로 그 역할에 따라 나타내는 대상이 다름. ㉠ 그것을 …에(와, 과). 於가 비교의 대상을 나타냄. 17-12, 19-12 ㉡ …에게 그것을. …로부터 그것을. 於가 동작이나 행위와 관련된 대상을 나타냄. 5-24, 17-4,7, 19-17,18 ㉢ …에 그것을. 於가 동작이나 행위가 발생할 때 직접 미치는 대상을 나타냄. 2-19, 5-12, 12-22, 15-20, 16-14 ㉣ …에서 그를. 於가

동작이나 행위가 발생하는 장소나 범위를 나타냄. 3-11, 14-38, 15-5, 17-1 ② = 之乎. 합음사. 之는 지시대명사로 앞의 말이나 문장을 가리키며 乎는 어기조사로 그 역할에 따라 나타내는 대상이 다름. ㉠ 그것이(을) …한가? 그것을 …하겠는가? 乎가 의문 또는 반문의 어기를 나타냄. 6-4, 7-34, 9-12, 11-21, 12-11, 13-2, 13-15 ㉡ 그것을 …할 것이다. 그것에 대하여 …할 것이다. 乎가 추측의 어기를 나타냄. 6-28, 14-45

【諸夏제하】 중국의 여러 제후국(諸侯國). 3-5

【諸侯제후】 춘추시대의 임금. 11-25, 14-17,18, 16-2

【際제】 시기(時機). 때. 어떤 시기와 시기가 만나는 시기[사이]. 8-20

【齊제】 ① 가지런히 하다. 얕고 깊고 두텁고 얇아 균일하지 않은 것을 가지런하게 통일시키다. ⇒ 질서를 잡다. 다스리다. 2-3 ② 같다. 같게 하다. 나란하다. 서로 동등하다(相等). 4-17 ③ 제(齊)나라. 주(周)나라 제후국(諸侯國). 강태공(姜太公) 여망(呂望)을 제후로 봉하였음. 지금의 산동성 일대. 6-3,22, 7-13, 18-9

【齊자】 옷깃. 옷자락. 옷의 아랫자락. 10-1-4

【齊재】 齋와 통함. 재계(齋戒, 제사를 지내기 전에 몸과 마음을 정결하게 하고 부정한 것을 멀리하는 일)하다. 목욕재계(沐浴齋戒)하다. 조상이나 신에게 제사를 드릴 때는 그 전후에 제주(祭主)가 재계(齋戒)를 10일간 하는데, 입재(入齋) 전에 7일간 산재(散齋)를, 입재하는 날로부터 파재(罷齋) 다음날까지 3일간 치재(致齋)를 하였음. 7-12, 10-1-7

【齊景公제경공】 제(齊)나라 임금 경공(景公). 성이 강(姜), 이름은 저구(杵臼)로 58년간(B.C 547~490, 공자 5세~62세) 재위(在位)하였음. 12-11, 16-12, 18-3

【齊桓公제환공】 제(齊)나라 임금(B.C. 685~643 제위). 희공(僖公)의 아들이며 양공(襄公)의 아우로서 이름은 소백(小白). 관중(管仲)을 임용하여 최초로 제후의 맹주 노릇을 한 춘추오패(春秋五覇) 중의 한 사람. 14-16

【齊衰자최】 상복(喪服). 굵은 생베로 짓되 아랫단을 좁게 접어서 꿰맨 상복. 9-9, 10-1-16

【齊如재여】 정중하게 공경하는 모양. 엄숙하고 경건하게 하는 모양. 如는 형용사 접미사. 10-1-8

【俎조】 적대(炙臺). 제사나 잔치 때 희생(犧牲)을 올려놓는 나무 그릇. 15-1

【俎豆之事조두지사】 제사에 관한 일. 제례(祭禮)에 관한 일. 예의(禮儀)[예법(禮法)]에 관한 일. [참고] 泰伯-4. 籩豆之事. 15-1

【助조】 도와주다. 유익하다. 11-3

【彫조】 = 凋. 시들다. 시들어 떨어지다. 말라 떨어지다. 9-27

【措조】 두다. 놓다. 일정한 자리에 두다. 안치하다. 13-3

【朝조】 ① 아침에. 시간을 표시하는 명사가 부사어로 쓰임. 4-8, 12-21 ② 조정(朝廷). 임금이 정무(政務)를 보는 곳. 5-8, 10-1-2,12, 13-14, 14-38, 19-23 ③ 조정에 들어가다. 입조(入朝)|입궐(入闕)|하다. 신하가 임금을 알현하다. 명사의 동사로의 전용. 10-1-6, 14-22 ④ 조정(朝廷)의 조회(朝會). 조회를 열다. 곧, 정사를 처리하다. 18-4 ⑤ 송조(宋朝)의 이름. 6-14

【朝服조복】 조정(朝廷)에 나갈 때 입는 예복(禮服). 10-1-6,10,13

【朝廷조정】 임금이 정무(政務)를 보는 곳. 10-1-1

【竈조】 부엌. 부뚜막. ⇒ 부엌 신(神). 조왕(竈王). 3-13

【蓧조】 ① 고대에 밭에 있는 김을 매는 연장(도구). ② 대나무로 만든 삼태기. 18-7

【藻조】 말|물속에서 자라는 민꽃식물의 총칭, 수초(水草, 물풀)의 이름|. 여기서는 동사로 전용되어 '물풀 무늬를 새기다(그리다).'의 뜻. 5-18

【趙魏조위】 조씨(趙氏)와 위씨(魏氏)의 가문. 趙와 魏는 진(晉)나라의 대부로, 지금의 산서성 지방에 아주 큰 영지를 가지고 있었던 유력한 두 가문이었는데, 나중에 晉나라를 분할하여 전국 칠웅(七雄)의 하나인 조(趙)나라와 위(魏)나라를 세웠음. 14-12

【躁조】 조급하다. 성급하다. 경솔하다. 성마르다. 16-6

【造조】 이루다. 성취하다. 창조. 작위(作爲). 4-5

【造次조차】 이룰 때. 성취할 때. [참고] '造'를 '갑자기, 창졸간에'의 뜻으로 보아 '造次'를 '다급한 상황(때), 급작스러움, 황망함'으로 해석하는 학자들도 많음. 4-5

【釣조】 낚시. 낚시질하다. 낚시로 물고기를 잡다. 7-26

【錯조】 = 置. 놓다. 두다. 놓아두다. 2-19, 12-22

【阼조】 동편 층계. 주인이 당(堂)에 올라가는 계단. 10-1-10

【阼階조계】 당(堂)에 올라가는 동쪽 계단. 집주인이 당에 올라갈 때 사용함. 객(客)은 서계(西階)를 사용함. 10-1-10

【雕조】 조각하다. 새기다. 5-10

【足족】 ① 발. 8-3, 10-1-3,4,5, 13-3 ② ㉠ 충분하다. 풍족[넉넉]하다. 3-9, 4-6, 6-10, 10-1-4, 12-9 ㉡ 충분하게 하다. 풍족[넉넉]하게 하다. 만족시키다. 11-25, 12-7 ③ 족히 …할 만하다[만한 가치가 있다]. 부사. 어떤 동작이나 행위를 실행할 만한 가치가 있음을 나타냄. 8-11, 9-22, 13-20 ④ 족히 …할 수 있다. …하기에 족하다. 부사. 충분한 정도·수준·수량 등에 도달하는 것을 나타냄. 3-9, 4-9

【足주】 지나치다(過也). 과도하다. 足恭(주공) : 지나친 공손(恭遜). 환심을 사기 위해 지나치게 공손해 하는 것. 5-25

【足以족이】 …할 수 있다. …할 만하다. …에 충분하다[족하다]. …을 충분히 하다. 조동사. 동사 앞에 놓여 부사어로 쓰이며 능력이나 조건이 어떤 일을 하기에 충분함을 나타냄. 以는 '…으로써' 라는 뜻의 전치사로 도구·수단·방법을 나타내는데, 以 뒤에 올 목적어가 생략됨으로써 足以가 아예 조동사로 되어 버린 것임. ㉠ '不, 末' 등 부정부사의 수식을 받으면 사물의 가치나 가능성에 대한 부적인 판단을 나타냄. (…하기에 충분하지 않다.) ㉡ '烏, 安, 何, 曷, 惡, 奚' 등 의문대명사의 수식을 받으면 사물의 가치나 가능성에 대한 강렬한 부정을 나타냄. (어디[어찌] …에 충분하겠는가? 무슨 가치가 있겠는가?) 2-9, 9-26, 14-3, 17-6

【尊존】 높이다. ㉠ 존중(尊重)하다. 존경(尊敬)하다. 공경(恭敬)하다. 19-3 ㉡ 중시하다. 존귀하게 여기다. 중히 여겨 실천하다. 20-2 ㉢ 존엄(尊嚴)하게 하다. 20-2

【卒졸】 끝. 끄트머리. 말단(末端). 19-12

【宗종】 높이 받들다. 높임을 받다. 존경(尊敬)을 받다. 1-13

【宗廟종묘】 ① 천자나 제후의 조상을 모시는 사당(祠堂)으로 제례를 행하는 곳. 10-1-1, 11-25 ② 종묘의 제사에 관한 일. ⇒ 조정과 국가의 일. ⇒ 국내업무(國內業務). 14-20 ③ 종묘의 예악. 19-23

【宗族종족】 겨레붙이. 일가친척. 13-20

【從종】 ① 좇다. 따르다. 택하여 따르다. 좇아가다. 추종하다. 3-14, 6-24, 7-11,21,27, 9-3,10,23, 11-1,2, 18-6 ② 뒤따르다. 뒤를 잇다. 뒤쫓아 따라 붙다. 따라서 이어가다(隨也). 따라다니다. 2-13, 3-23, 11-7, 14-22 ③ 따르다. …하는 대로 하다. 2-4 ④ 말을 듣다. 수용하다. 남의 뜻을 따라 그대로 하다. 4-18 ⑤ 순종하다. 복종하다. 13-6 ⑥ 따르다. 수행(遂行)하다. 모시다. 3-24, 5-7, 11-9, 12-21, 15-1, 18-7 ⑦ 종사(從事)하다. 일삼아 하다. 참여(參與)하다. 관여(關與)하다. 6-6, 8-5, 13-13,20, 17-1, 18-5, 20-2

【從事종사】 ① 일에 마음과 힘을 다하다. ⇒ 몸소 실천하다. 8-5 ② 정사(政事)에 참여하다. 정사에 종사하다. 17-1

【從者종자】 따르는 사람. 수행원. 곧 수행한 제자. 3-24, 11-9, 15-1

【從政者종정자】 정치하는 사람. 정치에 종사[참여]하는 사람. [참고] 雍也-6. 述而-13. 堯曰-2. 13-20. 18-5

【終종】 ① 끝. 종말. 죽음. 사망. ⇒ 상례(喪禮). 1-9 ② 종신(終身). 일생(一生). 평생(平生). 인생(人生). 17-26 ③ 마치다. 시작부터 끝까지 모든 단계의 시간. 終日 : 하루를 마치다. 하루 종일. 온종일. 2-9, 4-5, 9-26, 15-16,23,30, 17-22 ④ 끝나다. 그만두다. 20-1

【終身종신】 ① 늘. 항상. 마냥. 오래도록. 9-26 ② 몸이 마칠 때까지. 평생토록. 일생토록. 죽을 때까지. 15-23

【縱종】 ① 주다. 내려주다. 부여(賦與)하다. 9-6 ② 설령[비록] …일[할]지라도. 접속사. 단문을 연결시켜 주는 역할을 하며 양보를 나타냄. 9-11

【鐘鼓종고】 종과 북. 악기를 대표함. 17-11

【坐좌】 ① 앉다. 동사. 10-1-9, 11-25, 15-41, ② = 座. 자리. 명사. ㉠ 앉을 자리. 좌석. 방석. 14-26 ㉡ 잠자리. 10-1-7

【左좌】 왼쪽으로 하다. 왼쪽으로 향하다. 10-1-3, 14-18

【左丘明좌구명】 성은 좌구(左丘). 이름은 명(明). 노(魯)나라 태사(太史)로 '춘추 좌씨전(春秋左氏傳)'을 쓴 사람이라는 설이 있으나 적확(的確)한 고증이 없고, 주희(朱熹)는 다만 옛날의 유명한 사람[古之聞人也]이라고만 했음. 이 글의 문맥으로 좌구명을 공자 말씀 앞에 놓고 그 말을 인용해서 공자 말씀에 무게를 둔 것으로 보아 공자 이전에 노(魯)나라에 실존했던 인물로 보는 견해가 주류임. 5-25

【主주】 ① 주로 하다. 위주(爲主)로 하다. 주장으로 삼다. 주축(主軸)으로 하다. 주력(主力)하다. 1-8, 3-16, 9-24, 12-10 ② 제사를 주관하는 사람. 제주(祭主). 16-1

【周주】 ① 두루 미치다. ⇒ 두루 친밀하게 지내다. 두루 어울리다. 두루 사귀다. 2-14 ② 구제하다. 구휼하다. 도와주다. 베풀어 주다. 賙와 통함. 6-3 ③ 지극하다(至也). 더할 나위 없다. 매우. 아주. 가장. 周親 : 지친(至親). 가장 가까운 사람. 친척. 20-1 ④ 주나라. 주(周)나라는 본래 은(殷)나라의 부속국이었음. 부속된 나라가 본토를 물려받은 것임. 시조(始祖)는 후직(后稷)이며, 당초 섬서성(陝西省) 중부지역의 기산(岐山) 인근에 자리 잡고 있었음. 문왕(文王) 때 문물제도가 크게 발달하였고 그의 아들 무왕(武王)이 은(殷)의 주왕(紂王)을 멸망시키고 천하를 차지하여 부속국가에서 중국 전체를 지배하는 나라로 그 위상이 바뀜. 2-23, 3-14,21, 8-20, 15-10, 17-5, 18-11, 20-1

【周公주공】 ① 노(魯)나라의 시조. 성은 희(姬). 이름은 단(旦). 시호는 원(元) 또는 문(文). 주(周)나라 시조인 문왕(文王)의 아들이며 무왕(武王)의 동생. 무왕을 도와 주(紂)를 토벌하였으며 무왕이 죽자 조카인 성왕(成王)을 잘 보필하여 주(周)나라의 예악(禮樂)과 문물제도(文物制度)를 수립하는 등 나라의 기틀을 마련하는데 공헌하였음. 7-5, 8-11, 18-10 ② 당시 천자(天子)의 대신(大臣)들. 11-16

【周南주남】 시경(詩經) 국풍(國風) 중의 편명. 17-10

【周任주임】 주(周)나라의 사관(史官) 이름. ㉠ 옛날의 훌륭한 사관(史官) [마융(馬融) - 古之良史] ㉡ 주(周)나라의 대부(大夫) [형병(邢昺)] ㉢ 주(周)나라의 태사(太史). [좌전(左傳) 두예(杜預) 注] 16-1

【州주】 마을 단위. 2,500家. 15-5

【州里주리】 자기 고장. 자기 마을. 향리(鄕里). 州 : 2,500家. 里 : 25家. 15-5

【朱주】 붉은 색. 진한 붉은 색. 17-18

【紂주】 은(殷) [상(商)]나라 마지막 임금. 이름은 신(辛). 자는 수(受). 시호가 주(紂)임. 폭군으로 유명함. 19-20

【誅주】 꾸짖다(責也). 책망(責望)하다. 5-10

【酒困주곤】 술주정(酒亂). 술을 마시고 난동을 부리는 일. 술로 인하여 곤란하게 되는 일. 9-15

【中중】 ① 가운데. ㉠ 중간. 6-19 ㉡ 안. 속. 2-18, 7-15, 10-1-17, 13-18, 15-31, 16-1, 19-6 ㉢ …하는 중[가운데]. 동작이나 현상이 진행되는 과정을 나타냄. 5-1, 6-10 ② 맞추다. 일치시키다. 동사. 10-1-4 ③ 적중하다. 꼭 들어맞다. 사리에 들어맞다. 부합하다. 11-13,18, 18-8 ④ 알맞다. 적절하다. 합당하다. 13-3 ⑤ 치우치지 아니하다. 과불급(過不及)이 없다. 치우침이 없이 항상 일정하여 변함이 없음. 가장 합리적이고 지극히 당연하여 옮기지 않는 것. 중심. 중정(中正, 어느 한 쪽으로 치우침이 없이 곧고 올바름). 중용(中庸). 13-21, 20-1

【中庸중용】 넘치거나 부족함도, 지나치거나 미치지 못함도 없는 항상 일정함을 유지하여 변함이 없는 상태. 또는 그 경지. 공자의 최고 도덕 표준. 6-27

【中人중인】 중등(中等)인 사람. 학문이나 자질, 능력 등이 중급(中級)인 사람. 6-19

【中行중행】 가운데로 가다(그 사람). 중용(中庸)의 길을 가다(그 사람). 언행이 중용의 도리에 합당하다(그 사람). 중용의 도를 지키는 사람. 치우침이 없이 균형 잡힌 행동을 하는 사람. [참고] 雍也-27. 13-21

【仲弓중궁】 공자의 제자 염옹(冉雍). 자가 중궁(仲弓). [참고] 公治長-5, 雍也-1. 6-4, 11-2, 12-2, 13-2

【仲叔圉중숙어】 위(衛)나라 대부 공어(孔圉). 공문자(孔文子). [참고] 公治長-15. 14-20

【仲由중유】 공자의 제자. 성은 중(仲). 이름은 유(由). 자는 자로(子路) 또는 계로(季路). 노나라 사람으로 공자보다 9세 아래. [참고] 爲政-17. 6-6, 11-23

【衆중】 ① 무리. 많은 사람. 대중(大衆). 군중(群衆). 1-6, 6-28, 12-22, 15-27, 17-6, 19-3, 20-1 ② 여러 사람. 뭇사람. 대중(大衆). ⇒ 시속(時俗). 9-3 ③ 많다. 여럿. 형용사. 2-1, 20-2

【重중】 ① 무거움. 중요함. 막중(莫重)함. 8-7 ② 중시하다. 소중히 여기다. 20-1 ③ 무게가 있다. 중후(重厚)하다. 진중(鎭重)하다. 장중하다. 1-8

【則즉】 ① 곧. 바로. …하자마자 곧. 부사. 전후의 시간적 거리가 가까움을 나타냄. 5-19
② 곧. 부사. 동작·행위·성질·상태 등에 대한 강조를 나타냄. 6-2,5, 11-6 ③ 곧. 부사.
사람 또는 사물에 대한 강조를 나타냄. 11-25, 18-8 ④ 이미. 모두. 부사. 이미 이루어진
일을 강조함. 문장 끝의 矣와 호응함. 18-7 ⑤ …이면(하면) (곧). 그렇다면 곧. 접속사.
결과나 조건에 대한 상호 원인 등 앞뒤 문장의 전후 상황이 서로 연관됨을 나타냄. 1-6,
1-8, 2-15,18,19,20, 3-9, 5-21, 6-7,16, 7-8,9,10,35, 8-2,13, 9-24, 11-1,18,23,25, 12-23, 13-3,4,17,
14-12,21,42,44, 15-6,14,26,32, 16-1,2, 17-4,6,19,21,25, 18-3,10, 19-10,13,19, 20-1 ⑥ …은(는)
곧. …로 말하면(말할 것 같으면) 곧. …으로는 곧. …할 때는(경우에는). …하여서는
곧. 접속사. 두 가지 또는 여러 가지 사실의 대비(대응)관계나 병렬관계를 나타내며 강조의
어감을 가짐. 1-6, 7-32,33, 8-4, 9-15, 14-2,31, 15-1,5, 19-12 ⑦ …은(는). …으로는. 접속사.
一, 二, 三 등의 수사와 함께 여러 가지 사항을 열거함. 4-21

【則칙】 법으로 삼다. 법을 본받다(效法). 기준으로 삼아 따르다. 본받다. 본으로 하다.
모범으로 삼다. 동사. 8-19, 15-10

【卽즉】 나아가다(就也). 자리에 나아가다(卽位, 卽席). 가까이 다가가다. 그것을 향해
앞으로 가다. 13-29, 19-9

【憎증】 싫어하다. 미워하다. 5-5

【曾증】 ① 곧. 바로. 결국. 고작. 부사. 11-23 ② 설마(…이겠는가?). 고작(…이겠는가?).
어찌(…하겠는가?). 의문대명사. 강한 반문의 어기를 나타냄. 2-8, 3-6

【曾晳증석】 공자의 제자. 이름은 점(點). 자가 자석(子晳). 증삼(曾參)의 아버지. 11-25

【曾子증자】 공자의 제자. 노(魯)나라 사람. 성이 증(曾). 이름은 삼(參). 자는 자여(子
輿). 공자보다 46세 아래. 1-4, 1-9, 4-15, 8-3,4,5,6,7, 12-24, 14-28, 19-16,17,18,19

【證증】 알리다. 고발하다. 13-18

【之지】 ① 가다(往也). 동사. [참고] 갈 곳. 동사의 명사로의 전용. 末之也 已 何必公山氏之
之也 [陽貨-5] 5-19, 13-19, 14-22, 17-4,5 ② 그. 그것. 지시대명사. 1-1,2,10,12, 2-1,13,17,20,22,
24,25, 3-9,10,15,19,21,23,26, 4-5,6, 5-7,14,19,20,22,25,26, 6-3,8,20,24,25, 7-11,14,15,19,21,
27,30,31,32,33,34, 8-10,16,17,19, 9-2,6,12,13,23,26,30, 10-1-6,8,11,13,18, 11-1,13,16,21,25,
12-3,5,7,9,14,19,20, 13-5,14,15,18,21, 14-13,18,19,21,42, 15-1,2,6,7,15,23,25, 16-1,6,12,14,
17-1,6,20,21,22, 18-1,4,6,7, 19-3,12,23,25, 20-2 ③ 그. 그 사람. 그분. 그들. 인칭대명사.
1-7, 2-3,5,20, 3-24, 4-6, 5-1,2,8,15,17,24,26, 6-3,8,24,26, 7-11,25,30, 8-4, 9-6,9,30, 10-1-11,
13,16, 11-1,5,7,10,16,21,23, 12-10,18,20,23, 13-2,9,20,22,24,25,28, 14-8,9,17,18,22,23,26, 47,
15-32,41, 17-4,20,25, 18-3,5,7, 19-3,9,21, 20-2 ④ 그. 그것. 지시대명사. 일반적인 사실
·사물·사람을 가리킴. [참고] 논어에서는 공자의 기본 사상인 '道'나 '仁' 등을 가리키기
(의미하기)도 함.] 2-17, 4-15, 6-18,26, 7-2,10,19,27, 8-9, 9-10,23, 12-3, 13-3, 14-8,21,41,

附
錄

論
語
字
解

15-2,17,27,32, 16-9, 17-15, 19-25, 20-2 ⑤ …의. 조사. 관형어와 중심어 사이에 쓰여 종속관계를 나타냄. 1-2,11,12, 2-7, 3-2,4,11,15,16,17,22, 4-7,15,20,21, 5-1,2,13,16,19, 22,26, 6-1,4,10,12, 14,20, 7-9,14, 8-11,20, 9-11,30, 10-1-6, 11-4,5,7,14,24,25, 12-5,8,16,19,21, 13-7,18, 14-13,17,19, 22,25,42,43, 15-1,5,10,13, 16-1,3,5,12,14, 17-4,9,13,16,21,24, 18-2,3,6, 7, 19-3,12,18,20,21,22, 23,24, 20-1,2 ⑥ …의. …중의[중에서]. 조사. 큰 범위와 작은 범위와의 관계를 나타냄. 13-24, 15-9 ⑦ …하는[한]. …의. 조사. 관형어와 중심어 사이에 쓰여 중심어를 수식하거나 국한하는 관계를 나타냄. 앞의 말에 형용성(形容性)을 띠게 함. 1-5, 4-5,23, 5-8,10,28, 6-17,28, 7-11,27, 8-4,6,15, 9-23, 10-1-15, 11-19,25, 12-6, 13-4,15,20, 15-41, 16-7,12, 17-4,12,21, 18-6, 19-20,21 ⑧ …은[는]. …이[가]. 구조조사(주격조사). 주술구조 사이에 쓰여 이를 명사구(절)로 만들어 주는 역할을 함. 1-10,16, 3-5,11,24, 4-5,10,22, 5-12,28, 6-27, 7-3,12,13, 18,34, 8-18,19, 9-11,22,27, 11-14, 12-8, 13-3, 14-20,32,38, 15-18,24,25,34, 16-3,7,13, 17-7,18,21, 18-7, 19-12, 20-2 ⑨ …이[가] ~할 때에[는]. 구조 조사(주격조사). 시간을 나타내는 부사절을 만듦. 6-3, 7-4, 8-4 ⑩ …가 ~하면. 구조 조사(주격조사). 조건을 나타내는 부사절을 만듦. 9-5, 12-18, 19-3,8,25 ⑪ …가 ~한다 하여. …가 ~한다는 이유로. 구조 조사(주격조사). 이유나 원인을 나타내는 부사절을 만듦. 14-18 ⑫ …을[를]. 구조조사. 목적어를 강조하기 위하여 동사 앞으로 도치시킬 때 그 목적어와 동사 사이에 씀. 1-12,15, 2-6, 4-10,22, 5-6, 9-13,30, 11-9,23, 12-7, 16-12, 17-5,14,16, 18-5, 19-22,25 ⑬ = 則. …은(는). …으로 말하자면[말할 것 같으면]. 접속사. 두 가지 또는 여러 가지 사실의 대비(대응)관계나 병렬관계를 나타내며 강조의 어감을 가짐. 17-9 ⑭ 어기조사. 앞의 단어를 동사로 만들어 종결어미의 역할을 함. [行之(간다. 갔다.), 生之(태어났다. 자란다.), 歸之(돌아간다. 돌아갔다.)] 10-1-6, 11-25, 13-1, 15-6

【地지】 ① 땅. 지면(地面). 19-22 ② 지방. 지역. ⇒ 어지러운 나라. 혼란한 나라. 무도(無道)한 나라. 14-39

【志지】 ① 뜻. 마음. 의중(意中). 의지(意志). 1-11, 4-18, 14-38, 19-6 ② 뜻. 장래의 포부. 5-26, 11-25 ③ 뜻. 의지. 지조(志操). 9-25, 16-11, 18-8 ④ 뜻을 갖다. 뜻을 두다. 지향(志向)하다. 소망을 가지다. 마음이 향해 가다. 동사. 2-4, 4-4,9, 7-6

【志士지사】 뜻이 있는 선비. 고매한 뜻을 품은 사람. 도에 뜻을 둔 사람. 仁의 경지를 이루려는 뜻을 갖고 노력하는 선비. 15-8

【持지】 돕다. 부축하다. 받쳐주다. 보호하다. 16-1

【指지】 손가락. ⇒ 가리키다. 손가락질하다. 동사로의 전용. 3-11, 10-1-17

【摯지】 太師의 이름. 8-15, 18-9

【旨지】 맛있는 음식. 17-21

【止지】 ① 그치다. 멈추다. 그만두다. 중지(中止)하다. 정지하다. 9-18,20, 11-23, 12-23,

16-1, 19-14   ② 만류하다. 가지 못하게 붙잡다. 18-7

【知지】 ① = 智. 지혜. 지혜롭다. 슬기롭다. 총명하다. 지혜가 있다. 4-1,2, 5-18,21, 6-20,21, 9-28, 12-22, 14-13,30, 15-7,32, 17-1,3,8, 19-25   ② 앎. 지식(知識). 아는 것. 알다. 이해하다. 깨달아 알다(창조적인 앎). 터득하다. 알아주다. 1-1,12,15, 2-4,11,17,22,23, 3-11,15,22, 23, 4-7,14, 5-5,8,9,19,22, 6-18, 7-13,18,19,27,30, 8-3,9,16, 9-6,7,22,27, 11-11,25, 12-22, 13-2, 3,15, 14-2,18,32,37,41,42, 15-3,13,18,33, 16-8,9, 17-24, 18-6,7, 19-5,24, 20-3   ③ = 認. 기억(記憶)하다. 잊지 않다. 4-21

【至지】 ① (수준이나 경지에) 이르다[미치다]. 도달하다. 6-5,22, 7-13,29   ② (생각이) 이르다[미치다]. 8-12   ③ (장소에) 이르다. 도착하다. 오다. (사람들이) 모여들다. 1-10, 3-24, 5-19, 6-12, 7-18, 9-8, 13-4, 18-7   ④ 두루 미치다. 행하다. 17-15   ⑤ 지극(至極)하다. 지극히. 6-27, 8-1,20

【至於지어】 ① …에 대해서. …에 관해서. …에 있어서. = 至于. 전치사. 주로 술어 앞에 쓰여 평론이나 처리되는 대상을 소개함. 2-7   ② …에 이르러[이르면, 도착하면]. 전치사. 도달하는 지점을 나타냄. 3-24, 5-19

【直직】 ① 곧다. 우직(愚直)하다. 솔직(率直)하다. 강직(剛直)하다. 5-24, 8-2,16, 13-18, 15-6, 17-16,24   ② 곧고 바르다. 올곧다. 정직(正直)하다. 또는 이런 사람. 2-19, 6-17, 12-20,22, 15-24, 16-4, 17-8, 18-2   ③ 곧음. 정직함. 바른 도(道). ⇒ 정의(正義). 법(法). 법정(法廷)에 세우는 방법. 사직 당국에 호소하여 법의 심판을 받도록 하는 방법. 14-36

【直道직도】 도(道)를 곧고 바르게 하다. 사람이 지켜야할 도리(道理)를 곧고 바르게 가져가다. ⇒ 법을 원칙대로 지키다. ⇔ 왕도(枉道) 15-24, 18-2

【稷직】 후직(后稷). 순임금의 신하로 주(周)나라의 시조. 농사짓는 법을 가르치어 백성들을 잘 살게 했음. 문왕과 무왕이 그의 후손임. 14-6

【晉文公진문공】 진(晉)나라 임금(B.C. 636~628 제위). 헌공(獻公)의 둘째 아들로 이름은 중이(重耳). 춘추오패(春秋五霸) 중의 한 사람. 14-16

【津진】 나루(渡口). 나루터. 18-6

【盡진】 ① 다하다. 있는 힘[마음]을 다하다. 최선을 다하다. 정성을 다하다. 3-18, 8-21   ② 극(極)에 달하다. 최고에 이르다. 지극(至極)하다. ⇒ 매우. 가장. 최고로. 지극히. 부사. 3-25

【袗진】 홑옷. 홑옷을 입다. 동사로의 전용. 10-1-6

【進진】 ① ㉠ 앞으로 가다. 걸어 나가다. 나아오다. 걸어 나아와서 뵙다. 찾아와 만나려하다. 7-28, 10-1-3,4, 19-12   ㉡ 나오게 하다. 다가오게 하다. [피동(사역) 형] 7-30   ② (학문, 목표, 벼슬 등에) 나아가다. 11-1,21, 13-21   ③ 나아가다. 나아지다. 진전(進展)[진척

(進陟)이 있다. 9-18,20

【進退진퇴】 윗사람을 뵐 때 나아가고 물러나고 하는 몸가짐의 일. 행동규범(行動規範)의 일. 19-12

【陳진】 ① 진열하다. 꺼내어 늘어놓다. ⇒ 펼치다. 발휘하다. 16-1 ② = 陣. 진법(陣法). 진을 치는 법. 진지를 구축하는 방법. 곧 군사전략(軍事戰略). 15-1 ③ 주(周)나라 무왕(武王)이 은나라를 멸망시킨 후 순임금의 후손인 규만(嬀滿)이라는 사람을 제후로 봉(封)한 나라. 춘추시대에 지금의 하남성(河南省) 개봉(開封)의 동쪽과 안휘성(安徽省) 박현(亳縣)의 북쪽 일대 땅을 차지하고 있었음. 도읍은 완구(宛丘)로 지금의 하남성 회양현(淮陽縣)이며 진주(陳州)를 서울로 하였음. 춘추 말 초나라에 의해 멸망했음. 5-22, 7-30, 15-1

【陳文子진문자】 제(齊)나라 대부. 성은 진(陳). 이름은 수무(須無). 시호가 문(文). 5-19

【陳成子진성자】 제(齊)나라 대부. 진문자(陳文子)의 후손으로 성은 진(陳), 이름은 항(恒), 전상(田常)이라고도 함. 成은 시호(謚號). 14-22

【陳子禽진자금】 ① 자공(子貢)의 제자. ② 공자의 제자. 성은 진(陳). 이름은 항(亢). 자가 자금(子禽). 공자보다 40세 아래. 자공보다 9세 아래. [참고] 學而 - 10, 季氏 - 13. ③ 진항(陳亢)과 동명이인(同名異人). 19-25

【陳亢진항】 진(陳)나라 혹은 제(齊)나라 사람. 성이 진(陳). 이름이 항(亢, 본음은 강). 자는 자금(子禽). 공자의 제자 혹은 자공(子貢, 端木賜)의 제자라고 함. 공자보다 40세 아래. [참고] 學而-10. 子張-25. 16-13

【疾질】 ① 병듦. 질병(疾病). 병(환). 병이 나다. 병환이 깊다. 2-6, 6-8, 7-12,34, 8-3,4, 9-11, 10-1-13, 17-20 ② 병으로 여기다. 걱정하다. 고민하다. 부심(腐心)하다. 病, 患, 憂 등과 같음. 15-19 ③ 병폐(病弊). 17-16 ④ 싫어하다. 미워하다. 증오하다. 惡也. 8-10, 14-34, 16-1 ⑤ 빠르게. 빨리. 10-1-17

【疾病질병】 병이 위중해지다. 病: 위독[위중]하다. 7-34, 9-11

【疾言질언】 ① 빨리[빠르게] 말하다. 급히 말하다. ② 높은 소리로 말하다. 큰 소리로 말하다. 10-1-17

【窒질】 막히다. 꽉 막히다. 융통성이 없다. 17-24

【質질】 ① 바탕. 본바탕. 사물의 본질. 기본[근본]. 삶의 기본 원칙. 6-16, 12-8, 15-17 ② 질박(質朴)하다. 꾸밈이 없이 순수(純粹)하고 수수하다. 12-20

【朕짐】 나. 자신에 대한 자칭. 일인칭대명사. 진시황 때부터 천자의 자칭으로 쓰이게 됨. 20-1

【執집】 ① 잡다. ㉠ (손으로) 잡다. 6-8, 7-11, 10-1-5,17, 18-6 ㉡ (권력 등을) 잡다.

16-2　② 지니다. 잡아두다. 꼭 붙들고 실천하다. 지키다. 19-2, 20-1　③ 처리하다. 시행하다. 집행(執行)하다. 7-17, 13-19　④ 전문(專門)으로 하다. 전공(專攻)하다. 어떤 일이나 직업에 종사하다. 9-2

【執鞭之士 집편지사】　채찍을 잡는 사람.　① 천자(天子)나 제후(諸侯)가 행차할 때 채찍을 들고 사람을 비키도록 하는 역할을 하는 사람.　② 시장(市場)에서 채찍을 들고 문을 지키는 사람(시장 문지기).　③ 마부(馬夫). 7-11

【集 집】　새 떼가 나무위에 모이다. 10-1-18

【徵 징】　증명(證明)하다. 입증(立證)하다. 실증(實證)하다. 증거를 대다. 3-9

【大】

【且차】 또. 게다가. 뿐만 아니라. 접속사. 체증(遞增)[점층]관계를 나타냄. 2-3, 6-4, 7-15, 8-11,13, 9-11, 11-25, 16-1, 18-6

【借차】 빌리다. 남의 손을 빌리다. 남의 도움을 받다. 15-25

【次차】 ① 차례. 순서. 7-27 ② 버금. 둘째. 그 다음. 13-20, 14-39, 16-9 ③ …한 상황. 4-5

【磋차】 (옥이나 돌 따위를) 갈다. 1-15

【鑽찬】 ① 뚫다. 파고들다. 찬연(鑽研)하다. 궁구(窮究)하다. 9-10 ② 부싯돌. 불을 일으키는 돌. 찬목(鑽木, 부싯돌 역할을 하는 나무). 17-21

【鑽燧찬수】 비벼서 불씨를 얻는 나무. 또는 이것으로 불씨를 얻음. 17-21

【饌찬】 ① 진설(陳設)하다. 음식을 차리다. 2-8 ② 잘 차려진 음식. 10-1-16

【察찰】 살피다. 자세히 살펴보다. 살펴서 알다. 조사하다. 어떤 현상을 잘 따지고 관찰하다. 2-10, 12-20, 15-27

【參참】 보다. 바라보다. 쳐다보다. ⇒ 마주하다. 마주하고 있다. 15-5

【參삼】 공자의 제자 증자(曾子)의 이름(名). 성은 曾, 자는 자여(子輿). 노나라 사람. 공자보다 46세 아래. [참고] 學而-4. 4-15, 11-17

【譖참】 참언(讒言, 남을 헐뜯는 말). 비방(誹謗, 남을 헐뜯음). 12-6

【創창】 만들다. 창시(創始)하다. 창작(創作)하다. 14-9

【蔡채】 ① 큰 거북. 점을 칠 때 쓰는 큰 거북. 천자(天子)가 종묘에 간직하고 있으면서 나라에 큰 일이 있을 때 길흉(吉凶)을 점치는데 사용하였음. 5-18 ② 채나라. 노(魯)나라와 이웃했던 제후국. 주나라 무왕이 그 동생인 숙도(叔度)를 제후로 봉함. 11-2, 18-9

【妻처】 ① 처. 아내. 16-14 ② 사위로 삼다. 아내로 삼다. 시집보내다. 5-1,2, 11-5

【處처】 처하다. 거처하다. 살다. …에 몸을 두다. 4-1,2,5, 17-21

【戚척】 ① 슬퍼하다. 서러워하다. 3-4 ② 근심하다. 두려워하다. 戚戚 : 걱정과 두려움이 많은 모양. 걱정과 두려움이 많아 초조한 모양. 근심에 차 있는 모양. 7-36

【倩천】 예쁘다. 뺨이 어여쁜 모습. 볼우물이 예쁘게 팬 모양. 3-8

【千乘之國천승지국】 전차(戰車) 천대(千臺)를 가진 나라. 제후(諸侯)의 나라. 천자(天子)는 만승(萬乘), 대부(大夫)는 백승(百乘)을 가졌음. 1-5, 5-8, 11-25

附錄

論語字解

【千室之邑천실지읍**】** 천호(千戶)의 민가(民家)가 있는 큰 성읍(城邑) (고을). 5-8

【天祿천록**】** 하늘이 내리는 복록(福祿). 하늘이 내려준 임금의 자리. 20-1

【天命천명**】** ① 하늘의 뜻. 하늘이 정한 운명(運命). ② 하늘이 정한 이치. 자연의 법칙. 인간의 의지를 초월한 질서 곧 우주의 질서와 법칙 등 미묘한 이치의 세계. ③ 하늘이 내려준 명령(命令) [사명(使命)]. 하늘로부터 받은 왕권(王權). 2-4, 16-8

【天子천자**】** 천하의 최고 통치자. 황제(皇帝). 고대에는 임금의 권력을 하늘에서 부여받아 하늘의 뜻을 대신하여 통치한다고 여겼으므로 천자라 하였음. 3-2, 16-2

【天下천하**】** 일반적으로 중국 범위 내에서의 모든 땅. 3-11,24, 4-10, 8-1,13,18,20, 12-1,22, 14-6,18, 16-2, 17-6,21, 18-6, 19-20, 20-1

【川천**】** ① 냇물. 강물. 9-16 ② 물의 신(水神). 6-4

【淺천**】** 얕다. 물이 깊지 않다. 14-42

【穿천**】** 뚫다. 구멍을 뚫다. 벽을 뚫다. 17-12

【薦천**】** 바치다. 올리다. 조상 영전에 제물로 올리다[바치다]. 10-1-13

【賤천**】** 천하다. 비천하다. 지위나 신분이 낮다. 4-5, 8-13, 9-6

【踐천**】** 밟다. 실천하다. 예정된 일을 실행하다. 踐迹 : 자취를 밟다. 옛 선인(先人) [聖人 또는 聖賢]의 자취를 밟아 따라가다. 11-19

【遷천**】** 옮기다(移也). 6-2, 10-1-7

【徹철**】** ① 거두다. 제물(祭物)을 거두어들이다. ⇒ 제사상(祭祀床)을 치우다. 철상(撤床) 하다. 3-2 ② 철법. 주(周)나라의 조세법(租稅法). 매년 수확의 10분의 1을 징수하던 제도. 사방 1리(里)의 농지를 井자로 9등분하여 8가에 사전(私田) 100묘(畝)씩 나누어 주고 나머지 100묘는 공전(公田)으로 하고, 20묘의 택지를 뺀 80묘의 공전을 8가에서 공동으로 경작하여 그 수확을 조세로 함. 여기서는 동사로 '철법을 시행하다.'의 뜻임. 12-9

【撤철**】** 걷어치우다. 거두어 치우다. 물리치다. 10-1-8

【輟철**】** 그치다. 하던 일을 멈추다. 중도에 그만두다. 18-6

【瞻첨**】** 바라보다. 앞을 보다. 9-10, 20-2

【瞻視첨시**】** 봄. 보이는 모습. 외관(外觀). 외모(外貌). 20-2

【襜첨**】** 정돈되어 가지런한 모습. 흐트러지지 않고 정돈된 모습. 10-1-3

【諂첨**】** 아첨(阿諂)하다. 아부(阿附)하다. 알랑거리다. 아양 떨다. 자신을 떨어뜨리고 남의 비위를 맞추다. 1-15, 2-24, 3-18

【清청】 맑다. 맑고 깨끗하다. 청결(淸潔)하다. 행실이 깨끗하다. 고결하다. 청렴(淸廉)하다. 사념(邪念)이 없다. 탐욕(貪慾)이 없다. 5-19, 18-8

【聽청】 ① 듣다. 5-10, 12-1, 16-10, 17-14, 19-9 ② 듣다. 귀 기울여 듣다. ⇒ 듣고 처리하다. 듣고 판결하다. 재판하다. 12-13 ③ 좇다. 따르다. 조령(詔令, 임금의 명령)을 듣고 따르다. 14-43

【請청】 ① 요청(要請)하다. 요구하다. 3-24, 6-3, 7-34, 11-7, 13-1,4 ② 청컨대. 바라건대. 부디. 모쪼록. 부사. 희망과 상대방에 대한 존경을 나타냄. 12-1,2, 14-22, 17-6

【禘체】 체(禘) 제사. 천자(天子)가 종묘(宗廟)에서 시조(始祖)와 선왕(先王)께 올리는 큰 제사의 이름. 3-10, 3-11

【逮체】 미치다. 이르다. 뒤따르다. 4-22, 16-3

【楚狂接輿초광접여】 초(楚)나라 미치광이 접여(接輿). 18-5

【草초】 ① 풀. 12-19, 17-9,12 ② 대충. 개략적으로. 대략적으로. ⇒ 초고(草稿). 초안(草案). 14-9

【草創초창】 초고(草稿)[초안(草案)]를 만들다[작성하다]. 14-9

【冢총】 맏. 우두머리. 14-43

【冢宰총재】 주(周)나라 때 천자의 육경(六卿) 중 우두머리[수석]. 大宰(태재). 14-43

【總총】 다스리다. 잡도리하다. 총괄(總括)하다. 총할(總轄)하다. 14-43

【總己총기】 자기 직무를 총괄(總括)하여 처리함. 건사하다. 14-43

【聰총】 귀밝다. 똑똑히 잘 듣다. 16-10

【崔子최자】 제나라의 대부. 성은 최(崔). 이름은 저(杼). 제(齊)의 장공(莊公)이 아내와 간통하자 이에 격분하여 장공을 시해(弑害)하였음. 5-19

【墜추】 떨어지다. 없어지다. 땅에 떨어져 없어지다. 실추되다. 19-22

【緅추】 청적색(靑赤色). 검붉은 색. 상복(喪服)의 옷깃에 쓴 색. 10-1-6

【趨추】 빨리 걷다. 성큼성큼 걷다. 종종걸음으로 걷다. 잰걸음으로 걷다. 9-9, 10-1-3,4 16-13, 18-5

【追추】 ① 추모하다. 추념하다. 죽은 사람을 잊지 않고 기리다. ⇒ 제사(祭祀). 1-9 ② 좇다. 따르다. ⇒ 은둔(隱遁)의 길을 좇다. ⇒ 숨다. 은둔하다. 18-5

【追遠추원】 윗대의 조상을 추모하다. 조상의 제사를 공경스럽게 모시다. 1-9

【鄹추】 노나라 읍(邑) 이름. 지금의 산동성(山東省) 곡부(曲阜) 근방임. 3-15

【畜흑】 기르다(養也). 사육(飼育)하다. 10-1-13

【祝鮀축타】 위(衛)나라 대부. 이름이 타(鮀). 자는 자어(子魚). 종묘에서 제사를 지낼 때 축문을 읽는 축관(祝官)의 관직에 있었기 때문에 축타(祝鮀)라고 부르게 되었음. 6-14, 14-20

【踧踖如축적여】 공경하며 조심해 하는 모습. 공경하여 편히 여기지 못하는 모양. 踧 : 공경하고 삼가는 모양(恭謹貌). 踖 : 두려워하는 모양(惶懼不安貌). 10-1-2,4

【蹜蹜축축】 발걸음을 좁게 떼어[내디디어] 걷는 것. 보폭을 좁게 하여 걷는 모양. 종종걸음으로 걷는 모습. 10-1-5

【出출】 ① 나가다. 나오다. 출입(出入)하다. 밖에 나가다. 외출(外出)하다. 1-6, 3-24, 4-15, 6-15, 7-14, 9-8,15, 10-1-4,6,10, 11-25, 12-2, 13-4, 14-6,26, 15-41, 16-1, 17-20,21, 19-11 ② 나타내다. 표출하다. 표현하다. 말하다. 4-22, 8-4, 15-17 ③ 나오다. 범위에서 벗어나다. 이탈(離脫)하다. 14-28 ④ 명(命)이 나오다. 명령을 내리다. 16-2 ⑤ 물건을 내어주다. 지출. 20-2 ⑥ 넘기다(過也). 기회나 시기를 지나가게 하다. 10-1-8

【出納출납】 내어주고 받아들이다. 지출과 수입. 20-2

【黜출】 물러나다. 내몰다. 쫓다. ⇒ 쫓겨나다. 면직[파면]시키다. (피동형) 18-2

【忠충】 충성심(忠誠心). 정성(精誠)을 다하는 마음. 성실(誠實)한 자세로 최선(最善)을 다하는 마음. 다른 사람에 대해서, 특히 윗사람에 대해서 전심전력을 다함. 충심으로 정성을 다하다. 1-4, 2-20, 3-19, 4-15, 5-19, 7-24, 9-24, 12-10,23, 13-19, 14-8, 15-5,

【忠恕충서】 스스로 정성을 다하여, 이로 남의 사정을 헤아릴 줄 앎. 마음에 중심을 세우고 그 중심에 또 자기 마음을 다하면(온갖 정성을 다 쏟으면)[中+心], 곧 그 마음이 남의 마음과 같이 되어, 남의 처지를 이해하고 배려하게 되는 마음[如+心]. 4-15

【忠信충신】 충성(忠誠)과 신의(信義). 진심으로 정성을 다하는 것과 말과 행동이 같아 거짓이 없는 것. 참되고 미쁘다. [참고] 學而-4. 1-8, 7-24, 9-24, 12-10, 15-5

【取취】 ① 취하다. 취하여 쓰다. 가려서 쓰다. 3-2, 5-7, 6-28, 17-20 ② 잡다. 손에 쥐다. 손에 넣다. 가지다. 5-3, 12-20, 13-21, 14-14, 16-1 ③ 장가들다. 아내를 맞이하다. 娶와 같다. 7-30

【就취】 나아가다. 좇다. 따르다. 그쪽으로 가다. 어떤 상태나 결과로 되게 하다. 1-14, 12-19, 16-1

【聚취】 모으다. 축적하다. 聚斂 : 세금을 과중하게 거두어들이다. 11-16

【臭취】 냄새. 냄새나다. 10-1-8

【側측】 곁. 옆. 7-9, 11-12

【恥치】 ① ㉠ 부끄러움. 수치(羞恥). 치욕(恥辱). 1-13, 2-3, 8-13, 14-1 ㉡ 염치(廉恥, 청렴하고 깨끗하여 부끄러움을 아는 마음). 13-20 ② 부끄러워하다. 부끄럽게 여기다. 4-9,22, 5-15,25, 9-26, 14-29

【恥辱치욕】 부끄러움과 욕됨. 수치(羞恥)와 모욕(侮辱). 1-13

【治치】 ① 다스리다. 맡다. 처리하다. 관리하다. 5-8, 14-20 ② 다스려지다. 질서가 잡혀 태평(太平)하다. 정치가 맑고 깨끗하다. 8-20, 15-4

【絺치】 가는[고운] 칡베[갈포]. 絺綌치격 : 가는 칡베[고운 갈포(葛布)]와 거친 갈포 (葛布)를 통틀어 이르는 말. 갈포로 만든 옷. [綌 : 거친 갈포.] 10-1-6

【緇치】 검은색. 검게 물들다(黑染). 검은 비단. 검정 옷. 10-1-6, 17-7

【致치】 ① 이르다. 정상에 이르다. 이루다. 달성하다. 도달하다. 지극함까지 이르다. 궁극의 경지에 이르게 하다. 19-4,7, 20-2 ② 다하다. 지극히 하다. 극진(極盡)하게 하다. 정성을 다하다. 치성(致誠)하다. 끝까지 온갖 힘을 다 쏟다. 8-21, 19-14,17 ③ 내맡기다. 내던지다. 주다. 바치다. 1-7, 19-1

【齒치】 나이. 사람의 수명. 14-10

【親친】 ① 어버이. 부모. 12-21, 19-17 ② 가까운 사람. 친한 사람. 친척(親戚). 친족(親族). 동족(同族)이나 혼인관계가 있는 사람. 1-13 ,8-2, 18-10, 20-1 ③ 친하다. 가까이 하다. 친하게 지내다. 1-6 ④ 친히. 몸소. 직접. 스스로. 부사. 동작이나 행위가 스스로 진행되는 것을 나타냄. 10-1-17, 17-7

【親喪친상】 부모의 상(喪). 어버이의 상. 19-17

【漆雕開칠조개】 공자의 제자. 성은 漆雕(칠조). 자는 子若(자약). 이름이 開(개). 공자보다 11세 아래. [사기(史記) 중니제자열전(仲尼弟子列傳)에는 자가 子開(자개)로 되어 있으며, 한서예문지고증(漢書藝文志考證)에 따르면 본래의 이름은 啓(계)였는데 漢代에 景帝(경제)의 이름을 諱(휘)하느라고 '開'로 고쳤다고 함.] 5-6

【寢침】 눕다. 누워있다. 5-10, 10-1-16

【寢衣침의】 잠옷. 10-1-6

【枕침】 베개로 삼다. 베개로 하다. 베개로 삼아 베다. 명사의 동사로의 전용. 7-15

【浸침】 스며들다. 배어들다. 12-6

【稱칭】 ① 칭하다. 지칭하다. 부르다. 16-14 ② 말하다. 진술하다. 서술하다. 17-24 ③ 일컬어지다. 칭찬을 받다. 칭찬(稱讚)하다. 칭송(稱頌)하다. 8-1, 13-20, 14-35, 16-12 ④ 알맞다. 부합하다. 상당하다. 걸맞다. 적절하다. 15-19

【惰타】 게으르다. 게을리 하다. 9-19

【拖타】 풀어 놓다. 늘어놓다. 늘어뜨리다. 10-1-13

【卓爾탁이】 우뚝이 높게. 우뚝하여 높은 모양. 아주 뛰어난 모양. 爾는 부사[형용사] 접미사. 9-10

【琢탁】 쪼다. 다듬다. 1-15

【託탁】 부탁(付託)하다. 8-6

【坦탄】 평탄(平坦)하다. 너그럽다. 마음이 동요가 없고 평온하다. 7-36

【憚탄】 꺼리다. 두려워하다. 1-8, 9-24

【歎탄】 놀라며 내지르는 소리. 탄식하다. 9-10, 11-25

【奪탈】 빼앗다. 8-6, 9-25, 14-10, 17-18

【探탐】 더듬다. 만지다. 잡다. 16-11

【探湯탐탕】 끓는 물을 손으로 만지다. ⇒ 끓는 물에 손이 닿으면 재빨리 손을 떼듯이 나쁜 일 등에서 빨리 빠져 나감. 또한 경계함. 16-11

【貪탐】 탐하다. 욕심내다. ⇒ 재색(財色)을 탐하다. 20-2

【湯탕】 ① 끓는 물. 16-11 ② 탕(湯) 임금. 하(夏)나라의 폭군 걸왕(桀王)을 몰아내고 상(商)나라[후에 은(殷)나라]를 세운 임금. 12-22

【盪탕】 밀다. 밀어 움직이다. 14-6

【盪舟탕주】 배를 밀어 움직이다. ⇒ 육지에서 배를 밀어 움직이게 할 만큼 힘이 셈. 14-6

【蕩탕】 ① 교만하고 방자함. 고원(高遠)함에 치우쳐 절도(節度)가 없어짐. 방탕하여 절제가 없음. 탕일(蕩逸)함. 도리에 벗어나면서 멋대로 하거나 건방지게 구는 것. 독선(獨善). 어지빠르다. 엇되다. 방탕(放蕩)함. 탕일(蕩逸)함. 17-8,16 ② 넓다. 평탄하다. 7-36

【蕩蕩탕탕】 ① 광원(廣遠)한 모양. 넓고 아득한 모양. 8-19 ② 마음이 넓고 너그러운 모양. 7-36

【太廟태묘】 천자나 제후의 시조를 모신 사당. 여기서는 魯나라의 시조인 주공(周公)의 묘를 말함. 주(周)나라의 성왕(成王)이 주공의 공로가 크다고 하여 그 아들 백금(伯禽)을 노나라에 봉하였으므로 주공의 묘가 태묘에 해당됨. 10-1-14

【殆태】 ① 위태롭다. 위태로워지다. 위태롭게 하다. 2-15, 15-10, 18-5 ② 미심쩍은 것. 의아하게 여기는 것. 안전하지 않은 것. 확신이 서지 않는 것. 2-18

【泰태】 ① 많다. 크다(猶太也). ⇔ 約 7-25 ② 태연(泰然) 하다. 의연(毅然) 하다. 편안하다. 너그럽고 의젓하다. 당당하다. 속이 가득차서 넉넉해 보이다. 크고(大), 걸림없고(通), 넉넉하며(寬), 편안함(安) 의 뜻을 아울러 가지고 있음. 13-26, 20-2 ③ 교만(驕慢) 하다. 오만(傲慢) 하다. 거만(倨慢) 하다. 9-3

【泰伯태백】 周나라 선조인 태왕(大王) 고공단보(古公亶父) 의 장남. 8-1

【泰山태산】 옛날 노나라 북쪽인 산동성(山東省) 태안현(泰安縣) 에 있는 산. 중국에서 진산(鎭山) 으로 받들어 천자가 제사를 지내던 다섯 명산 중의 하나. [참고] 오악(五嶽) [오진(五鎭)] : 태산(泰山, 東嶽), 화산(華山, 西嶽), 형산(衡山, 南嶽), 항산(恒山, 北嶽), 숭산(嵩山, 中嶽). 3-6

【擇택】 가리다. 고르다. 골라내다. 선택하다. 4-1, 7-21,27, 20-2

【土토】 ① 흙. 5-10 ② 토지. 재부(財富). 땅. 살 곳. 4-11

【討토】 ① 치다. 토벌하다. 정벌하다. 14-22 ② 검토하다. 14-9

【討論토론】 검토하여 의견을 말하다. 논리적으로 따져보다. 14-9

【侗통】 어리석다. 미련하다. 무지(無知) 하다. 8-16

【慟통】 서럽게 울다. 통곡(慟哭) 하다. 몹시[지극히] 슬퍼하다. 지극히 애통(哀慟) 해 하다. 지나치게 애통해 하다. 11-9

【退퇴】 ① 물러가다. 가다. 원래 있던 곳으로 돌아가다. 퇴근[퇴청]하다. 2-9, 7-28,30 10-1-3,12, 13-14, 16-13, 19-12 ② 물러나게 하다. 나서지 않게 하다. 11-21 ③ 움츠리다. 머뭇거리다. 위축되어 소극적이다. 11-21

【偸투】 각박(刻薄) 하다. 야박(野薄, 야멸치고 인정이 없음) 하다. 후하지 아니함. 8-2

【慝특】 간악(奸惡) 함. 간특(奸慝) 함. 사특(邪慝) 함. 간사하고 악한 생각. 12-21

ㅍ

【播파】 흔들다. 18-9

【罷파】 그치다. 멈추다. 그만두다. 중지하다. 9-10

【八佾팔일】 종묘에서 추는 악무(樂舞). 8명이 여덟 줄을 지어 64명이 음악에 맞추어 춤을 추는 천자(天子)의 악무(樂舞). 3-1

【佩패】 차다. 허리에 매어달다. 패용(佩用)하다. ⇒ 패(佩, 큰 허리띠에 차는 장식품)를 차다. 10-1-6

【敗패】 상하다. 부패하다. 10-1-8

【覇패】 으뜸. 우두머리. 제후의 우두머리 곧 패자(覇者). ⇒ 패자가 되다. 제후의 맹주가 되다. 제패하다. 覇諸候 : 제후를 제패하다. 14-18

【便佞편녕】 구변이 좋아 남의 비위만 맞춤. 말만 그럴싸하게 잘하다. 입에 발린 말만 잘하는 것. 16-4

【便辟편벽】 남들이 꺼리는 일을 약게 피하며 사랑을 받으려는 일. 어려운 것을 피하며 남에게 아첨함. 잔꾀를 잘 부리고 아첨함. 남의 비위를 잘 맞추어 아첨함. 알랑거림. 16-4

【便便편편】 변(辯). 말을 분명하게 잘하는 모양. 말을 분명하고 조리 있게 하는 것. 10-1-1

【偏편】 = 翩. 나부끼다. 펄럭이어 나부끼는 모양(飄揚貌). 9-30

【偏其反而편기반이】 팔랑팔랑 나부끼네! ⇒ 팔랑팔랑 한들한들! 9-30

【片言편언】 한마디 말. 간단한 말. [참고] (소송에서) 어느 한 쪽의 말. 12-12

【平평】 평평하게 고르다. 바닥을 고르고 판판하게 하다. 동사. 9-18

【平生평생】 평소. 늘. 항상. 평일. [참고] ㉠ 일생(一生) ㉡ 지난 날. 옛날. 왕년(往年). 14-13

【廢폐】 ① 내쫓다. 등용하지 아니하고 내치다. 파면하다. 축출하다. 폐출하다. 5-2 ② 그만두다. 물러나다. ⇒ 관직에서 물러나다. 세상을 버리다. 18-8 ③ 없애다. 버리다. 폐하다. 폐지하다. 없어지다. 무너지다. 14-38, 15-22, 18-7, 20-1 ④ 지쳐서 쓰러지다. 6-10

【敝폐】 해어지다(壞也). (옷 등이) 닳아 없어지다[떨어지다]. 5-26, 9-26

【蔽폐】 ① 가리어 막힘. 17-8 ② 하나로 가리다[덮다, 싸다]. ⇒ 싸잡다. 포괄(包括)[총괄(總括), 개괄(概括)]하다. 요약하다. 2-2 ③ 덮다. 가리다. ⇒ 쓰지 않고 내버려두다. 20-1

【匏瓜포과】 박. 바가지. 벼슬을 못하거나 중용되지 못하는 사람의 비유. 17-7

【圃포】 ① 채마밭(菜田). ⇒ 채소(菜蔬)를 심는 일(가꾸는 일). 채전(菜田) 일. 13-4
② 채소를 가꾸는 사람, 곧 포정(圃丁). 원예가(園藝家). 13-4

【暴포】 ① 난폭(亂暴)하다. 포악(暴惡)하다. 거칠고 사납다. 또는 그러한 행위. 8-4,
20-2 ② 맨손으로 잡다(徒搏). 맨손으로 치다. 7-10

【暴慢포만】 사납고 오만[거만]하다. 사납고 교만하다. 8-4

【暴虎馮河포호빙하】 맨손으로 호랑이를 잡고 걸어서 강[황하]을 건너다. [참고]
시경(詩經) 소아(小雅) 소민(小旻). 7-10

【脯포】 저미어 말린 고기. 10-1-8

【袍포】 핫옷. 솜을 넣은 긴 옷. 9-26

【瓢표】 표주박. 조롱박 따위를 반으로 쪼개어 만든 작은 바가지. 6-9

【表표】 겉옷. 겉옷을 입다. 10-1-6

【風烈풍렬】 바람이 매섭게 부는 것. 폭풍(暴風). 10-1-16

【彼피】 그. 저. 인칭대명사. 3인칭을 나타냄. 14-10, 16-1

【皮피】 가죽. 과녁의 한 가운데에 붙여 놓은 가죽. 과녁의 정곡(正鵠). ⇒ 과녁의 정곡을
맞추다. 과녁의 정곡 가죽을 뚫다. [참고] 과녁 ⇐ 관혁(貫革, 가죽을 뚫다) 3-16

【被피】 = 披. 풀어 헤치다. 풀어서 늘어뜨리다. 14-18

【佛肹필힐】 사람 이름. 중모(中牟)의 읍재(邑宰). 17-7

【匹夫필부】 한 사람의 남자. 한 명의 짝을 데리고 사는 신분이 낮은 평범한 남자.
귀족은 여러 명의 처첩(妻妾)을 거느릴 수 있었음. 匹夫匹婦 : 보통의 남자와 보통의
여자. 평범한 사람. 9-25, 14-18

【必필】 ① 반드시. 꼭. 참으로. 과연. 동작·행위·성질·상태 등에 대한 결연한 의지나
확신 나타냄. 1-10, 4-5, 4-25, 5-19, 7-21,30, 9-9, 10-1-3,6,7,8,13,16,17, 11-13,24, 12-7,20, 13-3,
14-5,13, 15-27,32, 16-1, 17-21, 18-2, 19-4,8 ② 반드시. 틀림없이. 꼭. 부사. 사람이나 사물에
대한 결연한 의지나 확신을 나타냄. 6-28, 14-43, 17-5 ③ 반드시[틀림없이, 꼭] …해야
한다. 부사. 동사 앞에 쓰여 어떤 동작을 실행하는 필요성을 나타냄. 4-19, 13-20 ④ 반드시.
필연적으로. 일반적으로 뒷 문장의 처음에 쓰여, 전후 상황간의 필연적인 관계를 나타냄.
7-31, 12-19, 15-9,11 ⑤ 반드시[필시] …일 것이다. 반드시 …이다. 술어 앞에 쓰여, 사실을
서술한 것에 대해 확신에 찬 추측을 나타냄. 1-7, 5-28, 6-7, 13-12 ⑥ 반드시 이것만이
옳다고 함. 틀림없이 그렇다고 단언함. 기필코 어떤 일을 하려고 고집함. 굳게 지님. 9-4

【**必也**필야】 만약 …이 있다면 틀림없이 …일 것이다. 꼭[굳이] …한다면 반드시[틀림없이] …할 것이다. 그렇다면 반드시. 굳이 말하자면. = 必是. 必은 부사로 사람이나 사물에 대한 행위의 필요성·결연한 의지·확신 등을 나타내며, 也는 어기조사로 음절을 조정하고 어기를 고르는 역할을 함. [참고] 雍也-28. 3-7, 7-10, 12-13, 13-3,21, 19-17

附
錄

論語字解

하

【下하】 ① 아래. 방위를 나타냄. 7-34, 9-3, 16-12 ② 아래. 형이하학(形而下學). 인욕(人慾). 재리(財利). 기(器). 14-24,37 ③ 등급이나 순위·서열 등의 아래. 6-19, 16-9, 17-3,24, 19-20 ④ 아랫사람. 자기보다 나이가 어리고, 지위나 학식 따위가 낮은 사람. 5-15 ⑤ 아래로 하다. 낮추다. 겸양[겸손]해 하다. 동사. 12-20 ⑥ 내리다. 위에서 아래로 내리다. 10-1-5 ⑦ 이기지 못하다. 지다. 3-7

【下達하달】 사리사욕(私利私慾)을 좇아 날마다 퇴보하다. 낮은 가치, 곧 재리(財利)에 통달하다. 14-24

【下大夫하대부】 예기(禮記) 왕제(王制) 편에 의하면, 제후(諸侯)의 상대부인 경(卿)과 하대부, 상사(上士), 중사(中士), 하사(下士)의 모두 다섯 등급이다. 천자(天子)는 삼공(三公)과 구경(九卿), 27명의 대부와 81명의 원사(元士)가 있으며 큰 제후국은 삼경을 모두 천자에게서 임명받고 하대부가 5명이다. 10-1-2

【下流하류】 강의 아래쪽. 흐르는 물의 하류. 인생의 밑바닥. 지대가 낮아 각처의 오물이 다 모이는 곳. 아래 계층. 밑의 계층. 17-24, 19-20

【下問하문】 아래에 있는 사람에게 묻다. 자기보다 나이가 어리고, 지위나 학식 따위가 낮은 사람에게 묻다. 5-15

【何하】 ① 무슨. 어떤. 어느. 의문대명사. 관형어로 쓰여 사람이나 사물을 수식함. 7-14, 11-25 ② 무엇[어느 것이] …한가[인가]? 누구[무엇, 어디]인가? 누구를[무엇을] …한가? 의문대명사. 주어나 술어, 목적어로 쓰여 사람이나 사물, 장소에 대해 물음. 목적어로 쓰일 때는 일반적으로 도치되어 동사나 전치사 앞에 옴. 2-5, 3-8,13, 4-15, 7-28, 9-2, 11-25, 12-4,20,22, 13-9, 14-26,43, 19-3, 20-2 ③ 어찌하여[왜] …한가? 의문대명사. 어떤 일의 이유나 원인에 대해 물음. 3-24, 6-15, 9-6, 12-5, 13-14, 17-9, 18-5, 19-3 ④ 어떻습니까? 어떻게 …합니까? 의문대명사. 상황이나 방식[방법]에 대해 물음. 2-19, 15-4, 17-19 ⑤ 어찌(하여) …하겠는가(하려는 것인가)? 부사. 강한 반문의 어기를 나타냄. 5-9,10, 6-24,28, 9-13,26,30, 11-13,22,24, 13-20, 14-13,43, 17-5, 19-22,24

【何如하여】 ① 어떠합니까? 어떻습니까? 관용형식으로 의견이나 견해를 물음. 1-15, 5-4,8,19, 6-28, 11-25, 12-19,20, 13-20,24, 14-36 ② 어찌하여[왜] …한가? 어찌 …하는가[하겠는가]? 관용형식으로 이유나 원인에 대해 묻거나 반문을 나타냄. 술어나 부사어로 쓰임. 5-18 ③ 어떻게 합니까? 관용형식으로 방법[방식]에 대해 물음. 술어나 부사어로 쓰임. 11-25, 12-20, 13-20,28, 20-2

【何用하용】 = 何以. 어떻게. 어찌. 어찌하여. 왜. 관용형식으로서 '전치사+목적어' 구

附

錄

論
語
字
解

문을 이루며 부사어로 쓰이는데 방법이나 원인에 대한 물음을 나타냄. 9-26

【何爲하위**】** 왜. 어째서. 어찌하여. 무엇 때문에. 관용형식으로서 어떤 일의 이유나 원인에 대해 물음. 何는 의문대명사. 14-34,37

【何有하유**】** ① 무엇이 있겠는가? 무엇이 더 필요하겠는가? 무슨 관계가 있겠는가? 무슨 문제나 어려움이 있겠는가?(何難之有) 곧 어려울 것이 없다(아무런 문제도 없다)는 뜻. 관용형식으로서 문장 속에서 술어로 쓰여 반문을 나타냄. 4-13, 6-6, 13-13 ② 어디[어찌] …이[가] 있겠는가? 무엇이 있겠는가? 관용형식으로서 사물에 대해 부정하는 반문을 나타냄. 7-2, 9-15

【何以하이**】** ① 무엇으로. 어떻게. 무엇을 사용하여. 무엇에 의지하여. 관용형식으로 쓰이며, 전치사 '以' 가 '用' 의 뜻을 지닌 경우로서 어떤 행위를 할 때 어떤 방식이나 방법에 따르는 것을 나타냄. '何' 가 (의문) 대명사이고 의문문이므로 '以何' 가 도치되었음. 2-7,22, 11-25, 14-36 ② 왜. 어찌하여. 무슨 이유로. 무엇 때문에. 무슨 까닭으로. 관용형식으로 쓰이며, 전치사 '以' 가 '因' 의 뜻을 지닌 경우로서 이유나 원인에 대한 질문이나 반문을 나타냄. 문장 속에서 부사어로 쓰임. 3-26, 5-15, 12-8, 16-1

【何以하이…**爲**위**】** 어찌. 관용형식으로서 반문을 나타내는 문장에 쓰임. ① [구문 사이에 동사나 동사구문이 올 경우] 어찌하여 …해야 하는가? 무엇 때문에 …해야 하는가? 어디 …할 필요가 있겠는가? ② [구문 사이에 명사나 명사구문이 올 경우] 어찌하여 …이겠는가? 어디 …일 필요가 있겠는가? 12-8, 16-1

【何必하필**】** …할 필요가 있(겠)는가? 어찌하여 반드시 …하겠는가[하려는 것인가]? 관용형식으로서 강한 반문의 어기를 나타냄. 11-13,24, 14-13,43, 17-5, 18-2

【夏하**】** ① 하(夏) 나라. 우(禹) 임금이 건국한 중국 최초의 왕조(王朝). (B.C. 2200~1760 추정). 2-23, 3-9 ② 중국. = 中華, 夏華, 中夏, 中原. 3-5

【夏后氏하후씨**】** 하나라. 하나라 임금. 3-21

【河하**】** 황하(黃河) 의 본래 이름. 황하(黃河) 지역. 하내(河內). 9-8, 18-9

【荷하**】** 메다. 짐을 메다. 물건 등을 어깨에 메다. 짊어지다. 14-42, 18-7

【學학**】** 배우다. 본받다. 인간으로써 인간다움이 되기 위한 지혜, 삶의 지혜, 옛 선현들의 생각과 지혜 그리고 그들의 행동 양식 등을 배우고 깨달아 이를 본받음. 1-1,6,7,8,14, 2-4,15,18, 5-15,28, 6-2,25, 7-2,3,16,33, 8-12,13,17, 9-2,29, 11-6,24,25, 12-15, 13-4, 14-25,37, 15-1,2,30,31, 16-9,13, 17-4,8,9, 19-5,6,7,13,22

【貉학**】** 담비. 식육목 족제비과 담비속(Genus Martes) 의 포유류를 총칭한다. 족제비와 생김 새가 거의 비슷하지만, 몸이 약간 크고 다리가 비교적 짧다. 약 7~8종으로 분류되는데 몸길이 35~60㎝, 꼬리길이 12~37㎝로, 종에 따라 크기와 색깔이 약간씩 다르다. 보통 귀는 털 밖으로

나와 있고, 머리는 가늘고 길며, 주둥이는 뾰족하다. 꼬리는 길고 끝이 가늘며, 몸의 털은 부드럽고 광택이 있어 고급 모피로 애용되는 경우가 많다. ⇒ 담비의 모피. 9-26, 10-1-6

【漢한】 한수(漢水). 섬서성(陝西省) 영강현(寧强縣) 북쪽의 파총산(嶓冢山)에서 발원하여 동남쪽 호북성(湖北省) 무한(武漢)으로 흘러들어 장강(長江)에 이른다. ⇒ 한수(漢水) 지역. 한중(漢中). 18-9

【罕한】 드물게. 적게. 부사. 동작의 빈도를 나타냄. 9-1

【閑한】 한계. 규범의 경계. 지켜야 할 한계선. ⇒ 법도. 도덕규범. 19-11

【割할】 베다. 자르다. ㉠ 썰다. 고기를 자른 것. 10-1-8 ㉡ 잡다. 割鷄 : 닭을 잡다. 17-4

【陷함】 빠지다. 우물에 빠지다. 6-24

【合합】 ① 모으다. 규합하다. 14-17. ② 넉넉하다. 충분하다. 풍족하다. [참고] 적합하다. 마땅하다. 13-8

【柙합】 우리(檻也). 짐승을 가두어 기르는 시설. 16-1

【盍합】 ① 음…. 그럼…. 허자(虛字)임. 5-26 ② 왜 …하지 않는가. 어찌 …하지 않는가. 합음사(合音詞). 대명사나 부사의 역할을 하는 '何'와 부사인 '不'의 역할을 겸함. 곧 '何不'의 뜻임. 12-9

【巷항】 집(宅也). [(주)교학사. 교학대한한사전. 2005. p.964.] [참고] ① 골목. 거리. ② 동리. 마을. 6-9

【恒항】 ① 항심(恒心). 한결같은 마음. 늘 지니고 있어 변함이 없는 떳떳한 마음. 7-25, 13-22 ② 늘 있게 하다. 한결같게 하다. 항구(恒久)하게 하다. 변함없이 지키다. 형용사의 사역동사로의 전용. 13-22

【奚해】 ① 어찌하여. 어째서. 왜. 의문대명사. 어떤 일에 대한 원인이나 이유를 물음. 전치사의 목적어·관형어·부사어 등으로 쓰임. 2-21, 7-18, 11-14 ② 무엇. 무슨. 의문대명사. 사물에 대한 물음을 나타내며 주어·술어·목적어·관형어 등으로 쓰임. 2-21, 13-3,5 ③ 어디. 어느 곳. 의문대명사. 장소에 대한 물음을 나타내며 (전치사의) 목적어로 쓰임. 14-41 ④ 어찌하여. 어찌. 어떻게. 부사. 강한 반문의 어기를 나타냄. 3-2

【奚其해기】 어찌. 어떻게. 얼마나. 부사. 반문이나 감탄을 나타냄. 奚는 부사로 강한 반문의 어기를 나타내며, 其는 어기조사로 어기를 강화하는 작용을 함. 13-3, 14-20

【奚而해이】 = 奚以. 奚爲. 어찌하여. 어떻게. 왜. 무엇 때문에. 관용형식으로 원인에 대한 물음을 나타냄. 술어 앞에서 부사어로 쓰임. 14-20

【害해】 ① 해로움. 폐해. 화. 결점. 2-16 ② 해치다. 손상시키다. 15-8

【海해】 ① 바다. 5-7 ② 해변지역. 바다 쪽. 바닷가. 18-9

【幸행】 다행이다. 다행하다. 행복하다. 운이 좋다. 6-2,17, 7-30, 11-6

【行행】 ① 가다. 떠나다. 떠나가다(去也). 떠나오다. 15-1, 18-3,4,6,7 ② 걷다. 다니다. 걸어 다니다. 길을 가다. 7-21, 10-1-4,13, 11-7, 14-47 ③ 가다. 가게하다. 운행(運行)하다. 돌다. 2-22, 17-19 ④ 집행하다. 업무를 하다. 정사를 처리하다. 6-1, 12-14 ⑤ 행하다. 실천하다. 실행하다. 행동하다. 어떤 일을 하다. 나아가 도(道)를 행하다. 1-6,12, 2-13,18, 4-12, 5-14,20, 6-12, 7-7,10,23,32, 9-11, 11-21, 13-3,20,21, 14-2, 15-17,23,24, 16-11, 17-6, 18-7, 19-25 ⑥ 행하여지다. 5-7, 12-6, 13-6, 14-38, 15-5 ⑦ 쓰게 하다. 사용하게 하다. 시행(施行)하다. 시행되다. 15-10, 20-1 ⑧ 거느리고 나아가다. 통솔(統率)하다. 지휘하다. 7-10 ⑨ 하다. 행하다. ⇒ 뽐내다. 자랑하다. 15-16 ⑩ 행함. 행동. 행실(行實). 행위(行爲). 행적(行蹟). 1-11, 2-18, 4-24, 5-10, 12-20, 14-4,29, 15-5, 18-8 ⑪ 덕행(德行). 덕(德)을 실천(實踐)하는 것. 예(禮)를 실행하는 것. 7-24, 11-2

【行己행기】 몸소 행하는 것(자기의 행실). 몸가짐. 처신(處身). 5-16, 13-20

【行人행인】 외교관료. 사신을 보내는 업무를 담당하는 직책 이름. 14-9

【行行항항】 굳세고 강한 모양. 11-12

【享향】 드리다. 받치다. = 獻. 10-1-5

【享禮향례】 사신(使臣)이 첫 번째로 배알(拜謁)을 한 다음 두 번째의 알현(謁見)에서 자기 군주가 보낸 예물(禮物)을 뜰에 진열하여 상대 군주에게 전해드리는 예(禮). 10-1-5

【鄕향】 ① 12,500가구의 마을. 13-24 ② = 曏, 嚮. 늑 向. 지난번에. 접때. 이전에. 아까. 조금 전. 방금. 막. 문장의 맨 앞에 쓰여 동작이나 행위가 오래되지 않은 과거에 발생한 것임을 나타냄. 13-20

【鄕黨향당】 ① 향리(鄕里). 마을. 黨 - 500가(家). 鄕 - 12,500가(家). 10-1-1 ② 같은 고을 사람. 마을 사람들. 13-20

【鄕原향원】 시비(是非)를 가리지 못하는 무골호인(無骨好人). 매사에 옳고 그름을 분명하게 따지지 않고 시속에 맞추어 두루뭉술하게 삶으로써 온 고을 사람들의 칭송을 받는 사람. 시골 마을에서 근후한 체하며 사는 사이비 군자. 17-13

【鄕人향인】 같은 마을 사람. 본 지방사람. 일반적인 대중. 10-1-10, 13-24

【鄕人飮酒향인음주】 향음주례(鄕飮酒禮). 마을 사람들이 모여 주연(酒宴)을 베푸는 행사. 10-1-10

【憲헌】 공자의 제자 원헌(原憲). 자는 자사(子思). [참고] 雍也-3. 14-1

【弈혁】 바둑. 바둑을 두다. 17-22

【弦현】 = 絃. 거문고·비파 등 현악기. 현악. 현악 반주. 17-4

【弦歌之聲현가지성】 현악(絃樂)을 반주로 시(詩)를 노래하는 소리. 현악과 노래 소리. 17-4

【玄현】 검은 색. 10-1-6, 20-1

【玄牡현모】 검은 수소. 검은 황소. 20-1

【絢현】 무늬. 문채(文彩). 3-8

【賢현】 ① 어질다. 현명(賢明)하다. 덕행이 뛰어나고 재능이 많다. 6-9, 7-14, 11-15, 14-31,33, 15-13, 16-5, 19-23,24,25 ② 어진 사람. 현자(賢者). 현명한 사람. 덕행이 뛰어난 사람이나 재능이 많은 사람. 1-7, 4-17, 19-3 ③ 높여 중히 여기다. 숭상(崇尙)하다. 1-7 ④ 더 낫다. 더 좋다. 17-22

【賢者현자】 현명한 사람. 어진 사람. 14-39, 15-9, 19-22

【賢才현재】 현명한 인재. 덕이 있고 능력이 있는 사람. 13-2

【血氣혈기】 ㉠ 혈액과 호흡. 생명을 유지하는 데 필요한 두 가지 요소. ㉡ 원기(元氣). 정력(精力). ㉢ 기질이나 감정을 이르는 말. ㉣ 기개(氣槪). 의기(意氣). 16-7

【兄弟형제】 ① 형제. 형과 아우. 2-21, 12-5, 13-28 ② 형제(兄弟) 같다. ⇒ 비슷하다. 유사하다. 13-7

【刑형】 ① 형벌. 2-3, 5-2, 13-3 ② 법. 법규. 법도. 4-11

【刑戮형륙】 형법에 의하여 죄인을 벌함. 형벌. 형벌에 처함. 5-2

【荊형】 위나라 헌공(獻公)의 아들. 자는 남초(南楚). 13-8

【衡형】 수레 앞에 가로 지른 나무. 끌채(輈, 수레 중앙에 있는 긴 채). 15-5

【兮혜】 이어라! 이도다! 이여! 어기조사. 찬양이나 감탄의 어기를 나타냄. 3-8, 18-5

【惠혜】 ① 은혜(恩惠)롭다. 사랑하고 이롭게 하다. 혜택(惠澤)이 가게 하다. 사랑을 베풀고 물질적 혜택을 주다. 은혜를 베풀다. 5-16, 14-10, 20-2 ② 혜택. 은혜. 이익. 은혜로움. 은혜 베풂. 4-11, 17-6

【惠人혜인】 은혜(恩惠)로운 사람. 자혜(慈惠)로운 사람. 인애(仁愛)로운 사람. 14-10

【慧혜】 슬기롭다. 총명하다. ⇒ 지혜. 능력. 재주. 15-16

【醯혜】 식초(醋也). 5-24

【乎호】 ① …에서. …에. 전치사. 동작이나 행위가 발생하는 장소나 범위 또는 어떤 상황에 처함을 나타냄. 8-4, 9-3, 11-25, 13-15 ② = 於. …에(게). …에 대해(서). …을(를). 전치사.

동작이나 행위가 발생할 때 직접 미치는 대상을 나타냄. 2-16, 4-6, 8-21, 18-10, 19-14 ③ …에 대해(서). …에 관해. 전치사. 사람·사물·행위 사이의 상응관계를 나타내어 대상이나 사물의 관계를 이끌어 냄. 12-5 ④ = 於. …보다. 전치사. 사람 혹은 사물의 성질이나 상태와 함께 비교하는 대상을 나타냄. 11-25, 17-22 ⑤ = 於. …와[과]. 전치사. 서로 다른 대상의 비교를 나타냄. 1-10, 11-25, 19-3 ⑥ …이다. …하리라. 어기조사. 단정이나 강조의 어기를 나타냄. 2-17, 3-7, 6-28, 12-13, 13-3,21, 14-33, 17-5,24, 19-17 ⑦ …인가? …한가? 어기조사. 문장 끝에 쓰여 의문(질문)을 나타내며 시비(是非) 판단의 어기를 도움. 1-4, 3-8,15,22, 4-6, 6-12,28, 7-14,23,30, 10-1-12, 11-9,20, 14-14,17,45, 15-1,23, 16-13, 17-1,21,23,24, 18-2,7 ⑧ …인가? …한가? 어기조사. 문장 끝에 쓰여 의문(질문)를 나타내며 선택의 어기를 도움. 9-2 ⑨ …인가? …이겠는가? 어기조사. 의문문의 끝에 쓰여 반문의 어기를 나타냄. 일반적으로 대명사 何, 孰이나 접속사 況, 혹은 부사 庸, 寧, 豈, 不, 非 등과 호응함. 1-1, 2-7,8, 3-6, 8-20, 9-5,6,11,23, 13-15, 14-8,14, 17-7,21,22, 19-23,24,25, 20-2 ⑩ 아! …이도다! …이(로)구나! 어기조사. 비분·찬양·감격 등의 감탄 어기를 나타냄. 2-21, 3-14, 5-27, 6-14, 7-25, 8-18, 9-11,20, 12-8,22, 14-26,42, 15-12, 19-16 ⑪ …일 것이로다! 어기조사. 감탄의 어기를 나타냄. 其와 함께 쓰이는 경우 추측의 어기를 내포함. 3-11, 11-18, 19-12 ⑫ …일 것이다. …이겠지. …인가? 어기조사. 추측의 어기를 나타냄. 일반적으로 측량을 나타내는 부사인 殆, 其, 或 및 관형어인 得無 등과 호응함. 14-37, 15-23 ⑬ 어기조사. 명령문의 끝에 쓰여 명령의 어기를 나타냄. 6-3 ⑭ 어기조사. 也, 也者 등과 같이 음절을 조정하고 어기를 고르는 역할을 함. 쉼표 역할을 함. 4-13, 6-6, 13-13 ⑮ 아! 야! 호격조사(이름을 부를 때 이름 아래에 쓰는 조사). 4-15 ⑯ 형용사 또는 부사의 접미사. 然과 같다. 8-15

【乎爾호이】 …이노라. …이로다. 문장의 끝에 쓰여 단정을 나타냄과 아울러 감탄의 뜻을 완곡하게 나타냄. 7-23

【乎哉호재】 …이겠는가? 어기조사. 반문의 어기를 나타냄. 의문을 나타내는 어기조사인 '乎'와 반문 및 감탄을 나타내는 어기조사인 '哉'로 이루어졌는데 중점은 '哉'에 있음. 7-29, 9-6,7, 12-1, 14-31, 15-5, 17-11

【互鄕호향】 마을 이름. 위치 불분명. ⇒ 호향 사람들(互鄕人). 7-28

【好호】 ① 좋아하다. 마땅하게 여기다. 좋아서 하다. 1-2,14,15, 4-3,6, 5-7,15,28, 6-2,18, 7-1,11,19, 8-10,13, 9-17, 11-6, 12-20, 13-4,24, 14-44, 15-12,16,27, 17-1,8, 19-5 ② 좋다. 훌륭하다. 또는 그러한 것. 19-23 ③ 우호. 친선. 우호증진을 위한 잔치. 우호증진을 위한 친선 만찬 연회. 3-22 ④ 잘. 차분하게 잘. 좋게. 훌륭하게. 부사. 어떤 동작이나 행위가 평화롭게 잘 진행됨을 나타냄. 7-10

【戶호】 지게문. 문. 문호(門戶). 6-15

【狐호】 여우. 9-26

【狐貉호학**】** 여우나 담비(오소리)의 가죽으로 만든, 귀인(貴人)이 입는 고급 갖옷. 모피 옷. 9-26

【瑚璉호련**】** 중국 고대 종묘(宗廟) 제사에서 서직(黍稷, 찰기장과 메기장)을 담는 그릇. 옥(玉)으로 장식되었다. 이 장으로 인하여 인신(引伸)되어 국가를 편안하게 다스릴 만한 인재(人才), 곧 훌륭한 인재를 비유하게 됨. 5-4

【惑혹**】** ① 미혹(迷惑)하다. 헷갈리어 헤매다. 미혹[현혹]되다. 2-4, 9-28, 11-21, 12-10,21, 14-30,38 ② 의심하다. 수상하게 여기다. 의아스럽게 생각하다. 의심을 품다. 7-28

【或혹**】** ① 혹자(或者). 어떤 사람. 누군가. 인칭대명사. 특정대상을 가리키지 않는 것을 나타냄. 2-21,23, 3-11,15,22, 5-5,11,24, 9-13, 11-25, 14-10,36,47 ② 혹. 혹시. 아마(도). 대개. 부사. 동작·행위·상황에 대한 추측을 나타냄. 17-16, 19-23 ③ 늘. 언제나. 13-22

【忽焉홀언**】** 갑자기. 홀연(忽然)히. 문득. 어느새. 9-10

【弘홍**】** ① 크다(大也). 넓다(廣也). 19-2 ② 넓히다. 넓게 하다. 널리 펴다. 15-28 ③ 도량이 크다. 안목이 넓다. 너그럽고 넓다. 8-7

【和화**】** ① 화합하다. 조화를 이루다. 자신의 생각도 견지하고 상대방의 생각도 존중해 주며 서로 의논하여 화합을 이룸. 서로 다른 것이 제 색깔을 잃지 않은 채 함께하는 것. ⇔ 同 13-23 ② ㉠ 조화(調和). 어울림. 다른 것들을 하나로 아우름. 음악의 조화. ㉡ 알맞음. 법도에 맞음. 절도에 맞음. 1-12 ③ 서로 응하여 화합하다. 화목하다. 평화롭다. 16-1, 19-25 ④ ㉠ 화답(和答)하다. 시가(詩歌)로써 응하다. ㉡ 응하여 소리를 내다. 소리를 따르다. 따라 부르다. 7-31

【畫획**】** 선을 긋다. 금을 긋다. 구획하다. 한계를 긋다. 스스로 한정(限定)하다. 그치다. 스스로 한계를 긋고 멈춰 서 있는 것. 6-10

【華화**】** 꽃(=花). 花의 古字. 9-30

【貨화**】** 재화(財貨). 재물(財物). 11-18

【趯확**】** ① (경의를 표하기 위해) 한 걸음 물러나서 조심하며 걷는 모습. 공경하여 발걸음을 피하는 모양. ② 빨리 걷는 모양. 10-1-3

【患환**】** 근심하다. 걱정하다. 憂는 내부에서 생겨나는 근심을 말하고 患은 외부에서 들어오는 근심을 말함. 內憂外患. 1-16, 3-24, 4-14, 12-5,18, 14-32, 16-1, 17-15

【桓公환공**】** 제(齊)나라 임금(B.C. 685~643 재위). 희공(僖公)의 아들이며 양공(襄公)의 아우로서 이름은 소백(小白). 관중(管仲)을 임용하여 최초로 제후의 맹주노릇을 한 춘추오패(春秋五霸) 중의 한 사람. 14-16,17,18

【桓魋환퇴**】** 송나라의 군사 책임자. 성은 상(向). 이름이 퇴(魋). 관직은 사마(司馬).

송나라 환공(桓公)의 후손이기 때문에 환퇴(桓魋)라고도 불렀다 함. 7-22

【煥환】 빛나다. 찬란(燦爛)하다. 찬란히 빛나다. 8-19

【皇皇황황】 큰 모양. 거룩하고 위대한 모양. 광명하고 위대한 모양. 20-1

【回회】 공자가 가장 총애했던 제자. 성은 안(顔). 이름이 회(回). 자는 자연(子淵). 노(魯)나라 사람으로 공자보다 30세 아래. 29세에 머리가 하얗게 세었고 32세에 죽었음. 2-9, 5-9, 6-5,9, 9-19, 11-3,10,18,22, 12-1

【悔회】 뉘우치다. 후회(後悔)하다. 2-18, 7-10

【懷회】 ① 마음에 두다. 마음속에 간직하다. 생각하다. 그리워하다. 4-11, 14-3 ② 사랑으로 감싸다. 따르게 어루만져 주다. 보살펴 주다. 그리워하게 하다. 5-26 ③ 재능 등을 감추다(藏也). 숨기다. 숨어 지내다. 15-6, 17-1 ④ 품. 품안. 가슴. 17-21

【會회】 모이다. 모으다. 회합(會合)하다. ⇒ 사귀다. 12-24

【會同회동】 동맹(同盟). 11-25

【繪회】 그림. 그림 그리다. 그림 그리는 일. 3-8

【膾회】 잘게 저민(얇게 썰다.) 날고기. 육회(肉膾)와 생선회(生鮮膾). 10-1-8

【誨회】 가르치다. 깨우치다. 가르쳐 주다. 깨우쳐주다. 잘못을 일깨워 주다. 2-17, 7-2,7,33, 14-8

【獲획】 ① 얻다(得也). 받다. ⇒ 죄를 짓다. 3-13 ② 얻음(得也). 얻는 것. 이득을 얻음. 이득이 되는 일. 이득을 취하는 일. 6-20

【孝효】 부모를 존경하고 사랑하다. 어버이를 잘 섬기는 일. 효자(孝慈). 부모와 자식 간의 덕목. 1-2,6,11, 2-5,6,7,8,20,21, 4-20, 8-21, 11-4, 13-20, 19-18

【孝弟효제】 부모에게 효도하고 형제간에 우애가 있으며 웃어른을 공경하는 일. '弟'는 '悌'와 같음. 1-2

【厚후】 ① 두텁다. 두껍다. 또는 그와 같은 물건. 10-1-6 ② 인정이 두텁다. 인심이 후하다. 너그럽다. 충직하고 온후하다. 1-9 ③ 성대하고 장중하게 하다. 11-10 ④ 준엄하다. 엄중하게 하다. 15-14

【后후】 임금. 3-21

【后帝후제】 하느님. 천제(天帝). 20-1

【嗅후】 냄새를 맡다. 10-1-18

【後후】 ① 뒤. 앞의 반대. 9-10, 10-1-3, 12-7 ② 늦다. 시간적으로 뒤늦다. 시간에 대지 못하다. 뒤늦게 따라오다. 11-22 ③ 뒤에 있다[남다]. 뒤에 처지다. 뒤떨어지다. 후미에

있다. 6-13, 11-25, 18-7　④ 뒤에 하다. 뒤로 하다. 뒤로 돌리다. 동사. 6-20, 12-21, 15-37, 19-12　⑤ …한 뒤에 하다. …한 다음에 하다. 동사. 3-8　⑥ ㉠ 뒤의. 16-1　㉡ 뒤에. 나중에. 9-5,22,27, 11-1　⑦ 뒷자리. 말석. 11-7, 14-22　⑧ 후사(後嗣). 후계자. 14-15

【後生후생】 뒤에 나올 사람들. ⇒ 후배(後輩). 후진(後進). 9-22

【後進후진】 뒤에 나아가다. (예악을) 뒤에 학습하다. 벼슬길에 나아간 뒤에 예악을 학습하다. [참고] ① 후대의 사람. 周나라 후기의 사람들. ② 공자가 만년에 제자 교육에 주력함으로써 詩·書·禮·樂의 정규 교과목을 습득한 젊은 제자들. 곧 子游, 子夏, 子張, 曾參, 有若, 樊遲, 漆雕開, 澹臺滅明 등. 11-1

【朽후】 썩다. 부패하다. 5-10

【薨훙】 죽다. 제후[군주]가 죽다. 14-43

【毀훼】 ① 부수다. 파손시키다. 훼손시키다. 16-1　② 헐뜯다. 험담을 하다. 비난하다. 비방(誹謗)하다. 15-24, 19-24

【譎휼】 속이다. 기만하다. 속임수를 쓰다. 권모술수(權謀術數)를 쓰다. ⇒ 권도(權道, 목적 달성을 위해 임기응변으로 취하는 방편). 14-16

【凶服훙복】 상복(喪服). 장례를 치를 때의 옷과 일상 용품. ♣ 五服 : 참최(斬衰, 3년 복상), 자최(齊衰, 3년), 대공(大功, 9개월), 소공(小功, 5개월), 시마(緦麻, 3개월). 10-1-16

【翕흡】 팔음(八音)을 화합하여 연주하는 것. [八音諧合曰 翕(丁若鏞)] 여러 악기가 한 데 어우러져 소리를 내다. 3-23

【興흥】 ① 일어나다(起也). 자리에서 일어나다. 15-1　② 일으키다. 성하게 하다. 진작시키다. 기풍 등을 일으키다. 8-2　③ 일으키다. 흥성(興盛)하게 하다(되다). 창성(昌盛)하게 하다(되다). 번영(繁榮)하게 하다(되다). 13-15　④ 다시 일으키다. 다시 세우다. 부흥(부흥) 시키다. 20-1　⑤ 행하여지다. 시행되다. 널리 베풀어져 행하여지다. 13-3　⑥ 돋우다. 신명나게 하다. 흥취(興趣)나 감흥을 일으키다. 마음의 심정을 펴다. 연상하다. 8-8, 17-9

【噫희】 아! 감탄사. 비통·분노·감격·놀라움·찬송·애석함 등의 감정을 나타냄. 11-8, 13-20, 19-12

【希희】 = 稀. ① 드물다. 희소(稀少)하다. 적다. 거의 없다. 5-23, 16-2　② 드물다. 성기다. ⇒ 희미하다. 소리가 나지막하다. 11-25

【戲희】 놀리다. 희롱하다. 17-4

【餼희】 제사 때 바치는 살아있는 짐승[가축]. 餼羊 : 제물로 바치는 살아있는 희생양(犧牲羊). 3-17

洋田 讀學 譯注書 (양전이 읽고 공부한 논어 책)

奇世春 지음, 『묵정 기세춘 선생과 함께하는 論語강의』, 바이북스, 2010.

金東仁·池政敏·呂榮基 옮김, 『세주완역 논어집주대전 1, 2』, 도서출판 한울, 2009, 2010.

김동휘 역해, 『논어』, (주)신원문화사, 2006.

김승곤 엮음, 『논어』, 글모아출판, 2010.

김영일, 『김영일 논어 1, 2, 3』, 선학사, 2005.

金容沃, 『논어한글역주 1, 2, 3』, 통나무, 2008.

金學主 역주, 『논어』, 서울대학교출판부, 2005.

동양고전연구회(이강수 외 7인), 『논어論語』, (주)지식산업사, 2005.

류종목, 『논어의 문법적 이해』, 문학과지성사, 2005.

朴琪鳳 역주, 『교양으로 읽는 논어』, 비봉출판사, 2008.

朴起用, 『分論語』, 圖書出版 月印, 2003.

朴星奎 역주, 『대역 논어집주』, 소나무, 2011.

박유리 편저, 『논어해설』, 새미(국학자료원 자회사), 2005.

박종연 옮김, 『논어論語』, (주)을유문화사, 2008.

朴鍾赫·張昌虎 선주, 『論語選注』 學古房, 2009.

夫南哲 역주, 『논어정독』, 도서출판 푸른역사, 2010.

成百曉 譯註, 『懸吐完譯 論語集註』, 傳統文化硏究會, 2005.

성호준 외 편역, 『논어論語』, 심산, 2011.

신동준 주해, 『논어론』, 도서출판 인간사랑, 2006.

오성수, 『오PD의 논어오디세이 1084』, 어진소리, 2004,

禹玄民 역해, 『論語』, 韓國協同出版公社, 1983.

유교문화연구소 옮김, 『論語논어』, 성균관대학교출판부, 2007.

尹在根, 『論語 Ⅰ,Ⅱ』, 동학사, 2008.

李家源 譯解, 『世界思想全集 4, 論語 孟子』, 東西文化社, 1977.

이강재, 『논어 개인윤리와 사회윤리의 조화』, (주)살림출판사, 2007.

이강재·김효신 역주, 『고증학자는 논어를 어떻게 읽었나(兪樾의 論語平議)』, 學古房, 2006.

李基東 譯解, 『논어강설』, 성균관대학교출판부, 2005.

李起榮 譯解, 『論語講座』, 큰나. 2005.

李敏弘 지음, 『논어강의』, 문자향, 2005.

李洙泰, 『새 번역 논어』, (주) 생각의나무, 1999.

李元燮 譯, 『中國思想大系 1 - 孔子·孟子』, 大洋書籍, 1972.

林東錫 편, 『사서강독(四書講讀原文諺解)』, 동서문화사, 2009.

丁若鏞 著, 李篪衡 역주, 『譯註 論語古今註 1~5』, 도서출판 사암, 2010.

丁若鏞 著, 全州大學校 湖南學硏究所 譯, 『國譯 與猶堂全書, 經集 Ⅰ~Ⅳ, 論語古今註』, 全州大
    學校出版部, 1986.

鄭堯一, 『논어강의 天, 地, 人』, 새문사, 2009, 2010, 2010.

丁天求, 『논어, 그 일상의 정치』, 산지니, 2009.

表文台 譯解, 『論語』, 玄岩社, 1966.

미야자키 이치사다(宮崎市定) 해석, 박영철 옮김, 『논어論語』, 도서출판 이산, 2005.

오규 소라이(荻生徂徠) 지음, 李基東·林玉均·林泰弘·咸賢贊 옮김, 『論語徵 1, 2, 3』, 소명출판,
    2010.

陳舜臣 지음, 徐銀淑 옮김, 『논어 교양강의』, 돌베개, 2010.

何晏, 『論語集解』

皇侃, 『論語義疏』

邢昺, 『論語注疏』

南懷瑾 述著, 蔡策 기록, 송찬문 번역, 『論語別載(남회근 선생의 알기 쉬운 논어강의) 상,
    하』, 씨앗을 뿌리는 사람, 2002.

楊伯峻 譯註, 李章佑·朴鍾淵 韓譯, 『論語譯註』, 중문출판사, 2002.

리쩌허우(李澤厚) 지음, 임옥균 옮김, 『논어금독論語今讀』, 북로드, 2006.

東方晨悟 編著, 『論語的大智慧全集』, 海潮出版社(中國 北京), 2006.

附
錄

洋田 讀學 譯註書

430

참고 문헌 (參考 文獻)

金炳浩 강의, 金珍圭 구성, 『亞山의 詩經講義 上, 下』, 도서출판 小康, 2006.

金暎鎬 외 지음, 『논어의 종합적 고찰』, 도서출판 심산문화, 2003.

金暎鎬 지음, 『다산의 논어해석연구』, 도서출판 심산문화, 2003.

金容沃 지음, 『도올논어 1, 2, 3』, 통나무, 2000.

金學主 譯著, 『新完譯 詩經』, 明文堂, 1993.

徐正淇 역주, 『새 시대를 위한 詩經 上, 下』, 살림터, 2001.

유교문화연구소 옮김, 『詩經』, 성균관대학교출판부, 2008.

劉向 撰輯, 林東錫 譯註, 『說苑 上, 下』, 東文選, 1997.

李基東 역해, 『시경강설』, 성균관대학교출판부, 2005.

이기동·배요한 著, 『도올논어 바로보기』, 동인서원, 2001.

丁若鏞 著, 實是學舍 經學硏究會 譯註, 『역주 시경강의 1~5』, 도서출판 사암, 2008.

宣祖 命撰, 『論語諺解(光海君四年本)』, 도서출판 學善齋 影印, 2007.

韓嬰 지음, 林東錫 역주, 『韓詩外傳』, 예문서원, 2000.

모로하시 데츠지(諸橋轍次), 沈雨晟 옮김, 『공자 노자 석가』, 도서출판 동아시아, 2001.

모로하시 데츠지(諸橋轍次), 김동민·원용준 옮김, 『중국 고전 명언 사전』, 솔출판사, 2004.

요시카와 고지로(吉川幸次郞) 지음, 조영렬 옮김, 『요시카와 고지로의 공자와 논어』, 도서출판 뿌리와이파리, 2006.

H.G. Creel, 李成珪 역, 『공자 - 인간과 신화』, 지식산업사, 2007.

이병갑 지음, 『우리말 문장 바로쓰기 노트』, (주)민음사, 2009.

金元中 지음, 『한문강좌』, (주)을유문화사, 2007.

廖振佑 편저, 李鍾漢 옮김, 『한문 문법의 분석적 이해』, 계명대학교출판부, 2006.

朴哂大 編著, 『漢文總論』, 一新書籍出版社,

심재동 지음, 『알기 쉬운 한문해석법』, 인간사랑, 2010.

梁光錫 著, 『漢文文法論』, 關東出版社, 2006.

李家源 著, 『漢文新講』, 新丘文化社, 1987.

崔相翼 지음, 『한문해석법 연구』, 강원대학교출판부, 1998.

崔相翼 著, 『漢文解釋講話』, 도서출판 한울, 2008.

崔興洵 著, 『漢文文法解例』, 集文堂, 2008.

許世旭 編譯, 『漢文通論』, 大韓敎科書株式會社, 1989.

洪寅杓 著, 『漢文文法』, 신아사, 2008.

김윤세, 『한문문법』, 김일성종합대학출판사, 1981, 서울: 한국문화사 영인, 1995.

Edwin Pulleyblank 지음, 양세욱 옮김, 『고전 중국어 문법 강의』, 궁리출판, 2005.

金元中 編著, 『虛辭大辭典』, (주)현암사, 2007.

延世大學校 虛詞辭典編纂室 編, 『虛詞大辭典』, 成輔社, 2001.

延世大學校 四書辭典編纂室 編, 『四書集解辭典』, 成輔社, 2003.

檀國大學校 東洋學硏究所 編纂, 『漢韓大辭典 1~15』, 檀國大學校出版部, 2000~2008.

李家源·安炳周 監修, 大漢韓辭典編纂室 編, 『敎學 大漢韓辭典』, (株)敎學社, 2005.

(주)두산동아 사서편집국, 『東亞 百年玉篇』, (주)두산동아, 2005.

張三植, 『漢字大辭典』, 省安堂, 2003.

民衆書林編輯局 編, 『漢韓大字典』, 사전전문 民衆書林, 2005.

孔 子 年 譜

年度 (B.C.)	周	魯	歲	內　　　　容
552	靈王20	襄公21	1	▷ 魯 曲阜 昌平鄕 鄹邑에서 出生 (10月 21日 庚子). ▷ 名 丘, 字 仲尼, 父 叔梁紇, 母 顔氏 ▷ 穀梁傳에는 11月 庚子日로 되어있음.
551	靈王21	襄公22	2 1	▷ 史記에는 B.C. 551生으로 되어 있음.
550	靈王22	襄公23	3 2	▷ 父 叔梁紇 사망. ▷ 魯 臧武仲이 季孫氏와 孟孫氏와의 세력다툼에서 패하여 　국외로 달아남.
548	靈王24	襄公25	5 4	▷ 齊 大臣 崔杼가 莊公을 죽이고 景公을 내세움.
547	靈王25	襄公26	6 5	▷ 嬉戲의 閒에서 俎豆를 베풀어 예절과 행실을 바르게 함.
546	靈王26	襄公27	7 6	▷ 晉, 楚를 盟主로 하는 두 聯盟이 宋나라에서 平和會議를 　열고 停戰協定을 맺음. 이때 魯도 晉에 가담하여 참가함.
543	景王 2	襄公30	10 9	▷ 子産이 鄭나라의 正卿이 됨. ▷ 仲由(子路) 出生.
538	景王 7	昭公 4	15 14	▷ 가난한 武人의 아들로 태어난 공자는 이때부터 學問으로 　立身하려는 결의를 굳힘. ▷ 楚 靈王이 晉과의 停戰協定을 파기하고 申에서 會盟하여 　위세를 떨침.
537	景王 8	昭公 5	16 15	▷ 魯 三桓氏의 세력이 君主를 압도하게 됨. ▷ 閔損(閔子騫) 出生.
536	景王 9	昭公 6	17 16	▷ 鄭나라 子産이 成文法을 제정, 銘文으로 銅器에 새겨 넣 　음. 部族政治의 쇠퇴와 法治國家 탄생을 상징하는 사건임.
534	景王11	昭公 8	19 18	▷ 宋나라 출신 丌官氏와 결혼.
533	景王12	昭公 9	20 19	▷ 아들 鯉(리) 出生. ▷ 학문을 즐겨 침식을 잊고 공부에만 몰두. 魯나라의 委吏 　벼슬을 얻음.
529	景王16	昭公13	24 23	▷ 母 顔氏 사망. ▷ 楚에 내란이 일자 晉은 平丘에서 북방의 諸侯 들과 會盟함.

附錄 孔子年譜

年度 (B.C.)	周	魯	歲	內　　　容
527	景王18	昭公15	26 25	▷ 母親 사망 2주기를 맞이하여 大祥 의식을 행함.
525	景王20	昭公17	28 27	▷ 이웃나라의 君主가 來朝했다는 소식을 듣고 알현을 청하여 古代 官制에 대해 질문함.
523	景王22	昭公19	30 29	▷ 博學을 인정받아 學問으로써 자신을 갖고 세상 사람들에게 자신의 위치를 굳힘. ▷ 冉求(冉有) 出生.
522	景王23	昭公20	31 30	▷ 鄭나라 子産 사망. ▷ 顔回(顔淵) 出生.
521	景王24	昭公21	32 31	▷ 端木賜(子貢) 出生.
520	景王25	昭公22	33 32	▷ 周 景王이 죽은 후 王位 계승 문제로 분쟁이 일어남. 悼王이 즉위했으나 王子 朝에게 피살되고 晉의 힘을 얻어 敬王이 뒤를 이음.
519	敬王 1	昭公23	34 33	▷ 周나라 서울 洛陽에 가 老子를 만나 禮에 대해 물었다고 하나 확인할 길은 없음.
518	敬王 2	昭公24	35 34	▷ 魯 孟僖子 사망. 맹희자는 아들 孟懿子와 南宮敬叔에게 공자의 禮를 배우라는 遺言을 함.
517	敬王 3	昭公25	36 35	▷ 季平子가 八佾舞를 祖廟에서 행함을 격렬하게 공격함. 魯를 떠나 齊에 망명, 齊 景公과 王政을 논함. ▷ 昭公이 三桓氏의 專橫에 季平子를 시켜 孟孫·叔孫의 두 家門을 타도, 君主權 회복을 꾀했으나 실패하여 齊로 망명함.
516	敬王 4	昭公26	37 36	▷ 齊에서 魯로 돌아 옴. 杏林에 壇을 만들고 後進을 敎導함.
513	敬王 7	昭公29	40 39	▷ 독자적인 政治思想을 완성하기 시작함. ▷ 晉나라 刑法을 제정, 銘文으로 銅器에 새겨 넣음.
510	敬王10	昭公32	43 42	▷ 이 시기에 子路, 閔子騫, 冉有 등이 공자의 문하로 들어와 孔子敎團이 형성되기 시작함. ▷ 망명 중인 昭公이 齊 국경 부근에서 간후(乾侯)에게 죽임을 당해 그 아우인 定公이 왕위를 계승함.
509	敬王11	定公 1	44 43	▷ 有若(有子) 出生.
508	敬王12	定公 2	45 44	▷ 卜商(子夏) 出生.
507	敬王13	定公 3	46 45	▷ 言偃(子游) 出生.

年度 (B.C.)	周	魯	歲	內　　容
506	敬王14	定公 4	47 46	▷晉나라가 主唱하여 諸侯를 召陵에 불러 모아 楚나라 토벌의 일을 논의 했으나 규합된 행동은 없었음. 吳나라는 闔閭의 즉위 이후 楚나라에서 망명해 온 伍子胥를 기용하여 더욱 강해짐. ▷曾參(曾子) 出生.
505	敬王15	定公 5	48 47	▷陽虎가 공자에게 任官하기를 권유함. ▷魯나라의 실력자 季平子가 죽고 그로 인해 家臣 陽虎가 季桓子에게 강요해서 반대파들을 추방시키고 스스로 실권을 장악함.
504	敬王16	定公 6	49 48	▷顓孫師(子張) 出生.
502	敬王18	定公 8	51 50	▷陽虎가 季桓子를 살해하려는 음모가 폭로되어 三桓氏의 반격을 받아 패배함. 季孫氏 家臣으로 費邑의 宰였던 公山不擾가 반기를 들고 이때 孔子를 기용하려 함.
501	敬王19	定公 9	52 51	▷비로소 魯나라 官吏로 임명되어 中都라는 고을의 宰가 됨. ▷陽虎 齊나라로 망명.
500	敬王20	定公10	53 52	▷定公을 수행하여 齊나라의 景公과 그 名相 晏子를 상대로 대활약을 하여 회의를 유리한 방향으로 이끌어서 諸國에 명성을 날렸음. ▷이때부터 魯나라의 영토가 晉나라에 너무 육박해갔기 때문에 齊나라와의 사이가 원활치 못해 두 나라는 來谷에서 會盟을 열고 平和協定을 맺음. ▷齊나라 晏子 사망.
499	敬王21	定公11	54 53	▷司空에서 승진, 大司寇에 임명되어 大臣의 한 사람으로써 國政의 樞機에 參劃함.
498	敬王22	定公12	55 54	▷공자는 魯나라의 君主權을 강화하기 위해서는 三桓氏 각자의 군사 근거지인 居城 성벽을 철거해야한다는 결론을 내림. 그래서 먼저 門人 子路를 나라에 추천하여 季孫氏의 家宰로 보내어 그러한 獻言에 의해 費邑의 성벽을 파괴케 하고, 다음 叔孫氏의 郈邑의 성벽을 철거시킴. 그러나 孟孫氏의 郕邑만은 이를 거부했기 때문에 武力으로 함락시키려 했으나 끝내 실현하지 못했음. 이에 세 가지나 국가의 要路에 나서서 자신의 포부를 착착 실현해 온 孔子로서는 비로소 天命은 어쩔 수 없다는 것을 깨달음. 그 후 相事를 攝行하여 망신 少正卯를 베고 정사를 베풀어 나라를 大治함. 이를 우려한 여러 나라는 노나라의 정치를 방해하기 위해 女樂을 증진함. 季桓子가 이것을 받고 3일 동안 조회하지 않음에 공자는 이를 구실로 삼아 노나라의 司職을 버리고 列國에 周遊함.

年度 (B.C.)	周	魯	歲	內　容
497	敬王23	定公13	56 55	▷ 三桓氏를 타도하는데 실패한 孔子는 政界에서 물러나 魯나라를 뒤로하고 衛나라로 감. 이때부터 14년에 걸친 亡命이 시작됨. 이때 靈公은 특히 그에게 6萬斗의 봉록을 내려서 優遇했다고 함. 이해 겨울인가 다음해 봄 무렵에 晉나라의 趙簡子의 本據인 朝歌에 가려할 때 국경의 匡邑인가 蒲邑인가에서 一團의 폭한의 습격을 받아 위험한 고비를 넘겼다고 함.
496	敬王24	定公14	57 56	▷ 吳王 闔閭는 趙王 允常이 죽은 기회를 틈타서 越을 공격했으나 도리어 允常의 아들 句踐에게 橋李에서 패해 죽음. 衛나라의 太子 蒯聵가 아버지(靈公)의 부인 南子를 죽이려하다 실패하여 국외로 도망감. 이때 공자는 초청을 받아 南子를 만나봄.
494	敬王26	哀公 1	59 58	▷ 吳王 闔閭의 아들 夫差는 越에 대해서 보복전을 시도하여 句踐을 會稽에서 격파시킴.
493	敬王27	哀公 2	60 59	▷ 衛나라에서 陳나라로 감. ▷ 衛나라의 靈公이 죽자 그 부인은 南子는 국외로 도망중인 태자 蒯聵를 제쳐놓고 그 아들 出公 輒을 王位에 세움. 이에 대해 晉나라는 蒯聵를 지지하여 衛나라로 보내서 부자 사이에 왕위를 쟁탈케 하는 내란을 惹起시킴.
492	敬王28	哀公 3	61 60	▷ 陳나라를 거쳐 曹나라로 향하는 도중 宋나라의 司馬桓魋가 제자들과 더불어 커다란 나무 밑에 앉아있는 공자를 죽이려 해서 몸을 피함. 이무렵 공자의 아들 鯉에게서 사내아이인 伋(子思)이 태어남.
491	敬王29	哀公 4	62 61	▷ 魯나라의 季桓子가 죽고, 季康子가 그 뒤를 이음.
490	敬王30	哀公 5	63 62	▷ 晉나라의 趙簡子의 家臣인 佛肸이 中牟에서 일어나 그 主人을 배반하고 공자를 초청해 임용하려함.
489	敬王31	哀公 6	64 63	▷ 陳나라에서 蔡나라로 감. 그 도중에 국경부근에서 식량이 떨어져 7일간 絶食을 하는 고행을 겪음. 이것은 吳나라가 陳나라를 토벌하려 할 때 楚나라가 陳나라를 구해주어 나라 안이 한참 혼란해 있었기 때문임. 孔子는 그 문인들이 굶주림으로 쇠약하여 절망해 있는데도 講誦과 絃歌를 그치지 않아 마침내 楚나라의 구원을 얻게 되어 겨우 위험한 고비를 넘기게 됨. 그리하여 蔡나라의 古都에 당도하여 楚나라의 賢臣인 葉公 沈諸梁을 방문함. 그리고 이해에 다시 衛나라로 되돌아옴.
487	敬王33	哀公 8	66 65	▷ 魯나라는 吳나라의 동맹국인 邾나라를 침략했기 때문에 이해에 그 동맹국들의 침입을 받아 패배하여 和約을 맺음.

年度 (B.C.)	周	魯	歲	內　　　容
486	敬王34	哀公 9	67 66	▷吳王 夫差는 북으로 진출할 목적으로 邗溝를 開堀한 후 魯나라에 압박을 가하여 연합군을 조직해서 齊나라를 침입함.
485	敬王35	哀公10	68 67	▷衛나라로 감. ▷부인 幵官氏 사망.
484	敬王36	哀公11	69 68	▷魯나라는 齊나라 복수군의 침입을 받았으나 國都 부근에서 간신히 이를 격퇴. 그리고 吳나라와 연합해서 齊나라 군사를 艾陵에서 대패시킴. 宋나라의 桓魋가 반란을 일으켜 衛나라로 도망감. 그 아우로 孔子의 門人으로 있는 司馬牛는 책임을 느껴 所領을 奉還하고 齊나라로 망명함. ▷門弟 冉求가 季孫氏의 宰가 됨. 그 주인인 季康子가 泰山에 머물러 祭를 行한 것에 대해 분개한 孔子는 冉求에게 그 일을 엄중히 물음. ▷孔子는 衛나라에서 魯나라로 귀국. 오로지 門人에 대한 교육과 詩經, 書經 등의 정리 편집에 전념하며 가끔 哀公의 下問에 응함. ▷아들 鯉가 50세로 죽음.
483	敬王37	哀公12	70 69	▷哀公이 吳王 夫差와 속고에서 회견함에 孔子의 門人 子貢이 吳나라의 太宰 嚭(비)와 함께 그간의 교섭을 맡음.
482	敬王38	哀公13	71 70	▷吳王 夫差는 齊나라에서 大勝하여 세력을 떨치자 북쪽으로 운하를 연장하여 군사를 집결시켜 晉나라 등의 諸侯와 會盟해 霸業을 세우려하였으나 배후에서 갑작스런 越王 句踐의 공격을 받게 되어 만족할 만한 성과를 거두지 못하고 황급히 귀국. ▷孔子가 가장 아끼는 門弟 顔淵이 41세로 죽음. 孔子는 자신의 아들 鯉의 죽음에 잇따른 불행에 인생의 비애를 통감함.
481	敬王39	哀公14	72 71	▷哀公이 서쪽으로 수렵을 나가 기린을 포획함. 孔子는 이 것을 알자 道가 衰했음을 탄식하고 이해에 자신의 글을 스스로 모아 엮은 魯나라의 歷史 春秋를 남겼다고 전함. ▷齊나라의 大臣 陳恒이 군주 簡公을 弑害함. 이 소식에 놀란 孔子는 곧 哀公을 뵙고 이러한 역적에 대해서 단호한 조치를 할 것을 청함. ▷魯나라의 孟懿子가 죽어 孟武伯이 그 뒤를 이음.
480	敬王40	哀公15	73 72	▷衛나라의 太子 蒯聵가 본국으로 돌아와 즉위하여 莊公이 되자 出公은 국외로 도망함. ▷孔子의 門弟 子路가 이 혼란한 무렵에 죽음.
479	敬王41	哀公16	74 73	▷己丑日에 孔子께서 老衰하여 棄世하시고, 哀公이 誄를 하사함. 曲阜의 北郊 泗水 가에 묻히시고 그 門人들은 모두 三年喪을 치름.